中國古代地理總志叢刊

讀史方輿紀要

四

〔清〕顧祖禹撰
賀次君 施和金 點校

中華書局

讀史方輿紀要卷三十四

山東五

東昌府，東至濟南府二百九十里，東南至兗州府三百八十里，西南至兗州府曹州四百三十里，西至北直大名府一百八十里，北至北直清河縣一百三十里，自府治至京師九百四十里，至布政司見上。

禹貢兗州之域，春秋時爲齊西境聊、攝地，戰國時爲趙、魏、齊三國之境。秦屬東郡，漢因之。曹魏屬平原郡，晉屬平原國。劉宋改置魏郡，後魏復爲平原郡。魏收志：「平原郡治聊城。武泰初立南冀州，永安中罷。」隋置博州，大業初州廢，改屬武陽郡。唐復爲博州，天寶初曰博平郡，乾元初復故。宋仍曰博州，亦爲博平郡。金因之，屬山東西路。元初屬東平路，至元初析爲博州路，尋改爲東昌路。明初改爲東昌府。領州三，縣十五。

府地平土沃，無大川名山之阻，而轉輸所經，常爲南北孔道。且西連相、魏，居天下之胸腹，北走德、景，當畿輔之咽喉，戰國時東諸侯往往爭衡於此。後漢末荀彧説曹操曰：「將軍本以兗州首事，且河、濟天下之要地，是亦將軍之關中、河內也，不可不先定。」晉室之亂，郡境被兵者百餘年。唐藩鎮稱兵，魏博最爲强横。明朝靖難之師，亦力戰於城下。

豈非地形四通，郡爲戰守必資之處哉？

聊城縣，附郭。古聊、攝地，齊之西境也。秦置聊城縣，屬東郡，漢因之。魏、晉俱屬平原郡，劉宋屬魏郡，後魏屬東魏郡，後又爲平原郡及南冀州治。隋爲博州治，大業初州廢，縣屬武陽郡。唐仍爲博州治，後因之。今編户二十四里。

古聊城，府西北十五里。即魯仲連射書燕將處。城東側有魯連臺，高七丈。水經注：「漯水又北經聊城故城西。」城内有金城，周匝有水，南門有馳道。絶水南出，東門側有層臺，即魯仲連所謂「還高唐之兵，却聊城之衆」者也。漢十一年代相陳豨叛，略趙地，使其將張春渡河擊聊城。唐武德初宇文化及自魏縣走聊城，李神通圍之。既而竇建德亦引軍攻化及，神通引却，建德大破化及之兵，遂克聊城。城邑攷：「隋置博州，在今城東北二十五里。石晉開運初圮於河，因移州治巢陵城，在今城西南十五里。宋淳化三年復圮於河，乃移州治孝武渡西，亦曰孝武陵，即今治也。舊有土城，宋淳化間築，洪武五年甃以磚石，後屢經修葺。今城周七里有奇。

武水城，府西南六十里。漢陽平縣地，屬東郡。隋開皇中改置清邑縣，又析置武水縣，屬博州。唐初屬莘州，貞觀初仍屬博州。五代周廣順二年爲河水决壞，并入聊城縣。宋爲武水鎮，今置武水巡司於此。舊志「府西南四十五里有武水」，蓋漯水之異名也。今涸。○博固城，在東北二十五里。寰宇記：「博固城枕聊河之曲，俗訛爲布鼓城。」相傳石勒時築，唐博州嘗置於此。

攝城，在西北。水經注：「聊城西二十五里有古聶邑。」左傳僖元年：「齊人、宋人、曹人師次於聶北，救邢。」又昭二十年：齊晏子云：「聊、攝以東，姑、尤以西。」聊、攝蓋二邑也。寰宇記：「攝城在博平縣西南二十五里。」

夷儀城，府西南十二里。左傳僖元年：「齊遷邢於夷儀。」又襄二十四年：「晉及諸侯會於夷儀，將伐齊。明年復會於夷儀。」又是歲衛侯入於夷儀，復歸於衛，時衛已滅邢也。後又爲晉邑。定九年，齊侯伐晉夷儀。史記衛世家：「獻公自夷儀反於衛。」又後漢建武初范升爲聊城令，保於夷儀。劉昭曰：「聊城有夷儀聚。」今亦見北直邢臺縣。

重丘城，在府東南五十里，跨茌平縣界。春秋時曹北境之邊邑也。襄十七年，衛孫蒯田於曹遂，飲馬於重丘，重丘人詢之，因伐曹取重丘。又二十五年，諸侯同盟於重丘是也。漢置重丘縣，屬平原郡，後漢省。○郭城，在府東北。水經注：「郭水出聊城東北，泛則津注，水耗則輟流。」寰宇記：「南岸有郭城，春秋時亡國郭氏之墟也，即傳所稱『郭公善善不能用，惡惡不能廢』者。」又微子城，在府東北十八里。城冢記：「商受封微子於此，周改封之於商丘。」

畔城，在府西。魏收志聊城縣有畔城。晉義熙十三年劉裕伐姚秦，引舟師泝河西上，魏兵從北岸侵擾，爲裕將朱超石所敗，退走畔城，超石等復追破之，即此城也。

茌山，府東五十三里。漢茌平縣以此名。茌，讀若時。說文：「茌，草盛貌。」應劭云：「茌平者，縣在茌山之平地也。」一統志：「山之平地曰茌。」悮。○牡丘，在府東北七十里。春秋僖十五年：「楚人伐徐，公會齊侯及諸侯盟於牡丘，救徐也。」齊語「桓公築牡丘」，即此。志云：府東南二十五里有荆丘，又東南二十五里有葛丘。

會通河，在府東門外。自陽穀縣流入境，有牐三，曰周家店、李家務、通濟橋，又北經堂邑、博平及清平縣，至臨清州入衛河。元史：「至元二十六年開渠起須城之安民山，止於臨清之衛河，長二百五十餘里，中建牐三十有一，賜名會通河。明朝永樂九年詔疏元人故道以濟漕，爲輸輓必經之地。詳見川瀆漕河。

漯河，府東七里。舊經：「漯水出朝城縣，經莘縣、堂邑至聊城西，又東入博平界，又北至清平縣入高唐州界。」今俗呼此水爲湄河。一統志：「湄河出濮南黄河，〔一〕北抵博平，西會馬頰河，東入海。」今涸。

蓬關陂，在府北。晉太元十一年，燕寺人吴深叛據清河，慕容垂攻拔其壘，深走，垂進屯聊城之蓬關陂，即此。今堙。

四口關，舊在府東八十里。隋置，因四瀆津而名。水經注：「河水又東流爲四瀆津，俗名四瀆口。」唐志：「聊城東南有四口故關。」○馬牧，在府東。晉永興中，羣盜汲桑、石勒起於馬牧。志云：馬牧在茌平縣境，亦謂之牧苑。

李家務，府南十八里。運河所經，置閘於此。元至正六年盜扼李家務閘河，劫奪商旅。兩淮運使宋文瓚言：「世祖開會通河，千有餘里，歲運米至京者五百萬石。今騎賊不過四十人，而不能捕，恐運道阻塞，乞急選能臣捕之。」不聽。今仍爲運渠津要。

賴亭。在府西，齊境上邑也。史記「晉趙鞅伐齊，至賴而去」，謂此。又赤橋，在府西北。晉永嘉中苟晞等破汲桑、石勒於清淵，桑等西奔劉淵。冀州刺史丁紹邀擊之於赤橋，桑等敗走。○崇武驛，在府東門外運河西岸，爲往來孔道，置水馬驛於此。

堂邑縣，府西四十里。西北至高唐州九十里。漢發干縣及清縣地，屬東郡。隋開皇六年置今縣，初屬毛州，大業初改屬武邑郡。唐初亦屬毛州，貞觀初改屬博州。五代晉改爲河清縣，尋復舊。今編户十七里。

堂邑故城，縣西北二十里。相傳故齊邑也，本作「棠」。崔杼見棠姜而美之，孟子勸齊王發棠，蓋即此。後訛爲「堂」，隋因置堂邑縣，在今縣西十里。大業末宇文化及自魏縣退保聊城，嘗屯兵堂邑，築臺於城南。今有化及臺遺址。唐天寶十五載安禄山叛，平原太守顏真卿遣兵合清河、博平之軍擊賊兵於堂邑西南，大破賊兵，遂攻魏郡。梁乾化五年晉王存勗軍博州，與梁將劉鄩相持。鄩自貝州軍堂邑，周德威攻之，不克。宋熙寧初城圮於水，因遷今治。其舊城俗謂之千户營。

發干城，縣西南五十里。漢縣，屬東郡，武帝封衛青子登爲侯邑。後漢仍屬東郡，晉屬陽平郡，南燕時僑置幽州於此，後魏仍屬陽平郡，北齊縣省。○清城，在縣東南三十里。春秋時齊邑。成十七年，齊高弱以盧叛，齊侯使國勝告難於晉，待命於清，即此。漢置清縣，屬東郡，高帝封功臣室中同爲侯邑。後漢建初中改爲樂平縣。晉因之，改屬陽平郡。永嘉中東海王越使征東將軍苟晞擊汲桑於平原、陽平間，石勒救桑，爲晞所敗，桑奔馬牧，勒奔樂平，即此。後魏亦屬陽平郡，後齊省。又毛州城，志云：在縣北五十里，俗呼爲侯堌塚。塚南今有城址，相傳即隋毛州故治。

會通河，在縣東北四十五里。自聊城縣北流入境，有牐二，曰梁家鄉，曰上橋，又北入博平縣界。○舊黄河，在縣西南。水經注：「發干故城北又有漯水，經樂平故城東。」今皆堙廢。

古戰場。在縣東南三十里。唐史「至德初平原太守顏真卿與清河李蕚破安禄山將袁知泰二萬餘人於堂邑」，即其地也。相傳爲戰國孫臏、龐涓戰處，悮矣。

博平縣，府東北四十里。西北至清平縣四十里。本齊博陵邑，漢置博平縣，屬東郡。晉屬平原國，劉宋屬魏郡，後魏改屬平原郡。隋初屬毛州，後屬博州，大業初改屬清河郡。唐仍屬博州。貞觀十七年廢，天授二年復置。宋因之。今編户十八里。

博平故城，縣西北三十里，即齊博陵邑也。史記齊世家：〔二〕「威王六年魏伐齊至博陵。」徐廣曰：「今東郡之博平是也。」亦謂之博關。戰國策：「蘇秦曰：『趙涉河、漳、博關。』」「張儀説齊曰：『悉趙兵渡清河，指博關。』」皆謂此也。自漢至隋、唐，皆爲縣治。宋景祐中徙縣治寬河鎮，即今治也。又博望城，或曰在故縣城西南。史記「齊宣王二年，擊魏敗之，三晉之王皆因田嬰朝齊王於博望，盟而去」，即此地云。

靈縣城，縣東北四十里。或云即齊靈丘邑。史記魏世家：「武侯九年使吴起伐齊，至靈丘。又趙敬侯三年敗齊於靈丘。韓文侯九年伐齊至靈丘。」齊世家：「威王元年，三晉伐我至靈丘。」趙世家：「惠文王十四年相國樂毅將趙、秦、韓、魏、燕之兵攻齊，取靈丘。」是也。漢置靈縣，屬清河郡。後漢初省，和帝永元九年復置。晉仍屬清河國。後魏置南清河郡於此，北齊省。隋開皇六年復置靈縣，大業初省入博平。唐武德初復置，屬博州，五年復廢。

駱駝山，縣西北十五里。土阜巍然，形似駱駝。又有平山，在縣西北二十五里。

會通河，縣西南二十五里。與聊城、堂邑二縣接界，又北入清平縣境。志云：縣西北四十里有故漯河。水經注：「漯河，自頓丘出東武陽逕博平者也。」或以爲馬頰河。

大河故瀆，在縣東北。舊爲河流所經，唐開元十年博州河決，即此處也。水經注：「屯氏故瀆上承大河瀆於靈縣南。地道記：河水自靈縣别出爲鳴犢河，所謂靈鳴犢口也，東北至蓨入屯氏河。漢永光五年，河決青河靈鳴犢口。今有水自縣西南入境，經博平故城南，又經今城西北，東北至故靈城入高唐州境，謂之鳴犢河。蓨，見北直景州廢蓨縣。鳴犢口，亦見北直清河縣。

靈泉，在縣西。志云：漕河旁有梭隄，靈泉出焉。一名涵管洞，巨石甃成六管三竅，以泄暴水。永樂九年疏會通河，其泉始淤。○金隄，在縣北一里。舊志：博州有古金堤。

還駕店。縣北二十三里。五代史：「後唐明宗屯兵於明靈寨，還駕至此，有行幄基址存焉。」

茌平縣，府東北七十里。北至高唐州六十里。本秦舊縣，屬東郡，漢因之。後漢屬濟北國，三國魏屬平原郡，晉屬平原國。晉末移治聊城縣界之興利鎮。劉宋仍屬平原郡，後魏因之。後齊廢。隋復置，屬貝州。唐屬博州，貞觀初省入聊城。金天會中劉豫復置茌平縣，屬博州。今編户三十六里。

重丘城，縣西南二十里。今詳見聊城縣。又故茌平城，在縣西二十里茌山下。秦縣治此，東晉末移縣治於今縣西三十里。唐廢，劉豫改置縣於今治云。

大河故瀆，在縣西。水經注：「河水東北過茌平縣西，又東爲鄧里渠，又東北逕昌鄉亭北，又東逕碻磝城西。」碻磝城，舊志謂即茌平城，悮。今見濟南府長清縣。

馬頰河，在縣西北。舊自清平縣流入境，又東北入高唐州界。志云：縣西又有大溪陂，流入博平縣界。又有龍潭，在縣西南。

馬莊館。縣南十里。相傳唐馬周宅也。相近有興隆岡，岡下坡陀相屬。又南二十里有賀欒店，石晉時賀欒宅也。

又玉樓店，在縣東北二十里。相傳魯仲連所居，亦名魯連村。○莘山驛，在縣東。縣當往來之衝，因置馬驛於此。

莘縣，府西南九十里。西至北直大名府九十里，北至臨清州百二十里。春秋時衛邑，漢陽平縣地，屬東郡。晉屬陽平郡。劉宋改屬頓丘郡，後魏還屬陽平郡。後齊改縣曰樂平，後周於此置武陽郡。隋初郡罷，縣屬魏州。開皇六年復改縣曰陽平，八年改曰清邑，十六年置莘州於此。大業初州廢，改縣曰莘縣，屬武陽郡。唐初復置莘州，貞觀初州廢，縣屬魏州。宋屬大名府，金因之。元屬東昌路。今編户十四里。

陽平城，在縣西。圖經：「縣西南七里有斗城，其形如斗。」或云即漢陽平縣舊治也。後魏普泰初高歡舉兵信都，爾朱仲遠等擊之，自大梁而北，軍於陽平，旋遁還，即此。後移縣於今治。唐書：「乾寧二年朱全忠欲攻兖鄆，李克用遣其將李存信救之，假道於魏，軍於莘縣，師還，魏帥羅弘信襲敗之。」五代梁乾化五年晉取魏博，劉鄩與晉軍相持。晉王軍博州，鄩自堂邑軍莘縣，治莘城塹而守之，自莘及河築甬道以通餽餉。既而晉王營於莘西三十里，一日數戰，尋攻絶其甬道，鄩却走。皆今縣治也。胡氏曰：「劉鄩軍莘縣，蓋漸逼魏州云。」

莘亭城，在縣北。京相璠曰：「陽平縣北十里有故莘亭，道阸險，自衛適齊之道也。」春秋桓十六年「衛宣公欲殺公子伋，使盜待諸莘」，謂此。隋因置莘亭縣，大業初廢。唐武德四年復置，屬博州，五年并入莘縣。又岡成城，亦在縣西。劉昭曰「秦封蔡澤爲岡成君」，即此。又漢昭封丞相蔡義爲侯邑。

弇山，縣北四十里。舊有泉曰弇山泉。志云：即古弇中聚也。左傳襄二十五年：「齊閭丘嬰出奔處。」似悮。今其地爲馬橋鎮。

大河故瀆。縣東二十里。即五代梁劉鄩築甬道以通饋餉處，蓋渡河而東南，即鄆、濮之境也。又石晉開運三年河決楊劉，西入莘縣，廣四十里，自朝歌北流。胡氏曰：「莘縣在魏州東，朝城在魏州東南，相距蓋四十里。」今縣東有古堤，逶迤而西，以障馬頰河、黑龍潭之衝。河南徙後皆堙廢。○漯河，在縣東。自朝城縣流入境，又東北入堂邑縣界。今涸。

清平縣，府北七十里。北至臨清州五十里。漢清陽縣地，屬清河郡。隋開皇六年改置貝丘縣，屬貝州。十六年改曰清平縣，大業末廢。唐初復置，屬博州。五代漢改屬大名府，宋因之。元屬德州，明初改今屬。編户十六里。

清平故城，縣西四十里。宋白曰：「石趙初置平晉縣，爲清河郡治。隋置貝丘縣於此，尋改曰清平。宋熙寧二年割博平之明靈寨來屬。元豐中河決，遂移治明靈砦，即今縣也。」今故縣亦曰清平鎮，一名水城屯。

會通河，縣西二十里。自堂邑縣流入界，置牐一，曰戴家灣，又北入臨清州境。○漯河，在縣西十里。亦曰漯川。漢志：「河自館陶分爲屯氏河，與大河相並而行。元帝永光五年河決清河靈鳴犢口，分流入博州界，其下流與漯爲一。王莽時河遂行漯川。」今漯河自堂邑縣流入境，繞縣城而西，去縣六七里，上源爲漕河所經，下流達高唐恩縣，抵海而止，其水盈涸不時。又縣西南二十里有龍湫，闊僅畝許，深不可測，流出十里注於漯河，即宋時河決故城處也。寰宇記：「縣南十八里有王莽河。」今涸。

清陽驛。縣西南三十里。驛西有魏家灣巡司，濱河置戍處也。

冠縣，府西南百里。西南至北直大名府六十里，南至北直南樂縣百里。春秋晉冠氏邑，漢館陶縣地，屬魏郡。隋開皇六年始析置冠氏縣，屬魏州。唐初屬毛州，貞觀初仍屬魏州。宋屬大名府。元屬東平路，至元六年升爲冠州。明初爲縣，改屬東昌府。今編户二十七里。

冠氏城，在縣北。春秋時晉邑也。哀十五年傳：「晉人伐衛，齊爲衛故，伐晉冠氏。」杜預曰：「冠氏即館陶也。」隋因置冠氏縣。唐建中初朱滔入魏境，攻拔冠氏，與田悦相惡也；既又屯兵冠氏以逼魏州；皆此。金人移於今治。

黄城，在縣南。括地志：「冠氏南有黄城，亦以黄溝爲名。本趙邑，後屬魏。」史記齊世家：「宣公四十三年，田莊子伐晉，毁黄城。」又趙世家：「敬侯八年，敗魏黄城。又肅侯十七年，圍魏黄城不克。」漢置黄縣，屬山陽郡，元帝封梁敬王子順爲侯邑。後漢省。讀書記：「漢陳留郡有外黄縣，魏郡有内黄縣，而山陽郡有黄縣，俱在大河旁，爲魏、趙、齊戰争之地。」王氏云：「蘇秦説齊『趙襲魏之河北，燒棘蒲，隊黄城』，此河北之黄城也，在冠氏南十里。蘇代約燕王『决白馬之口，魏無黄、濟陽』，此河南之黄城，在考城縣東二十四里。」按志云蘇秦所言之黄，當是内黄縣。今外黄城，見河南杞縣。

衛河，在縣西北。自北直大名府流入界，又東北入館陶縣境。舊有吉固隄，在縣西。○屯氏故河，在縣東南二十五里。今爲平陸。

清水堡。在縣東北四十里。志云：唐初置清水縣，屬毛州，貞觀初省入冠氏縣。今亦爲清水堡城。按唐志不載清水縣也。

附見

平山衛。在府治東。洪武五年建。志云：城中有二阜，謂之平山。明初建衛於此，因名。

臨清州，府西北百二十里。東北至濟南府德州三百五十里，西北至北直冀州二百七十里，西至北直廣平府百二十里，南至北直大名府百五十里。

春秋時衛地，戰國時爲趙之東鄙。秦屬東郡，漢屬魏郡，晉屬陽平郡，後魏因之。隋屬貝州，大業初屬清河郡。唐仍屬貝州，大歷中改屬瀛州，貞元中屬貝州。宋屬大名府，金屬恩州，元屬濮州。明朝洪武二年屬東昌府，弘治二年置臨清州。編户四十一里。領縣二。

州聯絡洺、邢，形援魏、博，自昔爲戰守要地。五代之際，梁、晉夾河相持，州之被患尤亟。元開會通河，州益爲輓輸孔道。明初徐達定中原，自臨清會師北伐。建文二年燕王駐師臨清，乃謀南下。州誠南北之喉嗌矣。

臨清廢縣，今州治。漢清淵縣地，後魏太和二十一年始析置臨清縣，屬陽平郡。後齊廢。隋復置，屬貝州。唐初屬毛州，貞觀初屬貝州。寶應初僕固瑒追史朝義，敗之於臨清，即此。大曆七年改屬瀛州，貞元末屬貝州。乾寧三年河東將李存信攻臨清，敗汴兵。朱梁開平五年晉將周德威略魏博，自臨清攻貝州，拔夏津、高唐。乾化五年魏博附晉，晉王存勗命李存審自趙州進據臨清，晉王引大軍自晉陽東下，與存審會於臨清。〔三〕既而劉鄩與晉王相持，軍於宗城，知臨清有蓄積，欲據之以絶晉糧道，爲周德威所拒却。宗城，今北直廣宗縣也。宋熙寧四年廢縣爲臨清鎮，尋復爲縣。城邑攷：「魏置臨清縣，故城在今州西四十里衛河西岸。宋建炎中河決，移治於今州西南十里衛河南岸。洪武二年又移治於故縣北八里臨清閘，景泰初建新城於會通河北、衛河東，移縣治焉。弘治二年始建爲州。」今州有新舊二城。舊城即景泰初所築新城也，新城正德六年築，皆甃以磚石。嘉靖中復拓而廣之，跨汶、衛二河。爲水門三，汶一、衛二。城周九里有奇。

清淵城，州東南五十里。漢縣治此，屬魏郡。晉屬陽平郡。永嘉初苟晞擊破羣盜汲桑於東武陽，桑退保清淵是也。後魏仍屬陽平郡，北齊屬清河郡，隋屬貝州，唐并入臨清縣。淵，晉志、隋志俱作「泉」，唐人爲高祖諱也。又沙丘廢縣，在州西。隋開皇十六年析臨清置沙丘縣於此，大業初省。唐武德五年復置，屬毛州。貞觀初省。

永濟城，在州西南。唐大曆七年田承嗣奏析臨清縣置永濟縣，屬貝州，以西臨永濟渠而名。興元初朱滔謀渡河侵汴，應朱泚於長安，入魏境至永濟，以田悦不與偕行，怒，略取平恩、永濟，以兵守之。朱梁乾化五年，魏博附晉，晉王存勗自臨清進屯永濟，遂入魏州。宋初仍并入臨清縣。平恩，今見北直曲周縣。

大阜，在城北二里。盤踞百餘畝，下視林莽數十仞，巋然爲城北主山。

會通河，在城南。亦云汶河。自清平縣流入界，有牐二，曰新開上閘、南板閘。志云：州治當汶河之北，衛河之東。汶水自南旺分流，至此漸微，沿途置閘，啓閉極嚴，經州城西南之南板閘，始與衛河合而東北流，漕舟至此謂之出口。又二水相合處謂之中洲，以石築之，名鰲頭磯。延亘二十餘里，突峙中流，有四閘分建於左右，如足然。又有廣濟橋尾其後，爲商賈輻湊之地。俗名觀音嘴，以上有觀音閣也。志云：鰲頭磯在城北，當會通河分津之處。餘詳川瀆漕河。

衛河，在城西。自北直大名府流經館陶縣界，又東流至此合於汶河。亦謂之清河。應劭曰：「清河在清淵縣西北。」是也。自隋以後謂之永濟渠。大業十二年遣楊義臣討羣賊張金稱於平恩，義臣引兵直抵臨清之西，據永濟渠爲營，尋自館陶潛濟，襲擊金稱，破斬之。唐光化二年幽州劉仁恭攻魏州，敗還汴，魏兵追至臨清，擁其衆入永濟渠，殺溺不可勝計。宋皇祐初河合永濟渠注乾寧軍，崇寧初開臨清縣壩子口，增修御河西堤是也。乾寧軍，見北直青縣。

古堤，在城東。盤曲低昂，狀如蛟螭。其脈南來爲會通河所斷，逾河而北，城之東南復枕其半，俗因呼爲東堤，轉而東直抵夏津，〔四〕其委瀕海，蓋古之隄防也。

渡口驛。州北五十里。其地爲清河、夏津兩縣之交，漕舟所經，因置驛於此。又清源水馬驛，在州城西南隅。州西南五十里舊又有清泉水驛，今廢。○臨清遞運所，在州西南二里。又西南五里有會通稅課局。

丘縣，州西北二十里。東南至府城二百里。漢斥丘縣地，屬魏郡。唐爲平恩縣地，宋因之。金爲平恩鎮，屬曲周縣。元初屬堂邑縣，至元二十六年改置丘縣，屬東昌路。明初因之，弘治二年改今屬。編户二十七里。

斥丘城，志云：在縣北四十里，即漢縣也。今爲北營集。詳見北直成安縣。

平丘山，在縣治東。小丘也，縣因以名。

衛河。在縣東南。自館陶縣流入界，又東北入臨清州境。○漳河，亦在縣東南。自館陶縣流入界，舊有堤曰虞公堤。又縣東南有古黄河，今涸。

館陶縣，州西南百二十里。東至府城百三十里，南至北直大名府七十里，西北至北直曲周縣百里。春秋時晉冠氏邑地，漢置館陶縣，屬魏郡。三國魏屬陽平郡，晉因之。石趙時徙陽平郡治此，劉宋及後魏因之。後周末兼置毛州。隋廢郡存州，大業初州廢，縣屬武陽郡。唐初復置毛州，貞觀初州廢，縣仍屬魏州。宋屬大名府，元屬濮州。明初屬東昌府，弘治二年改今屬。編户三十里。

館陶故城，在縣西南四十里。宋白曰：「城西北七里有陶丘，亦曰陶山，趙置館於丘側，漢因以名縣。」更始二年，蕭王追擊銅馬於館陶，大破之。晉永和七年，後趙石祗自立於襄國，使其將劉顯攻冉閔於鄴，爲閔所敗，閔追奔至陽平，時陽平郡治館陶也。隋置毛州於此。唐武德五年劉黑闥自魏州北遁，至館陶，橋永濟渠渡而西，軍大潰。興元初朱泚作亂，朱滔謀渡河侵汴入魏，約田悦會館陶，偕行渡河，悦飾詞謝滔，滔怒，大掠而去。志亦謂之毛州城，以隋時毛州置於此也。五代時移縣於今治。明朝建文二年，燕王戰於東昌，爲盛庸所敗，退屯館陶，即今縣也。寰宇記：「漢明帝封其妹爲館陶公主，縣因有駙馬渡及黄花臺。」今故城亦謂之南館陶鎮，明初置巡司及陶山水驛、南館陶遞運所於此，今惟南館陶巡司尚存。○歇馬城，在縣東南七里。相傳宋景德初契丹軍至澶淵，其母蕭太后嘗引軍駐此城，因以名。又縣有蕭城，相傳亦契丹蕭后所築。

衛河，縣西二里。其舊渠即漢屯氏河也。水經注：「大河故瀆北出爲屯氏河。」漢書溝洫志：「自塞宣房，河復北決於館陶縣，分爲屯氏河，廣深與大河等。成帝之世，河復決館陶及東郡金堤，上使河堤謁者王延世塞之，三十六日堤成。其屯氏別河逕館陶縣東，東北出，過魏郡、清河、信都、勃海四郡，至章武入海。」後漸堙廢。縣西十里有白溝水，亦即宿胥瀆故址也。隋煬帝開永濟渠，疏白溝入屯氏河，自此謂之衛河。唐武德五年劉黑闥攻魏州未克，太子建成等引兵擊之。黑闥懼，夜遁至館陶，作永濟橋，未成，不得渡。齊王元吉以大軍至，黑闥使其黨王小胡背水而陣，橋成即過橋西，衆遂大潰。宋崇寧二年黄河漲，入浸館陶，敗廬舍，屢費修塞。元人通漕於此。明朝亦相繼修濬，經丘縣界至臨清，北合於汶河。顔師古曰：「隋置毛州，悮以屯氏河爲毛河也。」邑志：屯氏故河在縣西南五十里。

漳河，縣西南五十里。自北直大名府東北流入縣界，經南館陶鎮，又東北經丘縣界東合衛河。後魏孝昌三年，源子恭討葛榮於信都，行至陽平東北漳水曲，榮帥衆邀擊，敗死，即此。志云：今漳河所經，即屯氏河故道也。自河南臨漳縣分二支，一北流入北直滄縣界，一東流入縣界。萬曆初漳河徙而北，由魏縣入曲周之滏陽河。○篤馬河，在縣東南五十里，今涸。又縣西南五十里有古金堤。

淺口鎮，在縣西。唐大和三年李聽自滑州移鎮魏州，爲何進滔所襲，敗趣淺口，即此。

蘇康壘。在縣西。晉太元十七年，丁零翟釗據滑臺，遣將翟都侵館陶，屯蘇康壘，慕容垂擊却之。胡氏曰：「蘇康，人姓名。壘應在館陶縣西南境。」○黄花臺，在縣西南二十里。相傳漢館陶公主所築。

高唐州，東北百二十里。東南至濟南府二百里，西至臨清州百里，北至濟南府德州二百二十里。

春秋、戰國時齊地，秦屬東郡。漢屬平原郡，後漢因之。晉屬平原國。宋仍屬平原郡。

後魏屬南清河郡，魏收志：「郡泰常中分平原郡置，治莒城。」在今博平縣之廢靈縣。北齊郡廢，改屬清河郡。隋屬貝州，大業中屬清河郡。唐屬博州，宋因之。元初屬東平路，至元七年改置高唐州。明初以州治高唐縣省入，編户四十里。改屬東昌府。領縣三。〔五〕

州聯絡博、濟，翼帶德、景，居齊、趙之郊，爲津途之要，且西去漕渠不過數十里，此亦用兵者之先資矣。

高唐廢縣，今州治。春秋時齊有高唐邑，在今濟南禹城縣境。漢置縣於此，屬平原郡，後漢及晉、宋、後魏俱因之。高齊嘗移高唐縣治黄巾固，即今濟南府章丘縣也。隋復置高唐縣於此。唐長壽二年改爲崇武縣，神龍初復曰高唐。五代梁曰魚丘縣，後唐復舊。晉曰齊城縣，漢復曰高唐縣，宋因之。元爲高唐州治，明初省。

魚丘山，在州東。其狀如魚，五代梁改縣名魚丘，以此。又州城東北有玉岡，亦謂之高唐山。

漯河，州西二里。舊自清平縣流入境，今湓涸無常。水經注：「漯水經高唐東，下流至千乘入海。」○鳴犢河，在州南三十五里。舊自博平縣流入境，今涸。又州東南三十里有熙河，東北流入禹城界，今亦涸。或以爲即屯氏故河。

馬頰河，州西二十里。志云：即禹貢九河之一也。爾雅以爲上廣下狹，狀如馬頰，因名。亦名舊黄河，自北直開州流經朝城縣及莘縣、堂邑、觀城、清平縣界，又歷夏津縣南至州境，東北逕恩縣、平原、陵縣、商河、樂陵入海。今故道尚存。

唐公溝，在州東門外。成化中屢有水患，知州唐楨因東北地下浚溝注之，水患遂息，因名。○爵堤，在州西二十里。

舊築堤於此，以禦馬頰河之泛溢，俗呼其地爲馬灣。曹魏時平原與清河爭爵堤，久不能決，冀州牧孫禮按圖，堤當屬平原，兩郡之界遂定。

魚丘驛。在州治東。明初置馬驛於此。又州境舊有平原驛，今革。

恩縣，州北七十里。西至北直清河縣百三十里。春秋時齊之貝丘地，漢爲清河郡之東陽縣地，晉爲東武城縣地。隋開皇十六年置歷亭縣，屬貝州。唐因之。宋屬恩州，金徙州治此。元因之，以州治歷亭縣省入。明初降州爲縣，又改今屬。編户三十七里。

歷亭城，縣西四十里。隋置縣於此，金爲恩州治，明初爲恩縣治。洪武七年徙縣治許官鎮，即今治也。宋白曰：「歷亭縣之地，自後魏至高齊皆爲鄃縣地，隋始置縣於永濟渠南，遥取漢信都廢歷縣城爲名。」唐武德四年，劉黑闥舉兵漳南，陷鄃縣及歷亭是也。六年移貝州治此，八年州復還舊治。萬歲登封初移縣治盤河，去信都廢歷縣城七十里，尋復舊。天祐三年，魏博牙將史仁遇作亂據高唐，朱全忠時營於魏州，召行營兵於樂壽，至歷亭，進攻高唐克之。宋仍爲歷亭縣治。通志「縣南二十里有金完顏右丞故城」，今廢爲興福寺。

東陽城，在縣西北六十里。春秋時晉地。左傳昭二十二年：荀吴略東陽。又趙勝率東陽之師以追齊是也。戰國時爲衛地，後屬趙。戰國策：「國子曰：『兼魏之河南，絶趙之東陽，則趙、魏亦危矣。』」又韓非謂應侯：「弛上黨以臨東陽，則邯鄲口中蝨也。」史記趙世家：「惠文王十八年，王再之衛東陽，决河水，伐魏氏，大潦，漳水出。」王氏曰：「自漢以前，東陽大抵爲晉太行山東地，非有城邑也。楚、漢之間始置東陽郡。」漢置東陽縣，屬清河郡，後廢。

隋開皇六年分棗强、清平縣地復置東陽縣，屬貝州。十八年改爲漳南縣。大業十一年竇建德起兵漳南，既而劉黑闥復舉兵於此。唐仍屬貝州，宋因之，至和中省縣爲鎮。宋白曰：「漳南，以地居漳水南也。」金人疆域圖：歷亭縣有漳南鎮，四望平坦，中有高阜，水環其下，即漳水云。

西山，縣西四十里。有巖壑之勝，舊縣遺址在焉。或曰即紫微山也。唐天寶初清河人崔以清妄言見玄元皇帝，云藏符在武城紫微山，即此。

衛河，縣西北五十里。自武城縣流經此，又北歷北直故城縣而入德州界。宋開寶六年，御河決於歷亭。政和五年於恩州增修御河東堤，以防泛溢云。○馬頰河，在縣東南。自高唐州東北流經此。今涸。又有津期河，在縣南二十里。溢涸無常，東流合於馬頰河。

高雞泊，在縣西北。舊爲漳水所匯，廣袤數百里，葭葦阻奥，可以避兵。隋大業九年竇建德使其黨孫安祖入高雞泊，爲羣盗。十二年高士達據高雞泊，隋將楊義臣破斬之。唐中和中宰相王鐸自義成徙鎮義昌過魏州，魏博節度使樂彦禎子從訓利其裘馬侍妾，伏兵於漳南高雞泊，殺鐸而取其資。今夷爲平陸矣。

白馬鎮。縣西十五里。志云：唐置鎮於此，亦曰白馬營。又漳南鎮北五里有張家橋，爲北直棗强、故城二縣之通道。○四女樹鎮，在縣西北五十里衛河東岸。相傳有四女守貞不嫁，共植一槐於此。今爲往來通道。又太平馬驛，舊在縣北五里，今移縣南。

夏津縣，州西五十里。西南至大名府百五十里。漢置鄃縣，屬清河郡，後漢及晉、宋因之。後魏初屬平原郡，尋改屬南清河郡。後齊廢。隋復置，屬貝州。唐因之，天寶初改縣曰夏津。五代漢改屬大名府，宋、金因之。元初屬東平路，尋改屬高唐州。今編户三十一里。

鄃縣城，縣東北三十里。漢縣治此，吕后封吕陀爲侯邑，又文帝封欒布爲鄃侯。武帝時復爲武安侯田蚡食邑。史記河渠書：「蚡爲丞相，其奉邑食鄃。鄃居河北，河決而南則鄃無水灾，邑收多。蚡言於上，久之不事復塞也。」後漢光武亦封馬武爲鄃侯。其後隋置鄃縣，亦仍舊治。唐武德四年劉黑闥起兵據漳南，陷鄃縣，即此。天寶以後，縣罹水患，移縣治孫生鎮，在今縣北四十里。後復徙今治，謂廢縣曰新縣店。

衛河，縣西南四十里。自臨清州流入，又北入武城縣界。又馬頰河，在縣東三十里。自清平縣流入境，又東入高唐州界。寰宇記：「縣東三十六里有潤河枯瀆。」

屯氏故河，寰宇記：「在縣北，東流入高唐州界。」又縣有河曲，或曰即屯氏河之曲也。隋大業七年鄃人張金稱聚衆河曲，即此。新唐書謂之河渚。

裴家圈。縣西南四十里。衛河所經，爲往來津要，置巡司於此。

武城縣，州西北百二十里。北至北直故城縣六十五里，西至北直清河縣六十里，西南至臨清州六十里。本漢東武城縣地，屬清河郡。後魏爲武城縣地。隋開皇初改武城爲清河縣，别置武城縣於此，仍屬貝州。唐因之。宋屬恩州，元屬高唐州。今編户二十里。

武城故城，縣西四十里。舊志：隋置縣於古夏城，唐調露初移治永濟渠西。建中初朱滔入魏境，與田悦相攻，拔武城以通德、棣二州，使給軍食。朱梁乾化二年鎮冀將王德明掠武城至臨清，尋爲魏博帥楊師厚所破。宋大觀中衛河決，始移今治。

候城廢縣，在縣西北。後魏置縣，屬清河郡，後周省入武城縣。又縣有陽鄉城，應劭曰：「東武城東北三十里有陽鄉。」故縣也。後廢。

衛河，在縣西一里。自臨清州及夏津縣流入境，又東北流入恩縣界。宋熙寧三年議開御河，臣僚奏於恩州武城縣開約三十餘里，入黄河北流故道，下五股河是也。元泰定三年修夏津、武城堤三十三所，蓋運河經兩縣間，即衛河堤矣。

一字河，在縣西。河防志：「黄河舊經縣境。金明昌五年河犯武城堤，泛及金山，明年鑿新河，修石岸十四里有奇以塞之。元時河自河南原武縣決而東南，此河遂絶。」金山，或云在縣東北。○沙河，在縣東南十五里。又縣西北五里有蔡河，又西北二十里曰黄蘆河，又西北四十里曰五溝河。舊志：縣地卑土淖，一遇水潦，四境盡爲洿池。金末蒙古綱奏：「恩州武城縣艾家凹水濼、清河縣澗口河濼，其深一丈，廣數十里，因其地形，少加浚治，足以保禦。請徙州民其中，多募義軍以實之云。」

甲馬營。縣東北二十五里，置巡司於此。又有甲馬營水驛及甲馬營遞運所，爲津途衝要。

濮州，府西南二百里。東至兖州府東平州百八十里，南至兖州府曹州百里，西南至河南開封府三百十里，西至北直開州百二十里，西北至北直大名府一百七十里。

古顓頊氏之墟，春秋時衛地，秦屬東郡，漢屬濟陰郡。後漢末兖州治鄄城，即此。晉析置濮陽國，兼置兗州，領郡國八，理於此。後魏爲濮陽郡，後周因之。隋初郡廢，尋置濮州。大業初州廢，以其地分屬東郡、東平、濮陽三郡。大業末李密復置濮州，王世充因之。唐仍置濮州，天寶初改爲濮陽郡，乾元初復爲濮州。宋因之。亦曰濮陽郡。金仍曰濮州，屬大名府。元亦曰濮州。初屬東平路，後直隸省部。明初以州治鄄城縣省入，改屬東昌府。編户三十六里。領縣三。

州指揮相、魏，顧盻汴、宋，當走集之郊，爲四戰之地。戰國時樂毅伐齊，命左軍循河屯阿、鄄之間，阿謂東阿，鄄即鄄城也。以連魏師。黄歇説秦昭王，所謂「割濮磨之北，絶齊、秦之要」者。濮磨，徐廣曰：「濮水旁地名。」後漢末，吕布與曹操争兗州，時州治鄄城。惟鄄城、范、東阿不下，布卒敗遁。五代時晉王存勗與朱梁争於澶、濮之間，梁之河南遂不可保。州亦戰守要地矣。

鄄城廢縣，州東二十里。春秋時衛邑。莊十四年，齊桓公會諸侯於鄄。十五年，復會於鄄。又十九年公子吉及齊侯、宋公盟於鄄。襄十四年，衛獻公如鄄，出奔齊。哀十七年，晉伐衛，衛人出莊公而與晉平，既而衛侯自鄄入是也。戰國時爲齊邑。威王八年趙伐齊，取鄄。宣王八年，與魏惠王會於鄄。又王建末，即墨大夫謂三晉大夫不便秦而在阿、鄄之間者也。史記趙世家「成侯十年攻衛取鄄」，即此。漢置鄄城縣，屬濟陰郡。鄄讀絹。後漢末爲兗州治。曹操創業於此。曹植初封鄄城侯。晉亦爲鄄城縣，屬濮陽國。水經注：「鄄城在河南岸十八里，河上之邑，最爲峻固。」晉八王故事：「東海王越治鄄城，城無故自壞七十餘丈，越惡之，徙治濮陽。」永嘉四年石勒自白馬渡河，襲鄄城，殺兗州刺史袁孚。永和中慕容儁置東郡於此。苻秦亦爲兗州治。太元九年劉牢之攻苻秦兗州刺史張崇於鄄城，崇棄城走。牢之據鄄城，河南城堡皆來歸附。十一年丁零翟遼叛據鄄城，十五年牢之擊走之。後魏亦爲濮陽郡治。隋開皇初郡廢，十六年置濮州治焉。大業初州廢，縣屬東平郡。後李密復置濮州治此。自唐以後，皆爲州郡治。明初省縣入州。正統末州城爲河所圮，景泰二年徙州於王村，即今治也。城周七里有奇。

臨濮城，州南七十里。或曰即古城濮地。春秋僖二十八年「晉文公敗楚人於城濮」，即此。漢爲城陽縣地，隋開皇十六年析置臨濮縣，大業初省入雷澤縣。唐初復置，屬濮州。宋因之，金廢爲臨濮鎮。或謂之小濮。蒙古忽必烈南侵，嘗駐兵於小濮，即此。又長城廢縣，亦在州南。舊唐書：「武德四年析臨濮置長城縣，明年復并入焉。」是也。

雷澤城，州東南九十里。漢城陽縣地，隋改置雷澤縣於此，屬鄆州。唐屬濮州，宋因之，金省爲鎮。舊唐書：「武德四年析雷澤置廪城縣，貞觀八年仍省入焉。」〔六〕城陽，今見曹州。

洮城，州西南五十里。春秋時曹地。僖八年，齊桓公盟諸侯於洮。後屢爲會盟之所。三十一年，晉文公分曹地，自洮以南，東傅於濟，即此。亦曰桃城。水經注：「瓠子故瀆又東逕桃城南。」亦曰姚城，因姚墟而名也。援神契：「舜生姚墟。」應劭曰：「姚墟與雷澤相近，世稱爲姚城。」志云：姚墟在州東南九十里。又括地志：「鄄城東北十五里有堯城，相傳唐堯所居。」通志：「堯城在州東南三十五里。又州東二十里有偃朱故城，相傳丹朱邑也。」今名朱家阜。

歷山，州東南七十里。相傳舜耕處。水經注：「雷澤西南十許里有小山，孤立峻上，亭亭桀峙，謂之歷山。澤東南有陶墟，郭緣生述征記謂舜耕陶所在也。志云：歷山之東有再熟、成都二鄉，蓋取一種再熟，三年成都之義，皆因雷澤而傳訛矣。又有箕山，在州東五十里，俗訛爲許由辭位避居處。

青山，州東三十里。其山已夷，下有青山崮，居民依焉。又東北則岡阜連屬，皆青山支脈也。志云：州治東北三里曰杏花岡，與青山聯屬。又有項城阜，在州南三十里。相傳項梁嘗屯兵於此。史記：「秦二世元年，項梁破章邯於東阿，追至濮陽，大破之。」是也。

馬陵，在州東北。虞喜志林：「鄄城東北六十里有馬陵，澗谷深阻，可以伏兵。」史記：「馬陵道陿，而旁多阻險是也。孫臏伏弩殺龐涓於此。」今詳見北直元城縣。

黄河，志云：州治東南三十里，地名紅船口，即黄河故道也，與鄆城縣接界。明朝永樂九年疏河流經此，東北入會通河。正統十三年河決於河南滎澤縣東黑陽山，由蒲經澶四十餘里合黄河故道，決於張秋沙灣，泛溢兗、濟，遂奪運道而東，徑流入海，公私大困。詔發東昌、兗州民築塞，景泰七年始復故道。弘治中黄河復決阻運道，因築曹縣之黄陵岡，而東北故流遂絶。今積水澄泓，僅通舟楫，南達鄆、曹諸邑，俗謂之水保河。

瓠子河，州東南七十里。其源自北直之滑縣、開州流入界，此其下流也。史記河渠書：「元光中河決瓠子，東南注鉅野，通於淮、泗。後二十餘載天子自臨決河塞之，作瓠子之歌。」漢志注：「鄄城南有瓠子堤。」州志：故黄河自州東南三十里合瓠子河，同注會通河。州南又有金堤，迤東北抵東阿之安平鎮，即漢堤故址也。今瓠子河詳見北直開州。

濮水，州西南七十里。亦自北直開州境流入，左傳哀二十七年「齊師救鄭及濮」，即此水也。應劭曰：「濮水發源陳留，入於鉅野。」衛風所云「桑間濮上」，謂此水也。酈道元曰：「濮水有二源，一上承濟水於封丘，班固所云濮水首受濟者也，東北流右會別濮水；一受河於酸棗，杜預所云濮水出酸棗，首受河者，東至乘氏縣合濟水入鉅野澤。」昔莊周嘗釣於濮水。有釣臺，在州東南九十里。其地亦名蒲汀，濮水所經也。今濟絶河遷，濮水源流不可復攷矣。封丘，今河南開封府屬縣。酸棗，見河南延津縣。乘氏，見曹縣。

胡柳陂，在州西，有土阜相連。五代梁貞明四年，晉王存勗自濮州引兵而西，營於胡柳陂，與梁軍大戰。軍潰，王據高丘收散兵，軍復振。坡中有土山，奪據之，破梁軍於土山西，進攻濮陽，即此。胡氏曰：「陂在州西南臨濮縣界。」地理志：「胡柳陂，濮陽地名。」去陂西十里，有馬軍寨。土人訛爲黄柳陂。濮陽，今北直開州也。寰宇記：「陂在州東北二十里。」恐悮。○雷澤，在州東南。括地志：「雷澤縣郭外西北隅，即故澤也。」鄭玄云：「禹貢雷夏既澤，蓋二水相觸而合入此澤」云。今亦見曹州。

麻家渡，在州東北，昔爲大河所經。五代梁貞明四年，晉王如楊劉，復循河西上，軍於麻家渡。亦曰麻家口。石晉天福九年契丹入犯，自馬家口濟河攻鄆州，命保義帥石贇守麻家口是也。楊劉，見東阿縣。馬家口，見東平州。

盧津關，在州西。舊爲黄河所經。水經注：「鄄城在河南十八里。」河南岸有新城，宋王玄謨前鋒入河所築；北岸有新臺，鴻基層廣，高數丈，衛宣公所築。大河經此，謂之盧關津。臺東又有小城，崎嶇頽側，臺址枕河，俗謂之底閣城，疑即關津都尉治也。唐志：「盧津關一名高陵津。」後唐同光元年，梁以段凝爲大將，營於王村，自高陵津濟河，剽掠澶州諸縣，至於頓丘，即此。宋祁曰：「盧關津在臨黃縣東南。」

瓠河鎮，在州東南。志云：濮州雷澤縣有瓠河鎮。唐景福初朱全忠擊天平帥朱瑄，敗於斗門，屯軍瓠河，即此。○劉橋，在州南。唐光啓三年朱全忠攻濮州，與兗鄆帥朱瑾等決戰於劉橋，瑾等敗走。薛史：「臨濮縣有劉橋。」胡氏曰：「劉橋在曹州乘氏縣東北、濮州范縣西南。」

行臺村，在州東北。梁貞明四年晉王軍於麻家渡，梁將賀瓌等屯濮州北行臺村，相持不戰。五年賀瓌攻德勝南城，爲晉將李建及所敗，退保行臺村。又有景店，在麻家渡東。五代史：「梁、晉相持，晉人立寨於景店，以防津要。」又東北即楊劉鎮云。

潘張村。在州西北，西南距楊村五十里。梁貞明五年與晉軍相持於河上，築壘貯糧於此，爲晉軍所奪。既而王彥章破德勝南城，進攻潘張村、麻家口、景店諸砦，悉拔之，聲勢大振。胡氏曰：「潘張村在大河南岸，河曲津渡處也。」楊村、德勝俱見北直開州。○王村，即今州治。後唐同光四年，指揮使潘環守王村寨，以芻粟數百萬叛附李嗣源於大梁。又州東北有石村。元至正十七年劉福通陷曹、濮及大名、衞輝諸路，詔荅失八都魯擊之，分軍於雷澤及濮州以禦福通，既而軍潰，退東石村，以憂卒，即此。

范縣，州東北六十里。西北至朝城縣六十里。春秋晉大夫士會邑。漢置范縣，屬東郡。晉屬東平國，劉宋仍屬東平郡，後魏時爲郡治。北齊縣廢。隋復置，屬濟州。唐武德二年於縣置范州，五年州廢，仍屬濟州，貞觀八年改屬濮州，宋以後因之。元初屬東平路，尋復舊。今編户十二里。

范城，縣東南二十五里。春秋時屬晉，戰國時爲齊地，孟子自范之齊是也。漢置范縣。後漢興平中曹操擊陶謙於徐，陳留太守張邈以郡迎吕布，兖州郡縣響應。程昱説范令靳允曰：「君必固范，我守東阿，田單之功可立也。」晉縣亦治此。後魏神䴥四年叔孫建攻宋將竺靈秀於湖陸，不克，退屯范城。隋仍置縣於此。唐光啓三年朱全忠與天平帥朱瑄相攻，遣軍圍濮。瑄使其弟罕救濮，至范，爲全忠所敗。全忠遂克濮州，進攻鄆。明初洪武十三年爲河所圮，因徙今治。

廩丘城，在縣東南。春秋時齊邑。左傳襄二十六年：「齊烏餘以廩丘奔晉。」定八年：「公侵齊，攻廩丘之郛。」哀二十年：「公會齊人於廩丘。」二十四年：「臧爲會晉師取廩丘。」史記齊世家：「宣公五十一年，田會以廩丘叛入趙。」趙世家：「敬侯三年救魏於廩丘，大敗齊人。」漢置廩丘縣，屬東郡。後漢屬濟陰郡，三國移兖州治於此。晉屬濮陽國，又兖州亦治焉。永興二年，范陽王虓遣其屬劉琨等擊兖州刺史東平王楙於廩丘，楙走還國。建興初石勒寇鄴，魏郡太守劉演奔廩丘，三年爲石虎所陷。劉宋亦屬濮陽郡，後魏因之。隋屬鄆州，大業初并入鄆城縣。又羊角城，與廩丘城相近，即春秋時齊烏餘襲衛羊角者。杜氏曰：「今廩丘縣西有故城，春秋時廩丘邑也。」縣所治城，春秋時羊角城也。其東北即故高魚城。」水經注：「廩丘縣東南有羊角城。」當據春秋時廩丘邑而言。地理志：「羊角城一名義城，今廩丘廢城地名義東保是也。」高魚，見鄆城縣。

顧城，縣東南五十里。詩「韋、顧既伐」，此即夏、商時顧國也。左傳哀二十一年「公及齊侯、邾子盟於顧」，即此。劉昫曰：「范縣有昆吾城。」唐武德二年置范州，蓋治於此。○中城，志云：在廩丘故城西南。春秋成九年：「城中城。」注以爲即此城也。

卧牛山，在舊縣西北三里。志云：縣南三十里有鳳凰嶺。俱以形似名。

黄河，縣東南七十里。其上流合瓠子河，自濮州流入界，又東北至東阿縣入會通河。亦云水保河。志云：宋漕運故道也。今有水保河巡司，亦在縣東南七十里。

倉亭津，在縣東北。水經注：「河水於范縣東北流爲倉亭津。」述征記：「倉亭在范縣界，東南至東阿六十里，西南至東武陽七十里，大河津濟處也。」後漢光和末，皇甫嵩敗獲黄巾賊帥卜己於倉亭；興平初程昱守東阿，遣别騎扼倉亭津，陳宫來襲，不得渡；建安六年曹操揚兵河上，擊袁紹於倉亭津，破之；晉永和六年，冉閔與後趙將張賀度戰於倉亭：皆此地也。今湮。

大瀦潭，縣東南五十里，即鉅野澤之餘波也。又有黑龍潭，在縣南十五里。

秦亭。縣南二里。杜預曰：「范縣西北有秦亭。」是也。春秋莊三十一年：「築臺於秦。」魏收志東平郡嘗治范縣之秦城，即秦亭矣。志云：縣東北四十餘里有魯西門，舊有石門，高數尺，蓋魯、衛之郊云。

觀城縣，州西北七十餘里。東北至朝城縣四十里，西至北直清豐縣五十里。古觀國，漢爲畔觀縣，屬東郡。後漢更名衛國縣。晉屬頓丘郡，劉宋因之。後魏亦曰衛國縣，隋開皇六年改曰觀城，屬魏州。唐初屬澶州，貞觀十七年省。大曆七年復置，仍屬澶州。宋因之，皇祐初省，四年復置。金屬開州，元改今屬。編户十里。

古觀城，在縣西。古國也。左傳昭元年：「趙文子曰：『夏有觀、扈。』」應劭曰：「此即觀也，夏啓子太康弟所封。」

或謂之斟觀。周顯王元年，齊伐魏，取觀津。高氏曰：「觀邑臨河津，故曰觀津。」竹書：「梁惠成王二年，齊田壽帥師伐趙，圍觀，觀降。」漢置畔觀縣。後漢建武三年改封周後姬常於此，曰衛國，因爲衛國縣。隋改置於今治。

臨黄城，在縣東南。漢畔觀縣地，後魏析置臨黄縣，屬頓丘郡，北齊省，隋復置，屬魏州。唐初屬莘州，貞觀初州廢，縣屬魏州，大曆七年改屬澶州。宋因之，端拱初省入觀城縣。又河牧城，亦在縣境。後漢志衛國有河牧城，是也。隋開皇十六年置河上縣於此，大業初省入臨黄。○瓦屋城，在縣南三十里。寰宇記：「春秋隱八年『宋公、齊侯、衛侯盟於瓦屋』，即此處。」按左傳：「齊侯卒平宋、衛於鄭，會於温，盟於瓦屋。」温在河内，則瓦屋不在東郡明矣。杜預曰瓦屋周地，寰宇記悮也。

故黄河，在縣南。舊自北直開州流經境内，入朝城縣及濮州界，石晉開運三年河決澶州臨黄是也。今湮。○黄溝，亦在縣南。志云：西自北直開州境流入，溝側有山，支水出焉。東入虎掌溝，又東南入於黄河，臨黄縣以此水而名。又有龍潭，在縣東南。志云：縣有龍淵宫，漢武時河決於此，因築此宫。今廢。

高陵關。縣東南八十五里，即盧津關也。舊屬臨黄縣，亦曰高陵津，其地與濮州分界。今詳見濮州。

朝城縣，州北九十里。北至莘縣五十五里，西北至北直大名府八十里，西南至北直清豐縣百里。春秋時衛之東鄙也。漢置東武陽縣，屬東郡，後漢因之。魏、晉俱屬陽平郡。後魏改曰武陽縣，仍屬陽平郡。北齊廢。後周復置，屬魏州。隋開皇十六年改屬莘州，大業初屬武陽郡。唐初屬魏州，尋屬莘州，貞觀初復屬魏州，十七年縣省。永昌初置武聖縣，開元七年改曰朝城縣，仍屬魏州。元和中改屬澶州，尋復舊。天祐三年復曰武陽縣，未幾復曰朝城縣。宋仍屬澶州，金屬大名府，元屬東平路，尋屬濮州。今編户二十六里。

東武陽城，在縣東南。漢縣治此。後漢初平二年袁紹表曹操爲東郡太守，治武陽。三年黑山于毒等攻東武陽，操自頓丘西入山擊毒等本屯，毒引却。後臧洪爲東郡太守，亦治東陽。袁紹圍洪，洪死之。今圍郭尚存，環水匝隍。晉永嘉初，兗州刺史苟晞破盜汲桑於東武陽是也。升平二年泰山太守諸葛攸攻燕東郡，入武陽，尋敗還。太和四年桓温伐燕，引舟師自清入河，軍於東武陽。後魏曰武陽縣，隋因之。唐曰朝城。五代梁開平五年晉將周德威攻博州，拔東武、朝城。又貝州奏晉兵侵東武，蓋因故東武陽城而名也。貞明五年晉王存勗敗於朝城，視河冰甚堅，遂渡河攻梁，緣河諸寨，悉陷之，遂進攻楊劉。後唐同光初唐主伐梁，引兵屯朝城，即故縣也。蓋宋時遷於今治。

故朝城，縣南十七里。志云：春秋時齊桓公帥諸侯朝周，會於此，因有朝城，唐因以名縣。舊唐書：「昌樂縣有故朝城，唐改置縣於此。」通志「唐開元中置朝城，在今縣西四十里。宋明道二年以河圮，移縣治社婆鎮，即今治」云。又有古殷城，舊唐書：「在朝城縣東北十二里，隋元城縣治此。」元城，今爲北直大名府治。

冠石山，縣東南七十里。昔時連亘數百步，今土阜僅存。

黄河，縣東南二十里。自觀城縣流入，故道所經也。五代梁貞明四年，晉王存勗自朝城引軍，乘冰堅渡河，拔梁楊劉寨。石晉開運三年，河决楊劉，西入莘縣，自朝城北流是也。今涸。志云：縣西北舊有馬頰河。

漯河，在縣西南，北流入莘縣界。史記河渠書：「河自積石、龍門，至於大伾。禹以爲水所從來者高，水湍悍，難以行平地，數爲敗，乃厮二渠以引其流。」孟康曰：「二渠，一出貝丘西南南折者也，一則漯川也。」貝丘河，自王莽時其流已塞，惟用漯川耳。漢書：「漯出東武陽，東北至千乘入海，過郡三，行千二十里。郡三，東郡、平原、千乘也。」風俗記：「漯水東北至千乘入海，河盛則通津委海，水耗則微涓絶流。又穆天子傳：天子東征，釣於漯水，又食爲於漯水之上。」水經注：「河水又東北入東武陽縣北，漯水出焉。」宋張洎曰：「禹於貝丘疏二渠以分大河水勢，一渠自武陽東引入漯水，一渠疏畎引傍西山」云。今陵谷變遷，漯水無復故道。貝丘，見北直清河縣。

金蓮陂。在縣治西。或以爲漯水之源也。志云：縣北有二陂，相傳爲武水發源處。縣本名武陽，以此。酈道元曰：「武水即漯水之別名。」

校勘記

〔一〕湄河出濮南黄河　「濮」，底本原作「漢」，今據職本、鄒本改。

〔二〕齊世家　下所引見史記卷四六田敬仲完世家，非齊世家語。又「魏伐齊，至博陵」，史記作「晉伐我，至博陵」。

〔三〕晉王引大軍自晉陽東下與存審會於臨清　「存審」，底本原作「存勗」，存勗即晉王，晉王會晉王，文理不通，此必有誤。鄒本作「存審」，舊五代史卷二八唐書莊宗紀亦云：「帝命馬步副總管李存審自趙州帥師屯臨清，帝自晉陽東下，與存審會。」則底本「存勗」乃「存審」之誤，今據鄒本改。

〔四〕轉而東直抵夏津　底本「直」下原有「隸」字，今據職本、鄒本删。又，職本「東」作「東北」。

〔五〕領縣三　底本原脱「縣」字，今據職本、鄒本補。

〔六〕貞觀八年仍省入焉　舊唐志卷三八雷澤縣下所記與此相同，然濮州序乃云：「武德四年置濮州……八年，廢昆吾、永定、廩城三縣。」則廩城廢入雷澤是在武德八年，而非貞觀八年。舊唐志鄄城、濮陽二縣下昆吾、永定之廢均在武德八年，新唐志卷三八、寰宇記卷一四亦云廩城廢於武德八年，蓋舊唐志雷澤縣下衍「貞觀」二字，本書又因而誤也。

讀史方輿紀要卷三十五

山東六

青州府，東至萊州府三百十六里，東南至海五百里，南至兗州府沂州四百四十六里，西南至兗州府四百二十里，西至濟南府三百二十里，東北至海百八十里，自府治至京師千里，至布政司見上。

禹貢青州地，春秋、戰國爲齊地。秦置齊郡，漢因之，又分置北海郡。後漢爲齊、北海、樂安三國地。後漢青州理臨菑。永嘉末陷於石勒，後趙冉閔之亂，段龕據此，尋爲燕慕容恪所陷。其後南燕慕容德建都於此。南燕於廣固置燕都尹，義熙五年劉裕滅之。宋仍爲齊郡，兼置青州，劉裕初平南燕，置北青州，治東陽，以廣陵有南青州也。後省南青州，而北青州直曰青州。今詳見州域形勢。後魏及後周因之。隋初郡廢州存，煬帝復改置北海郡。唐復曰青州，天寶初亦曰北海郡，乾元初復故，尋曰平盧軍節度。五代因之。宋仍曰青州，亦曰北海郡。淳化五年改軍名曰鎮海軍，慶曆三年置京東東路於此。金曰益都府，元爲益都路，明初改曰青州府。領州一，縣十三。

府憑負山海，利擅魚鹽。班固曰：「臨淄，海、岱間一都會也。」蓋自太公建國以來，齊往往稱雄於天下，歷漢及晉，未始不以臨淄爲三齊根本。後燕之亡也，潘聰説慕容德曰：

「青、齊沃壤，號曰東秦。土地二千里，四塞之固，負海之饒，可爲用武之國。廣固城曹嶷所築，山川險峻，足爲帝王都。若得其地，閉關養鋭，伺隙而動，此今日之關中、河内也。」蓋德用其説，遂復據有三齊。劉宋垣護之曰：「青州北有河、濟，又多陂澤，非敵所向。」蓋謂地險足恃也。宋樂史曰：「營丘東道之雄，號稱富衍，物産尤盛。」蓋太公由之以興，管仲用之而霸，山東之國，齊爲最强，地利然矣。

益都縣，附郭。古臨淄地，漢置益縣，屬北海郡。後漢屬樂安國。三國魏嘗置益都縣，屬齊國，晉省。劉宋復置益都縣，屬齊郡，後魏因之。隋爲北海郡治，自是州、郡皆治此。今編户二百六十七里。

益都城，在今城北。漢武封淄川懿王子胡爲益都侯，邑於此。後并入益縣。三國魏復置益都縣，晉改置利益縣，屬樂安郡。劉宋復置益都縣。志云：故益都城在今壽光縣北，北齊始移治齊郡城北，隋因爲青州治。今城亦曰南陽城。宋武帝克慕容超，夷廣固城，以羊穆之爲青州刺史，穆之乃築城於陽水北，名曰東陽。其後復築城於陽水南，名曰南陽。蓋府城舊有二城，其北城即羊穆之所築東陽城也。永初末刺史竺夔守此，後魏攻圍數月不拔。泰始二年刺史沈文秀舉兵應晉安王子勛，旁郡皆起兵應建康，合攻東陽，爲文秀所敗。既而文秀歸順，仍守東陽，後魏將慕容白曜攻圍三年，無救而陷。魏人亦爲青州治。普泰初崔祖螭聚衆圍東陽，刺史王貴平拒却之是也。括地志：「東陽郡治東城也。」曾肇曰：「東陽府治北城，隋築益都城，東陽并入焉。」齊乘曰：「府城爲南陽城，其北爲東陽城，東西長而南北狹，兩城相對，抱水如偃月，因水以爲隍，因崖以爲壁。」蓋古合兩城爲一，宋時兩城故址猶存，靖康兵燼，入金始并於南城。明朝洪武三年因舊址甃以磚石，環城爲池。十一年建齊藩，復因東陽城故址修築土城，尋以國除而止。今府城周十三里有奇。

廣固城，府西北八里。志云：漢、魏以來青州並治臨淄，晉永嘉末劉聰將曹嶷爲青州刺史，欲竊據東方，以臨淄城大難守，乃於堯山南三里築此城，名曰廣固。以城旁有澗甚廣，因以爲名也。太寧初後趙石虎攻克之，仍置青州鎮焉。隆安三年慕容德據此，其城四周絶澗，阻水深隍，德又於其中築内城，亦曰小城，慕容超名廣固内城南門曰天門是也。義熙五年劉裕攻廣固，克其大城，超入保小城。裕築長圍守之，及城下，遂夷其城隍而改築東陽城，爲青州治云。九域志：「廣固城即古樂安城，在益都縣西四十里。」似悮。○廣縣城，在府西南四里瀑水澗側。漢縣，屬齊郡。後漢屬齊國，晉屬東莞郡，劉宋屬濟南郡，後廢。志云：後魏嘗置青州於此，土人亦目爲古青州。

柳泉城，在縣西。漢縣，屬北海郡，宣帝封膠東戴王子彊爲侯邑。後漢省。晉隆安三年慕容德攻廣固，幽州刺史辟閭渾遣司馬崔誕戍薄荀固，平原太守楊豁戍柳泉，誕、豁皆降於德。胡氏曰：「薄荀，人姓名，因以名固，亦在益都西境。」

雲門山，府南五里。一名雲峰山。山麓爲花林疃。其上爲大雲頂，中有通穴如門，可容百餘人，遠望如懸鏡。旁有黑龍洞及石井，又有水簾洞在其陰。或謂之劈頭山，以與劈山相接也。志云：劈山在雲門山東南。石壁自頂開裂，二峰屏峙，高插雲霄，遠望如刀劈狀，亦謂之劈裂峰。其南曰八仙臺，臺之阿有皇化寺，今爲廣福寺。

堯山，府西北八里。三齊記：「堯巡狩時所登也。山南有二水，名東、西丹水。廣固城在其南。」○駝山，在府西南八里，雲門之右，以形似名。山陰有龍湫。又龍山，在府西二十里。有二山，俱蟠曲如龍形。又石膏山，在府西南二十五里，以石色潤澤如膏也。南陽水出焉。志云：府西二十五里有九迴山。迴亦作「會」。俗名九扈山，北陽水出於此。

香山，府東四十五里。孤峰獨聳，絶頂有泉，冬夏不竭。山南又有龍女泉。元和志謂之箕山，齊乘以爲琪山也。自山而南而西，有羣山聯屬，直接顔神鎮。志云：郡境諸山多在西南，東郊平原百餘里，惟香山童然特峙云。

冶嶺山，在廣固城西南。山麓有五龍口，北陽水所經也。劉裕伐南燕，南燕嬰城拒守，經時不拔，河間人玄文説裕曰：「昔趙攻曹嶷，望氣者以爲：『澠水帶城，非攻可拔，若塞五龍口，城當自下。』石虎從之而嶷降。後五日大雨，雷電震開。慕容恪攻段龕，十旬不拔，塞口而龕降，無幾雷復震開。今宜仍舊修塞。」裕從之，超及城内男女悉皆脚弱，病者大半，城遂下。或曰冶嶺蓋堯山别阜也。

南陽水，在城北。源出石膏山，東北流經廣縣故城西，又東北有石井水注之，又北而東貫益都南北兩城間，東合建德水入巨洋水。或誤爲南洋水。元至正二十年察罕圍益都，遏南洋河以灌城，即是水也。水上有南洋橋，在城北門外。

北陽水，在城西。源出九迴山，東北逕五龍口，又北逕廣固廢城，又北逕堯山東，至東陽城北，又東北逕石槽城，又北至樂安合女水，又東北入巨淀。一名濁水，又名長沙水，亦謂之澠水。水經注：「淄水合濁水，濁水東北逕廣固城西亦曰澠水。」石趙攻曹嶷於廣固，望氣者謂澠水帶城，非可卒拔。南燕慕容超末，河凍皆合，而澠水不冰，超惡之。其臣李宣曰：「澠水無冰，良由逼帶京城，近日月也。」超悦。既而劉裕來攻，議者謂塞五龍口，城必當陷，塞之果驗。又此水時有通塞，劉宋及元魏太和中水嘗竭而復流。古諺云「澠水不冰，瘦馬不渡」，蓋謂此水。亦誤爲北洋水。元末擴廓圍益都，築長圍，決洋水灌城，即南陽、北陽二水矣。

淄水，府西五十里。源出萊蕪縣原山，東北流經縣界而達於臨淄，至樂安、壽光縣入海。禹貢「濰、淄其道」，此淄水也。漢志：「淄水出原山，〔一〕東至博昌入泲。」今淄水出顏神鎮東南二十五里岳陽山東麓，東北流逕萊蕪谷，又北逕長峪而東流，聖水入焉；又東北逕牛山折而北，天齊淵水入焉；又北漸臨淄東城，又東北逕安平故城北，又東北逕樂安縣東南，壽光縣西，又北入巨淀注馬車瀆，合時水入海。淄多伏流，潦則薄崖，涸則濡軌而已，俗謂之「九乾十八漏」。晉書「永和十二年，燕慕容恪引兵擊段龕，未至廣固百餘里，龕帥衆逆戰，恪大破之於淄水」，即此。

瀰水，在府東北。源出臨朐縣沂山西麓。瀰一作「洱」。又國語謂之具水，〔二〕袁宏以爲巨昧，王韶以爲巨蔑，或曰朐瀰，或曰巨沫，實一水也。又後漢書以爲鉅昧，後魏書以爲洰液。自沂山而東北，經臨朐縣東南，熏冶泉入焉；又東經覆釜山，又北經委粟山，又東北合逢山石溝水；又北經府城東北，建德水合南陽水入焉；又東北，康浪水入焉；又北逕壽光縣東，又東北下黑冢泊入海。亦謂之巨洋水。漢志「洋水出石膏山」，蓋悮以南陽水爲洋水也。

孝婦河，在顏神鎮南三里。其地亦名秋口。志云：孝婦河本名龍水，亦曰籠水，又名孝感泉。水經注：「龍水南出長城中。」今顏神鎮有孝婦祠，祠下即古齊築長城處也。西逕萊蕪山陰，北入濟南府淄川縣界。今詳見濟南府鄒平縣。○七里河，在府南。源出劈山之陰。又有石井水亦出劈山，流經廢廣縣城東，七里河流合焉，經府城南又東北入南陽水。又城西有石子澗，流合石井水。

顔神鎮，府西南百八十里，接萊蕪、淄川二縣界，以齊孝婦顔文妻居此而名。地宜陶，又産鉛及煤，居民稠密，商旅輻至，設巡司及税課局於此。輿程記：「鎮北去淄川縣三十里，西南去章丘縣百里。」嘉靖十七年山寇作亂，專設通判一員駐劄。三十七年築城於此，爲守禦之備。○金嶺鎮，在府西北七十里，西南去淄川縣五十里，接境處也。有金嶺馬驛。又府城北有青社馬驛。舊青社、金嶺皆置遞運所，今革。

青石岡，在顔神鎮西南。兩山壁立，連亘數里，南走淮、徐之道也。又石棚砦，在府西南山谷間。明朝永樂中妖婦唐賽兒作亂，保據於此。○洰掖戍，在府東北瀰水上。後魏書：太和十六年，青州洰掖戍獲白雉一頭，時以爲瑞云。

石樓。在府西。唐天復三年，朱全忠將朱友寧攻王師範，拔臨淄，進攻青州。師範帥登、萊兵拒之於石樓，爲兩栅。友寧進攻，師範奮擊敗之，斬友寧，逐北至米河。米河即巨沫水也。時汴兵蓋南趣臨朐，故師範追之於巨沫水上。○好石橋，在府西南。元末察罕遣軍破益都賊將毛貴於此。

臨淄縣，府西北三十里。西至濟南府淄川縣九十里。古齊都也。齊獻公自薄姑徙臨淄，即此。漢置臨菑縣，〔三〕爲齊郡治。後漢爲齊國治，又青州亦治此。晉、宋及後魏因之。後齊以齊郡治益都，臨菑廢入焉。隋開皇十六年復置臨淄縣，屬青州，唐、宋因之。元至元三年省入益都縣，十五年復置。今編户六十一里。

齊城，在縣城北。亦曰齊國。城址周四十里，自齊獻公以下皆都此。齊記：「古齊城周五十里，有十三門。其西曰雍門。」左傳襄十八年：「晉及諸侯伐齊，伐雍門之萩。己亥，焚雍門。」哀十三年：〔四〕「陳恒殺闞止，大陸子方出雍門奔衞。」戰國策：「孫子説田忌『輕車鋭卒衝雍門』」。又齊王建入朝秦，雍門司馬入諫是也。説苑：「韓娥東至齊，乏糧，過雍門，鬻歌於市。其南曰稷門。昭二十二年，莒子如齊涖盟，盟於稷門之外。戰國策「談説之士會於稷下」，蓋齊人於稷門立學舍也。史記：「齊宣王喜文學遊説之士，是以齊稷下學士復盛，且數百千人。」荀卿嘗爲稷下祭酒。鄭玄曰：「稷下生齊人，亦號曰棘下生也。」其西南曰申門，門外有申池。文十八年，齊懿公游於申池，邴歜、閻職二人弑公，納諸竹中。襄十八年，晉伐齊，焚申池之竹木。杜氏曰：「齊城無池，惟南城西門有池，門因以池名。」又晉書「慕容德宴庶老於申池」，左太冲以爲昭華池也。西北有揚門。襄八年，范鞅門於揚門。又州綽門於東閭。杜預曰：「揚門，齊西門；東閭，齊東門也。」又東南門曰鹿門。昭十年，國人追敗欒施、高彊於鹿門，遂來奔。括地志以爲武鹿門。此古門之可考者也。又有郭關，則齊郭門也，田氏殺闞止於郭關是矣。其章華東門，則齊宫門也。湣王二十六年蘇代自燕入齊，見於章華東門是矣。秦滅齊，因故城置齊郡。其後項羽封田都爲齊王；漢有天下，封庶長子肥爲齊王；皆即故城都焉。所謂臨淄十萬户，天下之雄國也。景帝時七國反，齊獨以臨淄拒守。後漢初爲張步所據。建武五年耿弇討步，拔臨淄而守之。步引兵至臨淄東，將攻弇，弇先出淄水上，遇步前軍，恐挫其鋒，令步不敢進，乃引歸小城，陳兵於内，分兵陳於城下，直前會戰。弇升王宫壞臺望之，鋒既交，乃自引精兵橫突步陣，大破之。帝亦尋至臨淄勞軍。蓋臨淄有大城，又有小城也。魏、晉以來，皆承舊制，永嘉喪亂，始漸衰耗。今縣蓋隋所改置，在故城西南，但其城歷代完毁不一，今僅有土垣，周不及四里而已。

安平城，縣東十九里。本齊邑。史記齊世家：「平公割齊安平以東爲田氏封邑。湣王末燕師入齊，齊田單走安平，既而齊襄王封田單爲安平君是也。」漢置東安平縣，屬淄川國。應劭曰：「博陵有安平，故此加東。」後漢改屬北海國，宣帝封王舜爲侯邑，又世祖封淄川王子茂爲安平侯。晉改屬齊國。後魏曰安平縣，仍屬齊郡。北齊廢入臨淄。唐武德四年復置安平縣，屬青州，八年廢。志云：城内有石槽，俗因謂之石槽城。

西安城，縣西三十里。或曰春秋時之渠丘也。昭十一年，楚申無宇曰：「齊渠丘實殺無知。」杜預曰：「渠丘，今西安也。齊大夫雍廩邑，北距時水。」漢置西安縣，屬齊郡。武帝封李朔爲軹侯，食邑西安。後漢建武五年耿弇討張步，步使其弟藍將精兵守西安，以諸郡兵守臨淄，相距四十里。弇進軍畫中，居二城間。弇視西安城小而堅，藍兵精，臨淄雖大，實易攻，乃佯言攻西安，而襲攻臨淄拔之。藍懼，棄西安走劇。晉仍屬齊國，劉宋及後魏屬齊郡，北齊廢。○重合城，在縣北。劉宋泰始中僑置渤海郡，治重合縣，後魏因之，高齊廢。魏收曰：「重合，故臨淄地也。」

畫邑城，〔五〕縣西北二十里。齊邑也。孟子去齊，宿於畫。又樂毅伐齊，聞畫邑人王蠋賢，即此。後漢耿弇攻張步，進軍畫中。章懷太子曰：「即畫邑也，以畫水而名。」○時水城，在縣西北三十里。劉宋置高陽縣，後魏因之，隋開皇十六年析高陽置時水縣，大業初俱廢入臨淄。唐武德四年復置時水縣，屬青州，八年廢。今高陽見高苑縣。又索頭城，在縣東南二十里女水之南。相傳後魏將慕容白曜攻宋青州刺史沈文秀於東陽，因築此城，南人呼魏人爲索頭也。

牛山，縣南十里。齊景公登山流涕處，孟子所云「牛山之木嘗美」者。徐幹齊都賦云「牛嶺鎮其南」，謂此。其相接者曰蒐頭山，一名駝頭山，又名鼎足山，晉書載記「慕容德北登社首山，東望鼎足」者也。上有齊桓公及管仲冢。又桓公女亦葬焉，女水出於此。括地志：「鼎足山一名牛首堈，在縣東十五里。」又縣南十五里有狃山，詩所云「遭我乎狃之間」者。漢志作「巙山」。又有南郊山，在縣東南十五里。下有天齊淵。一名南野山。○稷山，在縣西南十三里。上有稷祠。或曰齊稷門、稷下之名以此。又縣西二十里有愚公山。山北爲愚公谷，時水逕其下。其南有杜山，相傳齊宣王獵於此。

商山，縣西八十里。一名鐵山，跨益都、臨淄、新城三縣界。崔琰述征賦「涉淄水，過桓都，登鐵山，望齊密」是也。晉書：「慕容德立冶於商山，置鹽官於烏常澤，以廣軍國之用。」魏書食貨志：「崔亮言：『南青州苑燭山，齊州商山，並是往昔銅官。』」元史合剌普華傳「嘗以事至益都，於四脚山下置廣興、商山二冶」，即此。

營丘，在故齊城內。舊志：在縣北百步外城中。史記：「太公都營丘，後五世胡公遷薄姑，弟獻公又徙臨淄。今昌樂縣本漢營陵縣，陵與丘同義，當是太公所封也。水經注：「爾雅『水出其前，左爲營丘』，〔六〕營陵城南無水，異爾雅之文，不得以爲營丘矣。營丘，山名也。」詩「子之營兮」，今臨淄城中有小丘，周三百步，高九丈，淄水出其前，與爾雅符。郭璞言「齊之營丘，淄水經其南及東」是也。其外郭即獻公所徙臨淄城。世亦謂之虜城。齊湣王伐燕，虜其民實居郭中，因名也。通典：「臨淄一名營丘。」少皡之代有爽鳩氏，虞夏時有季萴，湯末有逢公伯陵，殷末有蒲姑氏，皆爲諸侯，國於此。周成王時蒲姑與四國作亂，成王滅之，以封太公，後徙臨淄，亦其地也。孔穎達曰：「營丘臨淄水上，故曰臨淄。獻公之徙，猶晉氏之深翼居絳，其實一城也。」顧氏曰：「班志云臨淄名營丘，此猶晉遷於新田而仍謂之絳，楚遷於郡而仍謂之郢，蓋因臨淄城中有小丘而繫以舊名，非即古營氏。杜氏又謂臨淄後爲營陵，夫漢志明言齊郡治臨淄，北海郡治營陵，豈一城乎？通志又云營丘城在今縣西北二里，亦悞也。」

弇中峪，在縣西南。志云：自臨淄西南至萊蕪，有長峪界兩山間，長三百里，中通淄河。左傳襄二十五年：「閭丘嬰與申鮮虞乘而出，及弇中。」哀十四年「子我出，陳氏追之，失道於弇中」者也。今其民獷悍，不識官府，爲盜賊之藪。

淄水，在城東。志云：淄水東北經牛山西，又東天齊水出焉，過縣東入樂安縣界。戰國策：「田單爲齊相，過淄水，見老人涉淄而寒，解裘衣之。」又淄水在城南，澠水在城北，魯仲連謂田單聘乎淄、澠之間，淮南子「易牙嘗淄、澠而別之」是也。後漢建武三年耿弇攻張步，拔臨淄，軍於淄水上，即此。

澠水，在縣西。源出故城西南之申池，分爲二流，西流曰系水，北流曰澠水。左傳昭二年：「晉侯與齊侯宴，齊侯曰：『有酒如澠。』」是也。北流至博興縣界入於時水。又系水自縣西而北流二十五里復分二流，俱入時水。水經注：「澠水出營丘城東，世謂之漢溱水，西經樂安、博興與時水合。」

時水，在縣西南二十五里。其地名矮槐樹，舊置郵亭於此。平地出泉，謂之曰耏。左傳襄三年：「齊侯與晉士匄盟於耏外。」哀十四年：「子我之臣大陸子方，以公命取車於道，及耏，衆知而殺之。」是也。源淺易涸，亦名乾時。左傳莊九年：「及齊師戰於乾時。」其色黑，俗又謂之烏河，亦曰黑水，又謂之源水。志云：時水蓋伏淄所發，自矮槐樹西北逕黃山，又北逕愚山，又屈而逕杜山，灃水入焉；又北逕西安城西，系水入焉；又北至濟南府新城縣東南之索鎮，可通舟楫；又北至博興南之灣頭，與小清河會；又東逕樂安縣北，又東北由馬車瀆入海。水經注謂之時澠水，以下流與澠水合也。漢志註又謂之如水，如與時音相近耳。

女水，在縣東十里。源出鼎足山齊桓公女冢側，因名。東北流經東安平故城南。郭緣生曰：「女水化隆則水生，政薄則津竭。」南燕建平六年水忽暴竭，元明惡之，寢病而亡。太上四年女水又竭，慕容超惡之，燕祚遂淪。續述征記：「女水至安平城南伏流十五里，然後更流注北陽水。」今石槽城東北出泉，俗名馬臺河，至樂安東北合北陽水入巨淀，蓋即女水之伏流者也。

澅水，〔七〕縣西二十里。水經注：「澅水出時水東，去臨淄城十八里，所謂澅中也。俗謂之宿留水，以孟子三宿出晝云。西北流入於時水。」今俗謂之泥河，在金嶺鎮東。○康浪水，在縣西十里平地，北流與系水合。甯戚歌曰「康浪之水白石粲」，謂此。

天齊淵，在縣東南八里。出南郊山下，有五源並發，廣可半畝，土人名曰龍池。史記封禪書：「齊所以爲齊，以天齊也。秦祠八神，一曰天主，祀天齊。」齊乘曰：「淵在淄水之東，女水之西，西南流入於淄水。」天齊之義，蘇林曰：「當天中央齊也。」師古曰：「謂其中神異如天之腹齊。」齊記補引晏子曰：「吾聞江深五里，海深十里，此淵與天齊。」司馬彪曰：「齊，回水如磨齊也。」豈以衆泉並出，旋流如齊而名歟？

檀臺，縣東一里。史記：「齊簡公與婦人飲於檀臺。」又梧臺，在城西三里系水旁。説苑：「楚使者聘齊，齊襄公饗之梧臺。」或謂之梧宫。又闞子曰「宋之愚人得燕石於梧臺之東」者也。今有小阜，即梧臺故基。又遄臺，在縣西五十里。左傳昭二十年：「齊侯至自田，晏子侍於遄臺。」今俗呼爲歇馬臺。○雪宫，在縣東北五里，即齊宣王見孟子處。又晏子春秋：「齊侯見晏子於雪宫。」志云：齊城内有故王宫，即戰國及漢時諸王故宫也。

蘧丘里，在縣西。後漢志西安有蘧丘亭。亦曰渠丘，或謂即古葵丘。左傳莊八年：「齊侯使連稱、管至父戍葵丘。」辨者曰：葵丘去齊都甚近，無置戍之理。是必齊之邊邑，今不可攷也。京相璠曰：「葵丘在齊西五十里。」似悮。又僖九年，齊桓公會諸侯於葵丘。見河南考城縣。○莊嶽里，在故齊城内。左傳襄二十八年：「反陳於嶽。」孟子：「引而置之莊、嶽之間數年。」是也。

酅亭。在縣東。春秋紀國之邑也。莊三年，紀季以酅入於齊。國語：「齊地東至於北酅。」後爲田成子之邑。劉昭曰：「安平有酅亭。」徐廣曰：「安平即故酅邑也。」○棘里亭，在縣西北。杜預曰：「西安縣東有棘里亭，陳桓子召公子山而反棘焉。」是也。或謂之戟里城，括地志以爲即古晝邑云。

博興縣，府西北百二十里。西北至高苑縣四十里。古薄姑地，漢爲博昌縣，屬千乘郡。後漢屬樂安國，晉及劉宋因之。後魏亦屬樂安郡，北齊改爲樂安縣。隋復曰博昌縣，屬青州，唐因之。五代唐諱昌，改曰博興。宋因之。元曰博興州，明初復爲縣。今編户七十六里。

博昌城，縣南二十里。漢縣治此，今縣則漢樂安縣城也。本屬千乘郡，後漢屬樂安國，晉省。唐初復置樂安縣，武德八年省入博昌，仍移治樂安城，駱賓王謂博昌移就樂安故城是也。天復三年朱全忠將朱友寧攻平盧帥王師範，陷博昌，進拔臨淄，抵青州城下，即今縣矣。

薄姑城，縣東北十五里。殷末薄姑氏國也。亦曰蒲姑。周成王時薄姑與四國作亂，成王滅之，以益太公之封，故晏子曰：「蒲姑氏因之，而後太公因之。」史記齊世家「胡公徙都薄姑」，即此。又左傳莊八年：「齊侯遊於姑棼，遂田於貝丘。」姑棼，或以爲即薄姑也。括地志：「薄姑在博昌縣東北六十里。」

利縣城，縣東南四十里。漢縣，屬齊郡。後漢屬樂安國。晉曰利益縣，仍屬樂安國，後省。水經注：「濟水東北過樂安故城南，又東北過利縣西，又東北迤爲淵渚，謂之平州，春秋宣元年『公會齊侯於平州』，蓋在此。」似悮。平州，今見萊蕪縣。○高昌城，水經注：「在故利城東北，濟水逕其西。漢千乘郡屬縣也。宣帝封董忠爲侯邑，後漢省。」又平安城，應劭曰：「在博昌西南三十里。」漢縣，屬千乘郡，後漢省爲平安亭。或以爲即春秋時之平州云。

小清河，在縣南八里。自濟南府新城縣界流經高苑縣至此，又東流入樂安縣界。顧鐸曰：「漢書卜式傳：呂嘉反，式上書欲率博昌習舟之民以行。又唐末王師範保青州，博昌之水不設備，爲汴將朱友寧所敗。則清河在縣境，當時爲茫然巨浸，歷下以東、臨淄以北諸水，大都由此入海。僞齊劉豫時分流爲小清河，下與烏河合流，凡海上鹽場傍河州縣，其貨物皆得達歷下入大清河，抵張秋以至大名。其後淤廢。成化九年參政唐源潔力請開復，於是循故迹疏之，又多置牐及開支脈溝，遇大水則開牐分流以殺其勢，旱則閉之，東方鹽貨仍得抵於張秋。今歷城、章丘諸水仍入大清，而小清上流遂爲平陸，惟孝婦河諸水仍匯流入縣界，然旱時亦涸而斷流，潦則瀰地上矣。」寰宇記：「濟水北去海百步，東北流入海。其入海水口謂之海浦，在縣東北二百里。」

時水，在縣南。自臨淄縣流入境，又東入樂安縣界。從征記：「縣西南有澠水，自臨淄縣北逕博昌南界入時水，自下通謂之澠水云。」

貝中聚。在縣南五里。杜預曰：「博昌縣南有地名貝中。」京相璠曰：「博昌南近澠水，水側有地名貝丘，在齊郡西北四十里。」春秋莊八年：「齊侯田於貝丘，見公子彭生豕立而啼，齊侯墜車傷足處也。」又楚語：「沈諸梁曰：『齊騶馬繻以胡公入於貝水。』」亦即此。史記謂之沛丘。後漢志博昌有貝中聚，是也。

高苑縣，府西北百五十里。西至濟南府新城縣九十里。古苑墻地，漢置高宛縣，屬千乘郡。後漢屬樂安國。晉曰高苑，爲樂安國治。苑與宛通也。宋曰長樂縣，屬渤海郡，後魏因之。後齊改屬長樂郡。隋廢郡，屬齊州。開皇十八年改曰會城縣，大業初復曰高苑縣。唐武德四年縣屬鄒州，八年州廢，縣屬淄州。宋因之。景德三年以縣置宣化軍，熙寧三年軍廢，仍隸淄州。元屬益都路。今編户三十一里。

高宛城，在縣東北。水經注：「西高宛城，漢高六年封丙倩爲侯邑。」又有東高宛城。文十五年分齊爲膠西國，立齊悼惠王子卬爲王，都高宛，即東高宛城也。是時高宛蓋屬膠西。後改膠西爲高密，以高宛屬千乘郡。南北朝時城邑遷改，劉宋於故縣西二里改置長樂縣，或以爲即今治也。

臨濟城，縣西北二里。故狄邑也。或曰春秋時長狄所居，因名。戰國策「田單攻狄，三月不下」，即此。秦置狄縣。陳勝將北徇地，至狄，狄人田儋殺狄令自立爲齊王。漢亦曰狄縣，屬千乘郡。後漢安帝改爲臨濟縣，屬樂安國。晉、宋因之。泰始二年青州刺史沈文秀舉兵應晉安王子勛，高陽、渤海二郡太守劉乘民據臨濟城以應建康是也。後魏亦曰臨濟縣，屬東平原郡。隋改朝陽縣曰臨濟，以縣并入高苑。

千乘城，縣北二十五里。本秦邑。漢四年灌嬰追擊齊將田吸於千乘，即此。漢志千乘郡治千乘縣。後漢永元七年改屬樂安國，晉省。劉宋復置千乘縣，爲樂安郡治，後魏因之。又青州亦嘗治此。隋初郡廢，縣移治於廣饒。伏琛曰：「千乘城在齊城西北百五十里。有南北二城，相去三十餘里。其一城縣治，一城太守治也。」五代志：「宋元嘉中嘗析千乘縣地僑置樂陵縣治焉。」

建信城，縣西北五十二里。漢縣，屬千乘郡，高帝封婁敬爲侯邑。後漢省。又被陽城，在縣西南。漢縣，屬千乘郡。被音皮。武帝封齊孝王子燕爲侯邑。後漢廢。

高陽城，在縣東南五十里。劉宋元嘉中於樂安地僑置高陽縣，兼置高陽郡治焉，屬冀州。後魏因之，改屬青州。東魏天平初以侯淵行青州事，青州刺史王貴平不受代，淵襲高陽郡克之，旋入東陽是也。高齊郡縣俱廢。隋復置高陽縣，大業初廢。○濟陽城，在縣北九十里。唐志：「景龍初分高苑縣置濟陽縣，元和十五年并入高苑。」志云：縣有古高會城，隋改縣曰會城，以此。

小清河，縣西南七里。自新城縣東北流經此，孝婦河亦自新城縣北流合焉，土人謂之岔河，又東入博興縣界。水經注：「濟水自菅縣東過梁鄒縣北，又東過臨濟縣南。」宋泰始三年，青州刺史沈文秀以東陽拒魏，魏將長孫陵等敗屯清河，即此水西也。通志云：縣北二十里有濟河故道，今堙。菅縣、梁鄒，見濟南府歷城縣及鄒平縣。

隔會水。在縣北。志云：漯水別名也。漢志「漯水至千乘入海」，即此。後訛爲隔會水，隋蓋以此名縣。今涸。舊經：「縣東南境有時水亦曰死時，即乾時之別名也。」又馬廄灣，亦在縣東南，相傳齊桓公牧馬處。

樂安縣，府北九十里。西至博興縣三十里。漢置廣饒縣，屬齊郡。後漢屬齊國，晉、宋因之。後魏仍屬齊郡。隋移千乘縣治此，以廣饒縣省入，屬青州。唐武德二年於縣治置乘州，八年州廢，縣屬青州。宋因之，金改爲樂安縣。今編户九十五里。

廣饒城，縣東北二十里。漢置縣於此，武帝封中山靖王子國爲侯邑。後漢至晉、宋皆曰廣饒縣，水經注「淄水又東北逕廣饒故城南」是也。隋縣廢，改置千乘縣，金人又改置樂安縣於今治，初非漢時之千乘、樂安矣。

琅槐城，在縣東北百十里。漢縣，屬千乘郡，後漢省。風俗記：「博昌東北八十里有琅槐鄉。」水經注「濟水東歷琅槐故城北」云。又延鄉城，在縣西北。漢縣，屬千乘郡，元帝封李譚爲侯邑。後漢省。水經注：「延鄉城俗謂之從城，延與從字相似也。」志云：縣西南又有新河城，隋開皇十八年置，大業初省入博昌縣。

青丘，在縣北。相傳齊景公嘗畋於此，司馬相如子虛賦「秋田於青丘」是也。志云：今清水泊亦名青丘濼。又黄丘，在縣南二十里。志云：淄水逕其東。

小清河，縣北十八里。自博興縣流入境，又東合時水入壽光縣界，匯衆流以達海。通志：「小清河經高苑、博興、樂安縣界合於烏河，又北至馬車瀆入海。」烏河即時水矣。

淄水，縣東南五十里。自臨淄縣流入境，東北流經朱家道口入壽光縣界。又時水，亦在縣東南。北合於淄水，於是淄水亦兼時水之名。○北陽水，在縣東南二十五里，自益都縣流入界，又女水自臨淄縣北流合焉，俱至壽光縣入海。

巨洋水，縣東南二十五里。即瀰水。縣西南二十里有漿水河，縣北六十里有支派溝，其下流皆合瀰水入海。志云：支派溝起高苑城南二里，逕博興入縣境，洩馬家泊諸水入海。今故迹微存，居民皆佃作輸租，非甚潦無水也。又有利豐堤，在縣城北。成化十七年知縣沈清築。

馬車瀆，縣東北五十里。又南即壽光縣之清水泊也。漢志：「馬車瀆首受鉅定，東北至琅槐入海。」亦謂之馬常坑，接高苑、博興、樂安三縣界，蓋衆水所瀦也。紀略曰：「馬車瀆入海處一名皮丘沱，舊記『淄、澠之水合於皮丘』，即此。」今謂之高家港，爲海濱戍守處。有高家港巡司，司去縣百餘里。或作五十里，悮也。

渤海，縣東北百十里。與壽光、博興縣接界，府境之水皆歸於此。志云：縣境濱海有三鹽場，曰王家岡、新鎮、高家港也。

塘頭寨，縣東北百里，濱海要地也。備禦百户所駐守於此。有土城，周三里。又樂安鎮，在縣北六十里。舊置巡司於此，與高家港巡司並爲守禦之所。

柏寢臺。縣東北二十八里，淄水經其下。齊景公與晏子遊於少海，登柏寢之臺而望其國是也。少海，或曰即渤海，俗謂臺曰桓公臺，相傳桓公曾會盟於此。

壽光縣，府東北七十里。東南至萊州府濰縣八十里。古斟灌氏地，漢置壽光縣，屬北海郡。王莽改置翼平連率於此。後漢初光武封更始子鯉爲侯邑，改屬樂安國。晉因之，宋初省。北齊復置，隋屬青州，唐初屬乘州，尋復屬青州。今編户百三十二里。

劇城，縣東南三十里。亦曰劇南城，春秋時紀國地。漢置劇縣，初屬齊國，文帝分置菑川國，都劇。景帝三年與吴、楚叛，國除，併入北海郡。尋復爲菑川國治。後漢初張步據齊地，都劇。建武五年耿弇討敗之，帝幸劇。尋爲北海國治，以齊武王子興爲北海王，都於此。三國魏廢北海國，以縣屬東筦郡。晉因之。劉宋仍屬北海郡，後魏因之，北齊省。○紀城，亦在縣東南。劉昭曰：「劇縣西有紀城。」亦曰紀亭，故紀國也。城内有臺，俗曰紀臺城。春秋莊四年「紀侯大去其國」，違齊難也。戰國時爲齊之劇邑。魯連子云「劇、朐之人辨」，謂此。漢因置劇縣。志云：縣東北二十里有牟城，即春秋時牟國。恐悮。牟城，今見萊蕪縣。

平望城，縣西北三十里。漢置平望縣，屬北海郡，武帝封菑川懿王子賞爲侯邑。後漢省爲平望亭。又樂望城，在縣東二十里。漢縣，屬北海郡，宣帝封膠東戴王子光爲侯邑。亦後漢省。志云：縣南有閭丘城，隋開皇十六年置閭城縣，屬青州，大業初省。

鉅定城，在縣西北八十里。漢置鉅定縣，屬齊郡，以鉅定澤而名。水經注：「城在淄水北。」是也。後漢省。志云：縣西四十里有益城，漢益縣也。縣北二十里有益都城，漢武封菑川懿王子胡爲侯邑處。晏謨云：「司馬宣王伐公孫淵，徙豐人於益縣，亦謂之南豐城。」一云南豐城在縣西二十里，亦曰豐城。○斟灌城，在縣東北四十里。斟，漢志作「抖」，與斟同。春秋襄四年傳：「寒浞使澆用師滅斟灌及斟尋氏。」杜氏曰：「二國，夏同姓諸侯，仲康子、后相所依也。今縣有故灌亭。」斟尋，今見濰縣。

淄水，在縣西南，自樂安縣東北流入界；又澠水，即北陽水也，亦自樂安縣流入界，與淄水會流，北注於清水泊。

巨洋水，縣東十里。自樂安縣流入界，過廢劇縣西，又東北會於黑冢泊。亦曰鉅昧水。後漢建武五年耿弇敗張步於臨淄，步引歸，伏兵起，追至鉅昧水上，八九十里，僵尸相屬。水經注：「巨洋水東北經益縣故城東，又東北積而爲潭，枝津出焉，謂之百尺溝，西北流逕益都故城，〔八〕注於巨淀。」○薿水，在縣西。亦謂之堯水。水經注：「堯水出劇縣南角崩山，〔九〕一名義山。俗以其山角若崩，因名角崩山，又爲角林山，皆音訛也。其水即薿水矣，東北流注於巨洋水。」

丹河，在縣東三十里。有東西二源，東丹水出昌樂縣方山，西丹水出臨朐縣丹山，北流經昌樂故城西北，合東丹水而爲丹河，經縣東又東北入於海。○二嶽龍泉水，在縣西南二十里。一曰東嶽龍泉水，出縣西十二里，俗名北夾河；一曰西嶽龍泉水，出縣西南二十六里，俗名南夾河，北流至羅橋合東嶽龍水，注於清水泊。

清水泊，縣西北五十里。淄水、北陽水及東、西嶽龍泉水俱匯流於此，即漢志所云鉅定也。漢志：「征和四年行幸東萊，臨大海，耕於鉅定。」漢時嘗引水溉田，今亦謂之巨淀湖。又北接樂安縣之馬車瀆，其中茭蘆千頃，利倍腴田。今屬於德府。○黑冢泊，在縣東北五十里，巨洋水匯焉。述征記謂之烏常泛，又東北注於海。

廣陵鎮，縣東北三十五里，有廣陵鎮巡司。志云：縣有莘店遞運所，今革。

馬陵臺。在縣西南四十里。亦曰臧臺。相傳臧武仲致防而奔齊，卒葬於此，因名。○望海臺，在縣東北四十里。相傳秦始皇所築，俗名黑冢，其北即黑冢泊也。

昌樂縣，府東七十里。東至萊州府濰縣五十里。古營丘地，漢爲營陵縣地，北海郡治焉。後漢屬北海國。晉初屬城陽郡，太康初改屬東莞郡。劉宋屬高密郡，後魏屬平昌郡，後齊廢。隋開皇十六年改置營丘縣，屬濰州，大業三年屬北海郡。唐武德初仍屬濰州，八年廢入北海縣。宋乾德二年置安仁縣，尋改昌樂縣，屬濰州。金因之。元至元三年縣省。明初復置，屬青州府。今編户九十八里。

營陵城，縣東南五十里。此太公望所封之營丘也。史記：「周武王封師尚父於營丘，未就國，東萊與之爭，太公聞之，夜衣而行至營丘，國遂定，蓋營丘邊萊也。」呂氏春秋：「太公封營丘之渚，海阻山高，險固之地。其後五世胡公徙薄姑，六世獻公徙臨淄，蓋自東而西也。」漢置營陵縣於此，高帝十一年封劉澤爲營陵侯。應劭曰：「陵亦丘也。」薛瓚曰：「營陵即春秋時之緣陵。」後漢以後皆曰營陵縣，高齊廢，隋復置營陵縣。唐武德初營丘民汲嗣率鄉人拒賊於此，權置杞州，以春秋時杞嘗徙治此也。二年復爲營丘縣，尋廢。今其地猶名營丘社，與濰縣接界。

劇魁城，在縣西北。漢縣，屬北海郡，武帝封菑川懿王子黑爲侯邑。又有劇縣城，亦漢北海郡屬縣也。武帝封菑川懿王子錯爲侯邑，蓋非菑川所治之劇縣也。後漢時劇魁與劇縣俱省，而移北海郡治菑川之劇縣。○昌樂故城，志云：在縣西北十里。宋昌樂縣治此，後徙今治。

孤山，縣東十里。峰巒峭拔，高出雲霄。志云：伯夷避紂，居東海之濱，蓋在此山之側。今山接濰縣界。又方山，在縣東南二十里。山麓有龍池，四時不竭，蓋東丹河所出。其相近者又有黃山。又西曰西黃山。

白狼河，在縣南。源有二，一出縣南五十里擂鼓山，一出臨朐縣丹山，流入縣境合流，而東北經濰縣東寒亭北入於海。唐志「長安中，北海令竇琰於故營丘城東北穿渠，引白狼水，曲折三十里以溉田，號竇公渠」云。

丹水，在縣西。志云：東丹水出方山，流經縣西三里；西丹水出臨朐縣丹山，流經縣西九里；又西北合流於昌樂故城西，又西北入壽光縣界。昔時引此水溉田，民被其利。○黑水，在縣東南。俗名污河，源亦出方山，西北流經黄山東，有寶泉水流合焉，下流入於白狼河。

丹河驛。在城東。舊置丹河馬驛於此。又縣東有小丹河店遞運所，萬曆初與驛俱革。

臨朐縣，府東南四十五里。南至莒州二百五十里。本齊之駢邑，漢置臨朐縣，屬齊郡。朐音劬。武帝封菑川懿王子奴爲侯邑。後漢屬齊國。晉屬東莞郡。義熙五年劉裕伐南燕至東莞，慕容超先遣軍屯臨朐，聞晉兵入峴，自將步騎往就之。裕與燕軍戰於臨朐南，參軍胡藩曰：「燕悉兵出戰，臨朐城中留戍必寡，願以奇兵從間道取其城，此韓信所以破趙也。」裕從之，潛師出燕兵後，襲攻臨朐，克之。超走城南，裕縱兵奮擊，超大敗。劉宋初縣省。隋開皇六年改置逢山縣，屬青州。大業初復曰臨朐，屬北海郡。唐仍屬青州。天復三年汴將朱友寧攻青州，青州帥王師範襲殺之。朱全忠自齊州兼行至臨朐，命將進攻益都。宋仍曰臨朐縣，屬青州。元省入益都縣，尋復置。今編户百十里。

朱虚城，縣東六十里。漢縣，屬琅邪郡，吕后二年封齊悼惠王子章爲侯邑。後漢改屬北海國。孔融爲黄巾所敗，嘗保於此。晉屬東莞郡，劉宋屬平昌郡，後魏因之，後齊省。十三州志：「朱虚城東十三里有校城，〔一〇〕亦曰校亭，漢武封城陽頃王子雲爲侯邑。」○臨源城，在縣東。漢縣，屬琅邪郡。武帝封菑川懿王子始昌爲臨衆侯，國於此。後漢省入朱虚縣。志云：縣西南有般陽城，隋開皇十六年析置般陽縣於此，屬青州，大業初并入臨朐。

郱城，在縣東南。春秋時紀邑也。莊元年，齊師遷紀郱、鄑、郚。杜預曰：「齊欲滅紀，故先遷三邑之民而取其地。」郱亦作「駢」。後爲齊大夫伯氏邑。管仲奪伯氏駢邑三百，即此。鄑城，見萊州府昌邑縣。又郚城，在朱虚故縣東南。今見安丘縣。○東陽城，在縣東。春秋時齊境上邑也。左傳襄二年「晏弱城東陽以逼萊」，九年「復城東陽，遂圍萊」，即此城矣。

沂山，縣南百五十里。志所謂東泰山也，亦曰東鎮。詳見前名山。○丹山，在縣東北三十里。一名丸山，封禪書所云「黄帝封東泰山禪丸山」者也。大事記：「軒轅征不道，東至海，登丸山。」或訛爲凡山，俗謂之丹山，西丹河、白狼河皆源於此。又靈山，在縣東北二十里，晏子春秋「齊大旱，景公欲祀靈山」者也。

大峴山，縣東。南北有五里，道徑危惡，一名破車峴。宋武帝伐南燕道經此，穆陵關在其上。○逢山，在縣西二十五里。其山峭絶，惟一徑可通。有泉出巖竇，甘潔異常。相傳殷諸侯逢伯陵國也。今山麓有逢伯陵祠。郭緣生云：「山在廣固南三十里。〔二〕洋水歷其險而東北流，世謂之石匱水也。又山有石鼓，齊地將亂則鼓自鳴，聲聞數十里。」隋時逢山縣以此名。宋季民避兵於此者多獲濟。志云：縣西南七十里又有仰天山。山有黑龍淵及白雲、羅漢二洞，極幽勝。

朐山，縣東南二里。一名覆釜山，朐水出焉，縣以此名。又委粟山，在縣東北三里。孤阜秀立，形如委粟，因名。瀰水經其東麓。

瀰水，縣東南一里。源出沂山，一名巨蔑水，逕朱虚故縣西，又北逕縣東，沿流上下皆劉裕伐廣固時營壘舊址也。晉書：「義熙五年慕容超聞劉裕兵入峴，使公孫五樓率騎進據巨蔑水，爲裕前鋒孟龍符所敗。」又名巨洋水，北逕委粟山東入益都縣界。○石溝水，在縣西。源出逢山之陰，東北流二十餘里至委粟山北，又東北入瀰水，曰石溝口。亦謂之洋水，或謂之龍泉水。郭緣生曰：「石溝水下流溢涸有時。」亦謂之龍水。晉太元十九年，後燕慕容農敗晉青州刺史辟閭渾於龍水，遂入臨淄是也。

汶水，縣東南六十里。源出東泰山。伏琛齊記：「汶水出郚山。」或謂之峿山。東北流入安丘縣界，下流合濰水入海。此汶水別源，非浮汶達濟之汶水也。郚山，今見安丘縣。○沭水，在縣南，源出沂山東麓；又沂水亦出沂山西麓；分流並導，俱入沂水縣境。志云：縣東南又有左、右峴水，出大峴山，下流注於沭水。

西丹河，在縣北。源出丹山，流入昌樂縣界與東丹河合。又白狼水，亦出丹山，北流與昌樂縣之白狼河合。○熏冶泉，在縣西南二十五里。水經注：「古冶官所在，因取名焉，東北流入於巨洋水。」

穆陵關，在大峴山上，所謂齊南天險也。自昔爲必争之地，今有穆陵關巡司戍守。詳見前重險穆陵。

南鄧邨。在縣西南。北周主邕追齊主高緯至青州，緯南走至南鄧村，爲周將尉遲迥所擒是也。又火星埠，或云亦在縣西南。元至正二十二年擴廓圍田豐於益都，劉福通自安豐引軍赴援，至火星埠，擴廓遣將關侃邀擊敗之，即此。

安丘縣，府東南百六十里。東南至諸城縣百二十里。古莒國之渠丘地，漢置安丘縣，屬北海郡。後漢曰安平縣，屬北海國。三國魏屬平昌郡。晉仍曰安丘縣，屬東莞郡，惠帝復置平昌郡於此。劉宋因之。後魏仍屬平昌郡，後齊郡縣俱廢。隋開皇十六年改置牟山縣，屬密州，大業初復改曰安丘。唐仍屬密州，乾元初改曰輔唐縣。五代梁開平二年復曰安丘，唐又爲輔唐縣。石晉天福七年改曰膠西，避嫌名也。宋開寶四年復曰安丘縣，仍屬密州。明初改今屬。

編户百七十四里。

安丘故城，在縣東北。漢縣治此。志云：漢安丘有二縣，一屬北海，即此安丘也；一屬琅邪，在今縣東南，高祖封功臣張説爲侯邑，成帝時封高密頃王子當爲安丘侯。後漢建武五年張步降，亦封爲安丘侯。尋省琅邪之安丘，而北海之安丘如故。高齊以後城邑屢經變徙，兩安丘遂不可攷。

昌安城，在縣西南十里。通典：「安丘外城也。漢置昌安縣，屬高密國。後漢屬北海國，明帝封鄧襲爲昌安侯，邑於此。晉屬城陽郡，劉宋復屬高密郡，後魏屬平昌郡。後齊以安丘縣省入昌安，隋復置安丘縣，以昌安省入。」劉昫曰：〔一三〕「唐乾元二年刺史殷仲卿請移安丘縣於故昌安城，改爲輔唐縣。」天復三年淮南將王茂章救王師範於青州，引還，朱全忠遣將楊師厚追及之於輔唐，敗其後軍是也。宋復移於今治。○牟山城，在縣西南十三里。志云：舊有牟鄉城，爲昌安縣地，隋析置牟山縣於此，大業二年改曰安丘，明年移治平昌城，唐又移於昌安故城云。

平昌城，縣西南六十里。漢縣，屬琅邪郡，文帝封齊悼惠王子卬爲平昌侯，後改封膠西王是也。後漢屬北海國。三國魏置平昌郡於此。晉郡廢，縣屬城陽郡。惠帝復置郡，以縣屬焉。劉宋因之。元嘉八年青州刺史蕭思話鎮東陽，聞魏軍將至，棄鎮奔平昌，即此。後魏仍屬平昌郡，後改屬高密郡。後齊廢入安丘縣。隋大業三年移置安丘縣於此。水經注：「平昌城東南角有臺，世謂之龍臺城。荆水經其下，亦謂之龍臺水。」

淳于城，縣東北三十里。古淳于國也。酈道元曰：「本夏時斟灌國，周武王以封淳于公，遂號淳于。」春秋桓六年：〔一三〕「州公如曹。」傳曰：「淳于公如曹，度其國危，遂不復。」州，蓋國名也。後爲杞人所有，亦謂之杞城，襄二十九年「晉人城杞之淳于」是也。漢因置淳于縣，屬北海郡。後漢初省。永元九年復置，屬北海國。建安十六年曹操東擊海賊管承，至淳于，承走入海島。晉改屬城陽郡，劉宋改屬高密郡，後魏屬平昌郡，後齊廢入高密縣。

郚城，縣西南六十里。春秋時紀之郚邑。杜預曰：「朱虛縣東南有郚城。」漢置梧城縣，屬琅邪郡。後漢廢。後魏時於故郚城置平昌郡，北齊郡廢，改置琅邪縣。隋初因之，屬密州。大業初改爲郚城縣，隋末廢。志云：郚城蓋在峿山下。又缾城，與郚城相近。志云：漢武封菑川靖王子成爲缾侯，即此。

峠山，縣東北四十里。其形峠然高聳，金人置砦於此。宋建炎三年張邵使金，至濰州，與金將撻覽抗禮，金人執邵送密州，囚於峠山砦。又峽山，在縣東四十里，以兩山夾峙而名。

郚山，縣西南六十里。四面險絶，其上寬平約數百里。有古城遺址，即峿城也。中有池，伏琛以爲汶水所出。又淇山，亦在縣西南六十里。旁有淇河。○金轎山，在縣西南七十里。形肖鞍轎。其相接者有太平、鳳凰兩山。

牟山，縣西南十五里。山北有故城，即牟鄉城也。隋因置牟山縣。其相聯絡者有洪陀山，山多巨石，巑岏高聳。又峰山，在縣西南三十里。三峰高峙，又有土山相連。○望高山，在縣西北二十里。山形突兀，遠視高聳。志云：縣西南八十里有長城嶺，以長城故址而名。

汶水，縣北三里。志云：汶水出沂山百丈崖，循山東麓北流，經郚山，又北逕縣東北至淳于故城西，又東北合於濰水。齊乘曰：「齊有三汶，入濟之汶見禹貢，入濰之汶見漢書，入沂之汶見水經，此則入濰之汶也。」

濰水，縣東五十里。源出莒州箕屋山，東北達諸城縣界，又東北逕高密縣北入縣境，又東北逕淳于故城東，又東北合於汶水，復東北流逕濰縣、昌邑界，東北入海。禹貢：「濰、淄其道。」周職方：「其浸盧、濰。」左傳襄十八年：「晉侯伐齊，東侵及濰，南及沂。」漢初韓信伐齊，破楚將龍且於濰水。隋大業九年，齊郡丞張須陀擊羣賊於濰水上，敗之。俗亦呼爲淮水，傳訛也。漢志濰水過郡三，謂城陽、琅邪、北海也。行五百三十里入海，爲青州浸。○浯水，在縣東四十里。說文「浯水出琅邪靈門壺山」，蓋自莒州北流入縣界，又東北注濰水。

荆水，在縣南。源出縣西南七十里荆山中，東北流經平昌故城東，又東北注於濰水。三齊略記：「桓公堰浯水南入荆水，灌田數萬頃，今尚有餘堰及稻田遺畛存焉。」又淇水出淇山，亦流入於荆水。

雹泉，縣南四十里。自石罅中湧出，綿綿不絕，東流入濰水。又沸泉，在縣西四十里。泉出如沸，東流合城西之靈河，又東亦入於濰水。又縣西七十里有温泉，以四時皆温而名。

渠丘亭，縣西南十里。春秋時莒子朱居渠丘。左傳成八年：「晉侯使申公巫臣如吳，假道於莒，與渠丘公立於池上。」九年：「楚子重自陳伐莒，圍渠丘，渠丘城惡，衆潰，奔莒；莒城亦惡，楚圍莒，莒潰；楚遂入鄆。」鄆亦莒別邑，所謂「浹辰之間，楚克其三都」者也。杜預曰：「渠丘邑名，亦謂之蘧里。」

防亭。在縣西南。杜預曰：「平昌西南有防亭。」莒邑也。左傳昭五年「莒牟夷以牟婁及防、茲來奔」，此即防邑云。

諸城縣，府東南二百八十里。東北至萊州府三百里，東至萊州府膠州百八十里。春秋時魯諸邑，漢置東武縣，屬琅邪郡，高帝封功臣郭蒙爲侯邑。後漢屬琅邪國，晉屬城陽國，劉宋屬平昌郡。後魏屬高密郡，永安二年置膠州，治東武縣，亦爲高密郡治。隋開皇初郡廢，五年改膠州爲密州，八年又改縣爲諸城縣。大業初又改州爲高密郡，縣仍爲郡治。唐初復爲密州治，天寶初亦曰高密郡，乾元初復故。宋因之，亦曰安化軍。金、元時皆爲密州治。明初省密州，縣改今屬。編户百八十里。

古諸城，縣西南三十里。志云：在石屋山東北，濰水之南。春秋莊二十九年：「城諸及防。」文十二年：「季孫行父城諸及鄆。」漢置諸縣，屬琅邪郡。晉屬城陽國，劉宋屬東莞郡，後魏因之，北齊省縣入東武，隋改東武爲諸城。城邑攷：「今縣有南北二城，南城漢所築東武縣城也，有四門，即秦琅邪郡治，漢亦爲琅邪郡附郭縣，水經注『濰水過東武縣故城西北』是也，北城後魏永安二年分東武爲膠州所築，但有東西二門，撤東武北垣而合之。隋於舊北門之址更券一門，謂之雙門。」舊經：東武因岡爲城，周三十里。防城，見費縣。

姑幕城，縣西四十里。通典：「古蒲姑氏國，漢置姑幕縣，屬琅邪郡，武帝封郝炎爲衆利侯，食邑於姑幕。」是也。後漢初莒人逢安等起兵從樊崇，攻莒不下，轉掠至姑幕，遂入青州。晉仍爲姑幕縣，屬城陽郡。後魏永安二年置東武郡於此，後齊郡縣俱省。寰宇記「莒州東北百六十里有姑幕故城，在密州境内」，蓋與莒州接界。又昆山城，在縣西南六十里昆山西，漢琅邪郡屬縣也。元帝封城陽荒王子光爲侯邑，後漢省。又縣西南七十里有析泉廢縣，亦漢琅邪屬縣，元帝封城陽荒王子根爲侯邑。志云：析泉即淯水也，出縣北，東北流經縣東入濰。後漢縣省。

横城，縣東南四十里。漢置横縣，屬琅邪郡，後漢廢。志云：城在盧山北，盧水繞其下。又昌城，在縣東北二十五里。亦漢琅邪屬縣也，武帝封城陽頃王子差爲昌侯。後漢廢。水經注：「盧水西北流逕昌縣故城西。」○梁鄉城，在縣東南百二十里。後魏永安中置，屬東武郡，後廢。魏收志：「梁鄉有琅邪臺，興和中立臨海郡，尋廢。」

琅邪城，縣東南百四十里。齊琅邪邑也。越王句踐嘗徙都此，南北二面城址猶存，東西二面已成巨壑。相傳秦琅邪郡治此。輿地廣記：「漢琅邪縣屬琅邪郡，在諸城東境。晉省。劉宋復置，屬平昌郡。後魏因之，後齊廢。隋開皇十六年改置豐泉縣，大業初復曰琅邪縣，屬高密郡。唐初廢。」地記：「琅邪城地偪窄，非可以建都。」酈道元曰：「琅邪臺在城東南十里，今夏河城在臺西北正十里，或是越王都」云。又縣南七十里有長城，即戰國時齊所築，括地志所云「起自鄆州平陰，至密州琅邪臺入海」者。志云：古長城起自平陰，連亘泰、蒙、萊蕪，跨安丘至縣境，又迤邐至膠州大珠山東入海，南去琅邪臺六十里。初爲齊、越分界，後齊、楚分界處也。今故迹依約猶存。

扶淇城，在縣西北。後魏永安中置，屬東武郡，尋廢。水經注：「扶淇水出常山，東北流注濰水。」縣以水名也。又婁鄉城，在縣東北。春秋隱四年：「莒伐杞取牟婁。」又昭五年：「莒牟夷以牟婁及防、兹來奔。」杜預曰：「牟婁，杞邑，城陽諸縣東北有婁鄉。」水經注：「涓水東北流逕婁鄉城，東入濰。」又兹亭，在廢姑幕縣東北。

琅邪山，縣東南百四十里。詳見前名山。○盧山，縣東南四十五里，以秦博士盧敖隱處而名。其北即廢橫縣也。盧水源於此，巖壑頗勝。

常山，縣西南三十里。蘇軾云：「山不甚高大，而下臨城中，雉堞樓觀，髣髴可數。上有雩泉，流爲扶淇水。」宋熙寧八年蘇軾守密州，禱雨於此而應，因名。○障日山，在縣東三十里。水經注：濰水又東南逕障日嶺，勢高峻，隔絶陽曦，因名。蘇軾稱爲小蛾眉，密水源焉。

九仙山，縣西南七十里。高聳摩空，峰巒十有一，盤石十有八，蘇軾以爲奇秀不減於鴈蕩。金時土賊嘗據九仙山爲巢穴。今山西北兀子山，南有大路，東出信陽場，西走沂、莒，爲奸徒亡命出入之處。有黄草關，亦邑之要害也。○馬耳山，在縣西南六十里。雙峰聳削，形如馬耳。水經注：「馬耳山高百丈，上有二石並舉。涓水出其陰，北流入濰水。或謂之分流山。」

五弩山，縣東南八十里。百尺水出其西麓。有五峰相望，如雉堞然。近志：縣南有五垛山，即五弩之言也。舊志云：山在黔陬廢縣南，蓋與高密縣及膠州接界。

濰水，縣北五里。自莒州流入界。水經注：「濰水東北逕諸縣故城西，又東北逕縣南城西，又東北逕高密縣西是也。」左傳「晉師伐齊，東侵及濰」，蓋在縣界云。

盧水，縣東北三十里。源出盧山，北流經縣東北二十五里入於濰水。一名台水。台讀怡。近志言爲久合水。又密水，在縣東。有二源，西源出障日山，東北流；東源出五弩山，西北流；同瀉一壑，謂之百尺水，逕高密縣入於濰。○紀里河，在縣東南。志云：源出縣東南之竹山，與密水合流，入高密縣界注於濰水。一名合河。西涯有臺方三里，相傳太公釣處，亦名爲棘津。又柳林河，出縣南六十里石門山，西北流合扶淇水，又東北注於濰水。

海口，縣東南百三十里。在信陽場南一里，南北往來客商泊舟於此。又琅邪山東南五里海中有齋堂島，其上平地可千餘畝，多土少石，甚肥饒，産紫竹、黄精、海棗，元時海運漕舟經泊處也。又信陽場東南一里海中有沐官島，多石不可畊。

景定鎮，縣北七十里，爲縣及安丘、高密三縣之界。居民四五千家，流寓雜處，築土城爲衛。萬曆七年設萊州府通判駐於此，今革。○龍灣鎮，在縣東南百三十五里。明初置南龍灣海口巡司。又縣南百二十里爲信陽鎮，有寨城，明初亦置巡司於此。又縣東南百二十里有龍潭寨，又東南十里有蕭家寨，明初俱築土城，置百户所戍守，屬膠州靈山衛。其相近者又有崔家民寨。

假密亭。在縣東北。史記「曹參從韓信擊楚將龍且於上假密，破之」，即此。一云在高密縣境。

蒙陰縣，府西南三百五十里。東至莒州六十里，南至沂州費縣百二十里。春秋時魯附庸顓臾國地。漢置蒙陰縣，屬泰山郡。後漢省。晉復置，屬琅邪國。後魏廢。東魏復置，高齊省入新泰縣。元中統二年以其地置新寨鎮，皇慶二年復改置蒙陰縣，屬莒州。明初改今屬。編户五十里。

蒙陰故城，在縣西。春秋哀十七年：「公會齊侯盟於蒙。」杜預曰：「故蒙陰城是也。」漢置縣蓋治此。又縣東十里有古城，在綿山社。其地有綿山，産木綿。其城周二里，舊址猶存，相傳戰國時所築。或以爲即東莞故城。

蒙山，縣南四十里。其陽即費縣也。今詳見費縣。又縣南八里有蒙陰山，今曰仙洞山。

長山，縣東三十里。其山或起或伏，南北連延凡數十里。○具山，在縣東北十五里。又縣西北三十五里有敖山。左傳：「申繻曰：『先君獻、武廢二山。』」謂具山、敖山也。又國語「范獻子聘於魯，問具山、敖山，魯人以其鄉對」，即此。今誤曰鰲山，亦見前新泰縣。又云云山，志云：在縣東北三十里，即古帝王封禪處。晉灼曰：「山在蒙陰故城東北，下有云云亭。」或以爲在梁父山之東。

浮來山，縣西北三十里。春秋隱八年：「公及莒人盟於浮來。」杜預曰：「浮來，杞邑。東莞縣北有邳鄉，鄉西有公來山，號曰邳來間。」水經注：「沂水東經浮來之山，浮來水注之。」志以爲在莒州，誤。○艾山，在縣西北百二十里，與沂水縣接界。春秋隱六年：「公會齊侯盟於艾。」水經以爲沂水出於此山也。

沂水，在縣東。自沂水縣流入境，又南入兖州府沂州界。又縣北有蒙水，源出蒙山之陰，東北會於沂水。○蒙陰水，源出蒙陰山，亦東北流入於沂水。又桑泉，出縣西南五女山，納堂阜諸水經縣南合蒙陰水。

蕭馬莊河，在縣西。志云：河北流二十里，入萊蕪縣界合淄水。又縣東門外有東闢河，下流入新泰縣之汶水。又縣東北七十里有龍泉，又有順德等泉。志云：縣有泉五，其二入汶，其三入沂。

紫金關，縣東南四十里。舊置巡司於此，萬曆中革。○夷吾亭，在縣西北三十里。其地有堂阜。左傳莊九年「齊鮑叔牙受管仲之囚，及堂阜而税之」，即此。後人因以夷吾名亭。

黑龍寨。在縣東。其旁有楊家寨，又東南有筲箕寨，傅家寨，西南有搜虎寨，西北有青崖寨，北有五子寨、樹枝砦，東北有匙尾寨、磨崮寨、太平頂寨、盧崮寨、大崮寨、板崮寨，皆昔時憑險拒守處。

莒州，府南三百里。東北至萊州府膠州二百八十里，西南至兖州府沂州二百二十里，南至南直海州四百七十二里。

春秋時莒子國，後滅於楚，戰國屬齊。秦屬琅邪郡，漢初爲齊國地，文帝置城陽國，後漢又屬琅邪國。三國魏置城陽郡，晉因之。劉宋改置東莞郡，後魏因之。後齊郡廢，尋置義唐郡。隋開皇初郡廢，改屬莒州，大業初州廢，屬琅邪郡。唐武德五年仍屬莒州，貞觀八年州廢，屬密州。宋因之。金置城陽軍，尋升爲州，又改曰莒州。元仍舊。明初以州治莒縣省入，編户二百有八里。改屬青州府。領縣二。

州東連海渚，南控泗、沂，扼淮北之要衝，爲青、齊之屏障，南北相持，州亦必備之險也。

廢莒縣，今州治。古莒國，周武王封少昊後嬴兹輿於此。左傳成九年：「楚子重自陳伐莒，莒潰。」史記：「楚簡王元年北伐滅莒。」是也。後屬齊。戰國時樂毅破齊，莒城不下。亦曰城陽。戰國策：「燕襲齊墟，王走城陽山中。」又楚考烈王八年，遷魯於莒而取其地。漢二年，田榮爲項羽所敗滅，榮弟横收散卒復起城陽。四年韓信破齊，齊相田光走城陽，既而韓信追獲齊王廣於此。後置莒縣，爲城陽國治。文帝封朱虚侯章爲城陽王，即此。王莽末，赤眉樊崇、謝禄等將兵十餘萬圍莒，數月不能下。後漢建武五年耿弇引兵至城陽，降五校餘黨。尋廢城陽國，縣改屬琅邪國。建安二年，泰山賊帥臧霸襲破琅邪相蕭建於莒。三年，曹操析置城陽郡。晉仍爲郡治。劉宋爲東莞郡治，後魏屬東莞郡。隋屬莒州，大業初屬琅邪郡。唐初屬莒州，後屬密州。宋因之。金復爲州治，元因之。明初省。地志：「春秋時莒有三：一爲齊東境之莒邑，左傳昭三年『齊侯田於莒』，十年『陳桓子盡致諸公而請老於莒』是也；一爲周境内邑，昭二十六年『陰忌奔莒以叛』是也；一爲魯之莒父邑，定十四年『城莒父及霄』，又『子夏爲莒父宰』是也。惟此爲古莒國之莒。舊城有三重，皆崇峻。子城方十二里，内城周二十里，外郭周四十里。昔齊無知之難，小白奔莒。其後齊杞梁、華植襲莒，戰死。及樂毅攻齊，莒竟克全，蓋守險難犯也。元至元中參政馬睦火者鎮莒，以城大難守，截東北隅爲今城，周五里有奇。」

椑城，州南七十二里。寰宇記以爲即春秋時故向城。漢置椑縣，屬琅邪郡。椑音裨。後漢廢。漢志注：「椑縣有夜頭水，南至海。」或以爲向水也。又高鄉城在州東南七十里，漢宣帝封城陽惠王子休爲高鄉侯是也。後漢省。其地又有曹公城，志云：曹操攻陶謙拔五城，略地東海，築此戍守。今謂之五花營。

靈門城，州北百二十里。漢縣，屬琅邪郡，後漢省。又箕城，在州西北百里箕屋山下。漢箕縣，屬琅邪郡，宣帝封城陽荒王子文爲侯邑。亦後漢廢。○慮城，在州西南。漢慮縣，屬城陽國，武帝封城陽共王弟豬爲侯邑。又州南有高廣城，亦漢縣，屬琅邪郡，宣帝封城陽荒王子勳爲侯邑。俱後漢廢。

焦原山，州南四十里。尸子曰：「莒有焦原，廣尋，長五百步，臨百仞之溪，國人莫敢近者，莒勇士登焉。莊子「伯昏瞀人射臨百仞之淵」是也。漢志謂之峥嶸谷，俗名青泥衖，以兩峽壁立如衖也。旁有定林山。又屋樓山，在州東二十里，以重疊聳秀而名。

高臬山，州北百三十里。漢書：「靈門有高臬山、壺山，浯水所出，東北入淮。」淮蓋「濰」之訛也。臬，古柘字。今俗呼爲高望山。志云：高臬山西四十里有壺山，一名巨平山，浯水出此。亦曰浯山，一名臺頭。又箕屋山，在州西北九十里。濰水出焉，亦曰濰山。

濰水，在縣東北。源出箕屋山，東流入諸城縣界。○浯水，在縣北。志云：源出高臬山之陽，東北流入安丘縣。今莒州、安丘之間地名王護，即浯水所經也。

沭水，州東三里。自沂水縣流入界，又西南入沂州界。志云：潯水出州南六十里馬鬐山，水經謂之巨公山，西南流入沭水。舊堨以溉田，東西二十里，南北十五里。又有葛陂水，出日照縣三柱山，西南流逕故辟陽城南積而爲陂，謂之辟陽湖，又西南流入於沭水。今皆湮涸。○孝源泉，在州北百里。以唐孝子孫既廬墓得泉而名，雖大旱水嘗不涸。

葛溝店。州西南百二十里，有巡司戍守。又州南百里有十字路巡司，有十字路城。○蘧里，在州北。杜預曰：「莒縣有蘧里。」今詳見安丘之渠丘亭。又鼓里，在故莒城內，戰國策「淖齒殺齊湣王於鼓里」是也。

沂水縣，州西北九十里。西南至沂州百六十里。春秋時爲魯鄆邑地，漢置東莞縣，屬琅邪郡。後漢屬琅邪國。三國魏於此置東莞郡，晉因之。劉宋改屬東莞郡，後又兼置東徐州。後魏改爲南青州，而東莞郡如故。後齊改郡曰東安，後周又改州曰莒州。隋開皇初郡廢，而改縣曰東安，十六年又改曰沂水。大業初州廢，縣屬琅邪郡。唐武德五年置莒州於此，貞觀八年州廢，縣屬沂州。宋因之。今屬莒州。今編户百四十三里。

東莞故城，在縣治西北。漢縣治此，武帝封城陽共王弟吉爲侯邑。曹魏黄初中置東莞郡，梁普通五年彭寶孫拔魏東莞是也。又縣南三十里有東安城，漢縣，屬城陽國，宣帝封魯孝王子强爲侯邑。後漢改屬琅邪國。三國魏置東安郡於此，郡尋廢。晉仍屬琅邪國，後廢入蓋縣。

鄆城，縣東北四十里，即古鄆邑。闞駰十三州記：「魯有兩鄆，西鄆在東平，昭公所居，東鄆即此城也，爲莒國所争之邑。」文十二年，季孫行父帥師城諸及鄆。後入於莒。成九年，楚子重伐莒入鄆。襄十二年，莒圍台，季武子帥師救台，遂入鄆。昭元年，季武子伐莒取鄆。杜預曰「城陽姑幕縣南有員亭」，即鄆也。劉昭曰：「東莞有鄆亭。」南燕置團城鎮於此，以其城正員也。亦曰圓亭。劉裕北伐廣固，登之以望大峴。水經注：「東莞郡治團城。」宋泰始三年以輔國將軍張讜爲東徐州刺史，守團城。魏攻取之，亦置東徐州，以成固公爲刺史，成團城，南襲朐山。或訛爲「圂城」，聲相近也。後魏太和十二年改東徐州爲南青州，仍治團城。梁天監五年冀州刺史桓和擊魏，襲南青州不克，即團城也。周、齊間城廢。台，見前費縣。朐山，見南直海州。

蓋城，縣西北七十里。齊邑也。陳仲子兄戴蓋祿萬鍾，又王驩爲蓋大夫，即此。漢置蓋縣，屬泰山郡，景帝封后兄王信爲侯邑。後漢亦曰蓋縣。晉改屬東莞郡，惠帝時析置東安郡治此，劉宋及後魏因之。後齊改東莞郡曰東安，而故東安郡及蓋縣俱廢。隋開皇十六年復置東安縣於此，仍屬莒州，大業末廢。

陽都城，在縣南。古陽國，齊利其地而遷之，春秋閔二年「齊人遷陽」是也。漢置陽都縣，屬城陽國，高帝時封功臣丁復爲侯邑，又宣帝封張彭祖爲陽都侯。後漢改屬琅邪國，明帝徵東平王蒼會陽都是也。晉仍屬琅邪國。十六國春秋：「石虎好獵，自靈昌津南至滎陽，東極陽都，爲獵場。」又永和九年段龕據青州，置徐州於陽都，以王騰爲刺史。十二年燕慕容恪圍廣固，騰降於燕，徐州刺史荀羡救龕，攻陽都克之。水經注「沂水又東逕陽都故城」，城蓋晉末廢。又古長城，在縣北百里。

沂山，縣北百十里。山之陰即臨朐縣也。今詳見名山。○大峴山，在縣東北百二十里。杜佑曰：「縣北有大峴，爲齊地南面險固處，與臨朐縣接界。上有穆陵關。」今詳見重險穆陵。

雕厓山，縣西北百七十里。巖壑聳秀，如雕琢然，連絡蒙陰縣界。志云：山即沂山西峰也，沂水蓋出於此。又西北接大弁山，山頂平夷，周八九十里，俗稱太平崮。水經注：「大弁山，與小泰山連麓而異名。」杜佑曰：「縣北有穆陵山。」志云：山在縣北百九十里。又北里許爲螳螂山，其相連者曰大小二魯山。山之前平野彌望，清流縈帶。其南面有穴若門，直入二十里，可容方駕云。

雹山，縣西北五十里。山有二峰，雙巒齊秀，圓峙若一。出紫石英，映徹如雹，因名。今曰大崮山。又縣西南三十里有雙崮山，亦以雙峰並峙而名。

沂水，縣西一里。源出沂山，南流經雹山西麓，與蒙陰縣接界，又東南流經此，又南經故東安城東而入沂州界，縣境諸水悉流入焉。水經注：「沂水經東安故城南合時密水，水出縣西時密山。」春秋時莒地。左傳「莒人歸共仲於魯，及密而死」，即此。

沭水，縣北五十里。源亦出沂山，水經注以爲出大弁山也，東南流入莒州境。○上泉，源出縣西南四十里望仙山。又芙蓉泉，出縣西北七十里閔公山，與縣東南六十里之銅井泉，縣西南三十里之大水泉，俱南流入沂水。志云：縣境之泉凡十，皆入於沂。

牟鄉。在縣東南。劉昭曰：「陽都縣東有牟臺。」春秋宣九年：「取根牟。」根牟蓋東夷國也。又昭八年：「蒐於紅，自根牟至於商、衛，革車千乘。」根牟即牟鄉矣。

日照縣，州東南百五十里。南至南直贛榆縣百六十里，北至諸城縣百七十里。漢爲海曲縣地，置鹽官於此，名曰日照。魏、晉以後俱爲莒縣地。金始置日照縣，屬莒州。今編户八十三里。

海曲城，縣西十里。漢置海曲縣，屬琅邪郡。王莽末琅邪吕母起兵攻海曲，有衆數萬，爲赤眉之始。後漢仍屬琅邪郡，晉廢。或以爲即故日照鎮。又博物記：「太公望出於此。」今有東吕鄉。又有棘津，即太公垂釣處，故浦猶存。

絲山，縣東北二十里。山形陡絶，懸溜侵崖，如絲縷然。絲水源於此。又三柱山，在縣北二十里，葛陂水出焉。又縣東南二十里有孤奎山，亦曰圭山。

海，縣東二十里，接膠州及南直海州界。有濤雒鹽場。

絲水，在縣南二十里。一名大兒莊河，源出絲山，流遶孤奎山下合於寨河。志云：寨河在縣南五十里。源出縣西北八十里馱兒山，一名付疃河，流合絲水入於海。又竹子河，亦在縣南五十里。源出縣西南五十里之矮岐山，下流亦注於海。

夾倉鎮。縣南二十五里。有石城，置巡司於此。志云：縣西七十里有劉三公莊，蕭梁時劉勰所居。舊置巡司於此，洪武三年移於夾倉鎮。又縣南付疃河上有付疃馬驛，縣北二十五里白石山下有白石山驛，今皆革。

附見

安東衛。在日照縣南九十里。南去南直海州七十里。衛城周五里。弘治三年置，初領五千户所，尋調左所於天津，〔一四〕右所於徐州，止領中、前、後三所。東接膠州靈山衛界，爲濱海戍守處。

石臼寨備禦後千户所。〔一五〕在日照縣東南，所城周三里有奇；又東南有塘頭寨備禦百户所，城周三里；俱嘉靖中置，屬安東衛。

校勘記

〔一〕淄水出原山　「原」，底本原作「源」，今據職本及漢志卷二八上改。

〔二〕國語謂之具水　國語卷一八楚語原作「貝水」，汪遠孫國語明道本考異卷四云：「案『貝』當作『具』，水經巨洋水注引國語作『具水』。」

〔三〕漢置臨菑縣　「菑」，漢志卷二八上作「淄」。

〔四〕哀十三年　據左傳，陳恒殺闞止及大陸子方奔衛，事在哀十四年，此作「十三年」誤。

〔五〕晝邑城　「晝」，職本、鄒本與底本同，而敷本作「畫」。今核諸書，孟子公孫丑作「晝」，史記卷八二田單傳、後漢書卷一九耿弇傳作「畫」，則晝邑、畫邑非一地。楊伯竣孟子譯注云：「晝在臨淄西南，爲孟子自齊返鄒必經之道；畫在臨淄之西北三十里，爲燕破齊時軍隊所經之地。一南一北，兩地不同。有人混而一之，誤。」

〔六〕左爲營丘　「左」，底本原作「右」，今據鄒本及水經淄水注改。

〔七〕澅水　「澅」，底本原作「潧」，職本、鄒本作「澅」，水經淄水注、明志卷四一、嘉慶重修一統志亦作「澅」，今據改。

〔八〕益都故城　水經巨洋水注作「北益都城」。

〔九〕出劇縣南角崩山　「角」，底本原作「有」，今據職本及水經巨洋水注改。

〔一〇〕校城　「校」，漢書卷一五上王子侯表作「挍」。下「校亭」同。

〔一一〕山在廣固南三十里　底本「三十里」上原有「百」字，今據職本及水經巨洋水注删。

〔一二〕劉昫曰　「昫」，底本原作「昭」，今據敷本、鄒本改。職本原作「劉昭曰」，後將此三字圈去，改爲：「唐武德二年復置昌安縣，屬濰州，六年省。」

〔一三〕春秋桓六年　「州公如曹」、「淳于公如曹」，春秋及左傳均在桓公五年，此作「六年」誤。

〔一四〕調左所於天津　「左」，底本原作「中」，職本作「左」。下云「止領中、前、後三所」，則調天津者必非中所也。職本作「左」是，今據改。

〔一五〕石臼寨　「臼」，底本原作「舊」，今據鄒本及明志卷四一改。

讀史方輿紀要卷三十六

山東七

萊州府，東北至登州府二百四十里，東南至海二百五十里，西南至青州府莒州四百五十里，西至青州府三百十六里，北至海九十里，自府治至布政司六百四十里，至京師千四百里。

禹貢青州地，春秋時萊子國，禹貢：「萊夷作牧。」春秋時齊侯伐萊子於郲。或曰郲即今郡治，在齊之東，故曰東萊。戰國屬齊，秦屬齊郡。漢曰東萊郡，後漢因之。晉爲東萊國。宋復曰東萊郡，後魏因之，兼置光州。隋郡廢，開皇五年改光州曰萊州，大業初曰東萊郡。唐復曰萊州，天寶初亦曰東萊郡，乾元初復故。宋仍曰萊州，亦曰東萊郡。金因之。亦曰定海軍。元亦爲萊州，屬益都路，尋屬般陽路。明朝洪武九年升爲萊州府。領州二，縣五。

府内屏青、齊，外控遼、碣，藉梯航之便，爲震疊之資，足以威行海外，豈惟島嶼之險足以自固乎哉？唐史：「貞觀十五年太宗言：『高麗本四郡之地，吾發卒數萬攻遼東，彼必傾國救之。別遣舟師出東萊，自海道趨平壤，水陸合擊，取之不難也。』」

掖縣，附郭。戰國時齊夜邑，襄王益封田單於夜邑萬户。又魯仲連謂田單「將軍有夜邑之奉」是也。漢置掖縣，東萊郡治焉。後漢移郡治黄縣，又封歐陽歙爲夜侯，即掖也。晉復爲郡治，劉宋又移郡治曲城縣，後魏以後州郡皆治此。今編户八十二里。

曲成廢縣，府東北六十里。漢縣，屬東萊郡，高帝封功臣蟲達爲侯邑，又武帝封中山靖王子萬載爲曲成侯。後漢又封劉建爲侯邑，仍屬東萊郡。晉曰曲城縣，劉宋爲郡治。後魏曰西曲城縣，分東境置東曲城縣，並屬東萊郡。北齊省。隋末復置曲城縣，唐武德六年廢入掖縣。今郡城周九里有奇。

當利城，在府西南三十六里。漢縣，屬東萊郡。志云：武帝封欒大爲當利將軍，命其邑曰當利，後漢及晉、宋因之。後魏改屬長廣郡，北齊廢入掖縣。隋末復置，唐武德六年廢。

陽樂城，在縣北。漢縣，屬東萊郡，後漢廢。志云：縣北二十里有臨朐故城，此東萊郡之臨朐也；又縣南有陽石廢縣，亦漢置，屬東萊郡；俱後漢廢。○曲臺城，在府東南。唐武德四年置曲臺縣，屬萊州，六年廢。又府東北二十里濱海有沙丘廢城，相傳商紂所築，似誤。

福山，府西北五里。俗名斧山，峰嶺高峻，北臨滄海。其並峙者曰禄山。○大基山，在府東十里。上有道士谷，巉崿蒼翠，泉流潺湲。又東五里爲神仙洞，其相連者有洞凡七，俱幽勝。

高望山，府南十五里。峰巒秀特，可以望遠。又南五里爲天柱山，一名南山。又寒同山，在府東南三十五里。一名神山，掖水出於此。○三山島，在府北五十里海之南岸。史記封禪書：八祀，四曰陰主，祠三山。唐史：貞觀二十二年將伐高麗，詔劍南大治船艦儲糧械於三山浦及烏島。烏島或曰即登州之烏湖島。又蜉蝣島，在府西北百里海中，遥望若蜉蝣然。

萬里沙，府東北三十里，夾萬歲水，兩岸皆沙，長三百里。史記封禪書：「天子既出無名，乃禱萬里沙。」漢書郊祀志：武帝元封元年旱，禱萬里沙。是也。

海，在海西北二十里。道出遼東、朝鮮。通典：「郡北至海五十里，西至海二十九里，西北至海二十一里，東南至海二百五十里。」今自府西北環昌邑、濰縣界，東南環膠州即墨縣界，皆大海也。

掖水，在府東南十五里。源出寒同山，西北流經城南，又西北注於海。○萬歲河，在府東北三十里。其兩岸即萬里沙也，秦始皇、漢武帝皆嘗禱此。三齊記：「水北有萬歲亭，漢武所築。」

小沽河，出府東南三十里馬鞍山，東南流經平度州與大沽河合，經膠州即墨縣界入於海。左傳昭二十年：「齊晏子曰：『聊、攝以東，姑、尤以西，其爲人也多矣。』」杜預曰：「姑即大沽河，尤即小沽河也。」○五龍泉，府西三里。瀦而爲池，凡半畝許，民獲灌溉之利。又城東有青龍泉，與濠水相接。

過鄉，在府北。後漢郡國志掖縣有過鄉。故過國，寒浞封其子澆於此。春秋哀元年傳：「寒浞處澆於過，處豷於戈。」杜預曰：「過即掖縣過鄉，戈在宋、鄭間。」○燕臺，在府東北二里。志云：南燕慕容德以掖城爲青州治，因置此臺。

海倉口鎮。府西北九十里。即膠河入海之口，爲濱海要地，有巡司戍守。又柴葫寨，在府北五十里，亦有巡司。○朱橋驛，在府東北七十里。又南關有城南驛。又沙河店，在府南三十里。舊置城南、沙河店、朱橋店三遞運所，萬曆中與驛俱革。

附見

萊州衛。在府治東南。洪武三年置，領左、右、中、前、後五千户等所。

王徐寨備禦前千户所。府東北八十里。明初置百户所，有城周三里，嘉靖中改爲千户所。○馬埠寨備禦百户所，在府西二十五里，城周二里；又竈河寨備禦百户所，在府北五十里，所城周二里有奇；又東北百六十里有馬停寨備禦百户所，所城不及一里；俱屬萊州衛。

平度州，府南百里。南至膠州百二十里，西南至青州府莒州三百四十里。

春秋時齊地，漢屬東萊郡，後漢屬北海國，晉屬濟南郡，劉宋屬北海郡，後魏因之。隋屬萊州，唐、宋仍舊。元改屬登州，明洪武九年改屬萊州府，二十一年始置平度州。編户百三十六里。領縣二。

州西亘濰河，北枕渤海，山川襟帶，屏蔽東陲。

膠水廢縣，今州治。本漢之平度縣地，後漢改置膠東縣，屬北海國。晉、宋、後魏皆曰膠東縣，後齊改置長廣縣，屬長廣郡。隋改屬萊州，仁壽初改曰膠水縣，唐、宋、元因之。洪武中置平度州，以縣省入。州城周九里有奇。

平度故城，州西北六十里。漢縣治此，屬東萊郡，武帝封菑川懿王子行爲侯邑。後漢并入膠東縣。○盧鄉城，在州西北五十里，漢縣，屬東萊郡，晉、宋及後魏因之，北齊省入膠東縣。隋復置，屬萊州，唐貞觀初縣廢。

即墨故城，州東南六十里。齊即墨邑。志云：城臨墨水，故曰即墨。齊威王封即墨大夫而烹阿大夫。湣王時樂毅破齊七十餘城，惟莒、即墨未下。既而田單以即墨攻破燕軍。漢元年項羽徙齊王田市爲膠東王，都即墨，田榮追擊市，於此殺之。四年韓信破齊，齊將田既走膠東，曹參擊殺之，即即墨也。尋復爲即墨縣，屬齊國。文帝十六年分齊地封悼惠王子白石侯熊渠爲膠東王，都即墨。景帝三年反，誅。四年封子徹爲膠東王，中二年改封子寄。後漢國廢。建武中封賈復爲侯邑，屬北海國。晉屬濟南郡，劉宋復屬北海郡，後魏屬長廣郡，後齊廢。志云：城北有樂毅城，毅攻即墨時所築。漢初田肯曰「齊東有琅邪、即墨之饒」，蓋二縣近海，財用所近也。今俗稱故城爲朱毛城。○膠東廢縣，亦在州東南。隋末置，唐初屬萊州，武德六年廢。

天柱山，州北五十里。絶頂巉巖聳立如柱，又有石龕如屋，州人謂之劈石口。通志：「山之東曰之萊山，東連大澤、御駕、明堂諸山。」○嵖岈山在州北三十里，以山形嵖岈而名。

大澤山，州北七十里。巖壑絶勝。有瑞雲峰，峰頂半巖疊石爲城，謂之皇城頂。或以爲赤眉故砦也。下有白虎谿，乳泉河出焉，西南流入膠水。山之北即高望山，接掖縣界。○明堂山，在州東北四十里。産藥材。有藥石水出焉，流合石濆河而注於膠水。其相接者曰金泉山，亦産藥材。又有兩髻山，在州東北十三里。山椒並列，如綰雙髻。現河出焉，經州東三里西南流入膠水。

三固山，州西七十里。一名三户山。漢郊祀志「宣帝信方士言，祠太室山於即墨，三户山於下密」，即此山也。又州西十八里有文、武山，兩山相峙。世傳秦始皇東巡，集文武於此，因名。下有秦王河。○大豁山，在州西北十五里。

伏琛齊記「盧鄉縣東南有大豁口，與小豁口相峙，中通驛路」，即此山也。蘇村河出焉，西南流入於膠水。

膠水，州西八十里。源出膠州鐵橛山，流經高密縣北入州境，又北經昌邑縣至縣東北入海。梁天監五年將軍劉思効敗魏青州刺史元繫於膠水，即此。○墨水，在州東。源出東北六十里之墨山，南流經即墨縣入海。

大沽河，州東八十里。源出登州府黄縣南蹲犬山，經招遠、萊陽二縣界，至州東南故即墨城與小沽河合，經膠州即墨縣界入海，通謂之沽水，南北經流三百餘里。

新河，在州東南。源出高密縣，流經此，分南北二流，南自膠州麻灣口入海，西北自掖縣海倉口入海，即元人所濬膠萊河舊道也。元史：「至元十七年萊人姚演獻議開新河，由膠西縣東陳村海口，西北達於膠河，出海倉口，由海道達直沽以通漕，謂之膠萊新河。從之。勞廢不貲，卒無成效，二十二年罷其役。」明正統六年昌邑人王坦言：「漕河每患淺澀，海運又虞艱險，請浚新河故道。」不允。嘉靖十一年按臣方遠宜等復議開新河，不果。隆慶初萊人崔旦復極言新河之便，萬曆三年又以南京工部尚書劉應節言，命侍郎徐栻開浚，議者極言非便，遂中止。其後屢議屢阻，迄無成績。圖説云：自淮河入河北岸隔一里爲朱家河，可開通。經新溝至安東縣有澳河、嚮水、三叉，俱臨淮，可通。東則有東漣河、朱家河、白家溝、七里河流入淮，又東有鹽場河、平望河、界首河、白限河、牛洞河、車軸河流入海，俱宜築塞。中有遏蠻河，在淮、海之交，可置閘以殺水勢。西則有沭陽水，瀦而爲大湖、傅湖，又有楊家溝、西漣河、崔家溝、古閘河，皆爲入漣河水道。自支家河至漣河海口，計三百八十里。出海由海州贛榆至山東界，歷安東衛石臼所、夏河所、靈山衛、膠州暸頭營至麻灣海口，計二百八十里，隔馬家濠五里，可以開通。經把浪廟、新河口、店口社、陳村小閘、戴高劉家大閘、王朱杜家村，至平度州，又經窩鋪、停口、大成、昌渠小閘、新河集、秦家莊、海倉口至大海口，計三百七十五里。大海口至直沽四百里，通計一千四百三十五里。應節奏言：「膠州南自淮子口大港頭出海，自州治西抵匡家莊四十里，俱岡溝黄土，宜開；自劉家莊北歷臺頭所張奴河至亭口牐三十里，俱黑泥，下地水深數尺，宜浚；自亭口牐歷陶家崖、陳家口、孫店口至玉皇廟六十里，河寬水淺，宜於舊河之旁別開一渠；玉皇廟至楊家圈二十里，水深數尺，宜浚；楊家圈以北則悉通海潮，無煩工作矣。以工力計之，創者什五，因者什三，略施工者什二；以地勢計之，宜挑深丈餘者什一，挑深數尺者什九。」栻言：「匡家莊地高難開，改於都泊、船路溝，地形平衍，有河可引，宜建牐設櫃，如會通河故事。」科臣王道成言：「膠州在兩海口之中，土最高厚，萬一巨石隱伏，功將安施？難一。水性湍急，走石流沙，即有泉源，易盈易涸，難二。海船不可入河，河船不可入海，難三也。」又實録：「隆慶五年山東臣僚會勘膠河，上言：『從龍家屯北至分水嶺，俱係岡阜沙石，難以施工。由分水嶺又北至謝家口，稍有斷續河流，旱潦難恃，沙石亦多。由謝家口北至楊家圈，河流似有端緒。又北至新河閘面河勢比南面較寬，自新河閘至海倉又皆流沙壅淤，難以行舟。新河閘係往來通渠，過者見有河流，妄意可以開浚，不知迤南十里便復不同。分水嶺本名王乾壩，兩頭俱有河形，中間積沙高亢，本非嶺也。新河既無泉源，引導必須旁水接濟，而分水嶺下僅有白河一道，平時涓涓細流，淫潦時挾流沙衝淤，大爲河患。其張奴河、膠河、九穴泊之水，雖接新河，而源流淺澀，潦涸無時，皆不足恃。若欲東引沽河，則地勢東下，沽河自東而南直趣麻灣口，難以挽之而北。若西引濰河，濰河在高密西，離新河百二十里，中隔高嶺五層，又難引之使東也。若欲深鑿河身，使海水南北貫通，則分水嶺諸處，高過海面數丈，命工開鑿，未及數尺下即糜沙，隨時奔潰，縱多捐財力，萬難開濬。」既而徐栻亦稱：「南北海口，俱有積沙橫絶及分水嶺，河高海下，勢不可通，須另開一路，及海口築隄以約水障沙。」又云：「南自麻灣抵朱舖五十里，北自海口抵亭口百八十里，皆通潮，可乘潮以導河。」撫臣李世達勘稱：「南潮止及陳村閘，距海口二十里；北潮止及楊家圈，距海口六十里；其朱舖、亭口者非烈風迅雨，海水漲溢，歲不一二至，潮不足恃也。」役遂止。崇禎十二年户部郎中沈廷揚試行海運，復請開膠萊河。十六年命户、工二部發銀十萬兩開浚，事未行而京師不守。餘詳見膠州。

定渠，州南七十里。與州東北之藥石水及石瀆河合流入膠水，一名定都渠。近志以爲鉅定，悮也。

亭口鎮。州西南七十里。即膠萊河所經，有巡司戍守。又州西北七十里有灰埠驛。

濰縣，州西百八十里。西南至青州府昌樂縣五十里。漢下密縣，屬膠東國。後漢初廢，安帝時復置，屬北海國。晉屬濟南郡，宋屬北海郡，後魏因之，尋爲北海郡治。後齊改郡曰高陽。隋開皇初郡廢，十六年於縣置濰州。大業初州廢，改下密縣曰北海，仍屬北海郡。唐初亦置濰州治此，武德八年州廢，以北海縣屬青州。宋建隆三年置北海軍，乾德二年升爲濰州，金因之。元屬益都路。明朝洪武初以州治北海縣省入，屬青州府。九年降州爲縣，屬萊州府，二十二年改今屬。編户八十六里。

下密城，縣西三十里。志云：漢縣，治今平度州西五十里。一云治今縣東南。水經注：「濰水逕下密故城西。」是也。後遷今縣治。隋開皇六年置濰水縣，屬青州。大業初改下密爲北海縣，而改濰水爲下密。唐初屬濰州，武德八年州廢，縣併入北海。俗以此爲西下密也。

平壽城，縣西南三十里。漢縣，屬北海郡。後漢初張步爲耿弇所敗，自劇奔平壽。步平，仍屬北海郡。晉爲濟南郡治。劉宋仍屬北海郡，後魏爲北海郡治，高齊廢。又西南五十里有斟城，古斟尋國，亦禹後也。又太康居斟尋，羿亦居之，桀又居之。杜預曰：「平壽有斟亭，古斟尋也，后羿所滅。」漢置斟縣，屬北海郡，後漢廢。又寒亭，在縣東北三十里。杜預曰「平壽東有寒亭」，即古寒國，蓋寒浞所封。唐初有寒水縣，屬濰州，武德六年廢，即故寒亭矣。今有寒浞水，北入海。通志：「縣南三十里有營丘城。」似悞。今詳見青州府昌樂縣。

塔山，縣東南六十里，東丹河發源於此。水經注：「溉水出塔山。」是也。唐天寶初勅改爲溉原山。○几山，在縣西南七十里。山形如几，西丹河出焉。又縣西南二十里有程符山，相傳公孫弘貧時牧豕處。又有孤山，在縣西南四十里。巋然天際，翠靄若浮。

擂鼓山，縣南百里。與昌樂縣接界，白狼河出焉。其相近有摩旗山。宋嘉定中金益都賊楊安兒敗死，其妹四娘子爲餘黨所推，掠食至摩旗山，濰州賊帥李全以衆附之，即此。

濰水，縣東南六十里。自青州府安丘縣北流入縣境，又東北經昌邑縣東北入於海。後魏主子攸建義初，邢杲帥河北流民反於青州之北海，遣將軍李叔仁擊之，敗於濰水，即此。志云：今縣西北二十里地名韓信道，蓋以信破楚將龍且於濰水上而名。餘詳見安丘縣。

東丹河，縣東南五里。源出塔山，即溉水也。亦曰東于河，西北流合青州府壽光縣界之丹河，復流入縣境，〔一〕東北注於海。又西丹河，在縣西二十里。源出几山，亦曰西于河，西流合昌樂縣西之丹河，復會東丹河東北入海。○白狼河，在城東。源出擂鼓山，流入昌樂縣界合白狼河別源，又北流入縣境，經東門外東北流八十里入海。狼一作「浪」。志云：縣南有小王莊，平地泉湧如輪，即白浪河之源也。今詳見昌樂縣。

固堤店。縣東北四十里，有巡司。又縣東北三十里有古亭馬驛。

昌邑縣，州西北百三十里。西南至青州府壽光縣九十里。漢都昌縣地，屬北海郡。晉初屬齊國，尋廢。劉宋復置，仍屬北海郡，後魏因之。隋開皇中屬濰州，大業初仍屬北海郡。唐初亦屬濰州，武德六年廢。宋建隆三年置昌邑縣，屬北海軍，尋屬濰州。金、元因之。明洪武九年改屬萊州府，二十一年改今屬。編户九十四里。

都昌城，在縣西。本齊邑，齊頃公賞逢丑父之功，食邑都昌。晏子春秋：「景公封晏子以都昌，辭而不受。」漢置都昌縣，高帝封功臣朱軫爲侯邑。建安初北海相孔融被黄巾賊管亥圍於都昌，先主救却之。今城南五里有大營城，北五里有小營城，俗爲大營、小營二村，相傳即孔融與黄巾相拒處。

訾城，縣西北三十里。春秋莊元年：「齊師遷紀郱、鄑、郚。」杜預曰：「都昌西有訾城，鄑亦讀訾，本一城也。」唐武德二年置訾亭縣，屬濰州，六年廢。俗呼爲瓦城，半爲水漸。一云訾城在縣西北十五里，又十五里爲鄑城。

密鄉城，在縣東南十五里。左傳隱二年「紀子帛、〔三〕莒子盟於密」，即此地也。漢置密鄉縣，屬北海郡，武帝封膠東頃王子林爲侯邑。後漢志淳于縣有密鄉。應劭曰：「淳于東北六十里有平城亭，又四十里有密鄉亭，故縣也。」淳于，見前安丘縣。○平城故城，在縣西南四十里。漢縣，屬北海郡，後漢省。水經注：濰、汶二水會於淳于城東北，又東北逕密鄉亭西，皆漢北海郡屬縣云。

東山，城東二里。俗名土埠，亦謂之東京埠，長數里，石磴崎嶇，峰巒奇秀。後漢建安初袁譚據青州，攻北海相孔融於都昌，融敗走東山，即此。又縣東南二十五里有青石埠，長數里，亦名青山。○霍侯山，在縣南四十里。漢書：「霍光封博陸侯，食邑於北海。」此山本名陸山，或以爲即光所食邑，唐天寶六載賜名霍侯山。又南五十里有峽山，狀如伏虎，俯臨濰水，爲邑之勝。

海，在縣北五十里。有魚兒浦巡司，爲濱海戍守處。

濰河，縣東二里，又東北注於海。志云：縣東五里有濰水堤，宋初築以防濰水泛溢。又縣西南二十里有浮糠河，縣南二十里有張固河，流合浮糠河並入於海。

膠河，縣東五十里。自平度州流入境，北注於海。其入海處曰海倉口，與掖縣接界。羅氏曰：「自海倉口至膠州麻灣，凡二百七十里，即膠東新河之道也。」

棠鄉。縣南八十里。本萊邑。左傳襄六年：「齊人伐萊，萊共公浮柔奔棠。晏弱圍棠，遂滅之。」又孟子：「國人皆以夫子將復爲發棠。」後漢志即墨有棠鄉。今爲甘棠社。○夏店馬驛，在縣東北二十里。又縣東四十里有新河橋遞運所，今革。

膠州，府南二百二十里。東至海三十里，南至海九十里，西至青州府莒州二百八十里。

春秋介國地，戰國屬齊。漢屬琅邪郡，後漢屬東萊郡，晉屬城陽郡，劉宋屬高密郡。後魏嘗置膠州。魏收志：「永安二年置，治東武縣。」見青州府諸城縣。隋屬密州，唐、宋因之。元至元十二年置膠州於此，隸益都路。明洪武初以州治膠西縣省入，屬青州府，九年改今屬。編戶九十三里。領縣二。

州聯絡淮、沂，屏蔽齊、兖，控海道之咽喉，爲登、萊之襟要。防險說：「膠州、即墨，皆迫近海澨，而即墨南望淮安、安東，東海衛所諸城，左右相錯，如噤喉關鑰，倭若犯淮，則漸必犯萊矣。故登、萊三營之設，即墨一營，視登州、文登二營尤爲切要。」海防攷：「自登州之大嵩衛至府境鰲山、靈山衛，及青州府境之安東衛，盡南面濱海之險，皆即墨營控禦處也。其濱海要衝則有雄崖、膠州、大山、浮山、夏河、石臼等所，乳山、行村、栲栳島、古鎮、逄猛、南龍灣、信陽、夾倉諸巡司，及海中之唐家灣、大任、陳家島、鵝兒、栲栳、天井灣、顏武、周疃、松林、全家灣、青島、徐家莊一帶，而海道之險則自安東以北若勞山、赤松、竹竿、旱門、劉公、之罘、八角、沙門、三山諸島，皆賊停泊之處，不可不講。至於白蓬頭、槐子口橋、雞鳴嶼、金嘴、石倉廟諸處，淺灘亂磯，則賊所必避，而亦吾所當審者。」

膠西廢縣，今州治。漢黔陬縣地，隋開皇十六年置膠西縣，屬密州。唐武德六年省縣入高密，以其地爲板橋鎮。宋元祐二年復置膠西縣，兼領臨海軍使，仍屬密州。金仍曰膠西縣。宋史：「嘉定四年時膠西當登州寧海之衝，百貨輻輳，李全使其兄福守之，爲窟宅，多收互市之利。」元置膠州治此，明初省。今城周四里有奇。

祓城，州西南七十里。漢祓縣，屬琅邪郡。祓音費。後漢省。又介根城，在州西南五里，春秋時莒邑也。左傳襄二十四年：「齊侯伐莒，取介根。」應劭曰：「周武王始封茲輿於此，即莒之先也。春秋初徙於莒。」漢置計斤縣，屬琅邪郡。顏師古曰：「計斤即介根，語音有輕重。」後漢縣廢。杜預曰：「黔陬東北有計基城。」即古介根。今有兩塔對立，曰東、西計斤。又有介亭，在州南七十里。志云：即古之介國。春秋僖二十九年：「介葛盧來。」是也。杜預以爲介國在黔陬縣界。

祝茲城，亦在州西南。漢高封徐厲爲侯邑，又孝武封膠東康王子延年於此。水經注：「膠水出五弩山北，逕祝茲城，又經邞縣故城。」邞音扶。亦漢琅邪屬縣也，文帝封呂平爲侯邑。後漢縣廢。又通志云：「州南七十里有古長城。」相近。

鐵橛山，州西南百二十里。膠水發源於此，亦曰膠山。志云：五弩山，在膠山之北。膠水出膠山，過密州五弩山，鹵水入焉；又北逕州南三十五里之艾山，艾水入焉。又艾山旁有天澤泉，即艾水之源也。鐵橛山蓋與諸城五弩山相近。

大珠山，州南百二十里，濱海。上有石室。珠亦作「朱」。通典：「高密諸城縣有古長城，自齊西防門東逾泰山、穆陵，至大朱山海濱而絶。」是也。又州南九十里有小珠山，錯水出焉，流入海。○靈山，在城東南百二十里海中。志云：在靈山衛南三十里。其山先日而曙，先雨而雲，故謂之靈。又衛西北三里有小竹山，或謂之小竺。又衛東海中有唐島，相傳唐太宗征高麗駐蹕於此，内有飲馬池。

石臼島，州南百里海中。宋紹興三十年金亮入寇，分遣一軍由海道襲浙江，以兵圍海州。宋將李寶督海舟捍禦，至石臼島，敵舟已泊唐島，相距僅一山。寶因風便過山薄寇，大敗金人，海道之師遂絶。○黄島，在州東南六十里海中。舊有居民，後因倭寇，其地遂墟。又州東南九十里有薛家島，横伏入海，每爲行旅患。又古鎮島，在州東南百十里海中，有巡司戍守。志云：膠州濱海石臼、青泥、桃林、陳家、李家、薛家、古鎮、黄島、唐島之屬，皆其著者。

海，州東三十里。志云：州南門外有唐家灣，宋、元時海船往來皆由此。

膠水，在州西。出鐵橛山，東北流接高密縣境，又北入平度州界。水經注：「膠水出膠山，北逕黔陬故城西。」是也。又有洋河，亦出鐵橛山，東流逕城南三十里入海。水經注：「拒艾水一名洋洋水。」宋泰始三年，輔國將軍劉懷珍擊青州刺史沈文秀於東陽，進至黔陬，軍於洋水，遣别將王廣之襲不其城，拔之。此洋洋水也。○沽河，在州東北三十里。自平度州流入境，又南流入海。

新河，州東北三十里，西北入高密縣界。志云：州東南百里有馬家濠，濠長三里餘，夾兩山中，南北俱接海口。元至元十九年開膠萊新河，阻馬家濠不就。明朝嘉靖十一年，按臣方遠宜議開新河，以馬家濠數里皆石岡爲患，臬使王獻焚以烈火，鑿而通之。十九年獻言：「元人海運自淮安循海而行，至靈山之東，浮山、嶗山之西，有薛島、陳島，石岈林立，横伏海中若橋，號槐子口橋，最險難越。元人避之，故放洋於三沙黑水，歷城山正東踰登州東北，又西北抵萊州海倉，然後出直沽以達天津。獻閱膠萊河圖，自薛島之西有山曰小竺，兩峰夾峙，中有石岡曰馬壕。馬壕之麓南北皆接海涯，而北即麻灣，又稍北即新河，又西北即海倉、直沽。由麻灣抵海倉三百三十里，由淮安踰馬壕抵直沽千五百里，若徑出於此，可免遶海之患。元人嘗治此道，遇石而止。今因其故迹鑿馬壕以趣麻灣，長十四里，廣六丈有奇，深半之，而江、淮之舟可達新河。新河兩旁皆有水泉溢出，疏淺决滯，爲九閘以節宣之，可以佐會通河之窮。」從之。於是於舊濠迤西七丈有餘，鑿渠通舟，以達新河故道，爲漕運之計，功未半而罷。萬曆初復議開膠萊河，山東參政馮敏功謂：「膠河一衣帶水，餘悉高嶺大阜，且地皆岡石，山水奔瀑，功難竟。即竟矣，海水挾潮沙而入，必復淤。」及開濬，果以岡石黑沙，難施畚牐而止。河渠攷：「元人于欽言：『至元中姚演請開新河，鑿陸地數百里以通漕，數年而罷。余過其地，詢之土人，云此河爲海沙所壅，又水潦積淤，終不能通。』」蓋元志所稱勞費無成，非誣也。自王獻建議之後，屢行勘閱。隆慶四年嘗議濬治，至萬曆三年而罷。二十九年御史高舉復議濬之，卒不果。迄崇禎之季，言者猶以爲請，竟不果行。

逄猛鎮。州南四十里。爲濱海戍守處，有巡司。又東南百二十里有古鎮巡司。

高密縣，州西北五十里。西南至青州府諸城縣百二十里。秦爲高密縣，屬齊郡。漢初屬齊國，文帝十六年分齊地置膠西國，宣帝本始初更爲高密國，皆治高密縣。後漢建武中封鄧禹爲侯邑，改屬北海國。晉屬城陽郡，惠帝復置高密郡。劉宋仍屬高密郡，後魏因之。隋屬密州，大業末廢。唐復置，仍屬密州，宋因之。元屬膠州。今編户八十八里。

高密城，縣西南四十里。縣本治此。漢三年，齊田橫烹酈生走高密。明年韓信破齊軍至臨菑，齊王廣亦走高密。文帝封齊悼惠王子卬爲膠西王，都高密是也。後漢仍爲高密縣。又謂之城陰城，鄭玄碑：「城陰，即高密也。」隋末廢。唐武德三年於今縣西北一里故義城堡置高密縣，六年移治於故夷安城，即今縣也。○夷安城，通典曰：「今縣外城也。」應劭曰：「古萊夷維邑，晏平仲夷維人也。」漢置夷安縣，屬高密國。後漢屬北海國。鄧禹少子封夷安侯，即此。晉屬城陽郡，惠帝時復屬高密郡，劉宋、後魏因之，後齊廢。唐爲高密縣治。

稻城，縣西南五十里濰水堰側。漢縣，屬琅邪郡，武帝封齊孝王子定爲侯邑。後漢縣廢。志云：舊有塘堰，蓄濰水溉田，因名。亦謂之鄭城，有康成故宅也。旁有稻田萬頃，斷水造魚梁，歲收億萬，號「萬疋梁」。今堙。城邑攷：「縣西南五十里濰水東又有龍且城，城西即且冢，冢南曰梁臺，即韓信擊殺龍且之地也。」

柜城，縣南三十里。舊志：柜城在膠州西南九十里是也。漢縣，屬琅邪郡。柜音巨。後漢改屬北海國，後省。今縣西南三十里有柜城河，出縣南五十里王子山，流入九穴泊，蓋因故城而名。水經注：「黔陬西南有柜艾山，亦曰黔艾山，柜艾水出焉，流經柜縣故城西，東北入海。」蘇林以爲根艾水，即膠州之洋河也。

黔陬城，縣西六十里。古介國。漢置黔陬縣，屬琅邪郡。後漢屬東萊郡。晉屬城陽郡。劉宋屬高密郡。泰始三年青州刺史沈文秀據東陽，詔劉懷珍進向青州，懷珍至黔陬，文秀所置高密、平昌二郡太守棄城走。後魏仍屬高密郡。後齊置平昌郡於此。隋開皇初郡廢，大業初縣省入膠西縣。有兩城，夾膠水而立。縣道記：「縣本秦所置，在高密郡東北，後移於膠水西，相去二十里，俗名故城爲東陬，而此城爲西陬。」舊志：黔陬在諸城東北百十里。似悮。○膠西城，在縣東南二十五里。志云：隋置縣於膠、墨二水之間，即此城云。

高陽城，縣西北三十四里。漢縣，屬琅邪郡，成帝封淮陽憲王子並爲侯邑。後漢廢。一名膠陽亭。又有朱晏城，在縣東南三十里。相傳晏子爲齊相時所食邑也。一名晏平仲城。

礪阜山，縣西北五十里。山産礪石。一名劉宗山，有鄭玄墓。

膠水，縣東五十里。一統志：「膠水北過高密縣注瀦澤，與張奴水合，自澤北入新河，經平度州界。」又縣東北四十里有新河，亦曰新開膠河，與平度州、膠州接界。

濰水，縣西南五十里。自諸城縣流入境，又北流與安丘縣接界，經縣北四十里而入濰縣界。漢四年，韓信追齊王田廣於高密，楚將龍且與廣合兵拒信，夾濰水而軍，信夜壅濰水上流誘且半渡而擊之，即此處。今縣西五里又有韓信溝，相傳亦信所鑿。

密水。在縣西南。自諸城縣流入境，一名百尺溝，亦曰高密水，經故縣南十里蓄爲塘，方二十餘里，古所謂「高澤之南都」也，東北會濰水堰，散流入夷安澤。志云：澤在縣北二十里，高密水與濰水散流注之，蓄堰以溉田，凡萬餘頃。○九穴泊，在縣西北二十五里。泊有九溝，因名。又縣東北二十五里有都泊，亦瀦水處。

即墨縣，州東百二十里。本齊邑，漢置即墨縣，北齊省。隋開皇十六年於不其故城東復置今縣，屬萊州。唐、宋因之。元改屬膠州。今編户八十五里。

不其城，縣西南二十七里。漢不其縣，屬琅邪郡。武帝太始四年，帝幸不其。後漢屬東萊郡，又光武封伏湛爲侯邑。其，亦作「期」。晉咸寧二年置長廣郡於此。宋景平初青州刺史竺夔守東陽，拒魏師，魏人退。夔以東陽城壞，移治不其城。尋復爲長廣郡治。泰始三年沈文秀據東陽，以劉桃根署長廣太守，戍不其城，將軍劉懷珍遣將王廣之襲拔之。四年文秀爲魏人攻圍，其弟文静將兵自海道往救，至不其城，爲魏所斷，因保城自固。宋主遂分置東青州，領高密、平昌、長廣、東海、東萊五郡，以文静爲刺史。旋没於魏，亦置長廣郡。後齊郡、縣俱廢。隋復置即墨縣，以不其縣并入。

壯武城，縣西六十里。古夷國也。左傳隱元年：「紀人伐夷。」杜預謂壯武縣是其地。漢置縣，屬膠東國，文帝封宋昌爲壯武侯是也。後漢屬北海國。晉屬城陽郡，又張華亦封壯武侯。劉宋縣廢。後魏亦封房法壽爲壯武侯，蓋縣廢而名存也。○皐虞城，在縣東五十里。漢縣，屬琅邪郡，武帝封膠東康王子建爲侯邑。後漢省。今爲皐虞社。

不其山，縣東南四十里。漢末逢萌隱此。又後漢鄭玄亦教授於山下。一名馴虎山，以後漢童恢爲不其令，有伏虎之異也。又石城山，在縣東南三十里。狀如城垣，淮涉水出焉。○天井山，在縣東十三里，周二里。上有井，深不可測，天井之名以此。又縣東四十里有四舍山，四峰峻起如舍字，惟一徑可以登涉。

勞山，縣東南六十里。二山相連，東濱大海。其高大者曰大勞，差小者曰小勞。周圍八十里，高二十五里。齊記：「泰山雖言高，不如東海勞。」勞亦作「嶗」，或誤爲「牢」，又誤爲勞盛山。勞、盛蓋二山，盛即成山也。秦始皇登勞、盛山望蓬萊，蓋登此二山耳。又史記：「始皇自琅邪北至榮成山。」〔三〕榮成又「勞成」之所誤也。蓋海岸之山，莫大於成山、勞山，故往往並言之。今山有清風嶺、碧落巖、王喬觀、玉女盆、明霞洞諸勝，白沙河源於此。○陰山，在縣東南八十里。俗傳秦始皇幸琅邪嘗駐於此。上有小池，雖旱不涸。

錢穀山，縣東北五十里。山陡險，相傳昔嘗運錢穀於山上以避兵。又東北十里有米粟山。○女姑山，在縣西南三十里。上有明堂，相傳漢武所置。

田横島，縣東北百里海中，去岸二十五里。中可居千餘家，相傳即田横與其徒五百人亡入海島處。孔氏曰：「田横所保，在海州東海縣之鬲山，去岸八十里，非此山也。今南直海州東小鬲山是矣。」北史「魏永熙中楊愔爲高歡所信用，尋以疑懼避於田橫島」，即此。志云：縣東南濱海，列島環伺，其可居者曰青，曰福，曰管，曰白馬，曰香花，曰田橫，曰顔武，而田橫島方三十餘里，尤平廣可畊，且由岸抵島多礁石，不可直達。嘉靖中有奸民盤據於此，漸爲寇盗，官兵撲滅之，患始息。

栲栳島，縣東北九十里。有寨城，置巡司戍守。又東北雄崖所東有旬島，其相近者又有赤島。志云：田横諸島而外爲塔沙、竹槎及巉島、陰島、香島，皆諸島之有名者。

海，縣西南四十里。有金家灣海口及大任海口，又西南六十里有天井灣海口，南九十里有董家灣海口，東南七十里有松林浦海口，東六十里有陳家大川海口，九十里有鶕兒海口，東北七十里有周疃海口，蓋自西南而東北，四環皆海云。

墨水，在縣南，自平度州流入境；又沽河，在縣西北七十里，亦自平度州流入境；俱合淮涉水南注於海。○淮涉水，在縣西一里。源出石城山，西北流經此，復北流三里，又西南流入於海。唐志：「縣東南有堰，貞觀十年令仇源築以防淮涉水。」又白沙河，在縣東四十里。源出大勞山，西流，亦合淮涉水入海。

即墨營，縣北十里。志云：舊置營於縣南七十里金家嶺寨，宣德八年移置於此。營城周四里，爲登、萊三營之一。又張家寨，在縣西南五十里；樓山寨，在縣南四十里；子家莊寨，在縣東南九十里；蕭旺莊寨，在縣東南五十里；與金家嶺寨俱築城戍守。

走馬嶺寨。在縣東北九十里。又東北十里有羊山寨。志云：縣東北六十里有大港寨，九十里有田村寨，與栲栳島等寨俱築城戍守。

附見

靈山衛，膠州東南九十里。洪武二十一年置。三十五年築城，周三里，依山環海，最爲險固。志云：衛領左、前、後三千户所。由安東衛魚溜一道，至衛轉向東北行，海中有島，横伏若橋，即薛島、陳島伏入海洋者，最險惡。元人欲於島西鑿馬家濠以避之。居人識此溜爲海運舊道，沿溜而行，可保無患。由安東衛至靈山衛馬家濠灣泊，大約三百餘里，風便一日可至。

鰲山衛。在即墨縣東四十里。洪武二十一年置。築城周五里。志云：衛領右、前、後三千户所。

夏河寨備禦前千户所，膠州西南九十里。所城周三里有奇，屬靈山衛。

雄崖守禦千户所。即墨縣東北九十里，洪武中設。又浮山寨備禦前千户所，在縣南八十里。俱屬鰲山衛。

登州府，東至海七十里，西南至萊州府二百四十里，北至海三里，由海道東北至遼東旅順口五百里，自府治至布政司九百里，至京師千七百里。

禹貢青州地，春秋時牟子國，戰國屬齊。秦屬齊郡，漢屬東萊郡。後漢因之，建安中置長廣郡。魏、晉及劉宋因之。後魏又析置東牟郡，北齊省東牟入長廣郡。隋郡廢，置牟州。大業初州廢，仍屬東萊郡。唐初屬萊州，如意初分置登州，治牟平縣，尋改今治。天寶初曰東牟郡，乾元初復故。宋因之。亦曰東牟郡。金仍曰登州，元屬益都路，尋屬般陽路。明洪武初仍爲登州，屬萊州府，六年改爲直隸州，九年升爲登州府。領州一，縣七。府僻在東陲，三面距海，利擅魚鹽。且北指旅順，則扼遼左之噤喉，南出成山，則控江、淮之門户，形險未可輕也。范氏曰：「自古海道有事，登、萊爲必出之途，而密邇遼左，尤爲往來津要。」三國吴嘉禾初遣使通公孫淵，還至成山，爲魏人所邀殺。宋元嘉九年朱修之自雲中奔和龍，泛海至東萊。初修之守滑臺，城陷爲魏所執。魏光州兵就海中執之，送洛陽。梁普通初高句麗遣使入貢，詔使者江法盛授高麗衣冠劍珮，魏光州兵就海中執之，送洛陽。隋開皇十七年伐高麗，别將周羅睺自東萊泛海趨平壤，時郡境皆屬東萊也。遭風，船多飄没，師還。大業七年下詔討高麗，勑元弘嗣往東萊海口造船。八年遣來護兒等分兵自海道趨平壤。九年復遣護兒出海道伐高麗。唐貞觀十八年伐高麗，遣張亮自萊州泛海趨平壤。二十一年復伐高麗，命牛進達等乘樓船自萊州泛海而入。明年復遣薛萬徹自萊州泛海擊高麗。顯慶五年蘇定方自成山濟海伐百濟。開元二十年勃海自海道寇登州。宋建隆初女真自海道趣登州貢馬，後馬政亦由此通女真。元行海運，道出登、萊。明初遣馬雲、葉旺等撫定遼東，亦由登、萊渡海駐金州，繼亦由此以轉輸遼、薊，而遼東隸於山東，亦以登、萊海道也。正德中禁過海道，而倭艘如入無人。後嘗議由此通運，不果。凡昔人所恃爲控扼之所，漫置之不講，豈非謀國者之過歟？詳見前大川大海。又海防考：府四面皆海，惟西南一隅接萊州境。國家緣海置防，登、萊二府指臂相倚。設登州營於北面，則青、萊二衛及濱海之地俱屬焉。語所則有奇山、福山、王徐諸處，語砦則有黄河口、劉家窪、解宋、盧洋、馬停、竈河、馬埠諸處，語巡司則有楊家店、高山、孫夼鎮、馬停鎮、東良海口、柴葫海倉、魚兒鎮、高家港諸處。而海外則島嶼環抱，自府東北百餘里之崆峒、半洋，西抵長山、蓬萊、沙門、鼉磯、三山、芙蓉、桑島，錯落盤踞，爲登州北門之護，過此而北即遼陽矣。此天設之險也。又營城以東，若抹直、石落、灣子、劉家窪、平暢、盧洋諸處；營城以西，若西王莊、西山、欒家、孫家、海洋山、後八角城、後之罘、莒島，皆可通。番舶登涉，嚴户外以綏堂閫，責有攸屬矣。

蓬萊縣，附郭。漢黄縣地。武帝於此望海中蓬萊山，因築城以爲名。唐貞觀八年置蓬萊鎮，神龍三年升爲縣，登州治焉。今編户六十六里。

蓬萊鎮城，在府治北一里。即漢武所築，唐置鎮於此。志云：今郡城周九里，陸門凡四，水門凡三。城北有水城相連，亦曰備倭城，引海水入城中泊船，即登州營城矣。

牟平城，府東南九十里。漢縣，屬東萊郡。武帝封齊孝王子渫爲侯邑，後漢初光武封耿況於此。晉省，尋復置。劉宋仍屬東萊郡，後魏屬東牟郡。北齊移縣治於黄縣東北七十五里馬嶺之南，屬長廣郡。隋復徙治於廢東牟縣，即今寧海州也。

丹崖山，府北三里。東西二面，石壁巉巖，上有蓬萊閣，又有三洞，奇秀爲一郡之勝。山下爲珠璣巖，石壁千尺。巖下水中有小石如珠璣，或如彈丸，俗呼彈子渦，或謂之珍珠門。○田横山，在府西北三里。郡志：城北有古田横砦，與蓬萊閣封峙，西北二面皆巨海，石壁高峻。相傳韓信破齊，田横東走，結寨於此，遺址尚存。又有荆山，在田横、丹巖二山之間，産荆。山色長紫，一名紫荆山。

密神山，府南十里。貴溪出其東麓。一名密水山。又南五里有馬鞍山。山東麓兩畔皆深澗，中起石岡，南北通行，謂之天生橋。或謂之馬嶺。○羽山，在府東南三十里。書：「舜殛鯀於羽山。」孔安國以爲山在齊東海中也。上有鯀城，三國魏將田豫築城以禦吴將周賀，因山以名。又九目山，在府東南七十里。晏謨齊記曰：「山有九竅，與黄縣連界。」

石門山，府西十里。山口甃石，爲驛路所經。又府西南二十里有影口山，山巔有營壘故址。又龍山，在府西南四十里。上有龍洞及龍岡。舊嘗置鐵場於此。○朱高山，在府東八十里。山臨海，産滑石。洪武二十七年移沙門島巡司於此。

沙門島，府西北六十里海中。海舟行者必泊此避風。五代時置沙門寨，宋建隆三年索内外軍不律者配沙門島。乾德元年女真國遣使獻名馬，命蠲登州沙門島民税，令專治船渡馬。元人海運，亦置戍軍於此。明朝永樂七年，山東都指揮使司奏：「沙門島守備僅七百餘人，難以防禦。」詔以七百人益之。後移戍内地，島無居人，今遂爲墟。志云：沙門島相連屬者有鼉磯、牽牛、大竹、小竹四島，皆紫翠巉巖，出没波濤中。永樂初陳瑄督運自遼東還，遇倭於沙門島，擊却之。又西北七十里爲鼉磯島，與鼉磯相對者爲欽島，相距三十里。又高山島，在沙門島北百餘里。○黄城島，志云：在鼉磯東北。或曰黄城、鼉磯本一島也，爲入渤海要口。又有廟島，在鼉磯西南。毛氏又曰：「廟島、砣磯、黄城三島，實爲登、萊門户。黄城之東北曰御林山，砣磯之南有井島，皆與沙門相連絡。」砣即鼉之訛也。

烏湖島，府東北二百五十里海中，與大謝戍俱爲泛東海之要路。唐貞觀十八年征高麗置烏湖鎮，亦曰烏湖戍。二十二年鎮將古神感浮海擊高麗，破之於曷山。曷山在高麗界，或作「易山」。新唐志：「自登州東北海行至大謝島、龜歆島、淤島，而後至烏湖島三百里，北渡烏湖海至馬石山東之都里鎮二百里，東傍海壖，過青泥浦、桃花浦、杏花浦、石人江、橐駝灣、烏骨江八百里，乃南傍海壖過烏牧島、貝江口、椒島，得新羅西北之長口鎮，又過秦王石橋、麻田島、古寺島、得物島，千里至鴨緑江唐恩浦口，乃東南陸行七百里至新羅王城。自鴨緑江口舟行百餘里乃小舫泝流，東北三十里至泊灼口，得渤海之境；又泝流五百里至丸都縣城，故高麗王都；又東北泝流二百里至神州，又陸行四百里至顯州，天寶中高麗王所都；又正北如東六百里至勃海王城。」五代唐天成初契丹東丹王突欲居扶餘城，蓋在唐高麗扶餘川中。長興初突欲以不得嗣立，越海自登州來奔，蓋道出烏湖、大謝間。○大謝島，在府東北三十里海中。唐貞觀中擊高麗置大謝戍於此。又長山島，在府北三十里海中，東西長四十餘里。又有宜島、虎島、半洋島，皆與長山島相近。

莫邪島，府東北三百里海中。昔人捕魚於此得寶劍，因名。又東北二百里有漠島，亦海運所經故道也。

海，府北五里。又東西兩面皆濱海，各去城三里許。志云：府東北五里有抹直海口，舊爲登涉之所，今不通舟楫，惟丹崖山之東爲新開海口，戍守最切。山下又有石落海口。府西七里爲西王莊海口，又西二十餘里爲欒家海口，又十里曰孫家海口。又田横寨西曰西山海口。又灣子海口，在府東二十五里。又東二十里曰劉家汪海口，又二十里曰平陽海口，又十餘里曰盧洋海口。舊皆爲戍守處。

密水，出府南密神山，北流入城東小水門與黑水會。黑水出府西南十里黑石山，東北流入府城南上水門合於密水，出城西下水門北流入海。○之罘水，在府南十五里。源出羽山，有石門水流合焉。石門水出石門山，流合之罘水，北注於海。志云：府城東北有鹹泉池，居民取以爲鹽。

登州營，在丹崖山北，即新開海口也。宋慶歷三年郡守郭志高奏置刀魚巡簡水兵三百戍沙門島，備禦契丹，仲夏居鼊磯島以備不虞，秋冬還南岸，相傳此即刀魚船所泊。洪武九年知州周斌奏置海船，運遼東軍需。指揮使謝規以河口淺窄，奏請挑深，繚以磚，城北砌水門以抵海濤，南設關禁以譏往來，謂之登州營。又立帥府於此，設備倭都司駐守。其城周三里。海道攷「由新開海口西北至沙門島六十里，又正北行一百二十里至砣磯島，又北至欽、木二島六十里，又北至南半洋六十里，又北至北半洋二十里，又北經雙島、洋頭窪、黃洋川、平島、和尚島共二百餘里，至遼東鐵山、旅順口通計五百五十里，諸島相望，俱可灣船避風。明初送遼東官軍布花，俱由此道。正德中劉瑾亂政，遂廢水道用陸運」云。

楊家店。府東南六十里。府東八十里又有高山巡司。志云：舊有蓬萊馬驛及城北河口遞運所，今革。

黃縣，府西南六十里。西南至萊州府百八十里。漢縣，屬東萊郡。後漢爲郡治。晉仍屬東萊郡，劉宋因之。後魏屬東牟郡，尋爲郡治。後齊郡廢，縣屬長廣郡。隋屬萊州，開皇十六年改屬牟州，大業初還屬東萊郡。唐初亦屬牟州，貞觀初屬萊州，尋屬登州。今編户五十里。

故黄縣，縣東二十五里。一名東黄城，即古萊子國都也。左傳宣七年：「公會齊侯伐萊。」又襄二年：「齊侯伐萊。」六年：「齊晏弱圍萊，堙之，環城傅於堞，遂入萊。」杜預曰：「今東萊黄縣是也。」亦謂之郲。襄十四年，齊人以郲寄衛侯；又哀五年，齊景公置羣公子於萊；皆謂此。秦置黄縣。史記：「秦伐匈奴，使天下飛芻輓粟，起於黄、腄。」黄即黄縣矣。漢縣亦治此，晉以後因之。唐神龍三年改置縣於蓬萊鎮，曰蓬萊縣，移登州治焉。先天元年復析蓬萊縣地置黄縣於今治。志云：今縣東南二十里有萊子故城，地名龍門。其間山峽巉崖，鑿石通道，極爲險隘，俗名萊子關。

惤城，縣南百二十里。漢惤縣，屬東萊郡。惤音堅。後漢及魏、晉因之。晉惠帝永興三年東萊惤令劉伯根反，自稱惤公，進寇臨淄，敗青州兵，幽州都督王浚遣兵討斬之。劉宋仍屬東萊郡，後魏改屬東牟郡，高齊廢入黄縣。○徐鄉城，在縣西南。漢東萊郡屬縣，武帝封膠東共王子炔爲侯邑。後漢仍屬東萊郡，魏因之，晉省。

大入城，縣東北二十里。志云：魏司馬懿伐東夷，將運糧入新羅，築此城貯之，以大入爲名。又縣東有中郎城。郡國志：「石勒遣中郎將石開築此以防海。」或曰後齊嘗置長廣郡，唐初亦置牟州於此。又縣西北十里有士鄉城。漢書：「齊有士鄉城。」志以爲即此城也。

萊山，縣東南二十里。史記封禪書：「齊八祀，六曰月主，祀之萊山。」申公云：「天下名山八，三在蠻夷，五在中國。華山、首山、太室、泰山、東萊，皆黄帝所常遊也。」又元封初東巡海上，公孫卿持節先行，候名山至東萊。漢書郊祀志：「神爵元年從方士言，祀萊山於黄。」是也。一名萊陰山，亦曰龍門山。

蹲犬山，縣西南三十里。形如蹲狗。隋大業十一年齊郡賊左孝友衆十萬屯蹲狗山，郡丞張須陀列營逼之，孝友窘迫出降，即此山也。大沽河源於此。又縣東南四十里有土山，環繞如城。

海，在縣北。中有岬屹島、桑島，皆屹峙海中。

大沽河，縣西南四十里。出蹲犬山，東南入福山縣界。復折而西南入招遠、萊陽二縣界，下流至膠州即墨縣入海。○黄水，在縣東北五里。源出縣東南二十里之黄山，流經故黄城，折而西北流。又洚水，在縣東北三里。源出縣東南二十里之洚山，流合黄水，至馬停鎮入於海。

馬停鎮。縣西四十里，有巡司戍守。又縣西六十里有黄山館驛，舊兼置遞運所於此，今驛存而所革。又舊有龍山馬驛及城西遞運所，今俱廢。

福山縣，府東南百四十里。東北至寧海州百里。漢腄縣地，唐、宋以來皆爲蓬萊縣地，金天會中僞齊劉豫析登州之兩水鎮置福山縣，仍屬登州。今編户二十九里。

牟城，縣西北三十里。志以爲春秋時牟子所築，似悮。今故牟國見萊蕪縣。

之罘山，縣東北三十五里。連文登縣界，周圍五十里，三面距海。史記：「秦始皇二十八年登之罘，立石；二十九年登之罘，刻石；三十七年至之罘，射巨魚。」封禪書：「八神，五曰陽主，祀之罘。」漢書：「武帝太始三年登之罘，浮大海而還。」其東南海中有壘石，俗傳武帝嘗立橋於此。

福山，縣北五里。縣以此名。又峆𡽱山，在縣西南三十里。山勢嵯峨，接棲霞縣界。

海，縣東北三十里，有海洋山後海口。又縣北十五里有城後海口，登寧場置於此，居民皆以煮鹽爲業。縣北四十里又有之罘海口，西北四十里又有八角海口。宋史：「淳化四年遣陳靖等使高麗，自東牟趣八角海口是也。」又有海洋、宫家、潘家、胡家、韓家諸島，俱在縣北海中。

清洋河，在縣東十里。源出棲霞縣翠屏山，流入界，北注於海。又義井河，在縣西南三十里。源亦出翠屏山，流經縣城東合於清洋河。○大沽河，在縣東一里。自黄縣流入界。

孫夼鎮。在縣北四十里，有巡司戍守。○黄河寨，在縣西北。志云：縣境自黄河寨而下又有劉家汪寨、解宋寨，俱設百户所，築城守禦，自登州衛中、右千户所分設。又有盧洋寨，亦置百户所，築城守禦，自福山中、前千户所分設。志云：劉家汪、盧洋等寨，俱與蓬萊縣東海口相近。

棲霞縣，府東南百五十里。西北至黄縣百二十里。漢腄縣地，唐爲蓬萊縣之楊疃鎮，宋因之，金天會中劉豫析置棲霞縣。今編户四十二里。

翠屏山，在縣治南。蒼翠羅列，如畫屏然。大河及義井河俱源於此。又靈山，在縣東五里。峰巒峻拔，亦曰靈峰山。白洋河出其下。

岠嵎山，縣東北二十里。宋慶歷六年山東地震，岠嵎山摧。嘉定六年金益都賊楊安兒作亂，據登州，金將僕散安貞敗之。安兒乘舟入海，欲走岠嵎山，舟人曲成擊殺之，即此。山産金，亦名金山。地記：「昌陽縣東百四十里有黄銀坑，即此山也。」隋書：「辛公義爲牟州刺史，山出黄銀，獲之以獻。」宋史志：「天聖中登、萊採金，歲益數千兩。

景祐中登、萊饑，詔弛金禁，聽民採取，俟歲豐復故。」元史：「至元五年令登州棲霞縣每户輸金歲四錢。」食貨志：「棲霞、萊陽、招遠三縣俱產金。」是也。又有岠嵎水，北流入海。

百澗山，縣東北七十里。山形逶迤，澗水交錯，殆以百數。舊產鐵。又北曲山，在縣西北三十里。舊亦產鐵。其相近者曰艾山，巑岏秀出，形如艾葉，因名。山前有温泉，流入大河。○棋山，在縣東三十里。迤東又有寨山，上有兵寨遺址。又方山，在縣南二十里。山頂方平，亦曰大方山。迤西又有小方山。

大河，在縣治南。出翠屏山下，遶城北流，折而東入福山縣界，即清洋河上源也。又義井河，出翠屏山西麓，亦北流而東折入福山縣界。○白洋河，在縣東南二里。源出靈山，遶翠屏山而西流，會谿谷諸水亦北抵福山縣入海。

原疃河。源出縣西北五十里之鼉山，北流入招遠縣界。又盛水，在縣南。源出方山，北流入大河。

招遠縣，府西南百五十里。西至萊州府百七十里。本掖縣地，唐爲掖縣之羅峰鎮，宋因之。金天會中劉豫置招遠縣，屬萊州。明洪武九年改今屬。編户四十八里。

廢東曲城縣，縣西北五十里。漢置曲城縣，後魏皇興中分置東曲城縣治此，仍屬東萊郡。後齊并入掖縣，今亦名光州城。志云：縣東北二十里有潘家城，相傳宋潘美嘗於此築城防寇。

張畫山，縣北十五里。山高林茂，如張畫然。又羅山，在縣東二十五里。唐置羅峰鎮，蓋以山名。○雲屯山，在縣東北二十五里。接棲霞縣諸山，綿亘百餘里。又齊山，在縣西三十五里。宋、元時嘗置買金場於此。

原疃河，在縣城東。自棲霞縣流入，西北合平南、東良二河入海。志云：東良河源出萊陽縣西北八十里之芝山，流入界。又平南河出萊陽縣西北七十里至下山，北流七十里合東良河，與原疃河並流入海。○五澗河在縣西北三十里，又縣西北五十里有萬盛河，俱由石灰灣流入海。

東良海口鎮。在縣西北五十里，即東良河入海處也。有巡司戍守。

萊陽縣，府南二百五十里。西北至平度州百二十里。漢昌陽縣地，屬東萊郡，後漢因之。晉初廢，元康八年復置，屬長廣郡。劉宋及後魏因之。高齊郡廢，縣屬東萊郡。隋屬萊州，唐因之。五代唐諱昌，改曰萊陽縣，仍屬萊州。明洪武九年改今屬。編户百四十一里。

昌陽故城，縣東七十里。漢置縣於此，成帝封泗水戾王子霸爲侯邑。晉廢，尋復置，在今縣東南二十三里。隋大業中修築城垣，仍屬東萊郡。唐永徽中城爲水所圮，因移縣於今治。○觀陽城，在縣東南三十里。漢縣，屬膠東國。後漢屬北海國，建武中封賈復爲食邑。晉省。後魏興和中復置，屬東牟郡。後周縣廢。隋開皇十六年復置，并置牟州治焉。大業初州廢，縣屬東萊郡。唐武德四年縣屬登州，六年復屬牟州，貞觀中牟州及觀陽縣俱廢。寰宇記：「觀陽在縣南十里，以在觀水之陽而名。」

挺城，縣南七里。漢置挺縣，屬膠東國。後漢屬北海國。晉屬長廣郡，劉宋及後魏因之。後齊縣廢。○長廣城，在縣東五十里。漢縣，屬琅邪郡。後漢屬東萊郡。晉屬長廣郡。惠帝末，惤令劉伯根作亂，東萊王彌從之。伯根敗，彌亡入長廣山中爲羣盜。劉宋及後魏仍曰長廣縣，屬長廣郡。北齊縣省。又有古城，在縣西南四十里。相傳齊侯滅萊時築，遺址尚存。

五龍山，縣南二十里。山下有五水相合，流百里而入海，因名。○倉山，在縣東五十里。舊產鐵。又縣東七十里有福阜山，宋、元時嘗置金場。又東十里曰林寺山，元亦置金場於此。

七子山，縣東南九十里。大峰居中，七峰環列若子，因名。又旌旗山，在縣北三十里。形勢羅列，狀若旌旗。

大沽河，縣西九十里。自招遠縣流入境，又西南入平度州界。○縣河，在縣東三里。源出棲霞縣之方山，南流入海。又縣東十五里有陶張河，源出棲霞縣南十五里之唐山，西南流入海。又昌水，在縣東南四十里。源出文登縣西南四十里之昌山，西南流逕縣東入於海。一名昌陽水，亦曰水口河。

豀養澤，縣東五十里。周禮職方「幽州澤藪曰豀養」，蓋其地周屬幽州也。録異記：「縣東北有蘆塘，方八九頃，深不可測。」今涸。

竹邨寨。縣東南百二十里，有巡司戍守。○高麗戍，在縣西南九十里。相傳司馬懿討遼東，於此置戍，土人訛爲高麗山。

附見

登州衛，治府城內。洪武九年置，領左、右、中、前、後、中左、中右七千户所。

奇山守禦千户所，在福山縣東北三十里。洪武三十一年置，所城周二里。又有福山備禦中前千户所，在縣治西。洪武十年置，屬登州衛。

大嵩衛。在萊陽縣東南百三十里。洪武三十一年置，領中、前、後三千户所，城周八里。志云：衛南海中有巨高島，西南邊海有草島嘴，俱戍守處。

大山備禦前千户所。在大嵩衛西。成化中增置，所城周四里，屬大嵩衛。

寧海州，府東二百二十里。北至海五十里。

春秋、戰國時齊地，通志：「春秋牟國地，本在壽光縣界，齊逼遷牟子於此。」似未可據。漢屬東萊郡，後漢、魏、晉及劉宋因之。後魏屬東牟郡，北齊屬長廣郡。隋屬牟州，大業初屬東萊郡。唐武德四年置牟州於此，貞觀初州廢，仍屬萊州，尋屬登州。舊唐書：「如意元年置登州，治牟平。神龍三年移登州治蓬萊，以牟平縣屬焉。」宋因之。金天會中劉豫置寧海軍，大定二十二年升爲州，元因之。明洪武初以州治牟平縣省入，屬萊州府，九年改屬登州府。編户八十里。領縣一。

州北控遼海，南拱江、淮，憑島嶼之險，擅鹽鐵之利，漢書：「東牟有鐵官、鹽官。」風帆絡繹，以成山爲表識，州亦東道之雄矣。志云：寧海居府境之東，文登一縣又在州之東，設文登營於縣東北，所以當東面之險也。海防攷曰：「文登營所屬之衛曰寧海、威海、成山、靖海，凡四；所則寧峰、海陽、金山、百尺崖、尋山，凡五；又有清泉、赤山等寨，辛汪、温泉鎮諸巡司。而成山以東若旱門灘、九峰、赤山、白蓬頭諸島，沙磧連絡，登犯不易，然明初倭寇成山，掠白峰砦、羅山砦，延及大嵩、草島嘴諸處，海側居民，重罹其害。夫建營之意，所以北援登州，南衛即墨，爲犄角之勢也。有備無患，可泄泄歟？」

牟平廢縣，今州治。漢置東牟縣，屬東萊郡，吕后封齊悼惠王子興居爲侯邑。後漢仍屬東萊郡，晉廢。隋移牟平縣治此，屬牟州。大業初州廢，縣屬東萊郡。唐初爲牟州治，貞觀初州廢，縣亦併入文登縣。麟德初復析置牟平縣，如意初置登州於此，尋改爲屬縣。宋因之。金爲寧海軍治，後爲州治，明初省。

清陽廢縣，州東三十里。唐武德六年置清陽及廓定二縣，屬登州，時州治文登也。貞觀初州及二縣俱廢。齊乘：「唐置清陽縣，其城對之罘山，臨清陽水。」清陽，即漢志所云「聲洋水出之罘」者也。〔四〕城塚記：「州東十里有齊康公城。」史記田齊世家「田和遷康公於海上，食一城，以奉其先祀」，即此城矣。○育犂城，在州西北八十里。漢縣，屬東萊郡，後漢省。寰宇記云：「城在牟平東南百二十里。」

牟山，州北七里。山之陽地勢平廣，故縣有牟平之名。又州東四十里有繫馬山，俗傳始皇東遊，繫馬於此。○大崑崙山，在州東南四十里。其相連者爲小崑崙山，秀拔爲羣山之冠。上有太白頂，中有烟霞洞。一名姑餘山，又訛爲崑崙山。

海，州東北五十里。有莒島海口，北通遼海，南達江、淮，海艘往來必經之道也。又海中有崆峒島，其相近者又有栲栳島、浮山島、相連島、東清島、西清島及竹島、莒島、鹿島、黄島之屬，皆環列州北，恃爲捍蔽。

金水河，州東五里。一名沁水，源出州南八十五里之黄堆，會諸山溪澗水北流經此，又東北注於海。又五丈河，在州西北十里。源出州西南六十里之峼山，合澗谷諸水亦東北流入海。

乳山寨。州西南百四十里。宋志：「牟平有乳山、閻家口二砦。」其地蓋相近。今有乳山寨巡司。又東北有清泉砦，寨城周二里，置百户所於此，自寧海後千户所分設。

文登縣，州東南百二十里。漢不夜縣地，屬東萊郡，後漢省入牟平縣。北齊天保七年析置文登縣，取山爲名，屬長廣郡。隋屬萊州。唐武德四年置登州治焉。貞觀初州廢，如意初復置登州，以縣屬焉。宋因之，金改屬寧海州。今編户六十九里。

不夜城，縣東北八十里。相傳古萊子所築也。漢置縣於此。王莽曰夙夜，其夙夜連率韓博獻奇士巨無霸者也。後省。又東牟城，寰宇記云：「在縣西北十里，漢縣蓋治此。」似悮。

腄城，縣西七十里。或曰秦所置縣也。史記：「秦始皇二十八年行郡縣，乃並渤海以東，過黄、腄，穿成山。」腄即腄縣矣。漢亦曰腄縣，屬東萊郡，吕后封吕通爲侯邑。宣帝神爵初從方士言，祠之罘於腄，祠成山於不夜是也。後漢縣省。腄讀若睡。

成山，縣東北百五十里海濱，斗入海中。史記：「秦始皇二十八年並渤海，窮成山。三十七年又自琅邪北至榮成山。」榮山，勞山之譌也。又封禪書「八神，七曰日主，祠成山。成山斗入海，最居齊東北，〔五〕以迎日出」云。漢書：「武帝太始三年禮曰成山。」或又誤爲盛山也。魏志：「太和六年孫權使周賀等使遼東。時魏遣田豫督青州軍，自海道伐公孫淵，不能克。豫知賀等垂還，歲晚風急，必畏漂浪，東道無岸，當赴成山，成山無藏船之處，遂輒以兵屯據成山。賀等還至成山遇風，豫擊斬之。」唐史：「顯慶五年蘇定方討百濟，自成山濟海。」齊乘曰：「成山斗入海，旁多椒島，海艘經此，失風多覆，海道極險處也。」山之東有召石山。三齊記略：「秦始皇造石橋欲渡海觀日出處，有神人召石於山下，因名。」

文登山，縣東二里。相傳秦始皇東巡，召集文士登此山，論功頌德，因名。○五壘山，在縣南五十里。南北成行入海，宛如營壘。又縣東南六十里有斥山，取海濱廣斥之義。爾雅：「東北之美，有斥山之文皮。」是也。

鐵槎山，縣南百二十里。山有九頂，南瞰大海。下有水簾洞，爲海潮出入處。山之東又有雲光洞。○鐵官山，在縣西北四十里。漢嘗於此置官鑄冶，遺迹尚存。

海，縣南六十里。又縣東百八十里、縣北八十里皆濱海。志云：縣北九十里海中有劉公島，多林木，四五月間舟人入島採取。舊有辛、王二里，居民明初徙入内地。又有海牛島，亦在縣北海中。産海牛，皮堪弓韃，脂可燃燈。其相近者爲海驢島，産海驢，其皮可以禦雨。又産海狸、海豨之類，體皆魚也。又有雞鳴島，西南去不夜城五十里。相近者又有鏌鋣、五里、玄真、蘇心、雙島、柘島之屬，皆環列縣境。又白蓬頭港，在縣南二百二十里。相近者又有旱門灘、雙峰諸島。

送駕河，縣西北五里。出縣東北四十里棋山之麓，西南流經此，又南入海，縣東諸河多流合焉。又古橘河，在縣西南六十里，南入海。又柘埠河，在縣東北六十里。志云：源出導谷中，東北入於海。

辛汪寨，縣北七十里，有巡司。又温泉鎮，在縣東北九十里，亦設巡司於此。又城西有赤山寨，亦置巡司。舊皆築城戍守，萬歷中革赤山巡司。志云：縣東南八十里舊有竹島寨，又縣南八十里有五疊島城，又南二十里爲玄真島城，縣西南八十里又有遠島寨城，舊皆爲戍守處。

秦皇宫。縣東百八十里。志云：始皇東遊時築。又縣東北百二十里有望海臺，亦始皇築以望海云。

附見

寧海衛，在州治西。本萊州衛左千户所，洪武二年調爲備禦所，十年升爲衛，領左、中、前、後四千户所。

金山備禦左千户所，州東北四十里。所城周二里。成化中置，屬寧海衛。

威海衛，文登縣北九十里。洪武三十一年置，領左、右二千户所。衛城周六里有奇。

百尺崖備禦後千户所，文登縣東南百四十里。成化中置，所城周二里，屬威海衛。

成山衛，文登縣東百二十里。洪武三十一年置，領左、前二千户所。衛城周六里有奇。

尋山備禦後千户所，文登縣東南百二十里。成化中置，所城周三里有奇，屬成山衛。

靖海衛。文登縣南百二十里。洪武三十一年置，領左、中、後三千户所。城周六里有奇。

寧津守禦千户所。文登縣東南百二十五里，成化中置，所城周三里；又海陽守禦千户所，在文登縣南百四十里，亦成化中置，所城周三里：俱屬成山衛。

校勘記

〔一〕復流入縣境　「復」，底本原作「後」，今據鄒本改。

〔二〕紀子帛　「帛」，底本原作「伯」，今據職本及左傳改。

〔三〕滎成山　「滎」，底本原作「榮」，今據職本、鄒本及史記卷六秦始皇本紀改。

〔四〕聲洋水出之罘者也　「出」，底本原作「去」，今據職本、鄒本及漢志卷二八上改。

〔五〕最居齊東北　史記卷二八封禪書「東北」下有「隅」字。

讀史方輿紀要卷三十七

山東八

遼東都指揮使司，東至鴨緑江五百六十里，南至旅順海口七百三十里，西至山海關一千一十五里，西北至大寧廢衛八百六十里，東北至建州衛七百九十里，自都司至布政司二千三百三十里，至京師一千七百里。

古冀、青二州地。舜分冀東北爲幽州，即今廣寧以西地；青東北爲營州，即今廣寧以東地。春秋、戰國並屬燕。秦置遼東、遼西二郡。漢初因之，武帝拓朝鮮并割遼東屬邑置樂浪、玄菟、真番、臨屯四郡，昭帝省臨屯、真番郡。後漢因之。後爲公孫度所據。度自稱平州牧，傳四世，魏景初二年司馬懿擊滅之。三國魏置東夷校尉，治襄平，而分遼東、昌黎、晉志：「昌黎郡，魏置。」樂浪、玄菟、帶方帶方郡，公孫度置。五郡置平州。晉改遼東郡爲國，仍隸平州。通典：「魏因公孫度之舊分遼東五郡置平州，後還合幽州。又東夷校尉居襄平，後改爲護東夷校尉。晉咸寧二年仍置平州，以慕容廆爲刺史，治昌黎，屬永嘉之亂，遂有其地。」大興三年爲慕容廆所據，太和五年屬於苻秦，後又屬於後燕。晉太元十年高句麗寇遼東，後燕將王佐救之，爲高句麗所敗，遼東、玄菟遂陷於高麗。是年慕容農復取之。後魏得之，仍爲遼東、昌黎等郡，尋又爲高句麗所據。唐征高麗，初置遼、蓋二州，後又置都督府九，又置安東都護以統之。通典：「總章元年李勣平高麗，得城百七十六，分其地爲都督府九，州四十二，縣一百，置安東都護於平壤城以統之，用其酋渠爲都督、刺史、縣令。上元二年徙都護於遼東故城，儀鳳二年又徙新城。聖曆元年更名安東都督府，神龍元年復曰都護。開元二年徙於平州，天寶二年又徙於遼西故郡城，領羈縻州十四。至德後廢。」尋爲渤海大氏所據。五代時地入契丹，阿保機葺遼陽故城，建東平郡，尋升爲南京，遼志云：「城名天福。」又改爲東京、遼陽府。金因之。元初置東京總管府，至元二十四年立遼陽等處行中書省，明年改東京爲遼陽路。明洪武四年置定遼都衛，八年改爲遼東都指揮使司，十年革所屬州縣置衛，永樂七年復置安東、自在二州。今領衛二十五，州二。

司控馭戎、貉，限隔海島，漢劉歆議「孝武東伐朝鮮，起玄菟、樂浪以斷匈奴之左臂」者也。後漢之季，東陲日漸多事，及晉失其綱，慕容氏并有遼東，遂蠶食幽、薊，爲中原禍。蓋其地憑恃險遠，鹽鐵之饒，原隰之廣，足以自封而招徠旁郡，驅率奚、羯，乘間抵隙，不能無倒植之勢矣。自晉大興以後，遼東不入職方者幾數百年，慕容燕、拓跋魏、高麗相繼有之。隋常圖之而不能有，唐雖得之而不能守也。五代梁貞明五年契丹據有其地，漸營京邑，以侵擾中華。金人亦啓疆於此，用以滅遼弱宋。蒙古先取遼東、西，而金人根本撥矣。後亦置省會於此，以彈壓東垂。明朝都燕，遼東實爲肘腋重地，建置雄鎮，藩屏攸賴。司之西北則朵顔、福餘、泰寧三衛，東北則高麗、眈羅迤北等地，而廣寧、開元居其噤吭，金、復、海、蓋並稱沃饒，爲之根本。邊墻西自山海，東抵開元，延袤二千餘里，東西闊絶，議者以應援爲虞。成化二十年邊將鄧鈺言：「永樂時築邊墻於遼河内，自廣寧東抵開元七百餘里。若就遼河迤西徑抵廣寧，不過四百里。以七百里邊塹堡寨移守四百里，若遇入寇，應接甚易。」弘治六年按臣李善亦言：「邊墻阻遼河爲固。濱河之地，延壘八百餘里，土脈鹹鹵，秋修春頽，動費巨萬。夏旱水淺，不及馬腹；冬寒冰凍，如履平地。所在城堡畏賊深入。遂將良田數萬頃棄而不佃。况道路低窪，每遇雨水，泥濘不通，倘開元有警，則錦、義、廣寧之兵不過遥望浩歎而已。臣詢之故老，云有陸行舊路自廣寧抵開元，約三百餘里，兼程不二日可到，地形高阜，土脈滋潤，有古顯州城池遺址。即遼濱城，見瀋陽衛。計莫若開舊路展築邊墻，起廣寧碁盤山，直抵開元平頂山。二山在塞外。移分守八百里之兵，聚守三百里之地，錦、義爲西路，廣寧爲中路，遼陽爲東路，開元爲北路，四路聲援相接如率然之勢，庶廟堂可寬東顧之憂矣。」議格不行。邊防攷：「河西一帶隨山起築，多用石砌。廣寧以東地勢平衍，惟藉版築。」弘治中科臣鄒文盛嘗言：「沿邊野草繁茂，水土便益，甚利陶冶。若以歲役丁夫燒磚修砌邊墻，除山谷深峻不必修砌者，約千餘里，及時督成，可爲金湯之固。」議格不用。説者曰：司負山面海，水深土衍，草木豐茂，魚鹽饒給。正德三年撫臣劉瓛言：「遼東邊儲，止是屯糧，歲用不給。二十五衛俱有鹽場，每年例該煎鹽三百八十五萬六千四百三十斤，給軍食用。但鹽場去衞頗遠，運道甚艱，莫若召商開中糴買糧料爲便。」從之。三岔河南北數百里，木葉、白雲之間，大定故城在焉，見北直大寧廢衞。乃委以畀敵，俾得進據腹心，限隔東西。寧前、高平諸處一線之險，形援易阻，保邊長策，得毋坐失之哉！

定遼中衞，附郭，在司治東南。漢襄平、遼陽二縣地，屬遼東郡。後漢仍爲襄平縣地，晉及後魏因之，高齊時爲高麗所據。唐平高麗，復曰襄平縣，後没於渤海。契丹置遼陽縣，爲東平郡治，尋爲遼陽府治。金仍舊。元爲遼陽路治。明洪武四年改爲衞治，八年改置都司治焉。十年廢縣，十七年置今衞。

定遼左衞，附郭，在司治西南。洪武四年置千户所，十年升爲衞。

定遼右衞，附郭，在司治西。建置同上。

定遼前衞，附郭，在司治東北。建置同上。

定遼後衞，附郭，在司治西北。洪武四年置，初名遼東衞，治得利嬴城，尋徙治於此。八年改爲定遼後衞。

東寧衞，附郭，在司治北。洪武十三年置五千户所，十九年置衞，并五所爲左、右、前、後四千户所。尋又增置中所及中左千户所，以謫戍者實之。

自在州。附郭。永樂七年置，治開元城内，領新附之衆。後徙置於東寧衞西偏。

遼陽城，今司治。遼志：「契丹神册四年葺遼陽故城，謂之鐵鳳城，以渤海漢户建東平郡。天顯三年遷東丹國民居之，升爲南京，名天福城，幅員三十里，有八門。其宫城在東北隅，南爲三門，壯以樓觀，四隅有角樓，相去各二里。

外城謂之漢城。天顯十年改曰東京、遼陽府。」金、元皆因舊城。明朝洪武五年改建定遼城，周十八里有奇，門六：南面門二，左曰安定，右曰太和；東面門二，左曰平夷，右曰廣順；西面門一，曰肅靖；北面門一，曰鎮遠。十二年展築東城一里，其北又附築土城，以處東寧衛内附之衆。永樂十四年復修築北城，南北一里，東西四里，合於南城。司城共周二十四里有奇。北城之門三，東永智，西武靖，北無敵。自是每加修飾，萬曆庚申以後鞠爲茂草矣。○遼陽廢縣，在司城内。漢縣，屬遼東郡。後漢安帝初改屬玄菟郡，晉廢。遼志云：「遼陽縣，漢浿水縣也，高麗改爲句麗縣，渤海爲常樂縣，遼爲遼陽縣。」按浿水縣漢屬樂浪郡，遼志悮也。金、元俱爲遼陽縣，明初廢。

襄平城，司北七十里。漢縣，爲遼東郡治，後漢及晉因之。亦謂之遼東城。慕容廆使其子翰鎮遼東，即是城也。後魏亦爲遼東郡治。隋大業八年渡遼水，圍遼東城。唐貞觀十八年親征高麗，拔遼東城，以其城爲遼州。儀鳳初移安東都護府於遼東故城，明年復移新城。賈耽曰：「自營州入安東，道經汝羅守捉，渡遼水至安東都護府五百里，故漢襄平城是也。」又司東北有武次城，亦漢縣，屬遼東郡，東部都尉治此。後漢廢。

鶴野城，司西八十里。漢居就縣地，屬遼東郡，晉因之，後廢。渤海置雞山縣於此。遼改爲鶴野，屬遼陽府，金因之。元廢入遼陽縣。○宜豐城，在司西南百里。遼置宜豐縣，兼置衍州治此，亦曰廣安軍。金皇統三年州廢，以縣屬遼陽府。元初縣廢。又來遠城，亦在司西南。遼志：「本屬女真地，統和中伐高麗置城於此。」金升爲來遠軍，又升爲州。元廢。

石城故城，在司東。金置石城縣，屬遼陽府。元省。志云：司東南十二里今有石城山，縣蓋因以名。又東南有故石城，蓋高麗故城也。唐貞觀二十一年遣牛進達等自萊州渡海擊高麗，拔其石城，進至積利城，敗其兵而還。又横山城，亦在司東。唐史：「太宗征高麗，拔其横山等城。」又顯慶四年薛仁貴破高麗於横山，即此。

紫蒙城，在司東。遼志：「漢樂浪郡鏤方縣地，後佛涅國置東平府，領蒙州紫蒙縣，尋徙遼城，并入黄嶺縣。渤海復置紫蒙縣，遼因之，屬遼陽府。」金廢。○于河城，在司東北。晉大興三年慕容廆取遼東，平州刺史崔毖奔高句麗，高句麗將如奴子據于河城，廆遣將張統擊擒之。又湯州城，在司北。遼志云：「漢襄平縣地，渤海置州，領靈峰、常豐、白石、均谷、嘉利五縣。遼廢縣存州，在東京西北百里。」金廢。

興遼城，在司西南。遼志：「漢遼東郡平郭縣地，渤海改爲長寧縣。遼曰興遼縣，屬遼陽府。」金廢。○婆速城，在司東四百七十里。金初置統軍司於此。天德二年置總管府，貞元初又置府尹，爲婆速府路。元訛「速」爲「娑」，曰婆娑府。至元十七年改隸東京總管府，後廢爲巡簡司。

鳳凰城，司東南三百五十里。其相近有鳳凰山。山上有壘石古城，可屯十萬衆，相傳唐太宗征高麗駐蹕於此。明朝成化十七年以朝鮮使臣還國，道經山下，爲不知何人所掠，奏乞於舊路南新開一路，以便往還，於是撫臣王宗彝奏言：「鳳凰山前後實爲出没要途，距遼東三百餘里。其間土地廣漠，舊無烽堠。請自山之東北至靉陽間築墩臺二十二座；距山之西北一十五里舊有古城遺址，於此築立一堡，名爲鳳凰城；距城西六十里曰叙列站，宜築立一堡，曰鎮寧堡；距城西北六十里曰新通遠堡，於堡南增築一堡，曰寧夷堡。各置軍馬，爲鳳凰城聲援，則自遼陽直抵朝鮮，烽堠聯絡，既拒邊外行旅竊掠，亦便朝鮮使臣往來。」朝議改鎮夷堡爲鎮東，寧夷堡爲鎮夷，餘悉從之。志云：鳳凰城東南去鎮江城凡百餘里。○鎮江城，在司東南四百六十里。舊爲朝鮮貢道。其相近者有安奠堡。明朝天啓元年毛文龍襲安奠，入鎮江城是也。又有斬木城及火烟溝等處，其西北與鳳凰城相近。

首山，司西南十五里。山連海州衛界。頂有平石，泉出其中，挹之不竭。曹魏景初二年司馬懿伐公孫淵，潛濟遼水，進至首山，大破淵軍，遂圍襄平是也。唐貞觀十八年征高麗，車駕渡遼水，軍於馬首山，即此山矣。或謂之駐蹕山。唐史：「駐蹕山在安市城外。」志云：首山一名手山，以山頂石上有文如指掌，故云。

平頂山，司東百里。山周三十里。其頂平曠，可資耕稼。有泉湧出，中產蒲魚。又千山，在司南六十里。峰巒叢密以千數記，中有龍泉、温泉、香巖等寺及仙人臺、羅漢洞諸勝。○華表山，在司東南六十里，因丁令威化鶴得名。俗呼爲橫山。又通明山，在司南九十里。山多洞穴，俗名窟龍山。又有石門山，在司東南四十里。舊有石門砦，萬曆中李如松救朝鮮，道出於此。

安平山，司東北百里。俗名平礦山，一名天城山。上有鐵場，置百户所戍守，屬瀋陽中衛。又龍鳳山，在司東南四百里，大蟲江出焉。司東北五百里又有幹羅山，大梁水出焉。○老鴉山，在司西百三十里。明初故元平章高家努聚兵處。

鳳凰山，司東三百六十里。詳上鳳凰城。其相近者曰青山。○大石嶺，在司南十五里。又分水嶺，在司東四百里。又有大盤嶺，在司東南，近大海。志云：司北邊外百餘里有車輪坡，爲三衛駐牧處。

西彌島，在司東南海中。天啓中毛文龍言：「西彌島相連有三山，周廣二百餘里，中雲從山，前西彌島，後珍珠島，與朝鮮國境鐵山城相近，陸程則八十里，水程僅三十里。西彌大路至朝鮮之義州百六十里，鐵山水路如之。義州與鎮江相對止三四十里，鎮江去遼陽三百六十里。」

遼水，司西百六十里，又西距廣寧衛二百里。自塞外流入三萬衛西北境，南流經鐵嶺、瀋陽而至此，又南至海州衛西南入海，行千二百五十里。魏司馬懿伐公孫淵，圍襄平，會大霖雨，遼水暴漲，運船自遼口竟至城下，平地水數尺。隋大業七年伐高麗，至遼水，衆軍俱會，臨水爲大陣。高麗阻水拒守，隋兵不得濟。命宇文愷造浮橋三道於遼水西岸，既成，引橋趨東岸。橋短丈餘，士卒赴水接戰，高麗乘高擊之，爲所敗。乃引橋復就西岸，命何稠接橋，二日而成，諸軍進戰於東岸，高麗大敗。明年復渡遼攻遼東城，未克，會楊玄感作亂，引還。唐貞觀十八年遣營州都督張儉等討高麗，值遼水漲，儉等久不得濟。既而車駕至遼澤，泥淖三百餘里，人馬不可通。詔閻立德布土作橋，軍不留行。既濟，即撤之以堅士卒之心。及師還，以遼澤泥潦，遣長孫無忌將萬人剪草填道，水深處以車爲梁而渡。今遼地遇雨則多淖，蓋天設之險矣。永樂築邊墻於遼河內，東西曠絶。自廣寧至遼陽以遼河爲津要，秋冬冰結，人馬可以通行，易於應援。冰開時爲敵所據，則兩城勢孤，雖有渡船，不能猝濟。天順十一年邊臣馬文升請復浮橋以聯聲援，從之。自是常加修治。遼志：「遼河出東北山口爲大河，西南流爲大口入海。」

太子河，在司東北五里。一名東梁河，一名大梁水。源出幹羅山，西流五百里至此，又折而西南，至渾河合爲小口，會遼河入於海。司馬懿斬公孫淵父子於梁水之上，即此。或曰太子河即故衍水，燕太子丹匿於衍水中，後人因名爲太子河。

渾河，在司西北。一名小遼水。源出塞外，西南流至瀋陽衛合沙河，又西南流至都司城西北入於太子河。水經注：「小遼水出玄菟高句麗縣之遼山，西南逕襄平縣爲淡淵。晉永嘉中淵涸。小遼水又逕襄平入大粱水。」

鴨綠江，司東五百六十里。漢志注：「玄菟郡西蓋馬縣有馬訾水，西南至遼東郡西安平縣入海，過郡二，行一千一百里。郡二，玄菟、遼東也。」新唐書：「馬訾水出靺鞨長白山，色若鴨頭，號鴨渌水。」杜佑曰：「鴨渌水闊三百步，在平壤西北四百五十里，遼水東南四百八十里。」隋大業八年伐高麗，分道並進，皆會於鴨渌水西。唐貞觀十九年程名振等拔卑沙城，遣將耀兵於鴨渌水。又龍朔元年契苾何力討高麗，高麗守鴨渌水，不得濟，何力乘冰堅渡水，大破之。乾封二年李勣伐高麗，管記元萬頃檄文曰：「不知守鴨渌之險。」高麗報曰：「謹聞命矣。」即移兵拒守，唐兵不得渡。乾封三年李勣大破高麗兵於鴨渌柵，進圍平壤，高麗降。宋大中祥符二年契丹主隆緒伐高麗，渡鴨渌江，高麗敗保銅州。元至正二十年元主廢高麗王，伯顏帖木兒立其昆弟在京師者曰塔思帖木兒，以兵送之國。高麗國人不服，至鴨渌江，高麗伏兵四起，兵敗，僅餘十七騎還京師。今鴨渌水源出長白山，下流入海，與高麗分界。萬曆二十年大帥李如松等援朝鮮，出石門至鳳凰山，渡鴨渌江而東是也。○大蟲江，在司東四百里。源出龍鳳山，南流入於鴨渌江。

海，司南七百三十里。齊都賦：「海之旁出者爲渤。」遼東延袤二千里，其南面皆臨渤海。遼志：「遼陽府東至北烏魯虎克四百里，南至海邊鐵山八百六十里，西至望平海口三百六十里，東西南三面皆抱大海。」

連山關，司東南百八十里。地有連山，因名。朝鮮入貢之道也。有官軍戍守。志云：遼陽城北三里有鎮湘關。又有刺榆關，在司南百七十里。○鵶鶻關，在司東南三百三十里。其東有喜昌口，乃中外分界處。天順三年帥臣趙輔等分軍由鵶鶻關、喜昌口，又踰鳳凰城、黑松林、摩天嶺至潑猪江，斬獲而還。萬歷四十七年，大帥李如松由清河出鵶鶻關是也。

德勝營，在司西六十里，舊爲軍士屯戍之所。又虎皮營，在司北六十里。亦曰虎皮驛。又威寧營，在司東六十里。志云：三萬衛鐵場百户所置於此。

首山堡，司西十五里，以近首山而名。又南沙河堡，在司西南三十里。又有北沙河堡，在司北八十里。○鞍山堡，在司西南六十里，以地有鞍山而名。亦爲鞍山驛，西南去海州九十里。

柳寨堡，在司北。舊爲柳條寨，弘治中始增置營堡於此。又蓮花泊堡，在司北九十里。又長勇堡，在司北百五十里。其西爲長勝堡。○長營堡，在長勇堡東北。邊防攷：「堡南有毛得山，爲屯兵按伏之所。又長安堡，在司西北五十餘里。其西爲長定堡，又西南爲長寧堡，又西爲長靖堡。」

甜水堡，司東南九十里。亦曰甜水站，遼海衛鐵場百户所置於此。又南八十里曰草河堡。又有青苔峪堡，在司南百五十里，以當青苔峪而名。○東丹堡，在司東百二十里。其相近者曰白澤山。○馬根單堡，在東丹堡東三十里。其相近者曰靜寧墩，兵衝也。志云：馬根單堡與清河堡、鹹場堡、靉陽堡相距皆七十餘里，中間有乾河、王老諸嶺，皆險隘可守之地也。

清河堡，司東南三百里。南臨太子河堡，西有白塔佃，可按伏。又西有威寧營，可屯兵。其東接鵶鶻關往來。〔一〕

○散洋峪堡，在清河堡西。嘉靖二十五年置，當鴉鶻關之衝。又司東南三百七十里有𩨆場堡，近堡有金人砦，可按伏。又有孤山堡，在𩨆場堡東南，亦嘉靖二十五年置。

靉陽堡，在司東南四百餘里。近堡有湯頭溪，可按伏。又新安堡，在靉陽堡西。近堡有石嶺兒、梁家峪，皆設險處也。又灑馬吉堡，在新安堡東北，與孤山堡相接。〔二〕

險山堡，司東南四百餘里。嘉靖二十五年增置。堡北有雙嶺臺堡，東有石岔口、鎖果直等臺。○寧東堡，在險山堡西南。其南又有江沿臺堡，亦嘉靖二十五年增置。又湯站堡，在險山堡西。其西南與鳳凰城接界。〔三〕

寬奠堡，司東南五百里。萬歷六年築。又東北有松子嶺、林剛谷堡。東又有晾馬佃，亦曰晾馬臺。○長奠堡在寬佃南百里，其東北五十里爲永奠堡，又大佃堡在寬佃東南三十里，又東爲石岔口驛，又寬奠北三十里曰新奠堡，俱萬歷六年置。邊防攷：「寬奠新疆，邊人謂之張其哈剌佃子。」〔四〕

牛毛砦，在司東北塞外。其北又有馬家砦。志云：牛毛砦相近有萬遮嶺。又有葛禄砦，亦在寬奠塞外。又有董古、閻王等寨。○修火寨，在司東南塞外。又鴨兒匱，亦寬佃塞外地，距二百里。〔五〕

甬道。在司西遼河上。隋大業八年伐高麗，起浮橋渡遼水，因築甬道於河旁。唐貞觀十八年伐高麗，李世勣軍發柳城，多張形勢，若出懷遠鎮者，而潛師北趨甬道，出高麗不意，渡遼水至玄菟，即隋所築甬道也。懷遠鎮，見北直廢大寧衛。

海州衛，司西南百二十里。南至蓋州衛百二十里，西至廣寧衛二百四十里，東南至鴨淥江三百八十里。

秦、漢時遼東郡地，後魏末爲沃沮國地，高麗爲沙卑城，渤海號南京、南海府，遼爲海州、南海郡，金曰澄州，元廢。明洪武九年置今衛。

衛襟帶遼陽，羽翼廣寧，控東西之孔道，當海運之咽喉，遼左重地也。

沙卑城，今衛城。亦曰卑沙城。高麗所築，疊石爲城，幅員九里。或訛爲卑奢城。自登、萊海道趨高麗之平壤，必先出此。隋大業十年來護兒出海道至卑奢城，敗高麗兵，將趨平壤，高麗懼而請降。唐貞觀十八年伐高麗，張亮帥舟師自東萊渡海，襲卑沙城。其城四面懸絶，惟西門可上，唐兵攻拔之。總章初李世勣復得其地。後没於渤海，置南京、南海府，兼置沃州，領沃沮、鷲巖、龍山、濱海、昇平、靈泉六縣。遼改置臨溟縣，爲海州治。金爲澄州治。元州縣俱廢。明洪武九年改築衛城，周六里有奇。

新昌城，在衛東。漢縣，屬遼東郡，後漢因之。永寧二年高句麗與鮮卑寇遼東，太守蔡諷追擊之於新昌，戰歿。晉亦爲新昌縣。咸和九年慕容仁自平郭趨新昌，都護王寓擊走之，遂徙新昌入襄平。時仁與慕容皝相攻也。○居就城，在衛東北。漢縣，屬遼東郡，後漢省。晉復置。咸和九年慕容皝擊其弟仁於遼東，入襄平，居就及新昌皆降於皝。

析木城，衛東南四十里。漢望平縣地，屬遼東郡，後漢因之。晉改屬玄菟郡。渤海置花山縣。遼改曰析木，屬遼陽府。尋置銅州、廣利軍治焉。金皇統三年州廢，以縣屬澄州。元省。

遼隊城，衛西六十里。漢縣，屬遼東郡。隊讀隧。後漢初廢，公孫度復置。曹魏景初元年幽州刺史毌丘儉擊公孫淵，屯遼東南界，淵逆儉於遼隊。會天雨十餘日，遼水大漲，儉戰不利，引軍還右北平。明年司馬懿伐公孫淵，淵使其將卑衍、楊祚屯遼隊，圍塹二十餘里，懿佯出其南，而潛軍濟水，出其北徑指襄平。晉廢。水經注：「遼隊縣在遼水東岸。」是也。渤海國置永豐縣。遼曰仙鄉縣，屬遼陽府。金廢。

耀州城，衛西南二百里。渤海置椒州於此，領椒山、貂嶺、澌泉、尖山、巖淵五縣。遼改置耀州，仍屬海州、南海軍節度。金廢。志云：巖淵城在衛西南百里，即渤海所置縣也。金廢。○濱州城，在縣西北百二十里。渤海晴州置於此，領天晴、神陽、蓮池、狼山、仙巖五縣。遼改置嬪州，仍屬海州、南海軍。金廢。

三角山，衛南二十里。又衛東南三十里有白山，東三十里有滑石山。

遼河，在衛西南五十五里。自遼陽界流入，又南注於海，謂之三岔河，當東西往來之衝。亦謂之遼澤，或謂之黃水。晉咸和八年慕容仁舉兵平郭，襲慕容皝於棘城，至黃水，知事露，乃還據平郭。胡氏曰「黃水在險瀆故縣界」，蓋即遼瀆之異名。

南北通江，衛西百八十里。源出衛東滑石山，自東而西，橫渡遼河，折而南流，又折而東復入於遼河。其間有閬洲，方十餘里，可以耕稼。

散水河，在衛北。源出塞外，西流經衛境，下流入太子河。又新開河在城西七十里，城西二百九十里又有開通河，下流俱匯於遼河。

渤錯水，在衛西北。唐貞觀十九年親征高麗，攻安市城不克，引還至遼東。渡遼水，遼澤泥淖，車馬不通。命長孫無忌剪草填道，至蒲溝駐馬，督填道諸軍渡渤錯水，暴風雪，士卒沾濕多死者。胡氏曰：「蒲溝、勃錯水皆在遼澤中也。」

梁房口關，衛西南七十里。又東南九十里即蓋州也。海運之舟由旅順口達者，於此入於遼河。旁有鹽場三，其二屬瀋陽衛，一屬遼海衛，各置百户所屯戍。○大片嶺關，在衛東百十里，亦置官軍戍守。

永豐堡，衛西南六十里。又西有臨清、廣積、保寧、鎮海等四堡。○東勝堡，在衛北。其西南爲東昌堡。堡東有趙皮灣，向爲屯兵設伏之所。

牛家莊驛。衛西北九十里。又西北八十里爲沙嶺驛，西至廣寧七十里。又耀州驛，在衛南六十里。又南六十里即蓋州也。○杜家屯，在衛西北遼河東岸，亦與廣寧接界。又衛西南九十里有鹽場，衛東九十里有鐵場，各置百户所司之。

蓋州衛，司南二百四十里。南至復州衛百八十里，西北至廣寧衛三百六十里，東至鴨淥江五百五十里。

秦、漢時遼東郡地，高麗爲蓋牟城。唐置蓋州，渤海因之，又改爲辰州。志云：以路通辰韓也。遼初爲長平郡，尋爲辰州、奉國軍。金初改軍曰遼海軍，尋又改州曰蓋州，軍仍曰奉國。元初爲蓋州路，尋復爲州，以州治建安縣省入，屬遼陽路。明洪武九年廢州置衛。

衛控扼海島，翼帶鎮城，井邑駢列，稱爲殷阜。論者以爲遼東根柢，允矣。

蓋牟城，今衛治。亦名曰葛牟城。唐貞觀十八年伐高麗，取蓋牟城，因置蓋州。志云：遼置建安縣爲州治，元省入州。明洪武五年改築今城，周五里有奇。

熊岳城，在衛南六十里。遼志：「渤海杉盧郡也。領縣五：曰山陽、杉盧、漢陽、白巖、霜巖。遼改置盧州、玄德軍。」金州廢，以州治熊岳縣屬蓋州。元廢。志云：縣西至海十五里。傍海有熊岳山，今爲熊岳堡。下有熊岳河。

安市城，衛東北七十里。漢安市縣，屬遼東郡，後漢及晉因之。高麗亦曰安市城。唐貞觀十九年征高麗，攻安市城不克，引還。咸亨三年高麗餘衆復叛，遣將高侃擊之，敗之於安市城。渤海改置鐵州，領位城、河瑞、蒼山、龍珍四縣。遼仍爲鐵州，亦曰建武軍，改置湯池縣。金州廢，以縣屬蓋州。元省。今爲湯池砦堡。遼志：「鐵州城在東京西南百六十里。」又後黃城，在衛東，亦高麗所置。唐太宗攻安市，先拔其後黃、銀山二城。胡氏曰：「高麗東境城也，與安市相近。」時又拔其橫山、磨米、麥谷等數城。

秀巖城，在衛東南。本名大寧鎮，金明昌四年升爲秀巖縣，泰和四年廢爲鎮。貞祐四年復爲縣，屬蓋州。元廢。又興遼城，在衛東。遼志：「漢平郭縣地，渤海置長寧縣，遼曰興遼縣，屬遼陽府。」金廢。○烏骨城，在安市東南，近大海。唐史：「自登州東北海行至烏湖島，又行五百里，東傍海壖，有道至烏骨江。」唐貞觀中太宗圍白巖城，烏骨城遣兵爲聲援。又太宗圍安市不下，羣臣皆言宜釋安市，并力拔烏骨城，渡鴨渌水，直取平壤是也。

平郭城，在衛南。漢縣，屬遼東郡，後漢因之。晉省縣而城存。大興四年慕容廆以其子翰鎮遼東，仁鎮平郭。咸和八年仁據平郭以叛慕容皝。咸康二年皝襲仁於平郭，自昌黎東踐冰而進，凡三百餘里至歷林口，捨輜重輕兵趣平郭，遂克之。歷林口蓋在衛西北，昔時濱海要口也。七年，皝又使其子恪鎮平郭城。後魏時廢。○建安城，在衛東南。漢平郭縣地，高麗置建安城於此。唐貞觀十八年伐高麗，張儉進渡遼水，趨建安城。又李世勣言：「建安在南，安市在北，安市先下，然後向建安。」二城蓋相近也。儀鳳初徙熊津都督府於建安故城，其百濟户口先徙徐、兗等州者皆置建安。舊志：自遼東城西南行三百里至建安城。遼置建安縣，蓋循故名耳，非即舊城也。

西安平城，亦在衛東南。漢縣，屬遼東郡，後漢及晉因之。咸康七年石虎將王華帥舟師自海道襲燕安平，破之，即此城也。○文城，在衛西。漢置文縣，屬遼東郡。後漢改曰汶縣，晉因之。咸和八年慕容皝遣將攻其弟仁於平郭，敗於汶城之北。胡氏曰：「汶城在平郭之西。」

永平監城，衛南百五十里。永樂七年建。城周三里有奇，有東西南三門。志云：舊有昇平、新昌等監六，甘泉、安山、河陰、古城等苑二十四，後惟存永寧一監，清河、深河二苑，仍屬遼東行太僕寺及苑馬寺，寺皆置於鎮城内。

駐蹕山，在衛東。唐史：「本名六山，在安市城外。貞觀十九年征高麗，攻安市城，高麗將高延壽等來救，帝曰：『彼若勒兵連安市而壁，據高山取城中粟食之，縱靺鞨掠吾牛馬，攻之不可下，此上策也。』及延壽至，距安市四十里而屯。帝曰：『虜墮我策中矣。』既延壽又進一舍，至城東南八里依山爲陣，上命李世勣將兵陳於西嶺，長孫無忌將奇兵自山北出狹谷以衝其後，自將步騎挾鼓角偃旗幟登北山。上命諸軍聞鼓角齊出奮擊。及戰，高麗兵敗，無忌斷其歸路，延壽乃降，因名其山曰駐蹕。」或曰衛東分水嶺諸山，即太宗駐蹕處也。又六山，今廣寧醫無閭山之别名。

石城山，衛東北十五里。上有石城，城中有泉。相傳唐太宗征高麗，土人築此城以避兵。又平山，在衛北五十里。三萬衛鹽場百户所置於此。又北十里有關山。○竈突山，在衛東南十五里。羣山環遶，中有孤峰特起，若竈突然。

又布霧山，在衛東南百十里。其山最高，常有雲霧在其上。又有城子山，在衛東南百七十里。

青泉山，衛南九十里。或曰即泉山也。唐咸亨二年高麗酋鉗牟尋叛，立安舜爲王。詔高侃、李謹行討之，破其安市城。三年，又敗之於泉山，即此。或云今復州衛城南四十里有龍泉山，即故泉山云。○望海山，在衛西南三十五里。登山可以望海。又衛西南五十里有孛羅鋪山。

分水嶺，衛東百四十里。綿亘數百里。山下有泉東西分流，因名。又有七盤嶺，在衛東百十里。○陡松嶺，在城南百里。又南十里爲猫兒嶺。又鍋兒峪，在衛東南五十里。邊防攷：「衛又有猪兒峪，明初葉旺等敗敵處。」

清河，衛南五里。源出衛東分水嶺，西南流經此，一名州南河，又西流合於泥河。志云：衛南有柞河，或訛爲梓河，即明初葉旺敗敵處。或以爲即清河之支流也。○泥河，在衛東七十里。亦曰葕芋濼，以水多葕芋草也。或謂之湏水，誤矣。又五重河，在衛東北百五十里。源亦出分水嶺，流經城東北，有杓子河流合焉，下流匯清河、泥河之水爲臨江注於海。志云：臨江，在衛東南三百里。

畢里河，衛東南百八十里。一統志：源出衛東南山谷間，南流經復州衛入海。本作畢列河。唐乾封元年詔李勣爲遼東道行軍大總管，伐高麗。又詔獨孤雲卿出鴨渌道，郭待封出積利道，劉仁願出畢列道，金待問出海谷道，並爲行軍總管，受勣節度。畢列道蓋以此水名，俗訛爲畢利河。其相近者有將軍山，即明初葉旺敗敵處。

鴨渌江，衛東南五百里，與朝鮮分界。○八角湖，在衛西，近海。鐵嶺衛鹽場百户所置於此。

海，衛西十里。又西十里爲歸洲，又西南百十里曰葦子套，波濤險惡，不利行舟。志云：衛南海口有馬石津。晉咸和九年遣使者由海道致命於慕容皝，船下馬石津，皆爲慕容仁所留。時皝在棘城，路由平郭始達也。新唐書「自登州大洋東北行過大謝、龜歆等島，北渡烏湖海，至馬石山東之都里鎮」，所謂馬石津，當即此處也。

連雲島關，衛西十五里。置關以控海濱之險。又粱房口關，在衛西北九十里。又有粱房口堡，設兵戍守，與海州接界。○石門關，衛東七十里，亦有官軍戍守。

曷蘇館，在衛東南。契丹移女真部落數千家於此，置館領之，謂之熟女真。金亦置曷蘇館路節度使，後徙於寧州，尋廢。寧州，見三萬衛。

背陰寨堡。衛西北十五里。又西北有平山堡、八角湖堡，衛南百二十里有五十寨堡，又衛東北九十里有排山寨，東二百五十里有岫巖寨。○鹽、鐵場，志云：衛西四十里有鹽場百户所，北九十里有鐵場百户所。

復州衛，司南四百二十里。南至金州衛百八十里，西北至廣寧衛五百四十里，東南至海二百四十里。

秦、漢時遼東郡地，唐没於渤海。遼置復州、懷德軍，金仍曰復州，元廢。明洪武十四年置今衛。

衛山海環峙，川原沃衍，亦遼左之奥區也。

永康城，今衛治。遼置永寧縣，復州治焉。金大定七年更名永康，元廢。洪武十五年因舊城修築，永樂四年增修，周四里有奇。

得利嬴城，衛東八十里。元季土人築以避兵，明初洪武四年置遼東衛治此。尋徙入司城中，曰定遼後衛。又南有廢德勝縣，遼置，屬復州。金廢。

明山，衛東十里。亦曰明王山，相傳以高句麗王子東明葬其上，因名。又鍋鐵山，在城南十里。○駱駝山，在衛西三十里。又西二十里海中有屏風山。

長興島，衛西南四十里。亦曰長生島，内容五軍。復州糧一萬二千，而長生輸其七。又茶河島，在衛西南五十里。又西南三十里曰長山島，上有塔。○萬灘島，在衛東海中。陸行至島二百四十里，水行不過六十里。又老鴉島，在衛西北四十里。

沙河，衛南八里。出衛東得利嬴城山下，流經此，衛南三十里有麻河流合焉，西注於海。又窑河，在衛西一里。源出駱駝山，東流注於沙河。○畢里河，在衛東北二百十里。又東北四十里有杓子河，會畢里河入海。

海，在衛西四十五里。有白沙洲，最爲險要。南爲南信口，北爲北信口。

欒古關，衛南六十五里，以近欒古山而名。有官軍戍守。

盤谷堡。衛東二十里。其東南又有富川、秀山、臨溪三堡。又牟官砦堡，在衛西四十里。衛東南八十里又有胡十八砦堡。○鹽、鐵場，志云：鹽場百户所在衛西四十二里，鐵場百户所在衛北九十里。

金州衛，司南六百里。南至大海百二十里，西北至廣寧衛七百二十里。

秦、漢時遼東郡地，高麗爲南蘇城，遼曰蘇州、安復軍。金皇統三年廢，貞祐四年改置金州。元廢。明洪武四年置今衛。

衛控臨海島，限隔中外，明初屢有倭警，自劉江告捷而患息。舊置運道，由登州新河海口至金州鐵山、旅順口，通計五百五十里；自旅順口至海州梁房口、三岔河，亦五百五十里。海中島嶼相望，皆可灣船避風，運道由此而達，可直抵遼陽瀋嶺以迄開元城西之老米灣，河東十四衛俱可無不給之虞。自正德以後，舊制寖廢，嘉靖中雖嘗舉行，而議者旋以奸民伏匿爲言，復罷。嘉靖三十七年遼東大祲，督臣王忬等請開海禁以紓遼困，從之。四十年山東撫臣朱衡言其不便，復罷。夫創法之初，以遼隸山東者，正以旅順海口片帆可達登、萊耳，乃修舉無術，坐視遼左之匱乏而莫之恤歟？

南蘇城，今衛治。高麗所置。晉永和初燕王皝遣慕容恪攻高句麗，拔南蘇。隆安二年燕慕容盛以高句麗王安事燕禮慢，自將兵襲之，拔新城、南蘇二城，開境七百餘里。隋大業七年伐高麗，分遣段文振出南蘇道。唐貞觀二十一年李世勣伐高麗，渡遼水，歷南蘇等城，敗其兵而還。又乾封二年薛仁貴破高麗兵，拔其南蘇等城。顯慶中置南蘇州於此，尋没於渤海。遼置蘇州，兼置來蘇縣爲州治。宋建隆初，女真自其國之蘇州，泛海至登州賣馬，故道猶存。宣和初復由此道遣馬政等通金，謀攻遼。金改置化成縣，尋爲金州治。元州縣俱廢。明洪武四年修築舊城，周四里有奇是也。

歸勝城，在衛東北。遼置歸州，治歸勝縣，金廢爲歸勝鎮。又衛東有懷化城，遼置縣，屬蘇州。金省。

沓氏城，在衛東南。漢縣，屬遼東郡，後漢因之。晉廢。志云：遼河旁有沓渚，漢沓氏縣因以爲名。非也，縣西南臨海渚謂之沓渚。三國吴嘉禾二年謀討公孫淵，陸瑁曰：「沓渚至淵道里尚遠。」蓋泛海至遼，沓渚其登涉之所也。魏景初三年以遼東沓縣吏民渡海居齊郡界，立新沓縣，即沓渚之民矣。

新城，在衛西。胡氏曰：「新城西南傍山，東北接南蘇、木底等城。晉咸康五年慕容皝擊高句麗，兵及新城，高句麗乞盟乃還。隋大業九年復伐高麗，遣王仁恭出扶餘道。仁恭進至新城，攻之不拔。唐乾封二年李世勣伐高麗，渡遼，謂諸將曰：「新城，高麗西邊要害，不先得之，餘城未易取也。」遂壁西南山臨城，城下，進擊一十六城，皆拔之。此蓋高麗之新城也。

木底城，在衛東。胡氏曰：「此高麗之南道也。」晉咸康八年，慕容皝擊高句麗。高句麗有二道，其北道平闊，南道險狹。慕容翰曰：「彼以常情料之，必謂大軍從北道，當重北而輕南。今以鋭兵從南道擊之，出其不意，丸都不足取也。别遣偏師從北道，縱有蹉跌，其腹心已潰，四支無能爲矣。」皝從之，遂克高句麗。蓋從北豐而進者爲北道，從南狹入木底城而進者即南道也。義熙初後燕慕容熙攻高麗木底城，不克。唐乾封二年高麗襲新城，薛仁貴敗之，進擊高句麗兵於金山，遂拔其南蘇、木底、倉巖諸城。尋置木底州於此，後廢。倉、巖本高麗二城名，唐置倉巖州，亦在衛境。

大黑山，衛東十五里。絶頂有城，四面懸絶，惟西面一路可通，中有井，昔人避兵處也。又有小黑山，在衛東北七十里。又衛東北百五十里有獨山，以挺然獨秀而名。○鐵山，在衛西南百五十里。亦曰鐵山島，爲濱海要地。又宋家峪，在衛東北十五里。衛東二十里又有姚家峪，衛南五十里有狗兒峪。

南關島，衛南二十里。天啓中守將張盤議開河斷南關島以守衛城，即此。又杏園島，在衛西十里。河口島，在衛北三十五里。海青島，在衛東南四十五里。

蓮花島，衛東三十里，濱海險要處也；衛東南百二十里又有金線島；俱有兵戍守。明朝永樂十七年大帥劉江於金線島西北望海堝上築壘備倭，會瞭者言東南海洋内王家山島夜舉火，江急遣馬步軍趣堝上小堡備之。翊日倭泊馬雄島，登岸徑奔望海堝，江大敗之。志云：王家山島在衛東南三百里海中，馬雄島在金線島東南。○蕭家島，在衛東北百五十里。有蕭家島關，駐兵戍守。又青山島，在衛東北百二十里。志云：衛境凡七十二島，羅列海濱，居民往往漁佃於此，近時遼左流民多居其地。〔六〕

雙島，志云：有二，南雙島在衛西南百里，又北十里即北雙島。餉遼圖：「自旅順口西鐵山至老猫圈三十里，又西北至雙島四十里，自雙島至羊頭凹四十里，羊頭凹至八隻船四十里，八隻船至宗島三十餘里，宗島至長行島亦三十餘里，長行島至老瓜島六十里，又至歸州百餘里，又至南套三十里，南套至蓋州二十里，又由北套百餘里而至三岔河。自旅順口至三岔河凡五百五十里。」此由海道泝遼河之舊迹也。

三山島，在城南海中。天啓中毛文龍言：「三山島在旅順東三百里。從島可以入旅順，旅順者登、萊、朝鮮水路津要也。三山島轉北二百里爲廣鹿島，從島可入金州；廣鹿島而東五十里爲長山島，從島可入復州；長山東北二百餘里爲石城島，從島可入海州；石城相近有小松島，從島可入蓋州；石城又東二百餘里爲麗島，從島可入岫巖；麗島而東二百里爲鮮鎮寬㲲。以兵守之，乘間抵隙，可以惟意所向矣。」

皮島，衛東七百餘里。地形廣衍，有險可恃，天啓中毛文龍屯駐於此。其東北爲僧福島，又東北即朝鮮東境之鐵山矣。○長行島，在衛東南百餘里。天啓中毛文龍使朱昌國駐長行島，曾有功駐三山島，張盤守金州，爲百里棋布之勢是也。

海，衛西三十里。又衛境東南二面皆濱大海。○東沙河，在衛東百里，下流入海。

貴端水，在衛西南。唐永徽五年程名振等討高麗，渡遼水趣新城，高麗以其兵少，開門渡貴端水逆戰，名振等大破之，焚其外郭而還。今堙。

旅順口關，衛南百二十里。海運舟達金州衛者至此登岸。有旅順口南北二城，金州衛中左千户所在此備禦。又哈思關，在衛南十八里。

望海堝堡，衛東南七十餘里。地特高，可駐兵千餘。洪武初都督耿忠於此築堡備倭，寇至必先經此，海濱咽喉地也。永樂十七年總兵劉江用石壘之，倭乘海艄入犯，直逼城下，登岸索戰，江出奇敗之。賊奔櫻桃匯空堡，江圍之，特開西壁以待其奔，分兩翼夾擊，盡殲之，遼之倭患遂絶。櫻桃匯，或云在堡東北。又堡西有左眼、右眼、三手、西山、沙州、山頭、爪牙山敵臺凡七所接旅順口，是皆明初所置。

石河堡，衛北六十里。衛西南六十里又有木場堡。又紅嘴堡，在衛東八十里。衛東北七十里有歸服堡，又東北三十餘里有黄骨島堡。○鹽、鐵場，志云：衛東北百三十里有鹽場百户所，衛東百三十里有鐵場百户所。邊防考：「衛西北二十里有鹽場島。」

赤烽鎮。在廢新城東。唐顯慶三年營州都督程名振等攻高麗，拔其赤烽鎮，即此。

廣寧衛，司西四百二十里。西至山海關五百八十里，西南至廣寧中屯衛百八十里，東南至海州衛二百四十里，南至海百三十里。

秦、漢遼東郡地，晉因之。後魏亦屬遼東郡，後沒於高麗。唐復取其地，尋沒於渤海，爲顯德府地。遼置顯州、奉先軍。金改爲廣寧府，亦曰鎮寧軍，初屬東京路，尋屬北京路。元亦曰廣寧府，至元十五年改爲廣寧路。明洪武二十三年改置今衛。

衛西衛渝關，東翼遼鎮，憑依山海，隔絶戎、奚，地大物繁，屹然要會。用之得其道，易高麗之舞，革朱蒙之音不難也。昔之議邊事者，每日備鎮、靜則寇不能北來，駐三岔則寇不能東渡，廣寧要會，約有二途云。

廣寧中衛，在城内西南隅。洪武二十七年置。

廣寧左衛，在城内東北隅。洪武二十七年置。

廣寧右衛，在城内西北隅。洪武二十七年置。初治大凌河，永樂元年徙治衛城内。

無慮城，今衛治。本漢之無慮縣，屬遼東郡，後漢屬遼東國。元初二年遼東鮮卑圍無慮。又陽嘉初鮮卑寇遼東屬國，耿燁移屯無慮拒之。晉省。唐置巫閭守捉城。渤海爲顯德府地。遼置奉先縣爲顯州治，金改爲廣寧縣，元省縣入府。明初因舊城修築，周十里有奇。永樂中總兵劉江增拓南關，是後數修築。嘉靖三十四年復增築南關合於北城，謂之新城。

鍾秀城，衛西南五里。遼奉先縣地，金天會八年改置鍾秀縣，屬廣寧府。後廢，尋復置。元至元六年廢。又衛東北有故歸義城，遼置縣，屬顯州，金廢。○閭陽城，在衛西南三十五里。漢無慮縣地，遼景宗賢葬此，謂之乾陵，因置乾州、廣德軍，并置奉陵縣爲州治。金天會八年州廢，更縣名曰閭陽，屬廣寧府。元改爲千户所。至元十五年以户口繁多，復立行千户所，尋復爲閭陽縣。明初縣廢，置閭陽驛於此。志云：閭陽城亦曰閭陽鄉。其西有高城，唐太宗征高麗時嘗屯兵於此。

望平城，衛東北九十里。漢置縣，屬遼東郡，後漢因之。晉省。遼置山東縣，屬顯州。金仍爲望平縣，元曰望平千户所，尋復爲縣。明初省。又遼西城，亦在衛東北。遼置遼西州、阜城軍，統長慶縣，仍屬顯州。金廢。○險瀆城，在衛東南。漢縣，屬遼東郡。應劭曰：「縣依水險，故曰險瀆。」後漢屬遼東屬國，金廢。

川州城，衛西北百二十里。遼志：「本唐青山州地，屬營州都督府。遼初置白川州，尋曰川州、長寧軍，領弘理、咸康、宜民三縣。」金初因之。大定六年廢川州爲宜民縣，屬懿州路。承安二年復置川州，泰和四年仍罷州，以宜民縣屬興中府。元復曰川州，屬大寧路。明初廢。志云：川州有東西二城：東川州，遼所置也，西南去義州衛百五十里；西川州，金所置，南至義州衛九十里。又有徽川城，在川州西。金志：「承安二年以徽川寨爲徽川縣，屬川州。泰和四年州廢，縣亦罷。」

懿州城，衛北二百二十里。遼置慶懿軍，更爲廣順軍，尋爲懿州、寧昌軍，領寧昌、順安二縣。金因之，初隸咸平府，後屬中京路，領順安、靈山二縣。元以靈山縣省入順安，又省順安入州。至元二十四年諸王乃顏反，元主發上都兵討之，至撒兒都魯之地，敗之。既而其黨犯咸平，宣慰塔出之瀋州，分遣亦兒撒趣懿州，悉平之。明初置廣寧後屯衛於此，永樂八年徙衛入義州。又寧昌城，在懿州北二十里。本渤海之平陽縣，遼改曰寧昌，爲懿州治。金徙州治，以寧昌并入順安。又靈山廢縣，在懿州西。金志：「本渤海之靈峰縣，金曰靈山。」元省。

閭州城，在衛東北。遼置。志云：以近醫巫閭山而名，在遼州西百三十里，西北至上京臨潢府九百五十里。金廢。又順州城，在衛東北百二十里。遼志：「漢遼東郡遼隊縣地也。遼置順州，西北至上京九百里。」金廢。○豪州城，在衛東北二百二十里。遼志：「漢遼東西安平地也。遼置州，西北至臨潢七百二十里。」金廢。又渭州城，在衛東北二百五十里，遼志：亦曰高陽郡。金廢。

同昌城，衛西北百九十里。遼初置長慶軍，尋曰成州、興府軍，統同昌縣。金州廢，縣屬川州，大定六年改屬懿州，承安二年復隸川州，泰和四年改屬義州。元廢。遼志：成州在宜州北百六十里，北至臨潢七百四十里。○肇州城，在衛北境。元史：「至元三十年以阿八剌忽者之地產魚，立肇州城。元貞元年立肇州屯四萬户府於此，〔七〕元末廢。」又金置肇州，見開元衛境。

醫巫閭山，衛西五里。舜封十有二山，此即幽州之鎮山也。周禮職方「幽州山曰醫無閭」，即此。亦謂之北鎮，隋開皇十四年詔以醫無閭爲北鎮是也。其山掩抱六重，亦謂之六山。巖洞泉壑，種種奇勝。山麓有石門。自衛城西北經平坂，兩山屹立如門，有谿中出。巖壑窈窕，峰巒迴合。契丹耶律突欲嘗讀書山巔，築堂曰望海。及卒，遂葬於此，謂之顯陵，顯州之名以此。○蛇山，在衛東三十里。巖嶂稠疊，徑路崎嶇。又有盤山，在衛東九十里。又衛北二十五里有三尖山，東北九十里有白雲山，又北三十里有鞍山。

蒺藜山，在衛北塞外。宋政和七年遼主延禧以金人取東京，募遼東人爲兵，使報怨，號曰「怨軍」。命耶律淳將之，屯於蒺藜山。既而金將斡魯古等與淳戰，淳走，金人追至河里真陂，遂拔顯州，於是乾、懿諸州皆降於金。

牽馬嶺，衛西北六十里。山脈與醫巫閭相接，勢極險峻。中通驛路，行者必下馬攀援乃得越，故名。今置驛於此。又西至義州衛五十里。又白土嶺，在城北六十里。

板橋河，出醫巫閭山，同源異流，一經衛城北，一經衛城南，俱至城東南合蘆溝及雙峰河入海。今城西有板橋驛，以此名。又衛西有楊郎河，亦出醫巫閭山，合於板橋河。○珠子河，在衛東北。源出白雲山，南流入遼河。又有細河，在城西六十里。源出衛西北百里之響山，南流合於大凌河。

路河，衛東四十里。其上流爲羊腸河，源出白雲山，經鎮武堡、高橋鋪入鐮刀湖，又東合潮河流入於三岔河。中間有沙嶺，地形高阜，多沙，河易淤。自盤山驛以東九十里，每霖雨河水泛濫，軍馬策應嘗虞艱阻。正統中於沿河築隄岸，爲長廣道，河水通行。初起海州東昌堡南十四里布花堡，西至廣寧城北，凡二百里。後由廣寧東制勝堡至東昌，凡百七十里。自海運廢，河道遂阻塞。志云：路河以緣路濬河而名。遼地多泥淖，路河濬可以外禦敵騎，內洩潴水達於海。嘉靖末嘗因舊迹濬河築隄，行旅稱便。久之隄日頽，河日淤，敵得乘隙以入，而内水無所洩，潴爲洿池，地不可畊，久雨則行旅斷絶矣。此宜急爲修築，邊防水利，胥有賴焉者也。又高橋河在衛東南四十里，衛東南六十里又有龍灣河，舊皆通於路河。

雙峰湖，衛南二十里。源出毉巫閭山，東西沿流通板橋河。又莽獐湖，在城南九十二里。○古老、無名泉，在城北。二泉湧出，自城西南流入城中，至東南隅達於城濠，四時不竭，汲者便之。又滿井，在城西北二里。水甘美，人多汲飲，雖旱嘗滿。

白土廠關，城北七十里。諸部於此入市。又分水關，在衛北八里。上有鎮北樓。又魏家嶺關，在衛西北六十里。

通定鎮，在衛東百八十里，近遼水。舊志：高麗於遼水西置軍，以警察渡遼者，謂之武厲邏。隋大業八年伐高麗，惟得遼水西武厲邏之地，置遼東郡及通定鎮而已。九年詔修遼東古城以貯軍糧，即所置遼東郡城，以仍舊名，亦曰古城也。唐貞觀十八年伐高麗，李世勣自通定濟遼水趣玄菟，即此。又唐壘，志云：在衛東南三十二里。唐太宗征高麗屯兵於此，因名。○夫犂營，在衛西。或曰夫犂當作「巫閭」，蓋依山結營，以毉巫閭山爲名也。後漢元初二年遼東鮮卑圍無慮，又破夫犂營，殺縣令，蓋即無慮令。或誤以夫犂爲縣，賢曰「夫犂故城在營州東南」；或又以夫犂爲徒河縣地；皆誤也。

鎮邊堡，衛西北七十里。又西有鎮夷堡，接義州衛界。志云：鎮夷堡東南有盤嶺，可以按伏。又鎮遠堡，在衛東北六十里。其西南曰東安堡。又鎮寧堡，在鎮遠堡東南四十餘里。堡西有蛇山，可按伏。○鎮安堡，在衛北三十里。其西北有鎮靜堡。又團山堡，在衛西北二十五里。

鎮武堡，衛東百五十里。萬曆末邊將羅一貴駐守於此。又東八里曰西興堡，堡東南又有西寧堡，西寧之西曰西平堡。又平洋堡，在衛東二百里，接海州衛界。亦曰平洋舖。○制勝堡，在衛東二十里。一統志：堡在衛北境者曰鎮安、鎮邊、青石、團山、雙樹、北安、東安、南安、西安、中安等堡，在東境者曰高廟、倒塔、板橋、平洋等堡，在南境者曰四塔、閭陽、柳河、十三山、豐安、沙窩、沙墩、海潮、大覺、凌河、雙峰等堡，凡二十五云。又有鹽場砦，在衛南百里。

十三山驛。在衛西南七十里，即十三山堡也。又西八十里達錦州之小凌河驛。又高平驛，在衛東四十五里。又衛東九十里有盤山驛。○老虎林，在邊外百餘里，三衛所居也。

義州衛，司西北五百四十里。東至廣寧衛百二十里，東南至廣寧右屯衛亦百二十里，南至海岸百四十里，西南至廣寧中屯衛九十里，西至邊外廢興中州百六十里。

秦、漢遼西郡地，漢末爲山戎所據，唐爲營州地。遼置宜州、崇義軍，金改爲義州，屬中京路。元屬大寧路。明初州廢，洪武二十二年置今衛。

衛山川環峙，迫處疆索，亦控馭之所也。

廣寧後屯衛，在義州衛治西偏。洪武二十五年置。初治舊懿州，永樂八年徙治於此。

弘政廢縣，今衛治。漢置象縣，屬遼西郡，後廢。遼置弘政縣，爲宜州治，在今衛東北二十五里。金移今治。元省縣入州。明初州廢，洪武二十二年置衛，因故城修築，周九里有奇。正德中復修治。城南有南關，周一里有餘。

聞義廢縣，衛南四十里。遼置海北州、廣化軍，治聞義縣。金皇統三年州廢，縣屬義州。元省。

青山，衛東三十里。上有塔。又衛東北五十里有隘口山，又十里有駱駝山，與廢川州接界。○牛心山，在衛西六十里，與廢興中州接界。又衛北二十里有石門山，又北十五里有嘉福山。

擦牙山，衛西北六十里。其相近者曰營成山。又雙山，在衛南十五里。又南十里有八塔山。

大凌河，衛西北六十里。源出廢大寧衛之松山，流入境，東南流經衛東，又經廣寧左、右屯衛界，下流入海。○隘口河，在衛東北八十里。源出廢川州之雙峰山，流入清河。志云：雙峰山在衛東北九十里。又清河，在衛東北百里。源出廢川州境，南流合隘口河入大凌河。

石河，衛南四十里。源出衛西南山中，流爲石房河，經衛城西一里南流爲石河，又東入大凌河。衛南二十里又有泥河，出西山中，經流衛東二十里之杵頭山入大凌河。

大定堡，衛西南七十里。堡東南有十方寺。由大定而西北有大安堡，堡北曰半邊山，可屯兵。又西北曰大康堡，其相近又有義家堡。○太平堡，在衛北六十里。堡南有狗河寨，可按伏。又有黄泥溝、黑鷹山，賊衝也。又大寧堡，在太平堡東二十里。堡南有金家溝，可按伏。又有達達嶺、分水嶺，爲賊衝。又正義堡，在大寧堡南二十里。

大靖堡，衛東北七十里。其東曰大清堡，又東接廣寧之鎮夷堡。○永寧堡，在衛東三十里。又有杵頭堡，在衛東二十里，以近杵頭山而名。其在衛東者又有遼鎮堡、三家城等堡。

塔山堡。衛東南六十里。其相近者又有塔山南堡、塔山北堡。又五里莊堡，在衛南。其相近者又有鵓食、團山、欒家、開川等堡。又泥河堡，在衛南二十里。其東北又有城南堡。○石家堡，在衛西南。其相近者曰八塔山堡。又青榆林堡，在衛西。其北爲萬佛堡，以近萬佛山而名。志云：山在衛西十五里。又衛西北邊外百餘里有凌河屯。

邊防攷：「凌河、墨州、上㳘三衛，地險隘，皆在義州塞外。」

廣寧中屯衛，司西北六百里。東至廣寧衛百八十里，北至廢興中州百五十里，西北至故大寧之廢建州百五十里，西南至寧遠衛百二十里，南至海岸五十里。

秦、漢遼西郡地，東晉時慕容皝置西樂郡，遼、金志俱作西樂郡。後墟其地。遼置錦州、臨海軍。金因之，屬大定府。元屬大寧路。皆兼置臨海節度於此。明初仍爲錦州，洪武二十四年改置今衛。

衛山川盤錯，屹峙邊陲，稱爲形勝。

廣寧左屯衛在中屯衛治西。洪武二十四年置。

永樂廢縣，今衛治。遼置，爲錦州治，金因之。元省縣入州。明朝改州置衛，因舊城修築，周五里有奇。成化十二年復增築，弘治十七年并城南關。今城周七里有奇，形勢若盤谷，謂之盤城。

安昌城，在衛西。遼置安昌縣，屬錦州，金因之。元省。陳元靚曰：「元臨海節度領永樂、安昌、興城、神水四縣。」

攷諸志無興城縣。

神水城，在衛西北。遼志：「漢徒河縣地，屬遼西郡。遼開泰二年置神水縣，屬大定府。」金改屬錦州，皇統三年廢爲神水鎮，尋復爲縣。元廢。志云：城北有溜石山堡。金末蒙古將木華黎鎮北京大定府，降將張致據錦州以叛。華黎以致地險兵精，欲設奇取之，遣兵急攻溜石山堡，而使別將屯永德西十里。致馳救溜石，永德軍遣將斷其歸路。華黎馳至神水與致遇，永德軍亦至，致敗走，錦州遂下。○永德城，在衛北。遼初置安德縣，屬乾州，改屬霸州，尋升置安德州、化平軍於此。金州廢，大定七年改爲永德縣，屬興中府。元廢。志云：永德城西北去神水城五十餘里，東北去興中城百里。

木葉山，衛東三十里。契丹阿保機建南樓於木葉山，在今三衛境内廢永州，非此山也。又紫荆山，在衛東八十里。○望海山，在衛東南十五里。山高可望滄海。

紅羅山，衛西六十里。亦名紅螺山。有大小二山，綿亘東西百餘里。今因其勢築長城，爲一方之障塞。又白雲山，在衛西二十五里。土人以山驗晴雨。○杏山，在衛西南四十里。今有杏山驛。又西南三十里有乳峰山。中峰如蓋，東西十二峰，拱城北向。懸巖有寶泉出其中，寒溜如乳。又翠幪山，在衛北十里。又北十五里有梯子山。又有望城岡，在衛北八里。

小凌河，衛東南十五里，出廢大寧衛界，南流經衛西南五里，有女兒河流合焉：河出衛西南五十里之女兒山，至此並流而東；又有哈喇河在衛南十里，亦東流合於小凌河，又南注於海。志云：衛西有小河名錦川，州以此名。或曰小凌河與諸水回合如錦也。○大凌河，在衛東南四十里。自義州衛流入境，又東南入廣寧右屯衛界。

松山堡，衛南二十里，以地有松山而名。宣德三年置中左千户所於此，屬中屯衛。又大凌河堡，在衛東四十里，以近大凌河而名。宣德三年亦置中左千户所於此，屬左屯衛。

大興堡，衛西六十里，又西與寧遠衛接界。堡北有新莊子，可屯兵。又大福堡，在大興堡東北。又東爲錦昌堡。○

大鎮堡，在衛西北三十里。其西曰沙河堡。又大勝堡，在衛北。其南曰蔡家堡，有分水嶺，可以按伏。

大茂堡，衛東北四十里。其南曰流水堡，有葦子溝，可以按伏。自堡而東接義州之大定堡。○年豐堡，在衛東四十里。一統志：「衛境自東轉南有廣齊、順陽、常豐、仁和、大有、廣盈、嘉禾、順寧、樂安、豐稷、春華、西杏、西和、永豐、臨川、富有、錦昌、豐稔、興稼、得安、南陽、福寧、秀穎、蔡家、西寧，凡二十五堡。又衛境鹽、鐵場凡四，其鹽場百戶所一在城南六十里，一在城南八十里；鐵場百户所一在城西六十里，一在城南百里。

小凌河驛。衛南三十里。又衛西四十里有杏山驛，又西六十里達寧遠衛之連山驛。邊防攷：「遼東之木市凡三，置於錦州、寧遠及前屯衛。」

廣寧右屯衛，司西五百里。北至廣寧衛百二十里，西至廣寧中屯衛八十里，南至海岸三十里。

秦、漢遼東郡地，遼爲顯州地，金爲廣寧府地，元因之。洪武二十七年改置今衛。

衛南臨大海，北峙毉閭，遼左有事，此亦出奇之地矣。

右屯衛城，今衛治。元閭陽縣之臨海鄉也。洪武二十六年置衛於十三山堡，二十七年遷治於此。永樂中築衛城，周五里有奇。

十三山，衛北三十里。五代胡嶠北行記：「十三山，西南去幽燕二千里。」又遼史「燕王淳討武朝彦，至乾州十三山」，即此。又塔山，在衛北四十里。有塔在其上，因名。

大凌河，衛西二十五里。自廣寧中屯衛流入境，又東南入於海。又城東一里有枯凌河，從大凌河分流，或盈或涸，故名。亦東南入海。

黑林堡，衛西北五里。又衛東南有河通堡。一統志：「自衛境東北折而南有枯樹、東海、枯淩河、檟椰、常豐、女真等六堡。又鹽場百户所，在衛南二十里。鐵場百户所，在衛東五十里。」

望海頓。在衛西南。隋大業八年伐高麗，敗還，勑運黎陽、洛口、太原等倉穀向望海頓，圖再舉，謂此。

廣寧前屯衛，司西九百六十里。西至山海關七十里，南至海二十里，北至邊墻二十五里，西北至大寧廢衛三百七十里。

秦、漢遼西郡地，晉及後魏因之。唐初爲營州地，咸亨中置瑞州於此。契丹置來州、歸德軍。金天德三年改爲宗州，泰和六年復爲瑞州。避金主睿宗諱也。元亦曰瑞州，屬大寧路。明洪武二十五年改置今衛。

衛襟帶燕、薊，控扼營、平，當戎索之要衝，司雄關之鏁鑰，誠咽喉重地也。

來遠廢縣，今衛治。唐史：「貞觀十年以烏突汗部落置威州於營州境，後改瑞州。又置來遠縣爲州治，後廢。」契丹改置來賓縣，來州治焉。金曰宗安縣，泰和六年改曰瑞安，元省縣入州。明改置衛，因舊城修築，周六里有奇。

海陽城，在衛東。遼志：「漢海陽縣地，屬遼西郡。瀕海多鹻鹵，置鹽場於此。慕容皝置集寧縣，遼置隰州、平海軍。」金州廢，縣屬瑞州。元省。〇海濱城，在衛西八十里。遼志：「本漢陽樂縣地，屬遼西郡。遼置潤州、海陽軍，統海濱縣。」金州廢，縣屬瑞州。元省。明初置東關遞運所於此。

遷民廢縣，在衛西北。遼置。亦漢陽樂縣地，統和中置遷州、興善軍，統遷民縣。金州廢，又廢縣爲遷民鎮，屬海陽縣。元仍曰遷民鎮，屬瑞州。致和元年燕帖木兒迎立懷王於大都，上都諸王也先帖木兒等自遼東以兵入遷民鎮，即此。

萬松山，在衛西北十五里。綿亘東西百餘里，連山海、永平界。山多松，因名。山北相接者曰五指山，五峰秀拔，若五指然。志云：五指山在衛北五十里。○三山，在衛西北三十里。高數千仞，三峰並秀。遼志謂之三州山。又鐵場山，在衛北三十里。衛東北百五十里又有九洞山。

十八盤山，衛北九十里。縈回曲折，十有八盤。志云：衛北三十里有石梯山，昔人鑿石爲梯，以便登陟處也。又有關山，在城北十五里。○灰山，在衛西北七十五里。又衛西北九十里有龍門山。志云：衛西北三十里有蛇倒退山，以險峻難越而名。又大寨兒山，在衛東北四十里。衛東北二十里又有小寨兒山。

横嶺，衛北二十里。又北十里曰分水嶺、青石嶺。衛東北四十里又有白石嶺。又長嶺，在衛西三十里。其相接者曰高嶺。又西四十里曰歡喜嶺。○麻子峪，在衛西四十里，鐵場百戶所置於此。又山口峪，在衛東南七十里，鹽場百戶所置於此。又衛西北四十里有寺兒峪。

急水河，源出萬松山，經衛西五十里入海。又有慢水，源出歡喜嶺，經衛西七十里入海。○六州河，在衛東北七十里。大寧、建州等六州之水合流入境，南流經衛東北十五里之蛇山，又東南入海。

杏花溝，衛東北三十五里。又東北三十五里有三道溝，又東北二十里有葦子溝。又爛泥溝，在衛東五里。又衛北二十里有芍藥溝。○白龍潭，在衛東南七十里，南流入海。又衛西北三十里有黑龍潭。

山海關，衛西七十里，與北直永平府接界。詳見北直重險。

急水河堡，衛西五十里。宣德三年增置中前千户所於此。堡南有芝麻灣，濱海要地也。○杏林堡，在衛東五十里。宣德三年增置中後千户所於此。

鐵場堡，衛西六十里，與山海關接界。又永安堡，在衛西北四十五里。背隱堡，在衛西北三十里。志云：嘉靖二十五年置。又三山營堡，在衛西北三十里。○平川營堡，在衛北三十里。又東北爲瑞昌堡，又東北爲高臺堡。志云：自高臺入盤嶺二百五十里，又北入毛安舖二百里，皆前屯舊界也。

三道溝堡，衛東北七十里。又東爲新興營堡。嘉靖三十五年馬市成，俺答縱掠如故，別部把都兒辛愛犯遼東新興堡，即此。又錦川營堡，在衛東北九十里。又東接寧遠衛界。

塔山堡，衛東南六十里。又安寧山堡，在衛東北五十五里。慶春山堡，在衛東北七十餘里。○海山堡，在衛西南四十里。一統志：「衛境自北而東南有戰歌、安家、慶春、永豐、古城、廣積、積糧、長安、鎮安、永安、蛇山、海泉、海山、新安、林樹、泰新、鹽場、三山、塔山、海濱、劉興、興安、城南、老軍，凡二十四堡。」

椵木衝，衛西北三十里。其相近者又有碾兒衝。○黄喜衝，衛東北三十里。又東北四十里爲塔兒衝，又十里爲老鸛衝。邊防考：「衛境塞外百里有鐵嶺川，三衛所居也。」

沙河驛。衛東北四十里。又東三十里達寧遠衛之東關驛。又高嶺驛，在衛西南三十五里，西入山海關之道也。

寧遠衛，司西七百七十里。西至廣寧前屯衛百三十里，東南至廣寧中屯衛百八十里，東至廣寧衛三百里，西北至故大寧衛廢利州百五十里。

秦、漢時遼西郡地，唐爲營州地，遼爲錦州及來州地，金、元亦爲錦、瑞二州地。明初爲廣寧前屯及中屯二衛地，宣德三年始置今衛。

衛内拱巖關，南臨大海，居表裏之間，屹爲形勝。

寧遠城，今衛治。創建於宣德三年，撫臣包德懷所奏置，據三首山爲固。城小而堅，周七里有奇。

和州城，衛北百二十里。元初置和州，屬大寧路，至元五年并入利州爲永和鄉。利州，見廢大寧衛。

三首山，衛東二里。三峰相峙。上有泉，四時不竭。又望海山，在衛東十八里，下臨大海。八塔山，在衛西南二十五里。上有八小塔。又鐵帽山，在衛西十八里。

大團山，衛西北三十里。中高四下，固守之可斷北寇出没之道。今團山堡置於此。又鎮山，在衛西北二十里。其相近者又有雙山。又剌犂山，在衛北，與塞外相接。○長嶺山，在衛東北五十餘里。今有長嶺山堡。萬曆中朵顔寇連山驛，總兵杜松出中屯所長嶺山，夜至塞外之哈流兔，襲敵營，大有斬獲。志云：長嶺即紅螺山之别名。今衛東北五十六里爲小紅螺山，衛東北六十里即大紅螺山，蓋與中屯衛接境處也。

白塔峪，衛西北三十五里。又衛西六十里有石峽口，其泉流爲曲尺河，東入海。○桃花島，在衛東十五里海濱，海舟往來恒泊於此。又覺華島，在衛東南二十里。上有海雲、龍宫二寺。

寧遠河，源出城西北山谷中，流至城西分爲二池，環抱城郭，復合爲一，南流入海。又衛東北二十五里有七里河，源出廢和州，東南流入海。又臭柳河，亦出和州境，下流入海。○北沙河，出衛西二十里之小隱山。又有北沙河出衛西四十里羊角山。〔八〕俱東流入海。志云：城東三里又有沙河，源出衛北塞兒山，東南流入海。

東關河，在城西六十里。自大寧境流入，上通六州河，南流入海。又女兒河，亦自境外流入，經城西一里東南入海。又有石橋河，在衛西十三里。源出鐵帽山，南流入海。○西湖，在衛西十五里，有藕芡魚蝦之利。

海，衛南二十五里。又衛東南至海僅十五里。

塔山所，在衛東五十里。宣德三年別置中左千戶所於此，屬寧遠衛。所城周三里有奇，嘉靖三年修築。○小沙河所，在衛西四十里。宣德三年別置中右千戶所於此，屬寧遠衛。所城周三里有奇。

黑莊窠堡，衛西六十里。其南即石峽口，可屯兵。又西與廣寧前屯之錦川堡接界。又仙靈寺堡，在黑莊堡東。其東又有小團山堡。堡西有五澗山，可屯兵。堡西北爲老虎衝，可按伏。○興水堡，在衛西北五十里。堡北有烟籠山，可屯兵。堡東爲王保兒山，可按伏。又白塔峪堡，在白塔峪口。其東爲陡嶺口，可按伏。

寨兒山堡，衛北二十里。堡東爲鷹窠山，可屯兵。堡西爲横嶺，可按伏。又灰山堡，在寨兒山堡東。○松山寺堡，在衛東北四十里。堡東有廟兒山，可屯兵。又沙河寨堡，在衛東北四十餘里。又東北即長嶺山堡也。又根木衝堡，在衛東北六十里。又東接錦州西境之大興堡。志云：衛有鹽場百戶所，在城南二十五里；鐵場百戶所，在城南十八里麻子峪。

連山驛。城東北三十二里。又曹莊驛，在城西南十三里。東關驛，在城西六十里。又西六十里爲前屯衛之沙河驛。又瓦窑衝，在衛東北四十里。○雙塔，在衛東。萬歷中三衛賊嘗聚此犯寧前諸處，或曰即塔山所也。又東南爲湯池站，故屬錦州，置站於此，西達曹莊驛。

瀋陽中衛，司北百二十里。北至鐵嶺衛百二十里，東南至鴨渌江六百里。

禹貢青州地，春秋、戰國時屬燕。秦、漢爲遼東郡地，晉及後魏因之，尋爲挹婁國地。唐得其地，屬安東都護府，後没於渤海，置瀋州。遼置興遼軍，後更名瀋州，亦曰昭德軍。金因之，後更爲顯德軍。元曰瀋陽路，元志：「金末瀋州燬於兵火，元初徙高麗降民散居遼陽，置高麗軍民萬户於瀋州，以城郭初創，寄治遼陽故城。」中統二年改爲安撫高麗軍民總管府。及高麗舉國内附，又分置安撫高麗軍民總管，理瀋州。元貞二年併兩司爲瀋陽等路安撫高麗軍民總管府，仍治遼陽故城。」明洪武二十年置今衛。衛控禦荒徼，撫集邊氓，遼陽之頭目，廣寧之脣齒也。

樂郊城，今衛治。遼初俘薊州三河縣民置三河縣於此，後更爲樂郊縣，瀋州治焉。金因之，後廢。明朝洪武二十一年修築故城，周十里有奇。城南又有南關城，周不及一里，遊兵居焉。

章義城，衛西南六十里。遼志云：「漢襄平縣地，高麗置當山縣，渤海爲鐵利郡。契丹初置鐵利州，統和八年州省。開泰七年復置廣州，治昌義縣。」金皇統三年州廢，改縣曰章義，屬瀋州。元廢。今爲章義站。

遼濱城，衛西北百八十里。高麗之遼東城也，唐太宗克之，改曰遼州。時亦謂之新城，以別於遼東故城也。唐史：

「貞觀十八年伐高麗，江夏王道宗將兵數千至新城。二十年復伐高麗，命李世勣將青州兵自新城道入。永徽三年高麗侵契丹，松漠都督李窟哥將兵禦之，大敗高麗於新城。儀鳳二年徙安東都護於新城，以統高麗、百濟之地。」此唐所名之新城也。後爲拂涅國城。渤海置東平府，督伊、蒙、陀、黑、北五州。契丹阿保機攻渤海，先克東平，五州皆下，復置遼州於此，并置遼濱縣爲州治。亦曰東平軍，德光更爲始平軍。金皇統三年州廢，縣屬瀋州，元并廢縣。近志謂之遼陽城，又謂之顯州城，皆悞也。

北豐城，在衛西北。後漢末公孫度據遼東，置城於此，謂之豐城。司馬懿伐遼東，豐人南徙青、齊，其留者曰北豐。宋元嘉十五年北燕主馮弘奔高麗，至遼東，高麗處之平郭，既而徙之北豐，尋殺之。胡氏曰：「慕容翰議以偏師從北道攻高麗，即北豐道云。」〇白巖城，在衛西，高麗所置城也。唐貞觀十八年克遼東城，進軍白巖城，克之，改置巖州。渤海曰巖州、白巖軍，治白巖縣。契丹因之，改屬瀋州。金廢。

貴德城，衛東八十里。遼志：「漢襄平縣地，契丹置貴德州、寧遠軍於此，治貴德縣。」金因之，元廢。又有奉德廢縣，在貴德州東。遼志：「渤海緣城縣地，契丹置奉德州於此，尋降爲縣。」金省。〇奉集城，在衛東南。遼志：「高麗置霜巖縣於此。渤海置集州，治奉集縣。契丹仍曰集州，又爲懷衆軍。」金廢州，以奉集縣屬貴德州。元縣廢。今爲奉集堡，有鐵場百户所，屬鐵嶺衛。志云：堡東去鐵嶺衛二百十里。

崇信城，在衛東。遼志：「漢長岑縣地，屬樂浪郡。渤海置崇州，領崇山、潙水、緣城三縣。〔九〕遼仍置崇州，亦曰隆安軍，并崇山三縣置崇信縣爲州治，在東京東北百五十里。」金廢。〇玄菟城，在衛東北。漢武開朝鮮置玄菟郡，領高句麗、上殷台、西蓋馬三縣。又昭帝元鳳六年築玄菟城，陳壽曰：「玄菟郡本治沃沮城，後爲夷貊所侵，徙治高句麗縣西北。」是也。公孫度據遼東，復置玄菟郡於遼東東北二百里，晉因之，即此城矣。隋大業八年伐高麗，分遣辛世雄出玄菟道；唐貞觀十八年征高麗，拔玄菟城；皆謂此城也。

東牟山，衛東二十里。唐高宗平高麗，渤海大氏以衆保挹婁之東牟山。唐史「山東直營州三千里，武后時大祚榮築城於此居之，其國界南至新羅，以泥河爲界，東窮海西契丹」，蓋即此山矣。或云在三衛福餘境内，悮。又輝山，在衛東北四十里。層巒疊嶂，爲諸山之冠。又黑山，亦在衛東北。○長山，在衛西北八十里。又衛東南二百里有三角山。又有蘇木嶺，在衛東三百八十里。

薄刀山，在撫順關口。亦曰剥刀山。志云：塞外有石門山，有分水嶺。○媳婦山，亦在撫順關外。〔一〇〕

渾河，衛南十里。自衛東北塞外流入境，又南入定遼衛界。○遼河，在衛西百十里。自鐵嶺衛流入界，又南入定遼衛境。

蒲河，衛北三十里。源出輝山，西流入渾河。又沙河，在衛東南，亦西流入渾河。又有夾河，在撫順城南四十里。源出塞外分水嶺，亦西流至衛南入於渾河。

小瀋水，衛西南四十里，東流入於渾河。亦謂之活水。宋政和六年女真阿骨打攻遼叛將高永昌於遼陽，取瀋州。永昌帥衆拒金人於活水。金師既濟，永昌軍不戰而却，逐北至遼陽城下。永昌敗奔長松，其下執之以獻，於是東京州郡皆降於女真。長松蓋與遼陽相近，或以爲即司東境之松山。

撫順所，衛東北八十里。志云：金貴德州地，洪武二十一年置撫順千户所，屬瀋陽中衛。城周二里。蒲河所，在衛北四十里。洪武二十一年置蒲河千户所，屬瀋陽中衛。城周不及一里。

撫順關，在撫順所東二十里。置馬市於此。〔二〕

静遠堡，衛西七十里，與定遼衛之長營堡接界。其相近又有陳寧堡。〔三〕○上榆林堡，在衛西北四十里。其相近者有倒塔兒空堡，萬歷末增置。又十方寺堡，在蒲河所西北。其南有馬空堡，亦萬歷末增置。

武靖堡，衛西南七十里。又衛南六十里有永盈堡。志云：衛南又有常豐、慶稔、嘉禾、大有、土母河五堡。○會安堡，在撫順所東十餘里。所西南又有渾河、塔下二堡。志云：衛西有高墩屯，弘治中嘗議建營堡於此。又有鐵場百户所，在衛東九十里安平山。山屬定遼衛。又有鹽場百户所，在海州之梁房口。

古勒寨。在撫順關外百餘里。〔三〕○八甑口，在衛東境。宋政和六年遼東京裨將高永昌以三千兵屯八甑口，誘其渤海戍卒作亂，入遼陽據之，即此。

鐵嶺衛，司北二百四十里。北至三萬衛九十里，東南至撫順千户所一百里。

秦、漢時遼東地。渤海置富州，契丹更名銀州。金皇統三年州廢，以其地屬咸平府。元因之。明洪武二十六年置今衛。

衛控扼夷落，保障邊陲，山川環繞，屹爲要地。

新興城，今衛治。本渤海富壽縣，爲富州治。境有延津，遼更名延津縣，銀州治焉。金皇統三年州廢，更置新興縣，屬咸平府。金末廢。元因之。明洪武二十一年在今衛治東南五百里故鐵嶺城置鐵嶺衛，與高麗接境。二十六年徙治於此，因故城修築，周五里有奇。又有故新興城，在今衛東。遼志云：「故越喜國地，渤海置銀冶於此，因置銀州。遼改富州爲銀州，〔一四〕以故銀州置新興縣屬焉。」是也。金并入延津縣，又改延津爲新興縣。

挹婁城，衛南六十五里。本挹婁地。遼志：「漢樂浪郡海冥縣地，〔一五〕渤海置興州，領盛吉、蒜山、鐵山三縣。遼廢，尋復置興州、興中軍，治常安縣。」金州廢，大定二十九年改爲挹婁縣，屬瀋州。元縣廢。今爲懿路所。

慶雲城，衛西北五十里。本渤海蒙州地，契丹阿保機俘檀州民置檀州，併置密雲縣於此。尋改州爲祺州、佑聖軍，縣曰慶雲縣。金州廢，縣屬咸平府。元廢縣爲慶雲驛。元志：「至元三十年置遼陽路，自慶雲北至合里賓凡二十八驛。」○永平廢縣，在衛東北。本渤海優富縣地，契丹置永平寨於此，尋升爲縣，屬銀州。金省。

銅山城，衛西北五十里。遼志：「渤海東平寨地，契丹置同州、鎮東軍，後更爲鎮安軍，治東平縣，兼領永昌縣。」金州廢，尋改置銅山縣，屬咸平府。元廢。○雙城廢縣，在衛西六十里。本挹婁故地，渤海置安定郡及安夷縣，後廢。契丹置雙州、保安軍，治雙城縣。金州廢，縣屬瀋州。元省。

咸平城，在衛東北。遼志：「漢樂浪郡侯城縣以北地，高麗爲銅山縣地，渤海爲銅山郡地，在龍泉府之南。多山險，寇盜以爲淵藪。契丹建城於此，初號郝里太堡城，開泰八年置咸州、安東軍，〔一六〕治咸平縣。」金曰咸州路，天德二年升咸平府，大定中又改咸平縣爲平郭縣。貞祐初耶律留哥聚衆隆安，金人討之，爲所敗，盡有遼東州郡，稱遼王，都於此。元初縣廢。以咸平府隸開元路，後改隸遼東宣慰司。明初廢。○清安城，在咸平東北。遼置肅州、信陵軍，治清安縣。金廢州，以縣屬咸平府。元廢。

歸仁城，在故咸平東境。遼志：「通州、安遠軍，本扶餘國王城，渤海號扶餘城，遼初改置龍州，尋曰通州，領通遠、安遠、歸仁、漁谷四縣。」金州廢，以三縣并入歸仁，屬咸平府。元初廢。又玉山廢縣，在咸平東南。金置縣，屬咸平府，貞祐二年升爲玉山州、順安軍。金末廢。○榮安廢縣，在衛西北遼河東岸。金置，屬咸平府。元廢。

龍首山，衛東二里。又衛東三十里有松山，又東六十里有大灰山。○虎頭山，在衛東南百十里；又衛東八十里爲山羊山；皆東面之障蔽也。

保山，衛西北三十里遼河西岸。又馬鞍山，在衛西百十里遼河之西。又有塔兒山在衛西南四十里，又西南四十里有上塔兒山，又西南十里爲下塔兒山，三山亦俱在遼河之西。○黄山，在衛西南五十里。又西南十里曰猪兒山。又有寨坡嶺，在衛南六十里。

遼河，衛西八十里。自三萬衛南流入境，又南入瀋陽衛界。○柴河，在衛北二里。源出衛東松山之西，會諸水而西入遼河。又汎河，在衛南三十里。出松山之東，亦會諸山之水西南流，〔一七〕經黄山塔北流入於遼河。

小清河，衛南六十里。源出廢貴德州南山中，西流經懿路城南，又西入於遼河。又泥溝河，在衛南八十里。源出瀋陽衛之東山，西北流入境，又西流經瀋陽之十方寺堡入於遼河。

懿路所，即故挹婁城也。明初置中右千户、左左千户及中左千户等所，屬鐵嶺衛。洪武二十九年調左左千户所於懿路城。永樂初蒙古鬼力赤等寇遼東懿路寨，即此城也。五年因舊城修築，周四里有奇。八年復調中千户所戍於此。嘉靖三十七年改築懿路關厢，四十四年復增築焉。○汎河所，在城南三十里。正統四年調中左千户所於此。築城，周不及四里。

三岔兒堡，衛東南七十里。志云：堡在懿路所東。其東有張家樓，近堡又有黄泥窪，賊徑也。又東南有二道關，又東有三道關。〔一八〕○丁字泊堡，在懿路所西，接潘陽衛蒲河所界。

宋家泊堡，在汎河所西十里，西南接丁字泊堡。所東有白家衝堡，西南接三岔兒堡。又有曾遲堡，在宋家泊堡東北。其東北又有平定堡，又東北接三萬衛之定遠堡。志云：所東有李屯堡，嘉靖間增。

撫安堡。衛東五十里。其東有石門堡，可屯兵；南有小鈞子山，可按伏。又有龍潭寺口，兵衝也。又鎮西堡，在衛西北遼河外。近堡有熊官兒屯，官軍嘗禦敵於此。又堡東有彭家灣堡，嘉靖中增築。○常裕堡，在衛南三十五里。一統志：「自堡而東南有永登、秀穎、豐平、大有、富豐、安福、團山、康嘉，凡八堡。」

三萬衛，司北三百三十里。南至鐵嶺衛百二十里，西至廢懿州三百七十里，東北至三衛境廢信州三百十里。

古肅慎地，隋、唐時爲黑水靺鞨所居。唐元和以後渤海取其地，屬上京龍泉府。渤海衰，黑水女真復有之。後滅遼，此爲會寧府之地。金末其將蒲鮮萬奴據遼東，蒙古克之，至元二十三年置開元路。元史：「元初平遼東，置開元、南京二萬户府，治黄龍府，至元四年更遼東路總管府，二十三年改爲開元路。」王氏曰：「開元者，金上京境内地名。元平遼東，引師至此，遂定其地。時上京一帶俱已殘燬，因改建開元路。以三萬衛爲即會寧故地者悮也。」明洪武二十一年置諸軍民府，二十二年旋罷府，置今衛。

衛控臨絶徼，翼帶鎮城，居全遼之上游，爲東陲之險塞。

遼海衛，在三萬衛治東北。洪武二十一年置。初治牛家莊，二十六年移治於此。

安樂州，〔一九〕在三萬衛治西南。永樂七年置。

開元城，今衛治。元或作「原」，悮也。蒙古窩闊台六年初立開元、南京二萬户，治黄龍府。或以今城即黄龍城，非也。蓋初寄治於黄龍府，後徙今治。明初因舊城設三萬衛，洪武二十五年修築，周二十三里有奇。

廢信州，在衛東北四百里。遼志云：「本粤喜故城，渤海置懷遠府，治懷福縣。遼改置信州、彰聖軍，又改置武昌縣爲州治。」金因之。元州、縣俱廢。又定武廢縣，在信州境。本渤海豹山縣地，遼置定功縣，又改爲定武縣，〔二〇〕屬信州。金廢。

廢韓州，在衛東北。遼志云：「本藁離國，舊治柳河縣。高麗置鄚頡府，都督鄚、頡二州。渤海因之，後廢。契丹初置三河、榆河二州，尋併二州置韓州、東平軍。」金因之，又增置臨津縣爲州治，而以所統柳河縣屬焉。元初廢。○柳河廢縣，在韓州境。遼志：「本渤海粤喜縣地，遼置柳河縣，屬韓州。」金因之。元省。

廢鳳州，在故韓州北二百里。遼置。志云：亦藁離國故地，渤海之安寧郡也。契丹置州，西北至上京九百里。金廢。○九連城，在衛東北九十里邮木川東岸。城連屬有九，因名。明初征納哈出，駐兵於此。

黄山，衛東北十五里。又衛東一十里有塔兒山，又東四十五里有松山。○刀鞸山，在衛西南二百五十里，刀、鞸蓋二山，而相連。又熊山，在衛西北百九十里，與刀靶山俱在遼河西岸。

金山，在衛西北三百五十里遼河北岸，一名曲呂金山，又西北三十里曰東金山，又二十里曰西金山，三山延亘三百餘里。明初馮勝破納哈出於此。詳見北直兀良哈境。○牛心山，在衛東北三百五十里。志云：在艾河之北、土河之東。又阿兒干山，在衛東北三百五十里廢信州之東南。

分水嶺，有二：東嶺在衛東二百五十里密河西岸，西嶺在衛北二百里遼河西北。天順三年大帥趙輔分遣左軍出渾河、柴河、石門河、土木河，至分水嶺，是也。

金線河，在衛城東北。西流入城，出西水關，又南入清河。夾岸多柳，因名。

清河，衛東五十里。謂之大清河。源出分水嶺，流經城東南，有小清河自衛東流合焉，經城南，西流入於遼河。○密河，在衛東二百五十里。自塞外流入，合於大清河。又馬鬃河，在衛西三十里。源出衛東北境黑嘴山，繞黃山後西南流入於大清河。〔二〕又衛東北百里有郲木川，源亦出分水嶺，下流入大清河。

艾河，衛東北二百五十里。源出塞外，流經衛東北境黑嘴山與土河會。又土河，〔三〕在衛北二百五十里。亦自塞外流入，至黑嘴山合於艾河。二河合流謂之遼海，經衛西八十里，又西南流入鐵嶺、瀋陽境，即遼河之上源也。○塗河，在衛西北二百五十里。自塞外流入境，南合遼河。又有亮子河，出衛東北境槍竿嶺，西南流入於遼河。

鎮北關，衛東北七十里，海西族朝貢市易處。又廣順關，在衛東六十九里靖安堡東。嘉靖中海西族分道款關，因以鎮北曰北關，廣順曰南關。○新安關在衛西六十里慶雲堡北，又清河關在衛西南六十里，山頭關在衛南六十里，各關俱有官軍戍守。志云：衛南四十五里有中固城，永樂五年築，撫順驛置於此。

靖安堡，衛東六十里。近堡曰黃泥岡，按伏處也。〔三〕又東川堡，在衛東南七十里。

古城堡，衛西南四十五里。又西十五里曰慶雲堡，與中固城、定遼堡相爲應援。邊防攷：衛城南舊有馬市蓋。○永寧堡，在衛西北二十里。其東曰鎮夷堡。近堡有皇甫城，按伏處也。

定遠堡，在衛南中固城西。近堡有高麗屯，可屯兵。又柴河堡，在中固城東南。近堡有關門衝，可屯兵，又有馬家砦，可按伏。○威遠堡，在衛東五十里。近堡有郙木川、百峰山，皆爲賊衝。又松山堡，在靖安堡西南，與中固城、柴河堡接境。

清陽堡，衛北二十里。又東二十里曰鎮北堡，去鎮北關六十里。又有靜邊堡，與鎮北堡相近。

瓦峪堡，衛東三十里。又扣河堡，在衛東南六十里。一統志：「衛境自東南轉西有實秀、實穎、迎陽、扣河、長城、東川、福興、關東、嘉禾、雍康、石門、常寧、上饒、團山、甘泉、穀城、向陽、問糧、古城、偃安、永慶、長樂、山岡、三山、勸農、富川、聚貨、粱山、高粱、中寨、泉安、黑穗、豐樂、蓮湖、永豐，凡三十五堡，俱有官軍戍守。」○曹子谷寨，在衛東南塞外。

亦赤哈荅寨。在靖安堡邊外七十里。

校勘記

〔一〕鴉鶻關往來　職本該句下有「邊路志三三馬可行也」一段，詳參附録考辨山東八·一。

〔二〕與孤山堡相接　按職本此句下有「輿程記……險道也」一段，詳參附録考辨山東八·二。

〔三〕江沿臺堡至鳳凰城接界　職本與底本大異，詳參附録考辨山東八·三。

〔四〕寬奠堡至張其哈剌佃子　職本與底本大異，詳參附録考辨山東八·四。

〔五〕牛毛砦至二百里　職本與底本大異，詳參附録考辨山東八·五。

〔六〕近時遼左流民多居其地　「近」，底本原缺，今據職本補。敷本、鄒本並作「明」。

〔七〕元貞元年立肇州屯四萬户府於此　「四」，元志卷五九作「田」，本書引誤。

〔八〕又有北沙河出衛西四十里羊角山　上文已云「北沙河出衛西二十里之小隱山」，此又有北沙河，疑有誤。據本書同卷塔山所下「小沙河所在衛西四十里」，此「北沙河」似爲「小沙河」之誤。

〔九〕緣城　遼志卷三八作「緑城」。

〔一〇〕薄刀山至撫順關外　職本與底本大異，詳參附録考辨山東八·六。

〔一一〕撫順關至馬市於此　職本與底本大異，詳參附録考辨山東八·七。

〔一二〕陳寧堡　職本此句後有五十一字，詳參附録考辨山東八·八。

〔一三〕在撫順關外百餘里　職本下有「海西南關族……攻拔處也」，見附録考辨山東八·九。

〔一四〕遼改富州爲銀州　「改」，底本原作「故」，今據職本、鄒本改。遼志卷三八云：「銀州，本渤海富州，太祖以銀冶更名。」

〔一五〕海冥縣　「海」，底本原作「漢」，漢志卷二八下、遼志卷三八並作「海」，今據改。

〔一六〕安東軍　「軍」，底本原作「郡」，今據職本、鄒本及遼志卷三八改。

〔一七〕亦會諸山之水西南流　「西」，底本原作「曰」，今據職本、鄒本改。

〔一八〕又東有三道關　職本文字較底本詳，參附録山東八·一〇。

〔一九〕安樂州　底本原作「安東衛」，敷本同，職本作「安東州」，鄒本作「安樂州」。本書卷三〇山東目次三萬衛下、大明一統志卷二五、明志卷四一均作「安樂州」，鄒本是，今據改。

〔二〇〕又改爲定武縣　「定」，底本原作「足」，今據職本、鄒本及遼志卷三八改。

〔二一〕繞黄山後西南流入於大清河　「南」，底本原作「衛」，今據職本改。

〔二二〕又土河　「土」，底本原作「上」，今據職本、鄒本改。

〔二三〕近堡曰黄泥岡按伏處也　職本下有「萬曆四十七年……南向建州即此」，參附録考辨山東八·一二。

讀史方輿紀要卷三十八

山東九 外國附考

朝鮮，在遼東都司東千八百里。東至海七百七十里，南至海千三百里，西南至海八百里，西北至鴨淥江七百五十里，北至女真界千四百里，自其國都至京師三千五百里，至南京四千里。古朝鮮國，箕子所封。戰國時燕略屬真番、朝鮮，爲置吏，築障塞，遂爲燕地。秦爲遼東外徼，漢初屬燕國，燕王盧綰叛入匈奴，燕人衛滿竊據其地。武帝定朝鮮，爲真番、臨屯、樂浪、玄菟四郡，昭帝并爲樂浪、玄菟二郡。後漢末爲公孫度所據，至公孫淵，魏滅之。晉永嘉末没於高麗。高麗者，扶餘別種，東夷傳云：「即高句驪也。」其族有五：一消奴部，一絶奴部，一順奴部，一灌奴部，一桂婁部。其後桂婁亦名白部，又曰黄部；絶奴亦名北部，又曰後部；順奴亦名東部，又曰左部；灌奴亦名南部，又曰前部，消奴亦名西部，又曰右部，各有耨薩主之。耨薩蓋酋名也。大抵東漢時高句驪部落漸盛，後遂建國，仍號高句驪，以高爲氏。三國魏正始七年幽州刺史毌丘儉討破之，尋復據其地。晉咸康八年其王高釗爲慕容燕所破，至曾孫璉益强。宋元嘉十二年璉遣使入貢於魏，魏封爲高句驪王，居平壤城，即漢樂浪郡地。齊永明九年璉卒，〔一〕壽百餘歲。子雲嗣，請命於魏。明年魏主宏册雲督遼海諸軍事、遼東公、高句麗王。梁天監十八年雲卒，子安立，遣使入貢於梁，梁以安爲寧東將軍、高句麗王。後亦臣附於東魏、高齊。齊亡，益并有遼東地。隋開皇十七年高麗王湯謀治兵拒隋，隋主賜璽書責其稱藩，湯受命。會卒，子元嗣，隋仍封爲王。明年元帥靺鞨之衆寇遼西，隋營州總管韋冲却之。隋因伐高麗，元遣使謝罪乃罷兵。大業七年討高麗，明年發二十四軍分道並進，總集平壤，不能克。九年復伐高麗，十年復伐之。凡四伐，而不能克。唐武德四年高句麗王建武遣使入貢，建武即元之弟也。七年册建武爲遼東郡王。貞觀十六年高麗東部大人泉蓋蘇文弑其王建武，改立其弟子臧。十八年伐高麗，明年親往征之。諸軍分道並進，克遼東等數城而還。自是數遣軍伐高麗。總章初李勣攻高麗，拔平壤，置安東都護府，由此高氏滅。儀鳳初新羅據其地，開元以後并於渤海大氏。天佑初大氏衰，有眇僧躬乂者，聚衆據開州稱王，號大封國，遂有高麗故地。五代梁龍德二年高麗人王建者起兵爲海軍統帥，襲殺躬乂，自稱高麗王。唐清泰末建引兵擊破新羅、百濟而并其地，於是東夷諸國皆附之，地益拓。建都松岳，即開州也，謂之東京，而以平壤爲西京。又置六府、九節度、百二十郡以理其地。晉開運二年建卒，子武代立。自後子孫遣使朝貢於宋，亦朝貢於契丹及金。宋嘉定十二年高麗王暾附於蒙古，既而中絶。紹定五年蒙古主窩闊台遣兵伐高麗，其王暾復請降，因置京府縣達魯花赤七十二人監其國。端平初悉爲高麗所殺，自是四遣兵攻之，拔其城十有四，大抵旋服旋畔。景定初忽必烈以高麗世子倎襲封高麗國王。倎尋更名植。元至元中其西京内屬，因置東寧路總管府，畫慈悲嶺爲界。大德三年又置征東等處行中書，尋罷。至治三年復置，命其王爲左丞相。至正之季，始貳於元。及明洪武二年高麗王王顓表賀即位，詔封高麗國王。二十五年其王瑶昏繆，衆推門下侍郎李成桂主國事，詔從其自爲聲教。成桂更名旦，徙居漢城，遣使請改國號，詔更號朝鮮。自是王氏始絶，李氏世有其地，稱藩，歲奉貢獻。萬曆二十年爲日本所侵掠，國幾亡，王師入援，久之國始定，然自是寖弱矣。其國中分爲八道。八道中則忠清、慶尚、全羅三道，地廣物繁，州縣雄巨，最爲富庶，且俗尚詩、書，人才之出，比諸道倍多。平安、咸鏡二道北接靺鞨，俗尚弓馬，兵卒精强，亦地勢使然也。江原、黄梅，居京畿左右，差爲狹小。而京畿在諸道之中，襟帶山海，稱爲雄勝。其地東西二千里，南北四千里。八道分統郡凡四十一，府凡三十三，州凡三十八，縣凡七十。

京畿道，治王京，朝鮮都也。亦曰漢城。明初高麗王旦自開州徙此，居七道之中，稱爲四塞。領郡三：曰楊根、豐德、水城；府三：曰漢城、開城、長湍；州七：曰楊州、廣州、潤州、驪州、果州、谷州、坡州；縣三：曰交河、三登、土山。

開州城，在王京西南二百里。高麗所置州也。左溪右山，稱爲險固。亦曰松岳。唐天祐初耼僧躬乂據此，朱梁貞明五年入貢於淮南楊隆演。後唐清泰末王建殺躬乂而代之，仍都於此，謂之東京，亦曰開京。宋大中祥符三年，高麗臣康肇弒其主誦，立誦兄詢而相之。契丹主隆緒討高麗，渡鴨渌江，康肇戰敗，退保鋼州。契丹進擒肇等，追亡數十里，鋼、霍、貴、寧等州皆降。進攻開京，詢棄城走平州，契丹遂焚開京，宫室府庫民廬俱盡。兵還，詢復葺開京而居之，諸城亦復歸高麗。今曰開城府。

丸都城，在王京東北。昔時高句驪依險爲城，謂之丸都。旁多大山深谷。杜佑曰：「漢建安中高麗王伊夷模更作新都於丸都山下，在沸流水之東。魏正始七年幽州刺史毌丘儉以高句驪數侵畔，督諸軍出玄菟討之。高句驪王位宫敗走，儉懸車束馬以上丸都，屠其城。既而復都於此。晉咸康八年時高句麗與慕容皝接境，皝謀擊之。高驪以重兵備北道，鈂潛將勁兵四萬趣南道，出其不意，高麗王釗敗遁，遂入丸都，毁其城，大掠而還。」唐志：「自鴨渌江口舟行百餘里，乃小舫泝流，東北行凡五百三十里而至丸都城。」

臨屯城，在王京西南。漢元封二年置臨屯郡。茂陵書：「郡治東暆縣，去長安六千一百三十八里，領十五縣。昭帝時郡廢。」暆音移。漢志：「東暆縣屬樂浪郡。」是也。後漢并廢縣。又真番城，在王京西北。漢元封二年置真番郡。茂陵書：「郡治霅，去長安六千六百四十里，領十五縣。昭帝時亦并入樂浪郡。」霅縣漢志不載。徐廣曰：「遼東郡有番汗縣，疑即真番。」○含資城，在王京南境，漢樂浪郡屬縣也。後漢因之，晉改屬帶方郡。漢志注：縣有帶水，西至帶方入海。隋大業中伐高麗，分軍出含資道，蓋以漢縣爲名耳。

吞列城，在王京東南。漢縣，屬樂浪郡。後漢省。漢志注：「列水出分黎山，西至黏蟬入海，行八百二十里。」列亦作「洌」。又有列口城，亦在王京西南。漢縣，屬樂浪郡。後漢省。晉復置，屬帶方郡。胡氏曰：「列口，洌水入海之口也。」漢元封二年，楊僕擊朝鮮，先至洌口。張晏曰：「朝鮮有濕水、列水、汕水，三水合流爲洌水，樂浪、朝鮮，疑皆取名於此。」

豐德城，在王京南。朝鮮置豐德郡於此。萬曆二十年，倭自釜山潛渡臨津，分兵陷豐德諸郡，朝鮮王李昖倉卒棄王京奔平壤，即此。○孟州城，在王京西。志云：唐置孟州，領三登一縣，椒島、椵島、寧德三鎮。今州廢縣存。

北岳山，在王京城北。萬曆中倭據王城，背岳山，面漢水爲營，即此。○龍山，在漢江東南。萬曆中倭敗於平壤，遁還龍山，李如松從間道襲倭，盡焚其積粟處也。又天寶山，在王城西境。萬曆中李如松遣將屯寶山以拒倭，即此。

神嵩山，在開城府北。五代時王建依此山爲都，因名其城爲松岳。志云：朝鮮有三都，謂平壤、漢城及松岳也。又有平山嶺，在開城府西一里。其土色皆赤。

江華島，在開城南海中。元時高麗王植庶族承化侯居此。圖經：「今有江華府，蓋以島名。」○紫燕島，在廣州海中，舊有客館曰廣源亭。又有島曰和尚島。又大青嶼，亦在廣州海中。一名大青島。元文宗徙其兄子妥懽帖木爾於高麗，使居大青島，尋徙於廣西靜江是也。又有小青嶼，亦在廣西海中。

漢江，在王京南十里。源出金剛、五臺二山，合流入海。王城恃以爲險。江之南即古百濟國地也。萬曆中李如松援朝鮮，倭棄王城遁。如松入城，以兵臨漢江，尾倭後，欲乘其惰歸擊之，不果。

楊花渡，在王京西南漢江之濱，朝鮮各道餽餉皆聚於此。或曰即臨津渡也。萬曆中倭渡臨津掠開城。既而李如松駐開城，遣別將查大受據臨津，爲東西策應，即此。○禮成港，在開城府南，下流入於海。又急水門，一統志云：「在開城府南海中，宛如巫峽。」又有蛤窟，亦在開城南海中。山頂有龍河。

碧蹄館。在王京西三十里。其東有橋曰大石橋，萬曆中李如松與倭戰處。

江原道，治江陵府，在王京東面。本濊貊地，漢爲臨屯境。領郡七：曰忤城、平海、通川、寧越、松岳、旌善、高城；府五：曰江陵、淮陽、三陟、襄陽、鐵原；州四：曰原州、江州、槐州、冥州；縣十：曰平康、安昌、烈山、麒麟、酒泉、丹城、蹄麟、蔚珍、瑞和、歙谷是也。

大海。在江陵府東。一統志：「朝鮮之境東西南三面皆瀕海。其東水澹清徹，下視十餘丈。」

黄海道，治黄州，在王京西面，古朝鮮馬韓舊地。領郡三：曰遂安、延安、平鄁，鄁音男；府三：曰平山、瑞興、承天；州五：曰黄州、白州、海州、愛州、仁州；縣八：曰安岳、三和、龍岡、咸從、江西、牛峰、文化、長淵。

海州城，在黄州西南二百餘里，以濱海而名。又東北即安岳縣也。志云：境内有安岳、三和、龍岡、咸從、江西五縣，長命一鎮。今俱屬黄州，皆唐置，元因而不改。

平山城，在黄州東北百里。或曰舊名甑山府，西接黄州，東連平壤。其相近者有瓊山，今爲平山府。

金堂山，在黄州三和縣之西北。志云：三和在黄州西南百里。又州境有政方山。

海，在黄州西百里。志云：西大海，在黄州長命鎮，東流入大通江。又白州、海州之西皆迫近海濱。

月不唐江。在黄州安岳縣之東。其水西流入海。志云：安岳在黄州南百五十里是也。

全羅道，治全州，在王京南面。本弁韓地，後爲百濟國。唐顯慶五年蘇定方伐百濟，擒其王，置熊津等五都督府。後并於新羅，五代時高麗兼有其地。圖經：「朝鮮地界，正北從長白山發脈，南跨全羅界，西南盡於海。日本對馬諸島偏在朝鮮海洋之東南，與慶尚之釜山相對。倭船止抵釜山，不能越全羅至西海，故八道之中，惟全羅一道直北正南，其迤西則與遼東對峙。日本所以隔絶遼、薊，不通海道者，恃有朝鮮，而朝鮮所以保固邊陲，控禦諸道者，恃有全羅也。」志云：全羅之地，南濱大海，東接慶尚，爲朝鮮門户，倭犯朝鮮，此其必由之道也。領郡三：曰靈巖、古阜、珍島；府二：曰全州、南原；州四：曰羅州、濟州、光州、昴州；縣二十三：曰萬頃、茂長、鎮安、扶安、全渠、康津、興德、黄成、樂安、昌平、濟南、會寧、大江、臨波、古阜、南陽、富順、扶寧、麻仁、緒城、海南、神雲、移安。

南原城，在全州東南。與全州相犄角，爲王京要隘。萬曆中倭陷南原，遂犯全羅，進逼王京，李如松謂「全羅饒沃，南原尤其咽喉」是也。其相近者有雲峰城，亦爲衝要。○南陽，在南原府西北，朝鮮之南陽縣也。萬曆二十二年李如松命將守南原，分兵屯禦於此。

濟州城，在南原府海島中。亦曰濟州島，朝鮮置州於此。志云：朝鮮之濟州，猶中國之瓊州。或曰即故躭羅也。元大德五年置躭羅軍總管府，又沿海立水驛，自躭羅至鴨淥江并楊村海口，〔三〕凡三十所。今仍曰濟州。又珍島城，在濟州西海中珍島上。亦曰珍島郡。宋咸淳六年，高麗叛人裴仲孫立高麗王植庶族子承化侯爲王，竄入珍島，蒙古討平之。

大江城，在南原府東南，朝鮮所置縣也。又東接慶尚之晉州。萬曆中倭屯釜山浦，李如松分遣諸將屯大江、忠州以扼之。既而倭從釜山移西生浦，劉綎留鎮朝鮮，分屯慶尚及大江，蓋扼要處也。或作「大丘」，悮。○處仁城，在全州西。宋紹定六年蒙古窩闊台遣將撒禮塔攻高麗，至王京南，攻其處仁城，敗死。又黨項城，在全州東北。唐貞觀十二年百濟與高麗連和伐新羅，取四十餘城，又謀取黨項城，絶其貢道云。

俱拔城，在全州南。北史：「百濟都俱拔城，亦曰固麻城。其外更有五方：中方曰古沙城，東方曰得安城，南方曰久知下城，西方曰刀光城，北方曰熊津城是也。」唐顯慶五年蘇定方下百濟，留劉仁願守百濟府城，即俱拔城矣。

任存城，在全州西，古百濟所置城也。唐龍朔初百濟餘衆復叛，劉仁軌破之於熊津江口，其衆釋百濟府城之圍，退保任存城。任存，百濟西部也，依任存山而名。三年仁軌遣兵攻任存城，拔之。又真峴城，在全州北。唐龍朔二年時劉仁軌既解百濟府城之圍，還軍熊津城，有詔班師，仁軌曰：「今以一城之地居敵中央，動足輒爲所擒，〔三〕正宜堅守觀變，乘便取之，不可動也。」於是出兵掩其支羅城，拔之，并拔其尹城、大山、沙井等栅。時敵以真峴險要，加兵守之，仁軌復伺其懈引兵襲據之，遂通新羅運糧之路。唐書：「支羅、真峴諸城，俱在熊津之東。」

周留城，在全州西。又西北有加林城。唐龍朔三年百濟故將福信等據周留城，劉仁軌既拔真峴，諸將以加林水陸之衝，欲先攻之，仁軌曰：「加林險固，攻之不易，周留彼之巢穴，宜先取之。」遂定計自熊津進破百濟之衆於白江口，趣周留城，拔之。

熊津城，在全州西北。即熊津江口百濟之險要也，置城於此，爲五方之一。唐顯慶五年蘇定方討百濟，自成山濟海，百濟據熊津江口以拒之。定方擊破之，直趣其都城，遂克之。唐亦置熊津都督府以守其地。龍朔初百濟復叛，圍百濟府城。詔劉仁軌赴援。仁軌轉鬭而前，所向皆下。百濟立兩栅於熊津江口，仁軌擊破之，府城之圍遂解，仁軌因駐守於此。既而再破百濟餘衆於熊津之東，復平百濟。或曰今漢江口即古置城處云。

白山，在全州南海中。或以爲即白水山。唐咸亨三年高侃擊高麗餘衆於白水山，破之。又有黑山，亦在全州南海中。俱有澳，可以藏舟。

羣山島，在全州南海中。十二峰連絡如城。舊有客館曰羣山亭，又有五龍廟。○白衣島，〔四〕亦在全州南海中。其相近者曰闌山島。

大月嶼，在全州南海中。又有小月嶼，與大月嶼對峙如門。○菩薩苫，亦在全州南海中。圖經：「小於嶼而有草木曰苫。」其與菩薩苫相近者曰紫雲苫、苫苫、春草苫、跪苫。又有檳榔嶕，亦在全州南海中。圖經：「如苫、嶼而其質純石者曰嶕。」

熊津江，即漢江也。舊爲百濟、高麗分界處。江口接大海，爲登涉要津，唐時百濟存亡繫於熊津江口云。○白江，在熊津東南。亦接大海，達全州西界。唐龍朔三年劉仁軌引舟師自熊津趣周留城，時百濟請援於倭，至白江口遇倭兵，仁軌四戰皆捷，焚其舟四百餘，進拔周留，遂平百濟是也。

井邑鎮。在全州東北。或曰即百濟之故沙井砦也。明萬曆中倭行長犯王京，退屯井邑，去王京六百餘里。

慶尚道，治慶州，在王京東南面。本辰韓地，後爲新羅國，濱海與日本相對，爲朝鮮之屏蔽。領郡七：曰蔚山、咸陽、熊川、陜川、永川、梁山、清道；府六：曰金海、善山、寧海、密陽、安東、昌原；州五：曰慶州、泗州、尚州、晉州、蔚州；縣十二：曰東萊、清河、義城、義興、聞慶、巨濟、昌寧、三嘉、安陰、山陰、高靈、守城。

蔚山城，在慶州西北，即蔚山郡也。南有島山，不甚高，而城皆依山險。中有江通釜山寨，陸路則由彦陽監通釜山。萬曆二十五年倭屯蔚山，大帥麻貴攻之不克。既而倭益築城寨，據守於此，謂之東路。麻貴復進師逼之，據險收其禾稼，倭詭却以誘之，貴爲所敗。

順天城，在慶州西南。萬曆二十六年倭酋據此，謂之西路。朝鮮紀事：「倭酋行長據粟林，曳橋建寨數重，憑順天城與南海營相望，負山襟水，最爲扼塞。大帥劉綎攻之，不能克。」

泗州城，在慶州西。或曰即古泗城也。唐龍朔初百齊復叛，與劉仁願等相持，詔新羅應援。新羅將金欽將兵至古泗，爲百濟所邀敗，自葛嶺遁還。今泗州相近有葛嶺道云。萬曆中倭據泗州，謂之中路。北倚晉江，南通大海，爲東西聲援。大帥董一元克之，尋復敗還。○晉州城，在慶州西南。萬曆二十六年大帥董一元擊泗州，倭進取晉州，乘勝渡江，南燬永春、昆陽二寨。倭退保泗州老營，一元奪其城，進逼新寨。寨三面臨江，一面通陸，引海爲濠，海艘泊砦下千計。又築金海、固城二砦爲左右翼，中通海陽倉。一元攻之不克，敗還晉州。又有咸陽城，在晉州西北，朝鮮之咸陽縣也。萬曆中倭犯咸陽、晉州，即此。

梁山城，在蔚山城東南，朝鮮之梁山郡也。萬曆中麻貴攻蔚山，遣别將屯此，以絶釜山、彦陽之援。又有永川郡，在梁山東南，又東與慶州接境。○昌寧城，在晉州東，朝鮮所置縣也。圖經：「昌寧縣南濱晉江，江之南爲固城縣，縣南有唐浦，爲濱海津要處。」

安東城，在慶州西，朝鮮之安東府也。志云：府當烏嶺之南，爲東出慶州之道。又義城，在安東城西，朝鮮之義城縣也。亦曰宜城。萬曆二十五年督臣邢玠等議攻倭酋清正於慶州，分兵屯義城，東援慶尚，西扼全羅云。

陜川城，在慶州東北，朝鮮之陜川郡也。萬曆二十二年李如松復王京，分兵屯禦於此。又東南曰熊川郡，東濱大海。○七重城，在慶州北境。境内又有買肖城。唐上元二年新羅拒命，遣劉仁軌討之，大破之於七重城。詔以李謹行爲安東鎮撫大使，屯新羅之買肖城以經略之。新羅屢敗，乃遣使入貢且謝罪云。

島山，在蔚山南。萬曆二十五年麻貴等攻蔚山倭，倭悉走島山，於山前連築三寨拒守。島山視山城高，倭又於上新築石城，堅甚，官軍攻之不克，尋潰還。

釜山，志云：在朝鮮東萊縣南二十一里，西北去王京千四百里，濱大海，與日本對馬島相望，揚帆半日可至。其東有東來、機張、西生、林鄉、五浦爲左臂，西有安骨、安窟、嘉德、熊川、森浦、巨濟、閑山、德橋、金海、竹島、龍堂爲右臂，聯絡犄角，可攻可守。萬曆二十年倭酋平秀吉遣其黨行長等擁舟師逼釜山鎮，陷慶尚道，尋入王京。既而棄王京還屯據釜山，增築西生、機張等處，分兵拒守，而以釜山爲根本。官兵攻之不能克，久之始解去。圖經云：「釜山去南原府七百里是也。」

鳥嶺，在慶州西北境。西接尚州界，廣亘七十餘里。懸崖鑱削，中通一道如線，灌木叢雜，騎不得成列，朝鮮指爲南道雄關。萬曆二十一年倭棄王京遁，別將劉綎自尚州追至鳥嶺，倭方拒險，別將查大受自忠州踰槐山監出鳥嶺後，倭大驚，前移釜山浦，爲久駐計。

竹島，在慶州境，西南濱海。萬曆二十五年倭泊於釜山，往來竹島，漸逼梁山、熊川。既而奪梁山，遂入慶州。又巨濟島，在竹島東，濱海。朝鮮置巨濟縣兼置水軍營於此，衝險次於釜山。○閑山島，在慶州西南境，朝鮮西海水口也。右嶂全羅道之南原府，爲全羅外藩，一失守則沿海無備，天津、登、萊皆可揚帆而至。其相近者又有柒山島。萬曆二十五年倭入慶州，侵閑山，夜襲柒山島，官軍潰走，遂失閑山。倭進圍南原，陷之。一統志：「全州南海中有闌山島，即閑山矣。」

平壺島，在南海中。元至元十八年遣范文虎帥兵擊日本，道出高麗，航海至平壺島，颶風敗舟，遂還，棄士卒十餘萬於島中，日本襲殺之，還者百無一二。

三浪江，在梁山郡南。志云：梁山西北有峻嶺，上容雙馬，路險絶。南有三浪大江，直通金海、竹島。萬曆中倭奪梁山、三浪，遂入慶州。○晉江，在慶州西南，泗州城北。或謂之西江，東南注於海。萬曆中麻貴攻蔚山，遣兵屯西江口，防倭水路援兵，即此。

發盧河，在慶州西界。志云：在高麗南界新羅七重城之北。唐咸亨四年李謹行破高麗叛者於瓠盧河之西，即此水也。唐史：「咸亨五年劉仁軌東伐新羅，率兵絶瓠河，攻其大鎮七重城，破之。」

西生浦，在蔚山郡南五十三里。其相近者曰機張監。又有開雲浦，在蔚山郡南五十二里。○甘浦，在慶州東二十里。圖經：「甘浦相近者有長鬐浦。」又安骨浦，在熊川郡南二十里。其相近者又有天城浦。

金浦。圖經：「在晉州南，即晉江南入大海處也。」元至元二十二年議征日本，勅漕江、淮數百萬石，泛海貯於高麗之金浦，仍令東京及高麗各貯米萬石備征日本，期明年八月悉會金浦，不果行。元史作「合浦」，悮也。

忠清道，治忠州，在王京西南面。本馬韓舊壤。志云：王京居八道之中，東隘爲鳥嶺、忠州，西隘爲南原、全州。又云：王京爲朝鮮都會，咸鏡、忠清爲犄角，並稱天險。今領郡四：曰清風、温陽、天安、臨川；州九：曰忠州、清州、公州、矜州、靖州、幸州、興州、禮州、洪州；縣七：〔五〕曰永春、報恩、連山、扶餘、石城、燕岐、保寧。

公州城，在忠州西南境。其東南近全羅道之南原府。萬曆二十五年倭入南原，麻貴發兵屯公州以拒之，即此。又清州城，在忠州西。其東接天安郡，郡西南接公州界。

稷山，在忠州西。有稷山監。萬曆二十五年倭陷全羅，引而北，麻貴發兵守稷山以遏其鋒。又有青山，與稷山相近。

志云：稷山之南即天安郡城，南下全州之要道也。○洪州山，在忠州西南境海中。一統志：「洪州建於山下。」稍東有東源山，產金。又有富用山，亦在洪州海中。上有倉穀，故名。俗訛爲芙蓉山。

竹嶺，在忠州東。羊腸遶曲，頗爲險峻。萬曆中倭棄王京，踰竹嶺走慶尚，即此。○唐島，在清州海中。亦曰唐人島，與九頭山相近。又有馬島，亦在清州海中，國中牧地也。舊有客館曰安興亭，與軋子苫相近。又有雙女嶕，亦在清州海中。

白馬江。在清州南。圖經：「矜州南有白馬江，南流入清江界，折而東，又東北經天安郡界，折而北，其下流合於漢江。」

咸鏡道，治咸興府，在王京之東北面。本高句麗之地。領郡三：曰端川、蜀莫、寧遠；府有五：曰咸興、鏡城、會寧、永興、安邊；州有八：曰延州、德州、開州、惠州、蘇州、合州、燕州、隋州；縣有一：曰利城。

開州城，在咸興府西北。遼志云：「本濊貊地，高麗置慶州。渤海爲東京龍原府，都督慶、鹽、穆、賀四州。疊石爲城，周二十里。阿保機平渤海，城廢。隆緒伐新羅還，復加完葺，置開封府、開遠軍，又改爲開州、鎮國軍，契丹末入於高麗。或謂之蜀莫郡。」圖經：「郡在開州之東。」又開遠廢縣，故開州治也。遼志云：「本柵城地，高麗爲龍原縣，慶州治焉。渤海因之，契丹初廢，後復置。」○熊山城，在開州西。遼志：「唐薛仁貴征高麗，與其大將温沙門戰熊山，擒善射者於石城，石城即開州城也。」渤海時龍泉府統縣六：曰龍原、永安、烏山、壁谷、熊山、白楊。

鹽州城，在開州西北。遼志：「州去開州百四十里。本渤海置，亦曰龍河郡，統海陽、接海、格川、龍河四縣。遼初皆廢，而鹽州仍舊。」又穆州城，在開州西南百二十里，渤海置，亦曰會農郡，領會農、水岐、順化、美縣等四縣。遼仍曰穆州，治會農縣。又賀州城，亦渤海置，亦曰吉理郡，領洪賀、送誠、吉理、石山四縣。遼皆廢，仍曰賀州，與鹽、穆二州俱隸於開州。後没於高麗。

德州城，在咸興府西南。唐置，後因之。元仍置德州，領江東、永清、通海、順化四縣，寧遠、柔遠、安戎三鎮。後没於高麗，仍曰德州。又延州城，在咸興府西北。亦唐置，後因之。元仍曰德州，領陽嶺一鎮。今仍舊。○大行城，亦在咸興府西南境。唐乾封三年李勣等敗高麗於薛賀水，進拔大行城，於是諸軍皆會，又進至鴨渌栅云。

高句驪城，在咸興府東北。漢縣，爲玄菟郡治，後漢因之。志云：縣本高句驪國地，其國又在玄菟東北，分爲五部。漢滅朝鮮，開高句驪地，仍封其種人爲高句驪侯，建武中改封爲王。和帝元興以後屢犯遼東、玄菟塞，延光中稍葺伏。曹魏時高句麗王位宫强盛，正始七年幽州刺史毌丘儉破走之，後復熾。晉初高句麗亦曰句麗。陳壽曰：「玄菟郡初治沃沮，後爲夷貊所侵，徙郡句麗西北。」公孫氏據遼東，置玄菟郡於遼東東北二百里，蓋因舊名，非復故治也。晉玄菟郡仍治高句麗縣，蓋因公孫度所置耳。

不而城，在咸興府北。漢縣，屬樂浪郡，東部都尉治此。後漢廢。魏正始中幽州刺史毌丘儉擊高句麗，屠丸都，銘不耐城，即此。耐而通。陳壽曰：「漢武置樂浪郡，自單單大嶺以西屬樂浪，自嶺以東七縣，都尉主之，皆以濊爲民，所謂不耐濊也。」

蘭秀山，在開州西。洪武五年高麗國王請征蘭秀山逋寇，詔止之。○摩天嶺，在咸興府東北。朝鮮謂之東北雄關。

一統志：「延州東南有香山，亦境内大山也。」

薩賀水。在開州西南。一作「薛賀水」。唐乾封三年李勣等伐高麗，别將薛仁貴克扶餘城，高麗趣救，與李勣遇於薛賀水，合戰，勣大破之，進拔大行城是也。志云：薛賀水出北山中，東南流入鴨渌江。

平安道，治平壤府。朝鮮西京也，東南去王京五百餘里。漢曰樂浪郡，後爲高麗王所都，亦曰長安城，一名王險城。唐平高麗，置安東都護府於此。後没於渤海，五代時高麗復取之爲西京。元至元六年，其臣李延齡等以西京府州縣六十餘城來屬，因改西京爲東寧府，升東寧路，割静州、義州、麟州、威遠鎮屬婆娑府，餘俱領於東寧。其城治類皆廢燬，僅存空名耳。元末復歸於朝鮮。今領郡十一：曰嘉山、价川、〔六〕郭山、雲興、熙川、宣川、江東、慈山、龍川、順川、博川；府九：曰平壤、成川、定遠、昌城、合蘭、廣利、見仁、寧邊、江界；州十六：曰安州、定州、平州、義州、鋼州、鐵州、靈州、朔州、撫州、宿州、渭州、買州、青州、昇州、常州、銀州；縣六：曰土山、德川、陽德、江東、中和、泰川。

王險城，即平壤城。應劭曰：「箕子故都也。」薛瓚曰：「王險在樂浪郡浿水之東。」漢初燕人衛滿渡浿水居上下障，都王險。武帝元封二年，其孫右渠拒命，遣樓船將軍楊僕自齊浮渤海，左將軍荀彘出遼東，誅之，取其地改置朝鮮縣，樂浪郡治焉。晉永嘉以後没於高麗。義熙末其王高璉居平壤城，亦曰長安城。隋大業八年伐高麗，分軍出朝鮮道，謂此。隋書：「平壤城東西六里，通山屈曲，南臨浿水。」開皇十八年伐高麗，命周羅睺將水軍自東萊泛海趣平壤，不能達而還。大業八年詔左右各十二軍分道伐高麗，總集平壤。明年復遣宇文述等趣平壤，述不克至。唐貞觀十八年伐高麗，命張亮以舟師自海道趣平壤。明年拔遼東諸城，攻安市未下，江夏王道宗請以精卒乘虛取平壤。既而降將高延壽亦請自烏骨城直取平壤，不果。龍朔初命蘇定方等討高麗，進圍平壤，不能拔。總章三年李勣征高麗，拔其平壤，而高麗亡。杜佑曰：「平壤即王險城也。」五代時王建據高麗，始謂之西京。上下障，樂浪舊有長城，燕所築，謂之雲障云。

保州城，在平壤西北百餘里。遼志：「高麗置，治來遠縣。契丹開泰三年，以高麗王詢擅立，問罪不服，取其保、定二州。仍置保州，治來遠縣，亦曰宣義軍。」金初以高麗臣附，割保州與之，即今安州也。其相近者有懷化軍，亦遼開泰二年置，隸保州。金初亦入於高麗。○宣州城，在平壤東北二百餘里。唐置，屬安東都護府。遼仍曰宣州，亦曰定遠軍。遼志云：「開泰三年置，隸保州。」蓋渤海廢，遼復置也。元亦曰宣州，屬東寧路，領寧朔、覃島二鎮，即今之宣川郡。

定州城，在平壤西北三百餘里。高麗置，治定東縣。契丹取之，仍曰定州，亦曰保寧軍。後入於高麗。今仍爲定州，西南與義州接界。○義州城，在平壤西北四百二十里。志云：義州西南爲龍川郡，皆濱鴨渌江。萬曆二十年朝鮮王李昖以關白之亂，走義州，請内屬，即此。又鐵州城，亦平壤西北，唐所置州也。元亦置鐵州，領定戎一鎮。金仍舊曰鐵州。又西北曰靈州，亦唐置，元因之，金仍舊。又熙州城，在鐵州東北。唐置，元因之。今曰熙川郡。又東曰撫州，亦唐置，元因之。今仍舊。

定遠城，在平壤北。志云：唐所置也，屬安東都護府。後廢置不一。元亦曰定遠府，今因之。其南曰慈州城，亦唐所置，元因之。今爲慈山郡。○嘉州城，在今安州之西，亦唐所置州也。元仍曰嘉州，今爲嘉山郡。又有泰州城，在定遠府西。亦唐置，元因之。今曰泰川縣。

郭州城，在平壤西北。亦唐置，渤海因之，後屬於契丹。載記：「初契丹以鴨淥江北予高麗，高麗築興、鐵、通、龍、龜、郭等州，凡六城。」宋大中祥符五年，契丹怒高麗擅弑立，又不入朝，議復取六州地。有女真人告契丹，謂自開京東馬行七日有大砦，廣若開京，凡旁邑所貢珍異皆在焉。其勝、羅等州之南亦有二砦，所積如之。若大軍自女真北渡鴨淥江，並大河而上，至郭州與大路會，高麗可取也。七年，契丹遣耶律世良、蕭屈烈與高麗戰於郭州，破之。元亦置郭州於此。今曰郭山府。

鋼州城，亦在平壤西北，高麗所置州也。宋祥符中契丹擊高麗，高麗將康肇敗保銅州，爲契丹所擒，即鋼州矣。其相近又有費、貴等州。或曰費州今買州之訛也，貴州今渭州之訛也。又嘉州城，亦在平壤西北。唐置，元因之。今曰嘉山郡，西接義州境，東接安州境。○朔州城，在平壤北境。志云：在熙川城東北。唐置，元因之。今亦曰朔州。又東北有昌州城，亦唐時故名也。元因之，今曰昌城府。

雲州城，在平壤東北。唐置，元因之。今曰雲興郡。又東北有博川城，高麗所置也。今仍曰博川郡，西南與慈山郡接界，東與价川郡接界。志云：郡城西有大定江，或謂之大寧江，江之西岸有凌漢山。○成州城，在平壤東。唐置，元因之，領樹德一鎮。今曰成川府。又北曰順州，今曰順川郡。順州之西曰价州，今曰价川郡。皆唐舊名，元因而不改。

宿州城，在平壤東北百餘里。唐置，元因之。今仍舊。又東北曰殷州城，亦唐舊名，元因之。今仍曰殷州。○江東城，在平壤東。高麗所置也，在大同江東岸。今曰江東郡。志云：郡逼臨江岸，渡江而南即中和縣。宋嘉定九年契丹部酋六哥竄入高麗，據江東城，女真阿骨打遣兵攻滅之。又里道記：「自黄海道之黄州、鳳州至中和，去王京不過三百六十里，自中和縣而東即土山縣也。二縣亦唐所置，元因之，屬東寧路。」今仍舊名不改。

渌州城，在平壤西境。遼志：「高麗故國也。渤海置西京、鴨渌府，城高三丈，廣輪二十里，都督神、桓、豐、正四州，領神鹿、神化、劍門三縣。契丹改置渌州鴨渌軍，統弘聞、神鄉二縣，後廢。」又桓州城，志云：在渌州西南二百里。高麗謂之中都城，領桓都、神鄉、淏水三縣。契丹廢縣存州，仍隸渌州。遼志：「晉時高麗創立宮闕於此，國人謂之新國。五世孫釗常，〔七〕晉康帝建元初爲慕容皝所敗，宫室焚蕩，蓋此處云。遼末州廢。」○豐州城，舊志：在渌州東北二百十里。渤海置州，亦曰盤安郡，領安豐、渤恪、隰壤、硤石四縣。契丹廢縣存州，仍隸渌州。後廢。

正州城，舊志：在渌州西北三百八十里。本沸流國故地，爲公孫康所併。渤海置正州於此，亦曰沸流郡，以沸流水而名。契丹因之，仍隸渌州，後廢。又東那城，在正州西七十里。渤海置，契丹因之，仍屬正州。後廢。○慕州城，在渌州西二百里。本渤海安遠府地，領慕化、崇平二縣。契丹改置慕州，屬渌州。後廢。

黏蟬城，在平壤西南。蟬音提。漢縣，屬樂浪郡。後漢曰占蟬，晉省。隋大業八年伐高麗，分軍出黏蟬道，蓋以漢縣名也。洪邁曰：「樂浪之黏蟬爲黏提，南海之番禺爲潘愚，蒼梧之荔浦爲隸浦，交阯之羸𨻻爲蓮簍，此皆土俗之別也。」○遂成廢縣，在平壤南境。漢縣，屬樂浪郡，後漢、魏、晉皆因之。晉志曰：「秦築長城，蓋起於此。」隋大業八年伐高麗，分軍出遂成道，謂此也。杜佑曰：「碣石山在漢遂成縣，秦築長城起於碣石。」今遺址東截遼水而入高麗，似悮。

帶方城，在平壤南。漢縣，屬樂浪郡。公孫度置帶方郡於此，晉因之，後没於高麗。杜佑曰：「後漢建安中公孫康分屯有、昭明二縣以南荒地置帶方郡。」漢志注：「樂浪郡南部都尉治昭明。」是也。隋大業中伐高麗，分軍出帶方道，謂此。○增地廢縣，亦在平壤南境。漢縣，屬樂浪郡。後漢因之，晉省。隋伐高麗，分軍出增地道云。

積利城，在平壤西境。唐貞觀二十一年遣牛進達等自海道入高麗，拔其石城，進至積利城下，敗其兵。其相近者又有泊灼城。貞觀二十二年薛萬徹等伐高麗，圍泊灼城而還。志云：自鴨渌江口舟行百餘里，又小舫泝流東北三十里至泊灼口，即泊灼城矣。石城，見定遼衛。○加尸城，在平壤西南。高麗置。唐貞觀十八年伐高麗，蓋蘇文遣加尸城七百人戍蓋牟城是也。

辱夷城，在平壤西北。唐總章元年李勣等敗高麗於鴨渌栅，追奔二百餘里，拔辱夷城，遂進圍平壤，高麗平是也。又伐奴城，亦在平壤西北。唐咸亨二年行軍總管李謹行破高麗叛者於瓠蘆河西，其妻劉氏留伐奴城，高麗引靺鞨來攻，劉氏拒却之。或曰城在營州境內，恐悮。

馬邑山，在平壤西南。唐顯慶五年蘇定方破高麗軍於浿江，奪馬邑山，遂圍平壤，即此。又蓋馬大山，在平壤城西。漢志玄菟郡有西蓋馬縣，山蓋因以名。又有魯陽山，在平壤城東北。上有魯城。○葦山，在平壤西南二十里。南臨浿水。

觀門山，在土山縣北，縣東南又有花山，皆縣境之大山也。又屈巖山，在定遠府城東，以巖岫屈曲而名。○雲山，在朔州西南。又有馬頭山，在靈州之東。長花山，在鐵州西南。天聖山，在殷州東北。

熊花山，在郭山郡東北。又有靈山，在宣川郡東南。龍骨山，在龍山郡城東。○小鐵山，在鴨渌江東岸義州境，渡江處也。又西南爲遼東境内之僧福島及皮島在焉。

慈悲嶺，在平壤東百六十里。宋淳熙二年，高麗西京留守趙位寵以慈悲嶺至鴨渌江四十餘城附金，金人不納，位寵伏誅。元至元六年，高麗臣李延齡等以西京以下六十城來歸，元因改置東寧路，以慈悲嶺爲界云。○嘉山嶺，在嘉山郡西。郡以此名。圖經：「朔州西北有狄喻嶺，朝鮮謂之西北雄關。」

青丘，或曰在高麗境。子虛賦「秋獵於青丘」，蓋謂此。服虔曰：「青丘國在海東三百里。」晉天文志：「有青丘七星，在軫東南，蠻夷之國也。」唐討高麗，置青丘道行軍總管云。

大通江，在平壤城東。亦曰大同江，舊名浿水。史記：「秦修遼東故塞，至浿水爲界。漢初燕人衛滿亡命東走出塞，渡浿水，居秦故空地上下障，稍役屬其真番、朝鮮蠻夷及燕亡命者王之。元封三年荀彘自遼東擊朝鮮，破其浿水上軍，乃至王險城下。」漢志：「樂浪郡有浿水縣。」浿音普大反。浿水西至增地縣入海。」王險城蓋在浿水之陽。水經云：「浿水出樂浪鏤方縣，東南過臨浿縣東入海。」悮矣。隋大業八年伐高麗，來護兒率江、淮水軍自東萊浮海，先進入自浿水，去平壤城六十里，尋爲高麗所敗，還屯海浦。唐龍朔元年蘇定方伐高麗，敗其兵於浿水江，遂趣平壤。明萬曆二十一年李如松援朝鮮至平壤，倭悉力拒守。如松度地形，東、南並臨江，西枕山陡立，惟迤北牡丹峰高聳最要害，如松乃遣將攻牡丹峰，督兵四面登城，遂克之。既而如松駐開城，别將楊元軍平壤，扼大同江以通餉饋是也。

清川江，在安州城東，西南流入海。亦名薩水。隋大業八年宇文述等擊高麗，渡鴨渌水，追擊其大臣乙支文德，東濟薩水，去平壤城二十里，因山爲營。平壤險固，不能猝拔，引還至薩水，軍半濟，爲高麗所擊，諸軍皆潰，將士奔還，一日夜至鴨渌水，行四百五十里。今亦謂之大寧江。志云：平壤、黄州西隔大寧江，東阻大通江，所謂兩江之中也。○沸流江，在江東郡南。自漢江分流，西合於大同江。一統志：靈州東有大江，西北入於大通江。

鴨渌江，杜佑曰：「在平壤西北四百五十里。」漢志所謂馬訾水也，高麗每恃爲天險。今詳遼東都司。

虵水，在平壤西境。唐龍朔初龐孝恭等擊高麗，以嶺南兵壁於虵水，爲蓋蘇文所攻，一軍没。或謂之陀水。宋天禧二年契丹伐高麗，戰於茶、陀二水，敗而還。志云：二水俱在平壤西北。

晏家關，在義州西南，當鴨渌水東岸，舊爲津要。○潼關堡，在平壤西境，亦朝鮮所置戍守也。

肅寧館。在平壤西北。圖經曰：「肅寧館之西曰定州，東曰安州。」萬曆二十年李如松援朝鮮，逾鴨渌江至肅寧館，越二日抵平壤，即此。○已上朝鮮。〔八〕

耽羅。今朝鮮之慶尚南境。亦曰儋羅國。唐史云：「居新羅武州南島上，初附百濟，後附新羅，麟德二年遣使入朝，後爲新羅所并。」圖經：「今濟州，即古耽羅國也。」

挹婁。即肅慎種，亦靺鞨之異名也。杜佑曰：「國在不咸山北，夫餘東北千餘里，濱大海，南與北沃沮接，不知其北所極，廣袤數千里。人衆雖少，而多勇力，處山險善射。又其國東北有山，出石利於鐵，取爲砮。弓長四尺。矢用楛，長尺八寸。所謂肅慎氏之楛矢石砮也。」

夫餘。舊志：夫餘在玄菟北千里。有鹿山，其王所居也。王莽時班符命，東出至玄菟、樂浪、高句麗、夫餘。後漢時屢爲遼東邊患，又爲高句驪所驅率，犯玄菟、遼東諸邊郡。東夷紀：永初四年夫餘寇樂浪。延光元年夫餘順命，助漢擊敗高句驪、濊貊。永康元年復寇玄菟。晉太康六年鮮卑慕容廆東擊夫餘王，夫餘依慮自殺，子弟走保沃沮，廆夷其國城，驅萬餘人而歸。明年依慮子依羅復還舊國。永和二年，時夫餘爲百濟所侵，西徙近燕，慕容皝遣其子儁襲之，虜其王元及部落五萬餘口而還。隋大業八年伐高麗，分遣宇文述出扶餘道。杜佑曰：「扶餘南接高麗，東接挹婁，西接鮮卑。後高麗得其地，置夫餘城。」唐乾封二年薛仁貴破高麗於金山，進拔夫餘城，夫餘川中四十餘城皆望風降下。後屬於勃海。後唐天成初契丹拔勃海之扶餘城，命其長子鎮之，曰東丹國，今鐵嶺衛境之廢歸仁城是也。夫亦作「扶」。

沃沮。有二。一曰東沃沮，在蓋馬大山之東。亦曰南沃沮。漢武滅朝鮮開置玄菟郡，治沃沮城。後玄菟內徙，沃沮更屬樂浪。光武時廢省，就以其渠帥爲縣侯，國小臣屬於高句驪，後爲所并。漢志玄菟郡有夫租城，〔九〕蓋即沃沮矣。魏正始八年毌丘儉復伐高驪，其王位宮奔買溝，儉遣玄菟太守王頎追之，過沃沮千餘里，至肅慎氏南界，刻石紀功而還是也。一曰北沃沮，後漢東夷傳：買溝婁，〔一〇〕北沃沮之地，去南沃沮八百餘里，與挹婁接，高驪名城爲溝婁。杜佑曰：「北沃沮一名買溝婁。」又曰：「高句驪居紇升骨城，漢初爲縣，屬玄菟郡，賜以衣幘朝服鼓吹，常從郡受之。後不復詣郡，但於東界築小城受之，遂名此城爲幘溝婁，後訛爲買溝。建安中始遷於九都山下。」隋大業八年伐高麗，分遣薛世雄出沃沮道。蓋因舊名以命軍也。

濊貊。服虔曰：「歲貊在辰韓北，高麗、沃沮之南，東窮大海。」漢元朔初其君南閭降漢，因置蒼海郡，三年罷。陳壽曰：「夫餘國有故城名濊城，蓋本濊貊地，今不耐濊亦其種」云。

百濟。今朝鮮之全羅道即其地。地志：「東夷有三韓國，曰馬韓、辰韓、弁韓。馬韓在西，凡五十四國，百濟居一焉。」陳壽曰：「三韓凡七十八國，百濟其一也。後漸强大，兼諸小國，與高句麗相匹，俱在遼東之東千餘里。」李延壽曰：「百濟之先以百家濟海，後遂以百濟名國。」晉世高麗略有遼東，百濟亦分據其地，置遼西、晉平二郡。蕭齊永明六年，後魏遣兵擊百濟，爲百濟所敗。八年齊以其王牟大爲鎮東將軍、百濟王。隋開皇十八年遣使請伐高麗，願爲軍導，高麗覺之，以兵侵掠其境。隋書：「百濟出自東明後，有仇台者立，始强盛。」杜佑曰：「百濟南接新羅，北距高麗千餘里，西限大海，處小海之南，有五部，分統三十七郡二百城。唐武德四年册百濟王扶餘璋爲帶方郡王。其後黨於高麗，與百濟相仇。顯慶五年擊平之，詔以其地置熊津、馬韓、東明、金漣、德安等五都督府；又以百濟城爲帶方州，置刺史治焉。唐史：「百濟本扶餘别種，其王亦姓扶餘氏，濱海之陽，直京師六千里而嬴。儀鳳以後百濟之地附於新羅，其支屬共保海濱，仍曰百濟。」

新羅。今朝鮮之慶尚道即其地，弁韓苗裔也。李延壽曰：「新羅本辰韓種，在高麗東南。亦曰秦韓。相傳秦世亡人避役東適馬韓，馬韓割東界居之，故名秦韓。始有六國，稍分十二，新羅其一也。」或稱魏毌丘儉破高麗，高麗奔沃沮。後復國，其留者爲新羅，兼有沃沮、不耐、韓、濊之地。其王本百濟人，自海逃入新羅，遂王其國，附庸百濟。後强盛，與百濟爲敵。杜佑曰：「新羅本辰韓種，魏時爲新盧國，晉、宋曰新羅。其國在百濟東南五百餘里。」唐武德四年册新羅王金真平爲樂浪郡王，顯慶中屢爲高麗、百濟所攻，唐爲遣兵平百濟。龍朔初以其國爲雞林大都督府，授其酋金法敏爲都督。上元初新羅據百濟故地，又招納高麗叛衆，遣兵討之，復請降。儀鳳以後，復西據高麗故城，唐不能討，自是僅羈屬於唐而已。開元以後，其地多爲渤海所并。○休忍國，在新羅之東，亦三韓之屬。東晉時有休忍國服屬於燕，苻秦滅燕遂屬秦。太元四年苻路以龍城叛，徵兵於鮮卑、烏桓、高句麗、百濟、新羅、休忍諸國是也。後併於百濟。

流鬼。東夷也。唐貞觀十四年入貢，去京師萬五千里。其地直黑水靺鞨東北，少海之北，三面接海，南與拂涅靺鞨鄰，東南航海行十五日乃至。人依島嶼散居，多沮澤。初附百濟，後附新羅。杜佑曰：「流鬼國在北海之北。」是也。○定安國，本馬韓種。宋太平興國中女真入貢，道出定安，即此。

勃海。亦靺鞨遺種，隋時粟末部也。初附高麗，唐滅高麗，勃海大氏徙居營州，尋保挹婁之東牟山，高麗、靺鞨稍稍歸之。武后萬歲通天中爲契丹李盡忠所逼，有乞乞仲象者度遼水自固，武后置勃海都督府授之，又封爲振國公。子祚榮遂盛强，并有扶餘、沃沮、弁韓、朝鮮諸國，地方五千里，建都邑，自稱振國王。睿宗先天初拜爲勃海郡王，〔二〕所都賜名忽汗州。開元七年武藝襲位，益强。其後皆稱王改元，然仍羈屬於唐。又數傳至彝震，地益拓，徙居忽汗河，東去舊國三百里，稱勃海國王。尋僭號，擬建宮闕，以勃海故地爲上京、龍泉府，忽汗州即平壤城也，爲中京、顯德府，濊貊故地爲東京、龍原府，沃沮故地爲南京、南海府，高麗故地爲西京、鴨渌府，分統十五府、六十三州，爲遼東盛國。其後寖衰，契丹阿保機建國，攻勃海，拔忽汗州，俘其王大諲譔，勃海遂滅。

校勘記

〔一〕齊永明九年璉卒　「永明」，底本原作「永昭」，鄒本作「永明」。南齊諸帝無年號爲「永昭」者，永明是齊武帝年號，鄒本是，今據改。

〔二〕並楊村海口　「海口」，底本原作「梅口」，今據鄒本及元志卷六三改。

〔三〕動足輒爲所擒　「輒」，底本原作「轍」，今據職本、鄒本改。又「所擒」，底本原作「擒□」，敷本、鄒本作「擒矣」，職本原作「擒虜」，後改爲「所擒」。舊唐書卷八四劉仁軌傳原文爲「如其失脚，即爲亡虜」，則此處宜作「所擒」，今從職本。

〔四〕白衣島　職本與底本同，敷本、鄒本並作「白水島」。

〔五〕縣七　「七」，底本原作「八」，此所列實爲七縣，鄒本作「七」，今據改。

〔六〕价川　「川」，底本原作「州」，今據職本、敷本、鄒本改。

〔七〕五世孫釗常　遼志卷三八作「五世孫釗」，無「常」字。

〔八〕已上朝鮮　按職本于朝鮮下有女真一節。所謂女真，即建立清朝之滿族前身，對該族早期的不發達歷史，及稱臣於明朝之經歷，詳爲叙述，此爲清廷深諱。全文約五千餘字，爲抄録者删除。今據職本檢出，文繁不録，讀者可參見本書附録讀史方輿紀要删改考辨山東九・一三。

〔九〕漢志玄菟郡有夫租城　漢志卷二八下樂浪郡有夫租縣，此作「玄菟郡」誤。

〔一〇〕買溝婁　「買」，後漢書卷八五東夷傳作「置」。

〔一一〕睿宗先天初拜爲渤海郡王　按「先天」爲唐玄宗年號，此作「睿宗」誤。舊唐書卷一九九下渤海靺鞨傳作「睿宗先天二年遣郎將崔訢往册拜祚榮爲左驍衛員外大將軍、渤海郡王」，本書蓋因此而誤。

山西方輿紀要序

山西之形勢最爲完固。關中而外，吾必首及夫山西。蓋語其東則太行爲之屏障，其西則大河爲之襟帶，於北則大漠、陰山爲之外蔽，而勾注、鴈門爲之内險，於南則首陽、底柱、析城、王屋諸山濱河而錯峙，又南則孟津、潼關皆吾門户也。汾、澮縈流於右，漳、沁包絡於左，則原隰可以灌注，漕粟可以轉輸矣。且夫越臨晉，泝龍門，則涇、渭之間可折箠而下也；出天井，下壺關，邯鄲、井陘而東不可以惟吾所向乎？是故天下之形勢必有取於山西也。吾蓋徵之春秋之世而知所以用山西者矣，叔虞之初封於唐也，不過百里之國，其後并兼弱小，漸以盛强。獻公信驪姬之譏，申生死而重耳逐。當是時晉國之危不絶如綫，以秦繆之才且智，豈不欲兼晉而有之，而勢不能也。韓之戰既以獲其君矣，而卒不能入其國，豈惟喪君有君之義，州兵爰田之制，晉諸臣之才力皆足以抗衡於秦，亦其國之險塞可憑依以爲固也。及文公以晉霸，而天下之征伐號令且自晉出焉。觀於服鄭懾楚，晉之兵威遠及於江、漢矣。襄公敗秦師於殽，秦人報怨之師嘗欲甘心於晉，自襄、靈、成、景、厲、悼以及平公之世，秦、晉河上之戰前後以數十計，然秦卒不能得志於晉。當是時秦日以强，繆、康、桓、景諸君其材足以争雄於中國，而成周無恙，東諸侯之屬不遂罹秦禍者，不可謂非晉之大有造於天下也。及三家分晉，而晉非復春秋之舊矣。然而衛鞅之言曰：「秦之與魏，譬如人有腹心之疾，非魏并秦，秦即并魏。魏必東徙，然後秦可據山河之固，東鄉以制諸侯。」是一魏猶足以難秦也。蓋魏之强以河西、安邑，而韓之强則以上黨，趙之强則以晉陽及雲中、九原。自魏去安邑都大梁，而魏始弱矣。秦惠文君時，魏以河西之地盡入於秦，而魏益弱。秦昭襄二十一年安邑復入秦，而魏遂不復振矣。秦人既得安邑，乃謀韓之上黨；秦拔上黨之後凡八年，而韓遂入朝於秦；又六年攻趙拔晉陽，晉陽拔後十九年而三晉竟亡矣。嗚呼！秦之能滅晉者，以晉分爲三而力不足以拒秦也。假使三晉能知天下之勢，其於安邑、於上黨、於晉陽也，如捍頭目而衛心腹也，即不能使秦人之不我攻，必當使我之不可攻，即不能爲其不可攻，必不可遂敵之必我攻。合與國以争之，上也；舉國以争之，次也；於安邑、於上黨、於晉陽固尺寸之地，即爲其國延旦夕之命也。奈何揖寇入門而不知，割己肥敵而不悟，使秦人得以坐待其斃乎？然而秦自孝公以後，萃六世之力而後能盡舉安邑、上黨、晉陽之地，亦不可謂不難矣。漢都長安，而太原、雲中、定襄皆屯宿重兵，所以鎮撫北方也。魏、晉之際，鴈門以北盡皆荒塞，而以并州爲重鎮。及劉淵倡亂於離石，關、河以南悉被其荼毒，晉室之禍，自古未有也。苻堅之取燕也，破壺關，克晉陽，乃一舉而入鄴。拓跋魏起於北荒，奄有恒、代，規取河北，蠶食河南，既又克統萬，平遼東，收姑臧，縱横四出，無有當其鋒者；及南徙洛陽，而肩背之勢倒制於巨猾强藩矣。是故六鎮跳梁於前，爾朱憑陵於後，高歡篡竊於終，皆自隔遠恒、代階之禍也。宇文氏與齊人争於龍門、玉壁之間，材均勢敵，卒不能越關、河尺寸。及周人克有平陽，進拔晉陽，而慕容之轍高齊復蹈之矣。隋以漢王諒之亂列戍太原，建置留守，唐公乘之，引兵而西，克臨汾，渡龍門，撫定關、隴，於是東鄉而争天下，勢如建瓴也。劉武周資突厥之助，盜據馬邑，一旦越鴈門而侵并、晉，太宗投袂而起，奮其雄武，亟削平之，誠以并、晉爲關輔之襟要，卧榻之旁不可以假他人耳。河北連兵，太原如故，故李、郭藉爲根本，得東鄉以滅安、史。唐末李克用資之，雖艱難孱弱，卒能自振。存勗夾河之戰不過十五年，而梁之君臣函首以告先王矣。石敬瑭據有晉陽，卒易唐祚。劉知遠繼之，復承晉社。其後劉崇以河東十州之地矯命者垂三十年，以周世宗之英武，宋太祖之雄略，而不能奏芟除之烈也。女真竊入雲中，進陷朔、代，張孝純以太原拒守，雲中之寇未敢南牧也。及孤城覆没，敵勢益張，遂有青城之辱。迨於取河中，渡臨晉，而永興六路一時摧敗矣。元末擴廓據晉、冀，太祖取之，乃在克平元都之後。明既定都於燕，而京師之安危常視山西之治亂，蓋以上游之勢係於山西也。或曰山西之形勢誠重矣，然昔人有言：殷紂之國，左孟門，右太行，常山在北，大河在南，而武王殺之。且高幹不能以并州拒曹魏，劉琨不能以并州制劉、石，靳準竊平陽而旋斃於劉曜，楊諒起晉陽而卒蹶於楊素，惡在其爲險固者也。曰：成敗相乘也，如轉圜也。使謂形勢可恃，是終古無覆亡之國也。且不聞朱子之説乎？冀州，山川風氣所會也。昔者堯都平陽，舜都蒲坂，禹都安邑，蓋自昔帝王嘗更居之矣。曰：然則山西可以建都否乎？曰：天下之事創起爲難，燕京襲遼、金、元之故轍，乃曰取法於黄帝也，山西有堯、舜、禹之成謨，乃曰漢、唐以來未有建都者也。庸人之論，不究本末如此，夫山西之與燕京，又烏可以同日語哉？

讀史方輿紀要卷三十九

山西一

古曰冀州。舜分置十二州，此爲并州。應劭曰：「地在兩谷之間，故曰并州。」亦曰衛水、常水之間也。今衛水、常水俱見北直真定府。禹貢仍曰冀州。其地險易，帝王所都，亂則冀安，弱則冀强，荒則冀豐，故曰冀州。周禮職方：「正北曰并州。」成王封叔虞於唐，此爲晉地。戰國時爲趙地，亦兼韓、魏之疆。今平陽府故魏地，潞安府遼、澤二州故韓地，後皆入於秦。其在天文，昴、畢則趙分野。韓、魏分野，見河南沿革。秦并天下，置太原、河東、上黨、代、鴈門、雲中等郡。漢武置十三州，此亦爲并州。其河東郡則屬於司隸。後漢以并州治晉陽，靈帝時羌、胡大擾，定襄、雲中等郡並流徙分散，獻帝時省入冀州。魏黄初中復置并州，自陘嶺以北並棄之。晉亦置并州，惠帝時爲劉淵所殘破。其後劉曜徙都長安，平陽以東陷没於石勒。及苻堅、姚興、赫連勃勃之際，並於河東置并州。姚興時又嘗分河東置并、冀二州。及後魏以後，分析益多，不可得而詳也。隋亦置十三部，而不詳所統。唐貞觀初置河東道，開元中因之，移治蒲州。天寶初又置河東節度使於并州。及五代時，李克用、石敬瑭、劉知遠代有其地，並建大號。周廣順初，劉崇據其地，宋太平興國四年始克平之，仍置河東路，而鴈門以北則屬於契丹，爲西京路。金人分置河東北路、河東南路及西京路。北路治太原，南路治平陽，西京路治大同。元亦分爲冀寧、晉寧、大同等路，直隸中書省。謂之「腹裏」。明洪武元年置山西行中書省於太原，九年改爲山西等處承宣布政使司。今領府五，直隸州三，屬州十六，縣七十九，總爲里四千四百有奇，夏秋二税約二百三十一萬四千八百有奇。而衛所參列其中。今仍爲山西布政使司。

太原府，屬州五，縣二十。

陽曲縣，附郭。　太原縣，　榆次縣，　太谷縣，　祁縣，　徐溝縣，　清源縣，　壽陽縣，　交城縣，　文水縣，　河曲縣，　盂縣，　静樂縣。

平定州，屬縣一。

樂平縣。

忻州，屬縣一。

定襄縣。

代州，屬縣三。

五臺縣，　繁峙縣，　崞縣。

岢嵐州，屬縣二。

嵐縣，　興縣。

保德州。

平陽府，屬州六，縣二十八。

臨汾縣，附郭。　襄陵縣，　洪洞縣，　浮山縣，　趙城縣，　太平縣，

岳陽縣，　曲沃縣，　翼城縣，　汾西縣，　蒲縣。

蒲州，屬縣五。

臨晉縣，　榮河縣，　猗氏縣，　萬泉縣，　河津縣。

解州，屬縣五。

安邑縣，　夏縣，　聞喜縣，　平陸縣，　芮城縣。

絳州，屬縣三。

稷山縣，　絳縣，　垣曲縣。

霍州，屬縣一。

靈石縣。

吉州，屬縣一。

鄉寧縣。

隰州，屬縣二。

大寧縣，永和縣。

汾州府，屬州一，縣七。

汾陽縣，附郭。孝義縣，平遥縣，介休縣，石樓縣，臨縣。

永寧州，屬縣一。

寧鄉縣。

潞安府，屬縣八。

長治縣，附郭。長子縣，屯留縣，襄垣縣，潞城縣，壺關縣，

黎城縣，平順縣。

直隸澤州，屬縣四。

高平縣，陽城縣，陵川縣，沁水縣。

直隸沁州，屬縣二。

沁源縣，武鄉縣。

直隸遼州屬縣二。

榆社縣，　和順縣。

大同府，屬州四，縣七。

大同縣，附郭。　懷仁縣。

渾源州。

應州，屬縣一。

山陰縣。

朔州，屬縣一。

馬邑縣。

蔚州，屬縣三。

廣靈縣，　廣昌縣，　靈丘縣。行都司各衛所及屬夷皆附見。

東據太行，

太行爲天下之脊，中分河東、河北之境，今自澤、潞以北達於大同之東境，皆太行也。

南通懷、孟，

自懷、孟而南，西指洛陽，東指汴梁，懷、孟者中原之要膂也。

西薄於河，

黃河自塞外東北流，至廢東勝州西北折而南，凡千七百里至蒲州河津縣之龍門山，又南歷雷首山折而東，河之南即華陰也，又東至垣曲縣之王屋山南而入河南懷慶府境。

北邊沙漠。

自大同以北去沙漠七百餘里，分列戍守，爲防維要地。

其名山則有雷首，

雷首山，一名中條山，在平陽府蒲州東南十五里，首起蒲州，尾接太行，南跨芮城、平陸，北連解州安邑及臨晉、夏縣、聞喜之境，禹貢「壺口、雷首」，即是山也。左傳：「趙宣子田於首山。」史記：「衛鞅謂秦孝公：『魏居嶺阸之西，都安邑，與秦界河，而獨擅山東之利。』」司馬貞曰：「大河經中條之西，自中條以東，連汾、晉之險嶝，謂之嶺阸。」漢武帝置首山宮於此，元封六年詔曰：「朕禮首山，昆田出珍玉，或化爲黃金。」應劭：「昆田，首山下田。」〔一〕封禪書：「自華以西，名山七。一曰薄山，蓋襄山也。」亦中條之異名。穆天子傳「東巡自河首襄山」，即此。水經注：「雷首西臨大河，俗亦謂之堯山，上有堯城。」括地志：「雷首山延長數百里，隨州郡而異名。一名中條山，一名首陽山，又有蒲山、歷山、薄山、襄山、甘棗山、渠豬山、獨頭山、陑山、吳山亦曰吳坂。之名。」尚書大傳：「湯伐桀升自陑。」鄭氏云：「陑在河曲之南是矣。」山之南阜即首陽山，夷、齊餓死於其下。六典：「河東道名山曰雷首，亦曰中條。」天寶末哥舒翰與賊將崔乾祐戰於靈寶西原，翰軍於河北，登高阜望之，胡氏曰：「首山與湖城縣之荆山隔河相望是也。」軍敗翰走，自首山西度河入關。或又謂之南山，元至正十八年汝、潁賊陷晉、冀諸處，察罕帖木兒引軍趨河東，先遣兵屯南山阻隘，自勒重兵屯聞喜，洛陽賊果出南山，爲伏兵所敗，乃進屯澤州。中條在晉、冀之南，與河南岸諸山相接，故曰南山云。名山記：「中條以中狹不絕而名，上有分雲嶺、天柱峰及桃花、玄女諸洞，谷口、蒼龍等泉。其瀑布水自天柱峰懸流百尺而下，出臨晉縣之王官谷入於大河。而解州東南之白徑嶺通陝州之大陽津渡，尤爲奇險。」

底柱，

底柱山，在平陽府解州平陸縣東南五十里，西去河南陝州四十里。近志：三門山之中峰爲底柱，高不逾數尋，圍不及百尺，特以巋然中流而名。夫底柱控扼河津，其爲險峻也尚矣，志考之未詳也。詳見河南名山。

太行，

太行山，在平陽府絳州絳縣東二十里。志云：在澤州南二十里，迤邐而東北，跨陵川、壺關、潞城、黎城、遼州、和順、武鄉諸州縣境。此爲太行之西垂，東連懷、澤之境，又東北出彰德、潞安之郊，直抵幽州東北凡數千里。詳見河南名山。

恒山，

恒山，在大同府渾源州南二十里，即北岳也。志云：石晉以山後諸州歸於契丹，中國乃於曲陽致祭。明弘治中以馬文升請正祀典，因重建北岳廟於渾源州。詳見北直名山。

霍山，

霍山，在平陽府霍州東南三十里。亦曰太岳，亦曰霍太山。禹貢：「既脩太原，至於岳陽。」謂太岳之陽。又曰：「壺口、雷首，至於太岳。」周禮職方：「冀州鎮曰霍山。」爾雅：「西方之美者有霍山，多珠玉。」史記：「周武王伐紂，飛廉先爲紂使北方，還無所報，乃爲壇於霍太山而致命焉。」山下有觀堆，高二里，周十里。趙襄子滅智氏，祠霍太山於此，曰觀堆祠。後周建德五年，周主自將攻晉州，軍於汾曲，分遣宇文純守千里徑。志云：徑極高險，每大軍往來甚苦之，後魏平陽太守封子繪嘗請別開一路，旬日而就，蓋自霍山北出汾州，徑指太原之道。杜佑曰：「汾州界北極太原，當千里徑。」隋開皇十四年詔以霍山爲冀州鎮。仁壽末楊素擊漢王諒，諒遣將屯高壁見霍州靈石縣。以拒之。素令諸將引兵臨之，而自引奇兵深入霍山，緣崖谷而進，遂敗諒軍。大業十三年李淵建義師至霍邑，隋將宋老生屯兵據險，師不得前，乃傍山取徑，去城十餘里，老生逆戰敗死，蓋即千里徑也。又霍山亦謂之西山，以自山而北接綿山、介山達於晉陽之西南也。唐天復元年周德威逼晉、絳，爲汴軍所敗，汴軍長驅圍晉陽，德威收餘衆依西山還晉陽。又五代周廣順初北漢主劉崇攻晉州，不克引還，周兵追之及霍邑，霍邑道險，漢兵墮崖谷死者甚衆，周兵追者不力，乃得度。蓋霍山崎嶇險峻，介并、晉二州之間，實控扼之要矣。唐六典：「河東道名山曰霍山，祀典謂之中鎮。」明洪武中建中岳廟，祀霍山。

勾注，鴈門關附。

勾注山，在太原府代州西北二十五里。一名西陘山，陘讀硎。亦曰鴈門。爾雅：「北陵、西隃、鴈門。」山海經：「鴈門，飛鴈出於其門。」郭璞曰：「西隃即鴈門。」吕氏春秋：「天下九塞，勾注其一。」戰國策：「張儀説燕王：『趙王欲并代，與代王遇於勾注之塞。』」又蘇厲爲齊謂趙惠王：「秦反巠分、先俞於趙。」孔氏曰：「巠分即陘山，先俞即西隃，字與音之訛也。」史記：「趙襄子踰勾注而破并、代。」又趙世家：「趙有代勾注之北。」漢六年匈奴圍韓王信於馬邑，信降匈奴，匈奴遂引兵南踰勾注。又漢書婁敬傳：「漢兵已踰勾注。」又文帝後六年，匈奴入上郡、雲中，以蘇意爲將軍，屯勾注。武帝元光五年，詔發卒治鴈門阻險。劉氏曰：「將伐匈奴，通道令平易也。」晉地道記：「北方之險有盧龍、飛狐、勾注爲之首，天下之阻，所以分别内外也。」河東記：五代李璋撰。「勾注以山形勾轉水勢注流而名。」亦曰陘嶺，自鴈門以南謂之陘南，以北謂之陘北。自漢中平以後，羌、胡大擾，陘北之地皆爲荒外，魏、晉時並以勾注爲塞。曹魏青龍元年鮮卑軻比能誘保塞鮮卑步度根，時步度根保太原鴈門塞。與結和親，自勒萬騎迎其累重於陘北。并州刺史畢軌請出師拒遏，魏主詔曰：「慎勿越塞過勾注也。」時軌軍已先進，果敗。晉永嘉四年鮮卑拓拔猗盧帥部落自雲中入鴈門，從并州刺史劉琨求陘北地，琨徙樓煩、馬邑、陰館、繁峙、崞五縣民於陘南，以其地與之。曹魏時五縣俱已遷陘南，遺民猶有陘北也。咸和二年後趙將石虎擊代王紇那於勾注陘北，紇那兵敗，徙都大甯以避之。大甯，見北直保安州廢廣甯縣。太元二十一年拓拔珪大舉伐燕，南出馬邑，踰勾注。後魏太和十八年，太子恂將還洛陽，不欲行。其黨元隆等密謀留恂，因舉兵斷關，規據陘北，不果。關即東陘、西陘二關也。後周主邕保定二年，遣楊忠會突厥自北道伐齊，拔齊二十餘城。齊人守陘嶺之隘，忠擊破之，至晉陽而還。隋大業二年漢王諒舉兵并州，遣其將喬鍾葵圍代州，朔州刺史楊義臣奉詔往救，夜出西陘，鍾葵敗走。唐志：「西陘，關名也，在鴈門山上。東西山巖峭拔，中有路盤旋崎嶇，絕頂置關，謂之西陘關，亦曰鴈門關，西北去朔州馬邑縣七十里，南去代州三十里。」今鴈門關因故址改置。武德二年劉武周引突厥入勾注，寇太原。五年突厥頡利入鴈門，寇并州。永隆二年裴行儉討突厥餘黨伏念，壁代州之陘口，即西陘也。又有東陘關，在代州南三十里。天寶十四載禄山將高秀巖據大同，河東、太原閉關拒守，朔方節度使郭子儀敗賊兵，圍雲中，拔馬邑，遂開東陘關。杜佑曰：「東陘關甚險固，與西陘關並爲勾注之險。」會昌二年回鶻犯塞，詔河東節度使劉沔進屯鴈門關，虜寇雲中，沔擊却之。廣明初沙陀入鴈門關寇忻、代，逼晉陽，陷太谷。五代唐清泰三年契丹救河東，謂石敬瑭曰：「吾自北來，唐若斷鴈門諸路，伏兵險要，則吾不得進矣。使人覘視皆無之，吾是以知必勝也。」胡氏曰：「鴈門有東陘、西陘之險，崞縣有揚武、石門之隘。」石晉天福九年，契丹南寇，入鴈門關。宋太平興國五年，楊業刺代州，契丹來寇，業自西陘出至鴈門北口，南向擊之，契丹大敗。雍熙三年楊業等自西陘追破契丹兵於寰州。元豐志：「鴈門山有太和巖，亦曰太和嶺。」靖康二年金人劫欽宗帝后離青城，自鄭州而北至代，度太和嶺至雲中。明初傅友德克大同，引兵巡太和嶺，西北至宣德府。今宣府鎮。天順二年蒙古孛來等寇大同，直抵鴈門、忻、代，遣都督顏彪、馮宗率兵屯紫荆、倒馬二關爲聲援，寇益肆，勅二關兵出鴈門關，寇乃却。嘉靖十九年吉囊由白泉口在河曲縣。長驅至寧武關、太和嶺，敗我兵，南掠至平遥。俺答亦越太原至石州，而東掠平定、壽陽間。隆慶元年叛人趙全導以入山西塞，陷石州，全曰：「自此塞鴈門，扼居庸，據雲中、上谷，效石晉故事，南北之形成矣。」今鴈門關在州北四十里，爲戍守重地，與寧武、偏頭爲山西三關。所謂外三關也。關城周二里有奇，傍山就險，屹爲巨防。

五臺。

五臺山，在太原府代州五臺縣東北百四十里，北距大同府蔚州三十里。舊經云：「山頂去代州城百餘里。其山左鄰恒山，右接天池，南屬五臺縣，北至繁峙縣，環臺所至五百餘里。」名山志：「五臺山五峰聳立，高出雲表，山頂無林木，有如壘土之臺，故曰五臺。中臺高四十里，頂平廣，周六里。西北有太華池；正東左畔去臺五里有雨花池；前三十里有飯仙山，即中臺案也；東南有鷲峰；西側有甘露池。東臺高二十八里，頂周三里。東畔有那羅延洞；又東有樓觀谷，内有習觀巖；西北去臺十五里有華巖嶺、仙人洞；東南嶺畔二十里有明月池；西南有青峰，一名南羅頂，南連望聖臺，臺下有東谷池，又東有温湯池。西臺高三十五里，周二里。北有秘魔巖，臺西北有八功德水，東北嶺下爲文殊洗鉢池。南臺高三十里，周二里。南去七十里巖畔有聖僧巖，又名滴水巖；西南二十里有三賢巖，又名七佛巖；東三十里交口下有聖鐘山，狀如覆鐘；西北十五里有清涼嶺及清涼泉，志云：清涼寺在清涼嶺，亦名華嚴嶺。嶺畔有雪浪亭，俗名七里亭，爲登山之徑。一統志：「清涼嶺在五臺縣東北百里。其東有竹林嶺，東南有南臺嶺，西有清涼石、清涼泉、清涼洞。」上有羅漢洞；東北有竹嶺；東南十里有金閣嶺。北臺高三十里，周三里，名掖斗峰。頂南畔有羅睺臺，臺頂有黑龍池，即天井也；南下二十里有白水池，與天井連，其水經繁峙縣峨谷口入滹沱，其麓有七佛池；南又有飲牛池；東北有寶陀峰，又名寶山。產銀及石碌。東、北二臺麓有金剛窟，又名金剛洞，去二臺各二十里。」靈山記：「五臺山有四埵，去臺各百二十里。據古經所載，今北臺即是中臺，中臺即是南臺，大黄尖即是北臺，栲栳山即是西臺，漫天石即是東臺。四埵者，東埵爲無卹臺，即恒山頂也；西埵爲蓸䔲山，即管涔山也；南埵爲繫舟山；見太原陽曲縣。北埵爲覆宿堆，即夏屋山也。又東臺去中臺四十二里，臺上遥見滄、瀛諸州，日出時下視大海，猶陂澤焉。西臺去中臺四里，危蹬干霄，喬林拂日。南臺去中臺八十里，最幽寂。北臺去中臺十三里。」地里志：「五臺，河東道名山也。」道家謂之紫府，釋氏謂之清涼山。山中古寺得名者，自唐大中時計之凡六十有四，是後增建益多，唐會昌五年盡毁天下僧寺，五臺僧皆亡逸。明因舊址建顯通寺。近時賊嘗據此阻險以守，官軍不敢擊，蓋山谿糾結，出没爲易也。

其大川則有汾水，

汾水源出太原府静樂縣北百四十里管涔山，南流經府城西，太原縣城東，微折而西經清源縣及交城縣東南，又經文水縣南及祁縣西南境而入汾州府平遥縣界，經縣西及汾州府東，又南經孝義縣東，介休縣西，而入平陽府霍州靈石縣境，經縣城及霍州之西，又南歷汾西縣東及趙城縣、洪洞縣西，又南經平陽府城西及襄陵縣、太平縣之東，又南經曲沃縣西境，折而西逕絳州南，又西歷稷山縣、河津縣南，至榮河縣北而入於大河。周職方：「冀州浸汾、潞。」潞水即漳水，見北直大川。詩：「彼汾沮洳。」左傳：「子産曰：『臺駘能業其官，宣汾、洮，帝用嘉之，封諸汾州。」戰國策：「汾水可以灌平陽。」俗作「絳水」，誤。晉太元末拓拔珪取燕并州，遣將略地汾州。〔三〕又周、齊相擊爭汾北之地，周主邕圍晉州，軍於汾曲。唐取關中，自汾而西。宋圍太原，壅汾、晉二水灌之。漢志注：「汾水經郡二，太原、河東也。行千三百四十里。」唐六典：「汾水，河東之大川也。」

沁水，

沁水源出沁州沁源縣北百里緜山東谷，西南流經平陽府岳陽縣東，又折而東南，經澤州沁水縣東，又南經陽城縣東而入河南懷慶府界，歷濟源縣東北，又南經府城北，又東經武陟縣東，脩武縣西，而入於大河。漢志注：沁水出穀遠縣即今沁源縣。羊頭山世靡谷，賈氏曰：「穀遠北山上。」東南至滎陽入河，過郡三，上黨、河内、河南也。顏師古曰：「沁水至武陟縣界入河，此云滎陽，疑轉寫之誤。」行九百七十里。曹魏末司馬孚言：「沁水源出銅鞮山，沁州，故銅鞮縣也。屈曲周圍水道九百里，天時霖雨，每致汎濫，請累石爲門，蓄泄以時。」隋大業四年開永濟渠，引沁水南入河，北通涿郡，亦曰御河。唐六典：「河東道大川曰沁水。」唐乾元初李嗣業軍河内，安慶緒將蔡希德等自鄴涉沁水攻之，爲嗣業所拒，還走。金貞祐三年遷汴，議開沁水便運道。近時議者多以引沁水入衛可濟運河，然沁水流闊勢急，又穿太行而南，多沙易淤，冬春之間深不盈尺，夏秋淫潦，往往汎溢爲害，故懷、衛間常隄塞以防其衝決。

今詳見河南懷慶府。

黃河，

黃河自陝西榆林衛東北折而南，經廢東勝州西，又南流歷大同府朔州西界，又南入太原府河曲縣界，經縣西，又南歷保德州、岢嵐州及興縣之西，又南入汾州府界，經臨縣及永寧縣、寧鄉縣西，又南歷石樓縣西而入平陽府界，經隰州之永和縣、大寧縣西，又南經吉州及鄉寧縣西，又南經河津縣、榮河縣西而汾水注焉，又南經臨晉縣界，至蒲州城西南而涑水入焉，又南過雷首山折而東，經芮城縣、平陸縣南，又東過底柱至垣曲縣東南而入河南懷慶府濟源縣界。禹貢：「浮於龍門西河，會於渭汭。」〔三〕蓋河在冀州西也。春秋時為秦、晉爭逐之交，戰國屬魏。史記：「魏武侯浮西河而下，曰：『美哉！山河之固，此魏國之寶也。』」後入於秦，而三晉遂無以自固。今詳見川瀆異同。

鹽池。附見。

鹽池，在平陽府解州東三里。又安邑縣西南二十里亦有鹽池，與解為兩池。蓋一池而分東西二池也。春秋成六年：「晉人謀去故絳，諸大夫皆曰：『必居郇、瑕之地，沃饒而近盬。』」韓獻子曰：「『山澤林盬，國之寶也。』」杜預曰：「盬，鹽池也。」漢志：「池在安邑西南。」許慎謂之鹽盬池，長五十一里，廣六里，周一百一十四里。〔四〕呂忱曰：「宿沙氏煮海謂之鹽，宿沙，炎帝時諸侯，始煮海爲鹽，富溢他國。河東鹽池謂之盬。」今池水東西七十里，南北七里，紫色澄渟，渾而不流。水出石鹽，自然凝成，朝取夕復，終無減損；惟暴雨霖澍，潢潦奔軼，則鹽池用耗。公私共堨水徑，防其淫濫，謂之堨水。其廣狹淺深，古今盈縮時有不同。又有女鹽池，在解州西北三里，東西二十五里，南北二十里。其西南爲静林等澗。服虔曰：「土人引水沃畦，水耗土自成鹽處也。」亦謂之鹽鹺，味小苦，不及大池。或號爲女澤鹽，亦曰鹽田鹽。俗言此池亢旱鹽即凝結，如逢霖雨鹽則不生。舊志：女鹽池在猗氏故城南。水經注：「鹽水出東南薄山，即中條之異名。西北流經巫咸山北，又徑安邑故城南，又西流注於鹽池。自漢武元狩四年用桑弘羊等言，興鹽鐵之利，天下鹽官凡二十八都，而河東安邑爲首。後漢元和三年帝幸安邑觀鹽池。外紀云：「周穆王亦至安邑觀鹽池。」初平中放散鹽禁。建安四年曹操從衛覬言，復遣謁者僕射監鹽官，以其利招服關中，其後皆設鹽官董之。晉亂，鹽利亦耗，後魏復立法征之。景明初從中尉甄琛請，弛鹽池之禁。既而其利皆爲富强所專，四年復收鹽池利入公，神龜初復申鹽池之禁。孝昌三年蕭寶寅反長安，正平今聞喜縣。民薛脩義等聚衆河東，分據鹽池，攻圍蒲坂以應之。時長孫稚奉命西討，遣別將楊侃擊平脩義等。會有詔廢鹽池税，稚上言：「鹽池天産之貨，密邇京畿，惟應寶而守之，均贍以理。今四方多虞，府藏罄竭，以鹽税準絹而言，一年不上三十萬匹。

臣不先討關賊，徑解河東者，非緩長安而急蒲坂，恐一失鹽池，三軍乏食也，請依常收税。」從之。唐食貨志：「鹽池凡十八，井六百四十，惟安邑有池五，總謂之兩池，皆隸鹽鐵，置官榷之。貞觀十二年幸柳谷，觀鹽池。其小池曰女池，開元中置女鹽監，後以水淡監廢。大曆八年兩池生乳鹽，十二年賜名寶應靈慶池。唐紀：「大曆十二年，先是秋霖，河中府池鹽多敗。户部侍郎判度支韓滉恐鹽户減税。奏雨雖多不害鹽，仍有瑞鹽生。上疑其不然，遣諫議大夫蔣鎮往視之。鎮還妄對，果如滉言，因賜號寶應靈慶池。」咸通以後藩鎮益强，河中帥得專鹽池之利。光啓初宦者田令孜用事，以安邑、解縣兩鹽池爲河中帥王重榮所專，歲止獻三十車供國用，請復舊制隸鹽鐵，因自兼兩池榷鹽使，會要：「元和十五年改税鹽使爲榷鹽使。」收其利以贍軍。重榮不可，令孜因徙重榮鎮泰寧，重榮遂與李克用合謀舉兵犯闕討令孜。後唐同光二年河中帥李繼麟請榷安邑、解兩池鹽，每季輸省課。從之。」宋志：「鹽之類有二，引池而化者，周官所謂盬鹽也；俗曰顆鹽。煮海煮井煮鹻而成者，周官所謂散鹽也。亦曰末鹽。解州解、安邑兩鹽池，墾地爲畦，引水沃之，水耗鹽成。每歲二月墾畦，四月引水，八月而止，得鹽百餘萬。又前代鹽皆自生，唐開元中池涸，河中尹姜師度始有畦夫管種之課。宋張席上言鹽漫生之利，遂罷畦夫。」鹽池考：「中條山在池南，自蒲州接太行，形如卧弓，環池而繞之，山頂有桃花洞水流入鹽池，池與安邑池爲兩池，官置使以領之。又中池北百步許有淡泉一區，味甚甘洌，俗謂鹽得此水方成也。又西北十五里有硝池六，一曰賈瓦，二曰金井，三曰團，四曰熨斗，味皆淡；五曰夾凹，六曰蘇老，味皆鹹。天旱則生。自鹽池而南層山墻立，天巖雲秀，地谷泉深，亦天下形勝之處矣。鹽池圖說：「今池東西長五十五里，南北闊七里，周百四十四里。宋分爲東西兩池，各置鹽場二。明初并爲東西二場，成化二十一年增置中場。其池亦分爲三，近安邑者爲東池，近安邑西二十里路村者爲中池，近解州者爲西池，三場亦以是爲次也。池底淤泥滋生，鹽根形如水晶。夏月驕陽薰蒸，南風動盪，上結鹽板，光潔堅厚，可勝行立。板上水約三寸，翻騰浪花，落板即成顆粒，古謂之漫生鹽，今謂之斗粒鹽。更時霖小雨，則色愈鮮明，故曰顆鹽。宜及時撈採，若遇大雨，鹽復解散。秋冬地冷池枯，不能生鹽，間或有之，硝鹻相雜，味亦不正。其西北七里即女鹽池，據地高阜，其鹽淡，或苦不可食。時或生硝，亦名硝池。而六小池及靜林諸澗，每水溢則奔趨女鹽池，爲鹽患。又安邑東有苦池，於鹽池亦切近。宋元符、崇寧間觀察使王仲先於池東西南三面築七郎等十一堰衛之，所以拒溢水之入也。崔敖曰：『鹽池乃黃河陰潛之功，浸淫中條，融爲巨浸。』蓋大河從西北來，至蒲州折而東向，轉曲之間漸漬蓄匯，有此奧衍。今陝西花馬池亦近黃河折流處也，然鹽藉主水而生，緣客水而敗，故治水即所以治鹽。鹽池南枕條山，雨水易迫，然非淵泉所出，且橫亘有護寶堤，爲仞高厚，依山有桑園、龍王、趙家灣、大小李、西姚諸堰，縱有飛瀑，阻遏猶易。北面多曠壤平丘，與水隔絕，故二隅無足爲慮。若東西盡處則俱逼禁堰，一墻已外即客水所鍾。次東禁堰者有壁水、月堰及黑龍堰，次西禁堰者有卓刀、七郎、硝池堰，各從東西自高而下，禁堰不能受則入池矣。黑龍堰之受害原於苦池，苦池乃姚暹渠蓄而復流之水也。渠出自夏縣，經巫咸谷北合洪洛渠，東合李絳渠，經苦池而迤邐西向，自安邑歷解州抵臨晉入五姓湖，由孟盟橋而注黃河。姚暹渠首及中股皆狹，至安邑與李綽、洪洛之水並注於苦池，苦池不能受，勢必東北泛溢於黑龍，入黑龍則壁水、小堰、月堰不能支，而竟衝東禁堰矣。硝池即女鹽池也，其受害原於涑水。涑水在姚暹渠北，源出自絳縣爲絳水，西經聞喜縣爲涑水，又西受稷王、孤山、峨嵋坡諸水，經猗氏抵臨晉，亦入五姓湖而注黃河。涑水中尾多窄，至臨晉山溪諸水合注之，勢不能受，必自西北橫溢，破姚暹而奔騰於硝池，入硝池則黃牛、七郎、卓刀不能支，而竟衝決西禁堰矣。況東北又有湧金泉亦注於黑龍。西北又有長樂灘亦注於七郎，故築東禁以及黑龍，築西禁以及硝池，治其標者也。浚姚暹以導苦池，浚涑水并歸五姓湖，治其本者也。緩於南北而急於東西，先於根本而後於標末，則客水不浸，而主水無恙矣。」

其重險則曰蒲津，

蒲津關在平陽府蒲州西門外黃河西岸，宋志：「關在城西四里。」西至陝西朝邑縣三十五里。唐志：「蒲州治河東縣，乾元初以朝邑改置河西縣。」里道記：「蒲關西去故河西縣十四里。」左傳文二年「秦伯伐晉，濟河焚舟」，即此處也。又昭元年「秦公子鍼奔晉，造舟於河」，通秦、晉之道也。戰國時魏置關於此。亦曰蒲阪津，亦曰夏陽津。自河東而言曰蒲阪津，自關中而言曰夏陽津。秦紀：「昭襄王十五年初作河橋。」司馬貞曰：「爲浮橋於臨晉關也。」漢王二年東出臨晉關，至河內擊虜殷王卬。三年，魏王豹反，韓信擊之。魏盛兵蒲阪，塞臨晉，信益爲疑兵，陳船欲渡臨晉，而從間道襲安邑，虜豹，遂定魏地。景帝三年七國反，吳王濞反書曰：「齊諸王與趙王定河間、河内，或入臨晉關，咸與寡人會於洛陽。」武帝元封六年立蒲津關，蓋設關官以譏行旅。後漢建安十六年，曹操西擊馬超、韓遂，與超等夾潼關而軍。操潛遣徐晃、朱靈度蒲阪津，據河西爲營，徐晃謂操：「公盛兵潼關，而賊不復別守蒲津，知其無謀也。」既而操從潼關北渡，遂自蒲阪度西河，循河爲甬道而南，大破超軍。晉太元十一年慕容永等自長安而東，出臨晉至河東。又苻丕使其相王永傳檄四方，會兵臨晉討姚萇、慕容垂。後魏孝昌三年蕭寶寅據關中，圍馮翊未下，長孫稚等奉命討之，至恒農，楊侃謂稚曰：「潼關險要，守禦已固，無所施其智勇。不如北取蒲坂，渡河而西，入其腹心，置兵死地，則華州之圍五代志：「馮翊郡後魏置華州。」不戰自解，潼關之守必内顧而走。支節既解，長安可坐取也。」稚從之，寶寅由是敗散。永熙三年魏主脩入長安，高歡自洛陽追之，克潼關，進屯華陰。既而退屯河東，使薛瑜守潼關，庫狄温守封陵，見蒲州。築城於蒲津西岸，以薛紹宗爲華州刺史使守之。西魏大統初，東魏司馬子如等攻潼關，既而回軍從蒲津西濟攻華州，不克而還。三年高歡軍蒲坂，造三浮橋，欲度河，不果。既又自壺口趣蒲津濟河，至馮翊敗還，魏軍追至河，因乘勝取蒲坂，定汾、絳。四年造舟爲梁，九年復築城爲防，蓋恃爲重險也。後周建德五年圍齊晉州，分遣辛韶等守蒲津關。隋都長安，亦於蒲津起河橋以通河中，置中潬城以守固河橋。字書「水中沙曰潬」，蓋建城於河中沙上。河陽亦有中潬城，以守固河陽浮橋也。隋書：「開皇中諸州調物，每歲河南自潼關，河北自蒲坂輸於長安。」仁壽末漢王諒謀舉兵并州，裴文安説諒曰：「今率精鋭直入蒲津，以大軍繼後，風行電擊，頓於霸上，見陜西長安縣。咸陽以東，指揮可定，京師震擾，誰敢不從？」諒不能用，而遣將斷河橋，守蒲州，楊素銜枚潛濟，諒軍遂敗。大業十三年李淵引兵自河東濟河而西，朝邑法曹靳孝謨以蒲津、中潬二城降。胡氏曰：「蒲津城在河西岸，亦謂之西關城，所以護蒲津浮橋者。」唐開元十九年，於蒲津兩岸開東西門，各造鐵牛四以維浮梁。志云：唐初横絙列艦以度河，絙斷艦破。開元中改作蒲津橋，鑄鐵牛八，牛有一人策之，其下鎔鐵爲山，又爲鐵柱灌之，分列兩岸以維持浮橋。今東岸有四，西岸有三，其一沈於河。張説銘曰：「隔秦稱塞，臨晉名關，關西之要衝，河東之輻輳。」是也。寶應初回紇引兵助唐討史朝義於東都，至忻州，欲自蒲關入，由沙苑出潼關而東，不果。建中四年朱泚作亂據長安，上幸奉天。李懷光自河中度，至河西，屯蒲城；李晟亦自易定西還，自蒲津濟，軍於東渭橋。興元初李懷光叛，自涇陽焚掠而東至河西，或勸河中守將吕鳴岳焚橋拒之，鳴岳不能從。中和四年黄巢掠河南諸道，請救於河東帥李克用，克用引兵欲度河陽，爲河陽帥諸葛爽所拒，乃還兵自陜及河中度河而東。五代梁貞明六年，河中帥朱友謙襲取同州，去梁歸晉。梁遣劉鄩等攻同州，友謙請救於晉。晉將李存審等將軍至河中，即日濟河，軍於朝邑，既而大敗鄩兵。漢乾祐初李守貞以河中叛，漢將白文珂克西關城，柵於河西。宋大中祥符四年行幸河中，祀汾陰，改爲大慶關。建炎初金人窺關中，濟自蒲津，金史：「元光初，時汴軍糧運不繼，李復亨議以陝西地腴歲豐，宜造大船，由大慶關渡入河東，抵湖城以通運，不果。」元致和元年，燕帖木兒據大都，迎立懷王，陝西行臺也先帖木兒起兵從大慶關度河，入河中府趨懷、衛，河東官吏皆棄城遁。既而上都陷，乃降。明初平關、陝，亦自蒲津濟。王氏有言：「武關以限南諸侯，臨晉以限東諸侯。」蒲津爲關，河之巨防，於今爲烈矣。

天井，羊腸坂附。

天井關亦曰太行關，在澤州南四十五里太行山頂，南北要衝也。漢志注：「上黨三關，一曰天井關，其二關，一曰壺口，見潞安府長治縣；一曰石研，即井陘也，見北直重險。關南有天井泉三所，其深不測，因名。」陽朔二年秋，關東大水，詔流民欲入天井關者勿苛留。劉歆遂初賦「馳太行之險峻，入天井之高關」，謂此。後漢初馮異自河內北攻天井關，拔上黨兩城。又王梁爲野王令，北守天井關。既又遣劉延攻天井關，與更始所置上黨太守田邑連兵，延不得進。會更始敗，邑以上黨降。元和二年幸河東，登太行山，至天井關。蔡邕曰：「太行山上有天井關，關在井北，爲天設之險。晉太元十九年慕容垂攻慕容永於長子，自滏口入天井關。滏口，見河南磁州；天井，在滏口西南，非入長子之道。或曰時永扼天井關以拒垂，垂出滏口，則已入天井關內也。唐會昌三年劉稹據澤潞叛，杜牧曰：「若使河陽萬人爲壘，窒天井關，高壁深塹勿與戰，而以别軍徑擣上黨，不過數月，必覆其巢穴矣。」時河陽帥王茂元遣將馬繼軍於天井關南科斗店，爲昭義將薛茂卿所敗。既而忠武帥王宰克天井關，焚大、小箕村，在關北十五里。進攻澤州不利，賊乘勝復取天井關。既又克之，賊勢始阻。中和四年黄巢侵掠河南諸道，請救於河東，李克用引軍自天井關而南。光化二年朱全忠克澤、潞二州，李克用將李嗣昭攻之，下澤州，拔天井關，潞州守將遁去。光化五年朱全忠攻李克用於河東，使氏叔琮入太行，由天井關進軍昂車關，見沁州武鄉縣。還攻澤州，拔之。五代梁開平二年晉王存勗解潞州之圍，梁將康懷貞自天井關遁，晉軍乘勝進趨澤州。梁將牛存節自洛陽應接夾寨潰兵至天井關，謂其衆曰：「澤州要害地，不可失也。」遂前入澤州，晉兵不能克。漢初以契丹北還，議進取河南，蘇逢吉請出天井抵孟津，不果。宋靖康元年賜天井關名雄定關。元末亦名平陽關，至正十七年擴廓守平陽關，保據澤、潞二州是也。關之南即羊腸坂道。孔穎達曰：「太行有羊腸坂，南屬懷，北屬澤。」吕氏春秋：「九山之一也，盤紆如羊腸。」魏世家：「如耳曰：『昔者魏伐趙，斷羊腸，拔閼與。』」見河南武安縣。又蔡澤謂應侯曰：「君相秦坐制諸侯，決羊腸之險，塞太行之道。」韓非説秦王西攻脩武，見河南懷慶府。逾羊腸，降代、上黨。又王莽謂五威將軍王嘉曰：「羊頭之扼，北當燕、趙。」羊腸、天井，險蓋相因也。通釋：羊腸有三：一在懷、澤間，即太行坂道也。一在潞安府壺關縣東南百里。戰國策：樊餘謂楚王：「韓兼兩上黨以臨趙，即趙羊腸以上危。」又蘇厲遺趙王書：「秦以三郡攻王之上黨，羊腸之西非王有。」是也。一在太原西北九十里。吴起曰：「夏桀之居，伊闕在南，羊腸在北。」淮南子注：太原西北有羊腸坂，通河西、上郡關。漢志：「壺關縣有羊腸坂。」隋書：煬帝登太行，問崔頤：「何處有羊腸坂？」曰：「漢書志：在上黨壺關縣。」帝曰：「不是。」又荅曰：「皇甫士安撰地書，云太原北九十里有羊腸坂。」帝曰：「是也。」通典：「陽曲縣有乾燭谷，即羊腸坂。」又交城縣有羊腸山，宜芳縣亦有羊腸坂，宜芳，今嵐縣。蓋羊腸坂縈迴紆遠，接陽曲、交城、宜芳三縣之界也。

飛狐。

飛狐口在大同府蔚州廣昌縣北二十里。水經注：「代郡南四十里有飛狐關。」輿地廣記：「飛狐峪飛狐關，在蔚州南四十里。」其地兩崖峭立，一線微通，迤邐宛延百有餘里。地道記：「自常山北行四百五十里得常山岌，號飛狐口，酈食其説漢高距飛狐之口是也。」文帝紀：「匈奴入上郡、雲中，以令免爲車騎將軍，屯飛狐。」後漢建武十二年盧芳與匈奴、烏桓連兵盗邊，詔王霸與杜茂治飛狐道，堆布土石，築起亭障，自代至平城三百餘里。後漢書：「建武十五年馬武代杜茂繕治障塞，自西河至渭橋，河上至安邑，太原至井陘，中山至鄴，皆築堡壁起烽燧，十里一候。」晉建興四年并州陷於石勒，劉琨自代出飛狐奔冀，歸段匹磾。後魏太和六年，發州郡五萬人治靈丘道，自代郡靈丘南越太行至中山。靈丘道即飛狐道也。武泰初葛榮據冀、定諸州，爾朱榮請發柔然兵東趣下口以躡其背，而相州重兵當其前。下口，蓋指飛狐口。唐武后聖曆初，突厥默啜寇飛狐，陷定州。建中四年朱泚據長安，李晟自易定西還，出飛狐道，晝夜兼行至代州。即今代州，非故代郡也。光化五年朱全忠使王處直以義武兵入自飛狐，敗李克用於晉陽。朱梁乾化二年，晉王存勗使周德威伐燕，東出飛狐。後唐清泰末，契丹助石敬瑭圍唐兵於晉安寨，唐主命幽州帥趙德鈞自飛狐踵契丹後以救之，德鈞固請由土門西入，許之。土門，謂井陘也。宋雍熙三年賀令圖與契丹耶律斜軫戰於定西，見靈丘縣。敗績南奔；斜軫追及於五臺，又敗。明日蔚州陷，令圖與潘美往救，大敗於飛狐，於是渾源、雲、應、寰諸州悉没於契丹。飛狐蓋山北諸州之噤喉也。今其地東起宣府，西趨大同，商賈轉輸，畢集於此。紫金、倒馬兩關恃飛狐爲外險，誠邊陲重地矣。

按山西居京師上游，表裏山河，稱爲完固，且北收代馬之用，南資鹽池之利，因勢乘便，可以拊天下之背，而搤其吭也。說者曰：大同於京師尤爲建瓴之勢，朝發白登，暮叩紫荆，則國門以外皆戰場也。往者土木之變，敵雖深入郊圻，賴大同犄其後，故不能以得志，嗣是關門告警，未嘗不以大同爲鎖鑰之寄。且夫天下之形勝莫若陝西，趙主父攘地至雲中、九原，遂欲直南襲秦咸陽。秦始皇巡北邊，從上郡入，既又使蒙恬除直道，自九原抵雲陽。張儀之以秦脅燕也，曰：「秦下甲雲中、九原，驅趙而攻燕。」唐范陽之亂，李泌議遣安西、西域之衆，並塞東北，自嬀、檀南取范陽。然則左顧范陽，右顧咸陽，燕、秦捷徑，皆道出大同也。近時爲門户計者，切切於議屯、議戍、議轉輸，而邊事日棘。嘉靖中督臣翁萬達上邊議，謂山西太原、大同皆與京師相表裏，防維最重。山西鎮邊起保德州黃河岸，迤邐而東，歷偏關抵老營堡，實二百五十四里；大同鎮邊起鵶角山，在老營堡東北界。迤邐而北，東歷中、北二路抵東路之鎮口臺，在天成衛東北界。實六百四十七里；而宣府鎮邊起西路之西陽河，在萬全右衛西南界。迤邐而東北，歷中、北二路抵東路之永寧四海冶，見北直延慶州。實千二十三里；共一千九百餘里，皆逼近寇境，險在外者也，所謂極邊也。山西鎮自老營堡轉南而東，歷寧武、鴈門、北婁至平刑關約八百里；又轉南而東爲保定之境，歷龍泉、倒馬、紫荆之黃土口、在倒馬關西北。插箭嶺、浮圖峪俱見廣昌縣。至沿河口，在北直淶水縣東北，又東北即房山縣境之高崖口。約千七百餘里；又東北爲順天境，歷高崖、白羊至居庸關約百八十餘里；共千五十餘里，皆峻山層岡，險在内者也，所謂次邊也。外邊之地有險夷迂直，總而較之，則大同最稱難守，次宣府，次山西之偏、老。分而言之，則大同之最難守者北路，而宣府之最難守者亦北路也。山西偏頭關以西百五十里恃河爲險，偏頭關以東百有四里則與大同之西路略等，内邊可通，大舉惟紫荆、寧武、鴈門、倒馬、龍泉、平刑諸門隘，然寇山西多從大同入，犯紫荆必從宣府入，外邊、内邊，唇齒之勢也。

校勘記

〔一〕元封六年至首山下田　「昆田」，底本原作「毘田」；「應劭」，底本原作「正義」；今據職本及漢書卷六武帝紀改。

〔二〕遣將略地汾州　「州」，當作「川」，通鑑卷一〇八晉紀三〇作「遣輔國將軍奚牧略地汾川」。

〔三〕浮於龍門西河會於渭汭　禹貢作「浮於積石，至於龍門西河」。

〔四〕許慎至一百一十四里　説文解字云：「鹽，河樂鹽池，袤五十一里，廣七里，周百十六里。」與此引有異。

讀史方輿紀要卷四十

山西二

太原府，東至北直趙州五百五十里，東南至遼州三百四十里，又南至沁州三百一十里，又西南至汾州府二百里，西至陜西之吴堡縣界五百五十里，北至大同府朔州四百里，自府治至京師一千二百里。

禹貢冀州地，春秋時爲晉國，戰國時屬趙。秦置太原郡，兩漢因之，兼置并州治焉。魏爲太原國，并州仍舊。晉因之。後爲劉淵所據，旋没於石勒，又爲慕容燕所據，苻堅復取之。後魏仍爲太原郡，兼置并州，北齊、後周皆因之。隋初廢郡置并州，隋志：「開皇二年置河北道行臺，九年改爲總管府，大業初府廢。」大業初改曰太原郡。唐初曰并州，初置大總管府，又改大都督府。武后長壽元年置北都，旋復曰并州。開元十一年又置北都，改并州爲太原府。天寶元年改北都爲北京，又爲河東節度使治所。唐書：「至德初命李光弼爲北都留守史。」蓋因舊稱書之，非是時又改京爲都也。寶應初始復曰北都。五代唐爲西京，又改北京。周時爲劉崇所據。宋太平興國四年改置并州，嘉祐中復曰太平府。一曰太原郡、河東節度使。金因之。改軍曰武勇，尋復曰河東。元曰太原路，大德九年改冀寧路。明初爲太原府，領州五，縣二十。

府控帶山、河，踞天下之肩背，爲河東之根本，誠古今必争之地也。周封叔虞於此，其國日以盛强，狎主齊盟，屏藩周室者幾二百年。迨後趙有晉陽，猶足拒塞秦人，爲七國雄。秦莊襄王二年，蒙驁擊趙，定太原，此趙亡之始矣。漢高二年，韓信虜魏豹，定魏地，置河東、太原、上黨郡，此所以下井陘而并趙、代也。後置并州於此，以屏蔽兩河，聯絡幽、冀。後漢末，曹操圍袁尚於鄴，牽招説高幹曰：「并州左有恒山之險，右有大河之固，北有强胡，速迎尚以并力觀變，猶可爲也。」及晉室顛覆，劉琨拮據於此，猶足以中梗劉、石。及琨敗，而大河以北無復晉土矣。拓拔世衰，爾朱榮用并、肆之衆，攘竊魏權，芟滅羣盜，及高歡破爾朱兆，以晉陽四塞建大丞相府而居之。胡氏曰：「太原東阻太行、常山，西有蒙山，南有霍太山、高壁嶺，北扼東陘、西陘關，是以謂之四塞也。」及宇文侵齊，議者皆以晉陽爲高歡創業之地，宜從河北直指太原，傾其巢穴，便可一舉而定。周主用其策而高齊果覆。隋仁壽末，漢王諒起兵晉陽，遣其黨余公理出大谷趨河陽，見河南重險。綦良出滏口，見河南磁州。黎陽，見北直濬縣。劉建出井陘見北直重險。略燕、趙，喬鍾葵出鴈門略代北，又遣裴文安等入蒲津徑指長安，尋爲楊素所破敗。大業十三年，李淵以晉陽舉義，遂下汾、晉取關中。唐武德二年，劉武周自馬邑南侵，其黨苑君璋曰：「晉陽以南，道路險要，縣軍深入，無繼於後，進戰不利，何以自全？」武周不聽。時世民言於唐主曰：「太原王業所基，國之根本，請往討之。」武周敗却。其後建爲京府，復置大鎮以犄角朔方，捍禦北狄。李白云：「太原襟四塞之要衝，控五原之都邑。」是也。及安、史之亂，匡濟之功多出河東。最後李克用有其地，與朱温爲難。天復元年，朱全忠攻李克用於太原，遣其徒氏叔琮入自太行，張文恭以魏博兵入自磁州新口，葛從周以兗鄆、成德兵入自土門，即井陘也。張歸厚以洺州兵入自馬嶺，王處直以義武兵入自飛狐，侯言以慈隰、晉絳兵入自陰定，並抵晉陽城下，而不能克也。迨釋上黨之圍，奮夾河之戰，梁遂亡於晉矣。石敬瑭留守晉陽，遂易唐祚，而使劉知遠居守。開運初，郭威謂知遠曰：「河東山川險固，風俗尚武，土多戰馬，靜則勤稼穡，動則習軍旅，此霸王之資也。」知遠果以晉陽代有中原。劉崇以十州之衆保固一隅，周世宗、宋太祖之雄武而不能克也。宋太平興國四年始削平之，亦建爲軍鎮。劉安世曰：「太祖、太宗嘗親征而得太原，正以其控扼二邊，謂遼人、夏人也。下瞰長安謂開封。纔數百里，棄太原則長安京城不可都也。」及靖康之禍，金人要割三鎮地，三鎮，太原、河間、中山也。李綱等以河東爲國之屏蔽，張所亦言河東爲國之根本，不可棄也。時張孝純固守太原，女真攻之不能克。及太原陷，敵騎遂長驅而南矣。蒙古蹙金汴京，亦先取其河東州郡。明初攻擴廓於太原，別軍出澤、潞，而徐達引大兵自平定徑趨太原，戰於城下，擴廓敗走，於是太原以下州郡次第悉平。夫太原爲河東都會，有事關、河以北者，此其用武之資也。

陽曲縣，附郭。本秦太原郡狼孟縣地，漢置陽曲縣，屬太原郡。魏、晉因之。後魏屬永安郡。隋郡廢，縣屬并州。開皇六年改曰陽直，十六年又改曰汾陽，大業末仍曰陽直。唐武德三年析置汾陽縣，以陽直縣并入。七年復改爲陽曲縣，仍屬并州。宋太平興國三年改置并州於榆次，七年復徙治陽曲縣之唐明鎮。金天會中始移縣置郭下，元因之。今編户八十三里。

陽曲故城，府西北五十里，魏、晉時縣治此。志云：漢置陽曲縣，在今忻州定襄縣境，西南去府城八十里。或曰非也，漢城蓋在今府西北百餘里。應劭曰：「河千里一曲，縣當其陽，故曰陽曲。」後漢末移治太原縣北四十五里，魏復徙於狼孟縣南，即此城也。晉永嘉末，劉琨爲并州刺史，劉聰遣兵襲破晉陽，琨請兵於拓拔猗盧，復收晉陽，琨因徙居陽曲。太元末拓拔珪伐後燕，軍至陽曲，乘西山臨晉陽是也。其地有陽曲川。後魏長廣王初，高歡與爾朱兆破河西賊帥紇豆陵步蕃於秀容，兆德歡，歡因詭兆得統六鎮降衆。歡恐兆悔之，遂宣言受委統州鎮兵，可集汾東受號令，乃建牙陽曲川，陳部分。水經注：「汾水自汾陽縣南流經陽曲城西，陽曲在秀容南也。」五代史「後魏移陽曲縣復治故城」，蓋即太原縣北故城。近志云：今府東四十五里有石城，亦曰石城都，後魏嘗移縣治此。誤也。隋文帝以楊姓惡陽曲之名，因改曰陽直。又移於汾陽故城，改曰汾陽。大業末復曰陽直，移理於木井城。舊志云：縣東北七十里有陽曲川，其地有木井城。唐武德三年於故汾陽城復置汾陽縣，七年省陽直入焉，仍改汾陽曰陽曲，又徙治於陽直故城，蓋即木井城矣。大曆十三年，回紇寇河東，鎮兵逆戰，大敗於陽曲，即是城也。魏收志縣有陽曲澤，即陽曲川也，西南注於汾水。金人移縣於今治，而謂木井爲故縣城。城邑攷：「今府城宋大平興國七年所築，偏於西南。明洪武九年展築東南北三面，甃以磚石，環以大濠。嘉靖十九年復并南城而新之。」今城周二十四里。

狼孟城，府北七十里。本趙邑。秦莊襄王二年攻趙狼孟。又始皇十五年伐趙，軍至太原，取狼孟是也。尋置縣，屬太原郡。兩漢因之，晉屬太原國，後魏省。俗名黄頭寨。括地志：「狼孟城，在故陽曲城東北二十六里。」○汾陽城，在府北九十里。漢縣，屬太原郡，後漢省。隋移陽直縣於此，因改曰汾陽，尋復改廢。唐初復置汾陽縣治此，後又并入陽曲。近志：汾陽城，在今府西七十里。

大盂城，府東北八十里。春秋昭二十八年：「晉分祁氏之邑爲七，盂其一也。」胡氏曰：「漢置盂縣，蓋本治此。」後魏時謂之大祁城。其城左右夾澗幽深，南面大壑，亦曰狼馬澗。隋開皇中置盂縣治焉，大業初并入汾陽縣。○洛陰城，在府東北七十里。或曰隋置洛陰府，爲屯戍之地。唐武德七年置羅陰縣於此，貞觀初省。又燕然城，在府西北七十里。唐貞觀六年以蘇農部落置燕然縣，屬順州。八年僑治陽曲，屬并州。十七年省入陽曲縣。

三交城，府北五十里。相傳晉大夫竇鳴犢所築城也。舊有三交驛，路通忻州。宋長編：「河東有地名三交，契丹所保，多由此入寇。太平興國中詔潘美屯三交口，潛師拔之，美積粟屯兵，寇不敢犯。」又雍熙三年賀懷浦將兵屯三交，即此城也。一統志：「城在府北五里。」誤。又廢白馬府，在府西北五十里。隋置戍兵之所也。

罕山，府東五十里。其山層巒起伏，異於他山，因名。山南接榆次縣界。又方山，在府東六十里。山形如削，南面正方，其西接清源縣界。○漢棚山，在府東北六十里。相傳漢時嘗置棚屯兵於此，因名。其北接盂縣之鴉鳴谷。

繫舟山，府北九十里。俗傳禹治水曾繫舟於此，至今有石如環軸。志云：山北去忻州六十三里。又阪泉山，在府東北八十里。相傳舊名漢山，晉文公卜伐楚，遇黄帝戰於阪泉之北，因改今名。又亭子山，在府西北五十里。俗名北山頭。

龍鎖谷，府東南五十里。明初大兵下澤、潞，擴廓遣兵駐此以爲聲援。又乾燭谷，在縣西北。通典：「陽曲縣有乾燭谷，即羊腸坂。」

汾水，府西二里。源自静樂縣管涔山流入境，又西南入太原縣界。宋天禧中陳堯佐知并州，因汾水屢漲，於東岸築隄周五里，引水注之，四旁植柳萬株，今城西一里柳溪是也。又有汾河渡，在城西南十里。路通太原，夏秋置船，冬春爲土橋以渡。餘詳大川。

洛陰水，府北三十里。源出忻州南界，南流經廢洛陰城有真谷水流合焉，又南會石橋河注於汾水。志云：石橋河在城西南，自盂縣流入界，合於洛陰河。上有石橋，因名。○掃谷水，在府西北三十里。出府西北百二十里之掃谷，南流出天門谷入於汾水。志云：府西北百五十里静樂縣界有龍泉，流至横渠合掃谷水。宋天聖二年夏水大漲，郡守陳堯佐築新堤捍之，患始免。又府東北五十里有澗河水，亦西南流入於汾水。

天門關，府西北六十里，路通舊嵐管州。其東北崖隋煬帝爲晉王時所開，名楊廣道。宋靖康初金人圍太原，朔州守臣孫翊將兵赴援，由寧化、憲州出天門關，敗没。時府州帥折可求亦統麟府之師三萬涉大河，由岢嵐、憲州赴援，將出天門，金據關拒之，不能克。復越山取道松子嶺至交城，爲金所敗。麟，今陝西神木縣。府州，今陝西府谷縣也。

餘見下。

石嶺關，府東北百二十里。路通忻州，甚險固。唐武德三年突厥窺晉陽，自石嶺以北皆留兵戍之。八年命姜行本斷石嶺道以備突厥，既又命張瑾屯於此。長安二年突厥破石嶺，寇并州。宋開寶二年車駕至太原，契丹來援，何繼筠屯陽曲驛，契丹攻石嶺關，繼筠敗却之。太平興國二年太宗圍太原，命郭進爲石嶺關都部署，以斷契丹之援。元至正二十年，命孛羅帖木兒守石嶺關以北，察罕帖木兒守石嶺關以南，時孛羅駐大同，欲争晉、冀也。二十三年，孛羅以察罕既卒，復争晉、冀，引兵至石嶺關，擴廓帖木兒大破之，孛羅由是不振。杜佑曰：「忻州定襄縣有石嶺關，甚險固。」定襄本陽曲地也。

百井鎮，府北四十里。唐大曆十二年，回紇入寇，河東留後鮑防禦之，大敗於此。廣明元年，河東將張彦球追沙陀於代北，至柏井軍變，還晉陽，即百井也。中和元年，李克用陷忻、代，河東帥鄭從讜遣兵軍百井以備之。五代唐清泰初，雲州奏契丹入寇，河東帥石敬瑭請軍於百井爲之備。周顯德六年，命李重進自土門擊北漢，敗北漢兵於百井。宋雍熙三年，契丹逼代州，潘美將兵自并州往救，至百井而還，即此。

虎北口。在府西北。五代唐清泰三年張敬達攻河東，遣兵戍虎北口。既而圍石敬瑭於晉陽，契丹來救，騎兵自揚武谷而南至晉陽，陳於汾北之虎北口，唐兵陳於城西北山下，戰於汾曲，唐兵大敗。契丹尋還營虎北口，敬瑭出北門見契丹主於此。○烏城驛，亦在府北。唐所置也，爲晉陽、代州往來之道。

太原縣，府西南四十五里。西至交城縣七十里。周叔虞始封地，春秋、戰國皆曰晉陽。秦置晉陽縣，爲太原郡治，漢、晉以後因之。唐徙縣治汾水東。宋初以縣爲平晉軍，尋罷軍爲平晉縣，後又徙治永利監，屬太原府。金因之。元屬太原路。明初復移縣於汾水西，洪武八年復爲太原縣。今編户五十五里。

太原故城，在今縣治東北。古唐國也。相傳帝堯始都此，又夏禹之初亦嘗都焉。左傳「帝遷高辛氏子實沈於大夏，主參」；金天氏之裔允格、臺駘以處太原」，皆此地矣。周成王滅唐，而封其弟叔虞，虞子燮以唐有晉水，改國曰晉，亦謂之大鹵。春秋昭元年「荀吴敗狄於大鹵」，即太原也。中國曰太原，夷狄曰大鹵。又謂之大夏。齊桓公曰：「西伐大夏，涉流沙。」亦謂之曰鄂。隱六年：「晉人逆翼侯於隨，納諸鄂，謂之鄂侯。」桓八年：「王又命立哀侯弟緡於晉。」杜氏曰：「鄂即晉也。」索隱：「唐侯之後封夏墟而都於鄂，亦謂之大夏。」蓋大夏、太原、大鹵、夏墟、晉陽、鄂，凡六名，其實一也。左傳定十三年：「趙鞅入於晉陽以叛。其後簡子使尹鐸爲晉陽。及知伯攻趙，襄子走晉陽，知伯與韓、魏圍而灌之，沉竈産鼃，民無叛意，卒滅知伯。」秦紀：「昭襄王四十八年，司馬耿北定太原。莊襄王二年，使蒙驁攻趙定太原。三年，拔趙晉陽，置太原郡。」又漢高十一年封子恒爲代王，都晉陽。史記云：「都中都。」如淳曰：「文帝三年幸太原，復晉陽中都二歲，似遷都中都也。」都邑記：「太原舊城，晉并州刺史劉琨築，高四丈，周二十七里。城中又有三城：一曰大明城，古晉陽城也，左氏謂董安于所築。城東有汾水，南流與城西之晉水匯，故史記曰知伯引汾水以灌城，春秋後語謂決晉水也。高齊於此置大明宮，因名大明城。其城門曰五龍門，齊主緯以周師逼晉陽，夜斬五龍門而出，欲奔突厥，不果。」唐姚最述行記：「晉陽宮西南有小城，内有殿號大明宮。又一城南面因大明城，西面連倉城，北面因州城，東魏静帝武定三年於此置晉陽宮，隋又更名新城。又一城東南連新城，西北面因州城，隋開皇十六年築，今名倉城，高四丈，周八里。唐義旗初建，高祖使子元吉居守，即斯地矣。」唐會要：「舊太原都城左汾右晉，潛丘在中，長四千三百二十一步，廣二千一百二十二步，周萬五千一百五十三步。宮城在都城西北，即晉陽宮也。隋大業三年北巡，還至太原，詔營晉陽宮。高祖起晉陽故宮，仍隋不廢。其城周二千五百二十步。汾東曰東城，貞觀十三年長史李勣所築。兩城間曰中城，武后築以合東城。」崔神慶傳：「武后擢神慶爲并州長史，初州隔汾爲東西二城，神慶跨水連堞，合而一之，省防禦兵數千。」所謂太原三城，謂東、西、中城耳。至德二載史思明寇太原，諸將議脩城以待之，李光弼曰：「太原城周四十里，賊垂至而興役，是未見敵先自困也。」乃率士卒及民於城外鑿濠以自固。光弼所云「四十里」者，止言都城也。建中四年馬燧爲河東節度，以晉陽王業所基，宜因險以示敵，乃引晉水架汾而屬之城，瀦爲水隍，省守陴萬人。又釃汾環城植柳以固隍。唐志：「宮城東有大明城，故宮城也。又有節義堂，有受瑞壇，元吉留守時獲瑞石，因築壇祠之。」宋平劉繼元，城邑宮闕盡皆毁廢。及靖康初金人圍太原久不下，於城下築舊城居之，號元帥府，中外斷絶，城中大困。

平晉城，縣東北二十里。城周四里。宋平河東，毁舊城置新城於此，曰平晉軍。又置永利監。雍熙二年改爲平晉縣，熙寧三年縣廢，政和五年復置。金廢永利監。元因之。明朝改建太原縣於汾西，此城遂廢。○龍山城，在縣西北。北齊分晉陽縣置龍山縣於此，因山爲名。或曰齊移晉陽縣於汾水東，而於城中置龍山縣也。隋開皇十年改龍山曰晉陽，移入郭下；改舊晉陽縣爲太原縣。唐並爲州治，宋毁。志云：西南外有羅城，以禦西山之水。俗呼爲長龍城。今有羅城鎮。

唐城，在太原故城北一里。都城記：堯所築，叔虞始封此，子燮父徙居於晉水傍，并理故唐城是也。又晉陽舊有東城，高齊天保初宇文泰來伐，軍至建州，高洋自將出頓東城云。建州，今見絳縣車廂城。○三角城，在縣西北二十里。其城三面，一名徒人城，亦曰捍湖城，相傳趙襄子所築。又有王陵城，志云：在舊縣東汾水側。今訛爲黄林邨。

竹馬廢府，在太原舊府城中。又太谷縣有寧靜府，榆次有洞渦、昌寧二府，盂縣有信童府，凡爲府十八，皆唐府兵所居也。又天兵軍，亦在舊府城内。唐開元五年突厥九姓内屬者皆散居太原，并州長史張嘉貞請宿重兵以鎮之，於是置天兵軍於并州，集兵八萬，〔一〕以嘉貞爲天兵軍大使。會要：「天兵軍，聖曆二年置，大足元年廢。長安元年又置，景雲元年又廢。開元五年張嘉貞又置，十一年改爲太原已北諸軍節度使。」又有和戎軍，亦在晉陽北。開元初薛訥爲并州長史，和戎、大武等軍州節度使。」或謂時改天兵爲和戎也。大武，見代州。

蒙山，縣西北五里。隋志晉陽有蒙山。其山連亘深遠，或以爲北山，或以爲西山。晉永嘉六年，劉聰使劉曜等乘虚寇晉陽取之，并州刺史劉琨請救於猗盧，曜等戰敗，棄晉陽踰蒙山而歸。又後周保定二年楊忠會突厥自北道伐燕，至恒州，三道俱入，從西山而下，去晉陽二里許，爲齊將段韶所敗；唐天復二年河東將李嗣昭等取慈、隰二州，爲汴軍所敗，汴軍乘勝攻河東，嗣昭等依西山得還；又後唐清泰三年，張敬達等圍石敬瑭於太原，契丹救太原，敬達等陳於城西北山下，戰於汾曲，爲契丹所敗；皆蒙山也。胡氏曰：「蒙山跨晉陽、石艾二縣界。」今平定州别有蒙山，非一山矣。

懸甕山，縣西南十里。一名龍山，晉水所出。山腹有巨石如甕，水出其中，亦曰汲甕山，又爲結絀山。水經注：懸甕之山，晉水出焉，其上多玉，其下多銅。」〔二〕通志：「縣西八里爲龍山，北齊因以名縣；又西一里爲懸甕山；皆晉水所出也。又有風谷山，亦在縣西十五里。道出交城、樓煩，唐時爲驛道所經。又尖山，在縣西南十五里，產礬炭。諸山蓋皆蒙山之支隴矣。○嬰山，在縣西北三里。隋圖經：「嬰山，并州主山也。」又有駝山，在縣東北三十五里。狀若駝峰，一名黑駝山，亦產煤炭。

藍谷，在縣西南。胡氏曰：「蒙山西南有藍谷。」永嘉六年劉曜自蒙山遁歸，拓跋猗盧追之，戰於藍谷，曜兵大敗。建興初劉琨復與猗盧謀討劉聰，琨進據藍谷是也。志云：今縣西十八里有黃蘆谷，又縣西北二十五里有井谷，西南二十五里有葦谷。又有槐子谷，在縣西南十五里之瑰石山。

汾水，在縣城東。自陽曲縣流入界，又南流與城西之晉水會，西南入清源縣界。或謂之南川，以流經太原之南也。晉永嘉六年猗盧救劉琨，前鋒敗劉曜於汾東，曜扶創渡汾入晉陽，大掠而還。唐武德五年突厥寇并州，襄邑王神符破之於汾東。五代梁貞明二年王檀將河中、同華諸道兵乘虛襲晉陽，昭義將石君立赴救，朝發上黨，夕至晉陽，梁兵扼汾河橋以拒之，爲君立所敗。後唐清泰三年張敬達攻石敬瑭於河東，契丹來救，敗唐兵於汾曲。石晉開運三年契丹入汴，分軍自土門西入河東，軍於南川，既而引還。宋開寶二年親征太原，壅汾、晉二水灌其城，北漢大恐，汾水尋陷其南城。太平興國四年伐太原，駐蹕汾東及城下，引汾河、晉祠水灌之，隳其故城。蓋太原有事，汾河其必爭之地也。今引爲十一渠，分灌縣境民田。

晉水，在城西南。源出懸甕山。水經注：「昔知伯遏晉水以灌晉陽，因分爲二流：北瀆即知氏故渠也，其瀆乘高東北注入晉陽城，周圍灌溉，東南出城流注於汾；其南瀆，經南城亦注於汾。」後漢元初三年脩理太原舊溝瀆，灌溉公私田，謂晉水也。唐貞觀中李勣爲并州長史，以太原井水苦不可飲，乃架引晉水入東城以甘民食，名曰晉渠，此即知氏渠也，俗謂之北派。其餘復分二派，中派亦曰中河，又分流爲陸堡河；南派亦曰南河，會流爲清水河，以注於汾。今晉水入城之流已涸，餘流分爲南、北、中渠及陸堡渠，並溉民田。又沙河，亦在縣西。源出風谷，經晉陽故城南隍中東流入汾，雨潦則盈，旱則涸。○洞渦水，在縣東南三十里。源出樂平縣西陡泉嶺，經平定州及壽陽、榆次諸縣，下流經此入汾。今分爲四渠，引流溉田。

臺駘澤，在縣南十里，即晉澤也。舊爲晉水匯流處，蒲魚所鍾。水經注：「晉祠南有難老、善利二泉，大旱不涸，隆冬不凍，溉田百餘頃。又有泉出祠下曰滴瀝泉，其泉導流爲晉水，瀦爲晉澤。」今澤已湮涸。

晉安砦，在故晉陽城南。亦曰晉安鄉。薛居正曰：「在晉祠南。」唐清泰三年石敬瑭以河東叛，詔張敬達討之，營於晉安鄉，尋進圍太原，反爲契丹所敗，退保晉安。契丹就圍之，置營於晉安南，長百餘里，厚五十里，以絶援兵之路。唐兵赴援者皆屯團柏，不敢進。唐主憂之，廷臣龍敏曰：「今選精騎自介休山路夜冒敵騎入晉安寨，使敬達知大軍近在團柏，則事濟矣。」唐主不能用，晉安遂爲契丹所陷。又陽興寨，在縣東南。或云宋取太原時置。

銅壁戍，在縣西南汾水上。晉升平初苻秦冀州刺史張平來降，引兵略秦境，苻堅自將擊之，前鋒軍於汾上，堅至銅壁，平敗降。胡氏曰：「河、汾間有銅川，其民遇亂築壘壁自守，因曰銅壁。」時平據晉陽，銅壁蓋近晉陽也。

柳林，在縣東南三十里。契丹圍敬達於晉安寨，置營於晉安南，又移帳於柳林，遊騎過石會關，既而築壇於柳林，立敬塘爲天子處也。又甘草地，〔三〕在縣南。宋開寶二年圍太原，頓兵甘草地，會暑雨，軍士疾病，引還。

晉祠。志云：在縣西南十里懸甕山南，祠叔虞也。高齊天統五年嘗改爲大崇皇寺，尋復故。宇文周建德五年圍齊晉州，齊主高緯集兵晉祠，自晉陽趨救。又唐天復二年汴將氏叔琮圍晉陽，營於晉祠，攻其西門。宋熙寧八年太原人史守一修祠水利，溉田六百有餘頃，蓋晉水源出祠下云。○講武堂，唐志：「在晉陽縣北十五里，顯慶五年築。」又縣西南三十里有避暑宮，高歡避暑處。

榆次縣，府東南六十里。東北至壽陽縣百二十里，南至太谷縣七十里。春秋時晉之涂水邑。涂音塗。漢置榆次縣，屬太原郡。後漢及晉因之。北魏太平真君中併入晉陽縣，尋復置。北齊省入中都縣。隋改中都曰榆次，尋復移治故城，屬并州。唐因之。宋太平興國中嘗爲并州治，後仍屬并州。今編户七十里。

榆次故城，在今縣治西北。杜佑曰：「晉魏榆地也。」左傳昭八年：「石言於晉魏榆。」服虔曰：「魏，晉地；榆，州里名。」後謂之榆次。史記：「秦莊襄二年，使蒙驁攻趙拔榆次，取三十七城，還定太原。」是也。漢置縣於此，今故址猶存。

中都城，縣東十五里。漢置縣，屬太原郡。文帝爲代王，都中都，即此城也。後漢亦曰中都縣。晉屬太原國。永興初劉淵遣別將寇太原，取中都，即此。後魏仍屬太原郡，隋并入榆次。○武觀城，在縣西南三十里陳侃邨。一名武館城，晉人謂之故郛城，盧諶征艱賦所云「經武館之故郛」，即此也。又信都城，在縣東十八里，蓋南北朝時所僑置。

麓臺山，縣東南三十里。又東南五十里有鷹山。○黄蛇嶺，在縣北。唐武德二年劉武周引突厥入寇，軍於黄蛇嶺，襲陷榆次，即此。

塗水，有二：一曰大涂水，發源縣東南百二十里八縛嶺下，西北流至縣東十五里合流郚入洞渦水；一曰小涂水，源出鷹山，西流入大涂水。水經注：涂水出陽邑東北大嵰山涂谷，西南與蔣谷水合而入榆次縣界。或曰大嵰山今在縣東南境，一作「大廉山」。

洞渦水，在縣東南十五里。〔四〕自壽陽縣西南流經此合涂水，又西去五里合源渦水，又西經徐溝、清源、太原縣界而注於汾水。唐光化二年汴將氏叔琮侵晉陽，周德威拒之於榆次，戰於洞渦河，擒其驍將陳章。五年氏叔琮等分道侵河東，出石會關，營於洞渦驛，進抵晉陽，不能克。既而河東將李存審敗汴軍於洞渦，汴軍引退。宋開寶初李繼勳等侵太原與北漢戰於洞渦河，大破之，進薄太原。魏收志「洞渦水一出木瓜嶺，一出沾嶺，一出大廉山，一出縣東九里原過祠下，四水合流，故曰『同過』，後訛爲洞渦」云。

木瓜水，源出縣東南六十里木瓜嶺下，西流二十里經八縛嶺，一名八縛水，西流合洞渦水。又源渦水，在縣東八里。其泉自平地湧出，南流會洞渦水。唐貞觀中縣令孫湛嘗令民引渠以溉田。○澗河，在縣西。一名赤坑水。源出縣東北三十里之罕山，其地名赤坑郚也，西南流分爲二渠以溉田。又縣東北五十里有芹谷水，西流合澗河注於洞渦水。又牛坑水，出縣東南三十里懸泉谷，亦西流入洞渦，居民引渠以溉田。

萬春渠，縣南三里。引洞渦水西流，溉田凡百二十餘頃。又聶店渠，在縣北十五里。引澗河水溉田，凡五百餘頃。

鑿臺，在縣南四十里洞渦水側。戰國策：「黄歇説秦昭王書：〔五〕『知伯見伐趙之利，而不知榆次之禍也。』」又云：

「知氏伐趙，勝有日矣。韓、魏反之，殺之於鑿臺之下。」〔六〕唐書：「代宗初僕固懷恩叛，其子瑒攻榆次，郭子儀將白玉、焦輝擊殺之於鑿臺下。」今爲洞渦水所湮。又廢臺，在縣東南五十里。相傳冉閔爲并州刺史時所築。

長寧寨。志云：在縣東南二十五里。後魏將李長寧所居，亦曰長寧壁。又福堂寨，在縣東南十里。亦曰區堂壁，相傳後魏人區堂所居。○土橋，在縣東北六十里。又東五十里爲太安驛，乃壽陽西走太原之通道。又有鳴謙驛，在縣北，西去府城五十里。

太谷縣，府東南百二十里，北至榆次縣七十里，西至祁縣五十里。本晉大夫陽處父邑，漢爲陽邑縣，屬太原郡。後漢及魏、晉因之。後魏太平真君九年省，尋復置。隋開皇十八年改曰太谷縣。唐武德三年置太州，六年州廢，以縣屬并州。今編户八十三里。

陽邑城，縣東南十五里。漢縣治此，後周建德四年始移今治。隋曰太谷。唐武德八年李高遷屯太谷以拒突厥，既而并州總管張瑾與突厥戰於太谷，軍没，即今縣。又縣西北十五里有洛漠城，即水經注所云「涂水出大嵰山，西南經蘿磐亭」者也。郡國記謂之羅摩亭，俗因訛爲洛漠城。相傳秦將王翦伐趙時所築，唐玄宗幸太原置永豐頓，兼立青城於此。

箕城，縣東三十五里。左傳僖十三年：「晉敗狄於箕。」昭二十三年：「晉執叔孫昭子，館於箕。」杜預曰：「箕在陽邑南。」郡國志：「縣西南七里又有副井城，戰國時趙戍守處。」今曰副井邨。○秦城，在縣界。唐廣明元年河東官軍擊沙陀於太谷，至秦城，戰不利。或曰今縣西南七里有咸陽城，秦伐趙時以咸陽卒戍此，因名。今猶謂之咸陽邨，疑即秦城矣。

鳳凰山，縣南十里。稍東十里曰鳳翼山，〔七〕即鳳皇山右翼也。山下酹泉出焉，北流合咸陽谷水謂之交合水。又灰泉山，在縣東南二十里。其泉瀦而爲池。池南七十里又有白壁嶺。

馬嶺，縣東南七十里。又東南至遼州榆社縣九十里，路通北直順德府。唐光化二年汴將葛從周救魏博，敗幽州兵，自土門進攻河東。其別將氏叔琮自馬嶺入，拔遼州樂平，進軍榆次，爲河東將周德威所敗。三年李克用遣李嗣昭自馬嶺而東，與汴軍爭邢、洺，以救劉仁恭，時仁恭爲全忠所攻也。又五年朱全忠大舉侵河東，使張歸厚以洺州兵入自馬嶺，至遼州，州降。今馬嶺關在其上。

太谷，在縣南十三里，即咸陽谷也。秦築城於谷口以置戍軍，谷亦因城以名。水經注「太谷在祁縣東南」，亦即是谷矣。又有奄谷，在縣東南十里。俗名千佛崖。又東南十里曰四卦谷，有泉四派分流。又東南十里曰回馬谷，道亦出順德府。又有象谷，在縣東北五十二里。

回馬水，在縣東南。志云：源出榆次縣界黄花嶺，流經回馬谷，因名。又咸陽谷水亦流合焉，經清源、祁縣界注於汾水。又象谷水，在縣東北二十五里。源亦出榆次縣界恤張嶺，下流經象谷名象谷水，合徐溝縣之金水河，經清源、祁縣界注於汾水。水經注「涂水經羅磬亭南合於蔣谷水」，即象谷水矣。○胡谷水，在縣西南。西北流入祁縣界，合於隆舟水。又奄谷水，出奄谷中，東北流合象谷水。金河水，在縣東北。出縣界大塔山，衆泉合流，經徐溝縣境合象谷水。

馬嶺關，在馬嶺上。俗作「馬陵關」，謂龐涓死處，誤矣。其地控扼要險，自昔爲戍守處。今有巡司，屬遼州榆社縣。〇武林堡，在縣東。北臨象谷水，三面石崖，勢極險阻，唐武德初築爲戍守處。又王班堡，在陽邑故城東十餘里，内有九級浮圖。

萬年頓。縣西北十里。本名龍泉頓，唐開元十年幸太原，道經此，改曰萬年。

祁縣，府南一百五十里。東至太谷縣五十里，西南至汾州府介休縣九十里。春秋時晉大夫祁奚邑。左傳昭二十八年：「晉滅祁氏，分爲七縣，魏獻子以賈辛爲祁大夫。」是也。漢置祁縣，屬太原郡。後漢、魏、晉因之。後魏仍屬太原郡，高齊廢。隋復置，唐初屬太州，尋還屬并州。宋因之。金改屬晉州，元屬冀寧路。今編户四十有五里。

故祁城，縣東南七里。漢縣治此，後魏徙今治。今曰故縣邨，亦曰祁城村。又東南八里有古祁城，志以爲古祁氏之邑也。〇鄔城，在縣西七里。志云：左傳成十三年「晉侯使呂相絶秦曰焚我箕、郜」，謂此郜城也。恐誤。或謂之鵠城。今其地名高城邨，蓋音訛也。又趙襄子城，志云：在縣西六里。趙襄子所築，今名趙武邨。又沙邨城，在縣西五里。相傳慕容垂所築。

隆舟城，縣東南三十里。或謂之隆州城。五代周初劉崇據河東十二州，隆州其一也。繼而劉繼元築城以拒周師。宋太平興國四年伐北漢，命行營都監折御卿分兵攻其岢嵐軍，下之，遂取嵐州。漢人於隆舟依險築城拒守，爲宋軍所拔。王氏曰：「折御卿自府州會兵先克岢嵐，次克嵐州，隆州蓋晉、漢閒所置，其地當在岢、嵐間，非即隆舟城也。」又縣東北十五里有秃髮城，〔八〕或以爲後魏時置。

嶂山，縣東南六十里，東接太谷縣界，南接武鄉縣界。其相近者又有麓臺山，一名頂山，又名蒙山，亦曰竭方山，南跨平遥，迤邐接武鄉、沁源、靈石三縣界。

團柏谷，在縣東南。即隆舟城之地，今曰團柏鎮。唐末石敬塘及契丹兵圍晉安砦，唐主自河陽遣將康思立進援，赴團柏谷。既而盧龍、魏博諸軍皆屯團柏谷口，去晉安才八里，聲聞不通，及晉安不守，契丹與河東兵進至團柏，唐兵遂潰。周廣順初，北漢主發兵屯團柏。又顯德初北漢主遣其將李存瓌自團柏進攻晉安，又自團柏南趨潞州，進屯梁侯驛，昭義帥李筠壁於太平驛，爲北漢兵所敗，遁歸上黨。宋乾德四年昭義節度使李繼勳伐北漢，漢主劉繼恩遣劉繼業等扼團柏，爲繼勳前鋒將何繼筠所敗，遂奪汾河橋，薄太原城下，焚其延夏門，會契丹來救乃還。又開寶二年北漢主劉繼元置寶興軍於此。九國志：「北漢主以僧劉繼邕知國政，繼邕遊華嚴，見地有寶氣，乃於團柏谷置銀場，募民鑿山採取，北漢主因置寶興軍是也。」梁侯、太平等驛，俱見潞安府長治縣。

隆舟水，在縣東南。志云：本名龍舟水，源出縣東南百六十里胡甲山西，亦名胡甲水，北流出龍舟谷名龍舟水。其支渠東北出爲昌源渠，西南出逕平遥縣界爲長壽渠，皆有灌溉之利。又逕侯郇旁名侯甲水，至介休縣北張南郇溉田，流入汾水。水經注：「侯甲水發源胡甲嶺。」〔九〕蔡邕曰：「侯甲，邑名，在祁縣。」今沁州武鄉縣西北有胡甲嶺，蓋舊爲祁縣也。

胡谷水，在縣東。志云：出太谷縣，流入縣境。或曰即通光水也，出縣東南四十里胡城谷中，亦謂之胡城水，北流溉田，爲利甚溥。

昭餘祁藪，縣東七里。其水久涸，元至元十一年浚鑿得細水，溉田及浸隍下樹木。周職方：「并州藪曰昭餘祁。」水經注：「侯甲水又西北流逕祁縣故城南，自縣連延，西接鄔澤。是爲祁藪，即爾稚所謂昭餘祁矣。」

隆州谷關，縣東南九十里。南通沁州，北通徐溝縣，兩壁皆山，道傍有水，即胡甲水也。洪武三年置巡司戍守，亦曰隆州谷北關。

盤陀戍。縣東五里。宋靖康初金人敗种師中之兵於榆次，乘勝趨威勝軍，與姚古遇於盤陀山，兵潰，退保隆德。今爲盤陀驛。

徐溝縣，府南八十里。南至祁縣七十里。本清源縣之徐溝鎮，金大定二十九年析平晉、榆次、清源三縣地置今縣，屬太原府。編户十九里。

洞渦水，在縣北。自榆次縣流入界，又西入清源縣界。今縣有洞渦驛，蓋因水以名。○金水河，在縣東。志云：源出太谷縣東北大塔山，下流合衆泉，經榆次縣之東陽鎮流入縣界合象谷水，又西入清源縣境。

象谷渠。在縣城下。流分三道，環遶東西，分灌民田，蓋居民引象谷水爲渠也。

清源縣，府西南八十里。東至徐溝縣五十里，北至太原縣四十里。春秋時晉之梗陽邑，漢爲榆次縣地，隋開皇十六年始於梗陽故城置清源縣，大業初省入晉陽。唐初復置，宋因之。金嘗置晉州於此，尋還屬太原府。今編户二十八里。

梗陽城，在今縣治南。故晉邑也。左傳襄十八年：「晉中行穆子見梗陽之巫皐。」又梗陽人有獄，魏獻子不能決者。」史記「趙惠文王十一年秦取梗陽」，即此。故城周六里。○涂陽城，在縣南二十里。春秋時晉大夫祁氏邑，魏獻子以知徐吾爲涂水大夫是也。今名屠賈邨。有谷曰屠谷，谷夏則水漲，冬則涸。志云：谷在縣南十五里。又縣東南四十里有陶唐城，舊經：「陶唐氏自涿鹿徙居此，俗謂之姚城。」

鵝城，縣東南二十三里。晉陽秋：「永嘉元年洛陽步廣里地陷，有二鵝飛出，蒼色者沖天，白者止此。蒼色北方象，劉淵以爲己瑞，築城應之。」又印駒城，志云：在縣西南二十三里。相傳漢文帝置牧於交城縣，築此城以印駒。今縣西北十五里有馬名山，亦以文帝牧苑而名。

中隱山，縣西北八里。四圍高峰，山獨中隱。亦曰中隱谷。又白石山，在縣西五里。亦曰白石谷。中多白石，因名。洪武中築堰於此以禦暴流衝嚙之患，至今城無水災。

汾水，縣東五里。自太原縣流入界，又南經此。有米陽渡，流闊八十餘步，路出徐溝。又縣東十二里有永濟渠，則引汾灌田處也。汾水又西南流入交城縣界。

清源水。縣西北五里。自平地湧池，亦曰平泉，一名不老池，引流溉田，水溢則東南注於汾。又白石水，源出白石谷，流合平泉水；又中隱水，出中隱谷；並流注於汾。

交城縣，府西南百二十里。西南至汾州府九十里。漢晉陽縣之西境，北齊置牧官於此，隋開皇十六年置交城縣，屬并州，以縣界有古交城而名。唐因之。宋置大通監，金廢監，縣仍屬太原府。今編户四十二里。

故交城，縣東北七十里。隋、唐時縣置於此。志云：古交城又在其東北二十里，當孔水、汾水交流之處，隋所取以名縣者也。舊唐書：「交城縣西北有古交城。縣初治交山，天授元年移置却波邨。先天二年於故縣分置靈川縣，開元二年省。却波邨，即今縣治也。又寰宇記云：「縣西北四十里有大通監，管東西二冶烹鐵務。東冶在縣上縣，西冶在交城縣北山義泉社，取狐突山鐵礦烹鍊。」宋白曰：「大通監本古交城地。」又縣西北八十里有大通鐵冶，宋設都提舉司及鐵冶所、巡司，今俱廢。

下馬城，縣北百六十里，接靜樂縣界。相傳元魏孝文往來避暑下馬處。又馬蘭城，在縣北九十里孔河上。本名馬蘭邨。孔水南流經此東注於汾，漢、魏、北齊皆嘗牧馬於此。又有榆城，在縣西北百三十里文谷水上，亦故戍守處也。其地多榆，因名。

狐突山，縣西北五十里。有晉大夫狐突廟，因名。縣之鎮山也。產青鐵，宋因以置監。一名馬鞍山。○錦屏山，在縣西北五里。紅崖緑樹，燦若錦屏。又縣北五里有萬卦山，有六峰峙立，其旁衆峰交錯，因名。又縣西北二十里有石壁山，四圍小山相向如壁。

羊腸山，縣東北百里。石磴縈委，若羊腸然。後魏立倉於此，名羊腸倉。隋大業四年經此幸汾陽，改名深谷嶺。嶺上有故石墟，相傳魏太武避暑之所。亦謂之萬根谷山。元和志「羊腸山在交城縣東南五十三里」，以舊城言也。○交城山，在縣北百二十五里。志云：古交城治此。周顯德三年北漢主鈞葬其父崇於交城北山，即此。又黑石樓山，在縣西北百五十里。黑石攢起，如樓閣然。其相近者曰獨泉山，洞穴中有石如盆，盎泉出其中。或云北漢石盆砦蓋置於此，宋乾德四年石盆砦來降是也。

文山，在縣西北九十里。文水歷榆城又南逕文山下，山因以名。又穀積山，在縣西北百五十里。山形側竪如穀積。

一名滑集山，與永寧州吕梁山相接。又有龍王嵋山，亦名劉嵋山，相傳劉淵都離石時嘗游此，因名。二山西南去永寧州八十里，蓋境相接也。又孝文山，在縣西北二百里，連永寧及静樂縣界。相傳魏孝文臨幸汾陽，置行宫於此。

汾水，在縣東南。自清源縣折而西流經縣界，又西南入汾水縣界。○文水，在縣西北三十里。源出永寧州北境之方山，流經狐突山下，又西南流入文水縣境，下流至汾陽縣入於汾水。亦謂之文谷水。

孔河。在縣東北。源出縣西北百二十里之龍樹山，南經故馬蘭城，東流至太原縣界注於汾水。○步渾水，在縣城東，出狐突山南之步渾谷；又城東南有塔沙水，亦出狐突山南之塔沙谷；俱流注於汾河。又福泉水，出縣東北百七十里之福泉山，亦東南流入汾。

文水縣，府西南百六十里。西至永寧州二百四十里，南至汾州府介休縣八十里。春秋時晉平陵邑，漢爲大陵縣地，屬太原郡。後漢及晉因之。後魏置受陽縣，隋開皇十年改曰文水，以文谷水名也。唐武德三年改屬汾州，六年還屬并州，明年又屬汾州，貞觀初復故。天授初改爲武興縣，神龍初仍爲文水縣。今編户七十九里。

大陵城，縣東北二十里。即晉之平陵也。昭二十八年魏獻子分祁氏之田，使司馬烏爲平陵大夫。趙曰大陸，亦曰大陵。史記：「趙肅侯六年，遊大陸，至於鹿門。又武靈王十六年，遊大陵，夢處女鼓瑟而歌。」劉昭曰：「大陵即大陸也。」漢置大陵縣。晉時爲南單于所居。永興初東瀛公騰遣將聶玄擊劉淵於大陵，爲淵所敗。後魏遷治於城西南十里，改曰受陽。隋曰文水，今縣東十里故文水城是。子城周圍二里有奇。宋元豐間因水患徙置南漳沱邨高阜處，即今縣治。城邑攷：「大陵故城周十餘里，後魏廢。」今爲官田。

平陶城，縣西南二十五里。漢縣，屬太原郡。後漢及晉因之。後魏改曰平遥，避太武嫌名也。水經注：「西胡内侵，徙居京陵。」魏收志平遥有京陵城。今汾州府屬縣，即魏末所遷也。○栅城，在縣北二十五里。後魏宣武時所築，當文谷口。今名開山邨。又雲州城，在縣北三十里。後魏末所築，雲州寄理於此。今曰雲州邨。又大千城，在縣南十里。舊經：「晉時劉元海所築，令其兄延年居之，俗謂兄爲阿干也。」

隱泉山，縣西南二十五里。在平陶故城南，亦名陶山。石崖絶險，壁立險固。中有石室，去地可五十餘丈，惟西側一處得歷級升陟。頂上平地十餘頃。有泉東流注於山下，亦名東津渠，隱没而不恒流，故有隱泉之名，雨澤豐注則通入文水。志曰：隱泉一名謁泉，其石窟曰隱堂洞，亦曰子夏室，昔子夏退居西河之上，即此地也，故山亦兼子夏之稱。宋靖康元年金人圍太原，使李綱督諸道兵赴救，折可求之師潰於子夏山。時可求自汾州而進，取道山下也。

雙峰山，縣北二十里。兩峰壁立。縣西北三十里又有熊耳山，亦以兩峰並峙而名。一名崇山。

汾河，縣東四十五里。自交城縣流入境，又南入祁縣及汾州府平遥縣界。

文水，在縣東十五里。自交城縣南流入縣界，經縣北二十里，由文谷口微折而東南流經此，又南入汾州府界合於汾河。又泌水，在縣北八里。自山下湧出，東南注文水，寰宇記謂之神福泉也。又有甘泉水，在縣西南四十里。下流亦注於文水。

猷水，縣東北二十五里，古大陵城之東南，周十餘里。或謂之鄔澤。水經注：「汾水經大陵縣，左迤爲鄔澤。」廣雅：「水自汾出爲汾陂，東西四里，南北十餘里，陂南即鄔縣也。」漢志注：「鄔縣九澤在北，是爲昭餘祁，吕氏春秋所謂區夷之澤也。」鄔縣，見介休境内。○武滂泊，在縣南二十里。唐天授二年賜名朱雀泊。又縣東南三十里有伯魚泊，或以爲即九澤餘蹟也。今皆涸。

栅城渠，縣西北二十里。唐貞觀三年縣民相率開此渠以引文水，溉田數百頃。唐志：「縣西十里有常渠，武德二年汾州刺史蕭顗鑿以引文水，南流入汾。又縣東北五十里有甘泉渠，二十五里有蕩沙渠，二十里有靈長渠、千畝渠，俱引文谷水溉田數千頃，皆開元二年縣令戴謙所鑿。」今多湮廢。

鴻唐砦。在縣南。北漢據河東時所置戍守處。宋乾德四年北漢石盆砦、鴻唐砦來降。石盆砦，今見交城縣交城山下。

壽陽縣，府東百六十里。東至平定州百十里，東北至盂縣九十里。春秋時晉之馬首邑，漢爲榆次縣之東境，晉置壽陽縣，屬樂平郡，後廢。隋開皇十年改受陽爲文水，而於故受陽城置今縣，屬并州。唐武德三年改屬遼州，六年移受州治此。貞觀八年州廢，縣仍屬并州。宋因之。金興定二年改屬平定州，元仍屬太原路。今編户三十里。

馬首城，縣東南十五里。春秋時晉分祁氏，魏獻子使韓固爲馬首大夫是也。今仍名馬首邨。又賀魯城，在縣西三十五里。相傳趙簡子所築，一名胡盧城。又縣西二十五里有燕州城。縣志云：北齊置州於此，今名烟竹邨。

廣牧城，在縣北。漢廣牧縣本屬朔方郡，後漢建安中移治陘南，屬新興郡。晉因之。建興四年劉琨遣箕澹等救樂平太守韓據於沾城，琨屯廣牧爲聲援。後廢。

方山，縣東北三十五里。頂方一里，一名神福山，或以爲壽陽山。晉永嘉六年拓跋猗盧引兵救劉琨復晉陽，追敗劉曜於藍谷，因大獵壽陽山，陳閱皮肉，山爲之赤。壽陽山，北史作「牢山」。郡縣志：「牢山在晉陽東北四十五里。」或曰今陽曲縣罕山之訛也。〇雙鳳山，在縣北三十里。兩峰狀若伏鳳。山之東有剩水泉。

渦山，縣南八十里。洞渦水經其下，因名。亦曰過山，以高過羣山也。又芹泉山，在縣東二十里。泉源有二，出南山鵶兒谷曰南芹，出北山太平谷曰北芹，二泉合流，東入平定州界，亦曰琴泉。志云：縣北十五里有尖山，圓秀迥出羣巒。又有神武村。〔一〇〕亦名神山。

殺熊嶺，縣西六十里，接榆次縣界。宋靖康元年种師中自真定趨援太原，抵壽陽之石坑，爲金將完顏活女所襲，五戰三勝，回趨榆次，至殺熊嶺，去太原百里，敗死。石坑，或曰在縣東南。又黃嶺，在縣西北五十里。嶺皆黃沙。又西北二十里爲却略嶺。

鵶兒谷，縣東南三十里，東北去盂縣百二十里。亦曰鵶鳴谷。唐乾符五年昭義帥李鈞與沙陀戰於岢嵐之沙谷，敗死。兵還至代州，士卒剽掠州民，殺之殆盡，餘衆自鵶鳴谷走歸上黨。石晉天福九年契丹入犯，南至黎陽，別遣兵入鴈門寇太原，劉知遠敗之於秀容，乃自鵶鳴谷遁去。圖經：「谷徑幽邃，昔有迷谷中者，見鵶飛鳴得路，因名。」

洞渦水，縣南五十里。自平定州流入境，又西南經此。一名冷泉河，以其地有冷泉。亦西南流至榆次界入洞渦水也。又有黑水，源出縣西四十里黑水邨之西山，三源合流，至縣南五十里入洞渦水，並流入榆次縣境。

壽水，縣南二里。有二源並導，合流至縣西南十里合於黑水。又童子河，在縣北二十里。一名曾河。流經縣西南四里合於壽水。又有龍門河，在縣西北三十里。亦有二源，合流而南入於壽水。

西張寨。縣西北五十里。高五丈，周僅十畝許，五代時所置也。金志：「興定四年以壽陽西張寨置晉州。」後爲蒙古所毀，州亦廢。

盂縣，府東北二百四十里。東北至北直真定府二百里，東南至北直井陘縣百五十里，西北至代州五臺縣百二十里。春秋時仇猶國，後并於晉，趙獻子使盂丙爲盂大夫。哀四年齊國夏伐晉，取盂。戰國時爲趙之源仇城。漢置盂縣，屬太原郡。後漢及晉因之。後魏省入石艾縣。隋開皇十六年復分置原仇縣，屬遼州。大業初改曰盂縣，屬太原郡。唐武德三年置受州於此，六年州移治壽陽，縣屬焉。貞觀八年仍屬并州。宋因之。金興定中升爲州，元因之。明朝洪武二年改州爲縣。編户二十二里。

仇猶城，在縣治東北一里。韓非子曰：「智伯欲伐仇猶，道不通行，因鑄大鐘遺之，仇猶大悦，除道而納之，國遂亡。」其遺址尚存。寰宇記：「漢盂縣城在陽曲東北八十里。隋改置原仇縣於故仇猶城西南，即今治也。尋曰盂縣。」五代唐同光四年，李嗣源爲魏州亂兵所推，遂與朝廷相猜貳，自魏縣南趨相州。李從珂時戍橫水，遂將所部兵由盂縣趨鎮州，與别將王建立合兵，倍道從嗣源。又五代周顯德初伐北漢，其盂縣降，即今城也。今縣北七里有仇猶山。

烏河城，縣西百二十里。隋義寧初置縣，唐初屬并州，貞觀元年省。或云隋末置撫城縣，唐武德初改曰烏河。又有皋牢城，在縣東二十里，亦故戍守處。

白馬山，縣東北二十里。宋太平興國四年征太原，契丹來援，至白馬嶺與郭進遇，契丹將耶律沙欲沮澗以待後軍，其監軍敵烈不從，度澗迎戰，大敗。圖經：「白馬之山，白馬水出焉。」○藏山，在縣北五十里。相傳程嬰、公孫杵臼藏趙孤處，巖壘環堵，石溜灌鎔。旁有泉曰聖水。志云：縣西五里有重門山，一名慈氏山。

滹沱河，縣北七十里。源出繁時縣之太戲山，經代州崞縣、忻州定襄及五臺縣境，又東南流經縣境而東入北直平山縣界。詳見北直大川。

牧馬水，縣北七十里。源出白馬山，北流入於滹沱。又龍化河，在縣北四十五里。一名興龍泉，北流至榆棗關口入於滹沱。又縣西南有細水河，流至平山縣境亦注於滹沱。

白鹿泓，在縣西。孔穎達曰：「盂縣西有白鹿泓，出自西北鹿山南渚。」史記趙世家：「肅侯十六年遊大陵，出於鹿門。」鹿門，蓋在此水之側。

伏馬關。縣東北七十里。亦名白馬關。或云後魏時置，路通北直平山縣。○榆棗關，在縣東北一百十里。路亦通平山縣，滹沱河所經也。

靜樂縣，府西北二百二十里。西南至嵐縣五十里。漢汾陽縣地，北齊置岢嵐縣，隋開皇十年改曰汾源，又置嵐州於此。宋白曰：「後魏嘗置嵐州，隋因之。仁壽末嵐州刺史喬鍾葵以漢王諒舉兵并州，將兵赴諒。大業初州廢，四年改縣曰靜樂，又置樓煩郡治焉。」唐武德四年改置管州，五年又改爲北管州。八年州省，以縣屬嵐州。宋太平興國六年置靜樂軍，尋廢軍，徙憲州治此。熙寧四年州廢，元豐初復置，亦曰汾源郡。金仍改曰管州，元因之。明洪武二年省州入縣。今編户三十里。

樓煩城，縣南七十里。志云：故樓煩胡地。趙武靈王曰：「吾國西有林胡、樓煩之邊。」史記趙世家：「主父行新地，出代，西遇樓煩王於西河而致其兵。」漢置樓煩縣，屬鴈門郡。有樓煩王城。高祖九年周勃擊韓王信軍於硰石，破之，還攻樓煩三城。後漢仍爲樓煩縣，靈帝時廢。曹魏青龍初，并州刺史畢軌遣將蘇尚等擊鮮卑軻比能，戰於樓煩，敗没。縣故有鹽官，晉及後魏皆爲牧苑地。後魏主濬和平六年如樓煩宫，蓋地近平城，往往遊獵於此也。隋、唐亦爲監牧地。舊唐書：「樓煩監先隸隴右節度使，至德後屬内飛龍使。」監城，開元四年王毛仲所築也。貞元十五年始别置監牧使。中和二年李克用自達靼還據忻、代州，數争樓煩監。龍紀初李克用表置憲州於此，仍置樓煩縣，兼領玄池、天池二縣。宋咸平五年以州地卑隘多水潦，移治静樂縣，後又省玄池、天池二縣入焉，惟樓煩改屬嵐州。金因之。元省縣置巡司。今爲樓煩鎮，仍有巡司戍守。志云：鎮東臨汾水，西抵周洪山，通交城縣。胡氏曰：「樓煩本匈奴所居地，在北河之南，此蓋因漢名。或後代所僑置，非即故地也。」

天池城，舊唐書：「天池縣在樓煩城西南五十里。本置於孔河館，乾元後移於安明谷口道人堡下。初屬嵐州，後屬憲州。」宋省。又玄池廢縣，舊唐書：「在樓煩城東六十里，即李克用所奏置也。」宋廢。又有汾陽廢縣，在今縣東北。唐書：「武德四年分静樂置汾陽、六度二縣，隸管州，六年仍省入焉。」〇趙武靈王城，志云：在縣南三十里東山。下臨汾水，城壘猶存。

三堆城，今縣治。後魏初嘗置三堆縣，太平真君七年省三堆，屬平寇縣。有三堆戍。西魏大統三年宇文泰使柔然侵魏三堆，高歡擊走之。又齊主洋天保四年山胡圍離石，洋討之，胡走，因巡三堆，大獵而歸，蓋即三堆戍也。隋築城，置郡於此。宋白曰：「今城內有堆阜三，俗猶名三堆城。」平寇，見忻州。

碧石城，在縣東北。漢初韓王信反，灌嬰擊之，破胡騎於碧石。又周勃擊信於碧石，破之。正義曰：「在樓煩縣西北。」似誤。又襄陽城，志云：在縣北九十里故寧化軍南十八里，蓋南北朝時所僑置。又林溪鎮城，在縣西北百五十里。相傳隋大業中嘗避暑於此。

寧化城，縣北八十里。北漢劉崇置寧化軍，宋太平興國四年置寧化縣爲軍治。熙寧三年軍廢，元祐初復置，崇寧三年又廢爲鎮。金大定二十二年升爲州，仍置縣爲州治。元州縣俱廢，明洪武二年改置守禦千户所。

岑峰山，在縣治東，城跨其上。城南三里有天柱山，以後魏天柱將軍爾朱榮嘗經此而名。○石峽山，在縣南六十里。石硤如門，有石硤泉流注於汾。相傳晉人以屈産之乘假道於虞，蓋出於此。又有石門山，在縣西南百里，樓煩鎮西北二十五里。兩山聳立，其狀若門。○周洪山，在縣西南七十里，巍峨奇秀。其西北十里有渥洼泉。或曰山蓋與石峽山相接也。又西南五十里有龍和山，峭壁嵯峨，環繞左右。山東去樓煩鎮三十里。

管涔山，縣北百四十里，北去朔州百二十里。其山中高而旁下。山海經：「管涔之山，汾水出焉。」今下有天池，有龍眼泉，即汾水之源也。一名燕京山，一名林溪山，相傳劉淵嘗讀書於山中。隋以汾源名縣，唐曰管州，皆以此山。又蘆芽山，在縣北百五十里。其南有神林山，其西南有荷葉平山，俱極形勢險峻，迤邐抵岢嵐界。

屹嵯山，縣東北六十里，北接刁胡山，西通磨官谷。谷中有磨川水，亦流注汾水。又刁胡山，在縣東北八十里。路從磨官谷入，稱爲險隘。又有懸鐘山，在縣東七十五里。上有石寨，名曰馬寨。

汾水，在縣城西南。自管涔山發源，流經寧化所東五里，又南流經此，至樓煩鎮東南而入陽曲縣界。汾流曲折處謂之汾曲，其所經州縣多引以灌田，民被其利。

嵐河，縣西南六十里。與嵐縣接界，東流入汾。又羊兒河，出縣西南五十里鹿綻嶺下，亦東流入汾。○碾河，在縣南二里。源出縣東北百二十里巾子山，流通懸鐘山，馬寨水流合焉，西流入汾。又監河，在樓煩鎮南一里。源出縣南百四十里之獨石河邨，北流經此注於汾水。

天池，在管涔山北原上。池方里許，常盈不涸，澄渟如鑑，即汾水之源也。北人謂天爲祁連，亦謂之祁連泊。元魏孝文屢遊畋於此，高歡亦常遊焉。高洋天保九年自鄴如晉陽，至祁連池。高演皇建初自將伐庫莫奚，至天池，庫莫奚聞之，出長城北遁。高緯亦嘗獵於天池。胡氏曰：「晉陽至天池三百七十餘里，相傳其水潛通桑乾，蓋即桑乾上源矣。」池東更有一池，清澈與天池相似，二池通流。池西有溝名老馬溝。通志：「天池在寧化所北百四十里。」似誤。○溫泉，在縣東十五里北山下。出石罅中，流分數派，注於碾河。

汾陽宮，在管涔山北原上。隋大業四年詔於汾水之源營汾陽宮，遂營建宮室環天池之上，并築樓煩城。隋志靜樂縣有汾陽宮是也。唐廢。

西嶺關，縣東南六十五里。路出陽曲，明初調太原左衛官軍戍守。洪武八年改置故鎮巡司，繚以土城，周一里有奇。又樓煩關，在縣北。隋大業三年北巡至突厥牙，還入樓煩關至太原。唐志：「靜樂縣管涔山北有樓煩關。」

娑婆嶺隘，縣東八十里。洪武初調太原左衛官兵戍守，七年置巡司，兼築土城。其南十里有懸鐘嶺隘口，通忻州牛尾寨」，東北十里有石神嶺隘口，亦通忻州界。又有馬家會隘口，在娑婆隘西五里；又橋門嶺隘口，在娑婆隘西北三里。○鹿徑嶺隘，在縣西北六十里。南接嵐縣界，西出岢嵐州。舊置巡司，今革。

馬陵戍，在縣北。東魏武定元年高歡築長城於肆州北山，西自馬陵，東至土𡎚。馬陵，蓋是時戍守處。土𡎚，見崞縣。○龍尾莊，在縣西。明初元裔屯靜樂岢嵐山中，結寨自固，旋寇武州，太原守將擊敗之，追至龍尾莊，擒其三太子脱忽的，即此。又窟谷鎮，在縣西北六十里。本屬寧化縣，舊爲戍守處。

下馬營堡。志云：在寧化所北三十里，又北七十里即寧武關也。又支鍋石堡，在寧化所西北二十里。邊防攷：「所城雖近腹裏，而支鍋石、小嶺兒敵騎可通，亦稱要害。」

河曲縣，府西北四百八十里。西南渡河至陝西府谷縣百十里，南至保德州百里。唐嵐州宜芳縣地，北漢劉崇置雄勇鎮，宋太平興國七年改置火山軍，移治於鎮西三十里。治平四年又置火山縣，縣尋廢。金大定二十二年升爲火山州，尋又改爲隩州，貞元初置河曲縣，取河千里一曲之意。元初州、縣俱省入保德州。明初洪武二年仍置河曲縣，六年復廢，十四年又置。編户七里。

河曲城，舊城在今縣東北八十里。金興定二年嘗以隩州改隸嵐州，四年以舊城殘破，徙治於黄河灘許父寨。明初因之，始築土城。萬曆十三年增脩，城周四里。邊防攷：「縣西倚洪河，東南兩面皆深溝陡峻，惟北面石梯口受敵爲最。嘉靖四十五年河凍，寇自陝西黄甫川過河，經石梯口突犯。又有曲峪等處，爲濱河極衝，邊外正對陝西焦家坪等處，直接青草灣，皆爲寇境。」

火山，在縣西五里黄河東岸。山上有孔，以草投孔中烟焰上發，可熟食。不生草木。上有硇砂窟，下有氣砂窟。山高四五丈，黄河過此如遇覆釜，而河流爲之曲折云。

黄河，縣西北六里。自故東勝州境轉而西南流八十里至平泉邨，又西流九十里至天橋子，又南流入保德州界。縣西北六十里有唐家會渡，爲津濟要口。邊防考：「大河流入老牛灣，過縣西南，經保德州，中間有娘娘灘、太子灘，皆套賊渡河處，最爲險要。」嘉靖四十四年撫臣萬恭言：「山西冬防，濱河打冰以防賊渡，朔氣嚴凝，隨打隨結，勞而無濟。計沿河最衝自險崖達陰灣凡二十里，自陰灣達石門又二十里，築墻拒守，以爲得策。」

關河，在縣北百十里。源出朔州界，流經偏頭關西北入黄河。又大澗水，去縣城百步，西流七里入於黄河。又有平泉，在縣西北八十里。平地湧出，亦西流入河。○菜園溝，在縣西北。近時賊王嘉允渡河掠菜園溝，即此。又有倒回谷溝，在縣西南三十里，亦流入大河。上有倒回谷口橋。

偏頭關，縣北百十里。古武州地，東連鵶角山，西逼黄河，其地東仰西伏，因名偏頭。宋置偏頭寨，金因之，元升爲關，明初屬鎮西衛守備。洪武二十二年始建土城，宣德、天順、成化、弘治間皆脩築。萬曆二年復改築關城，周五里餘，備兵使者駐焉。志云：大邊在關北百二十里，起大同之崖頭，至黄河七十里，無墻而有籓籬；成化二年復於關北六十里起老營鵶角墩，西至黄河岸老牛灣，築墻百四十里，號二邊；而三墻在關東北三十里，起石廟兒至石梯墩，凡七十里；四墻則在關北二里，起鷹窩山至教場百二十里。後復以時增脩，比之二關，尤爲嚴固。〔一〕蓋山西惟偏頭亦稱外關，與宣、大角峙，宣、大以蔽京師，偏頭以蔽全晉也。邊防攷：「偏頭所轄邊，東起寧武界椒茆，西至河曲界寺前墩，延長二百三十二里。本關孤懸寇境，西邊大河，實爲衝要。近口有關河口、浦家灣等衝，邊外則銀安口、青天口及豐州灘、歸化城等處，皆逼部帳。而關城四面皆山，形若覆盂，設敵登高下瞰，城中歷歷可數，且山谷錯雜，瞭望難周，防維不易。弘治十三年寇犯偏頭關，隆慶初寇由關西北驢皮窯入犯岢嵐、嵐縣、石州、汾州，明年復由好漢山入，夜薄老營堡，此前車也。」

樺林堡，在偏頭關西二十里。萬曆二十年建土堡，二十九年增脩，周一里有奇。西去黄河三里，與套寇東西相望，邊外紅漕等處即所居也。○韓家坪堡，在偏關東二十里。隆慶二年置，萬曆十四年增脩，周一里有奇。又東二十里爲馬跕堡，正德十年置，隆慶初及萬曆六年增築，周四里有奇。堡介偏頭、老營之中，爲東西應援之地，城北即土山，戍守尤切。

八柳樹堡，在偏關東六十里。景泰二年建，萬曆二十五年脩築，周二里有奇。堡西北紅水溝爲最衝，寇每由此深入犯偏頭、老營，一時聲援難及。嘉靖四十一年寇又從鵶角山、五眼井入犯老營及本堡，至寧武一帶，故增脩此堡藉爲保障。然堡内無水，設有寇警，不可不慮。

老營堡，偏關東北八十里。正統末置，弘治十五年、萬曆六年增脩，周四里有奇。近邊有鵶角山、鎮湖墩、五眼井等衝，邊外王家莊、銀川城諸處，蒙古駐牧地也。邊防考：「本堡設在極邊，與大同接壤，山坡平漫，朔騎易逞，嘉、隆間數從馬頭山、好漢山入犯河曲是也。而堡城東北去山止數十步，敵若登山下射城中，則守陴者危矣，此不可不慮。」○小營兒堡，在老營堡西二十五里。嘉靖初置。又西二十五里爲寺塢堡，本民堡也，嘉靖四十年爲寇攻毁，四十二年改爲官堡。萬曆十五年增脩，周不及一里，在山脊之上。西南通偏關，東北通水泉堡，爲兩城脈絡所關。志云：堡南至偏關四十里，北至草垛山堡二十里。

栢楊嶺堡，在老營堡西北。萬曆二年置，周不及一里。沿邊破虜營、好漢山等三十一處，皆極衝。邊外昭君墓諸處，即部長駐牧。志云：堡舊設於栢楊鎮，後因山高無水，移於窨兒塢，仍存故名。而新堡亦復無水，取汲於塌崖溝，且士馬單弱，幸老營伊邇，緩急可恃。○賈家堡，在老營堡東二十里。嘉靖初邊臣陳講言：「老營堡東界有東長峪，去大同最遠，應援常疏，此兩鎮受禍之由。」四十五年因創築此堡，即大同東長峪地，而堡屬偏頭。蓋老營運餉向來仰給雲、朔，賊常於乃河道中摽掠，老營坐困，故設此堡以連兩鎮之聲勢也。萬曆十八年增脩，城周一里有奇。東去大同乃河堡二十里。

水泉營堡，在偏關北六十里。宣德九年置，萬曆三年增脩，周二里有奇。二十四年又創築附堡一座，二十八年增脩，一面連舊城，三面周一里零。其北爲紅門隘口。隆慶五年馬市成，設市堡於其處。沿邊有兔兒窊等處，爲最衝。邊外兔毛河、歸化城、寧邊河諸處，即部長駐牧。邊防攷「堡逼鄰外境，爲偏關肩背，山坡平漫，最易馳突。其西爲驢皮窑，嘉靖中石州之變，實由於此。正北三百里曰歸化城，青山負焉，即部長之牙帳也。堡内止一井，汲引甚難」云。青山，見大同府。

草垛山堡，在水泉營西二十里。弘治十五年置，萬曆二十三年及二十八年增脩，周二里有奇。邊口有東坡墩、驢皮窑、楊家莊等衝，邊外雙墩子、鷂子溝、白塔兒一帶，即部長駐牧。堡勢極孤懸，山谷錯雜，防維宜密。又黄龍池堡，在草垛山堡西十里。弘治十五年置，萬曆十九年廢。二十三年復置，二十九年脩築，周一里有奇。沿邊楊家莊爲最衝，邊外鵰子溝一帶即部長駐牧。又堡西十五里爲滑石澗堡，宣德九年置，萬曆八年增脩，周一里有奇。邊口水門等處爲最衝，草垛溝次之。邊外白塔兒一帶即部長駐牧。堡孤懸一隅，咫尺外境，沿邊石磴紆迴，寇每緣之以入犯。至水門迤西即接河套，冬深冰結，防禦尤切。志云：滑石澗堡南去偏關六十里，北去邊六里，西去大河二十五里。

永興堡，偏關南四十里。正德十年置，嘉靖四十二年、萬曆十八年增脩，周一里有奇。堡南五十里爲八角堡，去邊雖遠，而地稍平曠，寇易馳驟，守此以連内外之聲援云。○樓溝堡，在永興堡西南。隆慶初置，萬曆十七年增脩，周不及一里。堡密邇龍霸山，寇嘗據此，偏關餉道幾絶，故設此堡以遏龍霸之衝。萬曆三十一年又增築土堡一座，與舊堡相連。

河曲營堡，縣東北二十里。宣德四年置，萬曆二年及七年增脩，周二里有奇。二十六年又增築東關土堡，三十六年增脩，亦周二里有奇。沿邊魯家口諸處爲最衝。邊外榆樹灘、白泉子溝、大灰溝等處，俱部長駐牧。隔河即陝西黄甫川清水營矣。邊防考：「隆慶三年營城，設參將駐守。東北起樓子營界寺前墩，西南抵縣北石梯隘口，長百三十一里；又南抵興縣黑峪口，止黄河東岸，沿長二百十里；皆分轄處也。」

楊免堡，在縣北，南去石梯兒十里。堡北十里爲得馬水營，其西即黄河娘娘灘也。又北十里爲五花營堡，又北十里爲唐家會堡。邊防攷：「唐家會堡在縣西北六十里，有唐家會渡，爲官軍往來津要。宣德二年置堡，萬曆十年增脩，周一里有奇。當黄河渡口之衝。」○河會堡，在唐家會堡東南。萬曆二十五年建城，周二里有奇。邊口有曲谷等處，爲最衝。邊外正對陝西焦家坪、彌羅衕衕、馮家會等處，直接牙帳。東北泉子溝，西北柴關兒岔、霸王廟，俱部長駐牧。堡地勢平坦，四平通衢，河凍時備禦尤切。

灰溝營堡，在偏關西六十里，去唐家會堡十里。又東北二十里爲羅圈堡，又東北五里爲樓子營堡。堡宣德四年置，萬曆五年脩築，周一里有奇。二十二年革。邊口有羊角尖、吴峪口等處，爲最衝。成化十八年撫臣何喬新敗敵於灰溝是也。嘉、隆間寇每由此入犯董家莊、辛家坪等處。邊外山羊會、小水口一帶，皆部長駐牧。河西即陝西黄甫川清水營，正對牙帳。邊防考：「堡東南至偏頭關六十里，逼近黄河，當北部、套部之交，沿河有大峪邨等處，居民向稱繁庶。」

下鎮砦。在縣北。宋置雄勇、偏頭、董家、横谷、桔槔、護水六砦，屬火山軍。後廢。元豐中止領下鎮一砦。○楊家砦，在縣西北七十里。明初調鎮西衛官兵戍守，今革。

附見

寧化守禦千户所，即静樂縣北寧化故城也，洪武二年置所於此。舊城周六里有奇，明初東畔依山坡改築，周二里有奇。

偏關守禦千户所，詳見上偏頭關。明成化十一年置。

老營守禦千户所。詳見上老營堡。明嘉靖十五年置。

平定州，府東二百八十里。東北至北直平山縣九十里，西至遼州二百二十里，北至代州三百三十里。

春秋時晉地，戰國屬趙。秦爲太原、上黨二郡地，漢屬太原郡，後漢屬常山國，晉屬樂平郡，後魏因之。隋屬遼州，後屬太原郡。唐初亦屬遼州，尋屬并州。宋置平定軍，金曰平定州。元因之，以州治平定縣省入。明初亦曰平定州。編户二十三里。領縣一。

州東迫常山，扼井陘之重險，西馳汾曲，據太原之上游，并、冀有事，州其必争之地也。且前控漳、滏之流，後拒句注之阻，山川環逵，道路四通，居然雄勝矣。

平定廢縣，今州治。漢爲上艾縣，屬太原郡。後漢改屬常山國。晉屬樂平郡，後魏太平真君九年廢。孝昌六年復置，改曰石艾。隋因之。唐武德三年縣屬遼州，六年改屬受州，貞觀八年還屬并州，天寶初改曰廣陽縣。至德二載史思明寇太原，遣人取攻具於山東，以北兵送之，李光弼遣兵殲之於廣陽是也。宋太平興國四年改爲平定縣，平定軍治焉。金爲州治，元省。城邑攷：「州有上城、下城。上城謂之榆關，相傳韓信伐趙時嘗駐兵於此，因高阜爲寨，以榆塞門，因名。宋初增築其東北隅，謂之下城，元時嘗脩築之。」今城周九里有奇。

廣陽城，州東南三十里。五代時北漢置砦於此，宋初取其地，改屬鎮州。太平興國二年建爲平定軍，四年移治平定縣。志云：漢上艾縣、唐廣陽縣舊皆治此。似誤。又有廣陽古城，志云：在州西南八十里，唐因以名縣。今廢爲廣陽邨。○平潭城，在州西北二十五里。相傳趙簡子所築也。今爲平潭馬驛。城冢記：「州西北三十里有賽魚城，唐武德八年受州嘗治於此。」今亦名廢受州城。

冠山，州西南八里，以高冠羣山而名。又州西八里有嘉山。山下有黑水泉，流經城東合於洮水。○蒙山，在州東北十五里。孤峰聳秀，高出衆山。

綿山，州東九十里。一名紫荆山，澤發水出焉。志云：故關山，在州東八十五里。兩山險隘，關居其中。州東北九十里又有承天山。○四角山，在州西南三十里。其勢四起，下出三泉。又西南十里有七里嶺，嶺高七里，因名。又東浮化山，在州東五十里。州西八十里曰西浮化山。

澤發水，州東九十里。源出綿山，一名畢發水，一名阜漿水，亦名妬女泉。上有妬女祠，俗以爲介子推妹也。泉色青碧，婦人袨服過此必興雷雨。今泉突起平地，下赴絶澗，懸流千尺，俗謂之水簾洞，東北入北直井陘縣界，爲冶河之上源。

洞渦水，在縣西南五十里。自樂平縣流入界合浮化水，又東入壽陽縣界。志云：浮化水在州西南八十里，出西浮化山，流入洞渦水。○洮水，在城東。其上源即壽陽縣之芹泉也，經州西九十里謂之洮水，下流注於澤發水。又故關水，在州東五十里。東流入井陘故關合於冶水。

南川水，在州南五里。源出七里嶺，東流合於洮水。又有陽勝川，在州南二十五里。出州西南侯神嶺，亦東流合於南川水。

故關，州東九十里，道出井陘之要口也。通志謂之井陘關。今關與北直井陘縣接界，洪武三年置故關巡司於此。

葦澤關。州東北八十里。即唐之承天軍，俗曰娘子關，以妬女祠而名。自昔爲太原、恒山之界。胡氏曰：「承天軍至太原府三百五十里。」是也。今爲承天鎮，詳見北直真定縣。○盤石關，在縣東北七十里，與葦澤關相接，並爲設險處。又有甘淘口，亦在州東，接井陘界。通志：「葦澤關在井陘北十里，甘桃口在井陘南三里。」誤也。今詳見北直井陘縣。又董卓壘，在州東北九十里。魏收志謂之董卓城。一統志云：「唐於此置承天軍。」蓋壘與葦澤關相近，皆唐時承天軍所戍守處。

樂平縣，州東南六十里。南至遼州和順縣七十里，東南至北直順德府二百三十里。漢沾縣地，屬上黨郡，後漢因之。三國魏析置樂平縣，爲樂平郡治，晉及後魏俱屬樂平郡。隋開皇初郡廢，十六年於縣置遼州，大業初廢，屬太原郡。唐武德三年復置遼州治此。尋徙州治遼山，以縣屬受州，州廢仍屬并州。宋乾德初伐北漢取之，升爲平晉軍，旋復故，改屬平定軍。金興定四年升爲皋州，元復故。今編户十里。

沾縣城，縣西南三十里。漢沾縣治此。晉志：「泰始中置樂平郡，治沾縣。」建興四年石勒圍樂平太守韓據於沾城，劉琨救之，爲勒所敗，樂平陷，并州亦降於勒。後魏真君九年郡廢，縣屬太原郡。孝昌二年復置郡，仍治沾城。隋初郡廢，縣并入樂平。

昔陽城，縣東五十里。左傳昭十二年：「晉荀吴入昔陽，滅肥。」杜預曰：「樂平沾縣東有昔陽城。」此肥子所都之昔陽也，俗誤爲夕陽城，七國時趙置戍於此。又縣東有東山廢縣，隋開皇初置，大業初廢。志云：縣南三十里又有倉角城，一名陽豪城。建置未詳。

少山，縣西南二十里。清漳水所出。淮南子：「清漳出揭戾山。」高誘曰：「山在沾縣，俗謂之漳山。」水經：清漳水出少山大黽谷。」〔三〕酈道元曰：「其山亦曰鹿谷山，水出大要谷，南流經沾縣故城東。」山海經：「少山亦名河逢山。」福地記：「山在欒平沾縣，高八百丈，可避兵，恒山之佐命也。亦曰沾嶺。」

臯落山，縣東七十里。左傳閔二年：晉侯使太子申生伐東山臯落氏。杜氏曰：「臯落，赤狄別種也。」蓋邑於此山下。亦謂之臯落墟。又山亦名靈山，下有臯落水，南流入於嗚水。○石梯山，在縣東南六十里。石磴陡絶如梯。又十里爲恒山，山勢横亘，西入壽陽縣界。又白巖山，在縣東南八十里。下有楊趙水，北流合沾水。其麓據馬嶺隘口，接北直邢臺縣界，五代末爲河東守險之地。

松子嶺，在縣南四十里。接和順縣界，小松水出其北。又有松溪水出焉，西流經平定州界，又北入北直井陘縣界注於冶河。○黄沙嶺，在縣東南二十里。又縣西四十里有陡泉嶺，洞渦水出焉，流入平定州界。

清漳水，在縣西。源出沾嶺，北流十八里復折而西南流，名爲遡流水，又南入遼州和順界，梁榆水流入焉。詳見北直大川漳水。

沾水，在縣西南。源亦出沾嶺，東流合嗚水及小松水，過昔陽城東北流入澤發水。○嗚水，出縣西陡泉嶺，亦名陡泉水，流經縣南三十里與石馬水合流，東北入於沾水。志云：縣西南三十里有石馬谷，石馬水所出也。○小松水，在縣南。發源松子嶺，東北流入於沾水。

洞渦水，在縣西。源出陡泉嶺，西北流入平定州界。水經注：「洞渦水西流與南溪水合，水出南山，西北注洞渦水。」

静陽鎮。在縣東南九十里。宋乾德四年北漢侵安國軍，節度使羅彦瓌等追敗之於静陽。安國軍，即今北直順德府。○百井砦，在縣東北七十里。亦謂之東百井鎮，以陽曲縣有百井也。今設柏井馬驛於此。輿程記：「柏井驛東去故關四十里。」

忻州，府北百六十里。東北至代州百七十里，東南至平定州二百七十里，西至岢嵐州三百四十里。

春秋屬晉，戰國屬趙。秦爲太原郡地，漢因之。後漢末爲新興郡地，晉因之。北魏兼置肆州，永安中又改郡爲永安郡。後周徙州於鴈門郡。隋開皇初復改置新興郡，旋廢。十八年置忻州，因忻口爲名。大業三年州廢，屬樓煩郡，義寧初復置新興郡。唐武德初又改爲忻州，天寶初曰新興郡，乾元初復故。宋仍爲忻州，金因之。元初改爲九原府，旋復故。明初仍曰忻州，以州治秀容縣省入。編户六十三里。領縣一。

州翼蔽晉陽，控帶雲、朔，左衛勾注之塞，南扼石嶺之關，屹爲襟要。

秀容廢縣，今州治。本漢陽曲縣地，後漢末置九原縣，屬新興郡。晉爲新興郡治。後魏天賜二年分并州北境爲九原鎮，真君七年置肆州，以九原縣并入定襄縣，而改置平寇縣。後廢，高齊復置。隋開皇十年廢平寇縣，移秀容縣治焉。十八年爲忻州治，大業初屬樓煩郡。自唐以後皆爲忻州治，明初省。今州城周九里有奇。

秀容故城，在州西北百里，後魏時所謂南秀容也。又有北秀容，在漢定襄郡界，去南秀容三百餘里。晉太元末慕容垂伐西燕，西燕主永求救於拓跋珪，珪遣兵東渡河，屯秀容以救之，此北秀容也。魏收地形志：「永興二年置秀容郡，屬肆州，領秀容等縣。」又立秀容護軍於汾水西北六十里，徙北秀容之人居之，此南秀容也。又爾朱榮傳云：

「秀容川酋長爾朱羽健之先世居爾朱川，因以爲氏。魏主珪以羽健從征晉陽、中山有功，以南秀容川原沃衍，欲令居之，且環其所居割地三百里以爲封邑。羽健曰：『北秀容既在𠜂內，差近京師，豈以沃瘠更遷遠地。』珪許之。」是爾朱氏本居北秀容，其地近平城也。又云：羽健之孫代勤官肆州刺史，子新興嗣；新興卒，子榮嗣，世爲秀容酋長。是代勤以後又居南秀容矣。長廣王初河西賊帥紇豆陵步蕃敗爾朱兆於秀容，南逼晉陽，兆懼，引兵南出，步蕃游兵至樂平，既而高歡與兆合擊步蕃，大破之於秀容之石鼓山；孝武帝脩大昌初，高歡自鄴討爾朱兆於晉陽，兆大掠晉陽，北走秀容，分守險隘，出入寇掠，歡定謀襲之，遣其將竇泰自晉陽趨秀容，一日一夜行三百里，自以大軍繼之，遂入其城，兆走死；皆南秀容也。志云：後魏末恒州寄治肆州秀容郡城，蓋南秀容多故以後，而北秀容之名益晦矣。今州治之秀容，則出自隋以後，不可不辨也。寰宇記：「州西北五十里有秀容城，即後魏肆州治。」

九原城，在州西。漢置京陵縣，屬太原郡。師古曰：「即古九京也。」記曰：趙武從先大夫於九京。後漢末改置九原縣。十三州志：「九原山，其仞有九，故曰九原。」漢末大亂，匈奴侵邊，自定襄以西盡雲中、鴈門之間遂空。建安中曹公集荒部之户以爲縣，聚之九原界，立新興郡，領九原等縣。三國志：「建安二十年集塞下荒地置新興郡，魏黄初二年遷於陘嶺之南。」是也。後魏置肆州，治九原城，即此。寰宇記：「州南三十里有新興城，魏曹公所築，亦名建安城。」或曰非也，此蓋隋開皇初所置新興郡城。○平寇城，志云：在州東十五里。後魏改置平寇縣，屬永安郡，蓋治於此。魏收志「真君七年并三堆、朔方、定襄入平寇」，蓋皆初置縣也。隋開皇中改廢。又州西有銅川廢縣，隋開皇初置，屬新興郡。郡旋廢，縣屬并州，尋屬忻州。大業初縣廢。

九原山，在州城西。漢末以此名縣。今州城跨岡上，三面俱臨平疇，亦曰九龍岡。又獨擔山，在州西南二十里。產雲母石。○程侯山，在州西北三十五里。相傳以程嬰得名。山甚廣饒，舊有採金穴，一名金山。又西北十五里有雲中山，下有谷，雲中水出焉。或曰晉置雲中縣，屬新興郡，蓋治於山下。山之北即崞縣界。又有大嶺山，在雲中山之西二十里。

滹沱河，在州北五十里。自崞縣流入界，經忻口山下，又東歷程侯山北，入定襄縣界。○雲中水，在州北七十里。一名肆盧川，亦曰忻水，與州南牧馬水合流入滹沱。

牧馬水，州南七里。源出州西南五十里白馬山，東北流經三交邨，有牛尾莊水流合焉，又東經州南而東北入定襄縣界合三合水，下流注於滹沱，有灌溉之利。志云：州西南舊有渭渠，宋郭諮知忻州，開渠以導汾水，興水利，置屯田，公私利之。今湮。

赤塘關，州西南五十里。相傳後魏時有劉赤塘者隱此而名。唐志：「忻州白馬山下有赤塘谷，關因以名。」○牛尾莊寨，在州西南九十里。志云：寨在白馬山西，馬路通靜樂縣，洪武七年置巡司於此。又州西北五十里有寨西隘口，志云：即故雲內鎮，一名雲內堡。又西北二十里有沙溝寨，洪武中置寨西、沙溝二巡司戍守。

忻口砦。在州北五十里忻口山上。土地記：「漢高出平城之圍，還師至此，六軍忻然，因名。」舊有忻口城，相傳即漢高所築。隋大業十一年北巡，突厥圍帝於鴈門，援軍至忻口，突厥解圍去。五代周顯德元年攻北漢，符彥卿入忻州，契丹兵在忻、代間爲北漢聲援者退保忻口。九域志：「秀容縣有忻口砦。」今半爲民居，其半築堡爲戍守之所。

○猫兒砦，在州北忻水東。亦曰猫寨，元時戍守處也。明朝正統末北寇深入，官軍拒守於寨口，寇不能陷。

定襄縣，州東五十里。東北至代州五臺縣六十里。漢陽曲縣地，晉置晉昌縣，屬新興郡。後魏太平真君七年省入定襄縣。隋爲秀容縣地，唐武德四年分秀容縣地置定襄縣，屬忻州。宋熙寧五年省，元祐初復置。今編户二十里。

定襄城，在縣西南。劉昫曰：「漢陽曲縣故城也。後漢末移陽曲於太原界，於故城置定襄縣，屬新興郡，以處塞下遺民。晉因之，惠帝時又置晉昌縣。後魏真君七年省晉昌入定襄，永安中爲永安郡治。〔一三〕高齊郡、縣俱廢，唐改置定襄縣於今治。」

肆廬城，在縣西北。後魏置縣，以西近肆廬水而名。後齊省。又有三會城，在縣西南，亦後魏所置。魏收志：「肆廬縣治新會城，太平真君七年并三會入焉。」魏主嗣泰常八年如三會，觀屋侯泉，即此。

聖阜山，縣東北二十里，又東北去五臺縣三十八里，爲接境處。其山挺然孤峙，上有温泉，聖阜水出焉。又叢蒙山，在縣南二十五里。山甚高峻，山下有泉三穴，流合爲一曰三會水。○七巖山，在縣東南十五里。其巖有七，故名。又東南十里爲居士山，山有居士臺，臺上有浮圖七級。

滹沱河，在縣北。自忻州流入，又東入五臺縣界。志云：縣西北二十里有滹水渠，東北有通利渠，引滹沱水經縣東北十五里神山下，又東南接牧馬河，灌溉民田。

三會水，在縣南。出叢蒙山，東北流合聖阜水，又牧馬水自忻州流合焉，同注於滹沱河。水經注：「三會水出九原縣西，東流經定襄入滹沱水。」是也。

胡峪寨。在縣東北。有巡司戍此。宋志代州有胡谷砦。

代州，府東北三百五十里。東至蔚州三百六十里，東南至北直真定府四百五十里，西南至忻州百七十里，北至大同府二百六十里。

春秋時晉地，戰國時趙地。秦爲太原、鴈門二郡之境，兩漢、魏、晉因之，後魏亦爲鴈門等郡地。後周移肆州治此。隋改爲代州，大業初曰鴈門郡。唐復曰代州，天寶初亦曰鴈門郡，乾元初復故，中和二年置鴈門節度治此。五代末屬於北漢。後周顯德初侵北漢得其地，置靜塞軍，旋復失之。劉繼元嘗改置建雄軍於此。宋仍曰代州，亦曰鴈門郡。金因之，亦曰震武軍。元仍曰代州，以州治鴈門縣省入。明洪武二年州廢爲縣，八年復曰代州。編户四十一里。領縣三。

州外壯大同之藩衛，內固太原之鎖鑰，根柢三關，咽喉全晉。向以山川扼塞，去邊頗遠，稱爲腹裏，自東勝棄而平、鴈剥膚，河套失而偏、老震鄰矣。嘉靖中晉事日棘，太原建爲重鎮，州尤爲唇齒要地。秋防撫臣移駐焉。三關內邊東起平刑關石窑砦，西抵樺林堡老牛灣，延袤千餘里，分爲三路：寧武關爲中路，鴈門關爲東路，偏頭關爲西路。東路則鴈門關、平刑關之寇家梁、廣武站，寧武關之陽方口，皆爲衝要。然寇從平虜衛而下，猶有大同爲外蔽，惟西路偏頭關突出邊地，雖有老營堡、水泉營相爲犄角，而形勢單外，西接套部僅隔一水，冬春之間，冰堅可渡也。蓋東勝去偏關僅三百里，無東勝則敵之來路益多，偏頭危迫，而自州以南且不得安枕矣。然則代州與雲、朔利害相等，東勝不守，河套不復，未可謂雲、朔之患切而代州之患緩也。

鴈門廢縣，今州治。漢廣武縣地，屬太原郡，東漢改屬鴈門郡。三國魏黃初二年徙鴈門郡南度勾注，治廣武縣。隋開皇十八年以太子廣諱，改曰鴈門。唐、宋因之，元廢。宋白曰：「後漢鴈門郡理陰館，今勾注山北下館城是。魏文帝丕移鴈門郡南度勾注，治廣武縣，今州西廣武故城是。後魏明帝詡又移置廣武東古上館城內，今州城是也。」城邑考：「州城洪武六年脩築。舊有西關，景泰、成化中添築東北二關城。」今城周八里有奇。

陰館城，在州北四十里。漢置縣，屬鴈門郡。班志注：「縣本樓煩鄉，景帝後三年置縣。」後漢爲鴈門郡治，建安中廢。三國魏青龍初，并州刺史畢軌以鮮卑軻比能軍陘北，誘集塞下鮮卑，因進軍屯陰館，爲彼所敗。宋白曰：「今州城爲上館城，而陰館爲下館城。」魏志牽招傳：「招爲鴈門太守，通河西鮮卑附頭十餘萬家，繕治陘北故上館城，置屯戍，以鎮内外。」或疑上館亦在陘北，蓋招傳訛以下館爲上館也。東魏武定三年高歡娶於柔然，親迎於下館，魏收云：「下館即故陰館城也。」

廣武城，州西十五里。圖經云：「在勾注陘南口之南。秦縣，屬鴈門郡。」漢七年韓王信與匈奴謀攻漢，匈奴使左、右賢王將萬餘騎，與王黃屯廣武以南至晉陽。又高祖械婁敬於廣武，即此也。後漢屬太原郡，爲北部都尉治。魏、晉皆爲鴈門郡治。後魏徙縣於上館城，仍曰廣武縣，爲鴈門郡治，而廢城亦曰古鴈門城。唐武德八年突厥寇廣武，蓋即鴈門縣也。○原平城，在州西。漢縣，屬太原郡，後漢屬鴈門郡，晉及後魏因之。魏收志原平有陰館、樓煩等故城是也。高齊廢。

善無城，在州西北七十里。漢縣，鴈門郡治此，後漢爲定襄郡治。宋白曰：「秦始皇十三年移樓煩於善無縣，縣蓋秦所置，後漢建安中廢。晉太元十一年伐劉頭眷，擊破賀蘭部於善無，卽此。東魏天平二年復置善無郡，治善無縣，屬恒州。後周廢。」又平城廢縣，在州西南，後漢末所僑置也。晉仍屬鴈門郡，後魏復還治陘北云。

神武軍城，在州北。唐志：「代州有守捉兵。其北有大同軍，本名大武軍，調露二年曰神武軍，天授二年曰平狄軍，大足元年復曰神武軍。其西又有天安軍，天寶十二載置。亦曰天寧軍。」景福元年李克用北巡至天寧軍，聞盧龍帥李匡威、振武帥赫連鐸寇雲州，乃遣將發兵於晉陽，而潛入新城是也。新城，見大同府。志云：州城中有通阜監，金大定中鑄錢監也。今太僕寺置於此。

勾注山，州西北二十五里。一名勾注陘，亦曰西陘，有太和嶺當出入之衝。今置太和嶺巡司於此。志云：州西北三十五里曰牛斗山，亦名牛頭山，亦曰纍頭山。山有七峰如斗形，又名北斗山。下有白龍池。其東卽勾注陘也。夫勾注爲南北巨防，州境諸山得名者，皆勾注之支山矣。今詳見名山。

鴈門山，州北三十五里。與勾注岡隴相接，故勾注亦兼鴈門之稱。一名鴈門塞。稍東有過鴈峰，巍然特高，其北與應州龍首山相望。又夏屋山，在州東北三十里。漢志注謂之賈屋山，賈與夏同音也。趙襄子北登夏屋，誘代王殺之，遂興兵平代地。爾雅謂之下壺山。括地志：夏屋山一名賈母山，在鴈門縣東北，與勾注山相接。山側有西娥谷。又覆宿山，亦在州東北三十里。形圓如星，州之主山也。俗名饅頭山。

鳳凰山，州南三十里。相傳隋仁壽二年鳳見於此，一名嘉瑞山。有峰巖洞壑之勝。○黄嵬山，在州北。宋熙寧八年遼人使蕭索來議疆事，詔劉忱等會議於代州境上之大黄平，不決。沈括言：「疆地本以古長城分界，今所争乃黄嵬山，相遠三十餘里，不可許。」遼人復舍黄嵬而以天池請，既而從王安石議：如遼人所欲得者，一以分水嶺爲界。凡山皆有分水嶺，遼人意在妄取也，於是東西失地七百里，遂爲異日興兵之端。天池，見静樂縣。

豺山，在州西北故善無縣境。晉元興元年柔然侵魏，自參合陂至豺山及善無北澤是也。明年魏主珪築豺山宫於此，自是數如此山宫如别宫焉。○獵嶺，在夏屋山東北。晉太元二十一年慕容垂自將伐魏，至獵嶺，遣前鋒襲平城，破之。志云：山本名臘嶺，後魏都平城常獵於此，因名。

滹沱河，在州南。自繁畤縣西流入州界，又西南入崞縣境。三國志：「建安十年鑿渠自滹沱河入汾，名平虜渠。」又宋雍熙三年張齊賢知代州，契丹來寇，齊賢拒却之。契丹循胡盧南河而西，齊賢夜發兵，距城西三十里列幟燃芻，敵駭而北走。胡盧南河，即滹沱河之訛也。

鴈門渠，在州東南。三國志：「魏牽招爲鴈門太守，郡治廣武，井水鹹苦，民皆遠汲，招準望地勢，因山陵之宜，鑿原開渠，注水城南，民賴其益。」今鴈門山下有水，東南流經州城外東關厢，名東關水，又南入於滹沱。或謂之常溪水。

谷口河，在州東南五十里。自五臺縣楊林嶺發源，流經谷口邨，故名。民多引流灌溉。志云：城西有三里、七里河，皆以去城遠近之次爲名。又州西十里有羊頭神河，自州西北黄龍等池發源，分東西二河，與三里河、七里河俱注於滹沱。又九龍河，在州西北三十五里，亦流入滹沱。

龍躍泉，在州西北二十五里。水經注謂之雲龍泉。出鴈門西平地，其大三輪，泉源騰沸，因名。相傳與靜樂縣之天池潛通。又趵突泉，在州北四十里。亦自平地湧出，厥勢湧躍，其流俱達於滹沱。

鴈門關，州北十五里。舊名勾注，亦曰西陘，在今關西數里，元廢，後遂移置於此。兩山夾峙，形勢雄勝，蓋即勾注故道改從直路南出耳。關外有大石墻三道，小石墻二十五道，道北即廣武站也。其隘口凡十八，東起水峪以迄於平刑，西自太和嶺以迄於蘆板口，皆有堡。正德十一年督臣李鉞復增築土堡十一座於北口，在關東者七，關西者四。又於通賊要路咸斬崖挑塹，間以石墻，防衛始密。邊防考：「鴈門關城，洪武七年築，周二里有奇。嘉靖中增脩，萬曆二十五年復脩築。自古稱鴈門形勝甲於天下，然廣武當四達之衝，寇從大同左、右衛而入，東越廣武則北樓、平刑之患亟，西越白草溝則夾柳樹、鵰窠梁之備切。嘉靖時寇嘗兩次入犯，皆由白草溝、寇家梁而出。近建寧邊樓於關外，威遠樓於山巔，益以戍兵，盡杜其山梁窺伺之隙，鴈門庶可無防越之虞矣。」餘附詳名山勾注。○東陘關，在州南三十里，所謂鴈門有東陘、西陘之險也。元時與西陘俱廢。

廣武營，在鴈門關北二十里。亦曰廣武城，亦曰廣武站，洪武七年創置，萬曆三年脩築，周三里有奇。其西十里爲白草溝堡。又西二十里爲八岔口堡，一名水芹堡。其東二十里爲水峪堡，又東五十里爲胡峪堡，東接繁畤縣之馬蘭堡。邊防志：「廣武當南北之衝，北去馬邑縣僅三十里。水峪堡與應州山陰縣接界，相去不過四十里。內邊東起繁峙縣北樓堡界東津谷，西訖寧武界神樹梁，凡百餘里。中間白草溝、樊家坡、吉家坡、灰窑溝、寺兒灘等處爲極衝；其大小鹽溝、馬蓮坪，山勢頗峻，爲次險。又城西之麻巾裂、寇家梁，城東之灰窑溝，又東之天圪垯，皆嘉靖間賊嘗内犯之徑。」

樂安鎮。在州北。唐大順初雲州防禦赫連鐸與幽州帥李匡威侵河東，引蕃、漢兵攻鴈門北鄙遮虜軍，李克用遣李存信等擊之，營於渾河川之田邨，戰於樂安鎮，幽州兵皆潰而還。

五臺縣，州南百四十里。東南至盂縣百二十里。漢慮虒縣，屬太原郡。慮虒讀曰盧夷。後漢因之，晉廢。後魏復置，訛爲驢夷縣，屬永安郡。高齊改屬鴈門郡。隋大業初改曰五臺，因山以名也。唐屬代州，宋因之。金貞祐四年升爲臺州，元因之。明洪武二年復爲五臺縣，屬太原府，八年改屬代州。今編户十五里。

慮虒城，在縣治東北。漢縣治此。西晉末南單于鐵佛劉武居於新興虒慮之北，謂此也。又張公城，在縣北五里。相傳石勒將張平所築。又有倉城，在縣西南三十里之白邨，周百三十步，蓋魏、晉時驢夷有倉城是也。

五臺山，縣東北百四十里。北接蔚州界，迴環五百餘里，有五峰並聳。唐大曆初造金閣寺於五臺是也。今詳見名山。

滹沱河，在縣西南三十五里。自定襄縣流入界，又東南流入盂縣界。志云：縣西三十里有泉巖河，平地發源，〔一四〕流入滹沱。

慮虒水，在縣東南十里。志云：源出縣西北十五里王邨，環縣東南，一名縣河，與縣東北虒陽河合入清水河注於滹沱。漢以此水名縣。明天順中知州李華導民引慮虒水爲渠以溉田，曰豐樂渠。○虒陽河，在縣東北四十里。平地湧出，西南合慮虒水。又清水河，出縣東北一百六十里華巖嶺，西南流，慮虒水及虒陽河俱流合焉，注於滹沱。

飯仙山口。縣東北百二十里，有巡司戍守。其西南二十里爲狐野口，西北二十里爲趙勝口。又大峪口，在縣東北五十里。路通北直阜平縣，西通崞縣，有大峪巡司。縣東南七十里又有高洪口，南接石佛口，北連大峪口，路出阜平縣關口山，有高洪口巡司戍守。志云：石佛谷口在縣東南五十里。

繁峙縣，州東七十里。西北至大同府應州百七十里。漢繁畤縣，屬鴈門郡，後漢及晉因之。後魏拓跋珪築宮於此，曰繁畤宮。東魏天平二年置繁畤縣并置繁畤郡，後周郡、縣俱廢。隋開皇十八年復置繁畤縣，屬代州，唐、宋因之。金貞祐三年升爲堅州，元因之。明洪武二年復爲繁峙縣，訛畤爲「峙」也，屬太原府，八年改今屬。編户一十九里。

武州城，即今縣治。漢置繁畤縣。建武九年杜茂擊盧芳將賈覽於繁畤，敗績。晉咸康二年代王什翼犍僭位於繁畤北，後因置宮於此。東魏武定初置武州，領吐京郡、齊郡、新安郡，並寄治繁畤城内。後齊改爲北靈州，尋廢。胡氏曰：「漢初繁畤縣置於武州城，此亦後漢末所遷也。」金人圖經：「城三面枕澗，東接峻坂，極爲險固，故曰『堅州』。」

鹵城，縣東百里。漢鹵城縣，屬代郡。後漢改屬鴈門郡，建安中廢。其地多鹵，因名。故城周三里有奇。又東五里有齊城，或以爲東魏之齊郡城也。○葰人城，在縣北。漢縣，屬太原郡。葰音瑣，又山寡切。高帝七年周勃從上擊反韓王信於代，降下霍人，前擊胡騎，破之於武泉北。正義曰：「霍人即葰人也。」武泉，見大同府。

泰戲山，縣東北百二十里。山海經：「大戲之山，滹沱水出焉。」或訛爲泰戲山。郭璞謂之武夫山，又訛爲氏夫山，或謂之戍夫山。有三峰聳立於平川之内，俗又謂之孤山。說文「派水出鴈門葰人戍夫山，東北入海」，蓋以滹沱爲即派水也。派讀孤。一統志：「泰戲山俗名小孤山。」又有大孤山在縣西北五十里，近法池口。通志：「泰戲爲大孤山，其東又有小孤山。」恐悮。

茹越山，縣北百里，有谷路通大同應州。山下舊有茹越鎮，亦曰茹越口，爲戍守處。縣東北百里又有平地嶺，亦北出大同之道也。○寶山，在縣東南九十里。有南冶谷，路通北直唐縣、定州之境。志云：縣東南八十里有憨山，山勢聳拔崎嶇，陟者難辨方向，因名。又有華巖山，在縣東九十里。

滹沱河，在縣城北。志云：出泰戲山，有三泉並導，西南流三里而玉斗泉流合焉，亦名青龍泉，又西流數里復有三泉流注之，又西流至沙澗東合北樓口水，又西流合華巖嶺水，至城北又西入代州界，下流至北直靜海縣入海。蓋河東、河北之大川矣。

郎嶺關，縣東百里。舊名狼嶺，路通應州，屬振武衛戍守。通志：「崞縣石佛谷西北有郎嶺關，洪武七年千户王原所築。」

平刑嶺關，縣東百四十里，路通靈丘縣。本名瓶形寨。宋沈括曰：「飛狐路有道從倒馬關出，却自石門子冷水舖入，瓶形、枚回兩寨間可至代州是也。」金志：「縣有瓶形、梅迴等鎮。」枚、梅通。蓋與瓶形相近矣。今關有嶺口堡，西去鴈門關二百三十里，東至靈丘不過九十里，北出大寨口至渾源州亦九十里，南至北直阜平縣二百里。嘉靖二十年寇由此越塞而出，因增設官軍戍守。邊防考：「堡城正德六年築，嘉靖二十四年、萬曆九年增修，周二里有奇。」自此而西二十里曰團城子堡，又西北二十里曰大安嶺堡，又西北二十里曰車道口堡。大安堡南六十里曰沙澗驛，又西南至縣凡四十里。本關爲東路之門户，東控紫荆，西轄鴈門，與團城子堡分管内邊百二十四里。關北平安窊及大安嶺一帶俱寇衝，嘉靖間寇每由此入犯繁峙，代州保禦爲切。

北樓口堡，在縣東北百二十里。堡城正德九年築，嘉靖二十三年、萬曆五年增脩，周四里有奇，備兵使者駐焉。所轄邊二百五十三里，東起平刑界石窑菴，西抵廣武界東津口，皆近腹裏。山南一帶層巒茂林，爲内地障蔽。堡城地勢寬平，田土饒沃，然東有正峪口，西有白道陂，俱爲衝要。堡東三十五里曰凌雲口堡，東南接大安嶺，凡百里。其西三十里曰大石口堡，北去應州止三十里。宋楊業自雲、應引還，欲出大石路，入石碣谷，〔一五〕以避契丹兵鋒處也。其北又有石趺路，乃西趨鴈門之道。或曰即崞縣之石峽口也。

小石口堡。在大石口西五里。堡城正德九年築，萬曆二十八年增修，後又增築北關，今城周二里有奇。西二十里爲茹越堡，又西二十里爲馬蘭峪堡，堡北去山陰縣三十里，其西十五里即代州之胡峪堡也。邊防攷：「小石口轄凌雲、大石、茹越、馬蘭等四堡，分管邊一百有六里。堡東麻森嶺、上衚衕、白道陂、牛巢峪等處，山谷平漫，嘉靖中寇入犯堡南黃草坪及龍王堂、板舖嶺，俱由此逸出，蓋衝要地也。」

崞縣，州西南六十里。西南至忻州百四十里。漢崞縣地，屬鴈門郡，後漢末廢。晉復置，仍屬鴈門郡。後魏永興二年析置石城縣，屬秀容郡。東魏置廓州，北齊改爲北顯州，後周州廢。隋開皇十年改石城曰平寇，屬代州。大業初復曰崞縣，唐、宋因之。元曰崞州，明洪武二年改州爲縣，屬太原府，八年改今屬。編户三十八里。

崞縣故城，在縣西三十五里。漢縣治此，晉因之。後魏改爲崞山縣，東魏天平二年縣屬繁畤郡，後齊省入石城縣。隋志：「東魏於石城縣置廓州，領廣安、永定、建安三郡，俱寄治崞山城内。後齊廢郡，改置北顯州。」後周建德六年平齊，齊定州刺史高紹義復據北顯州，周兵擊之，拔顯州，進逼馬邑，即北顯州也。隋因舊名，改石城爲崞縣。大業十一年北巡，突厥來襲，帝馳入鴈門，齊王暕以後軍保崞縣，即今縣治。唐乾符五年，沙陀李國昌等焚唐林、崞縣，入忻州。元致和元年燕帖木兒作亂於大都，上都諸王忽刺台等引兵入崞州，時縣升爲州也。

雲中城，縣西南七十里。後魏末僑置雲中郡，領延民、雲陽二縣，蓋魏主脩永熙二年所置。隋志：「雲中城，東魏時僑置恒州，尋廢，後爲蘆板寨城。」今爲蘆板寨口堡，設兵戍守，南至忻口二十里。○唐林城，在縣南四十里。唐武氏證聖元年分五臺、崞縣置武延縣，景雲初改爲唐林縣，五代梁改曰白鹿縣，石晉曰廣武縣，宋省入崞縣。又樓煩城，志云：在縣東十五里，石趙時置。魏收志：「鴈門郡原平縣有樓煩城。」章懷太子賢曰：「故城在崞縣東北。」元魏主濬如樓煩宮，宮蓋置於此。杜佑亦曰：「崞縣東有樓煩故城。」

崞山，縣西南四十里。漢以此山名縣。後魏記：「太武保母竇氏葬崞山，別立寢廟，故累代皆致祀。文成帝濬太安三年畋崞山，遂如繁畤。獻文帝弘皇興二年亦畋崞山，如繁畤。孝文帝宏太和初自白登如崞山，明年復如崞山，自是三年至六年，皆親往焉。十五年始爲定制，惟遣有司行事。」水經注：「崞川水出崞山縣故城南，西流出山謂之崞口，故崞縣亦有崞口之名。」○大涯山，在縣東南四十里。山形森秀，如芙渠然，一名蓮花峰。又有五峰山，在縣東二十五里，以五峰並峙而名。又有黃嵬山，在縣西南七十五里。

石鼓山，縣東南七十里。志云：縣東南有福壽山，山之左即石鼓山。魏收云：「秀容縣有石鼓山。」是也。後魏長廣王初，河西賊帥紇豆陵步蕃敗爾朱兆於秀容，南逼晉陽，高歡與爾朱兆合擊，大破之於石鼓山，即此。

揚武谷，縣西三十里。揚一作「羊」，或作「陽」，自昔戍守要地也。唐大曆十三年回紇入寇代州，都督張光晟破之於羊武谷。五代唐清泰三年石敬瑭據河東，求援於契丹，契丹將兵自揚武谷而南。石晉開運三年契丹寇河東，劉知遠敗之於陽武谷，蓋鴈門西偏之要隘也。九域志崞縣有羊武寨。劉份曰：「代州揚武寨，其北有長城嶺，今爲揚武峪口堡，南至揚武邨三十里，西至蘆板寨四十里，設兵戍守。堡西又有揚武上、下關。」○石佛谷，志云：在縣西北三十里，北接朔州界。元末用石壘寨，明初因之，南通廟嶺，即夾柳樹堡也。其西北有郎嶺關云。

滹沱河，在縣東南。自代州流入境，又西南入忻州界。又縣南有揚武河，源出縣西五十里太子巖，東流入於滹沱。○七里河，在縣北，南流入於滹沱河。又有龍泉，在縣西北。有二源，北曰上龍泉，南曰下龍泉，流分三派，合流而入於滹沱。

寧武關，縣西北百十里，北接朔州，南通靜樂縣界。舊爲寧文堡，在今關城西一里。景泰元年創築今關，東去代州百七十里，西去嵐縣百六十里。成化中增脩。正德八年寇由大同入犯寧朔、倒馬諸關，議者欲調大同兵守寧武，樞臣以爲寧武三關所以蔽山西，而大同所以蔽寧武，若耑守寧武，是自撤藩籬，非計也。然自是以後，防維益重，隆慶四年又加修築。關城周七里餘，帥臣建牙於此，據險扼吭，屹爲保障。關東北二十里曰楊方堡，堡城創築於嘉靖十八年，萬曆四年增修，周二里有奇。近堡有西溝口、苦參窊，爲極衝。自堡北至朔州，不過四十里，不惟寧武要衝，亦爲三關翰蔽，大同有事以重兵駐此，東可以衞雁門，西可以援偏、老，北可以應雲、朔，蓋地利得也。邊防攷：寧武關分轄楊方、朔寧、大水口三堡，分管邊四十餘里。其朔寧堡在關東三十里。大水口堡在關西北三十里，亦曰狗兒澗。北有馬安山、灰泉梁，嘉靖間寇由此入犯岢嵐州一帶，亦防禦要地也。」

盤道梁堡，在寧武關東百里。有新舊二城。舊城創築於嘉靖三十二年，萬曆十三年增修。二十三年以舊城地勢低窪，又改築新城於邊内，周一里有奇。雖高踞山巔，而汲水外溝，且砂土脈鬆，墻垣易圮。堡西十里曰夾柳樹堡，中間有駱駝梁，爲賊衝。又西十五里爲雕窠梁堡，中間有火燒溝，爲賊衝。火燒溝之東又有卧羊坡，地平漫，寇易馳突，因設燕兒水堡於其地。自雕窠梁而西二十里曰玄岡堡，堡西去寧武關五十里，中間有金家嘴，爲賊衝。又自盤道梁而東十里曰小蓮花堡，〔一六〕亦曰弔橋嶺，東接代州之八岔堡凡十五里。邊防攷：「自盤道梁以下凡五堡，分管内邊四十八里。」

神池堡，在寧武關北三十里。嘉靖十八年築，萬曆四年增修，周五里有奇。堡東通朔州井坪所，西南通岢嵐之三岔、五寨等堡，商販咸集於此。其東曰圪圪垯堡，近堡有靳家窊等衝，嘉靖間寇由此入犯堡南温嶺、青羊渠諸處。其北曰石湖嶺堡，又東北爲西溝口堡，近堡有澗平、西溝二水門，闊皆丈餘，中竪石柵以防零寇。自神池堡以下共四堡，分管内邊四十里。

八角堡，寧武關西北七十里，西北至偏頭關九十里。弘治二年築，萬曆十五年增修，周四里有奇。堡北二十里有野豬溝堡，爲最衝。東有乾柴溝堡。又有長林堡，在八角堡東北六十里。嘉靖四十五年築，東面靠邊，三面長七十八丈。初屬岢嵐，後改屬寧武。東去朔州界五里，北至老營堡三十五里。近堡有暗門、大莊窩、石湖水口三處，爲最衝，蓋堡當南北孔道，旁多蹊徑，若寇從大同之乃河堡與西路老營之賈家堡犯五寨、三岔諸處，長林其必由之道也。

邊防攷：「八角所與所轄三堡，分管邊四十里，東西與大同老營接壤，據山負險，寇不易犯，唯野豬嶺之兩山，長林堡之左右平漫，易於馳突，不可不備。」

利民堡，在寧武關北八十五里。弘治二年築，嘉靖二十七年、萬曆四年增修，周三里有奇。東去朔州六十里，北至老營堡九十里，備兵使者駐焉。所轄邊二百九里，東起廣武界八岔堡西之神樹梁，西盡老營堡東之地椒峁，爲中路之要害。而堡東曰得勝堡，西曰勒馬溝堡，北曰蔣家峪堡。得勝口有牛筋肢灣、小道塢、莜麥川，俱爲寇衝，蓋寇從大同威遠、平虜而下，即莜麥川也。又勒馬溝有赤谷邨等衝，嘉靖間寇每由此入犯興、嵐一帶，蓋堡境平衍，無險可恃也。邊防攷：「利民堡與所轄得勝三堡，分管邊四十里。」

黄花嶺堡，在寧武關北二十里，又北十五里即神池堡也。又土棚堡，在寧武關北六十里，又西十里即義井堡，俱嘉靖中置。舊志：寧武東路有大河堡，又東北則楊方堡也。寧武而西則寧文堡，又西則三馬營堡，又西南則西鎮堡，相爲犄角。

石峽寨，在縣東北。今爲石峽口堡，與楊方堡相近，即雕窠梁堡也。嘉靖十三年督臣任洛自雕窠梁至達達墩，築邊八里有奇。議者謂楊方堡以西大川通谷，平漫無險，爲雲、朔、忻、代、嵐、石之徑道，寇每由此入犯。十八年督臣陳講乃棄舊邊，尋王野梁廢蹟修築，東起楊方，經温嶺、大小水口、神池、莜麥川至八角堡，爲長城百八十里，中間塹山堙谷，環以壕塹，險始可恃。二十三年督臣曾銑復增築高厚云。

土墱寨。在縣西北。東魏武定元年高歡築長城於肆州北山，西自馬陵，東至土墱。宋雍熙三年契丹寇代州，張齊賢却之。乃北走，齊賢先伏步卒二千於土墱寨掩擊之，契丹大敗。九域志崞縣有土墱寨。墱，北史作「隥」，土鄧反。

附見

振武衛。在代州治東南。明洪武二十三年建。

雁門守禦千户所，在雁門關。洪武七年建所於此，屬振武衛。

寧武守禦千户所，在寧武關。弘治十一年建所。詳見前。

八角守禦千户所。在八角堡。嘉靖二年建所。見前。

岢嵐州，府西二百八十里。南至永寧州二百五十里，西北至保德州二百里，東北至大同府朔州二百二十里。

春秋時晉地，後爲樓煩胡所據。趙滅樓煩，因爲趙地。秦屬太原郡，漢因之。後漢末爲新興郡地，魏、晉因之。後魏末爲嵐州地。宋白曰：「州治在今静樂縣。」隋屬樓煩郡，唐屬嵐州。宋太平興國五年置岢嵐軍，金大定二十二年升爲州。元初爲管州地，後爲嵐州地。明洪武七年復置岢嵐縣，屬太原府，九年升爲州。編户十一里。領縣二。

州控大河之阻，居四山之中，捍禦邊陲，形勢雄固。

嵐谷廢縣，今州治。漢汾陽縣地也，後漢以後其地大抵荒廢。後魏末爲嵐州地。隋爲静樂縣地，又置岢嵐鎮於此。唐爲岢嵐軍。劉昫曰：「唐初宜芳縣地也，有岢嵐軍。長安三年分置嵐谷縣，神龍二年省。景龍中張仁亶徙其軍於朔方，留者號岢嵐守捉，隸大同軍。開元十二年復置嵐谷縣，隸嵐州。」新唐書：高宗永淳二年以岢嵐鎮爲柵，長安三年改爲軍。」是也。五代唐復置岢嵐軍。周廣順二年府州防禦使折德扆拔北漢岢嵐軍，以兵戍之。宋仍置軍於此，金爲州治，元州、縣俱廢。明初復置岢嵐縣，尋升爲州。今州城周六里有奇。

遮虜城，在州東南。唐遮虜軍也，亦曰遮虜平。乾符五年以振武帥李國昌爲大同帥，國昌不受命，與子克用合兵陷遮虜軍。尋攻岢嵐軍，陷其羅城，敗官軍於洪谷。志云：洪谷東北有遮虜平，時置軍於此。○孤蘇戍城，在州東北十里。相傳北齊所築，遺址猶存。

岢嵐山，州北百里。高二千餘丈，長百餘里，與雪山相接。一統志云：「蔚汾水出岢嵐山。」似悮。又雪山，在州東北七十里。高三十里，長三十里，有東西二山，即嵐、朔之分界。一統志：「雪山在州東北四十里。」○長城山，在州東三十里。山下有白龍泉，流合嵐漪河。志云：州西有焚臺山，地中出火，因名。山上又有火井。

巨麓嶺，州西南五十里。西南至興縣六十里，接境處也。山多松，一名萬松山。或謂之松子嶺。宋靖康初折可求援太原，道出松子嶺，爲金人所敗處。○乏馬嶺，在州東四十里。山嶺高峻，馬經此輒疲乏，因名。志云：巨麓嶺、乏馬嶺下皆有水流入嵐漪河。

嵐漪河，在州城西南。源出州東五十里黃道川北之分水嶺，經乏馬嶺西與舟道溝水合流，又西南合巨麓嶺水，西流經興縣界入大河。○名源水，在州北五十里，亦西南流入於黃河。

洪谷保隘，州南四十里。唐末李克用敗官軍於洪谷，即此。胡氏曰：「岢嵐軍南有洪谷，今爲洪谷保隘，路出永寧州。」又天澗保隘，在州北五里，路通大同、朔州。兩山並峙，深狹如澗，因名。○于坑堡隘，在州西北八十里，路通保德州。志云：州東北四十里有三井鎮，明朝置巡司於此，今革。

五寨堡。在州北，東去寧武關神池堡八十里。堡城嘉靖十六年築，萬曆八年增修，周五里有奇。鎮西衛五所屯牧於此，故名五寨。四野平曠，居民蕃滋，寇往往窺伺。又逼近蘆芽山，叢木茂林，寇易嘯集，防守不可不密。○三岔堡，在五寨北五十里。堡城嘉靖十八年築，萬曆九年增修。堡當四達之衝，偏關商旅，盡出其途，亦要地也。

嵐縣，州東南百四十里。東北至靜樂縣五十里，東南至文水縣百七十里。亦漢汾陽縣地，隋爲靜樂縣地，隋末置嵐城縣。唐武德四年置東會州治焉，又改縣爲宜芳縣。六年改置嵐州，天寶初曰樓煩郡，乾元初復故。宋仍曰嵐州。金因之，亦曰鎮西軍。元至元二年州、縣俱省入管州。五年復置嵐州，以宜芳縣省入。明初洪武二年降爲縣，九年析置岢嵐州，以縣屬焉。編户十里。

合會城，在縣西南。唐志：「武德四年分宜芳縣置合會、豐潤二縣，屬東會州。明年省豐潤入宜芳，六年縣屬嵐州。九年又省合會入宜芳縣。」○秀容城，通志云：「在縣南三十里。」通典：「宜芳縣有古秀容城，即漢汾陽縣。」或曰城蓋劉淵所築，淵姿容秀美，因以名其城云。

銅鼓山，縣南四十里。山險峻。又大萬山，在縣西南六十里。山下有白龍池，亦名白龍山。又黄峹山，在縣西二十五里。志云：縣四境綿邈，山谷叢雜，有白龍、銅鼓、雞缺、勢要等山，俱稱險阻，盜賊往往潛匿其間。又尖山，亦在縣西。志云：蔚汾水所出。

羊腸坂，在縣東。水經注：「汾陽故城，積粟所在，謂之羊腸倉。有羊腸坂，石磴縈紆，若羊腸焉。」唐志：「嵐州界有羊腸坂。」皇甫謐地理書：「太原北九十里有羊腸坂，崔頤引以對隋煬帝。」通釋云：「嵐州羊腸坂，蓋與交城縣羊腸山相近。」

大賢河，在縣南。志云：源出縣南四十里柳峪邨，東北流至靜樂縣之樓煩鎮入於汾水。又蔚汾水，在縣西。源出尖山，流經州境，入興縣界注於大河。○淸水河，在縣東。源出縣北四十里雙松山，流經靜樂縣之樓煩鎮入於汾水。

貳郎關，縣北二十五里。有土城，周一里。元大德十一年置巡司於此。明洪武十八年修築，仍置巡司。今革。○天邨寨，在縣北三十五里。有城，周二里。洪武九年調鎮西衞官兵戍守。今革。

乏馬嶺寨。在縣北六十里，與岢嵐州接界。有城，周三里。洪武九年亦調鎮西衞官兵守禦。今罷。○寧武寨，或曰在縣西，唐乾元中戍守處。後置軍於此，曰寧武軍。乾符五年李國昌陷遮虜軍，進擊寧武及岢嵐軍，蓋即此。胡氏曰「嬀州懷戎縣西有寧武軍」，蓋國昌遣兵東西肆掠也。

興縣，州西百五十里。北至保德州百五十里，西南至陝西葭州六十六里。漢汾陽縣地，後齊置蔚汾縣，屬神武郡。隋廢郡，大業四年改縣曰臨泉，屬樓煩郡。唐武德四年又改縣曰臨津，屬東會州，尋屬嵐州。貞觀元年復改爲合河縣。宋因之。金末升爲興州，屬太原府。元仍舊。明洪武二年降爲縣，九年改今屬。編戶十二里。

合河城，縣西北六十里。唐縣治此。宋元豐中徙治蔚汾水北，即今治也。或曰今縣東南六十里有故臨津城，蓋唐初縣嘗治此。○太和廢縣，在縣北。隋末置，唐初屬東會州，尋屬嵐州，九年省。貞觀三年復置太和縣，八年又省入合河縣。

石樓山，縣東北五十里。一峰孤聳，峭壁端直百丈有餘，四圍不可攀援，惟向北一小徑，盤迴可達峰頂，俯視羣山，若丘垤然。一名通天山。後漢陽嘉中，使匈奴中郎將張耽等擊烏桓於通天山，大破之。後魏主濬和平三年，石樓人賀略孫反長安，鎮將陸真討平之。高齊天保五年齊主自離石道討山賊，一軍從顯州道，一軍從晉州道，夾攻，大破之，遂平石樓。石樓絕險，自魏世所不能至，於是遠近山胡莫不懾服是也。顯州，今見汾州府六壁城。

合查山，縣東南八十里。峰巒聳異，下有龍池。又采林山，在縣西南六十里。峰巖高峻，甲於羣山。又縣西八十里有紫金山，泉石頗勝。

黃河，在縣西五十里。自保德州流入境，又南入汾州府臨縣界。

蔚汾水，縣南十二里。自岢嵐州流經此。縣治東有通惠泉，自崖阜間分三穴湧出，西南合蔚汾水，又西南流達於大河。○南川河，在縣東南八十里。源出合查山，經縣南五十里合蔚汾水。又有湫水，亦出合查山，西南流入臨縣界，下流注於大河。

合河關，縣西北七十里。宋白曰：「蔚汾水西與黃河合，故曰合河。有合河津，唐置關於此。」趙珣聚米圖經：「關在府州南二百里。」唐開元九年，并州長史張說出合河關，掩擊叛衆於銀城、連谷，大破之。宋慶曆元年，趙元昊陷豐州，遣兵分屯要害以絕麟州餉道，議者請棄河外保合河津，即此也。銀城、連谷，見陝西神木縣，餘見榆林衛。○

蔚汾關，在縣東。唐志合河縣「東有蔚汾關」，蓋以蔚汾水爲名。後廢。

黑峪口。縣西五十里。即黄河官渡，路通陝西神木、柏林等處。嘉靖四十三年套寇由此踏冰突犯，隆慶元年套寇復由此南犯石州，旁略縣界，蓋縣之要防也。○界河口，在縣東六十里。路出岢嵐州，有巡司戍守。又孟家峪，在縣西南五十里黄河崖口。路出陝西神木縣，亦置巡司於此。其相近者又有穆家峪，舊亦置巡司，今革。

附見

鎮西衛。在岢嵐州治西。明洪武七年置。

保德州，府西北五百里。南至汾州府永寧州二百七十里，西南至陝西葭州二百二十里，東北至河曲縣一百二十里。

春秋時晉地，戰國屬趙，秦屬太原郡，兩漢因之，晉以後荒棄。隋、唐時爲嵐州地，宋淳化四年置定羌軍，景德初改保德軍。金大定二十二年升爲州。元因之，屬太原路。明洪武七年改州爲縣，九年復爲保德州，編户五里。仍屬太原府。

州迫臨黄河，密邇西徼，一有不虞，自河以東如捧漏卮矣，故西境之防，河曲而下，州其次衝也。

保德廢縣，今州治。自昔未有城邑，宋始置軍於此，與河西麟、府諸州相應援。金大定十一年於軍城内置附郭縣，仍曰保德，尋改軍爲州。元省縣入州，明朝因之。永樂十一年修築土城，東西南三面臨深溝，北臨大河。萬曆二十年、三十年俱增築。邊防攷：「州與陝西府谷縣止隔一河，先年寇由柳溝、驢皮窑等處入犯州境，直至河曲一帶，俱被荼毒，故汛守爲切。」今州城周七里有奇。

芭州城，在州東北。元初置芭州，屬太原路，至元初省入保德州。志云：州本置於黄河北岸，後圮於河，遺址僅存。今見陝西府谷縣。

翠峰山，州東八十里。形如覆斗，松柏蔚然，州之鎮山也。又有赤山，在州東十里。

黄河，在州城西北。與陝西府谷縣隔河相望，東北接河曲縣界，南接興縣界，套寇入犯，侵軼爲虞。宋志保德軍有大堡、沙谷二津，蓋大河津渡處也。

保馬水關。州東北百里。有土城，周一里餘。洪武九年置巡司於此。志云：州東北二十里有水寨，地名義門邨，黄河中流，巋然屹立，高二十八丈，周圍如之，舊嘗置寨於此。

附見

保德州守禦千户所。在縣治東南。宣德中建。

校勘記

〔一〕集兵八萬　「八」，底本原作「百」，今據職本及通鑑卷二一一唐紀二七改。

〔二〕水經注至其下多銅　水經晉水注引山海經只「懸甕之山，晉水出焉」二句，無「其山多玉，其下多銅」兩句。此所引四句出自山海經北次二經，故「水經注」三字宜改爲「山海經」。

〔三〕甘草地　「地」，底本原作「池」，今據職本及下文「頓兵甘草地」改。

〔四〕在縣東南十五里　底本原缺「東南」二字，今據鄒本補。

〔五〕黄歇説秦昭王書　「書」，當作「曰」。事見戰國策卷六秦策四，其文云：「楚人有黄歇者，游學博聞，襄王以爲辯，故使於秦，説昭王曰……智氏見伐趙之利，而不知榆次之禍也。」

〔六〕殺之於鑿臺之下　「下」，戰國策卷六秦策四作「上」。

〔七〕稍東十里曰鳳翼山　「翼」，底本原作「凰」，今據職本、鄒本改。

〔八〕禿髮城　「髮」，底本原作「髮」，今據鄒本改。

〔九〕胡甲嶺　水經汾水注作「胡甲山」。

〔一〇〕神武村　「武」，底本原作「我」，今據職本、敷本及鄒本改。

〔一一〕尤爲嚴固　「嚴」，底本原作「巖」，今據職本改。

〔一二〕大黽谷　「黽」，職本作「通」，敷本作「黿」，鄒本作「黽」。漢志卷二八下北地郡有大叓縣，師古曰：「叓即古要字也，音一遥反。」酈道元注水經亦作「大要谷」，則黽、通、黽、黿均爲「叓」之訛也。當作「要」。

〔一三〕永安中爲永安郡治　「永安郡」，底本原作「來安郡」，據魏書卷一〇六地形志改。

〔一四〕平地發源　「地」，底本原作「池」，今據職本、鄒本改。

〔一五〕入石碣谷　「入」，底本原作「又」，今據職本、鄒本改。

〔一六〕小蓮花堡　「蓮」，底本原作「運」，今據職本、敷本、鄒本改。

讀史方輿紀要卷四十一

山西三

平陽府，東至潞安府三百九十里，又東南至澤州四百一十里，又南至黃河二百六十五里，又渡黃河至河南之陝州一百二十里，又西至黃河三百一十里，又渡黃河西北至陝西之延安府二百七十里，又北至汾州府三百九十里，又東北至沁州三百四十里，自府治至布政司五百九十里，至京師一千八百里。

禹貢冀州地，即堯、舜之都所謂平陽也。世紀云：「其地在平水之陽而名。」春秋屬晉，戰國屬魏。秦爲河東郡地，兩漢因之。三國魏始置平陽郡，晉因之，永嘉三年劉淵僭號建都於此，其後石趙、慕容燕及苻、姚之徒相繼有其地。後魏亦爲平陽郡，兼置東雍州，太和中罷，孝昌中改置唐州，又改晉州。魏收志：「真君四年置東雍州，太和十八年罷。孝昌中置唐州，建義初改晉州，後又置總管府於此。」東魏、北齊皆爲重鎮。後周亦曰晉州。隋初改平陽郡曰平河郡，以陽與楊同音也。旋廢郡而州如故。煬帝改州爲臨汾郡，義寧初復曰平陽郡。唐復曰晉州，天寶初亦曰平陽郡，乾元初復故。五代梁置定昌軍節度，開平三年分護國節度置，兼領絳、沁二州。尋又改爲建寧軍。後唐曰建雄軍。宋仍爲晉州，亦曰平陽郡、建雄軍節度。政和六年升爲平陽府。金因之。河東南路置於此。元曰平陽路，大德九年改爲晉寧路。明初復曰平陽府。領州六，縣二十八。

府東連上黨，西略黃河，南通汴、洛，北阻晉陽，宰孔所云「景霍以爲城，景，太也。謂霍山。汾、河、涑、澮以爲淵」，而子犯所謂「表裏河山」者也。戰國時魏有其地，秦商鞅言於孝公曰：「秦之與魏，譬若人有腹心之疾，非魏并秦，秦即并魏。何者？魏居嶺阨之西，都安邑，而獨擅山東之利。利則西侵秦，病則東收地。魏必東徙，然後秦據河山之固，東鄉以制諸侯矣。」秦、漢以降，河東多事，平陽嘗爲戰地。曹魏置郡於此，襟帶河、汾，翼蔽關、洛，推爲雄勝。杜畿云：「平陽披山帶河，天下要地。」是也。晉室之亂，劉淵竊據其地，縱橫肆掠，毒被中原。迄於五部迭興，索頭繼起，平陽居必爭之會，未有免於鋒鏑者也。及周、齊相争，平陽如射的然。齊盧叔虎嘗謂其主演曰：「今宜立重鎮於平陽，與彼蒲州相對，深溝高壘，運糧積甲。彼閉關不出，則稍蠶食其河東地，日使窮蹙；彼若出兵，非十萬以上，不足爲我敵也。」其後周主邕伐齊乃曰：「前出河外，先是周主伐齊出河陽，攻拔其南城，故云。直爲拊背，未扼其喉。晉州本高歡所起之地，鎮攝要重，今先克之，鼓行而東，足以窮其巢穴矣。」及晉州拔，齊遂不可復固。唐起義師，亦先入臨汾，乃西指關中。柳宗元曰：「晉之故封，太行倚之，首陽起之，黃河迤之，大陸靡之。」大陸在今北直鉅鹿縣境，蓋約言封域所届也。蓋地大力强，所以制關中之肘腋，臨河南之肩背者，常在平陽也。朱温争河中，先取晉、絳，克用遂不能與抗。劉知遠自河東定汴、洛，亦自晉、陝而東。及女真、蒙古之禍，平陽皆先受其毒，而後及於關、洛。夫平陽之形勢，顧可忽乎哉？

臨汾縣，附郭。古平陽也，相傳即堯所都。春秋爲晉邑。昭二十八年，魏獻子分羊舌氏之田爲三縣，以趙朝爲平陽大夫。其後韓貞子居此。漢爲平陽縣，屬河東郡，高帝封功臣曹參爲侯邑。昭帝時度遼將軍范明友亦封平陽侯。後漢仍爲平陽縣，曹魏置平陽郡治焉。晉因之。後魏爲晉州治。隋改縣曰臨汾，後因而不改。城邑考：「今城明初因舊城增築，景泰初增脩，周十二里有奇。」編户一百五十二里。

高粱城，括地志：「在臨汾東北三十七里。」晉邑也。春秋僖九年：「晉亂，齊侯以諸侯之師伐晉，及高粱而還。」又僖二十四年：「晉文公刺公子圉於高粱。」竹書紀年：「晉出公二十年智伯瑶城高粱。」漢高二十年封酈食其子疥爲高粱侯，邑於此。水經：「汾水西南過高粱邑，故高粱氏之墟也。」宇文周建德五年齊主高緯圍平陽，周主邕自將救之。高阿那肱以周師大集，議堅壁勿戰，却守高粱橋。既而兩軍合戰，齊主奔高粱橋，遂北走。橋蓋以故城名也。郡志：今其地名程王里，亦曰粱墟。

武遂城，孔穎達曰：「城東去平陽七十里。」戰國時韓邑。史記：「楚懷王二十年昭睢曰：『秦破韓宜陽而韓猶事秦者，以先王墓在平陽而秦之武遂去之七十里也。』」韓世家：「襄王六年秦復與我武遂。九年秦復取武遂。十六年秦與我河外及武遂。釐王六年與秦武遂地二百里。」又秦紀「武王四年涉河城武遂，昭王初以武遂復歸韓」，即此。

○西平城，在府西北四十里。晉永嘉五年劉聰據晉陽，以其子驥爲征西將軍，築西平城居之。建興元年并州牧劉琨伐漢，遣監軍韓據自西河而南，將攻西平，聰益軍守之是也。又劉淵城，志云：在府西南二十里。相傳淵築此城，自蒲子徙都之。或曰永嘉三年劉淵徙平陽，自謂堯後，而平陽城亦曰堯城，因都於此，改諸城門皆用洛陽門名。是淵所都即平陽城矣。括地志：「今晉州城因平陽城東面爲之。」通典又云：「臨汾縣有古堯城。」郡志云：劉淵城，今名金店，其地皆在今郡城西。意故城闊遠，劉淵城即平陽舊壤矣。

柴壁城，在府西南六十里汾水上，舊爲戍守處。晉元興初姚秦拔魏乾壁，魏主珪馳救，圍攻秦將姚平於柴壁，秦主興將兵救之，將據天渡運糧以餽平，魏博士李先曰：「兵法高者爲敵所棲，卑者爲敵所囚。今秦皆犯之，宜及興未至，遣奇兵先據天渡，柴壁可不戰取也。」珪因築重圍以絕内外，遂克之。胡氏曰：「柴壁在汾東。」天渡蓋汾津之名，在汾水西岸。今太平縣子奇壘與此接界，或以爲即柴壁云。○白馬城，在府東北二十里。魏收志晉州治白馬城。貞觀六年移治平陽古城，即今治是也。

姑射山，府西五十里，有姑射、蓮花二洞。其南面支阜曰平山，平水出焉；其西北爲分水嶺，西接蒲縣界。舊有關，今廢。又石孔山，在府西三十五里，當姑射山前，九孔相通，深不可測。

漫天嶺，府東北五十里，與浮山縣東南之龍角山相接。山勢迴遠，因名。

汾水，在府城西二里。自汾州府南流，歷靈石、趙城、洪洞等縣流經此，又南入襄陵縣界。周威烈王時，韓康子都平陽，從智伯伐趙，決晉水灌晉陽，智伯曰：「吾乃今知水可以亡人國也。」魏桓子肘康子，康子履桓子之跗，以汾水可以灌平陽，絳水可以灌安邑也。舊史云「汾水可以灌安邑，絳水可以灌平陽」，乃文誤耳。後漢建安七年袁尚遣郭援入河東，與并州刺史高幹及南匈奴攻略城邑。曹操使鍾繇圍南單于於平陽，未拔，而郭援自河東馳至，衆懼。繇曰：「援若度汾爲營，乃其未濟擊之，可大克也。」援果徑前渡汾，濟未半，繇擊破之。晉元興元年姚興引兵救柴壁，將據天渡，魏人爲浮梁渡汾西築圍拒之。興至，屯汾西，憑壑爲壘，束栢材從汾上流縱之，欲以毀浮梁，魏人鈎取爲薪蒸，興計無所出，柴壁遂陷。後周建德五年周主攻齊晉州，軍於汾曲。胡氏曰：「汾曲在平陽南。」今汾水上有西橋、加泉、吴郇等渡，皆東去城二三里。餘詳大川。

平水，在府西南。源出平山，流至城西五里匯爲平湖，又西南流至襄陵城北，東入於汾，居民皆引溉田。一名晉水。○澇水，在府城北。源出浮山縣北烏嶺山，流入境，一名高河，或謂之長壽河，西流入汾。洪武十一年知府徐鐸引入城爲二池，以供民汲，曰永利池。

潏水，在府城東。源出浮山縣東南龍角山，西北流入境，合高粱水，又西北會澇水入汾。唐志：「臨汾東北十里有高粱堰。武德中引高粱水入百金泊以溉田，貞觀十三年爲水所敗。永徽二年刺史李寬自城東二十五里夏柴堰引潏水溉田，令陶善鼎復治百金泊，亦引潏水溉田。乾封二年堰壞，乃西引晉水。」晉水即平水也。百金泊，在今城東南二十里。○夏池水，在府西南三十里，流合晉水入汾。又天井水，在府北五十里，南流入汾。志云：晉將曹佃襲擊劉曜將卜休於此。

匈奴堡，舊志：在府西南七十里。匈奴種人嘗保聚於此，因名。姚秦時爲戍守處。晉義熙十一年并州胡叛秦入平陽，推匈奴曹弘爲單于，攻秦將姚成都於匈奴堡，姚懿自蒲坂討擒之。十二年姚懿以蒲坂叛，欲運匈奴堡穀以給鎮人，姚成都拒之。懿遣將攻成都，爲成都所擒。十三年劉豫伐秦，檀道濟等渡河攻蒲坂，遣別將攻匈奴堡，爲成都所敗。今堙。又府東北舊有泠泉關，今亦堙廢。

狐谷亭。在府西北。春秋僖十六年：〔一〕「狄侵晉，取狐、厨、受鐸，涉汾，及昆都，因晉敗也。」杜預曰「臨汾西北有狐谷亭」，即春秋時晉之狐厨邑。又府南有昆都聚，時晉惠公爲秦所敗也。○堯祠，在城南五里。舊志云：在城東十里平原上，以堯嘗都此也。朱梁開平三年晉兵攻晉州，大掠至堯祠而去，即此。

襄陵縣，府西南三十里。南至太平縣六十里。春秋時晉大夫郤犨食邑也。漢置襄陵縣，屬河東郡。應劭曰：「縣西北有晉襄公陵，因名。」後漢因之。魏屬平陽郡，晉及後魏因之。高齊移禽昌縣治此，以襄陵并入。隋大業初復曰襄陵縣。唐因之，仍屬晉州。元和十四年改隸絳州，太和初復改爲河中府，唐末復故。五代晉又改屬絳州，尋屬河中府，宋還屬晉州。今編户七十二里。

襄陵舊城，縣東二十五里，縣本治此。水經注：「襄陵在平陽東南。」是也。晉大興初平陽亂，石勒西擊靳準，據襄陵北原。永和十二年姚襄爲桓温所敗，自洛陽奔平陽，進據襄陵。太元十一年苻丕自晉陽南屯平陽，與慕容永戰于襄陵，大敗。後魏主燾神䴥初擒赫連昌，析襄陵東北置禽昌縣，并置禽昌郡。真君二年郡廢，縣屬平陽郡。後齊移縣治襄陵，因改襄陵曰禽昌，隋復爲襄陵，皆治此。唐移治于汾水西，在今縣西南十里，地名宿水店。宋天聖初徙治晉橋，即今縣也。一統志：「禽昌城在洪洞縣東南二十四里，或謂之白馬城。」又有郤犨城，在縣東南二十里。

其東面圮于水，餘三面尚存遺址。或曰即故襄陵城云。

乾壁城，在縣東南。亦曰乾城。晉元興初魏主珪與後秦有隙，命并州諸部積穀於平陽之乾壁以備秦。既而姚興遣軍攻乾壁，拔之。魏收志禽昌縣有乾城，即乾壁矣。

三磴山，縣西南十五里。山長九十餘里，其形三層。山之北有龍鬬峪。又焦石山，在縣南十五里。亦曰焦石嶺。○崇山，在縣東南四十里。一名卧龍山。頂有塔，俗名大尖山。山之西嶠亦曰卧龍岡，東南接曲沃、翼城，北接臨汾、浮山，皆謂之分水嶺，南北連亘，長二十餘里。

汾河，在城東。自臨汾縣流入境，又南入太平縣界。○晉水，在城北，即平水也。亦自臨汾縣流入界，引流爲中渠、横渠，又爲李郭、高石二渠，分溉民田，下流東入於汾。又三交水，在縣東二十里。源出崇山，合諸溪水西流入汾。

灰泉，縣北二里。又縣西南十五里有丹朱泉，又西南十里有娥、英二泉，俱引流溉田，下流注於汾河。

太平關。縣南三十五里，又南至太平縣二十五里，舊名故關鎮。宋志：「縣有雕掌、豹尾二寨。」今廢。

洪洞縣，府北五十五里。北至霍州八十里。春秋時楊國，晉滅之爲楊邑。漢置楊縣，屬河東郡。魏屬平陽郡，晉因之。後魏改屬永安郡，隋屬晉州，義寧初改爲洪洞縣。唐因之。今編户九十一里。

楊城，縣東南十八里。春秋時故國治此。伯僑自晉歸周，封于楊。晉滅楊以賜羊舌肸。昭二十八年羊舌氏滅，魏獻子使僚安爲楊氏大夫是也。寰宇記：「楊城在范東邨，一名危城，晉叔向所築。」杜預云「楊城東南有高梁亭」，即臨汾之高梁城矣。

洪洞城，縣北六里。東魏置鎮於此。西魏大統二年宇文泰軍於蒲坂，略定汾、絳，東魏行晉州事封祖業棄城走，薛修義追至洪洞，説之還守，不從，修義遂還據晉州，拒却魏師。姚最行記：「周建德五年從行討齊，師次洪洞，百雉相臨，四周重複，控險據要，城主張元静率所部肉袒軍門請降。」北史：「周主邕攻拔晉州，宇文憲自雀鼠攻拔洪洞。」是也。隋末因改楊縣曰洪洞。唐大順初遣張濬等伐河東，軍於晉州，李克用遣李存孝營趙城，薛志勤等營於洪洞，即今縣矣。

西河廢縣，縣西南三十里。後魏孝昌三年僑置西河郡，治永安縣。隋開皇初郡廢，改縣曰西河，屬晉州，大業初縣廢。唐武德中復析洪洞置西河縣，仍屬晉州，貞觀十七年省入臨汾。

九箕山，縣東十五里。厥狀類箕，南向有九。一名土山。志云：縣北有玉峰山，自九箕而來，西臨汾水。又英山，在縣西南，其東南與姑射山相接。○婁山，在縣西三十里，北接趙城縣之羅定鎮。又縣城南有洪崖，高踰百尺，東西袤五十里。澗水出焉，流入於汾。又西南有寶崖，四壁孤絶，北俯汾河。

汾河。縣西二里。自趙城縣流入境，又南入臨汾縣界。志云：縣南有通利渠，又有衆利渠，皆導汾水，至臨汾縣北，溉田各數十頃。○華池泉，在縣東十里，縣西二十里有普濟泉，又南有普潤泉，縣東南二十五里又有深泉、寶泉，其相近者又有雙泉及無底泉，俱引流溉田，而注於汾。

浮山縣，府東九十里。東北至岳陽縣四十里，東南至澤州沁水縣七十里。本襄陵縣地，唐武德二年析置浮山縣，四年改曰神山，屬晉州。宋因之。金大定七年復曰浮山，興定四年更名忠孝。元仍曰浮山。今編户十七里。〔三〕

郭城，縣南十里，故戍守處也。魏收志禽昌縣有郭城。其城三面險絶，惟東面平夷，即此。志云：浮山縣舊治郭城，五代唐自郭城移今治。一名丹朱邑，中有丹朱飲馬泉。

龍角山，縣南三十五里。兩峰對峙，舊名羊角山，唐武德中改今名。其東南峰有珍珠洞，又有華池。山之南麓跨翼城縣界。○浮山，在縣西六十里。相傳洪水時此山隨時消長也，縣因以名。又縣東八里有南堯山，縣東北二十里有北堯山，上皆有堯祠。

黑山，縣北四十里。一名牛首山，又名烏嶺，澇水出焉。○秦王嶺，在縣東北四十里。舊志：唐太宗南破宋老生，從霍山潛行至此，以扼前鋒，後人因呼爲秦王嶺。

澇水，在縣北，源出烏嶺，亦名黑水，旁有小澗溝合流而入臨汾縣界；又潏水，在縣東南十五里，源出龍角山西北，亦入臨汾縣界；下流俱注於汾水。

鬼門關。在縣北。出絳州之間道。○平寧關，在縣東十里。東漢初鮑永破青犢賊於此，因名。

趙城縣，府北九十里。東北至霍州五十里，西北至汾西縣九十里。周穆王封造父之地，春秋時趙簡子居此。漢爲彘縣地，隋爲霍邑縣地，義寧初始析置趙城縣，屬霍山郡。唐初屬呂州，貞觀十七年始改屬晉州。宋熙寧五年省，元豐三年復置，政和二年升爲慶祚軍。金復爲趙城縣，元改屬霍州，明洪武三年改今屬。編户三十七里。

故趙城，縣南三十五里。相傳造父始封此，即趙簡子之邑也。志云：今縣東北三里有趙簡子城，隋置縣於此，唐麟德初徙縣於今治。今故城遺址尚存。

霍山，縣東北十五里。北跨霍州靈石縣界，東抵沁源縣界。古冀州之鎮也。今詳見名山。○羅雲山，在縣西四十里。山高聳，嘗有雲氣舒布於其上。一名七佛峽。

汾河，在縣西。自霍州流入界，又南入洪洞縣境。

霍渠。在縣東南四十里，即霍山之水也。唐貞元中引流分二渠，名曰北霍、南霍。其北渠分三道，專溉趙城境内之田；南渠分五道，兼溉洪洞境内之田；凡九百有餘頃，下流注於汾水。又有大澤渠，在縣東北二十里。源亦出霍山，元中統四年引渠灌田十餘頃，西入於汾。俗呼清水渠。

太平縣，府西南九十里。東至翼城縣百十里，南至絳水六十里。漢臨汾縣地，後魏真君七年析置泰平縣，屬平陽郡。後周諱泰，改曰太平。隋初屬晉州，尋屬絳州，唐、宋因之，明洪武二年改今屬。編户五十四里。

太平城，在今縣北。志云：後魏置泰平縣，在今縣北二十五里太平關。今關亦名故城鎮，以此也。隋嘗移治於關東北，唐初復還舊治，貞觀七年移縣於敬德堡，即今縣矣。

臨汾城，在縣南二十五里。亦曰汾城。秦昭襄王五十年發卒軍汾城旁，即此。漢置臨汾縣，屬河東郡。魏、晉屬平陽郡。後魏真君七年并入太平縣，太和十一年復置，後齊縣廢。隋改平陽曰臨汾，而故城遂墟。舊志：臨汾故城在絳州東北三十五里，蓋境相接也。

汾陽山，縣南十里。以汾水經其南而名。

汾水，縣東三十里。自襄陵縣流入境，又西南入絳州境。其渡口曰臨汾渡，縣境諸小水皆流匯焉。○雷鳴水，志云：有二，一出縣西北十五里之蔚邨，一出縣西二十五里西侯邨，俱東流注於汾。又有源泉，在縣東北二十五里。潛流地中而東南出，引渠溉田，下流入汾。

子奇壘。縣東三十里。子奇，後秦主姚興弟姚平字也。興使與狄伯支等將步騎四萬伐魏，攻平陽，拔之，遂據柴壁。魏軍大至，截汾水以斷糧援，平大敗，將麾下三十騎赴汾水死。今此壘西臨汾水，壘側有柴邨，亦曰柴莊，蓋即柴壁云。○白波壘，在縣東南三十里。後漢末黄巾餘黨郭大於汾西白波谷築壘寇太原，即此。今名永固邨。

岳陽縣，府東北百十里。東北至沁州沁源縣百十里。漢，上黨郡穀遠縣地，後魏末置安澤縣，屬義寧郡。隋初屬沁州，大業初改曰岳陽縣，屬臨汾郡。唐屬晉州，宋因之。元省，尋復置。今編户十八里。

冀氏城，縣東南百二十里。後魏建義元年析禽昌、襄陵地置冀氏縣，兼置冀氏郡治焉。高齊郡廢。隋屬晉州，唐因之。會昌三年劉稹以澤潞畔，河中帥陳夷行以兵守翼城及冀氏，既又詔晉絳行營帥石雄自冀氏取潞州，仍分兵屯翼城以備侵軼是也。宋仍曰冀氏縣，元至元三年省入岳陽。明年以冀氏當東西驛路之要，復置縣，以岳陽併入。尋復置岳陽而冀氏縣廢。今名冀氏里。又有合陽城，在縣南。亦後魏末置，屬冀氏郡，高齊省入冀氏。

和川城，縣東九十里。後魏建義初分禽昌地置義寧縣，屬義寧郡。隋初郡廢，縣改曰和川，屬沁州。大業初廢，義寧初復分沁源縣置，屬沁州。唐因之。宋改屬晉州，熙寧五年省入冀氏縣，元祐初復置。金因之，元省入岳陽。今名和川里。志云：縣東北九十里有故唐城，相傳堯都故址。

鳳凰山，縣北五十里。頂有風洞，有泉二道流出其中。一名露巖山。○刁黄嶺，在縣東百九十里，又東至潞安府長子縣五十里。嶺長二十里，高八里。今詳見長子縣。

千畝原，縣東北九十里。左傳桓二年「晉穆侯夫人生太子，命之曰仇。其弟以千畝之戰生，命之曰成師」，蓋晉侯嘗破狄於是原也。今原下爲沁水所經。

沁水，縣東百里。自沁州沁源縣流入界，縣東南有藺水出縣北保豐邨，南流合焉，又東南流入澤州，下流至河南武陟縣入大河。今詳大川。

大澗水，在縣北。志云：澗水有二源，一出縣北安吉嶺，一出縣西北金堆里，俱西南流入洪洞縣界注於汾水。又縣南有赤壁水，西北流合於澗水。一名通軍水。志云：赤壁水出趙城縣霍山南，西南流二十里至縣西漏崖入地中，過南三十里復出而合澗水。又縣東北二十五里有下冶泉，出西山石崖下，經下冶邨亦流合澗水入汾。洪武七年引渠至城東溉田。○八十里川，在縣東百六十里。源出長子縣發鳩山，西南流入境合於沁水。其川長八十里，因名。

東池堡。縣南三十里。周一里，北面臨崖。志云：隋大業初縣嘗移理於此。○赤壁，在縣西一里。亦曰赤壁城，赤壁水經其下。志云：晉太興初劉曜自長安討靳準，軍至赤壁，即此。恐誤。

曲沃縣，府南百二十里。西至絳州五十里，南至絳縣九十里。晉新田之地，漢爲河東郡絳縣地，後漢爲絳邑縣地。晉屬平陽郡，後魏太和十一年改置曲沃縣於此，屬正平郡。隋屬絳州，唐、宋因之。明洪武二年改今屬。編户六十八里。

絳城，縣西南二里。一名新田城。左傳成六年：「晉人謀去故絳，徙居新田。」是也。漢於南境置絳縣，此仍謂之絳城，俗又訛爲王城。後魏爲曲沃縣地。志云：魏初置縣於絳山北，後周移治樂昌堡，在今縣南七里，亦曰樂昌城。隋又移治絳邑故城北，即今縣也。○桐鄉城，在縣西南四十五里，接聞喜縣界。漢武元鼎六年將幸緱氏，至左邑桐鄉，聞南越破，因置聞喜縣。或曰桐鄉城在今聞喜縣西南八里，一統志「今聞喜縣即故桐鄉城」，皆悮也。

陘庭城，在縣東，與翼城縣接界。左傳桓二年：「翼哀侯侵陘庭之田，陘庭南鄙啓曲沃伐翼。」三年：「曲沃武公伐翼，次於陘庭，逐翼侯於汾隰，獲之。」汾隰，汾水旁也。亦謂之熒庭。襄二十三年：「齊侯伐晉取朝歌，爲二隊，入孟門，登太行，張武軍於熒庭。」杜預曰：「張武軍，築壁壘也。」蓋即陘庭矣。史記晉世家：「哀侯八年侵陘庭，陘庭與曲沃武公謀，九年伐晉於汾旁。」賈逵曰：「逕庭，翼南鄙邑名。」亦謂之陘城。又韓世家：「桓惠王九年秦拔我陘，城汾旁。」孔氏曰：「陘城在汾水旁。」似誤。蓋謂自陘庭以至汾旁地也。

喬山，縣西北四十五里。山高五里，長二十餘里，接襄陵縣界，形勢陡峻。其西麓有夢感泉。齊主高緯圍平陽，恐周師猝至，於城南穿塹，自喬山屬於汾水，緯大出兵陳於塹北，即此。○紫金山，在縣南十三里，産銅。山半有泉下注縣崖，冬則凝而成冰，一名冰巖山。下又有龍底泉。開山圖謂之絳山。

蒙坑，在縣東北五十里，西與喬山相接。晉元興初魏主珪圍柴壁，安同曰：「汾東有蒙坑，東西三百餘里，蹊徑不通。姚興來必從汾西直臨柴壁，如此便聲勢相接。不如爲浮梁渡汾西築圍以拒之，興無所施其智力矣。」珪從之，大敗後秦主興於蒙坑之南。五代梁開平三年，晉將周德威將兵出陰地關攻晉州，梁將楊師厚自絳州馳救，周德威乃以騎兵扼蒙坑之險，師厚擊破之，德威乃解圍去。周廣順元年北漢主引契丹兵圍晉州，周將王峻自絳州馳救，晉州南有蒙坑，最險要，峻憂北漢兵據之，聞前鋒已度，喜曰：「吾事濟矣。」北漢主聞峻至蒙坑，遁去。今喬山以北自西而東，山蹊糾結，即蒙坑矣。

汾水，縣西三十五里。自太平縣南流經縣界，折而西入絳州境。

澮水，在縣南五里。志云：澮河源有二：一出翼城縣烏嶺山，西流入縣境；一出絳縣東北大交鎮東，亦西北流入縣境，又西入絳州界注於汾水。左傳成六年：「晉人謀遷新田，謂有汾、澮以流其惡者也。」史記韓世家：「懿侯九年，魏敗我澮。」或謂之少水。左傳襄二十三年「齊侯伐晉，戍郫邵，封少水」，蓋封尸爲京觀於澮水旁也。郫邵，見垣曲縣。

濟溪，在縣南七里。源出紫金山麓，澄澈細流，民引以溉園圃，北入澮河。又有合水，在縣北二十五里。出兩岸間合而成流，因名。西流入汾。縣南又有金溝水，居民亦引流溉田，流入澮河。又新絳渠，在縣東北三十五里。唐永徽元年縣令崔翳引古堆水溉田，凡百餘頃。今堙。○龍泉，在縣東北三十里，亦有灌溉之利。

虒祁宮，縣西南四十九里。春秋昭八年：「叔弓如晉，賀虒祁也。」又晉作虒祁宮而諸侯叛。杜預云：「宮在絳西四十里，臨汾水。」水經注：「汾水西徑虒祁宮北，有故梁截汾水中，凡三十柱，柱徑五尺，裁與水平，晉平公之故梁也。其宮背汾面澮，西則兩川之交會也。」竹書「晉出公五年澮絕於梁」，即是處矣。

蒙城驛。縣西北四十里；又候馬驛，在縣西南三十里；俱明洪武八年建。

翼城縣，府東南百三十里。西南至曲沃縣九十里，西至太平縣百十里。春秋時晉之絳邑，後更曰翼。漢爲絳縣地，後魏太和十二年置北絳縣，孝昌三年兼置北絳郡治焉。隋開皇初郡廢，縣屬絳州。十八年改曰翼城縣，義寧初於縣置翼城郡。唐武德初改爲澮州，二年又爲北澮州。四年州廢，仍屬絳州。天祐二年改曰澮川縣。五代因之。宋復曰翼城，金興定四年升爲翼州，尋又升爲翼安軍。元復曰翼城縣，屬絳州。明洪武二年改今屬。編户八十四里。

故翼城，縣東南十五里。晉故絳也，城方二里。春秋隱五年：「曲沃莊伯以鄭人、邢人伐翼。」詩譜曰：「穆侯遷都於絳，曾孫孝侯改絳爲翼。」莊二十六年「獻公使士蔿城絳，以深其宮，自曲沃徙都之」，即此。或以爲唐城，悮也。後魏北絳縣置於此，隋、唐爲翼城縣治，五代唐徙治於王逢寨，即今縣云。又熒庭城，在縣東南七十五里，即春秋晉之陘庭也。今詳曲沃縣。

皮牢城，縣東北。史記魏世家：「惠王十年，伐趙取皮牢。」秦紀：「昭王四十八年，王齕攻皮牢，拔之。」今爲牢寨邨。括地志：「澮水側有皮牢城。」是也。又息城，志云：在縣西三張邨，春秋時鄭太子奔晉居此，亦曰壽城。

小鄉城，在縣西南。後魏末置小鄉縣，屬南絳郡。隋初縣屬絳州，又改爲汾東縣，大業初省。義寧初復置，屬翼城郡。唐初屬澮州，尋屬絳州，武德九年省入翼城縣。

澮高山，縣南十五里。史記魏世家：「武侯九年，狄敗我於澮。又惠王九年，我敗韓師、趙師於澮。」括地志云：「澮山也，在翼城縣。」紀勝：「山形如鳥翼，一名翱翔山。產銅及鐵，唐置錢坊二所於此。又有巖洞泉壑之勝。」○羊角山，在縣東北三十里，即浮山縣之龍角山也。又縣西北十五里有覆釜山，俗呼小綿山，上有介子推廟。

烏嶺山，縣東三十五里，又東北至澤州沁水縣四十里。山南北有長嶺，嶺上東西通道，有二嶺相對，曰東烏、西烏。

唐會昌三年晉絳行營帥石雄討劉稹於澤潞，引兵踰烏嶺，破五寨，時劉稹亦遣將安全慶守之。李德裕曰「烏嶺距上黨百五十里」，謂此山也。亦曰黑山，澮水出焉。

澮水，在縣南。出東烏嶺，傍引溉田，西流經城南而入曲沃縣界。水經注「澮水導源黑水谷，經翼城北」，蓋謂故城也。又女家水，在縣東南。水經注：「翼城東有女家水，出家谷中。」竹書紀年「莊伯以曲沃叛伐翼，公子萬救翼，荀叔軫追之至於家谷」者也。其水西北流入澮。

馬泊泉，縣北二十五里。其北有卧馬山，泉出山下，因名。又有沙泉，在縣東南十二里。二泉皆有灌溉之利。

龍化鎮。縣東四十里。志云：鎮南連絳縣，北接浮山，爲商旅輳集之所。

汾西縣，府西北百八十里。東南至霍州五十里，西南至蒲縣百二十里。漢河東郡彘縣地，西魏嘗置臨汾縣，兼置汾西郡治焉。隋開皇初郡廢，縣屬晉州。十八年改曰汾西，屬吕州。大業初屬臨汾郡，義寧初屬霍山郡。唐初屬吕州，貞觀十七年改屬晉州。宋因之。今編户十五里。

新城廢縣，在縣西北。後周置，屬汾西郡。隋開皇中省入汾西縣，義寧初復置。唐初屬北温州，貞觀初州廢，縣仍省入汾西。一統志：「新城東南三十里有故温泉城。」

青山，縣西六十里。寰宇記：「山南入趙城，西北至温泉縣，長百六十里。」唐天寶六載敕改汾西，山亦姑射之連阜也。產鐵。温泉廢縣，今見隰州。又有商山，在縣東南六十里。

汾水，縣東三十五里。自靈石縣流入境，又東南入霍州界。

小澇澗，縣東北五里，其源曰白龍泉；又縣東十五里有轟轟澗，澗東南有潭，深不可測，澗中又有穴，龍噓氣出入，其聲如雷，因名；並東流注於汾水。又有泊池，在城東隅。元天曆中開鑿，其水冬夏不涸，亦流入於汾。

申邨堡。舊唐書：「隋末汾西縣陷於賊，武德初權於今城南五十里申邨堡置縣，貞觀十六年移於今所。」郡志云：唐開元縣嘗徙治厚義邨，宋復歸舊治。邨亦在今縣南。

蒲縣，府西百四十里。西北至隰州九十五里。漢河東郡蒲子縣地，後魏爲石城縣地，後周大象初置蒲縣，隋屬隰州。唐武德二年置昌州於此，貞觀初州廢，縣仍屬隰州。宋仍舊，元初廢入隰川縣，尋復故。明初洪武二年改今屬。編户九里。

蒲縣城，在今縣西南二里。隋大業初縣治此。志云：縣東北有故箕城，隋初蒲縣治也。大業二年移於新城，唐初復移於城東，即今治矣。天復二年河東將李嗣昭攻慈、隰，下之，屯於蒲縣。汴軍營於蒲南，别將氏叔琮分軍斷河東兵歸路，而攻其壘破之，即此。

石城廢縣，縣西六十里。後魏主燾置定陽縣，屬五城郡。太和二十一年改曰石城，後周兼置石城郡。周末郡廢，又并縣入蒲縣。宋白曰：「後周大象初於廢石城置蒲子縣，隋移今治」云。○昌原廢縣，在縣西。唐武德初置昌原縣，屬昌州，貞觀初廢入蒲縣。

翠屏山，在縣治西南一里。山勢聳秀，巖下有湧泉。又縣南一里有峨眉山，縣東五里有東神山。○孤山，在縣北三十里。一名黑兒嶺，相傳昔有劉黑兒居此。嶺沿五鹿山下至縣東北界，長五十里。

第一河。在縣城西。源出趙城縣之七佛峽，流經此，又西至大寧縣界入於大河。以山溪衆水所宗，因名。

蒲州，府西南四百五十里。南至河南陜州二百三十五里，西南至陜西華州百五十里，西至陜西同州八十里。

古蒲坂，舜都也。春秋時屬魏，晉獻公滅魏，以封大夫畢萬，後遂爲魏地。秦置河東郡，兩漢、魏、晉皆因之。後魏兼置雍州，東魏初改置秦州，魏收志：「神䴥初置雍州，延和初改秦州，太和中州廢，天平初復置秦州。」西魏因之。後周改曰蒲州，建德末於蒲州置宮。河東郡皆如故。隋初郡廢，仍曰蒲州，大業初又改爲河東郡。唐復曰蒲州，武德二年置總管府，九年改爲都督府，旋罷。開元八年置中都，旋罷，仍曰蒲州。天寶初曰河東郡，乾元初復曰蒲州，三年仍置河中府，〔三〕升州爲河中府。唐書：「乾元二年兼置耀德軍於河中城内，廣德二年廢。」大曆初又爲中都。尋復改河中府爲蒲州，元和三年復曰河中府。又至德二載置河中節度，治蒲州，兼領晉、絳、慈、隰、同、虢諸州。其後數有分合改易，光啓初賜軍號曰護國。今詳見州域形勢。五代時仍曰河中府，宋因之。亦曰河東郡、護國軍節度。金曰蒲州，天德初復曰河中府。金志：「大定五年置陜西元帥府於此。」元仍舊。明洪武二年復曰蒲州，以州治河東縣省入。編户八十七里。領縣五。

州控據關、河，山川要會。春秋時爲秦、晉爭衡之地，戰國時魏不能保河東，三晉遂折而入於秦。漢以三河並屬司隸，爲畿輔重地。自古天下有事，爭雄於河、山之會者，未有不以河東爲噤喉者也。曹操曰：「河東天下之要會。」晉永興以後，劉淵據平陽，而蒲坂尚爲晉守，關中得以息肩。及永嘉末，趙染以蒲坂降劉聰，而關中從此多故矣。晉亡關中，由於失蒲坂也。劉曜據關中，以蒲坂爲重鎮。其後苻、姚之徒，皆以重兵戍守，赫連氏因之。拓跋魏争關中，先奪其蒲坂，及赫連定復據長安，又急戍蒲坂以阨之，而夏不復振矣。孝昌末楊侃曰：「河東治在蒲坂，西逼河渭，其封疆多在郡東。」是也。西魏大統三年蒲坂來附，宇文泰遂進軍蒲坂，略定汾、絳，汾謂今吉州。及東魏來争，未嘗不藉蒲坂以挫其鋒。唐安、史之亂，郭子儀以河東居兩京間，扼賊衝要，乃自洛交今陝西鄜州。渡河趣河東，襲據其城。時賊將崔乾祐守河中，子儀自洛交渡河，河東司户韓旻翻城應子儀，乾祐遁去。大曆初元載議建中都，曰：「河中之地，黄河北來，太華南倚，有羊腸、底柱之險，濁河、孟門之限，以轘轅爲襟帶，謂洛陽也。與關中爲表裏，建都於此，可以總水陸之形勢，壯關、河之氣色。」光化四年朱全忠欲先取河中以制河東，召諸將謂曰：「我今斷長蛇之腰，諸將爲我以一繩縛之。」蓋有河中，則河東不能與長安相聯絡也。既而全忠遣軍自汜水渡河出含山路，見聞喜縣。襲取晉、絳，以兵守之，扼河東援兵之路，克用不能進，河中遂陷。胡氏曰：「由太原西南至汾州二百六十里，又南至晉州三百五十里，又南至絳州百二十五里，自絳州西南至河中三百六十五里，援兵縱由捷徑得進，而晉、絳扼其衝，遮前險，守後要，進不得援河中，退不得歸太原矣。」金人謀取關中，完顔訛可曰：「河中背負關、陝，南阻大河，此戰守要資也。」蒙古之取關中也，石天應曰：「河中自古用武之地，北連汾、晉，西度同、華，起漕運以通饋餉，則關中可克期而定。」明初平關、陝，亦自河中濟河。河中爲襟要之地，振古如兹也。

河東廢縣，今州治。秦蒲反縣地，屬河東郡，二漢以後因之。隋開皇十六年析置河東縣，大業初爲河東郡治。唐武德初蒲州治桑泉縣，三年還治河東，自是常爲州郡治。五代漢乾祐初，河中帥李守貞與長安叛將趙思綰、鳳翔叛帥王景崇相連絡，郭威督諸軍擊守貞於河中，諸將欲急攻城，威曰：「河中城臨大河，樓堞完固，未易破也。不若且築長圍守之，使飛走路絶，我坐食轉輕，彼城中無食，公私困竭，父子且不相保，况烏合之衆乎？」遂刳長濠，築連城，列隊伍而圍之；又循河設大鋪，連延數十里，更番步卒守之，遣水軍艤舟於岸，寇有潛往來者輒擒之。守貞於是大困，遂克之，即今城也。明初省縣入州。今城周八里有奇。

蒲坂城，州東南五里。杜佑曰：「秦、晉戰於河曲，即蒲坂也。」戰國時爲魏地。史記：「秦昭襄四年，取魏蒲坂。五年，魏朝臨晉，復與魏蒲坂。十七年，秦以垣易蒲坂、皮氏。」漢曰蒲反縣，應劭曰：「故曰蒲，秦始皇東巡見長坂，故加反云。」反與坂同也。後漢曰蒲坂縣。建武十八年上幸蒲坂，祠后土。晉永嘉五年，時南陽王模鎮關中，使牙門趙染戍蒲坂，染叛降於劉聰，聰遣染與劉曜等攻模於長安。建興初劉聰遣劉曜屯蒲坂以窺關中。咸和三年石勒將石虎攻蒲坂，劉曜自將馳救，虎引却。八年後趙石生起兵長安討石虎，使其將郭權爲前鋒，出潼關，自將大軍軍蒲坂。姚秦時置并、冀二州於此。義熙十二年姚懿以蒲坂叛，秦主泓遣姚紹擊平之。十三年劉裕伐秦，檀道濟渡河攻秦并州刺史尹昭於蒲坂，泓使姚驢救之，蒲坂降於裕。十四年置并州鎮焉，明年没於赫連夏。後魏主燾始光三年遣將奚斤襲夏蒲坂，取之，斤遂西入長安。神䴥初夏主定復取長安，魏主命安頡軍蒲坂以拒之。太和二十一年自龍門至蒲坂祀虞舜，遂至長安。永熙三年宇文泰討侯莫陳悦於秦州，高歡遣將韓軌據蒲坂以救之，不克。既而高歡自晉陽舉兵向洛，宇文泰遣别將趙貴自蒲坂趣并州。西魏大統三年宇文泰取蒲坂。八年高歡圍玉壁，宇文泰出軍蒲坂。十六年高洋篡位，泰大舉伐之，自弘農濟河而北，會大雨，乃自蒲坂還。後周仍爲河東郡治。隋開皇初爲蒲州治，尋析置河東縣，大業初以蒲坂并入焉。志云：今州城外東南隅有虞都故城，與州城相連，周九里有奇。其相近有虞阪云。

永樂城，州東南百二十里。本蒲坂縣地，後周置永樂縣，爲永樂郡治，尋省郡，後又省縣入芮城。唐初復置永樂縣，屬芮州，尋改屬鼎州，貞觀八年改屬蒲州，尋還屬虢州，神龍初復屬蒲州。宋因之。金廢爲永樂鎮，屬河東縣。王應麟曰：「畢萬始封魏，即河中之永樂」云。今有永樂渡，在大河北岸，路通河南閿鄉縣。洪武四年置巡司，屬潼關衛。

涑水城，州東北二十六里。左傳成十三年：「晉侯使吕相絶秦，所云『伐我涑川』者。」又羈馬城，在州南三十六里。左傳文十二年「秦伐晉，取羈馬」，亦吕相所云「剪我羈馬」者也。史記「晉靈公六年，秦康公伐晉，取羈馬，晉侯怒，使趙盾、趙穿、郤缺擊秦，戰於河曲」是矣，即今涉丘。

中潬城，在蒲津河中渚上，隋置以守固河橋。橋西岸又有蒲津城。隋末李淵自河東濟河，靳孝謨以蒲津、中潬二城降。又西關城，或曰即蒲津城也。五代漢乾祐初李守貞以河中畔，郭威等討之，白文珂克其西關城，别將常思栅於城南，威栅於城西是也。餘詳見重險蒲津。

中條山，州東南十五里。其山中狹而延袤甚遠，因名。亦曰薄山，又名雷首山。春秋宣二年傳「趙宣子田於首山」，即此山也。山之北有數峰攢立，拱揖州城，中高旁下，俗因名爲筆架山。志云：筆架山在縣南十五里。又南五里爲八盤山。又十里爲麻谷山，下有虞原，相傳段干木隱此。餘詳見名山雷首。

首陽山，州東南三十里，與中條連麓。山有夷齊墓，詩「采苓采苓，首陽之巔」是也。或以此爲雷首山。有虞澤，即舜所漁處。其水南流入黄河。十三州志：「首陽一名獨頭山。」開山圖「首陽與太華本一山，當黄河中流，巨靈胡開爲兩山，手足之迹猶存」，蓋傳訛矣。或又謂之方山。

歷山，州東南百里。相傳即舜所耕處，上有歷觀。漢成帝元延二年幸河東，祠后土，因遊龍門，登歷觀是也。郡國志：「河東有三軬山，北曰大軬，西曰小軬，東曰荀軬，三山各距城三十里。舜耕歷山，謂此地云。」又九峰山，在州東南百二十里。有九峰序列，形勢秀拔。

風陵堆，州南五十五里，相傳風后冢也。亦曰封陵。史記：「魏襄王十六年，秦拔我蒲坂、陽晉、封陵。二十年，秦復與我河外及封陵以和。」亦謂之風谷。正義：「封陵在蒲坂南河曲中。」水經注：「函谷關直北隔河有層阜，巍然獨秀，孤峙河陽，世謂之風陵，戴延之所謂風堆也。」杜佑曰：「風陵堆南岸與潼關相對，亦曰風陵山。」一名風陵津。曹操征韓遂自潼關北度，即其處也。後魏永熙末，魏主西入關，高歡克潼關而守之，使别將庫狄温守封陵。又大統三年，高歡遣竇泰攻潼關，宇文泰潛軍襲之，自風陵渡至潼關，竇泰敗死。○峨眉原，在州東五里。自西而東，綿亘逶迤，跨臨晉、猗氏之境。

黄河，在州西門外。自滎河、〔四〕臨晉縣流入境，經雷首山西折而東入芮城縣界。杜預曰：「黄河經蒲坂南，所謂河曲也。」秦繆公五年，與晉戰於河曲，吕相絶秦所謂「入我河曲」者也。宇文周保定初，鑿河渠於蒲州，蓋導河入渠，以資灌溉。志云：州城北有溥惠渠，又有永濟渠，築堰障之，謂之玉龍堰。又有古護堰，在州北一里，古北灘之西，東起灘角，西抵河岸，長四百餘步，用石築壘，以防黄河漲決侵嚙州城也。其相近者又有連城、横渠等堰，各長數十丈，以障禦大河。

涑水，在州東十里，有孟盟橋，其上流即絳水也。自絳縣歷聞喜、夏縣、安邑、猗氏至臨晉縣界合姚暹渠，而西出流經此，又西南注於大河。俗名揚安澗。水經注：「涑水經雷首山北與蒲坂分山。」是也。○嬀汭水，在州南百里。志云：歷山下有二泉，名嬀、汭，〔五〕東西相距二里，南流爲嬀，北流爲汭，異源同歸，西注於河，即堯釐降二女處。又有舜井，在州治東南二里。城中井脈皆鹹，此水獨甘。有二井，南北相通，可秉炬入，俗以爲即史記所云「穿孔旁出」者。宋祥符四年車駕臨觀，賜名廣孝泉。

谷口泉，州東南十五里，即中條山之水谷口，有泉出焉；傍又有蒼龍谷泉；俱流入大河。又有泓龍潭，在州東三十里中條山，北流五里入臨晉縣之姚暹渠。志云：州東南百二十里有玉洞泉，旁又有寒谷泉，俱發源中條山陽，引流溉田，注於大河。

蒲津關，在州西門外黄河西岸。今名大慶關，山、陝間之喉吭也。亦曰蒲渡。詳見前重險蒲津。

風陵關，州南六十里，路通潼關。唐聖曆初於風陵堆南津口置關以譏行旅。宋志：「蒲州河西縣有蒲津關，河東縣南有風陵關。」是也。亦曰風陵津，亦曰風陵渡。洪武八年置巡司於此，屬潼關衛。

陶邑鄉。州北三十里。水經注：「蒲坂西北有陶城，舜陶於河濱，即此。」唐志：「河中有陶城府，蓋府兵所屯也。」貞元二年馬燧討李懷光於河中，軍寶鼎，敗懷光兵於陶城。今曰陶邑鄉。志云：州有陶城。又有陶澤，即舜所漁處，在首陽山下，〔六〕南流入大河。○武壁，亦在州北。志云：自蒲州至滎河、河津黄河岸側凡八寨，曰汾陰、胡壁、趙邨、薛戍、薛堡、連栢、西倉、禹門，俱元至正末築。以薛堡居中，可制諸營，移中軍於此，更名武壁。周圍千二百步，南臨絶澗。其北一門，今存遺址。

臨晉縣，州東北九十里。東南至解州七十里。春秋時晉桑泉地，漢爲解縣地，後魏爲北解縣地，隋開皇十六年置桑泉縣，屬蒲州，義寧初蒲州移治此。唐還舊治，仍屬蒲州，天寶十三載改曰臨晉。今編户六十一里。

解城，縣東南十八里，即春秋時晉之解梁城。解讀曰蟹。僖十五年，晉惠公許賂秦伯以河外列城五，内及解梁城。戰國策「赧王二十一年秦敗魏師於解」，即解梁也。漢置解縣，屬河東郡，後漢及晉因之。後魏爲南解縣，西魏時改廢。杜預曰：「春秋解梁城在漢解縣西。」又北解城，在今縣西三十里。後魏太和十一年置北解縣，屬河東郡，即此。後周廢。○桑泉城，在縣東北十三里。春秋時晉故邑也。左傳僖二十四年：「晉公子重耳濟河入桑泉。」杜預曰：「桑泉城在解縣北二十里也。」隋因以名縣。又有温泉廢縣，唐武德三年分桑泉地置，九年廢。

郇城，縣東北十五里。文王庶子所封郇國，詩所謂「郇伯勞之」者也。後并於晉。僖二十四年，秦送重耳渡河，圍令狐，晉人軍於廬柳，咎犯與秦、晉大夫盟於郇。成六年，晉人謀居故絳，諸大夫皆曰必居郇、瑕者也。服虔曰：「郇在解縣東。」酈道元曰：「今解故城東北二十四里有郇城，在猗氏故城西北。」杜預曰：「解縣西北有郇城。」寰宇記：「在今猗氏縣西南四里。」似皆有悮。○瑕城，在縣東南。京相璠曰：「河東解縣西南五里有故瑕城。」春秋僖三十年：「春，晉圍鄭，鄭燭之武謂秦穆，所云『許君焦、瑕，朝濟而夕設版』者。」又文十二年，秦侵晉及瑕。十三年晉使詹嘉處瑕，守桃林之塞，即此。焦，見河南陝州。桃林，見陝西潼關。

虞鄉城，縣南六十里。漢解縣地，後魏分置虞鄉縣。唐武德初改虞鄉爲解縣，即今之解州，而於解縣西五十里別置虞鄉，即此城也。貞觀二十二年省入解縣。天授二年復置，屬蒲州。天祐四年朱全忠圍河中，河中降，全忠自洛陽馳至虞鄉受降，蓋虞鄉西至河中六十里而近也。宋仍爲虞鄉縣地，金因之，元省入臨晉。○陽晉城，在縣西南。括地志：「虞鄉縣西有陽晉城，一名晉城。」史記魏世家：「襄王十六年，秦拔我陽晉。」又西北有高安城。趙世家：「成侯四年，與秦戰高安。」正義：「高安，在河東也。」又智城，亦在縣西。括地志：「虞鄉縣北有智城，智伯所居。」

王官城，在縣南。城冢記云：「在虞鄉南二里。」左傳文三年：「秦師涉河焚舟，取王官城。」成十三年：晉侯使呂相絶秦，所云「俘我王官」者。水經注：「涑水西經王官城，城在南原上，人謂爲王城。」志云：王官谷以王官廢壘爲名，即此城也。東張城，在縣西。括地志：「虞鄉西北有張楊故城，一名東張城。」漢二年曹參攻魏將軍孫遬軍於東張，大破之。水經注：「涑水西南經張楊城東。」魏收志北解縣有張楊城。是也。

五老山，縣西南五十里，與中條山相接。一名靈峰，峰巖洞壑泉澗之屬，參差環遶，以數十計，稱爲名勝。又二嶷山，在縣東北三十里。有大嶷、小嶷，南北並列。亦曰三嶷山。

王官谷，縣東南七十里。志云：山在中條山中，巖洞深邃，泉壑幽勝，旁有天柱、跨鶴諸峰，瀑布、貽溪諸水，山水之勝，甲於河東。唐末司空圖隱於此。○峨眉坡，在縣北五里。東連猗氏、聞喜縣，西抵黄河，即蒲州之峨眉原也。

大河，在縣西。自滎河縣南流入境，又南入蒲州界。志云：縣西三十里有吴王渡，在河東岸，與陝西郃陽渡相對，即韓信渡河襲魏豹處。昔有吴、王二姓居此，因名。上有吴王寨，洪武四年置巡司戍守於此。

涑水，縣東南二十五里。自安邑、猗氏縣西流入縣境，又南而姚暹渠流合焉，並流而西入蒲州界。唐志：「虞鄉北十五里有涑水渠，貞觀十七年蒲州刺史薛萬徹所開，自聞喜引流入臨晉，以溉民田。」

姚暹水，在縣東南。源出夏縣巫咸谷，流經安邑縣及解州，又西流入縣境南，去鹽池十里。本名永豐渠，隋大業中都水監姚暹重開故渠，因曰姚暹渠。南匯於五姓湖，引流而西，出蒲州東十里孟盟橋入大河。遇山水漲溢，有横決潰隄侵入鹽池之患，因爲姚暹堰以障之。今附詳大川鹽池。

五姓湖，縣南三十五里，亦曰五姓灘，灘旁爲五姓村，湖因以名，即涑水、姚暹渠經流所鍾之地也。水經注：「涑水經張楊城東，又西南屬於二陂：東陂世謂之晉興澤，東西二十五里，南北八里；西陂一名張澤，或謂之張楊池，東西二十里，南北四五里，西北去蒲坂十五里。」五姓湖當即兩陂之餘流矣。寰宇記：「張澤以唐張嘉貞與弟嘉祐居此而名。」繆矣。

瀵泉，縣西三十里。泉有五，陝西郃陽有四，此有其一。異出同源，故名曰瀵。大如車輪，常時沸湧。郭璞云：「瀵泉在河東西，潛流相通。」是也。今詳見郃陽縣。

皂莢戍。在縣南。西魏大統中高歡圍玉壁，宇文泰出軍蒲坂，至皂莢聞歡退，渡汾追之，不及。胡氏曰：「皂莢在蒲坂東也。」

榮河縣，州北百二十里。東北至河津縣九十里。古綸地，夏后少康所邑也。戰國時爲魏汾陰地，漢置汾陰縣，屬河東郡，後漢及魏、晉因之。晉亂，劉淵省汾陰入蒲坂縣。後魏時復置，兼置北鄉郡治焉。後周改爲汾陰郡。隋初郡廢，縣屬蒲州。義寧元年復置汾陰郡。唐初改屬泰州，貞觀十七年還屬蒲州。開元十年獲寶鼎，因改縣曰寶鼎。宋祥符三年又改爲榮河縣，又置慶成軍。熙寧初軍廢。金貞祐三年升爲榮州，元仍曰榮河縣。今編户三十二里。

汾陰城，縣北九里。戰國時魏邑也。史記：「周顯王四十年，秦伐魏，取汾陰。」漢置汾陰縣，高帝六年封周勃爲汾陰侯。圖經：「城北去汾水三里，西北隅有丘曰脽丘，上有后土祠。」文帝十六年以辛垣平言周鼎將出汾陰，〔七〕乃治廟汾陰南，臨河，欲祠出周鼎。武帝元朔六年獲寶鼎於汾陰，因改元曰元鼎，四年始立后土祠于脽丘。宣帝神爵元年幸汾陰萬歲宫。建武初，鄧禹自汾陰渡河，入夏陽是也。晉大興初劉曜討靳準於平陽，使其將劉雅屯汾陰。隋遷縣於今治，唐開元十年改曰寶鼎。唐史云「十一年祭后土於汾陰，二十年行幸北都，還至汾陰祀后土」，皆因故名也。宋大中祥符三年祀汾陰，有榮光溢河之瑞，因改寶鼎縣曰榮河。志云：故汾陰城俗名殷湯城，以城北四十三里有湯陵云。

脽丘，縣北十里。亦曰脽上，亦曰魏脽。如淳曰：「脽音誰。」脽者，河之東岸特堆崛起，長四五里，廣二里，高十餘文。舊汾陰縣亦在脽上，漢置后土祠即在縣西，汾水經脽北而入河也。漢元狩四年得大鼎於魏脽后土祠旁，〔八〕其後數幸河東祠后土，宣帝及元、成時亦數幸祠焉。唐開元十年幸東都，既而將幸晉陽，因還長安，張說曰：「汾陰脽上有漢家后土祠，宜因巡幸脩之，爲農祈穀。」從之。明年祀后土，二十年復祀焉。碑文有云「脽上祠者，本魏、晉鄈丘之舊，漢家后土之宫，汾水合河，梁山對麓」是也。

黄河，在縣城西。自吉州及河津縣西南流入縣境，又南而汾水流入焉，復南流入臨晉縣境。志云：縣北九里后土祠前有汾陰渡，金人設此以通秦、雍之路，今廢。

汾水，縣北十二里。自絳州及河津縣流入境，至縣西注於河，縣當河、汾二水之交也。漢元光初，河東守番係言：「漕從山東，〔九〕更底柱之險，敗亡甚多而煩費，宜穿渠引汾溉皮氏、汾陰下，引河溉汾陰、蒲坂下，度可得五千頃。穀從渭上，與關中無異，而底柱之險可毋復漕。」從之。既而河移徙，渠不利，乃復罷。宇文周建德中伐齊，將出河陽，諸將以「河陽要衝，齊精兵所聚，汾曲戍小山平，不如進兵汾、潞，直掩晉陽。」周主不聽，師果無功。既而以晉州爲高歡所起地，鎮攝要重，謀取之，乃軍於汾曲，遣將攻平陽克之。王氏曰：「自滎河以西，皆汾曲也。」

萬歲宫，在汾陰故城内。城西北二里即后土祠也，漢武立祠并置宫於此，時臨幸焉。又有大寧宫，在今城内東北隅。宋真宗祀汾陰，此其齋宫云。

胡壁鎮。縣東三十里。唐光化元年陜虢王珙引汴兵攻河中，李克用遣李嗣昭救之，敗汴兵於胡壁鎮，汴兵走還。朱梁乾化二年朱友珪殺全忠，朱友謙以河中附晉，友珪遣康懷貞等攻之，屯於河中城西，晉將李存審等救友謙，敗梁兵於胡壁是也。金志萬泉有胡壁鎮，蓋與萬泉接界矣。

猗氏縣，州東北百二十里。南至解州六十里，東南至夏縣七十里。古郇國地，後爲晉令狐地。漢置猗氏縣，屬河東郡，因猗頓所居而名。後漢及魏、晉因之。後魏仍屬河東郡，西魏改曰桑泉，後周復舊。隋屬蒲州，唐因之。今編户五十里。

猗氏城，縣南二十里。孔叢子：「魯人猗頓適西河，大畜牛羊於猗氏之南。」此即其所居也。漢置縣於此，高祖封功臣陳遬爲侯邑。水經注：「猗氏縣南對澤即猗頓故居。」丁度曰：「左傳所云『郇、瑕之地，沃饒而近盬』，即猗氏也。後猗頓居此，用盬鹽起富，漢因以猗氏名縣。」隋徙縣於今治。五代梁乾化三年朱友珪遣將攻朱友謙於河中，晉王存勗馳救，却梁軍，頓於猗氏，即今縣也。今故城俗名王寮邨。

令狐城，縣西十五里。晉邑也。左傳僖二十四年：「晉文公從秦反國，濟河圍令狐。」又文七年：「晉敗秦於令狐，至於刳首。」闞駰曰：「令狐即猗氏地，今其處猶名狐邨。」又縣北有廬柳城，秦送重耳入晉，圍令狐，晉軍廬柳，即是城也。

涑水，縣南六里。自安邑縣流入界，又西入臨晉縣境。〇盬池，在縣東南，接解州境。志云：池近猗氏故城南，故杜預曰：「猗氏有盬池。」

神羌堡。縣東北十五里峨眉坡上。志云：鄧禹圍安邑定河東，嘗駐師於此。

萬泉縣，州東北百九十里。東至絳州稷山縣九十里。漢汾陰縣地，唐武德三年置萬泉縣，初屬秦州，尋屬絳州，大順二年改屬河中府。宋因之。金末改屬榮州，元復故。今編户三十七里。

薛通城，即今縣治。志云：後魏主燾始光初，赫連勃勃東侵河外，汾陰人薛通率宗族十餘家於縣東八十里築城自固，因名薛通城。唐初置縣於此，以城東谷中有泉百餘區，因名曰萬泉。

孤山，縣西南十里。一名介山，以亭然孤峙不接他山也。山之南麓接猗氏縣界。唐十道志：「河東道名山曰介山。」其山高三十里，周七十里，漢武帝用事介山，即此。後周保定初，韋孝寬築城於玉壁以北。齊人至境上，會夜，孝寬使汾水以南傍介山、稷山諸邨皆縱火。齊人以爲軍營收兵，自固版築，遂集所謂介山，亦即此山也。或又訛爲綿山。西半隅有檻泉，南麓有雙泉，又有桃花洞，東谷又有暖泉流爲東谷澗。

東谷澗。在縣南。自孤山東谷中發源，北流八里入於沙澗，又東北入稷山縣注於汾水。

河津縣，州東北二百十里。西北至吉州百二十里。古耿邑，殷王祖乙嘗都此。後爲耿國，春秋時屬晉，秦置皮氏縣，二漢屬河東郡，魏、晉屬平陽郡。後魏曰龍門縣，後又置龍門郡。隋初郡廢，縣屬蒲州。唐武德初置泰州於汾陰縣，明年移治此。貞觀十七年州廢，縣屬絳州，元和中改屬河中府。宋因之，宣和初改曰河津縣。金貞祐中改屬榮州，元復舊。今編户三十四里。

龍門城，今縣治。戰國魏皮氏邑也。志云：皮氏城在今縣西一里。秦惠文君九年，渡河取汾陰、皮氏。梁襄王六年秦取我汾陰、皮氏、焦。竹書：「襄王十二年，秦公孫爰帥師圍我皮氏，翟章帥師救之。十三年，城皮氏。」又梁哀王十二年，秦來伐我皮氏，未拔而解。後爲皮氏縣，漢河東守番系請穿渠引汾水以溉皮氏是也。後魏始改皮氏縣爲龍門，蓋因山以名縣。陸澄曰：「河東龍門城西對夏陽之龍門山，後魏置龍門鎮於此。」孝昌三年以薛脩義爲龍門鎮將。永熙末高歡破潼關屯華陰，龍門都督薛崇禮以城降歡，即是城也。隋大業十一年，李淵爲山西、河東撫慰大使，擊破賊帥毋端兒於龍門。十三年淵起義師，克絳郡，遂至龍門。唐武德二年，劉武周將宋金剛逼絳州，陷龍門。調露初以突厥降部背叛，遣將屯龍門以備之。開元二年置倉於此，曰龍門倉，城蓋濱河要口矣，宋因改曰河津。通志：「元皇慶初舊縣爲河所圮，因移治西北一里，明朝景泰初因元城脩築云。」

萬春城，縣東北四十里。宇文周建德四年，韋孝寬陳伐齊三策，請於三鵶以北萬春以南廣事屯田，預爲積貯。時蓋置鎮於此，自此南至河南魯山縣之三鵶鎮，皆與齊分界處也。唐武德五年析龍門置萬春縣，屬泰州，貞觀十七年省入龍門縣。○耿城，在縣南十二里，殷王祖乙所都。史記：「祖乙遷邢。」司馬貞曰：「邢音耿，即耿也。」周爲耿國，晉獻公滅之以賜大夫趙夙。郡志：縣東一里有耿鄉城。悮。

龍門山，縣西北三十里，即大禹所鑿處。河經其中。一名孟門。吳起曰：「殷紂之國，左孟門。」是也。水經注：「龍門上口在北屈縣西，所謂孟門也。」龍門下口在皮氏縣西北，今與陝西韓城縣分界。山下有湧泉，其東麓有瓜谷，西麓有遮馬谷，皆導泉成渠，有灌溉之利，下流入黃河。山頂又有石洞，相傳文中子隱居處也。今詳見陝西名山。

黃河，縣西十里。自吉州流入界，經龍門山下，有禹門渡，道出韓城；又南經縣西曰黃河渡，亦與韓城分界；又南流入滎河縣境。

汾河，在縣東南三十里。自稷山縣流入界。志云：縣東南二十八里有黃邨渡，縣南八里有修福渡，蓋皆汾河渡口也。又西南流入滎河縣界。

十石壚渠，縣東南二十三里。唐貞觀二十三年縣令長孫恕鑿，溉田良沃，畝收十石，因名。又縣西二十一里有馬鞍塢渠，亦恕所鑿也；又縣北三十里有瓜谷山堰，唐貞觀十年所築，堰瓜谷水溉田；今皆廢。

龍門關，在縣西北龍門山下。後周所置，唐因之。關下即禹門渡也。志云：縣北三十里有禹門渡巡司，洪武三年置。今亦見韓城縣。

岸頭亭，在縣南。古岸門也。史記：「秦孝公二十四年，與晉戰岸門，虜其將魏錯。又惠文王後十一年敗韓於岸門，斬首十萬。」〔一〇〕魏世家：「襄王五年，秦使樗里子伐取我曲沃，走犀首岸門。」劉昭曰：「皮氏有岸頭亭。」是也。漢武封衛青校尉張次公爲岸頭侯，即此。

冀亭。在縣東。古冀國也。左傳僖二年：「晉荀息曰：『冀爲不道。』」杜預曰：「冀在皮氏縣東。」又臼季過冀野，見郤缺耨。今縣東十五里有如賓鄉，即其地也。戰國策：「蘇代說燕王：『秦下南陽、封、冀。』」王氏曰：「封謂封陵，冀謂冀亭矣。」○赤壁，在縣北。劉淵據平陽時置戍處也。晉太興初靳準盡誅劉氏，劉曜聞亂，自長安赴之，軍於赤壁。水經注：「皮氏縣西北有赤石川，蓋置壁壘於此，因名。」

附見

蒲州守禦千户所。

解州，府西南三百四十里。南至河南陝州百五十里，西南至陝西華州二百四十里，西至蒲州百二十里。

春秋時晉地，戰國屬魏。秦爲河東郡地，兩漢及魏、晉因之。後魏仍爲河東郡地。隋、唐爲蒲州地。五代漢乾祐初始置解州，宋因之。金仍爲解州，金志：「初置解梁郡軍，尋罷爲陝郡，〔二〕貞祐三年又升爲寶昌軍，興定四年徙治平陸。」元復故。元改屬平陽路，明初以州治解縣省入。編户三十一里。領縣五。

州面石門而背鳴條，外控底柱之險，内擅鹽池之利，河東奥區也。國賦考：「解鹽歲額凡四十二萬引，都轉鹽運使駐於河東。」戰國策：「秦有安邑則韓必無上黨。」三晉之禍蓋始於失河外，而成於亡安邑。

廢解縣，今州治。漢解縣地，後魏太和初析置安定縣，屬河東郡，西魏改曰南解，又改曰綏化，尋曰虞鄉。隋因之，屬蒲州。唐初改爲解縣，屬虞州。貞觀十七年省，二十二年復置，仍屬蒲州。五代漢爲解州治，宋以後因之，明初省。今州城周九里有奇。

臼城，在州西北。春秋時晉大夫臼季邑，亦謂之臼衰。左傳僖二十四年：「晉文公入取臼衰。」杜預曰「在解縣東南」，蓋謂臨晉縣之舊解縣也。今屬州境。

檀道山，州南五里，與中條山相連。山嶺參天，左右壁立，間不容軌，謂之石門。凡百梯纔可上，亦曰石梯山。東嶺出泉，澄渟爲池，謂之天池，上有盎漿，俗名止渴泉。山海經「高前之山，其上有水甚寒而清，謂之帝臺漿」，郭璞以爲即檀道山所出泉也。有聖女崖，亦曰玉女溪。志云：檀道山路通河南寶津渡。寶津即浢津也。見芮城縣及河南靈寶縣。

石錐山，在州西南五里，即中條之支峰也。或以爲雷首山。五代志河東郡虞鄉縣有石錐山。魏主詡武泰初，蕭寶寅據關中以叛，正平民薛修義等攻圍蒲坂以應之。魏遣長孫稚等討保寶，行至恒農，遣行臺左丞楊侃分兵北渡，據石錐壁，侃因以計悉降修義之衆，即此山也。

白徑嶺，在州東南十五里。中條山之別嶺也，路通陝州大陽津渡。志云：由檀道山陡徑出白徑嶺趨陝州即石門百梯之險也。唐至德二載郭子儀復河東，賊將崔乾祐走安邑，復自白徑嶺亡去。朱梁乾化三年朱友謙以河中降晉，梁軍攻之。晉王存勗自將救之，遇梁軍於解縣，大破之，追至白徑嶺而還。

黄河，州南九十里。自芮城縣流入界，又東南入平陸縣界，河南岸則陝州靈寶縣境也。

鹽池，州東三里，接安邑縣界。其鹽不勞人力，自然凝結，盛於夏秋，殺於冬春，國賦邊儲，所資甚大。又有女鹽城，亦曰硝池，在州西北十五里。池分爲六，有鹹淡之異。今俱詳見大川。

濁澤，括地志：「出解縣東北平地，即涿水也。」涿音濁。史記：「趙成侯六年伐魏取涿澤。」又魏世家：「惠王初立，韓懿侯、趙成侯合兵伐魏，戰於濁澤，大破之，遂圍魏。」是時魏都安邑，或以爲河南之濁澤，悮也。今湮。

姚暹水，州北十五里，即永豐渠也。自安邑縣流入，又西入臨晉縣界。宋國史：「天聖五年詔陝西漕臣脩永豐渠。」自後魏正始四年都水校尉元清引中條山下平坑水爲渠，西入黄河以運鹽，名曰永豐，周、齊間廢，隋大業中都水監姚暹浚渠，自陝郊西入解縣，民賴其利。唐末湮没，鹽運大艱，至是殿直劉逵請開濬，自解州安邑至蒲州白家場，通舟運鹽。漕臣王博文以爲便，遂浚之，公私果利。今仍曰姚暹渠。○熨斗陂，在州西二十里。郡國志：「魏正始中穿以繫船，今廢。形似熨斗，因名。」

長樂鎮。州南十里鹽池上，有巡司。又紫泉監，在州南。唐志：「乾元元年置監，有銅穴十三，後廢。」○石門，志云：自州東南白徑嶺，踰中條山通陝州道，山嶺參天，左右壁立，間不容軌，謂之石門。

安邑縣，州東五十里。東北至夏縣五十里。故夏都也，春秋時屬晉，戰國爲魏都，後入於秦。秦爲安邑縣，河東郡治焉。兩漢及魏、晉因之。後魏太和十一年置安邑郡，尋改縣爲北安邑縣，又改郡爲河北郡，縣屬焉。隋仍爲安邑縣，開皇十六年置虞州。大業初州廢，縣屬河東郡，義寧初復置安邑郡。唐武德初改置虞州，貞觀十七年州廢，縣屬蒲州。至德二載改縣曰虞邑，乾元初改隸陝州，大曆四年復故名。元和三年仍屬河中府。五代漢改屬解州，宋因之。今編户九十五里。

安邑故城，縣西二里。皇甫謐云：「舜、禹皆都於此。」春秋時魏絳徙安邑。又魏武侯二年城安邑。戰國策：「城渾曰：『蒲坂、平陽相去百里，秦人一夜襲之，安邑不知。』」史記：「秦孝公八年，衛鞅將兵圍安邑，降之。」魏世家：「惠王三十一年，秦地東至河，安邑近秦，於是徙都大梁。」秦紀：「昭襄二十一年左更錯攻魏，魏獻安邑，始置河東郡。」後漢初平二年關東諸軍討董卓，卓使牛輔分軍屯安邑。或謂之魏豹城。志云：城本魏文侯所築，漢初魏豹居此，遂以豹名。城南有韓信溝。又蒲州城北亦有魏豹城，相傳豹藏兵以拒韓信處。

司鹽城，縣西二十里。括地志：「故鹽氏城也。」秦紀：「昭襄王十一年齊、韓、魏、趙、宋、中山共攻秦，至鹽氏而還。」漢有司鹽都尉治此，因名司鹽城。或曰唐大曆中於縣西南三十里置鹽治，〔一三〕因築城於此。今其地亦名路村，河東、陝西都轉運鹽司署在焉。○興樂廢縣，在縣南。唐武德三年析安邑縣置，屬泰州，貞觀初省。又蚩尤城，志云：在縣西南十八里。縣東南又有婁室城，金將婁室陷河東時所築也。

中條山，縣南三十里。有石槽，泉出其中，曰青石泉，流經縣東引以溉田，下流注於涑水。又有銀谷，在山中。隋志：「縣有銀冶。」唐大曆中亦嘗置冶於此。○玉鉤山，在縣東北二十里。其山東西連亘十里，狀如玉鉤，下有玉鉤泉。

鳴條岡，縣北三十里。括地志：「高涯原在安邑縣北。其南坂口即古鳴條陌，岡之北與夏縣接界。」或云舜所葬也。孟子曰：「舜卒於鳴條。」尚書大傳：「伊尹相湯伐桀，戰於鳴條，即此。」又虞坂，志云：在縣南二十里，以舜嘗都此而名。俗名青石槽。○高侯原，在縣東十七里。晉咸和三年石勒遣石虎攻蒲坂，劉曜馳救，虎引退。曜追及之於高侯，大破之。杜佑曰：「高侯原在聞喜縣北。」

涑水，在縣北。自夏縣流入界，即絳水下流也，戰國策「絳水可以灌安邑」是也，又西流入猗氏縣境。○華谷水，在縣西南四十里。自夏縣流經縣界，又西入蒲州界。或訛爲葦谷水。

鹽池，在縣西南二十里。所謂安邑鹽池也，與解池爲二。詳見前。

苦池，縣東北二十里。姚暹渠自夏縣合衆渠之水匯流於此，亦名苦池灘，又西入解州境。○龍池，在縣南二十里。與鹽池相近，一名黑龍潭。姚暹渠漲溢往往自苦池灌注於此，池不能受，衝入鹽池。今爲堰以防之，曰黑龍堰。今亦詳見鹽池。又淡泉，在縣西南十八里鹽池之北。他水皆鹽，此泉獨淡，亦曰甘泉。

龍池宫。在縣南龍池上。唐開元八年置，尋廢。又昆吾亭，志云：在縣西南一里。昆吾即助桀拒湯，湯先伐之者。

○聖惠鎮，在縣西南二十里鹽池上，有巡司。

夏縣，州東北百里。南至平陸縣九十里。本漢安邑縣地，後魏太和十一年别置南安邑縣，後周改爲夏縣，置安邑郡。隋郡廢，尋屬虞州，大業初屬河東郡。唐武德初仍屬虞州。二年縣民吕崇茂據縣叛，自稱魏王，裴寂討之，爲所敗。貞觀十七年屬絳州，大足元年改屬陝州，尋還屬絳州，乾元三年仍屬陝州。宋因之，金改屬解州。今編户六十六里。

夏城，縣西北十五里。相傳禹建都時築，一名禹王城。城内有青臺，高百尺。或謂之塗山氏臺。孔氏曰：「夏縣東北十五里有安邑故城。」

巫咸城，縣南五里。相傳殷巫咸隱此，亦曰巫咸頂，一名瑶臺頂。下有谷，亦曰巫咸谷。水經注：「鹽水流經巫咸山北。」是也。○磓山，在縣西北七十里石磓邨，即峨眉坡高阜也。

柳谷，縣北五里中條山中。唐貞觀十一年幸柳谷，觀鹽池。又貞元中陽城以學行著聞，隱居柳谷之北是也。

涑水，縣西四十里。自聞喜縣流入。郡縣志：「涑川在縣境東西三十里，南北七里，即吕相絶秦所云『伐我涑川』者。又西南入安邑縣界。」

姚暹渠，在城南。中條山北之水引流爲渠。在縣北十里有横洛渠，縣東十里又有李綽渠，皆中條山谷諸水所導流也，匯流而南入於安邑之苦池灘。○青龍河，在縣北三十里。志云：以河流屈曲如盤龍而名，下流合於涑水。

湧金泉，縣西南十五里，西入安邑之黑龍潭。相傳鹽池得此水始凝結。○皇川，志云：在縣東南五十里中條山内。相傳夏后避暑離宫之所。

高顯戍。在縣北。後周建德五年周主邕自長安救晉州，至高顯。胡氏曰：「高顯與涑川相近。」

聞喜縣，州東北百二十里。北至絳州七十里。春秋時晉之曲沃地，秦改爲左邑，屬河東郡。漢武帝經此聞破南粤，因置聞喜縣，仍屬河東郡。後漢及魏、晉因之。後魏置太平郡於此，後屬正平郡。隋初郡廢，縣屬絳州。唐因之，宋屬解州。今編户六十六里。

左邑城，在縣東。春秋時之曲沃也。杜預曰：「曲沃，晉别封成師之邑，在聞喜縣。」是也。桓八年，曲沃滅翼。莊二十六年，獻公自曲沃徙都絳。二十八年使太子申生居曲沃。亦謂之新城，又謂之下國。僖十年狐突適下國，遇太子。又太子謂狐突曰「請七日見我於新城西偏」，即曲沃也。又襄二十三年齊納晉欒盈於曲沃。戰國策：「周顯王四十六年，秦伐魏，取曲沃。」又赧王元年，秦復伐魏，取曲沃而歸其人。秦謂之左邑。水經注：「左邑，故曲沃，詩所謂『從子於鵠』者也。」漢元鼎六年，分左邑縣地置聞喜縣。東漢罷左邑，移聞喜縣治焉。建安初車駕還洛陽，自安邑幸聞喜。後周移縣治今絳州之柏壁，隋移治甘谷。寰宇記「今縣東二十里有甘谷口，甘泉出焉」，即其地也。唐復移治桐鄉故城，五代時移今治。

周陽城，縣東二十九里。漢文帝元年封淮南王舅父趙兼爲侯邑。又景帝三年封田蚡弟勝爲周陽侯，邑於此。志云：縣東北三十五里有避暑城，相傳晉獻公所築。○燕熙城，在縣北。晉太元十一年西燕慕容忠等引軍自臨晉而東，至聞喜，聞慕容垂已稱尊號，不敢進，築燕熙城居之，即此。

湯山，縣東南三十里，以上有成湯廟而名。山產銅，唐鑄銅冶於此。寰宇記：「縣東南十八里有景山，即山海經所云『南望鹽澤』者。」又縣東南九十里有小橫嶺山，接絳縣界。絳縣有大橫嶺，故此曰小也。山下有三泉並出，流爲白石河，下流注於涑水。○華谷，在縣東。水經：「涑水出聞喜縣東山黍葭谷。」酈道元曰：「涑水所出，俗謂之華谷。」後周韋孝寬請築城於此以防高齊處也。今見稷山縣。

涑水，在縣南。志云：源出絳縣橫嶺山乾洞，伏流盤東地中而復出，西流經縣東合甘泉，引爲四渠，曰東外、喬寺、觀底、蔡薛，溉田百有二十八頃，西流經夏縣界，下流入於黄河。水經注：「涑水出縣東華谷，至周陽與洮水合。」左傳：「子產曰：『臺駘，汾、洮之神也。』」司馬彪曰「洮出聞喜」，亦涑水之兼稱矣。後周建德四年周主如河東涑川，明年克晉州，留兵戍守，齊人攻晉州急，命宇文憲屯涑川爲聲援，蓋在縣界。

乾河，在縣東北。郭璞曰：「縣有乾河口，但有故溝，無復水也。」水經注：「教水出垣縣北教山，世謂之乾澗。其水南歷鼓鐘川，分爲二澗，一澗西北去百六十里，(二)〔三〕山岫回阻，纔通馬步，即聞喜東北之乾河口也。」秦紀「白起取韓安邑之東，到乾河」，即此。

董澤，縣東北三十五里。水經注：「董水西經董澤陂南，陂東西七里，南北三里。」春秋文六年：「晉蒐於董。」又宣十二年：「厨武子曰：『董澤之蒲，可勝既乎？』」杜預曰：「河東聞喜東北有董澤陂。」陂中產楊柳，可以爲箭也。一名董氏陂，又名豢龍池，即舜封董氏豢龍之所。其地出泉名董泉，民引以溉田，流入涑水。

沙渠，在縣東南三十五里。唐會要：「儀鳳二年詔引中條山水於南陂下，西流經十六里，溉涑陰田，謂之沙渠。」今堙。○冷泉，在縣東四十里。又有温泉，一出縣東南胡郵，一出官莊郵，俱引渠灌田，流入涑水。

黄蘆泉，縣東三十里。南流溉田，入浮水。又府東二十五里卧虎岡下亦有此泉。

含口，在縣東南。亦曰含山路。水經注：「洮水源出聞喜縣青野山，世以爲青襄山，其水東逕大嶺下，西流出山，謂之含口，又西合於涑水。」唐大順初張濬攻河東，爲李克用所敗，走保晉州，復自含口遁去，踰王屋，從河陽渡河還長安。天復中朱全忠謀取河中，遣張存敬將兵自汜水度河，出含山路，襲絳州，絳州出不意，遂降於全忠。

龍頭堡。縣東北二十八里。寰宇記：「後周正平郡及聞喜縣嘗理於此。」

平陸縣，州東南九十里。南去河南陝州五里，東北至絳州垣曲縣百八十里。春秋時虞國地，後爲晉地，戰國時魏地。漢爲大陽縣地，屬河東郡，後漢及魏、晉因之。後魏屬河北郡，後周廢大陽縣，改置河北縣，并置河北郡治焉。隋初郡廢，縣屬蒲州。唐貞觀初改屬陜州，天寶初因開漕瀆得古刃，篆文曰「平陸」，遂改今名。宋因之，金改屬解州。今編户六十六里。

大陽城，在縣東五十里。應劭曰：「吴山在其西。」是也。漢置縣，以在大河之陽而名。光武初鄧禹圍安邑，數月未下。更始將樊參等度大陽欲攻禹，禹逆擊於解南，斬之。興平二年帝自陜渡河至大陽，御牛車幸安邑。後魏屬河北郡，後周改縣爲河北縣，移於今治。杜佑曰：「大陽，春秋時北虢所都。」似悮。

虞城，縣東北四十五里。史記：「武王封周章弟虞仲於周之北故夏墟，是爲虞仲。」司馬貞曰：「夏都安邑，虞在其南，故曰夏墟。」應劭曰：「吴山上有虞城，周武王封泰伯後於此，爲晉所滅。」亦曰吴城。秦昭王五十二年，伐魏取吴城，即此。又有茅城，在縣東南茅津上。春秋時晉邑也，亦曰茅亭。○郰城，在縣東北二十里，春秋時虞國之郰邑也。左傳僖二年：「晉荀息曰：『冀爲不道，入自顛軨，伐郰三門。』」杜預曰：「前此冀伐虞至郰也。」其城周四里，亦謂之鄍塞。

下陽城，在大陽故縣東北三十里，春秋時虢邑也。僖二年，虞師、晉師滅夏陽。穀梁傳：「虞、虢之塞邑。晉獻公假道于虞以伐虢，取其下陽以歸。」賈逵曰：「虞在晉南，虢在虞南也。」元至正十六年，察罕帖木兒自陜州追汝、潁賊至安邑，賊還欲度河而南，察罕扼之於下陽，赴水死者甚衆，賊乃遁去。

底柱山，在縣東南五十里。亦曰三門山，亦曰底柱峰。邑志：底柱六峰，皆在大河中流，最北有兩柱相對，距岸而立，所謂三門也；次於其南有孤峰特起，峰頂平闊，禹廟在焉；其西有立石數枚，圓如削成；復次其南有三峰，東曰金門，中曰三堆，西曰天柱。大河湍激於羣峰間，南析而東出，兩崖夾水，壁立千仞，天下之奇觀也。與河南陜州接界。詳見河南名山。

虞山，在縣東北五十里。亦曰吴山，以山有泰伯廟也。亦曰虞阪，即中條之支阜，左傳謂之顛軨。水經注：「顛軨在傅巖東北十餘里，東西絶澗，於中築以成道，指南北之路，謂之軨橋。橋之東北曰虞原，原上道東有虞城。其城北對長坂二十餘里，謂之虞坂，亦即傅説所築處矣。」戰國策：「楚客謂春申君『昔騏驥駕鹽車上吴坂，遷延負轅而不能進』」，即此處也。魏孝昌末，正平民薛修義圍河東，薛鳳賢據安邑以應，蕭寶寅詔遣宗正珍生討之，珍生守虞坂不敢進，即此。其坂自上及下，七山相重。

卑耳山，在縣東。齊語作「壁耳」，桓公縣車束馬，踰太行與壁耳之谿拘夏。史記：「齊桓公曰：『束馬縣車，登太行，至卑耳山而還。』」正義：「卑音辟。」索隱曰：「卑耳山在河東大陽縣。」韋昭曰：「拘夏，辟耳山之谿也。」○箕山，在縣東北九十里。山形如箕，因名。相傳堯時許由隱此下。有清澗，即由洗耳處。又覆釜山，亦在縣東北。唐志：「縣有瑟瑟穴，有銀穴三十四，銅穴四十八，在覆釜、三錐、五岡、雲分等山。」三錐山，見垣曲縣界。

傅巖，縣東三十五里，即殷相傅說隱處。俗名聖人窟，其地亦曰隱賢社。孔安國曰：「傅氏之巖在虞、虢間，通道所經，有澗水壞道，常使胥靡刑人築護之。説賢而隱，代胥靡築以供食，故曰説築傅巖之野。」史記亦作「傅險」。○間原，在縣西六十里。俗呼讓畔城，至今其田民無畊者，即虞、芮質成於文王之田也。其原東西七里，南北十三里，西去今芮城亦六十里云。

黄河，在縣城南。自芮城縣而東，至是微折而南，至縣東南三十五里傅巖前，有茅津渡，亦曰大陽渡；又流經縣東五十里，經底柱峰，曰三門集津；又流經縣東南百二十八里曰白浪渡：皆黄河津濟處也。今茅津、白浪皆有巡司戍守。又茅津詳見陜州大陽津。

交澗水，出縣西北五里中條山，東西二溝，流與中澗合，俗名三汊澗，流注於河。○沙澗，在縣東三十里。出傅巖中，逕大陽故城東流注於河。

留莊隘，在縣東北中條山中，路通垣曲縣。○塢鄉，在縣西。後漢建安元年帝駐安邑，諸將韓暹屯聞喜，胡才、楊奉屯塢鄉，即此。

張店鎮。在縣西北。唐乾寧四年陝虢王珙攻河中王珂，李克用遣將李嗣昭救之，敗陝兵於猗氏，又敗之於張店，遂解河中之圍。金人對境圖：「張店，平陸所屬鎮也。」○金雞堡，在縣南二里。有金雞岡，其頂高峻，前臨黄河，昔人因置堡於此，爲戍守處。

芮城縣，州西南九十里。南至河南靈寶縣二十里。古芮國，春秋時魏國地，後屬晉。漢爲河東郡河北縣地。西魏置安戎縣，後周改曰芮城，又置永樂郡於此。隋省郡，縣屬蒲州。唐初置芮州，貞觀初州廢，縣屬陝州。宋因之，金改屬解州。今編户四十里。

古芮城，縣西三十里。商時芮伯封此，與虞爲鄰國。文王爲西伯，虞、芮質成是也。周時芮爲同姓國，其封地在今陝西同州。春秋桓三年「芮伯萬爲母所逐，出居於魏」，謂即此城云。今名鄭邨。

河北城，在縣東北七里。一名魏城，故魏國城也，晉獻公滅之以封其大夫畢萬。漢置河北縣，魏、晉皆屬河東郡，姚秦置河北郡於此，後魏因之。地記：「郡治大陽，河北縣仍治此，後周改置河北郡於大陽，此城遂廢。」漢志注：「河北縣即古魏國。」是矣。

首陽山，縣北十五里，北與蒲州接界。郡國志：「薄山在縣城北十里，以其南北狹薄，謂之薄山，即中條之異名也。」封禪書：「自華以西名山七，薄山其一也。」水經注：「薄山亦名襄山云。」詳見前名山雷首。○甘棗山，在縣東北二十里，亦中條山之支阜也。

大河，在縣南。又縣西亦距河，相去不過二十餘里。縣居河、山之間，最爲迫狹。亦謂之河曲。晉義熙十三年劉裕伐秦，前鋒檀道濟等至潼關，薛帛據河曲來降，即此。舊志云：河水自蒲坂南至潼關，激而東流，蒲坂、潼關之間謂之河曲也。

恭水，在縣北二十里。源出甘棗山，流入大河。○永樂澗，在縣西。水經注：「澗水源出薄山，南經河北縣城西，又南注於河。」後周永樂郡蓋因以名。今謂之蒲萄澗，在縣西二十里。又大安池，在縣南十五里。引以溉田，下流入河。

洹泉，縣東北三十五里。出中條山，南入大河。一名洹澤，其入河處謂之洹津渡，達河南靈寶縣。郡志云：洹津一名寶津，亦名陌底渡，在芮城縣東南四十里王邨。洪武四年置巡司，九年移司于縣南七里。今詳靈寶縣寶津。○通澤泉，在縣東八里，流合縣西北十三里之地皇泉；又鹿跑泉，在縣東北八里，一名深静泉；俱有灌溉之利。

萬壽堡，縣西北八里。志云：周顯王時芮民西接于秦，葺此堡以自守，廢址猶存。又太尉堡，在縣東南十五里。志云：劉世讓嘗屯兵于此。本名鳳凰堡，芮民呼世讓爲太尉，因名。

襄邑堡。在縣東。晉義熙十三年劉裕遣諸軍伐姚秦，進抵潼關，檀道濟、沈林子自陝北度河，拔襄邑堡。括地志：「襄邑堡在河北縣。」

絳州，府南百五十里。東至澤州四百五十里，東南至河南府五百里，南至河南陝州二百五十里，西南至蒲州三百七十里，西至陝西同州四百十里，西北至吉州二百七十里。

春秋時爲晉國，戰國屬魏，秦、漢屬河東郡，魏、晉屬平陽郡。後魏置東雍州及正平郡，東魏及高齊因之，皆爲重鎮。後周亦曰正平郡，改州爲絳州。隋初郡廢，仍曰絳州，大業初改爲絳郡。唐復曰絳州，天寶初曰絳郡，乾元初復故。宋因之。亦曰絳郡。金仍爲絳州，又置絳陽軍節度，興定二年升爲晉安府。元復曰絳州。明初以州治正平縣省入。編户五十二里。領縣三。

州控帶關、河，翼輔汾、晉，據河東之肘腋，爲戰守之要區。馬燧拔此而懷光危，唐興元初河東帥馬燧攻李懷光，拔絳州，分兵取聞喜、萬泉、虞鄉、猗氏、永樂，進逼河中。朱温扼此而王珂陷，光化四年朱温先取晉、絳以扼河東援兵之路，河中遂陷。五代周備此而河東却，周廣順初北漢合契丹兵攻晉州，周主遣王峻馳救，峻自陝州至絳，北漢乃引兵趨鄴。金人屯此而關中傾，宋建炎中金人屯絳州，屢犯關内，次第陷没。所繫非淺矣。

正平廢縣，今州治。晉故絳地，漢爲河東郡臨汾縣地，後周改置臨汾縣，亦爲正平郡治。隋開皇初郡廢，十八年改縣曰正平，大業初爲絳郡治。唐、宋因之，明初省。今城周九里有奇。

柏壁城，州西南二十里。其城高二丈，周八里，後魏置東雍州治焉。後周置絳州，初亦治此。唐初劉武周及其將宋金剛陷并、澮等州，世民進討，自龍門渡河屯柏壁，大破其别將于美良川。或曰美良川在城東北。今柏壁鎮有秦王堡，亦以世民而名也。

長脩城，在州西北二十一里。漢置長脩縣，屬河東郡，高帝二年封杜恬爲侯國，後漢省。水經注：「汾水經臨汾縣東，又屈從縣西南流，又西過長修縣南，又西與華水合。」後周天和五年韋孝寬慮齊人將圖汾北，請於華谷、長秋築城以杜其患。宇文護不聽，汾北果爲齊所據。長秋，長脩之訛也。今名長秋鎮，近志作「晉靈公城」，謬。○陽壺城，在州西。九域志：「州有陽壺城。」史記：「周安王元年，秦伐魏至陽狐。」或以爲即此地。

九原山，州西北二十里。春秋晉諸大夫葬此，趙文子與叔向觀于九原是也。晉義熙十三年劉裕伐秦，前鋒檀道濟等攻潼關，秦將姚紹據險拒守，遣兵屯九原，阻河爲固，欲以絶道濟糧援，沈林子擊破之。亦謂之九京。

峨眉山，在州南十里。志云：山迤邐連聞喜、夏、猗氏、臨晉、滎河諸縣界，西抵黄河，東抵曲沃西境，亦曰峨眉坡，亦曰峨眉原，即中條之坡阜也。○哺雞坡，在州北六里，即趙宣子食翳桑餓人處。

汾水，在州南。自曲沃縣流入境，又西入稷山縣界。水經注：「汾水南至臨汾縣東，又屈從縣南西流。謂之汾曲也。」〔一四〕唐德宗時，州臣嘗鑿汾水灌田萬三千餘頃。

澮水，在州東南四十里。亦自曲沃流入境，至州南之王澤合於汾水。春秋晉平公、齊景公至澮上，即此。括地志：「王澤在州南。」智伯攻趙，趙襄子奔晉陽，原過後從，至於王澤，即其地爲絳州。隋初移於正平，此城遂廢。〔一五〕

華谷城，縣西北二十里。水經注：「涑水出聞喜縣黍葭谷，謂之華谷。又有華水出華谷中，西流與汾合。」後周天和五年韋孝寬在勳州，請築華谷、長秋二城，以杜齊人争汾北之路，不聽。既而齊將斛律光争汾北，出晉州道，於汾北築華谷、龍門二城，與周人相持，此即斛律光所築者。建德五年圍晉州，分遣宇文招自華谷攻齊汾北諸城是也。今名華谷邨。

龍門城，在縣北，即高齊斛律光所築以爭汾北者。五代志稷山縣有後魏龍門郡城，蓋縣本後魏龍門縣地也。又高凉城，在縣東南三十里。後魏太和中分龍門縣置高凉縣，後又置高凉郡，領高凉、龍門二縣。西魏又改置龍門郡，高凉屬焉。隋遷縣治汾水北，改曰稷山縣。或作「高梁」，誤也。○廉城，在縣東北十里。相傳趙將廉頗戍守之地，今曰廉城邨。又高歡城，在縣西五里，高歡攻圍玉壁時所築也。又縣西三里有稷王城，亦周、齊時戍守處，以稷王廟而名。

稷神山，縣南五十里。隋因以名縣。水經注：「山下有稷亭，春秋宣十五年『晉侯治兵於稷以略狄土』者也。」山東西二十里，南北三十里，高十三里，相傳后稷始播穀於此。志云：山之麓跨萬泉、安邑、聞喜、夏縣界。

摩雲山，在縣西。唐史：「河中、絳州之間有摩雲山，山絶高，民保聚其上，寇盗無能近。龍紀初澤州帥李罕之攻拔之，時人謂之李摩雲。」○清原，在縣西北二十里。春秋僖三十一年：「晉蒐於清原，作五軍以禦狄。」又宣十二年：「赤狄伐晉，及清原也。」又成十八年：「晉逆周子於京師而立之，大夫逆於清原。」杜預曰：「在聞喜縣北。」寰宇記：「安邑縣北五十里有清原也。」〔一六〕○龍谷水，在州東北十八里。春秋昭二十九年：「龍見於絳郊，水因以名。」又馬壁谷水，在州南。宋國史：「熙寧八年都水監程師孟言：『正平縣南有馬壁谷水，臣向嘗勸民開渠，溉田五百餘頃。』」是也。下流俱入汾水。

鼓堆泉，州北十五里。出九原山。其上有堆如覆釜形，履之如鼓聲。水分二派，東曰清泉，西曰灰泉，引入州城以注於汾水。水經注謂之古水，其堆亦曰古堆。唐初義師克臨汾，進次古堆，絳郡守陳叔達不下，高祖攻拔之。或謂之鼓山。

武平關。州西二十里。北齊時屯兵於此以防周。通典：「州南七里有故家雀關，亦周、齊時戍守處也。」○汾陽監，在州北。唐食貨志：「絳州有汾陽、銅源等錢監。天下鑪九十九，絳州居其三十云。」

稷山縣，州西五十五里。東北至太平縣百里，西至蒲州萬泉縣九十里。漢聞喜縣地，後魏置高凉縣，屬高凉郡，西魏屬龍門郡。隋開皇初郡廢，十八年改縣曰稷山，屬絳州。唐因之，光化初改屬河中府。宋仍屬絳州。今編户七十三里。

玉壁城，縣西南十三里。西魏大統四年東道行臺王思政以玉壁險要，請築城，自恒農徙鎮之。宇文泰從之，因以思政爲并州刺史，鎮玉壁。八年高歡伐魏，入自汾、絳，連營四十里，思政守玉壁以斷其道，歡攻圍之不能克。十二年韋孝寬代思政鎮玉壁，高歡自鄴會兵於晉陽，至玉壁圍之，以挑西師，不出。歡百計攻圍，晝夜不息，孝寬隨機拒守。歡用術士孤虚法，聚攻其北。北天險也。智力俱盡，卒不能拔。周保定初置勳州於此，以旌孝寬之功。後又嘗移絳州治此。通釋：「玉壁城周八里，四面並臨深谷，後周置勳州總管府，又改。」一統志：「縣有清源城，晉文公蒐作五軍之所。」

汾水，在縣南十里，自絳州流入境。高歡圍玉壁，城中無水，汲於汾，歡使移汾，一夕而畢，蓋於上流決水移之，不使近城也。汾水又西入河津縣界。志云：今縣西南十二里有玉壁渡，元魏時於汾水北置關，後爲渡。其南又有景邨渡，後徙而西北爲李邨渡，夏秋以舟，冬爲木橋以濟。○滮滮泉，出稷神山，北流入汾。又縣北三里有葫蘆泉，縣西有碧水泉，縣東北有白楊泉，皆引流溉田，注於汾水。

文侯鎮。在縣西北。高齊天保十年斛律光擊斬周將曹回公，柏谷城主薛禹生棄城走，光遂取文侯鎮，立柵置戍而還。柏谷城，或云亦在縣境，非河南郾師之柏谷也。

絳縣，州東南百里。北至曲沃縣九十里。春秋時晉新田之地，漢爲絳縣，屬河東郡，高帝六年封華無害爲侯國。晉屬平陽郡。後魏置南絳縣，又置南絳郡治焉。後周廢郡，改縣爲絳縣，尋置晉州。建德五年州廢，仍置絳郡。隋初郡廢，縣屬絳州。唐初縣屬澮州，尋復屬絳州。今編户四十里。

車箱城，在縣東南十里。志云：晉侯處羣公子之所。城東西形長如車箱而名。西魏大統五年嘗脩此城爲戍守處，又僑置建州於此。十二年高歡圍玉壁，別使侯景將兵趨齊子嶺。魏建州刺史楊標鎮車箱，恐其寇邵郡，帥騎禦之。十六年宇文泰伐齊，自弘農爲橋濟河，至建州，即此城也。宋白曰：「絳縣本理車箱城，隋移今治。」齊子嶺，見河南濟源縣。○曲陽城，在縣東南，魏邑也。漢初曹參追擊魏豹於曲陽，即此。或曰在曲沃之陽，故曰曲陽。

太行山，縣東二十里。山甚高險，西北諸山多其支委。或謂之南山，即元末察罕敗賊處。餘詳見河南名山。○太陰山，在縣東南十里。崖壁峭絶，陽景不到，接連太行，勢極高峻。下有沸泉峽，懸流奔壑一十餘丈，西北流注於澮水。

絳山，縣西北二十五里。山出鐵，亦名紫金山，蓋與曲沃縣接界。志云：絳山西入聞喜縣，東距白馬山，絳水出其谷内。○横山，在縣南四十里，東南跨垣曲縣界。一名大横嶺。〔一七〕志云：涑水出嶺之乾洞，伏流盤束地中，至聞喜縣界始出而西流云。

殽山，縣東南八十五里。亦曰効山，又訛爲罩山，即山海經所云「教山，教水出焉」者也。孔穎達云：「乾河之源出於此山之南，入垣曲縣界。」

絳水。在縣西南二十五里。括地志：絳水一名白水，今名沸泉，源出絳山，飛泉奮湧，注縣積壑三十餘丈，望之極爲奇觀，可接引以北灌平陽。胡氏曰：「此正絳水利以灌平陽之説，然括地志亦因舊文强爲附會耳。」志云：絳水西流入聞喜縣，爲涑水之上源。○澮河，在縣東北四十里，地名大交鎮。澮水別源出焉，西北流會山谿諸水，至曲沃會於翼城縣之澮水。

垣曲縣，州東南二百三十里。西南至解州平陸縣百八十里，東至河南濟源縣百七十里。漢河東郡垣縣地，後魏皇興四年置白水縣，爲邵郡治。後周兼置邵州，改縣曰亳城。隋開皇初郡廢，大業初州廢，改縣爲垣縣，屬絳郡，義寧初曰邵原郡。唐武德初置邵州，貞觀初州廢，縣仍屬絳州。龍朔三年改屬洛州，長安二年復故。貞元二年又屬陜州，元和三年還屬絳州。宋改爲垣曲縣。今編户十九里。

垣縣城，〔一八〕在縣西北二十里，故魏邑也。一名王垣。史記：「魏武侯二年城安邑、王垣。」又秦昭襄十五年大梁造白起攻魏，〔一九〕取垣，復與之。十八年復取垣。漢置垣縣，後漢延平元年垣山崩，即垣縣山也。徐廣曰：「縣有王屋山，故曰王垣。」亦曰武垣。曹參擊魏豹於曲陽，追至武垣，生得豹，遂取平陽。博物記：「山在縣東，狀如垣，故縣亦有東垣之稱。」建安十年，寇張白騎之衆攻東垣。晉太元十一年苻丕與慕容永戰於襄陵，大敗，南奔東垣，即此。或曰魏白水縣即故垣縣也。城東有白水，西南流合清水，故改爲白水縣，邵郡、邵州皆治焉。西魏大統四年楊標取邵郡，東魏城堡多附於魏，即此。五代志：「後魏置建州於高都，西魏亦嘗僑置於邵郡。」高都，詳見澤州。

邵城，在縣東。亦曰鄍邵。博物記：「垣縣東九十里有鄍邵之阨。」春秋文八年「晉賈季迎公子樂於陳，趙孟殺諸鄍」，即鄍邵也。又襄二十三年：「齊侯伐晉，取朝歌，入孟門，登太行，張武軍於熒庭，戍鄍邵。」孔穎達曰：「垣縣有召亭。」是也。宋白曰：「其地即周、召分陝之所。」今有邵原祠，在垣縣東六十里古棠樹下，魏邵郡蓋因以名。○垣縣亳城，在縣西北十五里。相傳湯克夏歸亳，嘗駐於此，因名。後周以此名縣，隋義寧初復置亳城縣，屬邵原郡，唐武德初屬邵州，五年省。又有葛城，在縣西南夏里。相傳湯始征葛，即此。俗名葛伯寨，蓋傳訛也。或曰史記「趙成王十七年與魏惠王遇葛孽」，此即葛孽城。

陽胡城，在縣東南二十里，近大河。亦曰陽壺，即崤谷之北岸。春秋時謂之壺丘。襄元年，晉人以宋五大夫在彭城者歸，寘之瓠丘。杜預曰：「河東之垣縣東南有壺丘亭」也。亦曰陽壺。戰國周安王元年秦伐魏，至陽壺。後魏時曰陽胡。魏書裴慶孫傳：「邵郡治陽胡城，去軹關二百餘里。」魏主脩永熙三年與高歡有隙，將入關，使源子恭守陽胡，蓋以防歡之邀截。西魏以邵郡爲重鎮，與高歡相持，亦即陽胡矣。

清廉城，縣西五十二里。後魏置，以清廉山爲名。隋義寧初復置，屬邵原郡。唐武德初屬邵州，貞觀初省入垣縣。又蒲原廢縣，在縣東。後周置，大業初省。唐武德二年改置長泉縣，屬懷州，尋廢。○皐落城，在縣西北六十里。水經注：「清水東流經皐落城，即春秋閔二年『晉侯伐東山皐落氏』處，世謂之倚亳城，蓋聲相近。」今亦見前樂平縣皐落山。

王屋山，在縣東北百里。接河南濟源縣及澤州陽城縣界，沇水出焉。志云：縣東十里有濟源山，或以爲濟水源出此山之陽也。今王屋山詳見濟源縣。

三錐山，在縣北六十里。三峰如錐，舊産銅。其相近者有鼓鐘山，或曰瞽塚山也，相傳瞽瞍葬處。又折腰山，在縣西北七十里。中低兩高，舊有銅礦，鑿久摧折，故名。又西北有清廉山，清水出焉。水經注：「清水出清廉山之西嶺，世亦謂之清營山，其水東南流出峽，峽左右有城，蓋古關防云。」又西北有白馬山，與絳縣接界。○鋸齒山，在縣東北十五里，以山峰錯列而名。又諸馮山，在縣東北四十里。孟子云「舜生諸馮」，蓋即此。又東北有馬頭山，白水出焉，流合於清水。

黄河，縣南二十里有濟民渡，南岸直河南新安縣北界。志云：河自平陸東流入縣東，又東南入河南濟源縣境是也。

清水，在縣西。源出清廉山，東南流，白水流合焉，又東南入於大河。水經注：「白水逕垣縣故城北，又東南逕陽壺城東，又東南流注於河云。」

乾河，在縣東北。源出絳縣接界之殺山，西南流注於河，即鼓鐘川分流南出之水也。是水冬乾夏流，亦曰乾澗。大事記「秦昭王十四年，涉河取安邑以東至乾河」，蓋在此。唐史：「會昌四年澤潞降將高文瑞言：『官軍攻澤州，須過乾河立寨，自寨城連延築爲夾城，環繞澤州。』」是也。

箕關，在縣東北七十里。亦曰濝關。水經注：「濝水出王屋西山濝溪，〔三〇〕夾山東南流經故城東，即濝關也。濝水西屈經關城南，又東流注於河。」後漢書：「建武元年遣鄧禹入關，至箕關擊河東都尉。二年遣司空王梁北守箕關，擊赤眉別校，降之。」即此。

鼓鍾鎮，縣北六十里。亦曰鼓鍾城。水經注：「教水出垣縣北教山，其水南歷鼓鍾上峽，飛流注壑，夾岸深高，南流歷鼓鍾川。川西南有冶宮，世謂之鼓鍾城。」後周建德五年攻晉州，分遣尹升守鼓鍾鎮，即是處矣。鼓鍾川水至馬頭山東伏流，重出南入於河。

裴氏堡。在縣東南。晉永嘉末居人裴氏築堡自守處也，後因置屯戍於此。永和九年秦苻健僑置幽州治焉。十一年燕慕容儁遣慕容長卿入軹關，攻秦幽州刺史彊哲於裴氏堡，敗没。

霍州，府北百四十五里。東至沁州二百九十里，西至隰州二百五十里，北至汾州府二百三十里。

春秋時霍國，後爲晉地，戰國屬趙，秦、漢屬河東郡，魏、晉屬平陽郡。後魏因之，建義初置永安郡。隋開皇初郡廢，十六年置汾州，十八年改爲吕州，大業初州廢，屬臨汾郡，義寧初置霍山郡。唐初復置吕州，貞觀十七年州廢，縣屬晉州。宋因之。金仍屬平陽府，貞祐三年置霍州。元因之，明初以州治霍邑縣省入。編户二十里。領縣八。

州太嶽鎮其東，汾水經其西，據山川之勝，爲阨要之所，争衡於太原、平陽間，未有不以州爲孔道者也。

霍邑廢縣，今州治。禹貢岳陽地，周彘邑也。周厲王無道，周人逐之，出居於彘。地志：「武王封叔處於霍，即彘邑也。」漢置彘縣，屬河東郡。後漢陽嘉三年改爲永安縣。魏、晉因之，屬平陽郡。後魏建義元年置永安郡治焉。

東、西魏相持，東魏置永安戍於此。後周建德六年克晉州，宇文憲自雀鼠谷攻拔洪洞、永安二城是也。隋開皇中爲汾州治，尋爲吕州治，又改縣爲霍邑縣。大業初州廢。十三年李淵起義兵於太原，自西河進克霍邑，尋爲霍山郡治。唐初亦爲吕州治，州尋廢，而霍邑不改。金爲霍州治，明初省。今城周九里有奇。

吕城，州西三里。故吕鄉，晉吕甥邑也。今有吕陂，在州西南十里，亦以吕甥名。隋因置吕州，亦曰吕州城。唐武德二年世民破劉武周將尋相於吕州，即此。或謂之永安城，即故永安縣治。又彘城，杜預曰：「在永安縣東北，即周厲王所居。」今州城東北有厲王陵。○趙城，在州西南。周穆王封造父於趙城，即此，爲趙氏之始。水經注：「汾水歷唐城東，又南逕霍城東，又經趙城西。」是也。又赫連城，在州西北四十里。志云：赫連勃勃所築。恐悮。

霍城，州西十六里。故霍國也。左傳閔元年：「晉獻公滅霍，趙夙爲御，霍哀公奔齊。晉國大旱，卜之曰霍太山爲祟，使趙夙召霍君奉祀，晉復穰焉，此其故居云。」又魏世家「悼子徙治霍」，即此。○唐城，在州西。薛瓚曰：「堯所都，東去彘十里。」水經注：「汾水過永安縣西，又東歷唐城東。」又有陶城，志云：在州南三十里。今爲陶唐谷。

霍山，州東南三十里。南接趙城，北跨靈石，東抵沁源，其東峰最高者即觀堆也。今詳見名山。

雞栖原，州東北三十里，霍山高平處也。周主邕克晉州，宇文憲進克永安，齊人焚橋守險，軍不得進。憲使宇文椿屯雞栖原，伐柏爲庵以立營。齊主緯聞平陽陷，乃自晉陽分軍向千里徑，又分軍出汾水關，自帥大軍上雞栖原，周人引還是也。又州南十里有鑾鈴原，相傳唐太宗過此掛鑾鈴於樹，因名。

石鼻谷，州東三十五里，谷中出水，引至城南灌田，名石鼻渠；又義成谷，在州東南三十里，中出水，亦西流灌田；

皆霍山旁谷也。

汾水，在城西。自汾州府流經靈石縣，又南流入境，又南入趙城縣境。○霍水，在州東南。志云：水出霍太山，西流經趙城縣南，又西注於汾水，蓋即霍渠之上源矣。

彘水，州南一里。源出霍山，西南流經城南入汾。又州東八里有古魚池，州東十里有張丘泉，州南十五里有方池，州東南十五里有圓泉水，東北三十五里有羅頭泉，俱引流溉田，下注於汾。

賈胡堡，州東北五十里，在霍山蛤蟆嶺上。隋大業十三年李淵起兵太原，至西河，入雀鼠谷，進軍賈胡堡，去霍邑五十里是也。括地志「靈石縣有賈胡堡」，蓋舊在靈石縣境。

千里徑，州東十里。後魏平陽太守封子繪所開之徑也，爲北出汾州徑指太原之道。或謂之十里徑，亦詳見名山霍山。

霍山驛。在城東，又有霍山遞運所，俱明洪武中建。

靈石縣，州北百里。北至汾州府介休縣六十里，西至汾州府孝義縣三十里。漢太原郡介休縣地，隋開皇十年分置靈石縣，屬介州，以傍汾水開道得瑞石而名也。義寧初屬霍山郡。唐初屬吕州，貞觀中州罷，縣屬汾州。宋因之，元改屬霍州。今編户十九里。

静嵒山，縣東北二十里。郡國志：「即太岳之異名也。下有五龍泉，亦謂之五龍山。」○介山，在縣東三十里。春秋時介子推隱此，因名。一名介美山，亦曰綿山，接沁水、介休二縣境。又尖陽山，在縣東南五十里，極險峻。

高壁嶺，在縣東南二十五里。亦名韓信嶺，最爲險固，北與雀鼠谷接。後周建德五年齊師敗於晉州，高阿那肱退守高壁，餘衆保洛女砦。周主邕向高壁，阿那肱遁走。宇文憲攻洛女砦，〔三〕拔之。又隋仁壽末漢王諒舉兵并州，楊素擊之。諒遣其將趙子開擁衆十萬栅絶徑路，屯據高壁，布陳五十里。素令諸將以兵臨之，自引兵潛入霍山，緣崖谷而進，營於谷口，馳出子開之北，子開大敗。唐武德三年世民追宋金剛將尋相及於吕州，乘勝逐北，一晝夜行二百餘里，戰數十合，至高壁嶺是也。志云：嶺在霍州北八十里，有高壁舖。又洛女砦，亦在縣南。

秦王嶺，在縣東南三十里。志云：縣西南三十里有宋老生寨，高四里，與秦王嶺相對，蓋老生所築以拒唐兵之處。其地亦名魯班纏，山谿峻險，架木爲梁，俗謂之纏，世傳魯班所修云。

汾水，在縣城北。自汾州府介休縣流入境，又西南流經汾西縣東而入霍州界。

仁義河，在縣南四十里。源出沁源縣境，經尖陽山，民引渠以灌田，至仁義驛西南二十里而入於汾。又谷水，在縣東北四十里。出綿山白口谷，居民引以溉田，流經城北入於汾。一名小水河。

陰地關，縣西南百二十里，出汾、晉間之間道也。唐大順元年張濬建議討李克用，會諸道兵於晉州，出陰地關，遊騎至汾州，爲河東所敗。光化五年朱全忠攻太原，遣其將侯言以慈、隰、晉、絳兵入自陰地，取汾州。既而克用遣將李嗣昭等出陰地關，取隰、慈等州。梁開平三年晉將周德威等復出陰地關，攻晉州。又貞明二年梁、晉相持於魏、博，梁將王檀請發河中、陜、同、華諸鎮兵襲晉陽，自陰地關入，奄至晉陽城下，晉人大懼，力戰，梁軍乃却。石晉末劉知遠稱帝於太原，引兵南下，自陰地關出晉、絳。周廣順初北漢主劉承鈞屯陰地關，進攻晉州。既而北漢主復合契丹兵出陰地關攻晉州。顯德元年詔王彦超等自陰地關入，攻河東汾州。關蓋扼束要地矣。通志：「陰地關在縣南二十里汾水西。」恐悮。

南北關，在縣東八十里。宋志：「縣有陽涼南關、陽涼北關。」靖康末女真將粘没喝自太原分兵趨汴，平陽叛卒導入南北關，粘没喝嘆曰：「關險如此，而我乃得越，南朝可謂無人。」遂取威勝軍，陷隆德府。既而姚古復隆德、威勝，扼南北關。又李綱遣范瓊屯此。〔三〕志云：關與沁州、遼州、汾州皆去太原五驛云。又唐志：「縣有長寧關。」

汾水關，在縣西南。括地志：「靈石縣有汾水關。」後周主邕攻晉州，分遣宇文盛守汾水關。既克平陽，齊主緯自晉陽馳救，分軍出千里徑及汾水關，盛拒却之。既而周主自平陽進向晉陽，至汾水關是也。○泠泉鎮，在縣北四十里。有泠泉，北流入汾，鎮因以名。靈石口巡司置於此。志云：鎮有泠泉渡，臨汾河。其南三十里有下河門渡，相近又有南山小水渡。

瑞石驛。〔三〕在縣城東南，有瑞石遞運所。志云：縣南四十里仁義鎮有仁義驛，亦明洪武中置。

吉州，府西二百七十里。東南至絳州三百里，西南至陝西韓城縣百七十里，西北至陝西延安府二百九十里，東北至隰州一百六十里。

春秋時晉之屈邑也。戰國屬魏，秦、漢屬河東郡，魏、晉屬平陽郡。後魏置定陽郡，東魏兼置南汾州。天平四年南汾州降於西魏，明年復攻取之。北齊曰西汾州，後周改爲汾州。隋開皇初郡廢，十六年改爲耿州，十八年復爲汾州，大業初改曰文城郡。唐武德初又爲汾州，五年改爲南汾州，八年改爲慈州，天寶初曰文城郡，乾元初復曰慈州。宋因之，熙寧五年州廢，改屬隰州。元祐初改置吉鄉軍，尋復爲慈州。金曰耿州，明昌初改曰吉州。元以州治吉鄉縣省入，明初仍曰吉州。編户二十一里。領縣一。

州控帶黄河，有龍門、孟門之險，爲河東之巨防，關内之津要。

吉鄉廢縣，今州治。漢北屈縣地，後魏延興四年置定陽縣，爲定陽郡治。後周天和五年楊敷守定陽，齊將段韶圍之。敷固守不下，韶急攻之，屠其外城。會韶病，謂高長恭曰：「此城三面重澗，皆無走路，惟慮東南一道耳。賊必從此出，宜簡精兵馬守之，此必成擒。」長恭乃令壯士千餘人伏於東南澗口，城中糧盡，敷出走被擒，即此。隋初郡廢，開皇十八年改縣曰吉昌，爲汾州治。唐爲慈州治。五代唐避李國昌諱改曰吉鄉。宋因之，元省。

北屈廢縣，州東北二十一里。春秋時晉屈邑，即公子夷吾所居。左傳曰：「晉有屈産之乘。」又晉二五言於獻公曰：〔二四〕「蒲與二屈，君之疆也。」杜預曰：「二屈當爲北屈。」漢置北屈縣，應劭曰：「有南故加北。」汲郡古文：「翟章救鄭，次於南屈。」後漢及魏、晉仍爲北屈縣，晉建興初并州刺史劉琨與代公猗盧伐劉聰，琨進據藍谷，猗盧遣拓跋普根屯於北屈。升平初姚襄將圖關中，自北屈渡河，進屯杏城。水經：「北屈西距河十里。」〔二五〕魏收志：「神䴥元年擒赫連昌，因於北屈置禽昌縣。」或曰後魏析置禽昌縣，北屈縣省入焉。孝文時又析置定陽縣。杜佑曰：「吉昌，漢北屈縣也。」藍谷，見太原府太原縣。杏城，見陝西中部縣。

南汾城，在州南。東魏置南汾州於定陽，後周取之，改爲汾州。高齊武平初斛律光圍定陽，因築南汾城以逼之。志云：州西南十里有倚梯城，在龍門上口，壘石爲之，東北高據峻嶺，西南俯臨黄河，懸崖絶壁，百有餘丈，以其險絶，非梯莫上，因名。或以此即斛律光所築南汾城云。

姚襄城，州西五十二里。襄爲桓温所敗，走平陽時所築，後人因名。城周五里，高二丈。杜佑曰：「姚襄城西臨黄河，控帶龍門，實爲險峻，爲周、齊交争之處。」後周天和五年，宇文護使郭榮築城於姚襄城南定陽城西。既而齊人取汾州及姚襄城，惟郭榮所築城獨存。又耿城，在州南。相傳殷祖乙所都也，隋因置耿州。杜佑曰「隋耿州置于耿吉城」，即此。

仵城廢縣，州北六十里。本北屈縣地，後魏置五城縣，兼置五城郡治焉。魏收志：「五城縣初名京軍，太和二十一年改名五城。」隋初郡廢，改縣曰伍城，屬汾州。唐武德二年改置仵城縣，屬昌州。貞觀初縣廢，尋復置，改屬慈州。宋廢爲仵城鎮，金興定五年復置仵城縣，屬隰州。元廢。志云：州東北去蒲縣六十里是也。

文城廢縣，在州西北五十里。本西魏所置，屬汾州。隋因之，唐屬慈州。舊唐書：「顯慶三年移縣治仵城縣東北文城邨，天祐中改曰屈邑。」五代時復曰文城。宋仍屬慈州，熙寧五年省爲鎮。金因之，屬吉鄉縣。

壺口山，州西七十里，禹貢「既載壺口」是也。東魏初，高歡自壺口趨蒲津擊宇文泰。隋末李淵自龍門進軍壺口，河濱之民獻州者以百數，即此處也。壺口之北即孟門山。○孟門山，在州西七十里。山海經：「孟門之山，上多金玉。」淮南子：「龍門未闢，吕梁未鑿，河出孟門之上。」大禹疏通，謂之孟門，故穆天子傳曰「北登孟門九河之隥」。孟門，即龍門之上口也。此爲黄河巨阨，夾岸崇深，奔浪懸流，傾崖觸石，誠天設之險。又南至龍門山，謂之下口云。

掛甲山，州南二里。相傳尉遲恭嘗掛甲於此而名。又風山，在州北十里。有穴如輪，風從中出。〇明珠山，在州西九十里，東接鄉寧縣界。

黄河，州西七十里。自隰州大寧縣流入境。通釋：「河至文城縣孟門山是爲入龍門，至汾陰縣合河之上是爲出龍門，從古津要之所也。」又清水河在州北，流入大河。州南又有南澗水，亦西流入大河。

采桑津，在州西，大河津濟處也。春秋僖八年：「晉里克敗狄於采桑。」史記謂之齧桑。晉世家：「獻公二十五年晉伐翟，以重耳故，翟亦擊晉於齧桑。」水經注：「河水又南爲采桑津，又南經北屈故城西。」

烏仁關，州西七十里，下臨黄河，與陝西宜川縣接界。又平渡關，在州西北百二十里，西臨大河，路出陝西，亦爲津濟要口，與烏仁關俱有巡司戍守。

牛心寨。在州北。宋嘉定十五年吉州爲蒙古所據，金人僑置吉州於牛心寨，蒙古將木華黎自隰州攻拔之。又青龍堡，在州東南。金末蒙古將木華黎徇青龍堡，金平陽公胡天祚以平陽降，木華黎遂取金河中府。〇慈烏戍，在州西。周、齊相争時置戍於此。舊唐書：「武德八年改南汾州爲慈州，以近慈烏戍故也。」

鄉寧縣，州東南六十里。東北至蒲縣百里。漢臨汾縣地，後魏分置泰平縣，延興四年又分泰平縣置昌寧縣，後又置中陽郡於此。隋初郡廢，縣屬汾州，大業初屬文城郡。唐仍屬慈州。五代唐諱昌，改曰鄉寧。元初省，尋復置。今編户十六里。

騏縣城，縣南六十里。漢縣，屬河東郡。武帝封駒幾爲侯國，東漢省。〇長寧城，在縣西四十里。或曰後魏末置永寧縣，屬定陽郡，即此城也。後廢。今亦名西寧郈。又縣西三里有泊城，志云：舊縣治此，後避水患移今治，因名。

呂香廢縣，在縣東南。後魏主燾置刑軍縣，太和二十一年改曰平昌，屬五城郡。隋開皇初改縣曰蒲川，屬隰州。大業初廢，義寧初復置平昌縣。唐初因之，貞觀元年改曰呂香縣，屬慈州。劉昫曰：「呂鄉以舊鎮爲名，本治吉州東北百里，上元三年移於州東南百餘里，漢臨汾縣地也。」五代周顯德中縣廢。寰宇記：「呂鄉廢城在鄉寧縣東南八里。」一統志：「在吉州東南百五十里。」似悮。

兩乳山，縣西南七十里。兩峰如乳，因名。亦名兩乳嶺。五代唐清泰三年張敬達討石敬瑭，兵敗困於晉安砦，詔遣耀州將潘環將蒲、同以西戍兵，由晉、絳兩乳嶺出慈、隰，共救之，即此。晉安寨，見太原府太原縣。○尖山，在縣東南二十里，以山勢聳拔而名。圖經：「縣東十五里有柏山，以山多柏也。」又有林山，在縣西二十五里。

馬頭山，縣南六十里。其山峭峻如馬首然，漢騏縣置於其下。○豁都峪，在縣東北三十五里。每大雨，西山諸水會於此，下達襄陵、太平二縣境，溉田甚廣。

黄河，縣西八十里。自吉州流入，又南入河津縣界。○鄂水，出縣東北五十里之宋家溝，引爲四渠溉田，西流入於黄河。

龍尾磧。縣西一百里。志云：冬結冰，橋路通陝西韓城縣，洪武二年置巡司戍守。

隰州，府西北二百八十里。西南至吉州二百里，西渡河至陝西延安府百三十里，北至汾州府永寧州二百五十里，東北至汾州府二百六十里。

春秋時晉之蒲城也，戰國時屬魏，秦及兩漢皆爲河東郡地，魏、晉爲平陽郡地。永嘉中劉淵據此，置大昌郡。後魏廢郡，爲南汾州地。西魏於此置汾州及龍泉郡，後周因之。隋初郡廢，開皇四年改置西汾州，五年改爲隰州，大業初復爲龍泉郡。唐仍曰隰州，天寶初曰大寧郡，乾元初復故。宋因之。金曰南隰州，天德三年復爲隰州。元因之，屬平陽路。明洪武二年以州治隰川縣省入。編户三十一里。領縣二。

州内阻山險，外控大河，東連汾、晉，西走關中，憑據高深，戰守之資也。

隰川廢縣，今州治。春秋時晉蒲邑，重耳奔蒲，即此也。戰國策：「秦伐蒲，蒲人恐，請胡衍救蒲，衍説樗里子解去。」括地志：「蒲邑故城，在隰川縣南，蒲水經其南，亦曰蒲陽。」史記魏世家：「襄王七年，秦降我蒲陽。又景湣王五年，秦敗我蒲陽。」秦紀：「惠王十年使公子華、張儀圍魏蒲，取之。」通釋：「蒲陽故城在隰川縣北四十五里蒲水北，即重耳所居。」括地志悮也。漢置蒲子縣，魏、晉因之。永嘉二年劉淵取河東，自離石徙都蒲子是也。後周改置長壽縣，隋開皇十八年改曰隰川，爲州治。後因之，明初省。今城周七里有奇。

温泉城，在州北二百里，與汾州府孝義縣接界。本蒲子縣地，後魏末置新城縣，爲南吐京郡治。後周廢郡，隋并廢縣。唐武德二年置温泉縣，并置北温州治焉，兼領新城、高唐二縣。貞觀初州廢，縣屬隰州，以新城、高唐二縣并入。宋仍爲温泉縣，金省入隰川及孝義縣，今爲温泉鎮。又高唐城，在廢温泉縣東南十五里，唐初所置縣也。尋廢。○常安城，在州北三十里。唐初置縣，屬昌州，貞觀初廢。

姚岳城，在州東北。周保定初，勳州刺史韋孝寬以離石以南生胡數爲寇抄，而居齊境不可誅討，欲築城於險要以拒之，使別將姚岳董其役，曰：「計此城十日可畢，此距晉州四百里，敵軍至，我之城辦矣。」果城之而還，後人因謂之姚岳城。○横城，在州南三十五里。隋漢王諒起兵太原，遣其將吳子通屯兵築城，横斷隰川之道，因名。

石阿城，州北百里。史記：「趙成侯十一年秦攻魏，趙救之，攻石阿。」〔三六〕孔穎達曰：「石阿在石、隰二州間。」是也。志云：州北二里有龍泉城，後周龍泉郡蓋治於此。○穀城，九域志：「在州東四十五里。神農嘗五穀於此。」王象之曰：「縣南高嶺有屈穀山，爲煎煉絲礬之處。其城爲穀城，俗訛以爲神農嘗穀處」云。

蒲子山，州東北五十里。相傳堯師伊蒲子隱處，漢以此山名縣。又妙樓山，在州北七十里。山有石巖高廣，內有石室，前有龍池泉，冬夏不竭。

龍泉山，寰宇記：「在州北七十里，接石樓縣界。」山下牧馬，多產名駒，因名。後周以此名郡。○五鹿山，在州東七十里。志云：山有五鹿大夫廟。

蒲水，在州城西。源出汾州府石樓縣之石樓山，流經此，又南流入大寧縣界合於昕川而入黃河。○紫川，出州東山谷中，以巖石皆紫而名，西南流入大寧縣界，至馬鬭關入黃河。又有黃櫨水，源出州東北黃櫨谷，西南流合於紫川。又龍子湫，在州南十里。一名瀑布泉，出山谷門，西入大寧縣界之大昕川。嘗有龍見於此，因名。

白壁寨。在州北。宋志：「温泉縣有碌礬務一，及水頭、白壁、先鋒寨三。」今俱廢。

大寧縣，州西南九十五里。東南至吉州九十里。漢北屈縣地，後魏爲五城縣地，後周析置大寧縣，屬汾州。隋大業初省入五城縣。唐武德二年復置大寧縣，又置中州治焉。貞觀初州廢，縣屬隰州。宋因之。元廢，尋復置，仍屬隰州。今編户十里。

大義廢縣，在縣北。唐初置大義縣，又于縣西北置白龍縣，俱屬中州。貞觀初州廢，二縣俱省入大寧縣。

翠微山，在縣南二里。志云：縣城南有城澗河，山在其南。又孔山，在縣西北三十里。山有孔相通，其東巖石上有聖水泉，流入昕川。○鎮關山，在縣西七十里，以西臨馬鬭關而名。志云：縣東北二十五里有退過谷，其水亦流入昕川。

黄河，縣西七十五里，馬鬭關渡在焉，西接陝西延長縣界。志云：大河自永和縣南流經此，又南流入吉州境。

昕川，在縣東南。志云：昕川之水自隰州來者曰蒲川，自吉州來者曰義亭川，自永和縣南流入境者曰麻束溝，自縣東支流來會者曰小道溝，合爲昕川，西流入大河。○龍窠水，在縣西南六十里。自永和縣南流入隰州界，又西南流入縣境，合於昕川注於大河。其水峻急，不通舟楫。

馬鬭關，縣西七十五里。臨大河渡口，亦曰馬鬭渡。唐置關於此。今有巡司。

浮圖鎮。在縣城北。高齊河清四年置鎮於此，爲戍守處。隋初大寧縣治焉，大業初縣廢。唐徙今治，鎮仍屬焉。

○南北寨，在縣南、北，去城各一里。元末右丞時公權、院使李子厚置此戍守。

永和縣，州西百五十里。東北至汾州府石樓縣百二十里。本漢河東郡狐讘縣地，魏置永和縣，晉屬平陽郡，後魏廢。北齊於狐讘城置臨河縣及臨河郡。隋罷郡，開皇十八年改縣曰永和，屬隰州。唐初置永和州，貞觀初州廢，縣仍隸隰州。宋因之。今編户十里。

狐讘城，縣西南三十五里。漢置縣，屬河東郡，後漢縣廢。曹魏置永和縣，在今縣西南九十里。後廢。高齊改置臨和縣於狐讘故城，隋仍舊治，復曰永和。唐武德二年移縣治於仙芝谷西，即今治也。○樓山城，在縣南十里。後周置歸化縣，隋開皇十八年改曰樓山，大業初廢。唐武德初復置，屬東和州，貞觀初廢入永和縣。又石羊城，在縣西南五十里。後魏太武置石羊軍於此，孝文時廢。

樓山，在縣東南三十五里。亦曰北樓山。其在縣南四十八里者曰南樓山。兩山相對，其形如樓，樓山縣以此名。○雙山，在縣東南二十五里，以兩峰並秀而名。

仙芝谷，縣東北五里。唐遷縣治於仙芝谷西，即是谷也。又索陀谷，在縣東北三十五里。水流曰索陀川，西合仙芝谷水入於大河。

黄河，在縣西五十里。自永寧州、石樓縣流入縣界，又南入大寧縣界。〔二七〕

永和關。縣西六十五里。下臨黄河，路通陝西綏德州，有巡司戍守。亦見陝西延川縣。○興德關，在縣西六十里黄河岸上，亦爲興德關渡。又鐵羅關，在縣西南七十里，亦黄河渡口也。亦曰鐵羅關渡，路出陝西宜川縣。

校勘記

〔一〕春秋僖十六年　下引爲僖十六年左傳文，非春秋。

〔二〕今編户十七里　「十七里」，職本同，敷本、鄒本作「七十里」。

〔三〕開元八年置中都　舊唐書卷八玄宗紀云：「開元九年春正月丙辰，改蒲州爲河中府，置中都。」通典卷一七九、寰宇記卷四六、通鑑卷二一二唐紀二八均作「九年」，本書卷五蒲州下亦作「九年」，此作「八年」誤。

〔四〕滎河　「滎」，底本原作「榮」，今據職本、敷本、鄒本改。

〔五〕名嬀汭　「嬀」，底本原作「溈」，今據職本及明志卷四一改。

〔六〕在首陽山下　「在」，底本原作「有」，今據職本、鄒本改。

〔七〕辛垣平　「辛」，史記卷一〇文帝紀、卷二八封禪書及漢書卷二五上郊祀志俱作「新」。

〔八〕漢元狩四年得大鼎於魏脽后土祠旁　漢書卷六武帝紀云：「元鼎四年「六月，得寶鼎后土祠旁。」通鑑卷二〇漢記一二亦云：「元鼎四年「六月，汾陰巫錦得大鼎于魏脽后土營旁。」則本書「元狩」乃「元鼎」之誤也。

〔九〕漕從山東　史記卷二九河渠書、漢書卷二九溝洫志「山東」下並有「西」字，謂從山東運漕而西入關也。

〔一〇〕斬首十萬　史記卷五秦本紀作「斬首萬」，無「十」字。

〔一一〕尋罷爲陜郡　金志卷二六解州下作「後廢爲刺郡」，金之郡分防禦郡和刺史郡二種，此「陜郡」當作「刺郡」。

〔一二〕置鹽冶　「冶」，底本原作「治」，今據鄒本改。

〔一三〕一澗西北去百六十里　「去」，水經河水注作「出」。

〔一四〕謂之汾曲也　「曲」，底本原作「水」，今據職本改。

〔一五〕至於王澤即其地爲絳州隋初移於正平此城遂廢　按職本，原文作「至於王澤，即其地也」。下文「其地爲絳州」云云，在稷山縣玉壁城所引通釋下，即「又改爲絳州，隋初移於正平，此城遂廢」。

〔一六〕華谷城至安邑縣北五十里有清原也　按職本，此華谷城、龍門城、稷神山、摩雲山等數段文字均在稷山縣下，不在此絳州下。大異。

〔一七〕一名大橫嶺　底本原脱「一」字，今據職本補。

〔一八〕垣縣城　敷本、鄒本與底本同，職本作「垣曲城」。

〔一九〕大梁造白起　「梁」，當依史記卷五秦本紀作「良」。

〔二〇〕王屋西山　水經河水注作「王屋山西」，此誤倒。

〔二一〕洛女砦　「女」，底本原作「安」，今據職本、鄒本及上文「洛女砦」改。

〔二二〕又李綱遣范瓊屯此　「此」，底本原作「志」，今據職本改。

〔二三〕瑞石驛　此「瑞石驛」條共三十四字，底本全脱，今據職本、敷本、鄒本補。

〔二四〕又晉二五言於獻公曰　左傳莊二十八年云：「驪姬嬖，欲立其子，賂外嬖梁五與東關嬖五，使言于公曰：『曲沃，君子宗也；蒲與二屈，君之疆也；不可以無主。』」則本書所云「二五」即梁五和東關嬖五也。

〔二五〕水經北屈西距河十里　水經河水注作「河水南逕北屈縣故城西，西四十里有風山」，與此有異。又「水經」，當作「水經注」，此爲酈注，非經文也。

〔二六〕趙救之攻石阿　史記卷四三趙世家作「趙救之石阿」，無「攻」字。

〔二七〕又南入大寧縣界　「大寧」，底本原作「永寧」。按明山西無永寧縣，此必有誤。本書同卷大寧縣黄河下云：「大河自永和縣南流經此。」山西石樓之南爲永和，永和之南爲大寧，故底本之「永寧」實爲「大寧」之誤，今改正。

讀史方輿紀要卷四十二

山西四

汾州府，東至潞安府四百四十里，又東南至沁州四百八十里，又南至平陽府三百九十里，又西南至平陽府隰州二百七十里，東北至太原府二百里，自府治至布政司見上，〔一〕至京師一千三百八十里。

禹貢冀州地，春秋時屬晉，戰國屬趙，秦屬太原郡，二漢屬太原及西河郡，魏因之。晉爲西河國，後魏曰西河郡，兼置汾州。北齊改南朔州，後周改爲介州，而西河郡如故。隋初郡廢，煬帝復改介州爲西河。唐初改爲浩州，武德三年改爲汾州，天寶初曰西河郡，乾元初復曰汾州，五代末屬於北漢。周顯德初侵北漢得之，置寧化軍，兼領石、沁二州。旋入於北漢。宋仍曰汾州，亦曰西河郡。金因之，兼置汾陽軍。元復爲汾州，屬太原路。明初以州治西河縣省入，直隸山西布政司，萬曆二十三年升爲汾州府。領州一，縣七。

府控帶山、河，肘腋秦、晉，戰國時秦、趙相持，往往角逐於此。東漢之季，西河尤爲多事，迨於劉淵發難，中原陸沉，禍亂之徵，未始不自西河始也。周、齊爭勝於河、汾間，郡常爲兵衝。隋大業之末，唐乾符以後，太原南指未有不以州爲中頓，平陽北向未有不以州爲啓途者也。北漢保河東，州尤爲肘腋重地。宋人於嵐、石、隰三州以至黄河皆置城戍關，杜河外入麟府路以捍夏人。蓋西北有事，府爲必備之險矣。

汾陽縣，附郭。漢茲氏縣，屬太原郡。魏置西河郡於此，晉改縣曰隰城，屬西河國。後魏亦爲西河郡治，又置汾州治蒲子城，孝昌中移治隰城。隋仍爲介州治。唐上元初改曰西河縣，宋以後因之。明初省，萬曆中建汾州府，因改置今縣。城邑考：「府城一名四陽城，世傳曹魏所築，四面皆向日也。元至正十二年重築，明朝景泰二年因舊城增修，城周九里有奇。」編户九十五里。

隰城故城，府西七十里。漢縣，屬西河郡。晉屬西河國。或云三國魏省隰城入慈氏，晉改茲氏曰隰城。後魏主燾延和三年如美稷，遂至隰城，大破山胡白龍於西河是也。東魏僑置靈州於隰城縣界，後周廢。又故茲氏城，志云：在府南十五里。漢縣治此，一名甄子城。魏收志：「太和八年復置西河郡，治茲氏故城。孝昌中以吐京、五城、定陽等郡陷没，皆寄治西河。」今其地名鞏郕，有故城遺址。○八門城，在府北十五里。志云：劉淵遣將喬嵩攻西河，因築此城。城有八門，故名。又有偏城，在府西南五十里廣城郕，後趙時築此以防西北諸部。其城北占山阜，南臨絶澗，有欹側之狀，因名。又祝融城，在府治西。相傳祝融氏所居。

美稷城，在府西北。漢美稷縣，屬西河郡。本治今廢勝州西，後漢中平中以寇亂南徙五百餘里，即此城也。尋廢。○牧師城，在府西北境。漢邊郡皆置牧師苑以養馬，此即西河郡牧苑也。或曰亦在今廢勝州境。後漢永元六年匈奴大帥逢侯叛，南單于師子與漢中郎將杜崇屯牧師城是也。後亦移置於府境。其地廣斥，宜畜牧。宋治平中崔台符按汾州，得牧地三千二百頃，明年移沙苑馬五百牧於此，即古牧師地矣。

隱泉山，府北四十里。山有湯泉，一名湯泉山，或謂之謁泉山。上有石室，相傳子夏所居也。俗謂之子夏山，與太原府文水縣接界。今詳見文水縣。〇比干山，在府西北九十里。相傳紂使比干築城於此。

萬户山，府西二十里。延袤二十里，高八十丈，平坦可居萬户，因名。又柏山，在府西五十里。上多栢樹。一名將軍山，相傳石趙將趙鼎者禦敵，戰死於此，因名。〇石室山，在府西三十里。山多巖窟，可居。又府西北三十里有白彪山，其山石壁巉巖，峰巒聳秀，林木叢茂，泉流飛湧，洞壑層啓，村墟聯附，爲州之勝。相傳昔有騶虞見此，亦名騶虞山。

汾水，府東二十五里。自太原府汾水縣流入界，又流經平遥、介休、孝義縣而西南入靈石縣境。詳見大川。

文水，府東北五十里。亦自文水縣流入縣境，一名文谷河，亦曰萬谷河，至府東十五里謂之西河泊，亦謂之文湖。水經注：「文湖東西十五里，南北三十里，湖西側有一城，謂之瀦城，瀦澤所聚也。」蓋即水以名城。湖亦謂之瀦城濼。其水東入於汾。宋熙寧初詔復汾州西河濼。濼在城東，周四十里，舊時旱則引以溉田，雨以瀦水，兼有菱芡蒲魚之利，可給貧民。前轉運使王沿廢爲田，人以爲病，至是從御史劉述言復之，即文湖也。

禹門河，城西十里。西山諸谿之水會流於此，謂之河口，伏流潛注，東入於文湖。相傳禹導洪水至此，因名。又有麻屈水，亦在府西十里，平地湧出，灌溉田畝，民賴其利。又原公水，亦曰原公澗，又名壺溪水，源出白彪山麓，沿山南注，至谷口轉折而東，歷城東北數十邨，溉田萬畝，東南注於文湖。志云：原公水一名馬跑泉，〔三〕亦曰賀魯水，相傳有賀魯將軍者駐師白彪山，馬跑泉湧，因名也。○向陽水，在府西三十里。一名懸泉水。源出向陽峽，下流合於原公水。今涸。又府南十里有清溝水，一名董師河，城北八里有賈家莊泉亦流合焉，居民引以灌田，下流東注於汾水。

善利渠，在府西南。西山諸泉源會流爲渠，東西首尾凡百餘里，有灌溉之利。又靈浮泉，在府西南四十里。亦東流合諸山泉，引流溉田。

臨汾宮，府東十五里。隋大業四年建以避暑，蓋據文湖之勝而爲之。亦謂之汾水行宮。

金鎖關。府西三十五里。一名向陽峽。巖嶮插天，中斷如闕，爲汾水咽吭，漢、晉以來戍守處也。明初置巡司，尋廢。隆慶初增築關城，設兵防禦，頗爲嚴固。又黄蘆嶺關，在府西六十里。置關嶺上，憑高爲險，宣德四年置巡司於此。○康家堡，在府東二十里。臨汾水上，有康家堡渡，路通平遥縣。

孝義縣，在府南三十五里。東至霍州靈石縣三十里。漢茲氏縣地，魏置中陽縣，屬西河郡。晉初因之，永嘉後省入隰城縣。後魏太和十七年又分置永安縣，仍屬西河郡。北齊省入介休縣，後周復置。隋屬介州，唐屬汾州，貞觀初改縣曰孝義，以旌縣人鄭興也。五代周顯德五年晉州將李謙溥擊北漢，破孝義，即此。宋太平興國初改縣曰中陽，尋復舊。熙寧五年省，元祐初復置。今編户三十里。

中陽城，在縣西北。故趙邑。史記：「趙武靈王九年，秦伐我，取西都及中陽。」又惠王十四年，與秦會中陽。」亦曰西陽。秦紀：「惠文王後九年取趙西陽，亦中陽也。」漢置中陽縣，屬西河郡。魏因之，永嘉中廢。括地志云：「中陽在隰城縣南。」

吴城，縣西南七十八里。戰國時魏吴起爲西河守，築此城以拒秦，因名。近時賊據吴城，從向陽峽窺汾州，即其處也。又虞城，在縣東北十里。又有虢城，在縣北十里。」俗訛爲瓜城。相傳晉滅虞、虢，遷其人於此，築城居之，因名。○魚城，在縣北十九里。或云後魏末六鎮擾亂，置城於此，爲戍守處。又有東多城，在縣北二十里。魏收志：「永安中置真君郡，治東多城。」是也。又團城，在縣西北十八里。舊經云：「團城，後魏孝昌中所置。」魏收志：「武定四年置武昌郡，治團城。」

六壁城，縣西南十五里。後魏書：「太平真君五年討叛賊於六壁。」水經注：「勝水東經六壁城南，魏朝置六壁於其下，防離石諸部，因爲大鎮。太和中罷鎮，置西河郡。」志云：六壁者，縣所轄貞壁、賈壁、白壁、許壁、柳壁，并六壁爲六也。魏收志：「永安中置顯州，治六壁城，領定戎、建平、真君等郡。」後周省，唐爲府兵所居，曰六壁府。

狐岐山，縣西北八十里。禹貢「治梁及岐」，孔氏以爲：「岐，狐岐山也。」蓋洪水懷襄，大河氾濫至此山下云。一名薛頡山，勝水出焉。○白雀山，在縣西八十里，峰巒高峻。又縣西一百六十里有上殿山，高峻爲汾、隰諸山之冠。

雀鼠谷，冀州圖經：「谷在縣南二十里，長一百一十里，南至臨汾郡霍邑界，汾水流經谷内，即周書調鑿谷云。」今詳介休縣。○安生原，在縣南十里。舊經：「土地沃饒，有西河之美者，惟安生原耳。」

汾水，縣東二十里。自汾陽縣流入，與介休縣接界。志云：縣東三十里汾河上有比干臺。紂遣比干於騶虞山築臺避暑，此其遺跡云。

勝水，在縣南二里。源出狐岐山，東南流至縣西十里曰勝水陂。亦曰元象泊，以昔有里人元象者有孝行，躬耕於此而名。縣境之水匯於此陂，又東注於汾水。志云：勝水一名孝水，在縣西十五里。○義水，在縣北十五里。亦出狐岐山，東流經此。一名行春川，流入汾陽縣境，分爲善利、得利、分利、豐義、紫金五渠，堰其溉田數百頃，又東入於汾。縣名孝義，以此二水也。

土京水，出縣西南十五里土京谷。一名西陽水。水經注「勝水東合陽泉水，水出西山陽谿，東經六壁城北，又東注於勝水」，〔三〕即此水也。又左水，在縣南二十里。一名賈願水。今涸。又板谷水，在縣西北二十八里，東流入勝水陂。

白龍渠，在縣西二十里白壁關。居民引以溉田。又有三泉，在縣西二十八里。東流入板谷水，溉田可十餘頃。○普濟渠，在縣南十五里。志云：縣西七十里有玉泉山，泉如漱玉，引流溉田，即普濟渠也。又潤民渠，亦在縣南。自縣西引勝水灌附郭諸邨田，民賴其利。

温泉鎮。縣西九十里，即隰州之廢温泉縣也。志云：其地有高唐山，温泉出焉。鎮南通吉、隰諸州，北連寧鄉、永寧之境，爲往來襟要，有巡司戍守。

平遥縣，府東八十里。東至太原府祁縣五十里。漢平陶縣屬太原郡，後漢及魏、晉因之，故縣本在今太原府文水縣界，後魏移置於此，改曰平遥，仍屬太原郡。隋屬介州，唐屬汾州，宋因之。今編户五十八里。

京陵城，縣東七里。城塚記：「周宣王北伐玁狁時所築。」漢置京陵縣，屬太原郡。或曰漢縣本置於太原北，在今忻州西，建安中改置於此。魏、晉因之，後廢。唐置京陵府，以居府兵。杜佑曰：「隰城有漢京陵城。」悮也。又清世城，在縣南。隋開皇十六年析平遥縣置清世縣，屬介州，大業初廢。

中都城，縣西十二里，西南至介休縣五十里。春秋昭二年：「晉侯執陳無宇於中都。」戰國時屬趙，亦謂之西都。趙世家：「武靈王九年，秦拔我西都。」括地志：「晉中都故城，在今平遥縣；漢置中都縣，在今太原府榆次縣境。」是也。○羌城，在縣西北四十里。志云：漢建安中築此以居羌人。又思歸城，在縣東三十里。劉淵攻劉琨於太原，築壘拒守，因思歸而夜遁，故名。

蔚州城，縣西北二十五里。後魏末僑置蔚州，遷蔚州民居此。後周廢。城塚記謂之屈頓城。昔漢武帝於汾隄側屈曲爲頓，後因汾水泛溢廢壞，後魏於其地僑置蔚州，今城址猶存。○青城，在縣東二十里；又有亭岡城在縣南二十八里，下有亭岡水；或曰皆後魏所置也。又來城，城塚記：「在縣西二十三里，相傳後漢來歙所築。」

超山，縣東南四十里。一名過山，以高聳超過羣山而名。又麓臺山，在縣南四十里。爾雅：「山足曰麓，土高曰臺。」一名蒙山，又名謁戾山，山海經「謁戾之山，嬰澗水出於其陰」是也。

汾水，縣西五十里。與汾陽縣接界，縣境諸水悉流入焉。○中都水，出縣東二十里中都谷横嶺下，西流合原祠水，經城南入鄔城泊。亦名城東水，以成化中泛漲北流，經縣城東而西入於汾也。今有中都堰，在縣東南一里。又原祠水，在縣東南十五里。平地湧出，灌溉民田百頃，合中都水以入於汾。原上有祠，因名。

鹵澗水，出縣東南二十里之朱坑，流經縣東分爲二十四池，灌溉民田。又嬰澗水，在縣東三十里。亦流合中都水入汾。又亭岡水，在故亭岡城南。志云：源出亭岡谷，流合鄔城泊。○張趙泊，在縣西北三十里。一名壞公泊。又鄔城泊，在縣南。與介休縣接界，又東接祁縣昭餘祁藪，亦謂之鄔澤云。

普同關。在縣南五十里普同谷口，東南接綿上關達沁源縣，西抵關子嶺，南入岳陽縣，爲往來要地，洪武五年置巡司戍守。

介休縣，府東南七十里。東北至太原府祁縣九十里，北至文水縣八十里。晉大夫士彌牟邑，秦置介休縣，以介山爲名。漢屬太原郡，晉屬西河國，後魏仍屬西河郡。東魏興和二年析置平昌縣，兼置定陽郡。後周改郡曰介休，以介休故縣省入平昌。隋初郡廢，開皇十八年又改平昌曰介休，義寧初復置介休郡於此。唐初又改爲介州，貞觀初州廢，以縣屬汾州。宋因之。今編户四十五里。

介休城，在今縣東南十五里。漢縣治此。後周建德五年自平陽進攻晉陽，周主邕與宇文憲會於介休，即此。今城東魏所置平昌縣也，隋改置介休於平昌，故城遂廢。

鄔城，縣東北二十七里。春秋時晉邑，魏獻子以司馬彌牟爲鄔城大夫。史記：「曹參從韓信擊趙相夏説於鄔東，大破之；又圍趙别將軍於鄔城中。」漢置鄔縣，屬太原郡。晉及後魏因之。北齊廢。志云：故鄔城歷隋、唐至宋始圮於水，城北接文水，東接祁縣境。

隨城，地志：「在縣東，春秋時晉邑也。」隱五年，曲沃莊伯伐翼，翼侯奔隨。後爲士會食邑。又平周城，在縣西四十里。十三州志：「戰國時魏邑也。」梁襄王十三年，秦取我曲沃、平周，即此。又郡志云：縣東四十五里有武城，秦遣武安君白起伐趙經此，因名。今有武城水。○板橋城，在縣西北十八里。郡國志：「劉淵擊劉琨於此。其城阻水，以板橋爲渡，因名。」又開遠府，在縣西北八里；華夏府，在縣東北三十里；皆唐置以居府兵。

介山，縣東南二十五里。一名介美，以介子推隱此也。山南跨靈石，西跨沁源，盤踞深厚。亦曰綿山，亦曰綿上。晉文公求介子推不獲，以綿上爲之田是也。又襄十三年，晉侯蒐於綿上以治兵。二十九年齊高豎奔晉，晉城綿而寘旃。今亦曰橫嶺。又忌坂，在縣西南十二里，相傳子推被焚處也。○洪山，亦在縣東南二十里。石洞水出其下，志以爲狐岐山也。

天峻山，縣東南十五里，以高峻入雲而名。又蠶簇山，在縣東南三十里。勢極高，形如蠶簇。又抱腹巖，在縣西南四十里。羣峰迴繞，澗水環流，石梯峻險，松柏交加，形如抱腹，因名。

雀鼠谷，縣西南二十里。水經注：「汾水南過冠爵津，俗謂之雀鼠谷。數十里間，道皆險隘。水左右悉結偏梁閣道，累石就路，縈帶巖側，或去水一丈，或高六丈，上帶山阜，下臨絕澗，俗謂之魯般橋，蓋古之津隘，今之地險也。後周建德五年周主邕攻晉州，軍於汾曲，分遣宇文憲將兵守雀鼠谷。隋大業十二年，太原留守李淵破賊甄翟兒於雀鼠谷。十三年李淵起義兵，由西河入雀鼠谷。唐武德三年劉武周陷介州，唐將姜寶誼等戰於此，兵敗被虜。既而世民擊武周，追破其將宋金剛，宿於雀鼠谷西原。又開元十一年北巡并州，經雀鼠谷。谷蓋當往來之要路。」

東徙谷，縣東南四十里。四圍皆山，中有石磊，橫空數仞，周廣三里。巖頂有泉倒流如瀑布，謂之懸泉，流爲白牛泓，瀋深莫測；又有黑龍池，水色常黑；其下流皆注於汾河。○西徙谷，縣東南二十里。有西谷水，東谷之水流合焉。又有沂陽谷，在縣西四十里。有沂陽水，東流入於汾水。

度索原，在縣東南介山下。唐初裴寂攻劉武周將宋金剛於介休。寂軍於度索原，營中飲澗水，金剛絶之，士卒渴乏。寂欲移軍就水，金剛縱兵擊之，寂失亡略盡。○千畝原，在縣南。亦曰千畝聚。周宣王九年戰於千畝，王師敗績於姜氏之戎。又晉穆侯十年戰於千畝，有功。杜氏曰：「其地在介休縣。」

汾水，縣西二十里。志云：縣西北五十里有大宋渡，亦汾河渡口也。南流二十餘里爲小宋曲，又南流與孝義縣接界，縣境諸水悉流入焉。○謝谷水，在縣西南十里。源出谷南磨子溝，平地湧出，大小十數泉，流入谷中灌十餘邨田，至小宋曲北入汾。

洪山水，縣東南二十里。一名石洞水。源出洪山，或謂之勝水，四泉並發，四時不竭。宋文彦博引爲東中西三渠，灌自城以東數邨之田凡九十餘頃，西北流注於汾。又三道河，在縣東北六里。平地出泉，分流爲三道，下流入汾。又珞石澗，亦在縣東南二十里。源出綿上箭桿嶺，下流入於汾。今涸。

鄔城泊，縣東北二十里。與平遥縣接界，流合中都水注於汾河。或謂之蒿澤。隋仁壽初漢王諒以趙子開敗於高壁，大懼，自將衆十萬拒楊素于蒿澤，既而退守清源。高壁，見靈石縣。○小橋泊，在縣東北十八里，亦西入汾河。又龍泉，在縣西南二十里。平地湧出，北流入汾。又有灰柳泉，在縣東二十里石洞邨。引渠灌田，西北入汾。

子嶺關。縣東南六十里。路出沁源縣，洪武五年置巡司戍守。○張難堡，在縣北，昔人築堡自守處也。唐初世民敗宋金剛於介休，追數十里，至張難堡是也。

石樓縣，府西南二百里。南至隰州九十五里。漢西河郡土軍縣地，後漢省。後魏太平真君中置嶺西縣，屬吐京郡，太和二十年改縣曰吐京。隋開皇初郡廢，十八年改爲石樓縣，屬隰州。唐初于縣置西德州，貞觀初州廢，縣屬東和州。二年州復廢，縣仍屬隰州。宋以後因之，萬曆二十三年改今屬。編户十三里。

土軍城，縣西三十里。漢縣治此。高帝十一年封宣義爲侯邑，又武帝封代共王子郢客爲土軍侯。後漢廢。亦曰吐京城，音訛也。晉義熙九年吐京部與離石部出以眷叛降夏王勃勃，勃勃因置吐京護軍於此，後魏將婁伏連襲殺之。宋元嘉二十二年魏主燾如上黨，西至吐京。又蕭齊建武三年後魏吐京部反，旋擊平之。寰宇記：「城在團圓山下。其城圓而不方，俗謂之團城。隋遷今治。」

長壽城，縣東五里。舊唐書：「武德初置長壽縣，屬西德州。貞觀初縣廢，謂之長壽村。」五代周廣順初北漢劉承鈞自攻晉州不克，移軍隰州，隰州將孫繼業迎擊之於長壽村，敗之，即此。寰宇記：「縣北六里有夷吾館，即晉公子夷吾所居也。後魏孝文置長壽縣於此。」志云：夷吾館在縣東二十五里。○臨河城，在縣東六十里。唐初置臨河縣，屬西德州，貞觀初廢。或以爲後周所置，悞也。

團圓山，縣西北三十里。山頂高而狀圓，因名。其山東西長一百八里。有小蒜谷，勝水泉出焉，北流六十里入黃河。又有百泉谷，在山之分水嶺下。泉約百餘派，西流八十里入黃河。○翠金山，在縣南三十里。一名臺駘山，上有臺駘神廟。

石樓山，縣東南六十里。蒲水出焉，流入隰州界。隋以此山名縣。○龍泉山，在縣南，接隰州界。水經注：「龍泉出吐京城東南道左山下牧馬川，上多産名駒，亦名屈産泉，即晉獻公以屈産之乘假道於虞者。志云：屈産泉在縣東南四里。又黄雲山，在縣東六十里，與縣東南牛心山相接。

黄河，在縣西百里。從寧鄉縣流入界，過上平關，又南入隰州永和縣界。

土軍川，在縣西五十里。源出團圓山，有土軍谷，亦曰吐京谷，西達於大河，縣境諸水悉流合焉。或訛爲統軍川。後周主邕建德五年自將攻晉州，分遣達奚震守統軍川，即此。

上平關，縣西北九十里。下臨黄河，路出陝西綏德州。五代梁開平二年，李茂貞遣延州帥胡敬璋攻上平關，爲梁將劉知俊所敗，即此。今有巡司戍守。

永寧關。縣西北九十里。下臨黄河，路通陝西青澗縣。又窟龍關，在縣東北六十里。東接孝義縣，南接隰州，北抵寧鄉縣。二關明初俱置巡司戍守，今革。

臨縣，府西北二百里。北至陝西吴堡縣三十里，東北至岢嵐州興縣一百八十里。漢離石縣地，屬西河郡。後周置烏突縣，兼置烏突郡治焉。隋郡廢，縣改曰太和，屬石州。唐初改爲臨泉縣，置北和州治焉。貞觀三年州廢，仍屬隰州。宋初因之，乾符三年改屬晉寧。金仍屬石州，至元中統二年改屬太原府，三年升爲臨州。明初改曰臨縣，仍屬太原府，萬曆中改今屬。編户十七里。

修化城，在縣南。後周置窟胡縣，兼置窟胡郡治焉。隋初郡廢，改縣爲脩化，屬石州。唐省。又縣東南有廬山廢縣，亦後周置，大業初并入脩化縣。

連枝山，縣東七十里。枝脈蔓衍，連接羣山，亦謂之磨盤山。志云：山周六百餘里，近時官軍逐賊於此，賊據險拒守，官軍不能克。又黄雲山，在縣東北三里，榆林河出焉。

車突谷，在縣東北。志云：後周置烏突縣，蓋以車突谷而名。北魏孝文太和二十年吐京部反，汾州刺史元彬遣軍擊破之，追至車突谷又破之，即此。

黄河，縣北二十里。自嵢嵐州興縣界流入，又西南入永寧州境。○榆林河，在縣東北。源出黄雲山，下流入於黄河。又有臨泉水，在縣治北，亦流入於大河。

尅胡寨。〔四〕縣西北百二十里黄河東岸。路通陝西葭州，古置浮梁，今以舟濟。金大定中築城，屯兵於此，以防夏人。元廢。明朝洪武五年置巡司。其南二十餘里有曲峪村渡，又南三十里有郭家塔渡，南四十里有堡子峪渡，俱通葭州。又南十二里有索達安渡，路通陝西吴堡縣。

永寧州，府西北百六十里。南至平陽府隰州二百五十里，西至陝西綏德州二百五十里，北至太原府嵢嵐州二百五十里，東北至太原府三百九十里。

春秋時白翟地，齊語「桓公西征，攘白翟之地至於西河」，即州境也。戰國初爲趙之離石邑，後爲秦、魏二國之境。秦屬太原郡，兩漢屬西河郡，晉屬西河國，劉淵倡亂於此。後趙石勒置永石郡，後魏爲離石鎮，北齊置懷政郡，又改爲離石郡，兼置西汾州。後周改西汾爲石州，而郡如故。隋初郡廢州存，煬帝又改爲離石郡。唐復爲石州，天寶初曰昌化郡，乾元初復故。宋因之。亦曰昌化軍。金屬太原府，元仍屬太原路。明洪武三年以州治離石縣省入，仍曰石州，屬太原府。萬曆二十三年改爲永寧州，編户四十里。屬汾州府。領縣一。

州重山合抱，大川四通，控帶疆索，鎖鑰汾、晉，誠要區也。邊防攷：「州西踰黄河即延、綏邊地，北邊偏、老，最屬要衝，而黄蘆嶺尤爲險阻，嘉、隆之間敵往往入寇，州境被其蹂躪，防維不可不密矣。」

離石廢縣，今州治。戰國時趙邑也。周赧王三十四年，秦取趙藺、離石，此即離石地。漢置縣，屬西河郡。漢初破匈奴，追至離石，匈奴復聚兵樓煩北是也。武帝封代共王子綰爲侯邑。後漢爲西河郡治。東觀記：「西河郡治平定縣，離石在郡南五百九里，永和五年以匈奴寇掠，徙郡治離石。」晉亦曰西和國治，〔五〕永興初爲劉淵所據，石趙置永石郡於此。後魏太和二十年北巡，還至離石，置石城縣，屬伍城郡。高齊置昌化縣，後周改爲離石。隋以後因之，明初省。州城景泰元年因故城脩築，周九里有奇。

定胡城，州西二十里。本漢離石縣地，後周置定胡郡及縣。隋初郡廢，縣屬石州。唐武德三年置西定州於此，貞觀二年州廢，縣仍屬石州。宋因之，大觀二年改屬晉寧軍。金仍屬石州，明昌六年改爲孟門縣。元廢。又孟門城，在定胡廢縣西。唐貞觀三年分定胡縣地置孟門縣，七年省。○方山城，在州西北七十里。隋義寧初置方山縣，唐武德二年置方州。貞觀三年州廢，縣仍屬石州。宋因之。金志：「貞祐三年徙縣於積翠山。」山蓋在故縣北。元省。郡志云：方山城，在州北百四十里。

藺城，在州西。戰國時趙藺邑也。戰國策：「智伯之趙，請蔡、臯狼之地。」鮑氏曰：「蔡當作藺。」趙世家：「成侯三年，魏敗我藺。武靈王十三年，秦拔我藺。」又武靈王曰：「先王取藺、郭狼。」郭狼即臯狼矣。漢置藺縣，屬西河郡，武帝封代共王子罷軍爲侯邑。後漢因之，魏廢。〇臯狼城，在州西北。史記趙世家：「孟增幸於周成王，是爲宅臯狼。」索隱謂居以臯狼之地也。漢置臯狼縣，屬西河郡。武帝封代共王子遷爲臯狼侯，邑於此。狼作「琅」。後漢亦爲臯狼縣，魏廢。

縠羅城，在州北。漢縣，屬西河郡，後漢廢。永和六年匈奴引烏桓作亂，使匈奴中郎將張耽等率鮮卑到縠城，擊烏桓於通天山，大破之。胡氏曰：「縠城即縠羅城。通天山，即嵢嵐州興縣之石樓山。」

左國城，州東北二十里。晉時匈奴左部所居城也。載記「後漢建武初南單于入居西河之美稷」，今離石之左國城，單于所徙庭也。晉成都王穎拜劉淵爲北單于，淵自鄴還至左國城，繼而自離石徙都焉。杜佑曰：「離石有南單于庭左國城。」〇廬城，寰宇記：「在州治東二里，晉劉琨所築以攻劉曜，遺址尚存。」

吕梁山，州東北百里。禹貢「治梁及岐」，孔氏曰：「梁，吕梁山也。」吕氏春秋「龍門未闢，吕梁未鑿，河出孟門之上」是也。俗名縠積山，與太原府交城縣接界，東川河出焉。〇方山，在州北故方山縣界，縣以此名。文水出焉，流入太原府交城縣。又州境有步佛山，宋初王忠植以河東步佛山忠義士復石、代等十一州，授河東經略安撫使是也。

赤洪山，州東北三十里。亦曰赤洪嶺，高歡遣竇泰自晉陽襲爾朱兆于秀容，兆走，追破之於赤洪嶺是也。亦曰赤洪岡。王象之曰：「離石山一名胡公山，又爲赤洪嶺，故離石水亦名赤洪水。」〇仙洞山，在州西南五十里。一名白馬仙洞。洞深遠，中有龍淵。又烏嵓山，在州西南二十里。下有烏嵓泉。志云：州北二十里又有三陽雲鳳山。

黄櫨嶺，在州西北八十里。高齊天保三年自晉陽如離石，自黄櫨嶺起長城，北至社平戍四百餘里，置三十六戍。社平，齊記作「社子」，蓋在今朔州之廢武州界。又斛律金傳「黄櫨嶺在烏突戍東」，蓋與今臨縣接界。亦作「黄蘆嶺」，今爲戍守要地。

大河，州西百十里。有官菜園渡，路出陝西綏德州。志云：大河自臨縣流入界，又南入寧鄉縣境。

東川河，在州東北。發源穀積山，流經州城西北合於北川河。又北川河，在州城西。源出赤砋嶺，合於東川河，並流而西南入於黄河。○赤砋水，在州西北方山廢縣境，即離石水也。源出赤砋嶺，東南流合於東川河。

虎澤，在州北。漢志注：「穀羅縣西北有武澤，即虎澤也。」又故美稷縣亦有虎澤，今詳見榆林衛。○青龍泉，在州西六十里。平地湧出，西流入黄河。

孟門關，州西四十里。隋置。其地險固，今有巡司戍守。通典：「後周定胡郡蓋置於此。」州志：關在州西百二十里，故孟門縣也。元廢，置離石巡司於此，城垣廬舍不減於舊。今爲孟門巡司。又有赤堅嶺巡司，洪武三年置。亦曰赤洪嶺，在州北百八十里。

永安鎮。在州城内。唐志：「大曆中置鎮將於石州，以綏御党項。」會要：「党項部落曰野利越詩、野利龍兒、野利厥律、兒黄、野海、野窣等居慶州，號東山部，夏州號平夏部，代宗永泰後皆徙石州，因置鎮以統之。」

寧鄉縣，州西南五十里。南至石樓縣百二十里。後周析置平夷縣，屬離石郡。隋、唐屬石州，宋仍舊。金改曰寧鄉，元屬太原路，至元初改屬石州。今編户十三里。

寧鄉城，在縣東。後周置寧鄉縣，屬離石郡，隋大業初并入離石縣。

樓子臺山，縣東南三十里。山勢危聳，狀若層樓，因名。其頂有劉公洞。又仙明山，在縣南十里。下有仙明洞。又縣南二十里有屏風山。○卧龍岡，在縣城東。高里許，形如卧龍，北自州界迤邐而東抵汾州界，盤踞五十餘里。

黄河，在縣西百五十里。有三交口渡，路出陜西綏德州，南流入石樓縣界。

清水。縣南三十五里。北流經州西南十里合東川水入黄河。又車轍泉，出縣南三十五里車轍山下。縣東南三十里又有蕉泉，出蕉山下，流合車轍泉，民多引渠灌田，西北流入州界合於清水，亦謂之南川河。

潞安府，由東至河南彰德府三百里，由南至澤州一百九十里，由西至平陽府三百九十里，又由西北至太原府四百五十里，又由北至遼州二百四十三里，自府治至布政司見上，〔六〕至京師一千三百里。

禹貢冀州地，商、周時爲黎國，書曰：「西伯戡黎。」春秋黎爲狄國所滅，詩衛風「式微黎侯」，失國而寓於衛也。左傳：「晉伯宗數狄罪曰：『奪黎氏地』也。」後爲赤狄潞子國。晉滅之，其地入於晉。戰國初爲韓之别都，後屬趙，秦取之置上黨郡，秦紀：「昭襄四十七年攻韓上黨，上黨降趙，白起破趙於長平，明年盡有韓之上黨。」又戰國策謂爲兩上黨者，王氏曰：「以地在韓、魏間，猶安邑近韓，而云韓安邑也。」兩漢、魏、晉皆因之。後魏亦曰上黨郡，後周兼置潞州。隋郡廢州存，煬帝復曰上黨郡。唐復曰潞州，武德二年置總管府，九年改曰都督府，貞觀八年曰大都督府，十年仍曰都督府，十七年罷。開元十七年以龍潛於此，復置大都督府。天寶初曰上黨郡，乾元初復故，尋置昭義軍節度。先是至德初置上黨節度，尋曰澤潞節度，大曆十年始有昭義之名。今詳見州域形勢說。五代梁改匡義軍，唐曰安義軍，五代史：「梁龍德二年晉王存勗改昭義爲安義，時李嗣昭子繼韜爲節度，爲避父諱也。明年李繼韜降，梁改曰匡義。是年唐滅梁，仍改曰安義，長興初復爲昭義。」晉復曰昭義軍。天福五年割遼、沁二州屬昭義，明年二州復還河東。宋仍爲潞州，亦曰上黨郡、昭義軍，太平興國初改軍號曰昭德。崇寧三年升爲隆德府。金復爲潞州。元初亦曰隆德府，尋復爲潞州，屬平陽路。明初洪武二年以州治上黨縣省入，九年直隸山西布政司，嘉靖八年升爲潞安府。領縣八。

府據高設險志云：郡地極高，與天爲黨，故曰上黨。爲兩河要會，自戰國以來攻守重地也。周最曰：「秦盡韓、魏、上黨、太原，秦地天下之半也，制齊、楚、三晉之命。」荀子曰：「韓之上地，謂上黨之地。方數百里，而趨趙，趙不能凝也，凝猶當也。故秦奪之。」漢初韓信收上黨，乃下井陘。東漢初馮衍遺上黨守田邑書曰：「上黨四塞之固，東帶三關。」漢志：「上黨郡有上黨、壺口、石陘三關。」晉太和四年，燕皇甫真告其主暐曰：「苻堅有窺上國之心，洛陽、太原、壺關皆宜選將益兵，以防未然。」蓋洛陽、太原鄴都之外屏，而壺關則肘腋之備也。時申紹亦言：「宜移戍并土，控制西河，南堅壺關，北重晉陽，西寇來則拒守，過則斷後。」暐皆不用。既而苻堅命王猛伐燕，謂猛曰：「當先破壺關，平上黨，長驅趨鄴，所謂疾雷不及掩耳。」時燕都在鄴。唐李抱真曰：「山東有變，上黨常爲兵衝。」杜佑曰：「上黨之地，據天下之肩脊，當河朔之咽喉。」杜牧曰：「澤潞肘京洛而履河津，倚太原而跨河朔。」語其形勝，不特甲於河東一道而已。五代梁圍潞州，晉王存勗曰：「上黨，河東藩蔽，無上黨是無河東也。」宋靖康初粘没喝圍澤州，种師中請由邢、相邢，今北直順德府；相，今河南彰德府。間捷出上黨，擣其不意。王應麟曰：「上黨於河北常爲兵衝者，以東下壺關則至相州，南下太行則抵孟州也。」明初定山西，亦由澤、潞而北，上黨誠自古必争之地矣。

長治縣，附郭。漢壺關縣也。隋置上黨縣，潞州治焉。唐、宋因之，明初省。嘉靖八年改置今縣。編户一百七十里。

壺關城，括地志：「潞州治上黨，即漢壺關縣也。」魏收曰：「秦上黨郡治壺關，漢治長子，董卓又移郡治壺關。慕容氏時郡嘗治安民城，後復治壺關。後魏時移縣治於穎陽岡上。」隋改置上黨縣於此。上黨記：「曹公圍壺關，起土山於城西，城内築界城以遮之。」今城内有子城，周圍三里一十步，爲郡治。舊唐書田悦傳：「馬燧等師於壺關，東下收賊蘆家寨。」又城西南隅有古塔，其址即晉潞州節度使李嗣昭所築夾寨以禦梁師者。五代史「梁開平初遣李思安圍晉李嗣昭於潞州，思安築重城，内以防奔突，外以拒援兵，謂之夾寨」，蓋嗣昭亦於城内築寨禦之也。明年晉王存勗破夾寨，潞州之圍遂解。後唐同光二年，潞州牙將楊立作亂，既平夷其城，天成中始復葺治焉。潞州城池高深，夷毁之後，非復舊觀矣。明洪武二年因舊土城改築磚城，城周十九里有奇。

壺關山，府東南十三里。延袤百餘里，東接相州，崖徑險狹，形如壺口。春秋哀四年，齊國夏伐晉，取八邑，壺口其一也。漢志上黨郡有壺口關，蓋置於此。建安八年并州刺史高幹聞曹操討烏桓，復舉兵并州，守壺口關。十一年操圍壺關，壺關降。晉永嘉二年，并州刺史劉琨使上黨太守劉惇帥鮮卑攻壺關，劉淵將綦毋達敗遁。明年淵遣王彌、劉聰、石勒等攻壺關，劉琨遣將王肅等救之，敗没。既而劉聰等破屯留、長子，劉惇遂以壺關降。太和五年秦王猛伐燕，攻壺關克之，執上黨太守慕容越，燕大震。太元十年秦幽州刺史王永爲後燕將王佐等所攻，棄箕城奔壺關。十九年慕容垂滅西燕，遣慕容農出壺關是也。亦謂之崞口。唐天寶末，李萼説平原太守顔真卿，欲開崞口，出程千里之師。建中二年田悦以相、魏叛，貝州刺史邢曹俊謂悦曰：「今置萬兵於崞口以遏西師，則河北二十四州皆爲尚書有矣。」既而田悦圍臨洺，河東節度馬燧、昭義節度李抱真救之，合兵東下壺關，軍於邯鄲。圖經：「壺口東出相州滏口，謂之崞口，地形險要，自昔爲噤喉之地是也。」又大順初潞州降於朱全忠，李克用遣兵圍之，全忠使驍將葛從周將千騎潛自壺關，夜抵潞州，犯圍入城。又光化二年河東將李嗣昭攻潞州，汴將賀德倫棄城遁，趨壺關，河東將李存審伏兵邀擊，殺獲甚衆。志云：壺關山在今壺關縣西北二里。山形似壺，古置關於此而名。

柏谷山，府東北十三里。山多柏樹。一名百穀山，俗傳神農嘗穀處。有百穀泉。志云：巖壑絶勝，與太行、王屋相連。○五龍山，在府東南二十里。寰宇記：「本名上黨山，西燕慕容永時有五龍見山上，因名。」山多松柏，森茂干霄，爲郡之勝。又雄山，在府東南六十里。視諸山爲雄長，因名。淘水出焉。

白田原，在府西北。載記：「晉永嘉二年劉淵使其子聰攻壺關，命石勒爲前鋒，并州都督劉琨遣護軍黄秀等救壺關，勒敗秀於白田殺之，遂陷壺關。」白田，一作「封田」。黄秀，通鑑作「王肅」。

潞水，府西南二十里，即濁漳水也。周禮職方：「其川漳，其浸汾、潞。」闞駰曰：「潞水即漳水，源出長子縣發鳩山，東北流經府境入襄垣縣界。」後漢初平二年袁紹屯河内，何進故部將張燕與南單于於扶羅自上黨歸之，屯于漳水。晉太和五年秦王猛與燕慕容評相持于上黨，慕容評鬻水與軍人，絹一匹水二石，即此矣。詳見北直大川漳水。

故城水，府西南十六里。北流二里合石子河，西流入濁漳水。○洶水，在府東南八十里。源出雄山，流與八諫水合。又八諫水，在府南六十里。其地有八諫山，水出山下。相傳趙括將八人諫括不聽，自刎於此，因名。其水亦西流入長子縣界會於濁漳水。又有鷄鳴水，出府東八十里之鷄鳴山，流入於八諫水。黎水，出府城西南三十五里之黎侯嶺，流合於故城水。

西澗，在府西。劉淵遣石勒、劉聰攻壺關，聰敗劉琨將韓述於西澗，勒敗王肅於封田，遂克壺關。胡氏曰：「西澗、封田皆在壺關東南。」似悮。○龍潭，在府西三十里。亦名金龍池，淵深不可測，亦流入於漳水。

壺關，見上壺關山下。漢志上黨郡三關之一也。○桃花寨，在府西南。近時官軍嘗擊賊於此。

黎亭，在府西南三十五里黎侯嶺上。相傳黎侯所築。應劭曰：「黎亭，黎侯國也。」晉永興二年劉淵以離石大饑，徙屯黎亭就邸閣穀，即此。○裴村，在府西北五里。唐會昌五年昭義帥盧鈞發兵戍振武，餞之于裴村，潞卒作亂，鈞奔潞城是也。

太平驛，府西北八十里。唐置。五代周顯德二年北漢入犯，昭義節度李筠拒之，壁於太平驛，遣將穆令均逆戰於梁侯驛是也。又府西有龍泉驛，以龍潭水而名，亦唐置。會昌三年劉稹以澤潞畔，朝廷敕使至，鎮將郭誼盛兵陳龍泉驛爲迎候，即此。又城南有龍泉橋，或謂之金橋。唐志：「金橋在州南二里。」

梁侯驛。府西北百十里。五代周顯德初，北漢合契丹兵入犯，遣其將李存瓌自團柏進攻晉州，又自團柏南趣潞州，進屯梁侯驛。昭義帥李筠拒之，遣其將穆令均逆戰於梁侯驛，而自帥大軍屯太平驛。既而令均前進遇伏，敗死，筠遁歸上黨。宋白曰：「梁侯驛在團柏南，太平驛西北。」團柏，見太原府祁縣。

長子縣，府西南五十里。東南至澤州高平縣八十里。周初史辛甲所封地也，晉爲長子邑。漢置縣，爲上黨郡治。晉屬上黨郡，後爲慕容永所都。後魏仍屬上黨郡，北齊縣廢。隋開皇九年置寄氏縣，十八年改爲長子縣，屬潞州。唐以後因之。今編户九十三里。

長子城，在縣治西南。晉邑也。左傳襄十八年：「晉人執衛行人石買於長子。」後爲趙地。智伯攻趙，襄子將出，從者曰：「長子近，且城厚完。」後又屬韓。趙世家：「成侯五年韓與吾長子。」是也。漢置縣治此。後魏永安二年元顥自梁入洛，魏主北走，爾朱榮馳見魏主於長子，即日南還是也。唐十道圖：「長子城，丹朱所築。」丹朱，堯之長子，因名。亦曰丹朱城。

樂陽城，縣西南三十里。後魏末析長子縣置樂陽縣，屬上黨郡。北齊廢。今名樂陽村。又神農城，後魏風土記云：「在縣東南五十六里羊頭山下。」有神農泉。又有穀關，即神農得佳穀處。○應城，在縣東南四十里。魏收志長子縣有應城，又有傾城及幸城。傾城，今見沁州斷梁城注。

羊頭山，縣東南五十六里，以形似名。後漢安帝永初五年，羌寇河東，任尚擊羌於上黨羊頭山，破之是也。又紫雲山，在縣東南四十里，與壺關山相接。又東南十里爲慶雲山，相傳堯時五色慶雲見此，因名。○梁山，在縣東二十里，梁水出焉。又傘蓋山，在縣西南五十里。遠望峰巒如蓋，傘蓋水出焉。

發鳩山，縣西五十里。山海經：「發鳩之山，漳水出焉。」水經注：「濁漳水出鹿谷，〔七〕與發鳩連麓而在南，淮南子謂之發苞山。」志云：鹿谷在縣城西，有大道入壺口關，東出達襄國，西登奚斯巨嶺以達河東，徑阻千里。亦謂之長子西谷。唐大順初朝廷討李克用，以孫揆鎮昭義，河東將李存孝伏兵於長子西谷中，揆至，突出擒之，即此。○刁黄山，亦在縣西五十里。亦曰刁黄嶺。刁一作「彫」。唐會昌三年劉稹以澤潞叛，使其將李佐堯守刁黄嶺以拒官軍。大順初河東將李存孝擒孫揆於長子西，追擊餘衆於刁黄嶺，盡殺之，即此。志云：山多雜木，與發鳩山相接。

江豬嶺，縣西南四十里，與長平關相近。由嶺路達雕窠嶺，皆險隘處也。五代梁開平初圍晉潞州，别將尹皓攻晉江豬嶺寨，拔之。周顯德初與北漢主相距於高平，命李彦崇將兵守江豬嶺，遏北漢主歸路。彦崇擅引還，北漢主果自其路遁去。又雕窠嶺，亦在縣西南。五代周顯德初北漢主敗於高平，引百餘騎由雕窠嶺遁歸，宵迷誤之晉州，復蒼皇北走，僅得入晉陽是也。胡氏曰「江豬嶺在澤州高平縣西北」，蓋自嶺而南即高平界也。

濁漳水，在縣南五里。源出發鳩山，流經此，又東北入長治縣界。志云：發鳩山下有靈湫泉，蓋即濁漳水之源也。○藍水，在縣東北十九里。出屯留縣盤秀山，東南流經此，又東北經長治縣西南二十里而入於漳水。志云：藍水下流入於沁源縣。悮也。

梁水，縣東三十里。源出梁山，東北流入於長治縣界合於漳水。又傘蓋水，出傘蓋山下，亦東北流入於漳水。又堯水，在縣西南十三里。出西山下，東北流合梁水入於漳水。○秦水，源出縣西方山，流入澤州沁水縣界，即秦川水之上源也。

長平關。縣南四十里，又南去高平縣四十五里，即秦白起坑趙卒四十萬處。隋置關，唐因之。志云：長平關即江豬嶺，上有石如豬也。圖經云：「關蓋置於武紇嶺，秦、趙戰於長平，趙兵敗，秦白起逐之至此嶺，北去縣四十五里。」又縣西北二十里有漳澤驛，長平北出道也。

屯留縣，府西北五十五里。又西北至沁州百六十里。春秋時晉余吾邑，亦曰純留。漢置屯留縣，屬上黨郡，後漢、魏、晉及後魏因之，北齊省。隋開皇十六年復置，屬潞州，唐因之。今編户二十五里。

純留城，在縣東南十里。春秋時潞子國，亦赤狄種也。宣十六年晉人滅留吁，遂爲晉邑，謂之純留。襄十八年晉人執衛行人孫蒯於純留。又三家分晉，徙靖公於純留。戰國策：張儀勸秦伐韓曰「斷屯留之道」，即純留也。竹書：「梁惠成王十二年，鄭取屯留、尚子。」尚子即長子。秦紀：「始皇八年，王弟長安君成蟜將軍擊趙，反，死屯留。」漢置縣於此。晉亦曰屯留縣。永興初劉淵遣將劉曜取屯留、長子。唐武德五年自霍壁移今治，或以爲故城亦兼霍壁之名。又蒲鶯城，一作「蒲鶮城」，其地在純留故城南，亦趙邑也。始皇八年，將軍壁死，卒屯留、蒲鶮反，即此。或曰古純留城在今縣西十里之平村，一名下和莊。

余吾城，縣西北十八里。春秋晉余吾邑也。漢置余吾縣，屬上黨郡。後漢建武六年封景丹子尚爲侯邑，後省。五代梁攻晉潞州，晉兵屯余吾寨以救之，蓋於故城置寨也。今爲余吾驛。○陭氏城，在縣西南七十里。漢縣，屬上黨郡。隋，一作「倚」。晉省。後魏置寄氏縣，仍屬上黨郡，北齊廢。

三峻山，縣西北三十五里。有三峰，高峻。逸書「湯伐三峻」，即其地也。俗傳爲羿射九烏之所。一名麟山，下有三峻水。○盤秀山，在縣西南八十里。巖岫盤曲，孤峰秀挺，亦名盤石山，藍、絳二水皆出於此。又西南十里有霜澤山，其山高寒霜早，故名。又疑山，志云：在縣南九里。後魏孝文帝幸潞，見此山有伏龍，疑而不進，因名。

絳水，在縣治北。通典：絳水出鹿濆山。志云：鹿濆山即盤秀山也。東北流經此，又東南流入長治縣界，至潞城縣境合於漳水。又藍水，亦出盤秀山，東南流入長子縣界。○蒲谷水，出縣西三十里蒲子谷，東南流合於絳水。志云：縣東北二十里有積石谷，積石水出焉。又有高麗水，出縣西七十里之高麗村；霜澤水，出縣西南霜澤山；俱流入絳水以達於漳河。又八孔泉，在縣西南八十里。有八泉自平地湧出，東流注於絳水。

高河壁。在縣東南。高河即絳河也。朱梁開平初圍晉潞州，晉將周德威壁於高河，梁兵擊之，大敗。又後唐末契丹及石敬瑭敗唐兵於團柏谷，進趣潞州，趙德鈞及子延壽迎謁於高河，即此。

襄垣縣，府北九十里。西北至遼州榆社縣百三十里。秦置縣，屬上黨郡。相傳邑城爲趙襄子所築也。二漢及魏、晉因之。永嘉三年上黨爲劉淵所陷，并州刺史劉琨使其將張倚領上黨太守，據襄垣。建興三年，劉聰遣劉曜攻敗之。後魏屬鄉郡，建義初置襄垣郡治焉。北齊郡廢，後周置韓州。大業初州廢，縣屬上黨。唐初亦置韓州，武德八年突厥寇潞、沁、韓三州。貞觀十七年州廢，縣仍屬潞州。今編户八十三里。

韓城，在縣治北。或曰戰國時韓所置也，後人因名曰韓城。後周置韓州治此。又縣北二十七里有甯城，或曰趙簡子所築。又縣西北九十里有石勒城，志云：勒取上黨時積草城也。

安民城，縣北十二里。晉永嘉三年劉淵寇陷上黨，并州刺史劉琨遣將張倚領上黨太守，據襄垣，因築此以安上黨之民，故名。大興中石勒略上黨，陷安民城。永和十一年上黨人馮鴦逐燕上黨守段剛，據安民城。魏收志：「燕慕容儁以上黨郡治安民城，後還壺關，魏皇始元年復移治安民，真君中還治壺關。」是也。

五巑山，縣西南六十里。山嶺巉屼，因險設關，爲戍守處。又錯上洪山，在縣北三十三里，以山谿叢雜而名。○鹿臺山，在縣南二十里。下臨濁漳水，高聳如臺，因名。

仙堂山，縣北五十里。山勢巍峨，上有龍洞及仙堂寺；山岡有琉璃巖；又有石九圈如車輞，環水其中，雖旱不涸。

○松門嶺，冀州圖云：「在縣北百三十里，通太原驛路。」

濁漳水，縣西南十里。自長治縣流入境，又東北流，至縣東北三十五里折而東南流，入潞城縣界。後魏長廣王建明初，爾朱兆追高歡至襄垣，會漳水暴漲橋壞，兆輕馬渡水與歡爲誓處也。

涅水，在縣西北六十里。源出沁州武鄉縣覆甑山，東南流入縣界會小漳水，至縣西南十里甘村合濁漳水。苻秦將王猛伐燕，與慕容評戰，陳於涅源而誓之，即此。杜佑以爲潞源也。又史水，亦在縣西北六十里。曲折東流，入於涅水。

小漳水，縣西北六十里。自沁州流入境，合於涅水。亦謂之銅鞮水。又甘羅水，在縣西北三十里，至縣東北一里合濁漳水。志云：縣西十里有雍子水，又西五里有下谷水，下流俱入濁漳水。

五巑關，在五巑山上，正統初置巡司於此。又井谷關，在縣東南四十里。寰宇記：「其地有天井谷，深邃如井，中有關，魏初遷鄴，置關於此。」亦名天井關。唐志云：「襄垣縣有百井故關。」〔八〕是也。

虒亭。縣西北五十里。虒音斯。漢志銅鞮有虒亭，蓋與沁州接界。五代周廣順元年，潞州將陳思讓敗北漢兵於虒亭。宋爲虒亭鎮，今爲虒亭驛，西北去沁州六十里。

潞城縣，府東北四十里。東至黎城縣七十里。春秋時潞子嬰兒國，晉滅之。漢置潞縣，屬上黨郡。晉爲上黨郡治。後魏太平真君十一年改縣爲刈陵縣。隋開皇初縣廢，十六年改置潞城縣，仍屬潞州。唐因之，天祐二年改曰潞子縣，五代唐復曰潞城。今編户八十里。

潞城，縣東北四十里。漢縣蓋治此。後魏改刈陵縣，移治漳水東。唐乾元二年澤潞節度王思禮敗史思明將楊旻于潞城東，即今縣也。○微子城，在縣東北十五里。紂都朝歌，潞在畿内，微子蓋食采於此也。

三垂山，縣西二十里。晉永嘉中劉聰將喬乘攻晉上黨太守寵和於壺關，平北將軍王廣、韓柔馳救，敗喬乘於三垂。五代梁開平二年晉王存勗救潞州，伏兵於三垂岡下，乘大霧直抵夾寨，出梁軍不意，大敗之，即此。

黄阜山，冀州圖云：在縣西三十里。一名黄沙嶺，山上有城，即晉將崔恕與劉聰將綦毋劇戰於黄阜敗死處也。○鳳凰山，在縣西北五里。一名天冢岡。頂有風洞，中有玉女泉。又伏牛山，在縣東南十五里。唐史：「景雲三年黄龍見於此。」

濁漳水，在縣北。自襄垣縣流入界。志云：縣西三十五里爲交漳村，有交漳水。絳水自長治縣西北流，經此而合於濁漳，交流而東，故名。自此而東凡一百八十里而入河南林縣界。亦謂之潞川。晉太和五年秦王猛克壺關，還攻晉陽。燕慕容評畏孟，不敢進，屯於潞川。猛克晉陽，還軍潞川，評敗走。太元十八年慕容垂伐西燕，慕容永遣其將刁雲等守潞川以拒之。二十一年拓跋珪取并州，遣別將長孫肥追慕容農，及於潞川，獲其妻子是也。志云：縣城東十五里有潞水，西流會濁漳，故漳水亦兼潞水之名。

臺壁，在縣北。水經注：「潞縣北對故臺壁，漳水經其南，本潞子所立。晉太元十九年慕容垂伐西燕，慕容永聚糧臺壁，遣兵戍守以拒之。既而後燕軍圍臺壁，臺壁降。垂陳於臺壁南，遣別將伏千騎於澗下，與永合戰。垂僞退，永追之，行數里，騎從澗中出斷其後，垂軍四面俱進，大破之。」即此。

黄碾村。在縣西北，距上黨四十五里。晉王存勗救潞州，軍於黄碾村是也。○武王塢，在縣西南四十里。相傳武王伐紂時經此，因名。有武王祠。

壺關縣，府東二十五里。東至平順縣三十里。漢壺關縣地，隋初析置上黨縣，大業初以壺關縣并入焉。唐武德四年復析置壺關縣，屬潞州。今編户八十七里。

壺關舊城，在縣東南五十里。括地志：「後魏移壺關縣當羊腸坂羊頭山之阸。」是也。其地名穎陽岡。唐初置縣於高望堡，在今縣西七里。貞觀中移治進流川，即今治云。

大王山，縣東南二十五里。後魏書：「太平真君九年詔於壺關東北大王山累石爲三封，又斬其北鳳凰山南足以厭之，以望氣者言山有王氣也。」一云孝文見此山有封龍，又斷此山之東麓。普泰初高歡帥六鎮降衆就食山東，屯壺闞大王山，蓋即王氣之應也。又唐玄宗以潞州别駕膺大統，亦其驗云。鳳凰山在今縣北十五里。

烏泉山，縣東南三十里。山色皆黑。山半出泉，伏地而流。又有黄山，在縣南二十八里。山色皆黄。○三壅山，在縣東南九十里。其山三面壅障，因名。山下出泉名壅水，東南入河南林縣界。

羊腸坂，在縣東南一百六里。漢志：「壺關有羊腸坂。」是也。坂長三里，盤曲如羊腸。戰國策：「周樊餘謂楚王：『韓兼兩上黨以臨趙，〔九〕即趙羊腸以上危。』」兩上黨，謂地在韓、魏間者。又王莽命王嘉曰「羊頭之阸，北當燕、趙」，蓋謂此也。○大峪嶺，在縣西南三十里。有鐵礦。又縣南六十里有趙屋嶺，亦産鐵礦及赤白石脂。

壺水，在縣西北二里。志云：水出壺關山下，流經此，又西經府北下流入於濁漳。今涸。又進流川，在縣西南三里。亦曰清流川，壺水支流也。今亦涸。

沾水，在縣東南。水經注：「沾水出羊腸坂。」漢志注：「沾水東至朝歌入於淇水。」○惠澤池，在縣治南；甘泉池，在縣治北。縣地高峻，艱於得水，明洪武、景泰中鑿此二池，甚爲民利。

十八盤隘。在縣東南八十五里，以回盤險僻而名。路通河南林縣。又檞林隘，在縣東南百二十里。羊腸坂南出之道也，亦與河南林縣接境。

黎城縣，府東北百十里。又東北至河南涉縣八十里。古黎侯國，漢潞縣地，後魏刈陵縣地，隋開皇十八年置黎城縣，屬潞州。唐因之。宋熙寧中省，元祐初復置。今編户三十七里。

黎侯城，縣東北十八里。春秋晉荀林父滅潞，立黎侯而還，志以爲即此城也。又有故黎城，在縣西北十里。舊縣治此，宋天聖三年移於今治。○石城，在縣南八十里。舊傳石勒築此以貯穀，因名。

白巖山，縣北十五里。又積布山，在縣西北六十里。形如積布。又西北二十里有桃花山。

吴兒峪，縣東二十八里。又東北接河南涉縣，亦曰吾兒峪，太行山口也。後唐清泰三年張敬達等攻河東，爲河東及契丹所敗。趙德鈞將盧龍兵出土門路赴救，進至吴兒峪，趨潞州。元至正中察罕帖木兒塞吴兒峪，以遏賊衝是也。

濁漳水，在縣西南二十三里。自潞城縣流入境，與平順縣接界，又東南流入河南林縣境。○清漳水，在縣東北三十里。自遼州流入界，東入河南涉縣境。

玉泉水，縣西北五十里。山下有石竅，三泉噴湧而出，合爲一川，入河南涉縣界注清漳。

吾峪關。在吴兒峪口。馬氏曰「吾兒峪即故壺口關」，蓋音訛也。今其地至爲要隘，有巡司戍守。

平順縣，府東北七十里。東南至河南林縣百十里。本壺關、潞城二縣地，名青羊。山險僻多盜，嘉靖七年益肆剽劫，事平，明年析二縣地又益以黎城縣地置平順縣，屬潞安府。編户三十二里。

照城，縣東三十里，西燕慕容永所築以拒慕容垂者。又有益陽城，在縣東南四十里，今爲城頭村；又陽護城，在縣北五里：皆慕容永所築。

紫團山，縣東南九十里。其山高聳，昔嘗有紫氣見山頂，團圓如蓋，因名。産人參名紫團參。○麥積山，在縣東南百四十里。磊石巑岏，形如麥積。

濁漳水，在縣東北。自潞城縣流入境，與黎城縣接界。○赤崖泉，在縣東八十里。源出石洞中，洞深里許，洞内産盧甘石，洞口土色赤，泉出其中，因名。

正梯隘。在縣東九十里。一名梯頭隘，以形險若梯而名。路通河南林縣。

附見

潞陽中護衛。在府城内。永樂七年爲潞府置。又潞州衛，在府治南。洪武元年建。

校勘記

〔一〕自府治至布政司見上　職本與此同，敷本、鄒本「見上」作「五百九十里」。

〔二〕原公水一名馬跑泉　「一名」，底本原作「在府」，今據職本改。職本「一名」二字下行有「向陽水在府西三十里」句，而「在府」二字與「一名」並排，抄書者至此誤抄下行，故使敷本以下均誤作「原公水在府馬跑泉」。

〔三〕又東注於勝水　「東」，水經文水注作「東南」。

〔四〕尅胡寨　「胡」，底本原作「湖」，今據職本、鄒本改。

〔五〕西和國　此當依晉志卷一四作「西河國」。

〔六〕自府治至布政司見上　職本與此同，敷本「見上」作「衙門五百九十里」，鄒本作「五百九十里」。

〔七〕濁漳水出麓谷　「麓谷」，水經濁漳水注作「鹿谷山」。

〔八〕襄垣縣有百井故關　新唐志卷三九襄垣縣下作「東有井谷故關」。

〔九〕韓兼兩上黨以臨趙　「韓」，底本原作「趙」，今據鄒本及戰國策卷二西周策改。

讀史方輿紀要卷四十三

山西五

澤州，東至河南衛輝府四百十里，南至河南懷慶府一百二十里，西南至河南府二百八十里，西至平陽府絳州二百五十里，西北至平陽府四百十里，北至潞安府一百九十里，東北至河南彰德府三百二十里，自州治至布政司六百二十里，至京師亦一千八百里。

禹貢冀州地，春秋屬晉，戰國屬韓，後屬趙。秦屬上黨郡，漢爲上黨、河東二郡地，後漢及魏、晉因之。後魏置建州，魏收志：「慕容永分上黨置建興郡，真君九年省，和平三年復置。永安中罷郡，置建州，治高都城。」領高都、長平、安平三郡。北齊亦爲建州及長平、高都二郡，後周併二郡爲高平郡。隋廢郡，改建州爲澤州，因濩澤水爲名。煬帝又改州爲長平郡。唐初復置建州，又爲蓋州，貞觀初改置澤州，舊唐書：「武德初置蓋州，領高平等縣；又置澤州，領濩澤等縣。三年置建州，領晉城等縣。六年廢建州，以蓋州治晉城縣。貞觀初又廢蓋州，以澤州治晉城是也。」天寶初曰高平郡，乾元初復爲澤州。宋仍爲澤州。亦曰高平郡。金曰南澤州，以别於北京之澤州也。尋復故。元光二年又升爲忠昌軍節度。元屬平陽路。明初以州治晉城縣省入，洪武九年改隸山西布政司。編户一百六十七里。領縣西。

州山谷高深，道路險窄，戰國時秦争韓、魏，往往角逐於此。自兩漢之季以迄晉室之衰，自晉陽而争懷、孟，由河東而趣汴、洛，未有不以州爲孔道者。後魏都洛，迨其末也，河北多事，高都、長平恒爲戰場。隋末竇建德與唐相持於虎牢，其臣凌敬謂宜取懷州、河陽，鳴鼓建旗，踰太行入上黨是也。唐之中葉，澤潞一鎮藉以禁制山東。説者謂州據太行之雄固，實東洛之籓垣。五代時晉王存勗敗梁人於潞州，進攻澤州，梁將牛存節自天井關馳救，曰：「澤州要害，不可失也。」既而梁争上黨，往往駐軍澤州。周顯德初周主敗北漢兵於此，而河東之勢日蹙。宋初李筠起兵澤潞，閭丘仲卿説筠：「公孤軍舉事，大梁甲兵精鋭，難與争鋒，不如西下太行，直抵懷、孟，塞虎牢，據洛陽，東向而争天下，計之上也。」筠不能用而敗。蓋太行爲河北之屏障，而州又太行之首衝矣。

晉城廢縣，今州治。本漢高都縣地，隋爲丹川縣地。唐武德三年析置晉城縣，爲建州治。六年廢建州，自高平移蓋州治此。貞觀元年廢蓋州，自端氏移澤州治焉。後因之，明初省。今城明初因舊城修築，周七里有奇。

高都城，在州東三十里。戰國時魏地。秦莊王三年，蒙驁拔魏高都。漢置高都縣，屬上黨郡，魏、晉因之。慕容永置建興郡於此，後魏真君九年省，和平五年復置郡。永安初改置建州，又置高都郡治焉。三年魏主誅爾朱榮，爾朱世隆自洛城北走，至建州，刺史陸希質拒守，世隆攻屠之。永熙中高歡以其黨韓賢爲建州刺史，魏主修罷州以去賢，因復置建興郡。既而高歡謀遷魏主於鄴，遣三千騎鎮建興。北齊仍爲高都郡治，後周爲高平郡治。隋開皇初郡廢，十八年改爲丹川縣，澤州治焉。唐武德初縣屬蓋州，三年析置晉城縣，九年省入晉城。今亦曰高都村。○蓋城廢縣，〔一〕在州東北。唐武德初置，屬蓋州，九年省入晉城。

太行山，州南三十里。自此東西一帶諸山雖各因地立名，實皆太行也。志云：州南九十里有碗子城，是爲太行絕頂。其間羣山迴環，兩崖相夾，中立小城，隱若鐵甕。亦曰碗子城關，亦曰碗子城山。明朝正統中鑿石平險，以免折軸摧車之患。今關屬河南河内縣，餘俱詳河南名山。

五門山，州西十二里。形若城墉，有門凡五。又松嶺山，在州西南三十里。○浮山，在州東南三十五里，以高近浮雲而名。其並峙者曰硤石山，以兩山拱峙壁立若門也。又天池嶺，在州東三十七里。其嶺石崖壁立如城，南北二石門，中可容千人，昔人嘗設寨避兵於此。

馬牢山，在州東南。唐大順初汴軍圍澤州，河東將李存孝擊之，汴將李讜等遁去，存孝等隨而擊之，大破之於馬牢山。山即太行之别阜也。○丹谷，在州東太行山麓。水經注：「丹水經高都縣東南流注於丹谷。」晉書地道記：「高都有太行關，丹溪爲關之東谷，塗自此去，不復由關矣。」魏主子攸誅爾朱榮，爾朱世隆引兵犯洛陽，不克，北趣并州。詔源子恭出西道討之，仍鎮太行丹谷，築壘以待之。既而爾朱兆自汾州引兵據晉陽，南破丹谷軍，遂復渡河趨洛陽。

丹水，州東北三十里。源出高平縣西北仙公山，流經州境合白水，下流入於沁河。寰宇記：「丹水一名泫水。」漢志

注：「丹水出莞谷，東南入泫水。」則非一水也。水經注：「丹水經石人北，其石人各在一山，角倚相望，南爲河内，北爲上黨，二郡以之分界。」志云：州東南八十里有石人山。

白水，州南三里。源出城西南胡泓水，東南流歷天井關合於丹水。晉太元十五年慕容永引兵向洛陽，朱序自河套北濟河，破永於太行，進軍至白水，去長子百六十里，即此也。

天井水，出天井關南，三泉並導，淵深不測，北流注於白水。亦謂之北流泉。又有源漳泉，在州東北三十三里，東流入於丹水。

天井關，州南四十五里，當太行絶頂。俗傳孔子將入晉，迴車於此。宋靖康初賜名雄定關，元末謂之平陽關。其南即羊腸坂道，至爲險要。今詳見重險。

巴公鎮，州北三十五里。五代周顯德元年北漢主南侵，引兵至高平南，陳於高原，與周軍遇；又以中軍陳於巴公原，周主自將禦之，大敗漢兵。今爲巴公鎮。○韓店，在州北。明初元將擴廓遣兵攻澤州，我師禦之於此，不利。

科斗店。在天井關南。唐會昌三年河陽帥王義元討劉稹，遣兵軍於天井關南科斗店，爲稹將薛茂卿所敗，即此。○横望隘，在州西南八十里，即狄梁公望雲思親處。今爲横望鎮，有巡司。又南有柳樹隘，亦曰柳村店，有巡司戍守，與碗子城相接。

高平縣，州北八十三里。西北至潞安府長子縣八十里。戰國趙長平地，漢置泫氏縣，屬上黨郡，魏、晉因之。後魏曰玄氏縣，屬建興郡。永安中析置平高縣，屬長平郡。北齊屬高都郡，改縣曰高平。後周屬高平郡。隋郡廢，縣屬澤州。

唐初置蓋州於此，武德六年蓋州移治晉城，縣屬焉。貞觀初蓋州廢，縣屬澤州。宋因之。今編户百五十三里。

泫氏城，在縣東十里。竹書：「梁惠成王九年，晉取泫氏。」是也。漢縣治此。晉永興初，劉淵遣劉曜取泫氏。後魏改爲泫氏縣，長平郡治焉。高齊移郡治端氏，省縣入高平。五代梁開平二年晉將周德威攻梁澤州，不克，退保高平。周顯德初北漢主南侵，過潞州不攻，引兵而南，軍於高平之南，既而敗於巴公原，周軍追至高平，漢兵失亡無算，即今縣也。

長平城，縣西北二十一里，即秦白起破趙處。漢武帝元朔二年封衛青爲侯邑。劉昭曰：「泫氏有長平亭」也。晉永嘉三年劉淵遣其子聰及石勒等攻壺關，東海王越遣王曠等濟河拒之，至太行與聰遇，戰於長平之間，敗没。水經注：「長平城西有秦壘，秦坑趙卒，收頭顱築臺於壘中，因山爲臺，崔巍傑起，今仍號白起臺。城之左右，沿山亘隰，南北五十里，東西二十里，秦、趙壘壁存焉。」志云：頭顱山在縣西五里，白起臺在其上。

陽阿城，縣南六十里。漢縣，屬上黨郡，高帝封萬訢爲侯邑。後漢因之，晉廢。地記：「慕容永分上黨郡置建興郡，蓋治陽阿縣。」後魏亦治陽阿縣，初屬上黨郡，永安中屬高都郡。北齊廢入高都。○光狼城，在縣西南二十五里。秦紀：「昭襄王二十一年，白起攻趙，拔光狼城。」今其地名秦趙邨。志云：縣南三十五里有故關城，秦置。

米山，縣北十里。相傳趙將廉頗積米於此，俗呼爲大糧山。又韓王山，亦在縣北。志云：縣之主山也。其山獨高，上有平地數畝，登眺之，四面諸山皆如培塿。相傳秦圍韓王於此，因名。又金門山，在縣北五里，當趙壘之門。其土赤色，日照如金。

羊頭山，在縣東北三十里，相傳神農嘗五穀於此。山畔生黍，和律者採之，以定黃鍾。又翠屏山，在縣東三十六里。山峰秀麗，若翠屏然。又仙公山，在縣西北四十五里，丹水出焉。○走馬嶺，在縣西北十里，出鐵鑛。志云：縣西十里王降村有護國鐵冶，元大德間置，至正間廢，明朝洪武間徙置縣北二十里，永樂中廢。今舊治猶存。又縣西二十里爲省冤谷，即趙括敗死，餘衆被坑處也。舊呼殺谷，唐玄宗幸潞州，過此致祭，改名省冤。

丹水，縣西北五里。自仙公山南流，經縣南入州境。一名長平水。志云：丹水上源合上黨諸山之水建瓴而下，每暴雨漲，高二三丈，浮沙赤赭，水流如丹，因名。唐貞元初縣令明濟引水入城，號曰甘水。又泫水，在縣西北。通典謂泫谷水流合丹水，泫氏縣以此名。今湮。

絶水，在縣城西。志云：頭顱山下有陽谷，絶水出焉。秦軍築絶此水不令趙飲，故名。今湮。○許河，在縣南二十五里。志云：源潔泉出縣西南三十里之原邨。其泉周四丈，深丈五尺，東西分引溉田，西南流十餘里合山水，經許莊名許河，東南流數里入丹河。

長平關，縣西北四十五里。隋置，有關官，唐因之。通釋：「澤州有長平關，即此。」今亦爲長平驛，與潞安府長子縣接界。○磨盤砦，在縣西北。明初馮宗異取澤州，破磨盤砦進克潞州是也。又桑子鎮，在縣西南，近時官軍嘗破賊於此。

趙障。在縣西。戰國趙孝成王四年取上黨，廉頗軍長平，秦陷趙軍，取二障、四尉。括地志：「趙障故城，一名都尉城，今名趙東城，在高平縣西；又有故穀城，此二城即二障也。」○西壘壁，在縣北。趙孝成王七年趙括爲將，秦攻趙，奪西壘壁。又有趙東壘，一名趙東長壘，即趙括戰不勝，築壁堅守處也。正義曰：「俱在高平縣北。」

陽城縣，州西百里。東南至河南濟源縣百十里。漢河東郡濩澤縣也，晉屬陽平郡，後魏屬安平郡，隋屬澤州。唐武德初置澤州於此，八年移澤州治端氏。貞觀初又移州治晉城，縣屬焉。天寶初改爲陽城縣。今編户百里。

濩澤城，縣西三十里。戰國時魏邑也。竹書：「梁惠成王十九年晉取泫氏、濩澤。」漢置濩澤，治於此。後漢封鄧鯉爲侯邑。建安十年高幹舉兵并州，入濩澤，即此。後魏移今治，今爲澤城村。

析城山，縣西南七十里，即禹貢所云「底柱、析城」者，蓋太行之支山也。山下有神池，淵深莫測，相傳與濟瀆相通。水經注：「山甚高峻，上平坦，有二水，東濁西清，左右不生草木。亦曰析津山。東麓地名桑林，相傳神禹禱雨處。」〇王屋山，在縣南八十里，即禹貢所云「析城至於王屋」也。山連絳州垣曲縣及懷慶府濟源縣界。古今地名云：「王屋山方七百里，高萬仞，本冀州之河陽山。」

白澗山，縣西北十六里。水經注：「濩澤水出濩澤城西白澗嶺。」是也。晉義熙十二年丁零翟猛雀驅掠吏民入白澗山爲亂，後魏主嗣遣將張蒲等擊平之。〇史山，在縣東北三十里，產鐵。其西五里有金裹谷堆，堆下亦有鐵礦。

嶕嶢山，縣東三十里。有百脈泉，百流騰沸。亦名百聚泉，東流入沁河。又崦山，在縣北三十里。東有白龍潭。又羊腸坂，在縣東六十里。下有棲龍潭，亦東流入沁。

沁河，在縣東二十里。自沁水縣流入境，又南入河南濟源縣界。今詳見大川。

濩澤，縣西北十里。墨子云：「舜漁於濩澤。」漢以此名縣。水經注「澤水出白澗嶺，經濩澤城南，又東注於沁水」，即濩澤也。隋置澤州，亦因以名。

荆子隘。在縣南八十里，路出河南濟源縣。今有懷慶衛官軍戍守。又有三纏凹，在縣北。其地險僻，近時官軍嘗敗賊於此。

陵川縣，州東北百四十三里。北至潞安府壺關縣五十里。漢泫氏縣地，隋初爲高平縣地，開皇十六年析置陵川縣，屬澤州，以縣多陵阜而名。唐屬蓋州，貞觀初屬澤州。會昌三年忠武帥王宰討澤潞叛帥劉稹，敗稹兵於天井關，進拔陵川，即此。宋仍曰陵川縣。今編户九十二里。

馬武山，在縣東五十里。後漢初馬武嘗屯兵於此。又孤峰山，在縣東七十里，以孤峰特起而名。寰宇記：「縣西南六十里有九僊臺，一峰孤峙，三面泉流。」

淅水，出縣東北四十里佛子山，下流經潞安府平順縣界，又流入河南林縣注於洹水。又平田水，在縣東南九十里。源出孤峰山，下流亦入河南林縣界注於濁漳水。○蒲水，在縣西北二十里，西流入於丹水。

永和隘。縣南六十里。路出河南修武縣，明初設巡司戍守，嘉靖中革。尋以寧山衛官兵戍此，復罷。今仍設官兵戍守。又五度關隘，在縣東南八十里。路通河南輝縣，明初調寧山衛官兵戍守，後亦罷。

沁水縣，州西二百里。西北至平陽府浮山縣七十里。漢置縣，屬河内郡，後漢及魏、晉因之。後魏改爲東永安縣，孝昌中置泰寧郡治焉，後又爲廣寧郡。〔三〕北齊廢郡，改縣曰永寧。隋開皇十八年復曰沁水縣，屬澤州。王世充嘗置原州於此，唐復故。今編户五十四里。

沁水故城，縣西三十里。漢縣治此，隋移今治。今名故城村。又安平城，志云：在縣東六十里。後魏安平郡治此，東南去端氏縣三十里。

端氏城，縣東九十里。本晉邑。史記趙世家：「成侯十六年與韓、魏分晉，封晉君以端氏。肅侯元年奪晉君端氏，徙之屯留。」漢置端氏縣，屬河東郡。晉屬平陽郡。後魏置安平郡於此，隋初郡廢，縣屬澤州。唐武德八年徙澤州治此。後周移晉城，縣屬焉。宋因之，元至元三年省入沁水。

馬邑城，在縣東二十里山上。秦、趙拒戰，築此城以養馬。其地峻險，南臨小澗，北距大川，或云即白起與趙括戰時所築。○王離城，在縣東北五十六里。志云：秦將王離所築，阻險臨崖，四面懸絕。

三尖山，縣東北三十里。三峰並峙。又縣東三十里有偃月山，俗呼車輞山，有車輞水。○石樓山，在縣城南。山下有濯纓泉，流入杏谷水。又鹿臺山，在縣南三十里。水經注云：「山上有水，淵而不流。」

嵬山，縣東九十里。一名隗山，其形峻岌，與羣山連綿不絕。志云：山在故端氏城東，城西南又有磕山。○東輔山，在縣西南九十里。其西爲西輔山，〔三〕與析城山相連，有輔車之勢。水經注：「輔山高十餘里，與垣縣北教山相接云。」

烏嶺，縣西北四十里。春秋：「晉侯蒐於黃父。」杜預曰：「黑壤也，晉地，在絳之東。」宇文周諱黑，改爲烏嶺。唐會昌三年晉絳行營節度使石雄討劉稹，敗之於烏嶺，即此。嶺與平陽府翼城縣接界。○空倉嶺，在縣東百四十里，相傳秦白起詭運置倉以給趙括處。

沁河，縣東五十里。源出沁州沁源縣，經平陽府岳陽縣界，東流入縣境，又東南流入陽城縣界。

蘆河，在縣南。源出鹿臺山，流經陽城縣東十八里合於沁水。○杏谷水，在縣城東。源出縣西三十五里陜溝村，流至此合於梅谷水。梅谷水，源出縣西北三十五里梅谷邨，流至城東與杏谷水合，流經縣東鄭莊邨入於沁河。又秦川水，在縣東，水經注：「秦川水出巨峻山，帶引衆流，積以成川，西南徑端氏故城東，又南入於沁水。」隋志端氏縣有巨峻山。秦川水，今堙。

東烏嶺關。縣西北五十里。宣德四年置巡司於此。○竇莊堡，在縣東北。近時土人嘗敗賊於此。

附見

寧山衛。在州治東北。洪武四年置所，十一年改衛，隸河南都司，尋改隸後軍都督府。

沁州，東南至潞安府二百二十里，西南至平陽府三百五十里，西北至汾州府四百八十里，北至太原府三百十里，東北至遼州一百七十里，自州治至布政司見上，至京師一千七百里。

禹貢冀州地，春秋屬晉，戰國屬韓，後屬趙。秦屬上黨郡，兩漢及魏、晉因之。後魏置鄉郡，魏收志：「石勒分上黨置武鄉郡，後罷。延和二年改置鄉郡。」隋初郡廢，開皇十六年置沁州，治今沁源縣。大業初復廢，屬上黨郡。義寧元年置義寧郡。唐初復改爲沁州，天寶初曰陽城郡，乾元初復曰沁州。宋太平興國四年改置威勝軍，以沁州省入。金復曰沁州，元光二年升爲義勝軍節度。元隸平陽路。明初以州治銅鞮縣省入，編户六十六里。洪武九年直隸山西布政司。領縣二。

州北接太原，南走澤、潞，居心膂之地，當四達之衝，山川環抱，形要之地也。

銅鞮廢縣，今州治。其舊城在今州南十里，中有宮闕臺基，即春秋時晉之别宮也。左傳成九年：「鄭伯如晉，晉人執之銅鞮。」襄三十一年「鄭子産謂銅鞮之宮數里」，即此。又晉大夫羊舌赤所邑也。昭二十八年滅羊舌氏，魏獻子使樂霄爲銅鞮大夫。劉昭曰：〔四〕「羊舌所邑，在晉宮北二十里。」漢置銅鞮縣，屬上黨郡。高帝八年周勃轉攻韓信軍銅鞮，破之。後漢亦爲銅鞮縣，後魏時縣屬鄉郡，隋屬潞州，唐武德初改屬沁州，尋屬韓州，貞觀中韓州廢，仍屬潞州。劉昫曰：「武德三年銅鞮縣移治泫水堡，六年移於今所。」今縣南四十里又有銅鞮故城，或以爲隋、唐時縣治此。宋太平興國三年於縣之亂柳石圍中置威勝軍，〔五〕尋移銅鞮縣爲軍治。金仍爲沁州治，元因之，明初省。今州城元末築，明朝因舊城增修，周六里有奇。

閼與城，州西北二十里。孟康曰：「閼與讀曰焉與。」戰國時趙將趙奢大破秦軍，解閼與之圍，其地在河南武安縣；秦始皇十一年王翦攻閼與及轑陽，又漢二年韓信破代擒代相夏説於閼與，即此處也。後漢志鄴縣有閼與聚。冀州圖謂之鳴蘇城，俗曰烏蘇邨。轑陽，見遼州。○甲水城，在州北七十里，爲漢之上黨郡涅縣地。後魏改置陽城縣，屬鄉郡。隋開皇十八年改置甲水縣，大業初廢入銅鞮縣。唐武德三年復置甲水縣，六年省。

斷梁城，在州東北。下臨深壑，三面絶澗，廣袤二里。水經注：「斷梁城即銅鞮縣之上虒亭。」又東南有傾城，即縣之下虒聚云。志云：傾城在襄垣縣西北九十里，蓋接境處也。

銅鞮山，州南四十里。一名紫金山。又州西北五里有𪚥山。圖經：「銅鞮峙前，𪚥山峙後，爲州之形勝。」○聖鼓山，在州東北五里。上有大石，擊之聲如鼓，一名聖鼓嶺。下有水流入漳河，俗呼爲小河。又伏牛山，在州西北三十里。山有龍泉，漳河源出焉。又有石梯山，在州南七十里。山勢峻險，因名。

漳水，在州西二里。有二源，一出伏牛山西谷，一出州西北三十里滑山，流至交口合爲一川，名西漳河，又名小漳水，亦謂之銅鞮水，流經此又東南入潞安府襄垣縣界，經虒亭鎮至甘邨合於濁漳。○鼉池，在州西二十里鼉山下；又后泉，在州西南四十里后泉山下；俱流入漳河。

亂柳寨，在州城東北。五代梁開平二年晉將周德威解潞州之圍，聞晉王李克用病篤，退屯亂柳。又後唐清泰末趙德鈞奉命攻河東，將幽州兵趣潞州，合澤潞兵至亂柳，盤桓不進。宋太平興國四年親征北漢，駐蹕於此。今有駐蹕臺。○良馬寨，在州東八十里。志云：潞州津梁寺地美水草，良馬砦置於此。唐會昌四年河中帥石雄討劉稹，拔其良馬等三砦一堡是也。

西唐店。在州北。唐一作「湯」。胡氏曰：「店在亂柳西。」後唐清泰末趙延壽自河陽引兵如潞州，遇其父德鈞於西唐店，以兵屬之，既而趣團柏谷與諸軍合。團柏谷，見太原府祁縣。

沁源縣，州西二百里。西南至平陽府岳陽縣百十里。漢置穀遠縣，屬上黨郡，晉省。後魏建義初置沁源縣，兼置義寧郡治焉。隋初郡廢，開皇十六年置沁州治此。大業初州廢，縣仍屬上黨郡，義寧初復爲義寧郡治。唐初復置沁州治此。〔六〕宋改置威勝軍，縣屬焉。金因之，元光二年升爲穀州。元復故。今編户十五里。

穀遠城，在縣城南。漢縣治此，晉廢。志云：上黨入河東，穀遠其通途也。後訛爲孤遠城。魏收志「義寧郡治孤遠城」，即此。○綿上山，〔七〕在縣北八十里。隋末分介休縣之南界置，唐屬沁州，宋屬威勝軍，金屬沁州，元省入沁源縣。又廢昭遠縣，亦在縣北。唐武德二年置，三年廢。

綿山，縣北百里。與汾州府介休縣接界，即介山也，沁水出焉。又静草嵬山，在縣西北七十里，與靈空山相接。勢高風寒，不生草木。志云：靈空山在縣東北六十里。○琴泉山，在縣東六十里。下有靈泉，西流入沁河。又雕巢嶺，在縣東南四十里。

沁河，縣東一里。源出綿山東谷，流入平陽府岳陽縣界。漢志注：「沁水出穀遠縣羊頭山世靡谷，東南至滎陽入大河。」或以爲即綿山也。水經注：「沁水一名泊水，出山谷中，三源奇注，徑瀉一隍，左右近谿，參差翼注。」寰宇記：「沁有二源，一出綿山東谷，一出縣東北馬圈溝，俱南流至交口邨而合，經縣城東而南注云。」又青龍河，在縣東二十五里。亦曰青龍溝，西南流入沁河。○寒泉，在縣東北五十里青裹山上；又有馬跑泉，出靈空山；俱西南流入沁河。

綿上關，縣西八十里。洪武四年置巡司於此。又柴店關，在縣北。唐置，舊爲戍守處。

固鎮砦。縣西南三十里。唐會昌四年官軍討澤潞叛帥劉稹，降將高文端言：「固鎮砦四崖懸絶，勢不可攻。然砦中無水，皆飲澗水，在寨東約二里許。官軍宜進兵逼之，絶其水道，不過三日，賊必棄寨遁去，官軍即可追躡。前十五里至青龍寨，亦四崖懸絶，水在砦外，可以前法取也。其東十五里即沁州城矣。」胡氏曰：「時州治沁源。」唐史：

「時河中帥王逢破石會關，詔以文端所言示逢，仍令屯翼城。」據此則寨在沁源之西南。

武鄉縣，州北六十里。東至遼州榆社縣五十里，北至太原府太谷縣八十里。漢涅縣地，屬上黨郡。晉析置武鄉縣，仍屬上黨郡。石勒置武鄉郡於此，後魏改爲鄉郡，縣亦爲鄉縣。隋初郡廢，縣屬潞州。唐初屬韓州，州廢仍屬潞州。武后時復曰武鄉縣，神龍初仍曰鄉縣，天寶初復曰武鄉。宋改屬威勝軍。今編户三十六里。

武鄉城，在縣東北。晉初置縣於此。石勒生長武鄉，曰「武鄉吾之豐、沛」，因置武鄉郡。五代志：「上黨郡鄉縣，後魏置南垣州，尋改曰豐州。」孝武帝修大昌初，高歡自鄴討爾朱兆於晉陽，入滏口，軍於武鄉，兆遂北走。後周州廢。唐亦曰武鄉縣。會昌中劉稹以澤潞畔，遣其黨康良佺守武鄉以拒官軍，即此。寰宇記：「武鄉舊城在今遼州榆社縣西北二十里，唐武德三年移於今治。」

涅縣城，縣西七十里。漢涅氏縣治此，後漢曰涅縣，晉因之。後魏移武鄉治涅縣，既又徙武鄉治南亭川，涅縣并入焉。○石勒城，志云：在縣城北半里許。石勒嘗屯兵於此，因名。魏收志：「鄉縣三臺嶺上有李陽村，又有麻池，即石勒與李陽爭漚麻處。」

八角山，縣西三里。以山形八角而名。又鞞山，在縣東北一里。相傳石勒微時耕牧於此，嘗聞鞞鐸之音而名。○羊徑山，在縣東百里。路若羊腸，爲入太行之徑。其相接有龍巖洞，洞深廣，即太行山麓也。

護甲山，縣西北九十里。亦曰胡甲嶺，一名侯甲山，涅水出焉。又有隆舟水，流入太原府祁縣界，其下流亦名侯甲水。水經注：「侯甲水發源胡甲山，山有長坂，謂之胡甲嶺，劉歆遂初賦所謂『越侯甲而長驅』者也。」今爲北出太原之徑道，明初設巡司戍守。又西交山，在縣西百二十里，以山勢相交而名。

涅水，縣西五里。源出護甲山，東南流經此注於漳河。又漳水，源出遼州八賦嶺，流經榆社縣，至縣西五里合涅水，又東南流至潞安府襄垣縣東北三十五里入於濁漳，所謂武鄉之漳河也。

昂車關，在縣東北七十里。唐置。一作「卬車關」，亦曰芒車關，聲相近也。魏收志上黨郡沾縣有昂車嶺。新唐書武鄉縣有昂車關。會昌三年劉稹以招義畔，詔討之，河東節度使劉沔以兵守昂車關，既而詔沔自昂車關路臨賊境。又光化五年朱全忠將氏叔琮入太行，由天井關進軍昂車關是也。

土河寨。縣東七十里。西南北三面阻絶深澗，東面有墻，舊爲戍守處。今名土河邨。

遼州，東至北直廣平府三百六十里，東南至河南磁州三百里，南至潞安府二百四十三里，西北至太原府三百四十里，北至太原府平定州二百二十里，東北至北直順德府二百四十里，自州治至布政司見上，至京師一千二百里。

禹貢冀州地，春秋屬晉，戰國屬韓，後屬趙。秦屬上黨郡，兩漢因之。晉屬樂平郡，郡治沾縣，見前樂平縣。後魏因之。隋屬遼州，州治樂平縣。大業初州廢，屬太原郡。唐初仍屬遼州，武德六年改置遼州於此，八年改爲箕州，先天元年改儀州，天寶初曰樂平郡，乾元初復曰儀州，中和三年復爲遼州。五代因之。石晉天福二年嘗改置昭義軍於此，兼領沁州，四年廢。宋仍曰遼州，亦曰樂平郡。熙寧七年州廢，屬平定軍，元豐八年復置遼州。金曰南遼州，別於東京之遼州也。尋復故。元屬平陽路。明初以州治遼山縣省入，今編户三十里。洪武九年直隸山西布政司。領縣二。

州居太行絶頂，地少平夷，僻而實險。唐會昌中澤潞兵亂，李德裕遣兵自儀州東據武安，河南屬縣。以斷洺、邢之路。光化以後河東與汴人争邢、洺，州境常爲孔道。五代之際，邢、洺有事，自晉陽而踰太行，州實爲之腰膂。形勢詎不足恃哉？

遼山廢縣，今州治。戰國時趙地，亦曰轑陽。秦始皇十一年王翦攻趙轑陽，即此。漢爲涅氏縣地，屬上黨郡。武帝封江喜爲轑陽侯，邑於此。晉置轑陽縣，屬樂平郡。後魏曰遼陽縣，北齊廢。隋開皇十年置遼山縣，十六年以縣屬遼州。大業初州廢，縣屬太原郡。唐武德三年置遼州，縣屬焉，六年自樂平移州治此。後因之，明初廢。城邑考：「州北三里有故遼陽城，城周五里。相傳縣舊治此，唐武德三年圮於水，徙今治。今城明朝因舊城修築，周四里有奇。」

平城廢縣，州西北七十里。志云：即趙平都城也，趙簡子所立。東魏武定末高洋謀受魏禪，自晉陽擁兵而東，至平都城，即此。隋開皇十六年置平城縣，屬并州。唐初因之，武德三年改屬榆州，六年又改屬遼州。宋熙寧七年廢爲鎮，元祐初復爲縣。金貞元二年又廢爲鎮，貞祐四年復爲縣，改曰儀城。元至元三年省入遼山縣。○交漳城，在州東南七十里。隋開皇十六年置交漳縣，屬遼州，大業初廢。今曰交漳邨。

遼陽山，州東三里。後魏以此名縣。又箕山，在州東南七十里。山有石室，唐箕州以此名。○五指山，在州東五十里。山巖高聳，有五指迹。十六國春秋：「石勒當生時，此山草木皆成鐵騎形。」

黃澤嶺，州東南百二十里太行山上。唐光化三年朱全忠遣兵攻劉仁恭於幽、滄，拔德州，圍滄州，克用遣周德威將兵出黃澤，攻邢、洺以救之。五代梁乾化五年魏博附晉，晉王存勗引兵自黃澤嶺東下，與李存審會於臨清。既而梁將劉鄩與晉兵相持於魏縣，鄩以晉兵盡在魏州，晉陽必虛，乃潛引軍自鄴而北，由黃澤嶺西出。會陰雨，黃澤道險，堇泥深尺餘，士卒援藤葛而進，皆腹疾足腫，死者什二三。晉人覺之，先爲之備，鄩不能進，至樂平而還。周廣順元年，北漢主劉崇發兵屯黃澤嶺，謀窺邢、趙，周亦遣將陳思讓戍磁州，扼黃澤路是也。

千畝原，州東南三十里。州境多山，惟此地高平，廣可千畝。上有泉自石穴湧出，分流灌溉，衆沾其利，亦名千畝泉。

清漳水，在州東南。源出平定州樂平縣之少山，流入州境分而爲二：一自廢平城縣東南流，經州南一里而東；一自和順縣石堠嶺流經州東七十里，而南至交漳村，二水合流入潞安府黎城縣界。詳見北直大川漳水。

遼陽水，在縣西北。出和順縣境，或曰即漳水支流也，流經廢遼陽城東謂之遼陽水，東南流仍合於清漳水。

黃澤關，在黃澤嶺上。山勢險峻，路徑曲折，凡一十八盤。元置關於此，路通河南武安縣。洪武十一年置巡司戍守。

前亭。在故平城縣西。高洋謀受魏禪，自晉陽行至前亭，馬忽倒，洋意惡之，至平都城不復肯進，即此地也。又州北有甘露寺，北齊主洋天保十年嘗禪居深觀於此。

榆社縣，州西百里。西北至太谷縣百六十里。漢上黨郡涅縣地，晉武鄉縣地，隋開皇十六年置榆社縣，屬韓州。大業初縣廢，義寧初復置。唐初於縣置榆州，武德六年州廢，縣屬遼州。宋熙寧七年廢入武鄉縣，元祐初復置。元至元三年省，六年復置。今編户三十二里。

榆社故城，在縣西。魏收志：「鄉縣北有榆社城。」隋因置榆社縣。唐會昌三年河中帥劉沔討劉稹，壁於榆社，即今縣也。○偃武城，在縣東北。唐武德三年置偃武縣，屬榆州。六年州廢，縣并入榆社。郡國志：「縣東三十里有箕城。」春秋僖三十三年「晉人敗狄於箕」，即此。寰宇記云：「唐箕州所理也。」又武鄉廢縣，在今縣西北二十里，蓋與沁州武鄉縣接界。

秀容山，在州東南三里，縣之鎮山也。山勢逶迤而西，峰巒秀麗，因名。志云：以山達忻州定襄縣界而名。似誤。○頂山，在縣西北八十里。峰巒特起，冠於羣山。

鼓腰嶺，在縣西。唐會昌三年澤潞畔帥劉稹遣其黨康良佺等守石會關，良佺爲河東帥王逢所敗，棄關退屯三十里守鼓腰嶺。嶺蓋與沁州武鄉縣接界。又縣西五十里有黄花嶺，爲往來之徑道，有巡司戍守。

武鄉水，在縣西南。出沁州武鄉縣界，流入境，又流經和順縣西南而北入漳水。志云：出和順縣之孫臏坡，南入縣界。似悮。○儀川河，在縣東北。有二源，一出縣東四十里武鄉嶺，一出縣東北狼兒嶺，又東北流合爲一川，至州界合於漳水。

小漳水，有二：一自和順縣界流經縣西之黄花嶺，有黄花嶺水流合焉，又南流至武鄉縣合涅水；一出黄花嶺東麓，流經縣東合於儀川河。

石會關，在縣西北，又西即武鄉之昂車關，爲扼要之處。唐置關於此。會昌三年河東帥劉沔討澤潞軍於石會，劉稹亦遣其將郭傺守石會關，既而河東將王逢克之。四年太原軍亂，石會守將楊珍復以關降稹，尋復取之。五年潞州軍亂，李德裕請召河東帥王宰守石會關，且分兵守潞州四境，亂尋定。又光化二年汴將氏叔琮自馬嶺關西侵河東，爲河東將周德威所敗，引還，德威追之，出石會關，叔琮復敗走。五年朱全忠大舉攻河東，分遣其將氏叔琮拔澤州，降潞州，進取晉陽，出石會關，營於洞渦驛，攻晉陽不克，叔琮復自石會關引歸。天復二年叔琮自晉州敗河東兵，長驅圍晉陽，不克引還。河東將李嗣昭等追之及石會關，叔琮留數馬及旌旗於高岡之巔，嗣昭等疑有伏兵，引去。五代唐同光初，梁人謀分道攻唐，以陝虢、澤潞之兵自石會關趣太原，不果。清泰三年契丹救石敬瑭至太原，圍唐兵於晉安砦，遊騎至石會關。漢初以契丹既去汴，議進取之道，漢主欲自石會關趣上黨，不果。周顯德五年潞州帥李筠擊北漢石會關，拔其六寨。關蓋澤、潞北走晉陽之徑道也。洞渦驛，在今徐溝縣。

馬陵關。縣西北九十里，與太原府太谷縣接界。其東接和順縣之孫臏坡，俗訛爲龎涓自刎處。今有巡司戍守。詳見太谷縣。○古寨，在縣東南二里。高三丈，東、南二面俱臨溝澗。旁有幽洞，蓋昔人避兵處。

和順縣，州北九十里。北至平定州樂平縣七十里。本春秋晉大夫梁餘子食邑也，亦名榆城。漢爲沾縣地，屬上黨郡，晉屬樂平郡。北齊置梁榆縣，隋改曰和順，屬并州。唐初因之，武德三年改屬遼州。宋熙寧中省，元祐初復置。今編户二十三里。

和順故城，在縣治東北。或云石勒時所置，後魏廢，隋因以名縣。又義興廢縣，在縣西。唐武德三年置，六年廢。○梁榆城，在縣西。水經注：「榆水出梁榆城西，盧諶征艱賦『訪梁榆之虚郭，乃闕與之舊都』是也。」〔八〕北齊因置梁榆縣。

合山，縣東四十里。盤踞紆回，上多柏松。下有郎君、娘子二泉。又九京山，在縣北五里。亦名九原山。○崋山，在縣西八十里。又西四十里有三尖山，以三峰並峙而名。

松子嶺，縣北三十里。與樂平縣接界，有關在其上。嶺路崎嶇，最爲險峻。下有松子水。又石堠嶺，在縣西北四十里，漳水經其旁。又有石鼓嶺，在縣南三十里。○八賦嶺，在縣西百餘里。兩山對峙如八字然。一名八縛嶺。大涂水出焉，流入榆次縣境。嶺下又有八賦水，東流合漳水。又小漳水亦出於此。縣西百二十里又有孫臏坡，山勢盤曲，西接馬陵關。

漳水，縣西北三十里。自樂平縣流入境，分爲二流，又南入州界。○小漳水，在縣西南百里。源出八賦嶺，流入榆社縣界。

榆水，在縣西。水經注：「榆水有二源，一出梁榆城西大嵰山，謂之北水，東南流經城東南注於南水；南水亦出西山，東南流經梁榆城南合於北水。」志云：梁榆水今出縣之石堠嶺，流經縣東南合於清漳。又南松嶺水，出縣西南四十里南萬嶺，其松子水亦曰北松嶺水，俱流入漳水。○水神水，源出縣東七里涉河谷，北流經樂平縣東南八十里水神谷合沾水。

飲馬池，在縣境西山之陰。水甚清澈，相傳石勒飲馬處。又有漚麻池，在縣東北三十里李陽邨，志以爲即石勒與陽所争者。○萬水泉，在縣東六十里，流合漳水。

黄榆嶺關，縣東八十里太行山頂。路通北直邢臺縣，洪武三年置巡司戍守。又松子嶺關，在松子嶺上。志云：路通北直真定縣，五代末爲河東守險之地，明朝正統八年置巡司於此。

趙奢壘。志云：在縣東五十里。趙奢所築也。縣西二里有鹿苑，方廣數十畝，相傳趙襄子養鹿處。

校勘記

〔一〕蓋城廢縣　「城」，底本原作「州」，今據職本、鄒本及舊唐志卷三九改。

〔二〕孝昌中置泰寧郡治焉後又爲廣寧郡　通典卷一七九、元和志卷一五、寰宇記卷四四均云沁水縣嘗爲泰寧郡治，不云設廣寧郡，惟隋志卷三〇云舊置廣寧郡，然隋志已載廣寧郡於修武縣下，此「廣寧」實爲「泰寧」之訛。顧祖禹見隋志與它書有異，遂將泰寧、廣寧並存，實誤。嘉慶重修一統志卷一四五云：「孝昌中分置東永安縣，兼置泰寧郡，北齊郡廢，改東永安曰永寧。」所考甚是。

〔三〕西輔山　「西」，底本原作「四」，今據職本、鄒本改。

〔四〕劉昭　「昭」，底本原作「昫」，今據職本、鄒本改。

〔五〕亂柳石圍　「石」，底本原缺，今據職本、鄒本及宋志卷八六改。

〔六〕唐初復置沁州治此　「唐」，底本原作「焉」，今據職本、鄒本改。

〔七〕綿上山　據下文「隋末分界休之南界置，唐屬沁州」云云，此「綿上」當是縣名，作山名誤。舊唐志卷三九沁州下有綿上縣。職本作「綿上城」，是。

〔八〕乃閼與之舊都　「乃」，水經清漳水注作「弔」。

讀史方輿紀要卷四十四

山西六

大同府，東至北直保安州五百里，南至太原府代州鴈門關二百九十里，西至大同右衛黄土山墩二百三十里，北至廢宣寧縣猫兒莊一百二十里，自府治至布政司六百七十里，至京師九百里。

禹貢冀州地，春秋時爲北狄所居，戰國屬趙。秦爲雲中、鴈門、代郡地，漢因之。後漢末中原大擾，郡縣俱廢。三國魏屬新興郡，晉亦爲新興、鴈門郡地。後魏主珪天興中徙都平城，置司州牧及代尹，孝文太和中遷洛改置恒州，時司州改置於洛陽也。又改代尹爲萬年尹，後周並廢。隋以其地屬代、朔、雲三州。唐武德六年置北恒州，明年廢。貞觀十四年自朔州北移雲州於此，永淳初爲突厥所破，州廢。開元二十年復置雲州，天寶初改雲中郡，乾元初復曰雲州。唐志：「大中三年置大同軍節度，治雲州，割河東雲、蔚、朔三州隷焉。後廢置不一。」詳見州域形勢説。五代唐置大同軍節度。石晉歸於契丹，置西京，改雲州曰大同府。金因之，元曰大同路，明初改爲大同府。領州四，縣七。

府東連上谷，南達并、恒，西界黄河，北控沙漠，居邊隅之要害，爲京師之藩屏。史記「趙襄子踰勾注，破并、代以臨代貉」，即此地也。戰國時爲燕、趙邊境，秦脅燕、趙，恒指此以張軍聲。漢亦爲緣邊郡地，每遣將屯軍以攘却北寇。後漢末中原多事，棄爲荒徼，中土倒懸之勢，見端於此矣。晉永嘉中拓跋猗盧與并州牧劉琨求陘北地，得之，日益盛强。後遂建都於此，蠶食鄰方，并有中夏。及六鎮之亂，魏以覆亡。說者謂棄代北而遷河南，非魏之利也。周、齊之間，突厥漸强，憑陵屢及焉。唐初亦被其患，後建設軍屯以藩衛河東。范陽之亂，郡亦被其侵軼。逮咸通以後，四郊多壘，沙陀桀黠於此，其後遂專制河東。李克用復出此以併有盧龍，蓋燕、代間必争之地也。石晉歸其地於契丹，宋不能復有，遂基靖康之釁。女真之亡遼，蒙古之亡金，皆先下大同，燕京不能復固矣。故明都燕，以郡爲肩背之地，鎮守攸重。正統末恃以挫狄寇之鋒，天順中石亨鎮此，嘗言：「大同士馬甲天下，若專制大同，北塞紫荆，東據臨清，决高郵之隄以絶餉道，京師可不戰而困。」蓋府據天下之脊，自昔用武地也。邊防考：「大同川原平衍，三面臨邊，多大舉之寇。明初封代藩於此，置大同五衛大同前、後、左、右衛及朔州衛也。及陽和五衛、陽和、高山、天城、鎮虜、蔚州衛也，謂之大同迤東五衛。東勝五衛，東勝左、右二衛及玉林、雲川、威遠三衛也。衛各五千六百人，以屯田戍邊；又設大邊、二邊以爲扞蔽。」明初修築山西烟墩，東路起天成衛北榆林口直抵朔州煖會口，西路自朔州北忙牛嶺直抵東勝路黃河西岸灰溝村。是時雲内、豐州悉爲内境，邊圉寧謐者數十年，後乃多故矣。

大同縣，附郭。漢平城地，屬鴈門郡，東漢末廢。後魏道武自雲中徙都此，初爲代尹治，遷洛後爲恒州治。高齊廢恒州置恒安鎮，尋復爲恒州。後周曰恒安鎮。隋屬雲内縣。唐武德六年置北恒州。是年劉武周餘黨苑君璋自馬邑退保恒安，州尋廢。貞觀元年來降，十四年自朔州北定襄城移雲州及定襄縣置於此。永淳初爲默啜所破，因移百姓於朔州，而州縣俱廢。開元二十年復置雲州，又改置雲中縣。遼析雲中置大同縣，元以雲中縣省入焉。今編户二十六里。

平城廢縣，府東五里。相傳秦、漢時舊縣也。漢高七年至平城，出白登，爲匈奴所圍，七日而後罷去。八年周勃等擊反韓王信，還攻樓煩三城，因擊朔騎於平城下。尋屬鴈門郡，爲東部都尉治。後漢建武十年，吴漢等出高柳，擊破盧芳將賈覽及匈奴數千騎於平城下。晉建興初劉琨表猗盧爲代王，治故平城，爲南都。隆安二年拓跋珪自盛樂徙都平城，謂之代都，置代郡，始營宫室，建宗廟，立社稷。東至代郡，西極善無，南極陰館，北盡參合，皆爲畿内。既又徙河北六州豪傑於代都。義熙二年珪規度平城，築灅南宫，闕門高十餘丈，穿宫池，廣苑囿，規立外城方二十里。宋白曰：「魏道武都平城，東至上谷軍都關，西至河，南至中山隘門砦，北至五原，地方千里，以爲甸服。孝文都洛，改置恒州。及六鎮之亂，故都爲墟。」隋爲恒安鎮，開皇十九年遣代州總管韓洪鎮恒安，爲突厥達頭所敗，二十年爲突厥啓民可汗築定襄城，即恒安鎮也；唐爲雲中縣；皆故平城也。石晉以賂契丹，契丹因置西京。遼志：「西京城周二十里，東門曰迎春，南曰朝陽，西曰定西，北曰拱極。」元魏宫垣占城之北面，雙闕尚在焉。金仍爲西京。城邑考：「今城東五里無憂坡上有平城外郭，南北宛然，相傳後魏時故址。」舊記：「宋永初三年魏築平城外郭，周三十二里」，既又廣西宮外垣，周二十里是也。」今府城，洪武五年大將軍徐達因舊土城增築，萬歷八年增修，周十三里有奇。

定襄城，府西北二十八里。或曰漢定襄郡城，非也。唐貞觀十四年自朔州北定襄城移雲州及定襄縣置於隋之恒安鎮，此即貞觀時之定襄也。括地志「朔州定襄縣，本漢平城縣」，謂此。○燕昌城，在府東北四十里。太元二十一年慕容垂復伐魏，敗魏兵，拔平城，會疾發，頓平城西北三十里，築燕昌城而還。水經注：「燕昌城在平城北四十里，俗謂之老公城。」又東安陽城，在府東南。漢縣，屬代郡。或曰趙主父封其長子章於代，號曰安陽君，即此也。東漢末縣廢。晉義熙五年魏主珪爲子清河王紹所弒，肥如侯賀護舉烽於安陽城北，賀蘭部人皆赴之，即此。魏收志「永熙中置高柳郡，治安陽」，蓋後魏時改置。

平齊城，府西三十里。漢平城縣地。宋志：「泰始五年魏人徙升城、歷城民望於桑乾，因立平齊郡以處之。」東魏武定元年改置齊郡，領昌國、安平二縣。三年又置武州治焉，尋廢。後齊曰太平縣，後周曰雲中縣，隋曰雲內縣。隋志：「後齊置安遠、臨塞、威遠、臨陽等郡，屬北恒州，俱在境內，後周並廢。」唐貞觀中爲定襄縣地，後又改置雲中縣，即今郡治。

宣寧城，府西北八十里。遼志：「唐會昌中以西德店置德州。契丹開泰八年復置，治宣德縣。縣亦唐會昌中置，漢桐過縣地，高齊紫阿鎮也。」金志：「遼德州昭聖軍，治宣德縣。金州廢，大定八年改縣曰宣寧，屬大同府。」元因之，明初廢。又天成城，在府北百八十里。遼志云：「魏道武嘗置廣牧縣於此，唐爲雲中縣地，遼析置天成縣，屬大同府。金因之，元省，即今天成衛也。○奉儀城，在府東北。遼析雲中縣置，屬大同府。金省爲鎮，屬大同縣。

新平城，府西南百里。晉建興元年拓跋猗盧城盛樂，爲北都，修故平城爲南都，又作新平城於㶟水之陽，使右賢王六修鎮之，統領南部。北史：「猗盧修故平城，更南百里，於㶟水之陽黄瓜堆築新平城，謂之南平城，晉人亦謂之小平城。元興二年魏主珪如南平城，規度㶟南，將建新邑。」杜佑曰：「北齊置朔州，在後魏故都西南之新城，即新平城也。後移於馬邑，即今朔州治。」唐時亦謂新平城爲新城。武德三年，代州都督藺謩與突厥戰於新城，不利。五年，李大恩擊突厥於馬邑，頓兵新城，敗死。亦爲神武川之地。元和中沙陀朱邪執宜自鹽州隨范希朝鎮河東，始保神武川之黄花堆。後李克用生於神武川之新城，即此也。景福二年李克用北巡，將趣雲州，以幽州帥李匡威等侵雲州，乃潛入新城。遼爲應州地。宋宣和七年遼主延禧走天德，又至應州新城東六十里，爲金將婁室所擒，即此。

高柳城，府東南九十里。漢縣，屬代郡，西部都尉治此。後漢建武九年吴漢等擊盧芳將賈覽於高柳，敗績。十五年盧芳自匈奴入居高柳，騎都尉張堪擊破之。二十一年馬援出高柳擊烏桓。熹平五年遣夏育出高柳，分道擊鮮卑，敗績。晉太元十一年，魏叛將劉顯等奉故什翼犍少子窟咄逼魏主珪，屯高柳，珪求救於慕容垂，垂子麟與珪會兵擊窟咄，大破之。義熙九年拓跋嗣如高柳川，十三年復如高柳。水經注：「高柳故城在代中，其傍重巒疊巘，霞舉雲標，連山隱隱，東出遼塞。」杜佑曰：「高柳在雲中縣境，後漢爲代郡治，中平中廢。」

當城，在府東南。闞駰十三州記：「在代郡高柳東八十里。當桓都山作城，故曰當城。」漢縣，屬代郡。高祖十一年樊噲别將兵定代地，斬陳豨於當城是也。後漢及晉因之，後廢。又且如城，在府東。漢縣，屬代郡，中部都尉治此。

應劭曰：「在當城西北四十里。」後漢廢。晉義熙十一年魏主嗣如沮洳城，即且如之訛也。胡氏謂城以下濕得名，悮矣。○白登城，府東北百十里，因故白登臺而名。遼置長青縣，金改曰白登。宋嘉定四年蒙古拔烏沙堡及烏月營，破白登城，遂攻西京，金將胡沙虎棄城遁。明初洪武二年李文忠出朔州，敗元於白登，又遣將分道敗元於三不剌川及順寧、陽門是也。縣尋廢。烏沙堡，見北直之廢開平衛。陽門，見宣府鎮。

參合城，在府東百里。漢縣，屬代郡。高帝十一年故韓王信與朔騎入居參合，柴將軍與戰，屠參合，斬韓王信，即此。後漢末縣省。晉元康中拓拔禄官分其衆爲二部，一居代郡參合陂之北。咸康五年什翼犍會諸大人於參合陂。太元二十年後燕慕容垂遣其子寶擊魏，還至參合陂，營於陂東蟠羊山南水上，魏軍追至陂西，登山，下臨燕軍，縱兵掩擊，燕軍大敗。二十一年慕容垂復伐魏至參合陂，見積骸如山，設祭弔之，死者父兄皆號慟，垂慚憤，疾篤而還。燕書：「垂過參合陂，乃進頓平城三十里是也。」義熙三年魏主珪自濡源西如參合陂，乃還平城。六年魏主嗣北擊柔然，引兵還參合陂。劉宋景平元年魏主嗣北巡，至參合陂。其後復置縣，仍屬代郡，東魏天平中屬梁城郡，北齊省。水經注：「可不埿水出鴈門沃陽縣東南六十里山下，西北流注沃水，〔一〕合流而東逕參合縣南。縣西北有參合陂，亦曰參合陘，俗謂之蒼鶴陘。」

盛樂城，府西北三百餘里。漢置成樂縣，爲定襄郡治。後漢改屬雲中郡，後廢。鮮卑拓拔力微始居其地。晉元康五年拓跋禄官始分其國爲三部：一居上谷之北、濡源之西，自統之；一居代郡參合陂之北，使兄沙漠汗之子猗㐌統之；一居定襄之盛樂故城，使猗㐌弟猗盧統之。建興初猗盧城盛樂以爲北都。其後爲石虎所敗，部族東徙，至拓拔猗㐌於咸康初復城盛樂而居之。弟什翼犍於咸康六年始都雲中之盛樂宫，明年築盛樂城於故城南八里，即漢之成樂縣地也。又晉紀「太元十一年拓跋珪徙居定襄之盛樂」，蓋前此遷逐於雲中、代郡間，未有定居也。亦曰雲中宫。魏土地記：「雲中宫在雲中故城東四十里。」義熙九年魏主嗣如雲中舊宫，蓋是時都平城，故謂盛樂爲雲中舊宫。魏主燾始光元年柔然入雲中，攻拔盛樂宫，魏主擊却之。孝文遷洛後，於定襄故城置朔州，領盛樂、廣牧二郡。太和十八年至朔州，是也。正光五年元彧討破六韓拔陵，頓於朔州。是年詔改懷朔鎮爲朔州，更命朔州曰雲州。亦謂之雲中。李崇爲破六韓拔陵所敗，自白道還雲中，既而復自雲中引兵還平城，曰：「雲中者白道之衝，賊之咽喉，若此地不全，則并、肆危矣。」乃請留費穆爲雲州刺史。既而北境皆没，惟雲中一城獨存，久之乃棄城南奔。地記：「雲中城東八十里有成樂城，今雲中郡治，一名盧城。」魏收志「永熙中置盛樂郡，爲雲州治所」，即此。唐初平突厥，置雲中都督府於盛樂，尋罷。天寶元年王忠嗣奏置振武軍，西去東受降城百餘里。大歷八年徙單于都護府治振武軍城内。元和七年李絳言：「振武、天德左右，糧田萬頃，請擇能員開置營田，可以省費足食。」於是詔以韓重華爲振武軍營田等使，起代北墾田三百頃，三歲大熟。因募人爲十五屯，屯制每三十人耕百畝，就高爲堡，東起振武，西逾雲州，極於中受降城，出入河山之際凡六百餘里，列栅二十，墾田三千八百餘頃，歲收粟四十萬餘石。既而請益開田五千頃，可以盡給振武、天德、靈武、鹽、夏五城之軍，議格不行。唐史：「振武、天德糧田，廣袤千里。」是也。賈耽曰：「振武城在朔州北三百五十里，本漢定襄郡成樂縣。」續通典：「振武軍故盛樂城也，在唐朔州北二百八十里，與定襄故城對。其地居陰山之陽，黄河之北。」五代梁貞明二年契丹阿保機襲吐谷渾，還至振武，盡俘其民而東。後置振武縣，屬豐州，金廢爲振武鎮。其北七十里有黑沙磧云。

平地城，府西北五百里。元志云：「本名平地裊，至元二年省入豐州。三年置平地縣，屬大同路。」明初省。〇武進城，在府西北塞外。漢定襄郡屬縣也，西部都尉治焉。光武封趙盧爲侯邑，尋復爲縣，屬雲中郡，熹平初廢。又沙陵城，在武進城西。漢縣，屬雲中郡，後漢末廢。漢志注「白渠水出武進塞外，西至沙陵入河」，即此。

原陽城，在府西北境。故趙邑也。戰國策「趙武靈王破原陽以爲騎邑」，即此。漢爲原陽縣，屬雲中郡，後漢末廢。水經注：「芒干水出陰山，南經武皋縣，又南逕原陽故城西。」是也。又武皋城，亦在府西北境。漢縣，屬定襄郡，中部都尉治此。後漢末廢。漢志注：「有荒干水出塞外，西至沙陵入河。」或曰荒干水即水經注所云芒干水也。〇武要城，在府北。漢縣，屬定襄郡，東部都尉治此。後漢末廢。志云：武要西北即石漠矣，蓋極塞也。又陶陵城，亦在府北。漢縣，屬雲中郡，東部都尉治焉。後漢廢。

武泉城，在府西。漢雲中郡屬縣也。漢初灌嬰擊反韓王信於馬邑，別降樓煩以北六縣，斬代左相，破朔騎於武泉北。又周勃擊破朔騎於此。景帝中六年，匈奴入鴈門至武泉是也。後漢末廢。〇北輿城，亦在府西境。漢縣，屬雲中郡，中部都尉治焉。後漢廢。酈道元曰：「武泉西南即北輿縣也，其地俱在白道北。」又府西北有武城城，漢縣，屬定襄郡，後漢廢。

净州城，府西北四百二十里。金大定中置，治天山縣。元因之，曰净州路，明初廢。又砂井城，在府西北五百里。金人置砂井總管府，領砂井一縣。元曰砂井路，明初廢。今其地有砂井，外即界壕。〇蘇武城，在府西北五百餘里。相傳漢蘇武使匈奴時居此。

東勝城，府西五百里。遼所置東勝州也。續通考：「遼太祖破振武軍，故勝州之民皆趣河東，勝州遂廢。」石晉割代北獻遼，乃置東勝州，亦曰武興軍，領榆林、河濱二縣。金初屬西夏，後復取之，領東勝一縣。元又省東勝縣入州，明初改建東勝左、右二衛，兵民皆耕牧河套中，外寇稀少。洪武二十六年城東勝，永樂初移入畿輔，其地遂墟。正統三年邊將周諒言：「東勝州廢城西濱黄河，東接大同，南抵偏關，北連大山、榆楊等口，中有赤兒山，東西坦平二百餘里，其外連亘官山，塞外寇出没必經之地。若屯軍此城，則大同右衛、净水坪、偏頭關、水泉堡四處營堡皆在其内，可以不勞戍守，非惟可以捍蔽太原、大同，亦所以保障延安、綏德也。」時不能用。成化中孛來竊入套中，邊事日亟。嘉靖間陳講亦言「東勝撤而偏關之備急」，蓋東勝當全晉之西北，關係尤重矣。

桑乾城，府東百五十里。漢縣，爲代郡治。後漢仍屬代郡。建安二十三年曹操遣子彰擊代郡烏桓，彰乘勝逐北，至桑乾之北，即此。後廢。亦謂之桑乾川。晉太元初苻秦分代地，自河以東屬劉庫仁，庫仁西擊庫狄部，徙其部落置之桑乾川。魏土地記：「代城北九十里有桑乾城，城西渡桑乾水去城十里有温湯，療疾有驗。」劉宋昇明二年魏主宏如代湯泉，明年復如代郡温泉是也。○梁城郡城，在府東。或曰即梁川也。魏主燾太平真君十年將寇宋，大獵於梁川。天平二年置梁城郡於其地，領參合、旋鴻二縣。一統志：「今去朔州西二十里有梁郡城，後魏爾朱榮所築。」未知所據。

武川城，在府北塞外，魏六鎮之一也。北史：「魏主燾破蠕蠕，列置降人於漠南，東至濡原，西暨五原陰山竟三千里，分爲六鎮：曰武川，曰撫冥，曰懷朔，曰懷荒，曰柔玄，曰禦夷。」孝文太和八年高閭請依秦、漢故事，於六鎮之北築長城。又云：「計六鎮東西不過千里，一夫一月之功可城三步之地，强弱相兼，不過用十萬人一月可就。」是六鎮皆在代都以北。胡氏謂：「以千里計之，六鎮相距各一百七十許里。」是也。又十八年魏主如武川鎮，景明四年使源懷巡行北邊六鎮，恒、燕、朔三州。正光四年沃野鎮民破六韓拔陵叛，其黨衛可孤圍武川鎮，又攻懷朔鎮。六年柔然阿那瓌爲魏討破六韓拔陵，自武川西向沃野，屢破拔陵兵。杜佑曰：「後魏六鎮並在馬邑、雲中、單于府界，其武川鎮在白道中漢水上。」隋書「宇文述代郡武川人」，後或廢鎮爲縣也。唐志：「魏武川鎮城今名黑城，在天德軍北二百里。」又云：「光禄城東北有懷朔古城。」俱未足據。天德軍見陝西榆林鎮。光禄城即光禄塞，亦見榆林。

柔玄城，在府東北塞外於延水東。水經注：「柔玄鎮在長川城東，城南小山于延水所出也。」孝昌初柔玄鎮民杜洛周反於上谷，圍燕川鎮，蓋與上谷接境。胡氏曰：「柔玄鎮城在漢且如縣西北塞外。」魏太和十八年如柔玄鎮，即此。○撫冥城，胡氏曰：「當在武川、柔玄之間，魏六鎮之一也。」宋元徽元年柔然侵魏柔玄鎮，二部勅勒應之。魏太和十八年如撫冥鎮，遂東至柔玄是也。

懷荒城，在府東北塞外，魏所置六鎮之一也。魏收志云：「魏降高車時所置。」杜佑曰：「蔚州即後魏時懷荒、禦夷鎮。」魏正光三年遣元孚撫諭柔然阿那瓌於柔玄、懷荒二鎮間，胡氏曰：「懷荒在柔然之東，禦夷之西。」是也。今禦夷鎮見宣府鎮懷安衛。

馬城，在府東北境。漢縣，屬代郡，東部都尉治此。東漢元初六年鮮卑寇馬城塞，鄧遵等擊破之。又建光初鮮卑其至犍寇居庸關，犯雲中，圍烏桓校尉徐常於馬城。陽嘉二年，鮮卑寇馬城。又魏明帝太和二年鮮卑軻比能圍護烏桓校尉田豫於馬城，即此。十三州志：「馬城在高柳東二百四十里。」

延陵城，在府東北塞外。戰國時趙邑也。史記趙世家「孝成王十八年延陵鈞帥師從信平君廉頗助魏攻燕」，即此。漢置延陵縣，屬代郡，後漢廢。風俗記：「當城西北有延陵鄉，故縣也。」○頹當城，在塞北。漢初韓王信入匈奴，居此生子，因以爲名。

榆林城，在府東北邊外。或云唐時戍守處，謂之黑榆林。五代唐末契丹嘗駐牧於此。明宣德間亦嘗於此置榆林縣，正統時廢，俗呼爲榆林舊縣。邊防考：「榆林城在陽和衛新平堡外三十里。」又有大同山，離新平邊百五十里，又北百五十里爲白海子，俱部長駐牧處。○祁連城，在漠南。唐貞觀四年李靖破突厥於陰山，徙其羸弱數百帳於雲中，使阿史德爲之長。後爲阿史德時健部，二十二年内附置祁連州，隸營州都督府。

雲中城，府西北四百餘里。古雲中城也。虞氏記：「趙武侯自五原河曲築長城，東至陰山。又於河西造一大城，其一箱崩不就，乃改卜陰山河曲而禱焉，晝見羣鵠遊於雲中，乃即其處築城，因名。」秦、漢雲中郡皆置於此，後漢末廢。孔穎達曰：「雲中城在唐勝州榆林縣東北四十七里。」晉太和二年燕將慕容渥以幽州兵戍守雲中，代什翼犍攻走之。唐武德五年突厥入鴈門，寇并州，命雲州總管李子和趨雲中掩擊之。龍朔三年置雲中都護府於此，麟德元年改單于都護府，領金河一縣。今亦見陝西榆林鎮單于城。胡氏曰：「金河，漢之雲中郡城也，在隋榆林郡城東北四十里。」自朔州至單于府凡三百五十七里，大歷八年徙治振武城内，舊城遂廢。唐志：「單于府金河縣，魏道武所都，秦、漢雲中郡地。自單于府西北二百七十里又有雲中守捉城，調露中裴行儉破突厥置。」又志云：烏咄谷二百七十里至古雲中城。入塞圖云：「從平城西北行五百里至雲中，又西北五十里至五原，又西北行二百五十里至沃野鎮，又西北行二百五十里至高闕，又西北二百五十里至郎君戍，又直北三十里至燕然山。」其說參錯不經，不足據也。又冀州圖云：「雲中城周十六里，北去陰山八十里，南去漢長城百里。」亦謬。

雲内州城，府西北五百餘里。遼志云：「本唐中受降城地，遼初置代北雲朔招討司，改雲内州。又爲開遠軍，治柔服縣。」宋政和中，遼主延禧還走雲内，即此。金因之，元省縣入州，明初廢。九邊輯略云：明宣德中置豐州及雲内等縣，設官置戍。正統間主帥宴樂於樓子塞，致寇突入邊内，於是玉林、雲川等衛内徙，而豐州、雲内之民遷於應、朔諸處云。○雲川廢縣，亦在府西北。金志：「本曷董館，後升爲裕民縣，尋廢。大定中復置，屬雲内州，又改爲雲川縣。」元廢縣，設録事巡司，尋廢。又有寧人廢縣，在故雲内州東。遼置，屬雲州。金廢爲寧人鎮，屬柔服縣。

長川城，在府東北。水經注：「柔玄鎮西有長川城。」晉隆安三年魏主珪北巡，分命拓拔遵從東道出長川，拓跋樂真從西道出牛川，珪自將大軍從中道出駮髯水以襲高車，大獲而還。義熙二年魏主珪從漠北還長川。志云：長川有白、黑二漠，黑在東，白在西。胡氏曰：「長川在禦夷鎮西北大漠之東。」

黑沙城，在府西北。唐永隆二年曹懷舜擊突厥畔部於黑沙，敗還。永淳初突厥餘黨阿史那骨篤禄等據黑沙城，寇并州及單于府北境，代州都督薛仁貴擊破之。○威寧城，在府北。金置新城鎮，屬撫州，承安二年改爲威寧縣，元廢。今威寧海子是其地也。

靜邊城，在府西北。舊唐書：「在單于府東北。」唐天寶三載朔方節度使王忠嗣所置軍也。十四載安禄山將高秀巖自大同軍寇振武，朔方節度使郭子儀擊敗之，乘勝拔靜邊軍。賊來攻，復大敗之，因進圍雲中，使別將拔馬邑，開東陘關。宋白曰：「靜邊軍在雲州西百八十里。」〇定邊城，在府西百八十里。唐開元中置軍於此，旁有石窑、白泊等戍，相去各四五十里。志云：雲州界内又有奉城軍，唐置。〇振遠城，在府西北。舊志云：在單于府界。唐天寶七載郭子儀爲振遠軍使，即此城也。

長城，在府北。酈道元曰：「白道嶺左右山上有垣若頹基焉，沿溪亘嶺，東西無極，疑趙武靈王所築也。」北史云：「魏主燾太平真君七年築畿上塞圍，起上谷，西至河，廣縱千里。」又宋白云：「雲中北至長城三百里即番界。」崔豹古今注謂：「秦築長城，土色皆紫，稱爲紫塞是也。」一統志：「長城在府北十里。」

白登山，府北七里。上有白登臺，漢初冒頓縱騎三十萬圍高帝於白登七日，即此。酈道元曰：「今平城東十七里有臺，臺南對岡阜，即白登山。」晉隆安二年拓跋珪如繁畤宫，畋於白登山。宋永初二年魏主嗣發代都人築苑，東包白登，周三十餘里。元徽五年魏主宏如白登。杜佑曰：「魏主嗣於永興四年立宣武廟於白登山，神瑞二年又立廟於白登山西。」今有東西二廟。又魏主宏太和四年如白登山，十五年詔白登山宣武廟唯遣有司行事是也。又梁元帝横吹曲云「朝跋青陂道，暮上白登臺」，蓋謂此。〇火山，在府東南。水經注：「白登南有武周川，川東南有火山，山上有火井，南北六十七步，廣減丈許，源深不見底，火勢上升，〔三〕若微雷發響，以草爨之則烟騰火發。一名熒臺。齊建元二年魏主宏如白登山，又如火山，既而復自平城如火山，即此。」

雷公山，府西北十五里。後唐清泰末雲州軍亂，謀應河東，節度使沙彥珣走西山，據雷公口，收兵入城討定之，即此。○紇真山，在府東北五十里。紇真猶漢言千里。其山冬夏積雪，故諺云「紇真山頭凍死雀，何不飛去生處樂」？又有神井歌曰「紇真山頭有神井，入地千尺絶骨冷」。亦名紇干山。

武州山，府西二十里，武州川水所經也。峪中有石窟寺，又有石窟寒泉。水經注：「武周川水東南流，水側有石祇洹舍并諸窟室，比丘尼所居也。其水又東轉靈巖南，鑿石開山，因巖結構，蓋浮屠巨麗處，即石窟寺也。」宋元嘉十一年，魏主燾如北山。説者曰：「武州山北也。」宋元徽三年，魏主宏如武州山。齊建元二年魏主如方山，遂如武州山石窟寺。永明元年魏主復如武州山石窟佛寺。二年魏主復如武州山石窟寺。魏土地記「平城宮西三十里有武周塞口」，即此山也。

方山，府北五十里。北魏主弘屢如方山，爲其母馮太后營壽陵。又於方山南起靈泉宮，引如渾水爲靈泉池，東西百步，南北二百步是也。又北苑亦在其地。魏史：「太和元年於苑中起永樂游觀殿，穿神淵池。三年如方山，四年復如方山，五年又如方山。」馮太后樂其山川，曰：「它日必葬我於此，不必祔山陵也。」乃爲太后作壽陵，又建永固石室於山上欲以爲廟。七年魏主弘及馮太后如神淵池，遂如方山。八年魏主如方山，遂如鴻池。胡氏曰：「即旋鴻池也。」是後屢如方山及靈泉池。十四年西如方山，復如靈泉池。是年葬馮太后於永固陵。其後又數謁永固陵。胡氏曰：「方山在平城北如渾水上。」志云：山頂有拓跋魏二陵及方山宮遺址。

栲栳山，在府西北。景泰初敵寇大同，鎮帥郭登帥兵餌之，行七十里至水頭，諜云：「東西賊窩賊營十二，自朔州掠回。」登直前奮擊，追四十里至栲栳山，盡奪所掠而還。又磨兒山，在府北境。天順中石亨鎮大同，敗敵於此，又敗之於三山墩是也。○大峨山，在府西北塞外。又有秦山，在白道北。隋築長城以秦山爲塞内云。

爾寒山，在府北塞外。後魏主燾始光二年五道伐柔然，一軍從東道出黑漠，一軍出白、黑二漠間，魏主從中道，一軍出栗園，一軍從西道出爾寒山，諸軍至漠南，舍輜重，輕騎齎十五日糧度漠擊之，柔然驚走，即此。○和兜山，在漠南。後魏主燾始光三年自雲中西巡至五原，既而畋於陰山，東至和兜山。山蓋在陰山之東，長山之南。

柞山，在府西北五百餘里。北魏主燾始光初命長孫翰等伐柔然，自將屯柞山。亦曰柞嶺。是年燾破夏統萬，引兵還至柞嶺，即此。神䴥二年燾西巡，至柞山。晉元熙元年魏主嗣畋於犢渚。李延壽曰：「犢渚在柞山之西，臨河。」是山在河東也。魏主濬太安三年畋於松山。或曰松山當作「柞山」。四年復畋於松山，遂如河西。胡氏曰：「其山在河之西岸。」恐悮。

彈汗山，在府東北。東漢桓帝時，鮮卑檀石槐立庭於彈汗山歠仇水上，去高柳北三百餘里，南抄緣邊，北拒丁零，東却夫餘，西擊烏孫，盡據匈奴故地，東西萬四千餘里是也。○蟠羊山，在參合陂東。後燕慕容寶喪師於此。又北魏主嗣泰常六年北巡至蟠羊山是也。

青山，在府西北塞外。唐貞觀十五年李世勣擊薛延陀，逾白道，追及之於青山，即此。明嘉靖初，中國叛人逃出邊者，升板築墻，蓋屋以居，乃呼爲「板升」。有衆十餘萬，南至邊墻，北至青山，東至威寧海，西至黄河岸，南北四百里，東西千餘里，一望平川，無山陂谿澗之險，耕種市廛，花柳蔬圃，與中國無異，各部長分統之。隆慶五年俺答歸附，縛叛人趙全等來獻，板升之黨始衰。

晚霞山，在府東北天城衛東南。山勢高聳，日落後返照成霞，因名。又形似蓮花，一名蓮花山。又大同山，亦在府東北。九邊考：「在新平堡北百五十里，又北百五十里爲白海子，俱部長駐牧。」○七寶山，在府城北四百餘里。山下有城，金時所築，置戍於此。或謂之漢五原城，悮也。

意辛山，在府北塞外。亦曰意親山。晉太元十年代劉頭眷擊破柔然於意親山。十五年拓跋珪會燕慕容驎於意辛山，擊賀蘭，諸部皆降於魏。宋元嘉中魏主燾幸意辛山，破賀蘭諸部，還幸牛川。意辛山蓋在牛川之北。北史：「意辛山賀蘭部所居，逾陰山而北，即賀蘭部也。」又志云：府西北五百餘里有官山，上有九十九泉，流爲黑河。又有石碌山，在故平地縣東四十里。山出石碌，因名。

七介山，在府境。宋元嘉十六年柔然聞魏主燾伐姑臧，乘虛深入，至善無、七介山，平城大駭，遣軍拒却之於吐頹山。志云：今府西南四十五里有七峰山，或以爲即七介山也。善無，見前代州。○車輪山，在府北塞外。輪，北史作「輪」。魏主濬太安三年北巡至陰山，伐柔然，軍於車輪山。宋元徽三年魏主宏如武州山，又如車輪山是也。

箭笴山，在府東北。宋宣和五年，遼將亡，其臣奚回離保據箭笴山，稱奚帝；既而窺燕山，爲郭藥師所敗，其下殺之。又焦山，在府北塞下。宋太平興國七年契丹主賢幸雲州焦山，得疾而卒。嘉靖初叛卒郭鑑等哨聚於此。

夾山，在雲内州北六十里。宋宣和四年金人襲遼主延禧於白水濼，遼主遁入夾山，即此。一統志：「夾山在朔州北三百四十里，與黑山東西相連。」〔三〕黑山今見陝西榆林衛。

東木根山，在府北。志云：五原有木根山，此山在河東，故曰東木根山。晉太寧二年代王賀傉以諸部未服，築城於東木根山而徙居之。魏主宏嘗言：「遠祖世居北荒，平文皇帝始都東木根山。」平文，鬱律謚也，蓋鬱律亦都此云。或訛爲勿根山。晉太元十四年，後燕慕容德等擊代叛部賀訥，追至勿根山是也。

黄瓜堆，在府西南百十里。或曰即古黄華山也。趙武靈王十九年北至無窮，西至河，登黄華之山。水經注：「桑乾水與武州水合而東南流，屈逕黄瓜堆南，又東南流經桑乾郡北。」魏孝昌初，斛律金自雲州南出黄瓜堆，爲上谷賊杜洛周所敗。齊天保四年柔然寇肆州，齊主洋自晉陽擊之，至恒州，大破柔然於黄瓜堆。唐武后垂拱三年，突厥叛部寇朔州，黑齒常之大破之於黄花堆，即黄瓜堆也。元和四年，沙陀朱邪執宜從河東帥范希朝徙於定襄川，始保神武川之黄花堆，修新城而居之。景福初，李克用北巡至天寧軍，以幽州帥李匡威等襲雲州，乃遣將發兵於晉陽，而潛入新城，伏兵於神堆，擒吐谷渾邏騎三百。既而大軍至，乃入雲州，出擊李匡威、赫連鐸，兵皆敗去。神堆亦即黄花堆，新城即後魏之新平城，在神堆東南。宋白曰：「雲州西南至神堆柵九十里。」

石子嶺，在府西北。晉太元初苻秦遣兵伐代，代將劉庫仁與秦兵戰於石子嶺，大敗。胡氏曰：「嶺當在雲中盛樂西南。」新唐書：「自夏州北度烏水一百二十里至可朱渾水，又百餘里至石子嶺。」是也。又陵石，在盛樂故城東。北史：「魏主珪東如陵石。」或曰陵石地名，有山谿之阻，時置城邑於此。

達速嶺，在府西北境。高齊天保五年北巡至此，行視山川險要，將起長城。明年遂發民築長城，自幽州西至恒州是也。又牛皮嶺，在府東六十里。唐志雲州有牛皮關。今關在嶺上。又志云：府西三十里有雙化嶺，盤踞凡百餘里。

郁對原，在塞北。元魏正光三年柔然阿那瓌叛魏，魏遣李崇等擊之。自平城北出三千餘里，别將于謹追至郁對原，前後十七戰，屢敗之，即此。

黑沙磧，在振武故城北。亦謂之鳴沙。唐元和八年振武遣兵趨東受降城備回鶻，至鳴沙，兵亂而還，即黑沙磧矣。

石漠，在塞北。自陰山而北皆大漠也，其間有白漠、黑漠及石漠之分，白、黑二漠以色爲名，石漠以地皆石磧而名。北史：「石漠在漢定襄郡武要縣西北。」晉義熙三年魏主珪如豺山宫，遂至石漠。又魏主燾始光二年大伐柔然，遣長孫翰等從東道出黑漠，長孫道生等出白、黑二漠間，白漠蓋在黑漠西也。亦謂之大磧，四年魏主西伐統萬，命其將陸俟督諸軍屯大磧以備柔然，即此。又宋泰始中魏主弘追柔然至石磧，即石漠矣。魏主宏太和十年勅勒叛柔然，柔然伏名敦可汗自將討之，追奔至西漠，即大漠之西偏也。唐貞觀四年李靖襲破突厥於定襄，突厥徙牙帳於磧口，既而靖破突厥於陰山，軍於磧口，漠南遂空。武后萬歲通天二年突厥嘿啜建牙於黑沙，即黑漠矣。志云：大漠在陰山北，東極遼海，西盡居延是也。

黄河，在廢東勝州西八里。自榆林北塞流經此，乃折而南，經朔州西界入太原府河曲縣及保德州境。亦謂之西河，以在平城西南也。魏主燾神䴥元年如西河校獵。其津濟之處有君子津，又有來違津，俱在東勝州境。酈道元曰：「河水南入雲中楨陵縣西北，又南過赤城東，又南過定襄桐過縣西，河水於二縣間濟有君子之名。又曰君子津在雲中西南二百餘里，漢桓帝時有洛陽大賈卒於此，津長田子封以遺資悉歸其子，桓帝嘉之，因名其津爲君子津。」晉太和三年代王什翼犍擊劉衛辰，自君子津濟。時河冰未合，什翼犍命以葦絚約流，俄而冰合，然猶未堅，乃散葦於其上，冰草相結，有如浮梁，代兵乘之以渡。衛辰不意兵猝至，遂遁走，什翼犍收其部落而還。太和初苻秦伐代什翼犍，軍還至君子津，會代亂，秦將李柔等勒兵趨雲中，遂定其地。元熙元年魏主嗣西巡雲中，從君子津西渡河，大獵於薛林山。宋元嘉三年魏主燾伐夏，行至君子津，會天暴寒冰合，遂濟河襲統萬，大掠而還。明年遣執金吾桓貸造橋於君子津，尋發諸軍濟河，即此。其來違津在君子津之南。魏主修永熙二年，高歡表請討宇文泰，云：「臣今勒兵自河東渡，又遣恒州刺史庫狄干等將兵自來違津渡。」或謂之朱違津。元至元初命選善水者一人，沿黄河計水程達東勝，可通漕運馳驛以聞云。

桑乾河，府南六十里。源出馬邑縣洪濤山。水經注：「濕水出雁門陰館縣，東北至代郡桑乾縣南與桑乾水合，因總謂之桑乾水。」即盧溝河上源也。晉建興初代猗盧築新平城於㶟北，後又築宮於㶟南，謂之㶟南宮，魏都代時數臨幸焉。今詳見北直大川。

如渾水，府東北四十里。志云：出開山口，一名御河，其水兩源合而爲一，歷府城東，又南流與武州川合，注於桑乾河。又武州川水，在府南十五里。俗名合河。源出武州山西白羊山谿谷中，引爲石渠，流至府南，又東南注於如渾水。○兔毛河，在府西北三百里。出塞外駱駝山下，南流經右衛西至東勝州入黄河。又有倉頭河，在威遠衛城南，流合兔毛河。

金河，在府西北。杜佑曰：「金河上承紫河之水，南流入大河。」是也。亦曰金川。北齊主洋天保五年邀柔然於金川，柔然遠遁。隋大業三年北巡，發榆林，歷雲中，泝金河，幸突厥啓民牙帳，即此。唐因置金河縣。一統志：「金河在古雲内州東南百五十里。」

紫河，在府西北塞外。隋大業三年發丁男百萬築長城，西距榆林，東至紫河，二旬而畢。唐貞觀十四年，遣突厥阿史那思摩建牙於此。亦曰紫乾河。唐天寶初朔方節度使王忠嗣北討奚怒皆，戰於紫乾河，三遇三克，耀武漠北而還。隋志：「定襄郡大利縣有陰山、紫河。」杜佑曰：「勝州榆林縣有金河，紫河自馬邑郡善無縣流入境合金河，又南流入於大河。」

橫水，在府西北。唐史：「在金河北百四十餘里。」永隆二年曹懷舜等襲擊突厥叛部於黑沙城，不遇，還至橫水，爲突厥所敗，即此。○白渠水，亦在府西北。水經注：「白渠出雲中塞外，西北逕成樂固北，又西逕魏雲中宫南，下流入於大河。」今俱湮廢。

士盧河，在府北塞外。魏主宏太和十六年命拓跋頤等擊柔然，分兵三道，中道出黑山，東道出士盧河，西道趣侯延河，軍至大磧，大破柔然而還。侯延河，當在榆林塞外。○黑河，在府西北四百里。源出官山，西流入雲内州界，至東勝州入於黄河。

諸真水，府西北塞外。唐志：「出古雲中城西北行四百餘里至諸真水。」貞觀十五年薛延陀侵突厥於漠南，李世勣自赤柯濼追及之於青山，薛延陀走，累日乃至諸真水，世勣大敗之。○庫斛真水，在府北塞外。後魏别部侯莫陳居於此，世爲渠帥云。

牛川，在府北塞外。水經注：「于延水出長川城南。」班志注：「于延水出代郡且如塞外。」牛川亦當相近。晉太元十一年拓跋珪大會於牛川，即代王位。是年以窟咄之亂，乞師於燕，自弩山至牛川，屯于延水南，出代谷以會燕師。十六年魏别部賀染干與賀訥相攻，珪復與燕共討之。燕將蘭汗帥龍城之兵擊染干，破之於牛都，即牛川矣。蓋燕人牧放，於此聚會，因名爲都也。染干在賀蘭部之東偏，故以龍城兵擊之。隆安三年，拓跋珪大獵於牛川之南。義熙六年，後魏長孫嵩討柔然，至漠北而還，柔然追圍之於牛川。十三年魏主嗣大獵於牛川，登釜山。是牛川與釜山相近也。宋元嘉五年，魏主燾北巡，大畋於牛川，即此。釜山，今見北直懷來衛。

長川，在府東北。即漢志于延水也。水經注：「于延水出塞外柔玄鎮西長川城南小山，東南流逕且如故城南，亦謂之修水，下流逕廣寧縣注於桑乾河。」廣寧，見北直保安州。又野馬川，在府北塞外。明初藍玉出山西敗王保保於此，又敗之於土剌河。土剌河，見漠北。○賈家灣，在府東北。正德十一年蒙古分道寇大同，總兵潘浩與戰於賈家灣，敗績，遂犯宣鎮。

赤柯濼，在府西北。積水處曰濼。唐貞觀十五年李世勣擊薛延陀於漠南，其衆自赤柯濼北走，世勣自直道邀之，逾白道，追及於青山，又敗之於諾真水。○吐禄濼，在府西北塞外。宋宣和六年夏人與金議和，粘没喝承制割下寨以北、陰山以南乙室邪剌部吐禄濼西之地與之。下寨，或曰遼末置戍守處，在大河之北。

羊城濼，在府東北境。宋宣和四年，金將斜也等聞遼主在雲中，分兵出青嶺、瓢嶺，期會於羊城濼共襲遼主，即此。青嶺，見北直廢開平衛。○大水濼，在府北。宋嘉定四年蒙古鐵木真侵擾雲中、九原，遂破大水濼以入，金遣將駐軍撫州以備之。撫州，見北直廢開平衛。

白水濼，在府北。宋宣和四年金將斜也等襲遼主於羊城濼，遼主聞金師出嶺西，遂趨白水濼，粘没喝復以精兵襲之，遼主遁入夾山。五年金人襲遼主於陰山，執其諸王妃主而還。遼主自應州率兵邀戰於白水濼，大敗，西走雲内州。

捺剌泊，在府北。後唐長興三年，時趙德鈞守幽州，契丹入寇不得志，因徙居黑榆林南捺剌泊，寇雲、朔間。五代史：「是年契丹自黑榆林捺剌泊至没越泊，云欲借漢水草，大同帥張敬達聚衆遏其衝要，契丹不敢南牧是也。清泰末石敬塘因契丹近在雲、應間，遂資其兵以取中國云。」〇没越泊，在府西北。一統志：「没越濼、大鹽濼俱在府西四百里，近古豐州。」

瓠蘆泊，在府西北。唐顯慶中曹懷舜擊突厥叛部，留老弱於瓠蘆泊，帥輕騎進至黑沙，無所見而還。

奄遏下水海，府西北二百里。水潮無常，納大㵎、小㵎、〔四〕大匯、小匯四河及銀海水諸細流，合而入於黄河。〇威寧海子，在府北，塞下屬部駐牧處也。天順中石彪鎮大同，請置城於威寧海，不果。成化十六年王越襲敗蒙古於此。

鴻池，亦曰旋鴻池，在府東。水經注：「梁城郡旋鴻縣東山下，水積成池，東西二里，南北四里。」又魏主珪天興二年穿鴻雁池於平城。魏主宏太和八年如方山，又如鴻池是也。又有魚池，亦在平城北。魏主嗣永興五年穿魚池於平城北苑。魏主宏太和九年如魚池，登青原岡，即此。

温湯，水經注：「在桑乾城西十里。」魏主燾太延五年，常爽置館於温水之右，教授千百餘人，於是魏之儒風始振。又魏主濬和平末，侍中、司徒陸麗治疾於代郡温泉是也。○吐若奚泉，在懷朔鎮北無結山下。北史：「魏主詡正光二年柔然阿那瓌、婆羅門相繼内附，高陽王雍等奏：『懷朔鎮北吐若奚泉，原野平沃，請置阿那瓌於此，其婆羅門請置於西海郡。』」時阿那瓌自懷朔，婆羅門自涼州來降，各以附近居之也。

平城宮，在府北門外。後魏故宮也。水經注：「魏太極殿南對承賢門，門南即皇信堂。」魏紀：「太和元年於太極東堂之東起太和、安昌二殿，又於宮南起朱明、思賢二門，復起永樂遊觀於平城北苑，四年起東明觀，七年皇信堂成，十二年起經武殿。十五年始議政於皇信堂東室，又更定律令於東明觀。是年謁馮太后於永固陵，設薦於太和廟，蓋是時置后主於太和殿中也。既又禫於太和廟。尋辭太和廟，奉神主遷於新廟。十六年以安昌殿爲内寢，皇信堂爲中寢。又是年朝饗羣臣於太華殿。既而毁太華殿爲太極殿，徙居永樂宮，殿成復還居之。十七年大會公卿於經武殿，議南伐。遷洛以後，日漸頹廢。」今僅有二土臺，東西對峙，蓋故闕門也。又城西門又有二土臺，蓋遼、金宮闕云。

灅南宮，在府西南七十里。晉建興元年猗盧築新平城於灅北。後魏主珪天興六年幸南平城，規度灅南，面夏屋山背黄瓜堆以建新邑。天賜三年築灅南宮闕，引溝穿池，廣苑囿。又魏主嗣如灅南宮，遂如廣寧。廣寧，見北直延慶州，或曰即後魏所置廣寧郡也。今見朔州。○道壇，魏史：「在平城東南灅水左，太武燾時寇謙之建。又作静輪宮，在道壇東北。」水經注：「濕水南經平城東，水左有大道壇。」孝文太和十五年移道壇於桑乾之陰，改曰崇虚寺。

鹿苑，在府南。北史：「魏道武天興二年起鹿苑於南臺陰，北距長城，東包白登，屬之西山，廣輪數百里。」又魏主嗣泰常二年起白臺於平城南，高二十餘丈。宋泰始七年魏主建鹿野浮圖於苑中之西山是也。○栗園，在塞北。魏主燾始光二年分道伐柔然，遣娥清出栗園是也。栗園蓋與長川相近。

孤店關，在府東北。成化十九年王越出孤店關，至猫兒莊，襲敵於威寧海子是也。○開山口，在府東北五十里。山口有谷名開山谷，其西有大寺、小寺二口，又折而東有黑峪、尖峪二口。

石佛寺口，府西三十里。志云：在左衛東百十里。又兔毛河口，在府西北二百里。志云：在右衛西北二十里。其西三十里又有小隘口。○陽和口，在府東北。志云：在陽和衛西北十五里，亦名前口。其東北二十里有將軍口，又東二十里曰陽和後口。

虎峪口，在陽和衛東北二十里。又衛東北十五里有小白坫峪口，又十五里有大白坫峪口。又有威寧口，在衛西北七十里。○白陽口，亦在府東北。志云：在天成衛北二十里。亦曰白羊口。正德十一年寇犯大同塞，突入白羊口，大掠而去，即此。又有榆林口，在衛西北三十里。其相近者曰磚磨口，又西北十里曰水磨口。

猫兒莊，府北百二十里。正統十四年乜先寇大同，至猫兒莊，偏將吳法戰死。既而乜先挾上皇出宣府塞，過猫兒莊、九十海子，歷蘇武廟、李陵碑至黑松林入乜先營是也。又曹家莊，在府東北。嘉靖中敵寇大同，鎮將周尚文敗之於此。又有李寨，在天成衛東。其東南有枳兒嶺。○水寺口，在衛西北。嘉靖三年大同撫臣張文錦以鎮城孤弱，築水寺口五堡，遣卒戍之。卒叛入北。十八年督臣毛伯温、帥臣周尚文相繼城之，即宏賜等五堡也。

青坡道，在府東北。新唐書：「雲州雲中縣有陰山道、青坡道，皆出兵路也。」遼志：「長青縣有青陂，梁元帝横吹曲所云『朝跋青陂梁』是矣。名勝志：青陂道在平城東南四十里。」似誤。

通漠道，在府南。唐貞觀三年時陘嶺以北爲突厥頡利所據，詔李世勣出通漠道，李靖出定襄道，柴紹出金河道，靈州都督任城王道宗出大同道，幽州都督衛孝節出常安道，營州都督薛萬徹出暢武道，凡六總管，進討突厥，皆受靖節制。四年進屯惡陽嶺，夜襲頡利，頡利走保鐵山，復襲擊之，盡獲其衆，於是復定襄、恒安地，斥境至大漠。永隆二年裴行儉討突厥叛部，時突厥妻子輜重皆留金牙山，行儉至代州陘口，遣將一出石地道，一出通漠道掩取之；又追突厥於細沙，平之。或曰通漠等道有隨宜立名以別軍號者，非確有其地也。鐵山，見陝西榆林鎮。金牙山、細沙，俱在漠外。

白道，在府北塞外。後魏雲中郡有白道嶺、白道川，自白道北出爲懷朔鎮，又西北爲沃野鎮，自白道而南爲武川鎮，又南即雲中城也。括地志：「魏武川鎮北有白道谷，谷口有白道城。」水經注：「芒干水出塞外，南逕陰山，又西南逕白道南，谷口有城，側帶長城，〔五〕背山面澤，謂之白道。自城北出有高阪，謂之白道嶺。嶺上土穴出泉，所謂『飲馬長城窟』者也。芒干水又南逕雲中城北，南達於河。」北史：「魏正光五年六鎮叛，李叔仁與破六韓拔陵戰於白道，敗績。六年李崇討破六韓拔陵別將崔暹，與戰於白道，大敗。崇自白道走雲中，繼又自雲中引還平城，曰：『雲中者白道之衝，賊之咽喉，若此地不全，則并、肆危矣。』因以費穆爲雲州刺史。」高齊天保六年齊主洋自將擊柔然，至白道，留輜重，帥輕騎五千追柔然，及之於懷朔鎮，大破之，至沃野鎮獲其酋長。又隋開皇三年命楊爽等出朔州道討突厥，遇之於白道，擊敗之。五年突厥沙鉢略爲西突厥及契丹所敗困，請渡漠南寄居白道川，隋主許之。十九年高熲等擊突厥，追度白道，踰秦山七百餘里而還。秦山即陰山矣。唐貞觀四年李世勣出雲中擊突厥，大敗之於白道；既復追擊之，踰白道川，敗之於諸真水。又李靖自定襄引兵會世勣於白道，至陰山破突厥部落。十五年薛延陀度漠南屯白道川，據善陽嶺，擊突厥可汗於定襄，可汗入長城保朔州。白道蓋雲、朔之襟要矣。

總秦戍，在府西北境。齊天保七年自西河總秦戍築長城，東至於海。明年又於長城內築重城，自庫洛枝東至塢紇戍，凡四百餘里。北史：「齊前後所築長城東西凡三千餘里，率十里一戍。其要害置州鎮凡二十五所。」〇石輦鐸，在府西北塞外。宋宣和中遼主延禧爲金人所敗，既失西京及沙漠以南，遂奔於訛莎烈之地。金阿骨打自將襲之，前鋒蒲家奴等追及遼主於石輦鐸，大敗之；又追至烏里質鐸，遼主遁去。

樂寧鎮，在府西，隋置戍守處也。開皇十九年突厥達頭寇恒安鎮，趙仲卿自樂寧鎮邀擊敗之。亦曰樂安。唐天復三年河東雲州將王敬暉叛降劉仁恭，克用遣李嗣昭等討之。仁恭遣將赴救，嗣昭退保樂安。又伏遠鎮，在府西北，亦周、隋時戍守處也。隋開皇十九年突厥突利爲其都籃可汗敗於長城下，突利南走至邊，復謀北遁，長孫晟覺之，密遣使入伏遠鎮速舉烽，突利以爲追至，遂馳入鎮，即此。

橫水柵，在府北。唐會昌二年河東奏回鶻烏介入雲、朔，剽掠橫水。胡氏曰：「橫水，柵名也。時置戍以防回鶻。」五代唐改橫水柵爲石門鎮。同光二年黜李從珂戍石門鎮。薛史：「莊宗時吐谷渾白承福附唐，依北山北石門爲柵，賜額爲寧朔、奉化兩府，〔六〕以都督爲節度使授之。」其地即橫水柵也。北山，一作「中山」。

單于臺，杜佑曰：「在雲州雲中縣西北百餘里。」漢武元封元年勒兵十八萬騎出長城，北登單于臺。唐武后永昌初使僧懷義討突厥，行至紫河不見敵，刻石單于臺。元和志云：「臺在西受降城東北。」又李陵臺，一統志：「在雲內州北，高二丈餘。」唐志：「雲中都護府有燕然山，山有李陵臺。」所謂燕然山即陰山耳。○鬭雞臺，在府城東。唐乾符五年雲州兵亂，共迎蔚州刺史李克用於蔚州，克用帥衆趣雲州，至城下，屯於鬭雞臺下。

金陵，在盛樂故城西北。志云：後魏末遷洛陽諸帝皆葬雲中之金陵。正光五年魏主謂：「寇連恒、朔，逼近金陵。」是也。

青冢。在府西北塞外，相傳王昭君冢也。地多白草，此冢獨青，因名。宋宣和五年金將斡離不等襲遼主於陰山，至青冢，遇泥濘不能進，乃以耶律大石爲鄉道，直趨遼主營，執其諸王妃主羣臣，又追至掃里門而還。杜佑曰：「唐金河縣有李陵臺、王昭君墓。」○蘇武廟，在廢雲內州北。正統末乜先挾上皇至小黃河蘇武廟，即此。

懷仁縣，府南六十里。東南至應州八十里。唐雲中縣地，遼析置懷仁縣，因阿保機與晉王李克用會東城，取懷想仁人之義而名。五代史「梁開平初晉王克用與契丹阿保機會於雲州東城」，即此事也。金升爲雲州，元復爲懷仁縣，屬大同路。今編户八里。

清凉山，縣西二十里。舊有磚塔及利國鐵冶。又錦屏山，在縣西南二十五里。舊有瓷窑及鐵冶。○金龍山，在縣西南三十五里。有泉，與馬邑金龍池脈相通，因名。又玉龍山，在城西北四十里。中有七峰，石洞、天橋皆自然之勝。志云：即府西南七峰山之別名也。

三台嶺，在縣北。邊防考：「懷仁城周四里有奇，黄花嶺峙其前，三台嶺擁其後，又有鎮海嚧峪，足以控禦云。」

桑乾河，在縣南，自馬邑縣流入境。其南即山陰縣界也。

海子，縣東十五里，周三十里。其西北有泉，源不可測，居民資以灌溉。〇灰泉，在縣東二十五里。又縣北四十里有神泉。

偏嶺口，縣西南五十里，其北又有大峪、小峪、蘆子、阿毛四口，並爲戍守要地。

西安堡。縣西南四十里。本名西安鎮，接應州界，置驛於此，嘉靖四十年築堡，萬曆二年、二十八年增修，周二里有奇。堡地平漫，爲四通之道。嘉靖二十三年寇由宣府膳房堡入犯應州、懷仁，此地被掠最甚，故設堡於此以備不虞。屬井坪路管轄。

附見

山西行都司，在大同府城内。洪武初建，府界衛所屬焉。又有大同前、後二衛，俱在城内。亦洪武中建。通志：「府西百四十里有白羊城，大同舊衛蓋置此。」

大同左衛，府西南百二十里。明初設，永樂七年、萬曆六年增修，城周十一里有奇。分邊十一里有奇，有黑龍土墩、水源兒墩爲最衝。邊外威寧海子，寇所居也。嘉靖三十七年設兵備使者於此，分堡十四，分邊百二十四里，東起寧夏，西至鐵山堡，爲大同中路。

雲川衛，舊治在府西二百餘里。正統中并入大同左衛。

大同右衛，府西二百里。明初置，永樂二年、萬曆三年增修，城周九里有奇。分邊三十二里有奇，内黑嘴子等口爲最衝。邊外大松樹、舊玉林一帶即屬部駐牧。本城孤懸西北，向來寇騎突犯輒當其衝。九邊考：「右衛西入敵界，南逼通川。嘉靖三十六年俺答攻圍右衛，分騎塞道，衛大困，故將尚表極力拒守，援至始解。」

玉林衛，舊治在府西北三百四十里。正統中并入大同右衛。

陽和衛，府東北二十里。洪武三十一年置，城周九里有奇。〔七〕南有關，累土爲之，内設陽和驛，軍民商賈湊集焉。萬曆三十年增修，又築連城於關西隅，屹爲雄鎮。分邊十九里，内杏園兒、神峪溝、天蓬溝皆極衝，白沙灘次之。〔八〕邊外二十餘里鵓溝等處，即屬部駐牧處也。正統十四年乜先入犯，邊帥朱晟與戰於陽和口，敗没。正德十一年寇入大同，上幸陽和，聞寇圍總兵王勛於應州，親討之，大戰，寇引而西，追至平虜、朔州還。嘉靖七年寇入犯，大掠陽和。二十六年設兵備使者於此，轄衛四、堡七，分邊九十六里有奇，爲大同東路。本路隨地皆邊，向稱衝要，寇犯宣鎮之順聖諸處，天城、陽和其首衝也。

高山衛，府西三十里。宣德元年置於陽和城内，天順六年分置，嘉靖十四年改建今城，萬曆十年增修，周四里有奇。城密邇鎮城，與聚落城爲左右翼云。○聚落城，在府東二十里。天順二年、弘治十三年增築，隆慶六年修葺，周二里有奇。城當四達之衝，西北巘巇而東南平易，寇一邇此則四突縱横矣，故繕城設備爲尤切焉。

天城衛，府東北百八十里。東南至蔚州百五十里。洪武二十一年設，萬曆十三年增修，城周九里有奇。内有鎮虜衛及天成驛。分邊長六里，其水峪口、寺兒墩爲極衝邊。外麻地溝等處即屬部駐牧。衛當東路最衝，嘉靖二十七年寇大舉突犯，衛被犯最劇。志曰：天成、陽和相去六十里，中間有白羊口堡、鵓鴿峪堡，爲往來要地。

平虜衛，府西二百五十里。成化十七年置，萬曆二年增修，城周六里有奇。分邊一十九里有奇。本城北面高山，東西岡阜環遶，險與敵共，隨在皆衝，而大水口諸處尤甚，邊外汾水河一帶即屬部駐牧。嘉靖中岢嵐、應、朔之變，俱從此潰入。嘉靖四年俺答突犯，城乏薪水，幾不克全。議者欲連城據山，削岡闢渠，以爲苞桑之計。邊防考：「平虜城，備邊使者駐此，分堡四。邊墻東起威胡堡界，西至南沙河，長四十七里有奇，是爲大同西路。其地寒苦瘠薄，兵弱戍寡，而寇盜充斥，幾無寧歲云。」

威遠衛。府西百八十里。明初建，正統三年、萬曆三年增修，城周五里有奇。分邊十五里有奇，內大羊坡、雙山兒、小羊坡爲最衝。邊外泥河兒即屬部駐牧處。本城地勢平衍，寇入最易，弘治十三年、嘉靖四十三年、隆慶四年皆由此突犯。邊防考：「嘉靖三十九年以雲內多故，分設威遠路，轄城堡五，〔九〕分邊三十九里有奇。東抵右衛，西至平虜，雖稱輔車，然道路隔越，岡阜崎嶇，拒守不易。」

許家莊堡，府東南九十里。嘉靖三十九年改民堡置戍守，萬曆三十九年增修，周三里有奇。堡當宣、鎮兩鎮之徑道，雖近腹裏，而地勢平曠，嘉靖中嘗爲寇衝。

得勝堡，府北五十里。嘉靖二十年置，萬曆二年增修，周三里有奇。邊防考：「嘉靖十八年設兵備使者駐宏賜堡，轄堡八，分邊起東路之靖虜堡，至北路拒門堡，長九十六里零，三十三年移駐於此，是爲大同北東路，蓋直北之極邊而鎮城之外郛也。堡西即鎮羌堡，爲脣齒之勢。」隆慶五年馬市成，詔設市於威虜堡。俺酋以威虜無水，改市得勝堡，即此。

鎮羌堡，在得勝堡西。嘉靖二十四年置，萬曆二年增修，周一里有奇。今邊長二十二里零，北有洞兒溝、野口等處爲最衝。邊外柳河山、海子等處即屬部駐牧。邊防考：「堡當邊塞首衝，嘉靖二十年敵由此突犯。隆慶五年設馬市於此，尤爲要地。」

宏賜堡，在得勝堡東二十里。嘉靖十八年置，萬曆二年增修，周四里有奇。分邊十九里零，內石燕莊溝、黑石頭溝、水泉溝俱最衝。邊外牛川山即屬部駐牧。嘉、隆中屢爲寇衝，備禦最切。明史：「嘉靖三十年仇鸞咍敵開馬市，市成寇又入邊。已復請市宏賜堡，拒之，寇遂復侵掠。」

鎮川堡，在宏賜堡東二十里。嘉靖十八年置，萬曆十年增修，周二里有奇。今邊長二十里零，內魏家灣、黑石頭溝、鎮山店俱最衝。邊外威寧海南北二岸等處即屬部駐牧。堡地勢平衍，嘉、隆中常爲敵衝云。

鎮遠堡，在得勝東七十里。嘉靖十八年改民堡置戍守，萬曆十一年增修，周二里有奇。分邊長二十一里零，內白石崖、漢舊十墩俱最衝。邊外海子東岸狐山腰、大山一帶，俱屬部駐牧。堡東有採藥山，隆慶中寇闖入至此。

拒墻堡，在得勝西北二十里。嘉靖二十四年置，萬曆二年增修，周一里有奇。分邊十三里零，內蘆草墩、破口墩爲最衝，而鎮夷墩、鶯架墩次之。邊外大蟲嶺諸處即屬部駐牧。邊防考：「堡城挺出邊外，衝要不下鎮羌，而孤危過之。嘉靖二十八年寇犯拒墻堡，大同帥周尚文拒却之。後數由此突犯。兼以土田磽确，仰食內地，每虞不給云。」

鎮河堡，在得勝西南五十里。嘉靖十八年置，萬曆十四年增修，周二里有奇。堡與鎮虜距邊稍遠，爲拒墻、得勝之後援。其鎮虜堡在鎮河東十里，嘉靖十八年築，萬曆十四年增修，周二里有奇。堡地勢卑曠，惟恃拒墻爲外蔽云。

以上共八堡，俱屬北東路管轄。

守口堡，在陽和衛西北十五里。嘉靖二十五年置，隆慶六年增修，周一里有奇。分邊十二里零。邊外威寧海子、黄河套諸處即屬部駐牧。堡爲陽和之肩背，隆慶初寇從此入犯，全鎮告急。後徙市於此，防禦要地也。

靖虜堡，在守口西二十里。嘉靖二十五年置，隆慶六年增修，周二里有奇。分邊十一里零，内碾兒溝、子濠溝諸處爲最衝。邊外柳溝、大尖山諸處即屬部駐牧。堡一望平川，隆慶初虜由沙溝入犯，戒備不可不預也。

鎮門堡，在守口東一十里。嘉靖二十六年築，隆慶六年增修，周一里有奇。分邊十三里零，内大、小鵓鴿峪極衝。邊外鵝溝諸處爲屬部駐牧。嘉靖二十三年俺答犯鐵裹門、鵓鴿峪，宣大督臣翁萬達拒却之。鐵裹門蓋在天成衛南。又二十四年虜由小鵓鴿峪突犯，幸聲援易及，得以無患。然中無井泉，與鎮口、鎮寧等堡俱取資邊外，虜若絶流塞源，則坐困之道也。

鎮口堡，在陽和東北六十里。嘉靖二十五年築，隆慶六年增修，周一里有奇。分邊十三里零，内榆林、水磨等口極衝。邊外乾沙溝諸處即屬部駐牧處。嘉靖間寇嘗由此入犯天成一帶，備禦尤切。

鎮寧堡，在陽和東北八十里。嘉靖四十四年置，隆慶六年增築，周一里有奇。分邊十三里，内威狐口、白羊口極衝。邊外野馬川、回回墓皆屬部駐牧。嘉、隆中寇由李隆溝不時入犯。又地皆沙磧，艱於井泉，若潛以地溝引之，庶無意外之虞。

雲陽堡，在左衛西北二十里，當破胡南北之衝。嘉靖二十七年築，萬曆二十四年增修，周一里有奇。堡東蔽左衛，且爲白羊之羽翼。○牛心堡，在雲陽西北十五里。嘉靖三十七年築，隆慶六年增修，周六里有奇。俱出左、右二衛之中。北有黑龍王等山，重岡疊嶂，敵騎竊伏處也。

紅土堡，在衛西北五十餘里。嘉靖二十七年築，萬曆二年增修，周一里有奇。堡西距右衛僅十五里，迤東則黃土、牛心、雲陽諸堡也。往者右衛被圍，去左衛僅七十餘里，聲援斷絶，故立各堡以備往來者接濟云。○黃土堡，在左衛西北四十三里。嘉靖四十七年築，萬曆十六年增修，周一里有奇。堡地勢平衍，寇騎易於蹂躪。已上十一堡，與左、右、雲、玉四衛俱屬大同中路管轄云。

助馬堡，府西北百里。嘉靖二十四年築，萬曆初增修，周二里有奇。分邊二十里零，内小振遠等墩極衝。邊外源城兒一帶即屬部駐牧。堡設在極邊，東接拒門等堡，西連保安，所謂外五堡也。迤東地勢平易，虜每突犯。其馬頭山迤西邊在山内，無險可恃，隆慶以後置市於此，皆爲衝要。邊防考：「嘉靖二十六年應州參將移駐於此，轄堡九，分邊自北東路之拒墻堡至中路之破胡堡，長七十七里，是爲大同北西路，所以增左衛之援，厚全鎮之防也。」○彌虜堡，在助馬堡西二十餘里。嘉靖二十二年築，四十二年修，萬曆二年增築，周二里有奇。分邊四里有零，内中口墩極衝。邊外豐州、云内一帶俱屬部駐牧處。堡外控保安諸堡，内蔽左衛、雲西，東與破虜接，但地勢平易，彼由助馬、保安而入，長驅之勢，不可不慮也。

保安堡，在助馬西十餘里。嘉靖二十四年築，萬曆初增修，周一里有奇。分邊十四里零，内雙溝子、舊八墩子梁、五墩子梁，俱極衝。邊外界牌溝、九龍溝、玉林城一帶俱屬部駐牧。堡設在衝邊，地勢平衍，倘一失守，高山、左衛而南俱無寧宇矣。○威虜堡，在助馬堡西四十里。嘉靖二十一年置，萬曆初增修，周二里有奇。分邊十一里零，内雙井、雙溝等處最衝。邊外東寺溝、花子山、齊頭山及禿墩一帶俱屬部駐牧。嘉靖中寇嘗由青北塔入犯。堡地勢平曠，易於馳突，設在西南極邊，距左衛五十餘里，亦障蔽要地也。

拒門堡，在助馬東十餘里。嘉靖二十四年築，萬曆初增修，周一里有奇。分邊十五里零，内威寧海等處最衝。邊外水泉兒灘、周家嶺一帶即屬部駐牧。又堡東有彌陀山，寇嘗困我兵於此。堡孤懸邊外，備禦尤切。○寧虜堡，在助馬堡西五十里。嘉靖二十一年築，萬曆初增修，周二里有奇。分邊長十一里零，内喜鵲墩極衝。邊外土城及傳家嶺、氊帽山一帶俱屬部駐牧。嘉靖中虜不時入犯款塞，後設市場於此，亦衝要處也。○荷虜堡，在助馬堡西南二十里。嘉靖二十二年築，萬曆初增修，周二里有奇。舊爲極衝，自增建五堡，稱爲腹裏。土田饒衍，宜於耕植，但地勢平曠，難於要截。

雲西堡，在助馬堡西南五十里。嘉靖三十七年設，萬曆二十四年增修，周一里有奇。堡西連左衛，東接高山，敵寇必經之地，雖近腹裏，亦要區也。

雲岡堡，在助馬堡南四十里。邊防考：「雲岡有新舊二堡，嘉靖中以舊堡地形卑下，北南受敵，因築新堡於北崖，移官軍戍守。仍存舊堡，〔一〇〕以便行旅。二堡俱土築，各周一里有奇，東通鎮城，西通左衛，爲雲西孔道。賊每由此突入，道路爲梗。新城既築，有險可據。且鎮城所需煤炭俱仰給於此，有驚，據險守，可稱保障。」以上九堡，俱屬大同北西路管轄。

迎恩堡，在平虜衛西北四十里。嘉靖二十三年築，萬曆初增修，周一里有奇。分邊十里零，内鎮川墩最衝，老鸛咮次之。邊外泥河兒一帶即屬部駐牧，往往由此入寇。嘉靖中石州之禍，此爲難治。欵塞後設小市場於此，亦防禦要處。

敗胡堡，在平虜衛北四十里。嘉靖二十三年築，隆慶六年增修，周一里有奇。分邊八里零，内鎮川墩、泉兒溝最衝。邊外灰河一帶及長勝墩迤北，俱爲寇境。嘉靖中寇由此入犯朔州一帶，爲衝險之地。

瓦窑口堡，在陽和衛東北九十里。嘉靖三十年築，隆慶六年增修，周一里有奇。分邊七里，内東烟墩極衝。嘉靖中寇由宣府膳房堡入，由此堡出。邊防考：「堡當咽喉，爲新平孔道，有嵎谷門可以設伏，倘新平疎虞，此猶可控拒也。」

永嘉堡，陽和衛東百五十里。嘉靖三十七年設，萬曆二年增修，周二里有奇。堡設在邊内，與宣鎮李信屯相犄角，地廣人稀，嘉靖二十八年寇由此犯。已上共七堡，與陽和、天成、高山、鎮虜四衛俱屬大同東路管轄。

新平堡，在陽和衛東北百餘里。嘉靖二十五年置，隆慶六年增修，周三里有奇。分邊十八里，内水泉兒溝、榆林縣川爲極衝。邊外小石城、榆林舊縣俱屬部駐牧。堡建於山後，東接宣鎮西陽河，南接瓦窑溝、天成衛，嘉隆中屢爲寇衝，歸欵後設市口於此，亦要地也。邊防考：「大同東路舊邊自鎮寧堡縮而南，與宣鎮李信屯相聯，不惟邊垣迂遠，且皆架堆。及嘉靖二十五年展拓而北，與宣鎮西陽河相接，境土益闢，夷酋遠徙，爲計甚便。西就東路分駐新平路參將，轄堡四，分邊四十六里零。本路孤兒口外備禦最切。邊外有楡林舊縣，距新平山數十里，遺址猶存。議者謂宜恢復，以壯肩背之勢。」

平遠堡，在新平東南四十里。嘉靖二十五年築，隆慶六年增修，周二里有奇，分邊十二里零，內大紅花林極衝。邊外紅花林、回回墓、頭二道、興可水、白海子俱屬部駐牧。嘉靖中寇由此入犯宣鎮、紫溝諸處，蓋東路要地也。

保平堡，在新平西二十里。嘉靖二十五年設，隆慶六年增修，周一里有奇。分邊七里零，內平胡墩極衝。邊外腰火兒諸處即屬部駐牧。堡建在山後，嘉靖三十七年寇由此入犯，亦備禦要地。

樺門堡，在新平東二十里。萬曆九年設，十九年增修，周不及一里。分邊九里零，邊外發放牌、插溝及舊楡林一帶俱屬部駐牧。堡設在山坪，寇犯瓦窑溝，此其必經之地也。以上四堡俱屬新平路管轄。

馬營河堡，在右衛西北十餘里。萬曆元年土築，周不及一里。分邊五里零，內十水口最衝。邊外舊楡林城迤西一帶，即屬部駐牧。○破胡堡，在右衛東北三十里。嘉靖二十三年、萬曆二年增修，周二里有奇。分邊四里零，內平梁、鎮静二處極衝。邊外大松樹山、豐州舊城、寧海、雲川城一帶，皆屬部駐牧處。又堡東有黑龍山，崇巖深谷，易於藏伏，嘉靖中寇由此突犯。○殘胡堡，在右衛北三十里。嘉靖二十三年築，隆慶六年增修，周一里有奇。分邊十五里零，內東鶯、北塔、首陽、林兒極衝，芹菜坡諸處次之。邊外沙城一帶及歸化城、昭君墓俱屬部駐牧。嘉靖中嘗苦寇掠。此堡與破胡並爲右衛羽翼，田土沃饒，耕屯可恃云。

殺胡堡，在右衛西北四十里。嘉靖二十三年置，萬曆三年增修，周二里。分邊二十里零。堡逼近寇巢，兔毛河直通塞外，川原平衍，便於長驅，往往由此入犯。古道溝、新水口等處俱極衝。邊外歸化城、昭君墓即屬部駐牧。隆慶五年設市場於此，爲往來之孔道。

馬堡，在殘胡堡東。嘉靖二十五年設，萬曆初增修，周一里有奇。分邊十里零，内山前溝、二道溝、虎頭墩、駝山、雙溝子最衝，而山前墩尤甚。邊外接昭君墓、豐州諸處，嘉靖中數爲寇患。

鐵山堡，在左衛西七十里。嘉靖二十八年築，萬曆二年增修，周一里有奇。分邊十里零，内雙墻墩極衝，孔家半坡、鶯黎稍次之。邊外小松山、長溝諸處即屬部駐牧。嘉靖中爲寇殘毁，復加修葺，遂以鐵山名之。北望右衛，南接雲中路諸堡，亦衝要之地也。

三屯堡，在左衛北。隆慶三年土築，萬曆二年增修，周不及一里。分邊亦僅一里零。邊外土城一帶即屬部駐牧。堡雖臨邊，而山險足恃，左衛之屏障也。〇阻胡堡，在平虜西北六十里。〔二〕嘉靖二十三年築，隆慶六年增修，周一里有奇。分邊八里零，内寺兒墩極衝。邊外乾河溝即寇境。堡孤懸極塞，路當險要，嘉靖十九年寇由此入犯石州一帶，三十二年由此犯岢嵐一帶，所當力爲防禦，以西當偏頭之衝，南扼雁門之險者也。以上三堡俱大同西路管轄。

雲右堡，在威遠西北四十里。舊堡今在堡東南，嘉靖三十八年築，山高無水，離邊尚遠不便。萬曆十年改築於王石匠河，即今堡也。周一里有奇。分邊十四里零，白鎮墻等墩極衝。邊外馬耳山、長溝一帶即屬部駐牧處。堡地勢平曠，又置市場於此，密連市口，轉輸之資，藉於威遠，道路崎嶇，不無孤懸之慮。

威胡堡，在威遠衛西北六十里。嘉靖二十三年築，萬曆九年增修，周一里有奇。分邊十里零，内五谷烟、徐四嶺極衝。邊外响水河、大營盤一帶即屬部駐牧。堡地當絶塞，舊爲寇衝，備禦尤切。

威平堡。在威遠西三十里。嘉靖四十五年築，萬曆初增修，周一里有奇。二十二年又築土堡一座，與此相接。堡近腹裏，稍近威遠、平虜之中，亦威遠應援所係也。○祁家河堡，在威遠東南五十里。嘉靖四十一年築，萬曆初增修，周二里。西藩威遠，東蔽左衛，爲往來接濟之處。以上四堡俱威遠路管轄。〔三〕

渾源州，府東南百三十里。東至蔚州二百十里，東南至北直定州五百里，西南至大同府代州二百七十里，西至應州百五十里。

戰國時趙地。秦屬鴈門郡，兩漢爲鴈門、代二郡地。晉屬新興郡，後魏屬神武郡，隋屬鴈門郡，唐屬雲州，五代唐屬應州，遼因之。金貞祐二年置渾源州，元至元四年以州治恒陽縣省入。明初亦曰渾源州。編户十一里。

州恒岳聳峙，羣峰回環，控據深險，東偏之保障也。

恒陽廢縣，今州治。本漢平舒、崞二縣地，唐末置渾源縣，以川爲名。後唐屬應州，金置州於此。元初改縣曰恒陽，至元初以縣并入州，今因之。州城周四里有奇。

班氏城，在州西北。漢縣，屬代郡，後漢末廢。俗謂之去留城。水經注「如渾水南流經班氏城東」，即此。○狋氏城，在州東。孟康曰：「狋氏讀曰權精。」漢縣，屬代郡，後漢末廢。十三州志：「縣在高柳南百三十里，灅水經其北，俗謂之苦力干城。通志：「州西四十里有古崞城。」未知所據。

恒山，州南二十里，即北岳也。志云：恒山之頂名天峰嶺，嶺下建北嶽觀，觀側有飛石窟，上建后土祠鎮之。觀前風如虎吼，名虎風口。距東南五十里有夕陽巖，旁有潛龍泉、通元谷，巖東面有碧峰嶂，東南有古老嶺，嶺下有白虎峰。其初入山之徑曰步雲路，行數里爲望仙嶺。東半巖有集仙洞，東北有紫芝峪，西南有石脂岡。又有玉華峰，北去州十里，峰巒高秀，形如削玉。此皆州境恒山之勝也。詳見北直名山。

龍山，州西南四十五里。一名封龍山，夏時雨過，山氣上騰如龍，因名。其東北五里爲玉泉山，以山出泉如玉也。又有柏山，與龍山東麓相連。山高多柏，亦曰柏梯。宋朱弁渾源城記：「南山層巒疊巘，林木深蔚，柏梯凌峙於其北，中有香爐峰特起屹立，此柏梯之奇觀也。又有惠嶺，在柏山東北。秀麗可愛，亦曰秀麗峰，下有黑龍池。又東有五峰山，以五峰如削而名。」志云：五峰山在州東是也。○晝錦山，在州西北二十五里。其相連者曰馬鞍山。

翠屏山，在州南四十里。志云：在恒山之南，以秀麗如屏而名。又州東南六十里有孫臏山，上有孫臏寨。山之西麓又有龐涓寨，相距數里。舊嘗聚兵守禦於此，後人訛以孫臏、龐涓爲名也。

桑乾河，在州北。自應州流入界，又東入廣昌縣境。

渾源川，在州西北十里。源出州西南嘆吐峪，分流至州東北匯爲大澤，西流至城北五里之神溪，溪中有孤石方一畝，高一丈，水經其下曲折流，西北入於桑乾河。○崞川，在州西北。流經懷仁縣西安堡入桑乾河。

滱水，在州東南。志云：在恒山南七十里，或曰即職方所云嘔夷水也。發源州東南五十里槍峰嶺，經靈丘、廣昌二縣境，出倒馬關入北直唐縣界謂之唐河。

亂嶺關，州東四十里。路通蔚州，明初置巡司戍守。又大寨頭關，在州西南百十里，東南連紫荆關。洪武九年置蔡家峪巡司於此。

磁窑口。州南十七里恒山右協。路通靈丘縣，洪武初置巡司。其西八里有李峪口，西南十里又有大、小凌雲二口，南通代州北樓口。嘉靖中邊臣楊博言：「州南磁窑諸口，驛馬、銀釵諸嶺，天設險阻，爲紫荆、倒馬外籓。」是也。銀釵嶺，見靈丘縣。○王家莊堡，在州東五十里。本王家莊馬驛，嘉靖十九年築堡，周二里有奇。又東南與靈丘縣接界，山路崎嶇，亦控扼之所也。

應州，府南百二十里。東至渾源州百五十里，南至太原府代州百八十里，西至朔州二百三十里。

戰國時趙地。秦屬鴈門郡，兩漢因之。晉爲新興郡地，後魏爲神武郡地，隋屬朔州，唐爲雲州地。五代唐置應州，天成初又爲彰國軍，遼以後因之。明初仍爲應州，以州治金城縣省入。編户二十里。領縣一。

州南控鴈門，北接雲、朔，地勢平衍，易于馳突，守禦要區也。

金城廢縣，今州治。本名金鳳城，後唐明宗生於此，因置金城縣，爲州治。或曰舊城在今治東十里，李克用遷金城於天王村，即今治也。明初廢。邊防考：「州城舊係土築，隆慶六年增修，周六里有奇。」

沃陽廢縣，在州西南。魏收志：「天平二年置善無郡，領善無、沃陽二縣。」後齊廢。沃陽，即漢善無縣地也。

洼陶廢縣，在州西。漢志：「洼陶，鴈門郡屬縣也。」孟康曰：「洼讀注。」後漢仍屬鴈門，晉因之。或曰晉時移治陘南，仍舊名耳。後廢。水經注：「夏屋水，出夏屋山東溪，西北流入桑乾河枝水，〔三〕又東流結爲南池，池北對洼陶故城，故名，又東北注桑乾水。」今夏屋山見代州。

龍首山，州東北三十里，與雲中南山相接；又鴈門山，在州西南，與代州北山相接；兩山相望，故州以應名。○龍灣山，在州南四十里。亦名南山，上有龍池。稍南爲茹越口，接代州繁峙縣界。

黄花嶺，州西北三十里。又南去山陰縣四十里即黄瓜堆也。詳見大同縣。

桑乾水，在州北。自山陰縣流入境，又東入渾源州界。又大、小石峪水，自州南山中流出，至州西舊城外合入桑乾河。

北婁口，州東南四十里。今爲北樓口堡，屬代州繁峙縣。又黄沙口，在州東南六十里，北接牛槽峪。一統志：「北婁口東有黄沙、徐峪、康峪三口，其西則有牛槽、大石、小石三口是也。」

大石口，州南三十里，亦與代州繁峙縣接界。宋雍熙三年潘美與契丹戰，大敗於飛狐，〔四〕楊業引兵護雲、應、寰、朔吏民内徙。時耶律斜軫已陷寰州，勢甚盛，業遇之，欲領兵出大石路直入石碣谷以避其鋒，護軍王侁不可，欲從鴈門北川中而往。業不得已，遂自石硤路趣朔州，軍敗死之。石硤路，今崞縣石硤口是也。又小石口，在州西南三十五里。今爲小石口堡，亦屬繁峙縣界。

茹越口，州南四十里，亦南接繁峙縣，其西接胡峪口，舊俱設巡司戍守。今改置茹越等堡，屬山西鎮。其間又有時峪、箭桿峪、明樞峪、狼峪、神堂峪、水峪、馬峪等一十三口。

安邊鎮。在州東。舊志云：州有三岡、四鎮。三岡者，城東爲趙霸岡，城西爲黄花岡，城南爲護駕岡。四鎮者，城東爲安邊鎮，城南爲大羅鎮，城西爲司馬鎮，城北爲神武鎮。元人所稱「三岡四鎮護金城」者也。

山陰縣，州西六十里。西北至馬邑縣百五十里。漢陰館縣地，唐爲馬邑縣地。遼置河陰縣，屬朔州，尋屬應州。金大定七年改爲山陰縣，貞祐二年又升爲忠州。元至元二年廢入金城縣，尋復置山陰縣，屬應州。今編户七里。

黄昏城，在縣北。亦曰日没城。水經注：「黄昏城東有日中城，又東有早起城，亦曰食時城，在黄瓜阜北曲中。」志云：懷仁縣南三十里有雞鳴城，即早起城也。俱後魏孝文所築。○山陰故城，通志云：「在縣西南十五里。」亦名忠州城。邊防考：「今縣城即故河陰城也，明永樂三年築土城，周四里有奇，隆慶六年增修。縣境八嶺環拱，二河襟帶，然無險可恃，耕植頗艱。嘉靖間敵由宣鎮大石梁入寇，又由鎮城西下，幾爲所陷。」

黄花山，縣北四十里。即黄瓜堆也，亦曰黄花嶺。水經注：「桑乾水東南逕黄瓜阜西，又屈逕其堆南，徐廣云『猗盧廢嫡子曰利生於黄瓜堆』者也。」詳見大同縣。○復宿山，在縣南三十五里。亦名佛宿山，山下有何家泉。又龍門，在縣南三十里。亦名隘門。上有御射臺，後魏文帝嘗較射於此。

桑乾河，在縣北。自馬邑縣流入縣界，與懷仁縣分境，〔一五〕又東入大同縣及應州界。○黄水河，在縣城西。出龍灣峪口，東北流至應州西北八里注於桑乾水。志云：縣南八里有西伯渠，嘉靖中開此東注伯泥河而入於桑乾，以殺復宿山諸峪水漲之害。

龍灣峪口。在縣西南四十里，南通代州水峪口。其東有五人、盆子、沙家、赤石四峪，俱南通代州吴峪口。其西有東寺、西寺、白樹、棘料、石門等峪，皆隘險處也。後俱塞。又有寬峪、水峪二口，嘉靖中改置城堡，屬山西鎮代州東路戍守。

附見

安東中屯衛。在州治東北。洪熙初自朔州調置於此，轄左、右、中、前、後五千户所。其中、前二所分守渾源州，後所守懷仁縣，左、右二所俱附衛。○山陰守禦千户所，在縣治東。宣德三年置。

朔州，府西南二百八十里。南至太原府代州百四十里，西南至太原府岢嵐州二百二十里，西北至大河二百五十里。

戰國時燕地，括地志「趙李牧滅襜襤，降林胡，今朔州地也」，蓋以州爲趙地。秦爲鴈門、代二郡地。漢初屬韓國，尋屬定襄、鴈門二郡。後漢屬雲中、鴈門二郡，建安中爲新興郡地。通典：「漢末匈奴侵邊，自定襄以西盡雲中、鴈門之間遂空。建安中魏武集荒郡之人立新興郡。」晉懷帝時，劉琨表以鮮卑猗盧爲大單于，封代公，徙馬邑，即其地也。後魏爲懷朔鎮地，遷洛後爲朔州地，又置桑乾、神武二郡。後齊改桑乾曰廣寧，神武曰太平，並屬朔州。五代志：「後齊置朔州於馬邑城，亦謂之北朔州，控禦突厥，士卒强勇，爲齊重鎮。」武平七年周師克平陽，齊主攻圍不克，敗奔晉陽，欲向北朔州是也。明年周平齊，以齊降將封輔相爲北朔州總管，州將趙穆等拒之，而迎定州刺史高紹義，引兵南出，爲周所敗，奔突厥。後周郡廢。隋開皇初置朔州總管府，大業初府廢，改州爲代郡，尋又改爲馬邑郡。唐復置朔州，天寶初改馬邑郡，乾元初復故，天祐末改置振武軍於此。遼改軍爲順義軍。宋宣和中日朔寧府，金仍爲朔州，元屬大同路。胡三省曰：「元朔州置順義節度，領鄯陽、窟谷二縣，而馬邑則仍置固州。」蓋元初所置也，今志不載。窟谷，見前静樂縣。明初以州治鄯陽縣省入。編户八里。領縣一。

州西距洪河，北臨廣漠，壯鴈門之藩衛，爲雲中之唇齒，屹然北峙，全晉之距防也。

鄯陽廢縣，今州治。漢爲馬邑縣地，屬鴈門郡。後漢末爲新興郡地，尋廢。後齊於此置招遠縣，爲廣安郡治。隋初郡廢，大業初改縣曰鄯陽，州郡皆治此。唐因之。遼改曰鄯陽，金、元仍舊，明初省。今州城洪武三年因舊址改築，萬歷十五年增修，周六里有奇。

馬邑城，舊志：在州東北，相傳秦時所築。漢初韓王信自晉陽請治馬邑，既而爲匈奴所圍，遂以馬邑降。後信平，復爲馬邑縣治。後漢永和五年中郎將張耽等敗南匈奴於馬邑。晉移置於陘南，仍屬鴈門郡，後廢。高齊於故馬邑城置北朔州，治馬邑縣。後周亦爲朔州治。隋初因之。開皇二年突厥入寇，李充敗之於馬邑。大業初改置鄯陽縣，馬邑并入焉。

寧遠城，州西八十里。宋所置寧遠寨也。熙寧初詔李宗詠往河東修寧遠寨。後没於遼，置寧遠縣，屬朔州。金改屬武州，元省。○鎮威城，〔一六〕在州西南。宋置戍於此，與遼人分界處也。靖康元年夏人取武州地，攻鎮威城陷之，既而復爲金有。又寧邊城，在州西。志云：城西北至東勝州三百里。本名唐隆鎮，遼置寧邊州、鎮西軍於此，不領縣。金增置寧邊縣爲州治，元省。其地半入武州，半入東勝云。

神武城，在州東南。後魏置神武郡於桑乾水上，領尖山、樹頹二縣。後齊改郡曰太平，後周郡廢。隋改尖山曰神武縣，屬朔州。唐廢入鄯陽縣，元和四年沙陀朱邪執宜隨范希朝鎮河東，希朝處沙陀餘衆於定襄州，於是執宜始保神武川之黄花堆。卒，子赤心嗣。薛居正曰：「神武川在應州境内。」黄花堆，見前。○樹頹城，在州南。水經注：「樹頹水出沃陽縣東山下，西南流右合誥升爰水，其水左合中陵川。」後魏置樹頹縣，屬神武郡，齊廢。樹頹，魏收志作「殊頹」。

桑乾城，在州東。隋志：「後魏置桑乾郡，後齊改置廣寧郡，後周郡廢。隋爲桑乾鎮。」大業十三年劉武周據馬邑，鴈門太守陳孝意等討之，圍其桑乾鎮，爲武周所敗。又廣寧城，或曰在桑乾郡城東南。魏收志：「廣寧郡屬朔州，領石門、中川二縣，孝昌以來寄治并州界。」後齊蓋因舊名改桑乾爲廣寧云。

桐過城，在州西。漢縣，屬定襄郡。過音戈。後漢末廢。冀州圖：「雲州西五十里即桐過城。」誤。○楨陵城，在州西北。漢縣，屬雲中郡，西部都尉治焉。漢志注：「縣西北有緣胡山，其西即大河所經也。」又沙南城，在楨陵東南。亦漢縣，屬雲中郡，後漢末廢。

沙陵城，在州西北，志云在楨陵廢縣東。其相近又有咸陽廢縣，俱漢縣，屬雲中郡，後漢末省。○赤城，在州西北。水經注：「河水自雲中楨陵縣南過赤城東，又南過定襄桐過縣西。」是也。晉太元十六年，魏賀蘭部内亂，魏主珪與後燕共攻之，慕容麟擊賀訥於赤城，擒之，即此地也。北魏登國三年幸東赤城。又泰常八年築長城於長川之南，起自赤城，西至五原，延袤二千餘里，以備柔然。

駱城，在州北。漢置駱縣，屬定襄郡，後漢末廢。俗謂之大洛城。晉義熙九年北魏主嗣如定襄大洛城，即此。○蘭池城，在州西北。續漢志雲中郡沙南縣有蘭池城。順帝鴻嘉末烏桓寇雲中，圍度遼將軍耿曄於蘭池城，即此。

秀容城，在州北境。括地志：「秀容在漢定襄郡界。後魏置秀容郡及縣於此。」晉太和十九年西燕慕容永爲慕容垂所攻，請救於拓跋珪。珪遣拓跋虔等帥騎東渡河，屯秀容以救之。隆安二年拓跋珪以秀容川部長爾朱羽健從攻晉陽、中山有功，環其所居割地三百里以封之是也。後立秀容護軍於汾水西北六十里，徙秀容之人居之，因以此爲北秀容。今詳見忻州。

定襄城，州北三百八十里。括地志：「漢置定襄郡於此。北魏之雲中郡也，城東四十里有後魏雲中宮。隋開皇五年置雲州總管府，十九年改立突厥突利爲意利珍豆啓民可汗，於朔州築大利城以處之。大業初改置定襄郡，治大利縣。」元和志：「大利城即隋文帝所築，以處突厥啓民可汗者。武德二年突厥入據定襄，貞觀三年李靖襲破突厥於定襄是也。十四年遷置定襄縣於恒安鎮，此城遂廢。」唐紀：「貞觀十三年復立突厥阿史那思摩爲可汗，使統其部衆，十五年思摩始建牙於故定襄城，即此城也。」亦謂之北定襄。宋祁曰：「古定襄城其地南大河，北白道，畜牧廣衍，爲龍荒最壤。」

武州城，州西百五十里，南去岢嵐州百十里。戰國時趙之武州塞也，漢爲武州縣，屬鴈門郡。武帝元光二年王恢誘匈奴入馬邑，匈奴遂入武州塞，未至馬邑百餘里，知漢有伏兵，還出塞。後漢末縣廢。後訛爲武周。魏主燾破柔然、高車，勅勒諸部皆來降。其部落附塞下而居，自武州塞以西謂之西部，以東謂之東部，依漠南而居者謂之北部。

崔浩曰：「平城首西百里有武州城，恐非漢之故城矣。」魏收志武州縣屬代郡。隋省入朔州雲内縣。唐武德七年突厥寇代州之武周城。續通考：「善陽縣有武周塞。」遼於此置神武縣，屬朔州，重熙九年置武州治焉，亦曰宣威軍。金人省縣入州，元因之，明初廢。其故城周五里有奇，鎮西衛分軍戍此，爲屯留堡。志云：武州有八館地，遼置館舍於此，因名。宋靖康初夏人因金人内侵，乘虚晝取河外武州等八館地，即此。

懷朔城，魏收曰：「即漢五原郡。」今榆林鎮，故豐州也。杜佑曰：「在朔州北三百餘里。漢五原郡也，後魏六鎮之一。魏孝文帝太和十八年如懷朔鎮，又如武川鎮，如撫宜鎮，復如柔玄鎮。胡氏以爲此六鎮自西徂東之次第。正始初柔然侵魏之沃野及懷朔鎮，詔原懷出行北邊。懷還至恒、代，按視諸鎮左右要害可以築城置戍之處，欲東西爲九城，儲積糧仗，爲犬牙相救之勢，使遊騎之寇終不敢攻城，亦不敢越城南出。從之。正光四年，沃野鎮民破六韓拔陵畔，其黨衛可孤圍武川鎮，遂攻懷朔鎮。既而武川陷，懷朔亦潰。孝昌中改置朔州，併置大安郡。其後荒棄，以朔州寄治并州界。魏收志大安郡領狄那、捍殊二縣，是也。後齊廢。今詳見故豐州。

翠峰山，州西南七十里。東連石碣峪，北接馬駿山，南通寧武軍山口，西至陀羅臺，山盤踞二百餘里。或謂之西山。晉太元十二年，後燕慕容楷等擊伐叛帥劉顯於鴈門，顯奔馬邑西山，即此。○燕京山，在州南百二十里。即管涔山也，與太原府静樂縣接界。志云：州西南百餘里又有東靈山，在舊武州境。

族蠡山，在州北境。隋開皇十九年，遣高熲等分道出朔州伐突厥。熲以趙仲卿爲前鋒，遇突厥於族蠡山，大破之；追至乞伏泊，復破之；追度白道嶺，踰秦山七百餘里而還。又大芹山，亦在州北塞外。隋開皇二十年，史萬歲出朔州道討突厥，至大芹山與敵遇，馳擊破之，遂北入磧數百里而還。○閭門山，在州北境。唐會昌二年回鶻烏介可汗部落潰散，將餘衆駐牙於大同軍北閭門山，即此。

折敷嶺，在州西北塞外。北魏孝昌初恒、朔叛亂，元深在朔州，使于謹招西部鐵勒酋長乜列河等詣深降，深欲引兵出折敷嶺迎之，即此。通典作「折敦嶺」。○惡陽嶺，在州北。唐貞觀四年李靖討突厥，自馬邑進屯惡陽嶺，夜襲定襄破之。胡氏曰：「惡陽嶺在定襄古城南。」又有善陽嶺，在白道川南。

陳家谷，在州南。宋雍熙三年楊業自應州石硤路趣朔州，與護軍王侁等期會於陳家谷口。既而業與契丹耶律斜軫戰，敗趣狼牙村。侁不得業報，登托邏臺望無所見，以爲契丹敗退，欲争其功，領兵離谷口，緣交河西南而進，行二十里，聞業敗，即却走。業轉戰至暮，至谷口之托邏臺死焉。狼牙村，或曰即今州西南十八里之洪崖村。交河，一作「灰河」。陳家谷亦南通忻、代二州之道也。○臘河谷，在州西北。唐武德七年高滿政以馬邑來降，既而苑君璋復引突厥來寇，滿政破之於臘河谷。

黄河，在廢武州西北二百五十里，與陝西榆林衛接境。

灰河，州南三里。源出寧武軍山口，北流至洪崖村伏流十五六里湧出，經城南至馬邑縣入桑乾河。水經注「馬邑川會桑乾水而注濕水」，即此河矣。○七里河，在州北七里，東南合灰河。又州西北之下峪有臘河，東南流入於桑乾河。

彌澤，在州西南。晉太和十二年拓跋珪會後燕慕容麟擊劉顯於彌澤，破之。又魏主宏太和九年如彌澤，登牛頭山。

胡氏曰:「俱在馬邑南。」

安衆塞,在州北。唐會昌三年回鶻烏介可汗犯塞,振武節度使劉河與天德將石雄出雲州走馬邑,抵安衆塞,遇敵與戰,敗之。又保大栅,在州西北。唐會昌三年回鶻將嗢没思來降,賜姓名李思忠,屯保大栅,擊破回鶻烏介可汗兵,即此。○大狼水寨,在州西。宋景德元年知府州折惟昌自火山軍入契丹朔州界,前鋒破大狼水寨是也。

寧武軍口,州南百二十里。即代州崞縣之寧武關也,亦南連静樂縣界。有分水嶺。又神池口,在井坪所西南九十里。正統十三年置巡司於此。又州境有堡子巡司。○答剌海子口,在州西北塞外,明洪武初朔州巡警陳德敗元於此。

深井戍。在州西北。後魏孝昌二年西部勑勒斛律洛陽反於桑乾西,爾朱榮擊破之於深井是也。又萬壽戍,在州北塞外。隋大業四年詔以突厥啓民可汗奉化,宜於萬壽戍置城造屋。或曰萬壽戍即啓民牙帳,煬帝幸此,因名。○杷頭烽,在州西北。唐會昌二年回鶻爲黠戛斯所敗,屯天德、振武北境,河東節度使苻徹修杷頭烽舊戍以備之。志云:杷頭烽北臨大磧,東望雲、朔,西控振武,朔州之要地也。既而回鶻烏介可汗屯杷頭烽北,尋犯烽南,突入大同川,轉鬬至雲州城門,大掠而去。

馬邑縣,州東北四十里。東南至太原府代州百里。本秦縣,屬鴈門郡,兩漢因之。隋爲善陽縣地,唐開元中分置大同軍,復於軍内置馬邑縣,建中間嘗爲朔州治。新唐志:「朔州治善陽,馬燧移治馬邑。」是也。五代梁開平四年晉王存勗於此置興唐軍,天成初改置寰州,領寰清一縣。遼復爲馬邑縣,金貞祐二年改爲固州,元復舊。今編户四里。

大同軍城，即今縣治。亦曰大同川。杜佑曰：「調露中突厥南侵，裴行儉所開置，南去代州三百里。」似軍在今縣北也。又武后大足元年改大同軍曰大武。開元四年拔野固、回紇、同羅、霫、僕固五部來降，置於大武軍北。五年復曰大同軍。司馬氏曰：「開元五年罷天兵、大武等軍，以大同軍爲太原以北節度使，是大武自爲一軍，非即大同矣。」會昌二年回鶻烏介可汗過杷頭烽南突入大同川，轉鬬至雲中城下，即今縣治也。邊防考：「邑城洪武六年築，正統二年、隆慶六年增修，周三里有奇。」嘉靖十九年虜嘗大舉入犯，亦要衝之地也。○廣武城，志云：在縣南八十里，蓋與代州接界。今廣武驛以此名。

洪濤山，縣西北十五里。一名累頭山，㶟水出焉。水經注謂之㶟頭山，水亦曰㶟水也，即桑乾河源矣。或謂之洪濤泉。班志注：「陰館縣有累頭山。」五代志「累頭山在代州鴈門縣」，蓋山與代州接境。通志：「朔州東北五十里有契吴山，與洪濤山相連。」又有雷山，在縣北十餘里。○紫荆山，在縣南五十里。高二十里，連亘數百里，極爲險要。

太和嶺，縣東南六十里，即勾注之别名也。詳見名山勾注。○松子嶺，或云在縣西南。唐武德七年突厥圍馬邑，詔劉世讓自崞城進救，至松子嶺不敢進而還。崞城，今代州崞縣。

㶟水，在縣西。志云：桑乾水自静樂縣之天池伏流至洪濤山下，匯爲七源，曰上源，曰玉泉，曰三泉，曰司馬洪濤，曰金龍池，曰小盧，曰小浦，合爲一流，是爲桑乾河之源，由縣治西東南流入山陰、懷仁縣界。晉咸康五年代王什翼犍會諸大人於參合陂，議都㶟源川。元熙元年魏主嗣觀魚於㶟水。宋景平元年魏主嗣如馬邑觀㶟源。其後太武燾亦嘗西如馬邑觀㶟源。一名治水，又謂之㶟水。○金龍池，在縣西北；其相近者又有盧灣泉；俱流合於桑乾水。

鴈門關，縣東南七十里，與代州接界。詳見名山勾注。○佳吉砦，志云：在太和嶺北口西山上。又有楊六郎砦，在縣西五十里鴈門關北口東山上。

白楊門。在縣北。明初元兵圍大同，李文正出鴈門趣馬邑，進至白楊門，敗其衆，大同圍解，遂進兵東勝州，至莽哥倉而還。莽哥倉蓋在塞外。

附見

朔州衛。在州東。洪武十年置，轄左、右、中、前、後五千户所。○馬邑守禦千户所，在州治東北。宣德五年置。

井坪守禦千户所。州西北百餘里。志云：在府城西南二百六十里。成化二十二年築，隆慶六年增修，周四里有奇。萬歷四年移朔州參將駐此，分轄井坪以下十城堡。邊墻東起西路界，西止丫角山，長三十一里零，内屏鴈、代，東障朔、應，爲西路之險。邊防考：「嘉靖五年小王子突犯，參將李瑾擊敗之，數年不敢窺雲中南界。」隆慶元年叛人趙全言於俺答曰：「晉兵弱，石、隰間多肥羊糧田，可致也。彼藉宣、雲爲援，遠來疲，安能抗我。」俺答乃分六萬騎四道入寇，一入井坪，一入朔州，一入老營，一入偏關，所向披靡，陷石州，攻汾州，分掠平陽、太原之境，三旬始却。井坪實戍守之要也。

第三堡，在井坪所北三十里。嘉靖三十三年築，萬歷初增修，周一里有奇。分邊十三里零，内王家莊、楊家大溝、觀音山俱兵衝。邊外寧邊河、照壁山、黑石等處皆外境也。隆慶中設小市於此，雜相錯伺，而本堡地形漫衍，土性浮脆，邊墻易圮，不可不慮。

將軍會堡，在井坪所西北五十里。舊名白草坪，寇往往由此竊掠。萬曆九年始建土城，二十四年改築，周一里有奇。分邊十七里零，内曹家窊、白羊林、响石溝俱極衝。邊外黑青山一帶即部長駐牧。堡據三城之衝，邊爲兩鎮之要地。

乃河堡。井坪所西南五十里。嘉靖四十五年築，萬曆初增修，周一里有奇。西去老營堡四十里。嘉、隆間寇由此入犯，掠石州、崞縣諸處，蓋老營之兵專保西界，而乃河爲東界，防禦少疏，遂得乘間而入，便爲山西全鎮之禍，堡蓋兩鎮之利害所關也。以上三堡，與朔、應州馬邑、山陰、懷仁及西安堡俱屬大同中路，而分轄於井坪參將云。○顧家店，在乃河堡東二十里。又東與平虜衛接界，亦往來策應之要地也。

蔚州，府東南三百五十里。東北至北直宣府鎮三百里，東至北直易州二百二十里，東南至北直定州三百五十里，南至北直真定府四百里，西南至太原府代州三百六十里。

戰國時趙地，後又屬燕。秦屬代郡，輿地廣記：「蔚州本古代國，趙襄子定代地，武靈王置代郡。」又代北有襘襤之戎，趙李牧滅襘襤，即此。漢、晉因之，後燕時郡廢。晉太元十三年廢代郡，悉徙其民於龍城。後魏爲懷荒、禦夷二鎮地，永安中改置蔚州。魏收志云：「寄治并州鄔縣界。」東魏置北靈丘郡，後周大象二年置蔚州。隋初郡廢州存，大業初州廢，屬上谷郡。唐初復置蔚州，宋白曰：「開元初嘗移治靈丘西南百三十里，西至朔州三百六十里。」天寶初曰安邊郡，乾元初復故。遼曰忠順軍，又改武安軍。宋雍熙三年得其地，復没於遼，仍稱蔚州，尋復曰忠順軍。金亦爲蔚州。

元廢州，以其地屬弘州，弘州今北直宣府鎮廢順聖西城是，在州西北九十里。尋復爲蔚州，屬宣德府。明洪武四年改今屬，以州治靈仙縣省入。編户十六里。領縣三。

州山川險固，關隘深嚴，控燕、晉之要衝，爲邊陲之屏蔽，飛狐形勝，實甲天下。邊防考：「州地氣豐煖，歲收恒裕，居民繁庶，商賈輳集，寇每屬意。又民屬大同，軍屬宣鎮，介兩邊之中，屹爲要區。」

靈仙廢縣，今州治。漢代縣地，屬代郡，後漢末廢。隋末爲安邊縣，唐因之，屬蔚州。新唐書：「開元十二年置安邊縣，治横野軍，至德二載改爲興唐縣。」五代梁改隆化縣，後唐復曰安邊縣。遼曰靈仙縣，蔚州治焉。金、元因之，明初省。州城洪武七年築，高厚完固，因號爲鐵城。周七里有奇。

代王城，府東北二十里。項羽徙封趙歇爲代王，歇還趙，立陳餘爲代王。又漢高六年立兄喜爲代王，此其故城。志云：代王城周二十九里，九門遺址俱存。金波泉發源其北，夾城東南流入於滋水。○雊瞀城，在州東北百里。漢縣，屬上谷郡。讀曰句無。師古曰：「讀轂冒。」後漢因之，晉廢。

天成軍城，在州南。宋白曰：「本名横塞軍，初置在飛狐，後移蔚州，開元六年張嘉貞移於古代郡代王城南，以爲九姓之援。」又謂之横野軍。唐紀：「開元六年移蔚州横野軍於山北，屯營三萬是也。」杜佑曰：「横野軍在蔚州東北百四十里，去太原九百里。」時蔚州治靈丘也。乾元二年徙天成軍合之，而廢横野軍。景福元年李克用擊盧龍李匡威於雲州，匡威敗遁，克用追至天成軍而還。九姓，謂勅勒拔野固等九姓，時皆内附。又有唐所置清塞軍，在天城軍西。本清塞守捉城，貞元十五年改置軍，五代時廢。或曰横野軍開元中蓋徙於順聖西城之地。

定安城，州東十七里。遼志云：「漢東安陽縣地，屬代郡。遼置定安縣，屬蔚州。」金貞祐二年升爲定安州，元復爲縣，明初省。

五臺山，州南三十里。山麓綿延，西南與代州五臺縣相接。詳見名山。○九宫山，在州東南三十里。金章宗嘗避暑於此，因名。有九宫口，路通易州，置巡司於此。又東南二十里有永寧山，亦金章宗遊獵處，有永寧山口。

倒剌山，州東七十里。以山巖層峻而名。一名雪山，又名太白山。志云：太白山在州東南三十里，上有奇石形如馬頭，俗謂之馬山。其西五里又有三奇石儼如三仙，因名靈仙山，五代唐以此名縣。○玉屏山，在州西北六十里。又西北二十里有襄山，兩山相接。又西即應州界也。又有人頭山，在州北百二十里、天成衛南三十里，以形似名。

横谷，在州西北。漢高十一年樊噲破陳豨朔騎於横谷，即此。志云：州東南六十里有松子嶺，又州西北百五十里有平頂嶺，路通大同、宣府，永樂十三年置巡司於此。

桑乾水，在州西北。自廣靈縣流入境，又東北流入北直保安州界。○葫盧水，在州城北。其水上槽狹下流闊，因名。其上流即廣靈之豐水也，〔一七〕下流注於桑乾河。或以此爲嘔夷河。

滋水，在州西南三十里。其上流即廣靈縣之壺流河也，東流經此，地名南馬莊，有流水泉，金時民競争利，鑄鐵板一片，十竅，分流灌田，與滋水合，又東北注於葫盧河。○暖泉，在州西三十里，其水夏涼冬温，資以灌溉；又四十里有飲馬泉；俱流注於滋水。

隘門關，州西南四十里。今名石門口，路通靈丘、廣昌二縣，宋置戍守於此，明初置巡司。其東有𪊨峪，路通廣昌縣。○五叉山口，在州西北三十里五叉村，路通大同府；又神仙口，在州北五十里蘆子澗，路通保安左衛；皆蔚州衛官兵戍守。

鴛鴦口，州東七十里，近壺流河。兩山相峙，狀如鴛鴦，路通保安右衛。永樂十三年置巡司於此，今革。○興寧口，在州東北百二十里。路通宣府、大同，永樂十三年置巡司，天順中徙置於北口關，即興寧北口也。又美峪口，在州東百二十里，以山巖秀麗而名。路通北直保安州，直抵居庸關，永樂十三年置巡司於此，十六年徙置董家口，即今保安州美峪所。

雙塞。在州境。正統十四年親征，至大同東還，次雙塞，議從紫荆關入，既又轉從宣府，遂有土木之變。又長塞鎮，在州西南。唐戍守處也。○洗利機臺，在州北境。嘉靖二十三年敵突犯至此，爲烽堠之所。

廣靈縣，州西六十里。西至渾源州百五十里。漢代郡延陵縣地，後漢廢。五代唐同光初析興唐縣置廣陵縣，遼因之。金曰廣靈，仍屬蔚州。今編户九里。

廣陵城，即今縣治。遼曰廣陵。邊防考：「縣城土築於洪武十六年，萬歷元年改築，周二里有奇。縣居渾、蔚適中之地，有六楞山、火燒嶺諸處，礦徒之巢穴也。又縣東北七里有寡婦城，古戍婦所居。」

加斗山，縣東南十五里。上有圮城，或以爲即留老寨也，昔人築此以避兵。亦名留老疃。洪武中又築寨於此，周一里有奇，曰加斗寨。○九層山，在縣北二十五里。山有九層，山崖出泉僅斗許，可供百餘家，名一斗泉。又千夫山，在縣西北五里。俗名千福山。又縣東北三里有老山，其山皆石，白草環生，若點翠然。一名翠山。

林管山，縣西南四十里。下有泉，名百家泉，流入壺流河。上有勒漢砦。○平頂山，在縣北三十里。其頂方平。相近有巧八山，以一山居中，四圍七山相向而名。左側爲牛欄窩山，以周圍有天生石欄也。又北爲六楞山，險峻深阻，奸徒之藪。

樺山，縣東北三十五里。山多樺樹，上有三分砦。其相近者又有瓦房山，形如瓦屋，可居百人。又火燒嶺，在縣西北五十里。

桑乾河，在縣北。自渾源州流入界，又東入蔚州境。○豐水，在縣治東南。志云：源出縣南二十里之天井山，伏流至城東南，平地有一山，山下亂泉湧出，東流爲葫盧河。

壺流川，〔一八〕在縣西南，即滋水也。自靈丘縣流入境，經縣西南壺川山，下有神泉流注焉，因名。又縣西三十里有莎泉山，莎泉出焉，東流合於壺川，又東入蔚州境。

集興疃池，在縣南五里。其水清湛不竭。又有小河出城西南十五里直峪山下。又西南五里爲枕頭河，亦出直峪山崖谷間，其初出曰灑雨泉，引流數里分灌民田，北注爲枕頭河。又有瑞泉，出縣西五十里白羊山中，湍暴奔騰，聲如唾玉，流爲小河，並注於壺流川。○作疃池，在縣西十三里，東注於壺流川。今涸。

林關口，在縣西南四十里林管山下。路通靈丘縣，景泰初徙平嶺關巡司於此。其東三十里有直峪口，又東十餘里有唐山口及樺澗嶺、火燒嶺二口，今俱塞。

焦山砦。在縣東北十三里焦山村。洪武中築砦於此。又瓦房砦，在縣東北三十里瓦房村，以瓦房山名也；縣西二十里又有土嶺砦；俱洪武中築。

廣昌縣，州南百五十里。東北至北直易州百七十里，東南至北直唐縣百四十里。古飛狐口也，漢置廣昌縣，屬代郡。後漢屬中山國，曹魏封樂進爲侯邑。晉屬代郡，後廢。後周於五龍城復置廣昌縣，隋仁壽初改曰飛狐縣，屬易州。唐初寄治易州之遂城縣，遥屬蔚州，貞觀五年復舊。宋曰飛狐軍，遼復爲飛狐縣，金、元因之。明初復改廣昌縣。編户四里。

飛狐城，今縣治。相傳即古飛狐道，自隋至元皆曰飛狐縣，明初始復爲廣昌縣。縣城洪武七年、嘉靖三十七年增修，周三里有奇，爲蔚州南面之險。通志云：「城東十五里有紂王城，相傳比干爲紂所築，中有比干廟。」

白石山，縣東南二十里。山多白石，有白石谷口，路通北直唐縣，過東即浮圖峪口矣。又黑石山，在縣北五十里。山多黑石，與白石口相對。○登梯山，在縣西南四十里。山路險峻，直上如梯，亦名登梯嶺。又志云：縣南三里有七山，以七峰相連而名，淶水出焉。又縣西南十里有香山，松柏鬱葱。縣有香山驛，以此名。

插箭嶺，縣東南五十餘里。相傳宋將楊彦朗曾插箭其上，亦曰插箭峪。明嘉靖三十二年蒙古俺答犯大同，趣紫荆，攻插箭、浮圖等峪，即此。嶺南五十里曰柳角安口，通北直完縣、唐縣界。○鐵嶺，在縣東四十里。山石皆鐵色，因名。上有鐵山堡，或曰即廣昌嶺也。又有驛馬嶺，在縣西南五十里。

浮圖峪，縣東四十里鐵嶺下，路出紫荆關。嘉靖中俺答突犯，遊擊陳鳳、朱玉率寧夏、固原兵來援，乃却，追過浮圖峪，及之於三家村，敗走之，即此。邊防考：「浮圖峪南二十餘里即插箭嶺，當紫荆、倒馬二關之衝，宜移紫荆參將於浮圖峪，遇警則營浮圖峪北之石門；移倒馬參將於插箭嶺，遇警則營嶺北之杜家莊，備禦庶爲嚴密云。」○雕窠崖，在縣西六十里。有洞産銅，舊設銅山冶，〔一九〕唐貞元中廢。有飛狐洞，志云：在縣東南十里。

淶河，在縣東南。源出七山。水經注：「廣昌有淶山，淶水出焉。晉劉琨守此以拒石勒，因名拒馬河。東流經紫荆關入北直易州界。」一云金章宗嘗走馬飲水於此，亦名跑馬河。漢志注：「淶水東南至容城入河，過郡三，行五百里。」郡三，謂代、上谷、涿郡也。

徐河，在縣東南。水經注「徐水出代郡廣昌縣東南大嶺下，東北流逕郎山入北平縣界」，即今北直保定府徐河上源也。秦紀：「始皇十六年代地震，自樂徐以北至平陰。」胡氏曰：「樂徐當在徐水左右。」平陰，見下靈丘縣。○唐河，在縣南，即嘔夷水也。自靈丘縣流入境，過倒馬關入北直唐縣界。

木井澗，在縣東。唐乾寧中李克用討燕劉仁恭，遇戰於此。東南流入於淶水。或謂之交牙川。水經注：「廣昌南有交牙城，以交牙川水而名。」○小沼，在縣東南。宋雍熙二年詔定州刺史田重進出飛狐伐契丹，重進至飛狐南敗契丹，遣别將譚延美屯小沼，即此。又有淶源泉，在縣南半里，東流合拒馬河。

紫荆關，縣東北百里，東北至北直易州八十里。古名蒲陰陘，爲控扼要地。詳見北直重險。○倒馬關，在縣南七十里，東南至北直定州二百五十里。關之西十里曰岳嶺口，亦戍守處。志云：廣昌逼近紫荆、倒馬，重岡疊巘，巍然百雉，爲兩關之樞要是也。亦詳北直重險。

寧净口，在縣東南三十里。接浮圖峪，路通易州五虎嶺。志云：寧净口與浮圖峪口，景泰三年俱築堡，置戍於此。

○對節砦，在縣北。與饅尖、窟龍、孟良、榜栳、夾鞍五寨，俱爲戍守處。

黑石嶺堡。縣北二十里。志云：即古飛狐峪也。正德二年築堡於此，萬曆初增修，周不及一里。堡旁無村落，四面高山，東有團堡，西有槍頭嶺，皆盜賊聚劫之所，商賈轉輸道必由此，戒備不可不豫。

靈丘縣，州西南百五十里。西北至渾源州百里，西南至代州繁峙縣二百三十里。漢縣，屬代郡，相傳以趙武靈王葬此而名。後漢廢。後魏復置縣，爲靈丘郡治，後周兼置蔚州治焉。隋初郡廢，開皇十九年突厥都藍可汗擊敗別部突利於長城下，入蔚州，即此。大業初州廢，縣屬鴈門郡。唐復置蔚州治焉。遼屬蔚州，金貞祐二年升置成州，元復爲靈丘縣。今編户十里。

靈丘故城，縣東十里。故趙邑也。史記趙世家：「孝成王七年，以靈丘封楚相春申君。」漢置縣，高帝十一年樊噲斬陳豨於靈丘，即此。後魏移縣於今治。今城天順二年改築，周五里有奇。

平舒城，在縣北。史記趙世家「武靈王十九年與燕易土，燕以平舒與趙」，即此。漢置縣，屬代郡，後漢建武七年封馬武爲侯邑。晉亦曰平舒縣，仍屬代郡。升平初匈奴單于賀賴頭帥其部落降燕，慕容儁處之代郡平舒城是也。後魏天平中置上谷郡，治平舒縣，蓋僑置郡也。北齊廢。五代志「漢置代郡，治桑乾，後漢徙高柳，晉徙平舒」，即此。魏土地記：古代城西九里有平舒城。○莎泉城，在縣東北。後魏置莎泉縣，屬北靈丘郡，後齊廢。北史「魏主燾太延二年，遣將張黎發定州兵通莎泉道」，即此。

平邑城，在縣西北。戰國趙獻侯十三年城平邑，即此城也。漢置縣，屬代郡。王莽曰平湖，後漢初廢，永元八年復置。十三州志：「平湖城在高柳南百八十里，即平邑矣。」或曰非也。水經注：「代郡道人縣有潭淵而不流，〔二〇〕俗謂之平湖。」戰國趙王遷五年，代地震，自樂徐以北至平陰。平陰當在平湖之北也。又陽原城，在縣西北。漢縣，屬代郡。水經注：「㶟水東逕道人縣故城，又東逕陽原城，俗謂之北郝城。」〔二一〕今順聖西城即其地也。○大昌城，在縣南。後周置大昌縣，屬靈丘郡，隋省入靈丘縣。通志：「縣西二十里有蕭太后城，其南二里有楊六郎城，止一面，俗傳楊六郎與蕭后相拒處。」

隘門山，縣東南二十里。水經注：「滱水自縣南流入峽謂之隘門，設隘於峽，以譏行旅。其南山高峰隱天，深溪埒谷。」輿地紀勝：「隘門山壁立直上，極險隘，後魏於此設義倉，宋設關防以譏禁行旅。」又三山，在縣東二十五里。有三峰聳峙。○惡道山，在縣東北二十里。山路崎嶇，峻險難行，因名。

高是山，縣西北七十里。其東三十八里有枚回嶺，與高是山山麓相接。山海經：「高是之山，滋水出焉。」又太白山，在縣南十里。其山高秀，有鍾乳穴。

銀釵嶺，縣東二十五里，接廣昌縣界。西旁高山，卓峙如立釵然。○石銘陘，在縣西。水經注：「滋水經枚回嶺東南過石銘陘，有石銘其上，云『冀州北界』，〔二二〕因名。」

滱水，在縣南。自渾源州流入界，又東南入廣昌縣境。○滋水，在縣北。水經注：「滋水逕枚回嶺，懸流五丈，湍激之聲，震動山谷，東流入廣靈縣境。」

祁夷水，在縣北。漢志注：「平舒縣有祁夷水，北至桑乾入治水。」治水即桑乾河也。水經注：「祁夷水出平舒縣東，東北流經蘭亭南，又東北逕石門關北，舊出中山故關之道，其下流注於桑乾河。」〇黑龍河，志云：出縣西四十里黑龍谷，南流合於滱水。

水南寨，縣西南五十里。址高四里，滱河經其北，因名。又順城寨，在縣西北百里，址高五里，峭壁如城。又縣境有牛欄、觀音二寨。〇鎮邊堡，在縣北六十餘里。邊防考：「地名柳溝，有屬部駐牧，夏則移駐龍會，距縣三百餘里。」

定西砦。在縣西。五代唐所置。宋雍熙三年賀令圖與契丹耶律斜軫戰於定西，敗績南奔，斜軫追及於五臺，即此。〇大勝甸，在縣東六十里。蒙古與金人戰，大敗金人於此，因名。

附見

蔚州衛。在州治西。洪武七年建，隸山西行都司，宣德五年改隸萬全都司，轄左、右、中、前、後、中中、中左、中右八所。〇廣昌守禦千户所，在縣治東北。洪武十三年建，隸山西行都司，宣德五年改隸萬全都司。

桃花堡，衛東九十里。嘉靖四十四年改民堡置戍於此，萬曆十二年增修，周不及一里。蔚州、保安相距百八十里，堡當其中路，隆慶六年設倉，置遞於此。其地平衍沃饒，正東與易州之馬水口、昌平之白羊口相對，可爲形援云。

深井堡，衛東北百二十里，又東北至宣鎮六十里。正德五年築，萬曆七年增修，周三里有奇。四山環遶，中獨洿下，積水經年不涸，因名。嘉靖三十五年敵嘗由此入犯保安州之殷家梁，蓋兵自西北而東南，堡適當其衝，所有南口砦、石甕子、羅家窊等處，皆寇境也。〇滹沱店堡，在深井西十里。本民堡，嘉靖四十五年爲寇攻毁，因修治之，置戍守於此，周不及一里。

連雲堡。在衛東北。嘉靖十九年寇大掠宣府，逾順聖川至蔚州，堡塞盡破。總兵白爵禦之於水泉兒，大敗。副總兵雲冒禦之於連雲堡，又敗。堡蓋民堡也。水泉兒一作「水兒亭」，又在其東北云。

校勘記

〔一〕西北流注沃水　「注」，底本原作「經」，今據職本、鄒本及水經河水注改。

〔二〕火勢上升　「火」，底本原作「尖」，今據職本改。鄒本作「炎」。

〔三〕與黑山東西相連　「山」，底本原作「水」，今據職本、鄒本改。

〔四〕大淛小淛　「淛」，底本原作「澗」，今據鄒本改。

〔五〕側帶長城　「側」，水經河水注作「縈」。

〔六〕賜額爲寧朔奉化兩府　「額」，底本原作「頞」，今據鄒本改。

〔七〕城周九里　「九」字底本原缺，今據鄒本補。

〔八〕白沙灘次之　「次之」二字敷本原缺，今據職本、鄒本補。

〔九〕轄城堡五　「五」，敷本原作「出」，今據職本改。鄒本「五」作「四」。

〔一〇〕仍存舊堡　「存」，敷本原作「在」，今據鄒本改。

〔一一〕在平虜西北六十里　「虜」，敷本原作「南」，今據鄒本改。

〔一二〕附見山西行都司在大同府城内至以上四堡俱威遠路管轄　此五千二百三十八字底本全脱，今據職本、敷本、鄒本補。

〔一三〕夏屋水出夏屋山東溪西北流入桑乾河枝水　水經㶟水注「夏屋水」作「夏屋山水」，「桑乾河枝水」作「桑乾枝水」。

〔一四〕大敗於飛狐　「狐」，底本原作「孤」，今據職本、鄒本改。

〔一五〕懷仁縣　底本原作「仁懷縣」，今據職本、鄒本及本書同卷懷仁縣乙正。

〔一六〕鎮威城　底本原作「鎮遠城」，今據職本、鄒本改。又宋史卷二三欽宗紀原作「鎮威城」，今中華書局標點本已據宋史卷四八六夏國傳、十朝綱要卷一九、東都事略卷一二改爲「震威城」。

〔一七〕其上流即廣靈之豐水也　「靈」，底本原作「流」，今據職本、鄒本改。

〔一八〕壺流川　「流」，底本原作「河」，今據職本、鄒本及明志卷四一改。

〔一九〕舊設銅山冶　「冶」，底本原作「治」，今據職本、鄒本改。

〔二〇〕代郡道人縣有潭淵而不流　水經㶟水注作「㶟水又東逕道人縣故城南……今城北有淵，潭而不流」，本書引誤。

〔二一〕俗謂之北郁城　水經㶟水注作「北俗謂之北郁州城」。

〔二二〕冀州北界　「冀」，底本原作「翼」，今據職本及水經滱水注改。

讀史方輿紀要卷四十五

山西七　外夷附考

蒙古，東抵兀良哈，西連西番，北逾沙漠，自和林距京師凡四千餘里。四裔考：「北方歷代爲患，種類不齊，稱名各異。夏曰獯鬻，周曰玁狁，秦、漢曰匈奴，漢末曰烏桓，晉曰鮮卑，南北朝有蠕蠕，隋、唐時曰突厥，宋曰契丹，及女貞衰而蒙古起焉。蒙古，契丹別部也。契丹部落之小者曰蒙古，曰泰赤烏，曰塔塔兒，曰克列，各據分地，既而蒙古皆兼有之。」或曰蒙古即韃靼也。續通典：「韃靼本東北方之靺鞨別部，唐貞元以後奚、契丹漸盛，部衆分散，或屬契丹，或依勃海，漸流徙於陰山，其俗語訛，因謂之韃靼。」廣明元年李克用敗於雲、朔，往依之。克用得志，俾牙於雲、代間。歐陽修曰：「韃靼在奚、契丹東北，後爲契丹所攻，部族分散，居陰山者號曰韃靼。」宋國史：「蒙古在女真之北，唐爲蒙兀部，亦號蒙骨斯。紹興五年金主亶命胡沙虎將兵擊之，至九年乃還，蒙古追襲取之於海嶺。紹興十七年金人與蒙古和。時蒙古益强，兀术討之不克，乃與議和，割西平河以北二十七團砦與之，歲遺牛羊米豆，且册其長熬羅勃極烈爲蒙輔國王，不受。自號大蒙古國，旋稱祖元皇帝。其後也速該并吞諸族，鐵木真繼之，日以盛大。開禧二年稱帝於斡難河之源，尋滅金而有其地。」至忽必烈遂混一中夏，歷八十八年而覆亡，仍主於沙漠。洪武三年元主妥懽帖睦爾殂，太子愛猷識里達臘嗣。七年殂，次子脱古思帖木兒嗣。二十年其主自慶州欲往和林，至土剌河，爲其臣也速迭兒等所殺。是後國内亂，五傳至坤迭木兒，咸復被弑。永樂初鬼力赤立，稱可汗，去國號，復稱韃靼。既而與其屬阿魯古西與瓦剌戰，大敗。瓦剌者，蒙古别部也。洪武時其臣猛可帖木兒據其地，死而衆分爲三，曰馬哈木，〔一〕曰太平，曰把禿孛羅，不附鬼力赤，互相讎殺。未幾蒙古部衆以鬼力赤非元裔，殺之而立本雅失里爲可汗，復與瓦剌戰，不勝。七年以瓦剌内附，封馬哈木爲順寧王，太平爲賢義王，把禿孛羅爲安樂王。八年上親征，追奔至斡難河，本雅失里戰敗，僅以七騎絶河遁去。明年馬哈木等乘本雅失里弱，遂滅之。阿魯台請爲其主報讎，詔封爲和寧王，於是瓦剌之貢絶。十一年親征瓦剌，大敗之。明年馬哈木死，十六年子脱歡請嗣爵，復封爲順寧王。自是瓦剌奉貢，而阿魯台復貳。二十年親征阿魯台，至闊灤海上遁去。後又屢征之，皆不見敵而還。宣德元年賢義王太平死，子捏列忽嗣。五年春棄開平，城獨石。先是永樂中棄興和及大寧，至是開平復失，宣、遼道絶矣。阿魯台與瓦剌搆釁不解，阿魯台尋敗，兀良哈駐牧遼東塞下。時脱歡强，并有義賢、樂安之衆。阿魯台與戰，復敗。脱歡急擊殺之，悉收其部落，欲自立爲可汗，衆不可，乃求元後脱脱不花爲主，以阿魯台衆歸之，居漠北。正統二年脱歡誘三衛兀良哈窺塞下。四年脱歡死，子也先嗣，〔二〕稱太師、淮王。太師者，其握兵大帥號也。時部衆皆服屬也先，脱脱不花擁虚名而已。也先外雖奉貢，而縱肆不法，騷騷九邊；又攻哈密執王母，掠沙州，破兀良哈，至脅誘朝鮮，邊將皆知其必爲寇矣。十四年遂發兵來犯邊，脱脱不花犯遼東，知院阿剌寇宣府，也先寇大同。閹王振主親征，駕至大同，敵勢張甚，還師至土木，騎突至，官軍大潰，上遂北狩。既而也先入紫荆，薄都城，敗去。景泰元年送上皇還。三年也先與脱脱不花相攻，不花敗依兀良哈，弑死。也先盡收其妻子，殺元裔幾盡，併吞諸部，東至遼水，西至赤斤，蒙古皆受約束，自稱大元田盛大可汗。田盛猶華言天聖也。也先新立，恐諸部不從，欲通好中國，希復爲寇。未幾知院阿剌率所部攻殺也先，其部落離散，竄居西北邊，瓦剌稍衰。阿剌因也先淫酗殘暴，衆心離貳，故得乘間殺之，而諸部復不附。阿剌勢弱，惟孛來最雄長，稱太師，復求故可汗脱脱不花子尊立之，號小王子。自是遂以小王子爲稱，而毛里孩、阿羅出諸部相繼奮矣。天順中孛來屢寇陜西、大同及河西諸處。六年小王子死，共立其兄脱思，稱馬可古兒吉思王子，而毛里孩、阿羅出、孛羅俱出入河套，爲邊患。成化元年脱思與孛來並入貢，頃之誘兀良哈犯遼東，未幾入犯延綏，而諸部亦不相統一：孛羅忽者結毛里孩，〔三〕阿羅出者結乩加思蘭，各樹黨相攻，出没河套中。孛來勢分，復與毛里孩相讎殺。既而毛里孩攻殺孛來，並弑馬可古兒吉思王，更立可汗；復弑之，自稱黄岑王。別部孛魯乃稱齊王，並遣使貢。而瓦剌也先之子阿失帖木兒者亦頗戢其部落，與毛里孩諸部争雄長云。乩加思蘭者，亦別部也。初居哈密北山，天順末始盛，侵掠哈密，雄視諸番，竟東渡河與虜合，屢犯延綏、固原一帶。四年阿羅出糾兀良哈寇延慶，邊郡大擾，於是搜套之議起。八年延綏撫臣余子俊創築榆林邊墻以備套患。時毛里孩、孛羅乃、阿魯出三部稍衰敗，而小王子部之滿魯都入河套稱可汗，乩加思蘭稱太師。九年與孛羅忽寇韋州，督臣王越乘間搗其巢於紅鹽池外，於是渡河北去，稍稍寇宣、大、遼東，誘兀良哈爲導。十一年乩加思蘭攻滿魯都，并孛羅忽之衆，滿魯都部之脱羅干、亦思馬因復攻殺乩加思蘭，亦思馬因自稱太師。十六年督臣王越襲敗套部於威寧海子，自是而屢寇延綏、大同已東，迄無寧歲。時滿魯都衰弱，入寇者復稱小王子，或稱把秃猛可王，即故小王子，復與亦思馬因相攻。二十三年亦思馬因死，而瓦剌有兩太師，一克捨，一革捨。克捨死，弟阿沙赤爲太師，與革捨弟阿力古多相讎殺，西走哈密。時小王子死，弟伯顏猛可代爲小王子，弘治元年自稱大元大可汗，以太師專權，廢不設，與瓦剌並入貢。其後乃有火篩。火篩者，脱羅干之子，小王子部落也。狡悍，與小王子爭雄長，屢劫諸部寇邊。十二年火篩入河套，連寇大同，遂深入，京師戒嚴。明年寇榆林及固原，大爲邊患。正德初屢犯宣、大、延、綏、寧、固諸處。四年小王子與火篩相讎殺，火篩死，并欲殺其丞相亦不剌。亦不剌擁衆掠涼州，攻破安定等部，駐牧西海，復有別部之長阿角禿斯者與之合。七年掠烏思藏據之，轉掠松潘、洮、岷間。八年小王子犯大同，明年復犯宣、大，既又入固原及大同塞。十三年小王子死，有三子，長阿爾倫，次阿着，次滿官嗔。阿爾倫前死，二子，長卜赤，次也明，皆幼。阿着稱小王子，未幾死。衆立卜赤，稱亦克罕。克罕猶可汗也，然亦稱小王子如故。嘉靖初屢盗陝西塞，深入爲患。時亦不剌復駐牧賀蘭山後，出没擾邊。八年乃縱掠宣、大、山西，入寧夏，遂繇鎮番入西海，與亦不剌結親，謀内犯。十一年以數萬騎渡河而西，襲卜兒孩，大破之。卜兒孩亦小王子部落，遁入西海與亦不剌、阿爾禿厮共患邊者也。明年復犯大同塞。時小王子富强，稍厭兵，其連歲深入蹂西北邊者，皆其別部也：曰吉囊，曰俺荅。二人於小王子爲從父行。其大父曰歹顔哈，有十一子；次曰賽那剌，有七子，長吉囊，次俺荅，皆雄桀，善兵。吉囊壁河套名襖兒都司，直關中；俺荅壁豐州灘，直代、雲中。吉囊、俺荅各九子，子各萬騎。弟老把都亦數萬騎，壁張家口，直宣府。諸昆從百十，皆有分地，率盗邊自肥，小王子不能約束也。小王子亦徙而東，直薊、遼，號曰土蠻。別有黄毛者嘗乘間侵掠，因會兵擊破之，黄毛臣伏。十三年大舉盗邊，自是西至甘肅，東至宣、大以及山西，四十餘州邑，盡被殘破。會吉囊死，俺荅益張。二十五年陝西督臣曾銑議復套甚鋭，嚴嵩、仇鸞讒殺之。二十九年俺荅東寇薊，三衞導之深入，越古北口犯通州，西薄都城，久之循諸陵而北，東循潮河川，復由古北口出。時大同帥仇鸞懼其復至，陰昭以開市，俺荅遂上書陳請，許之。市成而縱掠如故，議者咸咎馬市非計。三十一年鸞死，馬市罷，自是縱横突犯，終嘉靖之季，九邊相繼告警，邊事日圮。是時諸部獨俺荅强，土蠻嘗攻之，不能克，與連和。西海之亦不剌、阿爾秃厮始猶與角，後折而入於彼。隆慶初俺荅入山西塞，陷石州，攻汾州，分掠太原、平陽之境，三旬乃却。三衞之董忽力復勾土蠻入薊州塞，蹂昌黎、撫寧、樂亭、盧龍，京師震動。四年犯大同塞，又犯遼東塞，至錦州。會其孫把漢那吉來降，宣大督臣王崇古等納之，因與之爲媾。把漢那吉者，俺荅第三子鐵背台吉子也，幼孤，鞠於俺荅妻一克哈屯所，長而獧，俺荅奇愛之，至是以嫌恨來歸。俺荅方掠西番，聞之，疾馳歸，遣人祈請。崇古使縛叛人趙全等以易那吉，俺荅受命請稱臣，貢方物開市。崇古以聞，詔允所請。五年封俺荅爲順義王，其弟老把都子黄台吉以下各受爵有差。西部吉能等亦請市，許之，皆授爵有差，使貢馬，設爲定制。明年老把都、吉能皆死，黄台吉市後期，復劫車部革固東徙。革固者，不知所從來，嘉靖間始流居宣府塞下，而先是有史部者亦以黄台吉暴虐自拔歸。議者以二部爲我外藩，詔俺荅歸車部。瓦剌自正德後稀往來，時與北相讎殺。北部每西行輒以復讎瓦剌爲名，大竄食諸番，西北苦之，而東部土蠻散入遼東。自是北部勢衰，邊患稍息。

和林城，在漠北千餘里。唐回鶻昆伽可汗故城也，蒙古初都此，以西有哈喇和林河，因名。志云：蒙古之先有孛端叉兒，其部族居烏桓北，與畏羅、乃蠻、九姓回鶻、故城和林接壤，世奉貢於遼、金，而總領於韃靼，至也速該始盛，攻塔塔部，還次跌里温盤陀山而生鐵木真，後日以强大。鐵木真既稱帝，以和林爲會同之所。宋端平二年蒙古主窩闊始城之，周五里許。亦曰元昌路，尋爲轉運和林使司，中統初改置宣慰司及都元帥府，尋又分都元帥府於金山南，而和林止設宣慰司。至元二十七年復立都元帥府，大德十一年立和林等處行中書省，置和林總管府。至大二年又改行中書省爲行尚書省，尋復故。皇慶初改爲嶺北等處行中書省，而和林路爲和寧路云。

吉利吉思城，在漠北，近廢庭州北境。元始有其地，南去大都萬餘里。相傳乃滿部居此，元析其民爲九千户，境長千四百里，廣半之。謙河經其中，西北流，又西南有水曰河浦，東北有水曰玉須，皆巨浸，會於謙河而注於昂可剌河，北入海。昂可剌在吉利吉思北，舊爲附庸。又吉利吉思之東謙河之北有烏斯城，因水爲名。○撼合納城，在烏斯東，謙河源出於此。其地惟二山口可出入，山川林樾，險阻爲甚。撼合納者，番言布囊也。口小腹大，地形類之，因名。又謙州，在吉利吉思東南，去大都九千里，以河爲名。當謙河西南唐麓嶺北，居民數千家，悉蒙古、回鶻人，地沃衍，宜耕稼。其相近曰益蘭州。益蘭者，蛇稱也。州境舊有巨蛇，因名。至元七年置吉利吉思、撼合納、謙州、益蘭州斷事官於此。

龍城，在漠北。古單于亭也。胡氏曰：「匈奴祭天大會諸部之處即曰龍城，無常處。」漢元光二年衛青出上谷擊匈奴，至龍城。天漢二年李陵自浚稽山引兵東南循故龍城道行，蓋即匈奴所常會聚處，時匈奴益徙而北也。

楊義城，在漠北。又有天波羅城、含利城，城傍有美水豐草，皆唐時突厥所居，移徙不常。○烏員城，顔師古曰：「地名也。」漢本始元年分道伐匈奴，韓增出雲中塞千二百里，至烏員，即此。又怛篤城，在廢庭州西北。唐顯慶初程知節等敗西突厥於鷹娑川，進至怛篤城而還。或訛爲達督城。○咽城，在廢庭州西北，西突厥處木昆部所居城也。唐顯慶元年周智度攻處木昆等部於咽城，拔之，即此。

葛邏禄國，在漠北，近故庭州境。唐紀：「在北庭西北、金山之西。」亦突厥諸部也。一名哥邏禄，有三族：一謀落，亦作「謀剌」；二熾俟，亦作「婆匐」；三踏實力。永徽初皆内屬。顯慶三年以謀落部爲陰山州都督府，熾俟部爲大漠州都督府，踏實力部爲玄池州都督府。後稍南徙，自號三姓葉護。開元二年葛邏禄詣涼州降，既而爲突厥嘿啜所擊，遣兵救之，尋與拔悉彌國俱屬北庭都護府。天寶十載叛附大食，敗高仙芝兵於怛羅斯城。後并於吐蕃。

拔悉彌國，在葛邏禄西。亦曰拔悉密國，突厥别種也。貞觀二十三年遣高偘討突厥餘種車鼻可汗，入其境，拔悉密部遂來降，以其地置新黎州。開元八年朔方總管王晙請發拔悉密會擊突厥，拔悉密先至，逼突厥牙帳而陳，唐兵不出，爲突厥所敗，尋附屬於突厥。天寶初拔悉密與回紇葛邏禄共攻殺突厥骨咄葉護，推拔悉密酋長爲頡跌伊施可汗，回紇葛邏禄自爲左右葉護。三載復攻殺突厥烏蘇可汗，既而回紇葛邏禄又攻拔悉密，破殺之。

突騎施國，在廢庭州西北三千餘里，西突厥别部也。唐顯慶三年，時西突厥既滅，諸部皆内附，以其地置嗢鹿、潔山等都督府。長安二年突騎施烏質勒悉并西突厥地，屯碎葉西北，復攻陷碎葉徙居之，尋復内附。開元二年爲突厥嘿啜所敗滅。三年突騎施部將蘇禄鳩集餘衆復據其地，十姓部落稍歸之。二十六年國亂。既而蘇禄子骨啜立爲吐火仙可汗，據碎葉城。又别部長黑姓可汗爾微時勒據怛羅斯城。二十九年磧西節度使蓋嘉運襲擊吐火仙等擒之，别部之莫賀達干據其地。天寶三載河西節度使夫蒙靈詧討斬之，更立黑姓部長骨咄禄毗伽爲十姓可汗。後亦并於吐蕃。碎葉城見西域亦力把力，怛羅斯城見西域哈烈境内。

黠戛斯國，在廢庭州北七十里，即古之堅昆。漢紀：「堅昆東去單于庭七千里，南至車師五千里。」黄龍元年郅支單于西擊烏孫，因北并堅昆留都之。其後西徙，堅昆復有其地。梁紹泰初突厥强盛，北并契骨，即堅昆矣。唐初曰結骨，亦曰居勿，又爲紇骨，并曰紇吃，斯後改號曰黠戛斯，在伊吾之西，焉耆之北，白山之旁。貞觀十一年入貢，二十二年其部長入朝，以爲堅昆都督府，隸燕然都護。乾元中爲回鶻所破，自是隔遠，不通中國。其君長曰「阿熱」，〔四〕建牙青山，去回鶻牙槖駝行四十日。開成末黠戛斯盛强，阿熱自稱可汗，大破回鶻，回鶻敗散。既而遣使貢獻，會昌三年册爲可汗。五代時爲契丹所併。

骨利幹國，在翰海北。亦鐵勒諸部，産良馬。其地北距海，去京師最遠。又北渡海，則晝長夜短，蓋近日出處，所謂煮羊胛適熟日已復出者。唐貞觀二十二年來貢，以爲玄闕州。○斬啜國，亦鐵勒諸部也。在庭州東北千五百里。唐顯慶中嘗與突騎施俱内屬。

駮馬國，在漠北。一名弊剌，或曰遏邏支。唐史：「其地直突厥之北，距京師萬四千里，北極於海。以馬耕田，雖貨馬而不乘，資湩酪以食。〔五〕馬色皆駮，故以名國。」

阿至羅國，在漠外，居北河之東。世屬於拓跋魏。或曰高車後也。後魏正光初，阿至羅侵柔然，柔然伏跋可汗擊之，爲所敗。東魏主善見興和三年，阿至羅國主副伏羅越若子去賓來降，封爲高車王。天平中附於高歡，屢爲西魏患云。

阿拔國，在漠外。隋開皇五年突厥沙鉢略與西突厥阿波相攻，阿拔國乘虚襲沙鉢略，掠其妻子。隋軍爲擊敗阿拔，所獲悉與沙鉢略。沙鉢略喜，乃立約以磧爲界。其地蓋在突厥之西南。

金山，在塞北。其地三垂斗絶，惟一面可容車騎，壤土夷博，諸部自昔建牙於其北，亦曰金牙山。元魏時高車建牙於此。正光二年涼州刺史袁翻議處柔然婆羅門於西海故城，西海在酒泉北，去高車所居金山千餘里是也。隋末西突厥射匱拓地，東至金山，西至海。唐貞觀中突厥別部斛勃者竄此，自稱乙注車鼻可汗，距長安萬里。二十三年遣高侃將回紇僕骨兵擊之，永徽元年侃師至阿息山，車鼻遁走，追獲之於金山。永隆二年裴行儉將兵討突厥叛部阿史那伏念等，遣偏將程務挺等掩襲金牙山，盡獲其妻子輜重。胡氏曰：「突厥初起建牙於金山，其後分爲東、西突厥，凡建牙之地皆謂之金牙山。蘇定方直抵金牙擒賀魯，此西突厥所居金牙山；裴行儉遣將掩金牙山，此東突厥所居金牙山也。可汗所居，亦曰金帳云。」又元史：「仁宗延祐二年以其兄武宗子和世㻋鎮雲南，行至延安，其下謀作亂，不克，和世㻋遂西走，至北邊金山，西北諸王察阿台等皆來附，和世㻋至其部與定約束，每歲冬居扎顔，〔六〕夏居斡羅斡察山，春則命從者耕於野，凡十餘年，邊境寧謐。文宗天曆元年迎周王和世㻋於漠北，周王遂發北邊，至金山嶺北，二年即位於和林北是也。」

鬱督軍山，在漠北，即烏德犍山。初回紇屯此，亦謂之都尉犍山，譯語音轉也。其地距長安三千里而羸。唐貞觀二年爲薛延陀建牙之地，東至靺鞨，西至西突厥，南接大磧，北至俱倫水皆屬焉。唐曆云：「山在回紇牙帳西，甘州東北。」突厥既亡，薛延陀遂建牙於都尉犍山北獨邏水南。山左右有嗢昆河、獨邏河，皆屈曲東北流，嗢昆在南，獨邏在北，過回紇牙帳東北五百里而合流。貞觀二十年李世勣討薛延陀，至鬱督軍山，遂滅薛延陀是也。永徽元年高侃擒突厥車鼻於金山，詔處其餘衆於鬱督軍山，建狼山都督府統之。天寶三載回紇南據突厥故地，立牙帳於烏德犍山，即都尉犍山也，南距漢高闕塞千七百里。元和三年沙陀朱邪盡忠帥部落自甘州歸唐，循烏德犍山而東。新唐書：「回紇牙帳東有平野，西據烏德犍山，南依嗢昆水。」嗢昆水即嗢昆水矣。

窴顏山，在漠外。其下有趙信城，漢武帝時匈奴所築以居降將趙信者。衛青出定襄至幕北，匈奴敗走，追至窴顏山趙信城而還。又霍去病以輕騎追奔至窴顏山，得匈奴積粟處也。或曰山亦名盧山，衛青冢，武帝命起冢象盧山。又揚雄曰：「運府庫之財，填盧山之壑。」孟康曰：「盧山，單于南亭。」窴，一作「闐」。

燕然山，在漠外。漢武征和三年遣李廣利伐匈奴，深入至郅居水，還至燕然山，戰敗，降匈奴。後漢和帝初竇憲出朔方雞鹿塞，至涿邪山會軍，分兵破北單于於稽落山，遂臨私渠北鞮海。憲出塞三千餘里，登燕然山，刻石紀功而還。匈奴傳：「燕然山在匈奴中連邪烏地。」北史：「燕然山在菀園水北。」

涿涂山，在漠外。涂讀邪。山在高闕塞北千餘里。漢天漢二年遣公孫敖、路博德等討匈奴，會師涿邪山。後漢永平十六年征北匈奴，度遼將軍吳棠出高闕，坐不至涿邪山，免。建初元年，南單于與邊郡及烏桓之兵擊破北匈奴於涿邪山。又元和二年，南匈奴與北部温禺犢王戰於涿邪山，斬獲而還。永元初討北匈奴，竇憲出雞鹿塞，鄧鴻出稒陽塞，南單于出滿夷谷，皆會涿邪山。晉太元十六年拓跋珪擊柔然，遣長孫肥追柔然匹候跋至涿邪山，降其衆。又魏主燾神䴥二年擊柔然，循弱水西行，至涿邪山而還。太延四年自五原伐柔然，至浚稽山，分遣拓跋崇從大澤向涿邪山，不見柔然而還。太平真君十年復伐柔然，出涿邪山，行數千里，柔然遠遁是也。

狼居胥山，在漠北。漢霍去病出代二千餘里，與匈奴左賢王接戰，左賢王敗遁，乃封狼居胥山而還。漢書：「元封四年去病出代、右北平二千餘里，歷度難侯之山，濟弓盧之水，封狼居胥山，禪于姑衍，登臨翰海而還。」宋元嘉二十六年帝欲經略中原，王玄謨每獻籌策，帝曰：「觀玄謨所陳，令人有封狼居胥意。」謂此事也。

天山，在漠北。魏主燾太延四年伐柔然，從浚稽北向天山，西登白阜。胡氏曰：「此漠北之天山，即唐鐵勒思結多濫葛所保之地，非伊吾之折羅漫山也。」白阜，即雪山矣。○白雲山，亦在漠北。一統志：「永樂八年六軍營於此，時四山雲氣潔白如練，因賜今名。」

都斤山，志云：在漠北。後周時突厥分三部，其中部木杆可汗牙帳居都斤山。隋初沙鉢可汗居此。亦作「度斤」。開皇十七年隋以宗女妻突厥別部突利，突利本居北方，長孫晟説其帥衆南徙，居度斤舊鎮，以伺察雍虞閭是也。唐時突厥可汗亦嘗據此。其西五百里有高山迥出，無草樹，謂之勃登疑黎，猶華言地神也。

稽落山，在涿邪山北。後漢和帝初竇憲擊北單于至涿邪山，分遣精騎大破之於稽落山，即此。唐書：「太宗以突厥斛律部地置稽落州，以多濫葛部地置燕然州，皆因山以名也。」○馬鬣山，在漠外。唐貞觀元年回紇破突厥兵於馬鬣山，追至天山是也。又按台山，亦在漠外。元成宗大德中使其兄子懷寧王海山鎮漠北，大德十年成宗崩於海上，自按台山至和林引而南，即位於上都。

貪于山，在漠外。隋大業初勅勒諸部叛西突厥處羅可汗，推契苾哥楞爲易勿真莫賀可汗，居貪于山北。新唐書作「貪污山」。又以薛延陀乙失鉢爲也咥小可汗，居燕末山北，亦在漠外。既而復臣於西突厥。○不嵩罕山，亦在漠外，斡難河源出於此。又迭里温孛答山，在斡難河旁。志云：元鐵木真生於此。

南牀山，在漠外。晉太元十六年拓跋珪追破柔然於大磧南牀山下，又遣長孫嵩追斬其別帥屋擊於平望川，長孫肥追柔然東部帥匹侯跋至涿邪山，匹侯跋舉衆降。南牀山在大磧西，一作「南商山」。○白邙山，在漠外。成祖北征阿魯台，至答口蘭納木兒河，駐河上，前鋒抵白邙山，無所遇而還。

蘭干山，在漠外。漢天漢二年，李陵請自當一隊到蘭干山南，以分單于兵，即此山。蓋近居延塞外。○木剌蘭山，在漠外。唐天寶初朔方節度使王忠嗣討突厥，進軍磧口，進營木剌蘭山。攻多羅斯城，涉昆水斬米施可汗。昆水，或以爲即嗢昆水也。

金微山，在陝西甘肅鎮東北居延塞外。後漢永元二年竇憲屯凉州，使耿夔等出居延塞，圍北單于於金微山，大破之，出塞蓋五千餘里。唐貞觀中，以僕固部置金微都督府，蓋以山名。

浚稽山，亦在居延塞外。漢太初二年，遣趙破奴出朔方西北二千餘里，期至浚稽山而還。又天漢二年，詔李陵出遮虜障至東浚稽山南龍勒水上，陵出居延，北行三十日至浚稽山，營兩山間，與單于戰處也。胡氏曰：「浚稽山在武威塞北，有東西二山，東浚稽在龍勒水上，匈奴嘗分居之。龍勒水在敦煌境東北，流至浚稽山下也。」後魏主燾太延四年自五原北伐柔然，自出中道。至浚稽山，復分中道爲二，使拓跋崇從大澤向涿邪山，魏主從浚稽北向天山，西登白阜，不見敵而還。○鞮汗山，在甘肅塞北。舊志：在遮虜障西北百八十里，李陵敗降匈奴處。山蓋亦在居延塞外。

鏃曷山，在漠北，近西域焉耆之境。唐貞觀十三年，西突厥東部可汗咄陸建牙於鏃曷山，謂之北庭，自厥越失、拔悉彌、駁馬、結馬、火燖、觸水昆等國皆附之。劉昫曰：「自焉耆西北行至其南庭，又正北行八日至北庭。」南庭在雖合水，見陝西塞外亦力把力。

鹿渾谷，在漠北。北史：「鹿渾海之谷也，本高車袁紇部所居，直平城西北，其東即弱落水。」魏主燾太平真君四年如漠南，以輕騎襲柔然，至鹿渾谷，遇敕連可汗，太子晃請亟擊之，魏主不聽，柔然遁去，即此。○起輦谷，在漠外。元諸主皆葬此，不加築爲陵。

穹隆嶺，在漠北。魏主燾太平真君十年復伐柔然，使拓跋那出東道。那日夜追擊，柔然懼，棄輜重踰穹隆嶺遠遁。那盡收其輜重而還，與魏主會於廣澤。自是柔然衰弱，不復犯魏塞。

阿撒忽突嶺，在和林境。元至元二十九年，諸王明里鐵木兒附海都以叛，伯顏討之，至阿撒忽突嶺，大戰，破走之。

玉華峰，在漠北。成祖北征，前鋒越臚朐河西略黄崖，又西略玉華峰是也。又環翠峰，亦在漠北。永樂八年自清水原進次環翠峰，即此。

飛雲壑，在斡難河東北。永樂八年親征本雅失里，至斡難河，敗之；其大元帥阿魯台東奔，追至飛雲壑，復大敗之；窮追至長秀川，盡獲其輜重，又追破之於回曲津。

清水原，在漠北。其地水鹹苦，不可食，成祖北征至此，於營西北二里許得泉甚甘，賜名神應泉。又其北爲長清塞，車駕至此南望北斗處也。○玄石坡，在漠北。永樂十年北征，車駕駐此。旁爲立馬峰，成祖勒銘處也。

玄冥河，在和林東北。即斡難河也，元初興於此。鐵木真以塔塔兒部叛，自斡難河帥衆會金師同滅之，既而稱帝於斡難河。永樂八年追奔至此，大敗之，其裔本雅失里窮蹙，以數騎遁去，賜斡難河名爲玄冥河。

飲馬河，在漠北。本名臚朐河，或曰即西平河也。宋紹興十七年，金人與蒙古和，割西平河以北二十七團寨與之，即此。明洪武五年李文忠進兵至此，襲敗元將於土剌河，追至土魯渾河大戰，窮追至騁海而還。永樂七年命丘福擊元，出開平而北，至臚朐河，敗元遊兵，恃勝輕進，師殲焉。八年北征至此，賜名飲馬河。旁有殺胡城、清遠堡，即是時别將王友所築以貯糧運處也。其北爲兀古兒札河，又西北即斡難河矣。

土剌河，在飲馬河西。又西爲阿魯渾河，又西北爲騁海。騁海之南地名桑麻兒麻，亦名哥令麻思，明初李文忠逐元兵，至騁海南還，迷道於此。又永樂十二年親征瓦剌，敗馬哈兀等於撒里哈剌之地，又追敗之於土剌河而還。

班尼朱河，在和林北。蒙古鐵木真初起兵，至此，河水方渾，飲之誓衆曰：「他日當記曾同此艱難。」亦謂之班朮河。○答口蘭納木兒河，在和林東北。永樂二十二年親征阿魯台，先鋒陳懋等出塞數千里，至答口蘭納木兒河不見敵。或曰即闊闊納浯兒海也，蒙古鐵木真會集部落之地。

清塵河，在和林東。舊名古札兒河，亦曰兀古兒札河。永樂八年北征，進次漠北環翠峰，獲遺兵，詢知方居兀古兒札謀西奔，追及之於斡難河，還賜名清塵河。○五條河，在和林境，元至元二十二年命并和林屯田入五條河是也。

龍居河，在漠北，近和林境。元晉王也孫鐵木兒襲位於龍居河，即此。○海剌兒河，亦在漠北。明永樂初蒙古國亂，可汗鬼力赤不爲衆所附，其臣太保阿魯台逃居海剌兒河是也。

獨樂河，在漠北。隋開皇初突厥菴邏以國讓攝圖，降居獨洛水，即獨樂河也。唐開元四年突厥嘿啜擊九姓拔野古，戰獨樂河，拔野古大敗。嘿啜歸不爲備，拔野古殘衆自柳林突出擊斬之。

仙萼河，在磧北。唐龍朔初遣鄭仁泰等伐鐵勒，分軍出仙萼河。二年仁泰等敗鐵勒於天山，追踰大磧，至仙萼河爲彼所敗。舊唐書：「磧北有仙萼河，唐討回紇置仙萼道行軍總管。」新唐書：「回鶻牙北六百里至仙娥河。」仙娥即仙萼之訛也。

匈河，在漠外。漢元鼎六年，匈河將軍趙破奴將萬餘騎出令居數千里，至匈河水而還。後漢永平十六年，遣來苗等出平城塞伐北匈奴，至匈河水上，衆皆奔走，無所獲。薛瓚曰：「匈河水去令居千里。」似悮。

史侯河，在漠外。後漢永元初，時北匈奴衰弱，竇憲等議伐之，侍御史魯恭言「北匈奴爲單于所破，遠藏於史侯河，西去塞數千里」，即此。○瓠𤬏河，在漠外。胡嶠曰：「黑車子之北有牛蹄突厥，人身牛足。其地有寒水曰瓠𤬏河，夏秋冰厚三尺，春冬冰徹底，常燒器銷冰乃得飲云。」

帖麥孩川，在和林西南境。鐵木真以乃蠻部侵掠，會屬部於此謀伐之。乃蠻將太陽罕營於沆海山，與蔑里乞諸部合，勢頗盛，鐵木真擊敗之。沆海山，蓋乃蠻境内之山也。今陜西塞外于闐境内有乃蠻故國云。

浮圖川，在烏德犍山西北。唐貞元五年葛邏禄部附於吐蕃，敗回鶻兵，乘勝取浮圖川。回鶻震恐，悉遷西北部落於牙帳之南以避之。○合羅川，在漠外。唐會昌二年黠戛斯擊敗回鶻，上言將徙就合羅川居回鶻故國。或曰川在鬱督軍山南。

鷹娑川，在漠北，近故庭州塞外。唐紀：「鷹娑川在北庭府西北是也。」貞觀中西突厥鼠尼施部居此。顯慶元年程知節討西突厥，大敗之於鷹娑川，至坦篤城而還。坦篤一作「怛篤」。〔七〕三年置鷹娑都督府，蓋以川爲名。○多羅斯川，亦近故庭州境。唐紀：「在西州北千五百里。」貞觀中西突厥以阿史那賀魯爲葉護，居多羅水，統處月、處密、始蘇、哥邏禄、失畢五姓之衆。二十二年賀魯來降是也。

郅居水，在塞北。漢征和三年遣李廣利出五原，匈奴悉徙輜重北抵郅居水，左賢王驅其人民度余吾水六七百里，居兜御山，單于自將精兵度姑且水，廣利深入度郅居水，還至燕然山，敗降匈奴。兜御山、姑且水，皆在大漠之北。

余吾水，在廢夏州北塞外。山海經：「北鮮諸山，鮮水出焉，北流注於余吾。」漢武天漢四年遣李廣利出朔方擊匈奴，匈奴悉遠其累重於余吾水北，而以兵十萬待水南是也。又昭帝元鳳二年匈奴復遣騎屯受降城以備漢，而北橋余吾水，令可度以備奔走。宣帝本始元年分道伐匈奴，田順出五原塞八百餘里，至丹餘吾水上，或以爲即此水也。受降城，見甘州衛。

栗水，在漠北，近稽落山。有漢將軍竇憲故壘。魏主燾神䴥二年襲柔然，捨輜重於漠南，輕騎至栗水，大破柔然。又稽落水，以導源稽落山而名。唐開元八年朔方大總管請發東西降衆掩突厥牙帳於稽落水上，不果。

弱水，在漠北。晉義熙十四年，魏主嗣命護高車中郎將薛繁帥高車、丁零北略，至弱水而還。又魏主燾神䴥二年，追擊柔然至菟園水，又循弱水西行，至涿邪山而還。菟園水，在燕然山南。魏書云：「南去平城三千七百餘里。」魏主燾擊柔然，循栗水西行至菟園水，分軍搜討東西五千里，南北三千里，俘斬無算是也。

女水，在漠北。北魏書：「女水在弱落水西，去平城三千餘里。」晉太元十四年，魏主珪擊破吐突鄰部於女水，徙其部落而還。又宋泰始六年，魏主弘大破柔然於女水之濱，改女水曰武川。魏記：「女水當在長川西、赤城西北，武川鎮置於此。」或曰非也，武川鎮置於魏主燾時，與女水相去絕遠。弱落水見北直大寧衛饒落水。○石水，北史：「在額根河北。」魏主燾太平真君四年，從鹿渾谷追柔然至石水，不及而還。

私渠北鞮海，在漠外。亦曰北海。漢元封初單于留漢使郭吉，遷之北海，天漢初又徙蘇武於北海，即此。東漢永元初竇憲等敗北單于於稽落山，追擊諸部至私渠北鞮海。又西北有西海，是時憲等遣使吳氾等，奉詔致賜及北單于於西海上，說令稱臣入朝。單于喜，隨使者到私渠海，聞漢軍已入塞，乃遣其弟奉貢入侍。二年復欵居延塞，欲入朝見，竇憲遣班固等迎之。會南單于復請襲擊北單于，許之，單于遁去，班固至私渠海而還。

答剌海，在漠北。洪武六年北元寇武、朔諸州，大將軍徐達分遣陳德、郭子興擊之，敵遁去，追破之於答剌海，即此。○蒙山海，在連兒温都兒之地。其水清冽，永樂十二年車駕北征次於此。

闊灤海子，在漠北飲馬河之東。周圍千餘里，斡難、飲馬諸河皆注其中，漠北之藪澤也。永樂二十年親征阿魯台，敵棄畜牧輜重於闊灤海側遁去。大軍至，焚其輜重，收畜牧而還。

稱海，在和林境。元爲屯田之所，置倉庫以軍守之。元貞初於六衛漢軍内撥千人赴稱海屯田北方。大德末哈剌哈孫鎮和林，治稱海屯田，得米二十餘萬；又求古渠濬之，溉田數千頃。或訛爲騁海，明初李文忠追元師至稱海是也。

杭海，在和林北。元至元二十六年海都寇邊，至杭海，晉王甘麻剌被圍，土土哈翼而出之，元主賞其功曰：「昔太祖與臣同患難者，飲班朮河之水，今日之事，何愧昔人？」元至元三十年命戍和林，漢軍四百留百人，餘令耕屯杭海是也。

巳尼陂，在漠外。北史：「烏洛侯國西北二十日行，有于巳尼大水，所謂北海也。」烏洛侯直濡源西北，巳尼陂又當在其西北。魏主燾神麛二年遣安原等擊高車東部於巳尼陂，大敗而還。烏洛侯亦曰烏羅護，今見北直塞外。

浮沮井，在漠北。漢輿地圖：「井在匈奴中，去九原二千餘里。」漢元鼎六年遣浮沮將軍公孫賀出九原二千餘里，至浮沮井，不見匈奴一人而還。

廣漠鎮，在磧北。永樂九年北征，還至廣漠鎮渡河，蒙古阿魯台來襲，與戰敗遁。上度其必再至，乃伏兵數百於河西柳林中，敵果至，復敗去。

霍博里，在和林北。宋紹定二年鐵木真死，其第三子窩闊台自霍博之地來會葬，耶律楚材以遺命奉之嗣立於和林東庫鐵烏阿剌里之地。

鈋鐵鐸里，在和林東北。宋淳祐元年，蒙古主窩闊台大獵還至此，歡飲極夜，翊日卒。又汪吉宿滅禿里，亦近和林。宋淳祐六年，蒙古主貴由立於此。八年卒於横相乙兒之地。十一年蒙古主蒙哥立於闊帖兀阿蘭。其地皆與和林近也。

阿力麻里，在和林境。南至故庭州四五千里。元至元三年，諸王海都作亂，舉兵南來，忽必烈逆敗之於北庭，追至阿力麻里，海都遠遁，因設重兵鎮於阿力麻里之地。至元十四年，諸王昔里吉作亂，劫北平王那木罕於此，引兵至和林城北。元主命伯顔禦之，與其衆遇於斡魯歡河，夾水而陳，相持彌日，俟其懈擀擊破之，昔里吉走死。

哈梅里，在和林西。明洪武二十二年，遣劉真、宋晟征哈梅里，破其城，所獲甚衆。蓋是時哈梅里爲元兀納失里大王所居也，嘗往來患苦西域貢使，諭之不從，因討破之。

野里麻里，在和林北。元至元八年，元主使其子南术金建幕於此，二十一年始南還。又草地，亦在和林北。元至正九年御史斡勤、海壽等劾侍御史哈麻之奸，詔居哈麻於草地，即此。○昔木土，在漠外。宋景定元年，忽必烈以阿里不哥謀簒立，討之，與戰於昔木土之地，阿里不哥大敗，北遁。又憨答孫，亦在漠外。元至元二十五年，行臺御史周祚劾桑哥之罪，流祚於憨答孫之地。

朶里伯真，在和林之東。元天歷二年，和世琜發和寧，次朶里伯真之地，越三日次斡兒罕术東，又三日次探秃兒海，又三日次秃忽刺，越七日次不魯通，又二日次忽刺火失温，又三日次坤都也不刺，又三日次撒里，又七日次乙納八之地。明永樂十二年北征，至忽蘭忽失温，疑即忽刺火失温也。

富惱兒，在和林南。宋寶祐五年蒙古主蒙哥至此，使其臣乞解鎮守斡羅思之地。○哈剌莽來，在和林東南。明洪武五年李文忠自東路追元師至哈剌莽來，遠遁。文忠乃留輜重於臚朐河，輕騎追襲至土剌河是也。

没脱赤，在和林西北。宋理宗淳祐十二年，蒙古主蒙哥以其故主窩闊台之后欲立其孫失烈門，徙之於擴端所居地之西，禁錮失烈門於没脱赤之地，即此。

八鄰。在和林西。元大德初海都作亂，據八鄰之地，欽察都指揮使牀兀兒帥師逾金山進攻之。海都將怙良臺阻答魯忽河而軍，伐木柵岸以自庇，牀兀兒馳擊，大破之。還至阿雷河，與海都援將孛伯遇，復渡河蹙之，孛伯敗走。答忽魯等河俱近陝西西域之境，欽察亦見陝西于闐境内。

已上蒙古

突厥，匈奴之別種也。其初爲西方小國，姓阿史那氏，世居金山之陽，爲柔然鐵工。至其酋長土門始强大，頗侵魏西邊。東魏武定三年高歡遣使通突厥。西魏大統十七年大破高車，始與柔然絶。明年擊敗柔然，殺阿那瓌，自稱伊利可汗，自是日以盛强。梁敬帝紹泰初，突厥木杆可汗擊滅柔然，因西破嚈噠，東走契丹，北并契骨。其地東自遼海，西至西海，長萬里，南自沙漠以北五六千里皆屬焉。隋開皇二年突厥入塞，自平、幽以西極於蘭、鄯，悉見侵擾。隋大發兵擊之，勢稍殺。五年突厥西部阿波寖强，號西突厥，與沙鉢略分爲二境，互相攻殺。七年沙鉢略死，其弟爲莫何可汗，擊擒阿波，國復强。明年死，沙鉢略之子雍虞閭立爲都藍可汗，十九年爲其下所殺。其北部達頭自立爲步迦可汗。仁壽二年楊素等擊破之，突厥遠遁，磧南無復寇抄。三年步迦所部大亂，衆潰。步迦西奔吐谷渾，隋因以所立啓民可汗送置磧口，盡有突厥之衆。大業五年死，子咄吉立，是爲始畢可汗。十一年始畢復叛隋，圍鴈門，自是中國亂，突厥遂强。唐武德四年始畢東服契丹、室韋，西臣吐谷渾、高昌諸國。二年死，弟俟利弗設立，爲處羅可汗。三年死，弟莫賀咄設立，爲頡利可汗。貞觀初爲鐵勒諸部薛延陀等所敗，頡利遂衰。四年李靖等大破頡利於陰山，其部落次第來降，别部人因執頡利送京師，漠南遂空。十二年復立其部阿思那思摩爲可汗，令統舊部，建牙於河北，與薛延陀分磧爲界。十八年爲薛延陀所敗，其衆皆南渡河，處於勝、夏二州間，思摩復入朝。二十一年薛延陀既滅，時有突厥同族斛勃者稱爲乙注車鼻可汗，建牙於金山之北，遣使入貢。永徽初將軍高侃擊擒之，於是突厥悉爲封内臣，分置羈縻府、州，授其部長爲都督、刺史，而統於單于都護府。其後叛服不一。永淳二年突厥骨篤禄叛。天授二年其弟嘿啜代立，數寇邊，復據漠北地。聖歷初有勝兵四十萬，地萬里。開元二年擊并西突厥、突騎施。三年擊拔野古，被殺國亂。骨篤禄之子嘿棘速代立，爲毘伽可汗。三十二年爲其大臣梅録啜所毒死，子伊然可汗立；又卒，弟登利可汗立。二十九年國亂，既而骨咄葉護自立爲可汗。天寶初拔悉密、回紇、葛邏禄三部共攻骨咄葉護，殺之，推拔悉密部長爲頡利伊施可汗，回紇、葛邏禄自爲左右葉護。突厥餘衆共立判闕特勒之子爲烏蘇米施可汗，拔悉密等復攻敗之。判闕特勒即登利從叔，爲左殺勒兵殺登利者。其部落多内附，突厥遂微。三載，拔悉密復攻殺烏蘇可汗，國人立其弟鶻隴匐白眉特勒爲白眉可汗，突厥益亂。四載，回紇復擊殺白眉可汗，突厥遂滅。

西突厥，本突厥西部也。隋開皇中部長阿波浸强，與突厥相攻，既被擒，國人立其族鞅素特勒之子爲泥利可汗。死，子達漫爲處羅可汗，居烏孫故地。大業六年裴矩以計離其族射匱襲攻處羅，處羅敗走，因諷諭入朝。明年分處羅之衆爲三，一處會寧，一處樓煩，而處羅常從車駕。唐武德二年，西突厥統葉護可汗遣使入貢。統葉護者，射匱之子，射匱即達頭之孫。先是處羅既入朝，國人立其叔射匱，射匱拓地東至金山，西至海，遂與北突厥爲敵，建牙於龜兹北三彌山。及統葉護立，北并鐵勒，據烏孫故地，又移庭於石國北千泉，西域諸國皆臣之。貞觀三年國亂，西域諸國及勅勒先臣屬者皆叛。六年泥熟立，遣使內附。十三年其國復中分爲二，一居伊列以東，一居伊列以西。十五年東部爲西部所併。永徽初西突厥阿史那賀魯據其地，顯慶二年遣蘇定方討擒之，更立部長，自是部衆離貳。長安二年西突厥衰，突騎施最强，并有西突厥地，十姓皆屬焉。開元二年突騎施爲突厥嘿啜所敗散。嘿啜昏虐，不能撫有十姓，於是胡禄屋、鼠尼施諸部皆詣北庭降。唐史：貞觀十二年西突厥咥利失可汗分其國爲十部：左廂號五咄陸，置五大啜，五啜者，一曰處木昆律，二曰胡禄屋闕，〔八〕三曰攝舍提敦，四曰突騎施賀魯施，五曰鼠尼施處半；右廂號五弩失畢，置五大俟斤，五俟斤者，一曰阿悉結闕，二曰哥施闕，三曰拔塞幹敦沙鉢，四曰阿悉結泥孰，五曰阿舒虛半。〔九〕所謂十姓也。十姓中處木昆、突騎施、鼠尼施最强，天寶以後皆降附於吐蕃。烏孫、龜兹及伊列河、千泉諸處，俱見陝西西域諸國。○白服突厥，西突厥別種也，與葛邏禄相近。唐貞元初降於回鶻，既而數爲回鶻所侵掠，因附於吐蕃。服，一作「眼」。

柔然，在漠外。晉載記以爲河西鮮卑之屬也。其先曰木骨閭。魏收曰：「木骨閭者，首秃也，與郁久閭聲相近，子孫因以爲字。」初爲騎奴，後免奴爲卒，以犯法亡匿廣漠，收合逋逃，依鮮卑紇突鄰部。木骨閭死，子車鹿會雄健，始有部衆，自號柔然，世服於代。後分爲東西二部。秦滅代，柔然附於劉衛辰。及拓跋珪嗣立，高車諸部皆服從，惟柔然不事魏。晉太和十六年珪引兵擊之，分道窮追，悉俘其衆，置之雲中。十九年西部部長社崘西走上郡，〔一〇〕掠五原以西諸部，走度漠北，自此强大，屢爲魏患。元興元年魏將和突攻黜弗、素故延部，柔然救之，爲和突所破。社崘帥部落遠遁漠北，奪高車之地而居之。又擊破斛律部，西北擊匈奴遺衆曰拔也雞，大破之，於是并吞諸部。其地西至焉耆，東接朝鮮，南鄰大漠，旁側小國皆羈屬焉，與魏爲敵國。魏主燾神䴥二年，大破柔然，自是始衰。既而與魏和親。太延二年復犯魏邊，與魏相攻。太平真君十年魏大敗柔然於漠北，自是衰弱，屏迹不敢犯魏塞。太和十一年柔然復犯魏邊，敗去。時柔然寖衰，高車諸部皆叛之。景明三年柔然復犯魏邊。正始初又侵魏之沃野、懷朔二鎮，尋遁去。三年請和於魏，魏主不許。五年復請和於魏，既而爲高車所襲敗，殺其可汗佗汗。熙平初，時柔然伏拔可汗立，善用兵，西擊高車，執其王殺之，擊滅鄰國叛去者，國復强。正光初柔然亂，其主阿那瓌、婆羅門相繼降於魏，國人復推阿那瓌之兄俟匿伐爲可汗。魏人議分處阿那瓌、婆羅門於東西二境，各統其衆。三年婆羅門叛魏歸嚈噠，魏擊擒之，阿那瓌專統其衆。既而魏亂，柔然遂雄據北方，爲邊患。齊天保三年突厥大破柔然，阿那瓌自殺，餘衆推其族鐵伐爲主，其國遂亂。明年突厥復攻柔然，柔然舉國奔齊。齊改立阿那瓌子菴羅辰於馬邑川，追降突厥於朔州而還。明年柔然叛齊，齊主洋自將擊破之，柔然北走。既又屢擊柔然，皆大破之。西魏主廓二年，突厥擊柔然主鄧叔子，滅其國。叔子收餘燼奔魏，突厥恃其强，請於魏盡殺之，柔然之後遂絶。嚈噠，見陝西西域于闐境内。

高車，在漠北。李延壽曰：「古赤狄餘種，初號狄歷，後曰勑勒，北方謂之高車、丁零，其遷徙隨水草，衣皮食肉與柔然同，惟車輪高大，輻數至多。」東晉哀帝興寧元年，代什翼犍擊高車，大破之。後魏太和初高車酋長阿伏至羅與窮奇分爲二部，魏人謂之東西部勑勒。阿伏至羅伏屬柔然。十一年與柔然二帥部落西走至前部西北，即漢車師前王地也，遂自立爲王，屢敗柔然，引衆東徙。二十六年高車叛魏，拓跋繼討平之。正始中高車爲嚈噠所敗，其衆分散。

魏遣將撫納降户，處之於高平鎮。國人共立彌俄突爲王，與柔然戰於蒲類海，不勝。西走三百餘里，尋還擊柔然，殺其可汗佗汗於蒲類海北，遣使入貢於魏。熙平中彌俄突爲柔然所殺，其衆悉歸嚈噠。正光二年嚈噠遣彌俄突弟伊匐帥餘衆還國，伊匐擊柔然，大破之。三年伊匐復爲柔然所敗，其弟越居殺伊匐而自立。西魏大統十七年鐵勒將伐柔然，突厥部長土門邀擊破之，盡降其衆五萬餘落，高車遂并於突厥。其後謂之鐵勒。隋書：「鐵勒之先，匈奴苗裔也，種數最多。自西海之東，依據山谷，往往不絶。獨洛河北有僕骨、同羅、韋紇、拔也古、覆羅並號俟斤，又有蒙陳、吐如紇、斯結、渾、斛薛等諸姓；伊吾以西，焉耆之北，傍白山，則有契弊、薄洛職、乙咥、蘇婆、那曷、烏讙、紇骨、也咥、於尼讙等姓；金山西有薛延陀、咥勤兒、十盤、達契等姓；康國北，傍阿得水，則有訶咥、曷截、撥忽、比干、具海、曷比悉、何嵯蘇、拔也末渴達等姓；得嶷海東有蘇路羯、三索咽、蔑促、隆忽等姓；拂菻東則有恩屈、阿蘭、北褥九離、伏嗢昏等姓；北海南則都波等姓。〔二〕族姓雖殊，通謂之鐵勒。大抵與突厥同俗，以寇抄爲主，無大君長，分屬東、西突厥。隋大業初西突厥處羅可汗無道，鐵勒皆叛，立俟利發俟斤契苾歌楞爲莫何可汗，又立薛延陀俟斤孛也咥爲小可汗，與處羅戰，屢破之，伊吾、高昌、焉耆皆附於莫何。」唐史：「勑勒凡十五部，曰薛延陀，其先與薛種雜居，後滅延陀部而有之，因名也；曰回紇，故袁紇也；曰都播，亦名都波，其地北瀕小海，西接堅昆，南接回紇；曰骨利斡，其地在瀚海北；曰多濫葛，亦作「多覽葛」，又作「多臘葛」，在薛延陀東，瀕同羅水；曰同羅，在薛延陀北多濫葛東，距長安七千里而贏；曰僕固，亦名僕骨，在多濫葛東，地最北；曰拔野古，一作「拔野固」，或爲拔曳固，散處磧北，地千里，西直僕固，東鄰靺鞨；曰思結，在延陀故牙；曰渾，在諸部最南；曰斛薛，居多濫葛北；曰奚結，在同羅北；曰阿跌，一作『訶跌』，或爲陜跌；曰契苾，亦作『契苾羽』，〔一二〕在焉耆西北鷹娑川，多濫葛之南；曰白霫，居鮮卑故地，直京師東北五千里，與同羅、僕固接，其後避薛延陀保奥支水冷陘山。所謂十五部也。諸部薛延陀最强，西突厥曷薩那盛時，諸部皆臣附。既而曷薩那失衆心，於是勑勒相帥叛，共推契苾哥楞爲易勿真莫賀可汗，居貪于山；又以薛延陀乙失鉢爲也咥水可汗，居燕末山。唐初西突厥射匱强，乃復去可汗號而臣之。武德末西突厥統葉護可汗世衰，乙失鉢之孫彝男帥部落附於突厥頡利。貞觀二十年薛延陀滅，回紇、拔野古、同羅、僕固等十一姓各遣使入貢，其後併於回紇。」

回紇，在漠外。本匈奴别種也。其先曰袁紇，亦曰烏護，又曰烏紇，至隋曰韋紇，後爲回紇。初居薛延陀北娑陵水上，〔一三〕去長安七千里。隋大業中，回紇五部在鬱督軍山者屬突厥始畢可汗。唐貞觀初與薛延陀等部叛突厥，敗突厥兵於馬鬣山，追至天山，掠其部衆，回紇繇是大振。二十年薛延陀國亂，回紇部長吐迷度與僕骨、同羅等共擊敗之；既復殺其可汗拔灼，遂據其地内附，以爲翰海府。二十二年所部内亂，尋詔授吐迷度子婆閏爲翰海都督。〔一四〕天寶初回紇部與拔悉密、葛邏禄共攻殺突厥骨咄葉護，自爲葉護。既而回紇葉護骨力裴邏遣使入貢，賜爵奉義王。三載，骨力裴邏與葛邏禄共攻殺拔悉密頡跌伊施可汗，遂自立爲骨咄禄毗伽闕可汗，遣使言狀，詔拜爲懷仁可汗，於是南據突厥故地，立牙帳於烏德犍山。初統九姓，曰藥邏葛，曰胡咄葛，曰咄羅勿，曰貊歌息紇，曰阿勿嘀，曰葛薩，曰斛嗢素，曰藥勿葛，曰奚邪勿，後又併拔悉密、葛邏禄，凡十一部，各置都督，每戰則以二客部爲先。四載，復擊殺突厥白眉可汗，於是回紇斥地愈廣，東際室韋，西抵金山，南跨大漠，盡有突厥故地。懷仁卒，子磨延啜立，號葛勒可汗。至德以後，中國多故，回紇益强。建中初回紇登里可汗嗣立，驕横，議大舉入寇，爲其相頓莫賀達干所殺。登里從兄自立爲合骨咄禄毘迦可汗，請爲藩臣，詔册爲武義成功可汗。貞元四年表請改稱回鶻。太和以後回鶻益衰，開成末爲黠戛斯所敗，諸部潰散。太中初其餘種散亡殆盡，别部居甘州者爲甘州回鶻，五代時屢遣使朝貢。

薛延陀，亦匈奴别種，即鐵勒部落也。唐初西突厥强，薛延陀附屬焉。武德末西突厥勢衰，因帥部落附突厥頡利。貞觀初頡利政亂，薛延陀與回紇拔野古等相率叛之，敗突厥兵。二年突厥北邊諸姓多叛頡利歸薛延陀，共推其俟斤彝男爲可汗。上因遣將喬師望間道齎册書，拜爲真珠毘伽可汗。彝男建牙於大漠之鬱督軍山，東至靺鞨，西至西突厥，南接沙磧，北至俱倫水，回紇、拔野古、阿跌、同羅、僕骨、霫諸部皆屬焉。十九年死，子拔灼嗣。二十年爲回紇諸部所敗，唐遣兵滅之。

咽麪。亦勅勒種，居得嶷海。唐咸亨四年弓月部北招咽麪，連兵以叛，既而復降。永淳初西突厥阿史那車薄叛圍弓月城，咽麪復與車薄合，安西都護王方翼擊破之於熱海。唐志：「有咽麪州，寄於北庭府界内。」

右漠北諸部。

校勘記

〔一〕馬哈木　「木」，底本原作「朩」，今據敷本、鄒本及明史卷三二七韃靼傳改。

〔二〕子乜先嗣　「乜」，明史卷三二七韃靼傳及卷三二八瓦剌傳均作「也」。

〔三〕毛里孩　「毛」，底本原作「尾」，今據職本、敷本、鄒本改。

〔四〕其君長曰阿熱　「阿」，底本原作「牙」，今據下文「阿熱」及新唐書卷二一七下回鶻傳附黠戛斯「其君曰阿熱」改。

〔五〕資湩酪以食　「湩酪」，底本原作「潼駱」，今據敷本、鄒本及新唐書卷二一七下回鶻傳附駮馬改。

〔六〕每歲冬居扎顏　「冬」，底本原作「東」，今據職本、鄒本改。

〔七〕坦篤一作怛篤　「怛」，底本原作「恒」，今據敷本、鄒本改。

〔八〕胡祿屋闕　「屋」，舊唐書卷一九四下突厥傳作「居」。

〔九〕阿舒虛半　舊唐書卷一九四下突厥傳、新唐書卷二一五下突厥傳俱作「哥舒處半」。

〔一〇〕社崙　底本原作「杜崙」，今據魏書卷二太祖紀、卷一〇三蠕蠕傳改。

〔一一〕獨洛河至北海南則都波等姓　此段文字，核諸北史卷九九鐵勒傳及隋書卷八四鐵勒傳，有六處訛誤：「紇」，當作「韋紇」；「鳥讙」，當作「烏讙」（北史「讙」作「護」）；「金山西」，當作「金山西南」；「哷勤兒」，當作「咥勤兒」；「詞咥」，當作「訶咥」；「得嶷海東」，當作「得嶷海東西」。

〔一二〕亦作契苾羽　「作」，底本原作「在」，今據職本、鄒本改。

〔一三〕初居薛延陀北娑陵水上　「娑」，底本原作「婆」，今據鄒本及新唐書卷二一七上回鶻傳改。

〔一四〕尋詔授吐迷度子婆閏爲翰海都督　「吐迷度」，底本原作「烏迷度」，舊唐書卷一九五迴紇傳、新唐書卷二一七上回鶻傳並云爲瀚海都督之婆閏是吐迷度之子，本書上文亦作「吐迷度」，此作「烏迷度」誤，今據改。

河南方輿紀要序

河南，古所稱四戰之地也。當取天下之日，河南在所必争；及天下既定，而守在河南，則岌岌焉有必亡之勢矣。周之東也，以河南而衰；漢之東也，以河南而弱；拓跋魏之南也，以河南而喪亂。朱温篡竊於汴梁，延及五季，皆以河南爲歸重之地。以宋太祖之雄略而不能改其轍也，從而都汴。都汴而肩背之慮實在河北，識者早已憂之矣。女真之季也，懼蒙古之逼，乃遷於汴；遷汴未已，又遷於蔡；始爲亡宋之資，終爲自弊之地。當其亡宋之日，豈料其禍之亦中於此哉？説者曰：洛陽，周公所以營成周也，形勝莫尚焉。夫周公營洛，豈意後世之遂遷而東哉？周以幽王之亂，而召犬戎之禍，愓目前之小警，棄創垂之遠圖。其遷而東也，洛陽、岐周，同爲畿内地耳。使都洛陽而守岐周，猶未爲失計，乃舉岐西捐之於秦，而洛陽之根本不且自撥之哉？漢以三河並屬司隸，唐以長安、洛陽並建兩京，此亦得周公之遺意者歟？然則河南固不可守乎？曰：守關中，守河北，乃所以守河南也。自古及今，河南之禍中於關中者什之七，中於河北者什之九。秦人以關中并韓、魏，漢以關中定三河，苻秦以關中亡慕容燕，宇文周以關中亡高齊。隋之亡也，羣雄角逐而唐獨以先入長安，卒兼天下。金人之遷河南也，蒙古道漢中，出唐、鄧而擣汴梁，汴梁遂不可守。謂關中不足以制河南之命乎？三晉之蠶食鄭、宋也，光武之南收河、洛也，劉聰、石勒之略有河南也，鮮卑、氐、羌縱横於司、豫之境，晉、宋君臣切切焉圖復河南，分列四鎮，求十年無事而不可得也。元魏孝文遠法成周，卜宅中土，規爲措置，可謂盛强，乃僅一再傳，而河北遂成戎藪。爾朱榮自河北來矣，爾朱兆自河北來矣，高歡亦自河北來矣，北中河橋易於平地，馬渚、硤石捷於一葦，而魏以分，而魏以亡也。安、史以河北倡亂，而河南兩見破殘；存勖發憤太原，而朱梁卒爲夷滅。契丹之辱，石晉罹於前；女真之毒，靖康被於後。河北猶不足以制河南之命乎？然則河南信不可守矣。曰：河南者，四通五達之郊，兵法所稱衢地者是也。往者吴王濞之叛也，説之者曰：「願王所過城不下，直去，疾西據洛陽，雖無入關，天下固已定矣。」楊玄感祖是説以攻東都則敗，李密復出此以攻東都則又敗。蓋濞舉江東之衆，合諸侯之師，誠能西入洛陽，則事勢已就。玄感、李密，一朝創起，既不敢用長驅入薊及直指江都之謀，又不能先據上游之勢然後争衡天下，宜其敗也。朱温假借朝命，憑依城社，肆其凶狡，故能以汴梁得志。劉福通何人也？乃欲竊據大梁，指揮羣盗，察罕以關中、河北之師至，而奔亡不暇矣。夫古未有不可守之地而可以言戰者，李光弼所以寧去洛陽而守河陽也。以大梁而戰于城下，猶有自全之策乎哉？或曰：今日之河南，不既兼有河北乎？曰：

以河北三郡而附于河南也，此固國家犬牙相制之意，出於山川條列之外者也。夫河北之足以制河南也，自昔爲然矣。客更端而起曰：子不聞南陽可以建都乎？曰：以河南之全勢較之，則宛不如洛，洛不如鄴也明矣。客曰：吾亦嘗聞拓跋氏之説矣。拓跋氏曰鄴非長久之地，石虎、慕容所以覆滅者也。且南有枉人山，東有列人縣，北有柏人城，君子不飲盗泉，惡其名耳。此所以去鄴而遷洛也。若夫南陽者，朱樸以爲建都極選，李綱亦謂光武所興，而子乃謂宛不如洛，何歟？曰：朱氏以唐覆敗之時而獻遷都之議，李公於宋奔亡之日而爲駐蹕之謀，皆因時補救，出于不得已之計，而非所語於形勢之常也。夫鄴倚太行，阻漳、滏，夏、商時固有都其地者。戰國之世，趙用此以拒秦，秦亦由此以并趙。漢之末，袁紹不能有其險也，入於曹操，遂能雄長中原；晉之衰，劉琨不能固其險也，殁于石勒，因以蹂躪司、豫；石趙之亡，冉閔不能保是險也，并於慕容雋，從而兼有山東；元魏之季，爾朱兆不能用其險也，歸於高歡，因而盗竊魏柄。迨其後，尉遲迥據之以問罪楊堅，則遠近震動。漁陽殘孽，竊命於此，以九節度之師而不能免於潰敗也。魏博以相州爲捍蔽，終唐之世常雄於河、朔。河東得之，遂爲滅梁之本。而謂鄴非形勢所在乎？且夫自古用兵，以鄴而制洛也常易，以洛而制鄴也常難，此亦形格勢禁之理矣。彼宛者，延岑、朱粲所以覆亡者也，蒙古襲入唐、鄧所以徑擣汴梁者也，乃謂其山川險固，賢於洛陽，是溺前人之説而不究其本也。

曰：然則建都不貴于險固乎？曰：所謂險固者，非山川糾結，城邑深阻之謂也。使棄關、河之都會，遠而求之奧窔之鄉，是猶未見虎之入市，而先自竄于檻穽；知水之可以溺人，而坐槁于巖嵎也。豈所語於形勢之常也哉？

讀史方輿紀要卷四十六

河南一

禹貢曰：「荆、河惟豫州。」荆，荆山。見湖廣襄陽府。周禮職方：「河南曰豫州。」豫州在九州之中，言常安逸。又云稟中和之氣，性理安舒，故云豫也。性音生。春秋時爲周畿邑，又爲宋、鄭、衛諸國地，亦兼秦、楚之疆。戰國時爲韓、魏列國地，自河以北，則趙境也。今懷慶、衛輝、彰德三府，本古冀州地，春秋屬衛、屬晉，戰國兼屬趙、魏。天官柳、七星、張則周分野，房、心則宋分野，室、壁則衛分野，觜觿、〔一〕參則魏分野，角、亢、氐則韓分野。趙分野見山西沿革。秦并天下，置三川、潁川、南陽等郡，河以北彰德府，則邯鄲郡之南境。漢武置十三州，此亦爲豫州，而半屬於司隸。今河南府及懷慶府、衛輝府皆屬司隸。又彰德則屬于冀州。後漢司隸改治洛陽，而别置豫州於譙郡，今南直鳳陽府亳州。魏因之。豫州改治河南安城，今汝寧府廢縣。而冀州治鄴，河北皆屬焉，即彰德府也。晉亦分置司州及豫州，司州仍治洛陽。豫州治項，今開封府陳州項城縣。而河北則屬冀州。永嘉以後，中原蕪没，劉宋嘗置豫州于汝南，司州於義陽，後復失之。隋末爲李密、王世充等所據。唐分十道，此爲河南道，開元中爲都畿、治東都，今河南府。河南、治陳留郡，今開封府。及河北道。治魏郡，今北直大名府，河北三府皆屬焉。宋都汴，置京東、京西及河北路，河北路仍治大名。元豐中又分京東東西、京西南北等路。金爲汴京路，又改曰南京，亦分屬河北、河東等路。懷州屬河東南路，彰、衛屬河北西路。元置河南江北行中書省，而河北爲腹裏地。明初爲河南等處承宣布政使司，領府八，州一，屬州十一，屬縣九十六，總爲里三千八百八十有奇，夏秋二税約二百四十一萬四千四百七十七石有奇。而藩封衛所參列其間。今仍爲河南布政使司。

開封府，屬州四，縣三十。

祥符縣，附郭。陳留縣，杞縣，通許縣，太康縣，尉氏縣，洧川縣，鄢陵縣，扶溝縣，中牟縣，陽武縣，原武縣，封丘縣，延津縣，蘭陽縣，儀封縣，新鄭縣。

陳州，

商水縣，西華縣，項城縣，沈丘縣。

許州，

臨潁縣，襄城縣，郾城縣，長葛縣。

禹州，

密縣。

鄭州，

滎陽縣，滎澤縣，河陰縣，汜水縣。

河南府，屬州一，縣十三。

洛陽縣，附郭。偃師縣，鞏　縣，孟津縣，宜陽縣，永寧縣，新安縣，澠池縣，登封縣，嵩　縣，盧氏縣。

陜州，

靈寶縣，閿鄉縣，

懷慶府，屬縣六。

河内縣，附郭。濟源縣，修武縣，武陟縣，孟　縣，温　縣。

衛輝府，屬縣六。

汲　縣，附郭。胙城縣，新鄉縣，獲嘉縣，淇　縣，輝　縣。

彰德府，屬州一，縣六。

安陽縣附郭。臨漳縣，湯陰縣，林　縣。

磁州，

武安縣，涉　縣。

歸德府，屬州一，縣八。
商丘縣附郭。　寧陵縣，　鹿邑縣，　夏邑縣，　永城縣，　虞城縣。
睢州，
考城縣，　柘城縣。
汝寧府，屬州二，縣十二。
汝陽縣，附郭。　真陽縣，　上蔡縣，　新蔡縣，　西平縣，　確山縣，　遂平縣。
信陽州，
羅山縣。
光州，
光山縣，　固始縣，　息　縣，　商城縣。
南陽府，屬州二，縣十一。
南陽縣，附郭。　鎮平縣，　唐　縣，　泌陽縣，　桐柏縣，　南召縣。
鄧州，
內鄉縣，　新野縣，　淅川縣，

裕州，

舞陽縣，　葉　縣。

直隸汝州，屬縣四。

魯山縣，　郟　縣，　寶豐縣，　伊陽縣。

東連齊、楚，

自歸德府東界，接山東之兗、濟，南直之淮、徐，皆古齊、楚地。

西阻函谷，

洛陽西至新安，道路平曠。自新安西至潼關殆四百里，重岡疊阜，連綿不絕，終日走硤中，無方軌列騎處。其間硤石見陝州。及靈寶、閿鄉尤爲險要，古之崤、函在此，真所謂百二重關也。

南據淮，

淮水出南陽府桐柏縣東南一里之桐柏山，至汝南府商城、固始縣東而入南直壽州界。信陽、光州俱在淮水之南。

北逾河、漳。

黄河自河南府陝州閿鄉縣入境，接蒲津、潼關界，至歸德府虞城、夏邑縣出境，接徐、兗界。漳水自彰德府磁州涉縣入境，接山西潞安府界，至臨漳縣出境，接北直廣平府界。境內之地，皆逾河、漳已北。

其名山則有嵩高，

嵩高即嵩山，在河南府登封縣北十里，五嶽之中岳也。萃兩間之秀，居四方之中，窿然特起，形方氣厚，故曰嵩高，禹貢所云外方也。或曰陸渾山，一名方山，蓋禹貢之外方。詩：「崧高惟嶽。」一名太室山。左傳昭四年：「晉司馬侯曰：『太室，九州之險也。』」又楚椒舉曰：「周幽王爲太室之盟，戎狄叛之。」漢書：「武帝禮祭中岳太室，置奉邑，名曰嵩高。」即今登封縣。其西爲少室山。戴延之述征記：「少室高與太室相埒，相去十七里。少室山今在登封縣西十七里。嵩其總名也。」晉永康二年趙王倫篡竊，齊王冏等自許昌起兵討之。倫懼，夜使人披羽衣上嵩山，僞稱僊人王喬，陳述符命。永嘉三年劉淵遣子聰等犯洛陽，聰親祈嵩山，留軍圍洛，洛中乘虛出擊聰軍，敗之。後魏主嗣泰常八年如洛陽，遣使祠嵩高。又文帝宏太和二十年如嵩高，後魏主恪永平中，擇嵩山形勝地立閑居寺。又魏主詡神龜二年胡太后遊嵩高。孝武帝修永熙二年狩于嵩高。唐十道志：「河南道名山曰嵩高。」高宗永淳初於山南作奉天宮。武后垂拱四年號嵩高爲神嶽。既而封神嶽，禪少室。聖曆二年幸嵩山，明年復幸焉。夫嵩高在汝、洛間，雖逼近都會，而道里少爲僻遠，故由來戰勝攻取者或缺焉。宋嘉定八年蒙古攻金潼關不能下，乃由嵩山小路趣汝州，遇山澗輒以鐵槍相連鎖接爲橋以渡，遂趣汴京，金人大震，蓋嵩高峻拔，望爲表極，故能越險而前也。名山記：「山高二十里，周百三十里，中爲峻極峰，東曰太室，西曰少室，述征記：「少室高八百六十丈，方十里。謂之室者，山下各有石室也。」其回環蓋有三十六峰。」

太行，

太行山，一名五行山，亦曰王母山，又名女媧山。在懷慶府城北二十里，接山西澤州南界，羊腸險道在焉。禹貢曰：「太行、恒山，至於碣石。」孔氏曰：「二山連延，東北接碣石山也。」左傳襄二十三年：「齊侯爲二隊，入孟門，登太行。」史記：「齊莊公二年，〔三〕使欒盈間入曲沃爲內應，以兵隨之，上太行，入孟門。欒盈敗，齊兵還，取朝歌。」孟門，賈逵曰：「孟門，晉隘道。」或云即太行之陘口。司馬貞謂在朝歌東北，蓋以意言之。齊語：「桓公懸車束馬踰太行。」戰國策：「范雎曰：『北斷太行之道，則上黨之師不下。』」又曰：「一軍臨滎陽，一軍臨太行，韓必請效上黨之地。」蔡澤謂范雎：「君相秦，決羊腸之險，塞太行之口。」史記：「吳起謂魏武侯：『殷紂之國，左孟門，右太行。』」戰國策作「左孟門，右漳、滏」，然則孟門即太行矣。又韓桓惠王十年，秦擊我于太行，上黨降趙。秦昭王四十四年白起攻太行道絕，而韓之野王降。又世紀：「湯歸自伐夏，至于太行。」史記作「湯歸至泰卷陶。」索隱曰：「卷當爲坰，陶衍文。」楊慎曰：「泰坰即太行，太行原有此音。」列子作「大形」。山海經作

「五行之山」。淮南子：「武王欲築宮於五行之山。」周公曰：「五行險固，德能覆也，內貢迴矣。使吾暴亂，則伐我難矣，君子以爲能持滿。」蓋亦指太行而言。內讀曰納。漢三年，漢王數困於滎陽、成皋間，議退屯鞏、洛，酈食其進曰：「願塞成皋之險，杜太行之道。」後漢永平十三年登太行，幸上黨。元和二年北登太行山，至天井關。元初元年詔遣兵屯河內，通谷衝要三十六所皆作塢壁，設鳴鼓以備羌寇。蓋太行北至恒山，限隔并、冀，其間谷道相通，時羌寇充斥，故于衝要處作塢壁以備之。又太行近鄴，亦謂之西山。建安九年曹操圍鄴，袁尚自平原還救，操曰：「尚從大道來，當避之；若從西山來，此成禽耳。」尚果循西山而東，戰敗奔中山。蓋太行深阻，尚有依險自全之心，故操逆知其必敗。晉永嘉三年劉淵據蒲子，遣其子聰等十將南據太行，石勒等十將東下趙、魏，所至殘破。太元十九年後燕慕容垂伐西燕，頓軍鄴西南，月餘不進。慕容永以太行道寬，疑垂欲詭道取之，乃悉斂諸軍杜太行口。既而垂自滏口入滅永。述征記：「太行首始河內，北至幽州，凡百嶺，諸山皆因地立名，實一太行也。連亘十三州之界。有八陘：爾雅：「連山中斷爲陘。」第一軹關陘，見濟源縣。第二太行陘，見河內縣。十六國春秋：「慕容永屯軹關，杜大行口以拒慕容垂。」此二陘也。第三白陘，見衛輝府輝縣。第四滏口陘，見彰德府磁州。第五井陘，在北直獲鹿縣，見北直重險。第六飛狐陘，在山西蔚州，見山西重險。第七蒲陰陘，在北直易州，見重險紫荆關。第八軍都陘。」在北直昌平州，見重險居庸關。括地志：「太行連亘河北諸州，凡數千里，始於懷而終於幽，爲天下之脊。」里道記：「自晉陽趣河內入洛陽，必經太行，太行在懷、澤間，實據南北之喉嗌。」後魏主嗣泰常八年，自河內登太行至高都。見山西澤州。子攸永安三年誅爾朱榮，使將軍史仵龍等守太行嶺。及爾朱兆自晉陽南下，仵龍等帥衆先降，兆遂長驅入洛。東魏武定六年高澄自虎牢濟河南至洛陽，既而自太行還晉陽。隋仁壽末，漢王諒舉兵并州，分遣其將余公理自太行下河內。大業三年北巡，發河北丁男，鑿太行山達于并州以通馳道，繼而自太原還，〔三〕上太行，開直道數十里至濟源。唐武德三年世民攻王世充于東都，分遣將劉德威自太行東圍河內。八年突厥寇并州，詔總管任瓌屯太行以備突厥。寶應初以史朝義據洛陽，徵回紇兵至河東，藥子昂往勞軍，請回紇自太行南下據河陰扼賊咽喉，不從。文德初河南尹張全義襲河陽，節度使李罕之北走，引河東兵還攻河陽。朱全忠遣軍救全義，分兵欲斷太行路，河東軍懼，引退。光化三年朱全忠寇易定，李克用遣李嗣昭將兵下太行，拔懷州，攻河陽以救之。明年朱全忠攻李克用，分遣其將氏叔琮入自太行。五代漢末郭威入汴，李驤勸劉崇疾引兵逾太行，據孟津。宋建隆初昭義節度李筠謀舉兵，從事閭丘仲卿説筠曰：「公孤軍舉事，大梁甲兵精鋭，不如西下太行直抵懷、孟，塞虎牢，據洛邑，東向而争天下。」筠不能用。太祖遣石守信等擊筠，勅之曰：「勿縱筠下太行，急引兵扼其隘，破之必矣。」三年，開太行運路，謀并北漢也。靖康元年粘没喝陷太原，遂長驅下太行，入懷州。開禧二年蒙古圍金中都，分軍循太行而南，破懷、孟。十年，蒙古使其將木華黎經略太行東西諸州軍。元至正十八年劉福通將關先生等踰太行，焚上黨，大掠晉、冀以北。既而察罕帖木兒遣將關保等分兵阻隘，塞井陘，杜太行，以遏賊侵軼之道。時關先生等分軍出塞外，餘黨復自晉、冀南還也。明朝洪武元年大軍克元都，遂西下太行，收山西州郡。河南守將馮宗異亦渡河下懷慶，徇太行以北。夫太行爲天下脊，豈止一方之險要而已。元和志：「太行陘在懷州北，闊三步，長四十里，羊腸所經，括地志：「河内北有羊腸阪，蓋即太行陘也。」瀑布懸流，實爲險隘。」崔伯易感山賦曰：「上正樞星，下開冀方，逢胃而畢，自柳以張，起爲名丘，妥爲平岡，巍乎甚尊，其名太行。墨翟察而知驥之貴，尸佼過而辨牛之難；穆王升繇翟道而出，穆天子傳：「天子命駕八駿之乘，赤驥之駟，南征朔行，逕絶翟道，升于太行，南濟于河。」世宗行自大河而還；孝明嘗登幸上黨郡，章帝以游至天井關；孟德北上紀摧輪之恐，謝公西顧引憂生之端；阮籍失路而詠懷，劉峻懷人而發嘆；歸晉陽子惠之便道，對二阪祖濬之精詳。若夫或主或臣，建功立宗，尤顯聞于後世，則有决羊腸之險，塹此山之道，攻滎陽伐韓以威天下，應侯爲秦昭王之謀也。據敖倉之粟，杜此山之阨，距飛狐之口，守白馬之津，見北直大名府滑縣。使天下知所歸者，酈食其爲漢高祖之謀也。踰此山入射犬，射犬，見河内縣。破青犢之衆，救謝躬于鄴，以收復天下爲心者，漢光武之謀也。濟河降射犬之衆，還軍敖倉，屬魏种以河北事，然後西向以争天下者，魏武帝之謀也。進據武牢扼其噤要，俾竇建德不能逾山入上黨，收河東之地，而卒以并天下者，唐太宗之謀也。夫太行之山，千秋不異，則太行之險，亦千秋不異矣。」今山東、山西皆以太行而分，唐十道志於河東曰南抵首陽、太行，於河北曰西距太行、常山。今特詳於河南者，以太行首起懷州也。

三崤，

三崤山，亦曰二崤，一名嶔崟山。在今河南府永寧縣北六十里。其地或謂之崤澠，或謂之澠隘，或謂之崤塞。春秋僖三十三年：「晉人及姜戎敗秦師於崤。」左傳：「崤有二陵焉，南陵夏后皋之墓也，北陵文王之所避風雨也。」杜預曰：「古道在二崤間南谷中，谷深委曲，兩山相嶔，故可避風雨。」水經注：「北陵山徑委深，峰阜交蔭，故可以避風雨。」公羊傳云：「崤之嶔巖。」穀梁傳云：「崤巖崟之下。」戰國策所稱澠隘之塞也。秦昭王初，楚圍雍氏，雍氏見禹州。秦下師於崤以救韓。張儀説趙曰：「秦軍軍於澠池，地志：「崤底一名澠池，又名崤坂，在永寧縣西北七十里，崤谷之底也。」願渡河踰漳，戰邯鄲下。」蘇代謂甘茂：「自崤塞至鬼谷，今陝西三原縣西北二十里有清谷，即鬼谷也。一作「槐谷」，謂槐里之谷，即今陝西興平縣。其地形險易，皆明知之。」又秦昭王二十八年使使者告趙王，願爲好會于河外澠池。史記：「秦穆公三十三年潛師襲鄭，蹇叔、百里奚謂其子西乞術、孟明視曰：『汝軍即敗，必于崤澠矣。』〔四〕師還，晉遮秦兵於崤擊之，無一人得脱者。」呂氏春秋：「九塞，崤其一也。」淮南子：「九塞，一曰澠隘。」漢景帝三年吴、楚叛，周亞夫出關討之。趙涉説曰：「吴王懷輯死士，必置奸人於崤、澠阨陿間。」亞夫因出武關而東。又王莽命王奇曰：「殽、澠之險，東當鄭、衛。」後漢建武三年赤眉自三輔引而東，帝令諸將屯澠池以要其東，使馮異擊其西，異大破赤眉於崤底。建安十年高幹舉兵并州，河内張晟遂寇崤、澠間，弘農張炎亦起兵應之。十九年龐德破賊張白騎於兩崤間。水經注：「崤有盤崤、石崤、千崤之山。」是謂三崤。又盤崤之山崤水出焉，石崤之山石崤水出焉，千崤之山千崤水出焉，其水皆北流入河。所謂崤有二陵，則石崤之山也。自漢以前，率多由此。建安中曹公西侵巴、漢，惡南路之險，更開北山高道，自後行旅皆從之。山側附路有石銘云：「晉太康二年弘農太守梁柳復修舊道。」大崤以東，西崤以西，〔五〕明非一崤也。括地志：「文王所避風雨即東崤山，俗亦號爲文王山，在夏后臯墓北可十里許。」其山幽深可蔭，有回谿阪，亦曰回坑，即馮異與赤眉戰處。行者畏之。曹公開北道，嗣後遂以北道爲大路。晉太寧三年後趙石生屯洛陽，寇掠河南。劉曜使其黨劉岳趣孟津，呼延謨自崤、澠而東，合諸軍攻洛陽。興寧三年燕慕容恪陷洛陽，略地至崤、澠，關中大震，秦苻堅自將屯陝城以備之。義熙十三年劉裕伐秦，檀道濟等由許、洛軍澠池進攻潼關。秦將姚紹出戰而敗，自潼關退屯定城，定城，見陝西華陰縣。遣姚鸞屯大路以絶道濟糧道，大路即三崤路。先是紹遣胡翼度據東原與大路相爲脣齒，皆據險以絶餉道也。沈林子襲斬鸞。宋元嘉二十七年將軍龐法起等攻陝城，城險固難克。魏洛州刺史張是連提度崤赴救，薛安都擊斬之，陝城遂下。後魏永熙三年高歡自晉陽犯洛，宇文泰使別將李賢自關中將騎赴援，會魏主西走，遇於崤中。西魏大統四年宇文泰拔金墉，戰于邙山，尋敗還。高歡自孟津濟河，遣別將追魏師至崤，不及。既而韋孝寬襲破東魏將段琛等於宜陽，崤、澠遂清。杜佑曰：「自魏、晉以來二崤皆由北道，後周初更復南移。」隋紀：「大業初建東京，廢二崤道，開葼册道。此仍廢南道開北道也。胡氏曰：「歷考東、西二京往來，緣道離宫雜出，于隋、唐所置者俱不載所謂葼册道。山海經云：『夸父之山，多椶枏，其北曰桃林。』今山在湖縣西九里，或者椶枏訛爲『葼册』歟？」廢湖縣，今見閿鄉縣。九年，楊玄感攻東都，代王侑遣衛文昇自長安赴救，文昇鼓行出崤、澠，直趣東都城北，與玄感相持。」唐武德初復開南道，貞觀十四年又廢。大約出潼關歷陝州入永寧界，又東分爲二道，東南入福昌縣界，今宜陽縣，此即南道。東北入澠池縣界。此即北道。開元五年幸東都，過崤谷，以道隘不治，欲罪有司，以宋璟諫而止。上元二年史思明敗李光弼於邙山，欲乘勝入關，使其子朝義爲前鋒，自南道襲陝城，思明自北道將兵繼之。朝義至礓子坂，一作礓子嶺，見陝州。爲衛伯玉所敗。後唐清泰末石敬瑭引契丹趣洛陽渡河，慮唐主西奔，遣契丹千騎扼崤、黽。一作「黽池」。元和志：「自東崤至西崤長三十五里。東崤長阪數里，峻阜絶澗，車不得方軌；西崤純是石阪十二里，險不異東崤。此二崤皆在秦關之東，漢關之西。」指函谷新舊關而言。輿地廣記：「二崤山連入硤石界，自古險阨之地也。」硤石在陝州東南七十里。宋建炎二年，金人自同、華東走，石壕尉即舊崤縣，見永寧。李彦先保三砦，〔六〕即三崤。屢敗金師，復陝州及絳、解諸縣。元至正十六年汝、潁賊李武等陷陝州，斷崤、函，欲趣秦、晉。察罕帖木兒夜拔崤陵，立柵交口。交道之口。賊運南山粟給食固守，察罕襲破其靈寶城，賊乃棄陝州度河北遁。〔七〕今自新安以西，歷澠池、硤石、澠池縣至硤石驛七十里。陝州靈寶、閿鄉而至於潼關，凡四百八十里。其地皆河流翼岸，巍峰插天，絶谷深委，峻坂紆迴，崤、函之險，實甲於天下矣。

底柱。底，一作「砥」。

底柱山，亦曰三門山，在今河南府陝州城東南十里，山西平陸縣東南五十里大河中。禹貢：「導河至于底柱。」水經注：「禹治洪水，山陵當水者鑿之，故破山以通河，河水分流包山而過，山見水中若柱然，故曰底柱。」元和志：「禹鑿底柱，二石見于水中若柱然，河水至此分爲三派，流出其間，故亦謂之三門。」陝志：「三門，中神門，南鬼門，北人門，惟人門修廣可行舟，鬼門尤險，舟筏入者鮮有得脱。三門之廣約三十丈，其東百五十步有峰特立，斯爲底柱。」自底柱而下至五戶灘，其間一百二十里，夾岸巍峰重嶺，干霄蔽日，蓋亦禹所鑿以通河者。衡湍激石，有一十九灘，水流迅急，勢同三峽，破壞舟船，自古所患。漢武帝時，河東守番係言：「漕從山東西，歲百餘萬石，更底柱之艱，敗亡甚多而煩費。」鴻嘉四年以河水決溢爲患，楊焉上言：「河從上下，底柱險隘，可鐫廣之。」乃令鐫之，纔没水中不能復去，而令湍流沸怒，爲害彌甚。是年秋勃海、清河、信都河水溢。後漢興平二年李傕等寇長安，帝幸陜，别將李樂欲令車駕御船過底柱出孟津，楊彪以爲河道險艱，非萬乘所宜乘，乃止。曹魏景初二年，以底柱道險，遣寇玆濬治。晉泰始三年復遣樂世帥衆修鑿，功卒不集。隋開皇三年，遣韋瓚自蒲、陜以東募人能于洛陽運米四十石經底柱之險達于常平者，常平倉置於陜州。免其征戍。十五年詔鑿底柱。大業七年底柱崩，偃河，逆流數十里。唐貞觀二十年幸河北，河北，今山西平陸縣。觀底柱，令魏徵勒銘。是時自洛到陜皆運于陸，自陜至京乃運于水，以避底柱之險也。顯慶元年苑西監褚明議鑿三門山，爲梁通陸運，功不成。後大匠楊務廉又鑿棧以輓漕舟，人以爲苦。開元二十一年，轉運使裴耀卿以關中用度不給，請于河口置倉，即武牢倉。使吳船至彼即輸米而去，官自僱載，分入河、洛。又于三門東西各置一倉，至者貯納，水險則止，水通則下。或開山路車運而過，則無復留滯，省費鉅萬。從之。明年遂于三門置倉，東曰集津，西曰鹽倉，亦名三門倉。漕舟輸其東倉而陸運以輸西倉，凡鑿山十八里以陸運。復以舟漕達關中，避三門水險。初舟運江、淮粟至東都含嘉倉，陸運三百里至陝。耀卿建議既避水險，而陸運庸錢歲省數十萬緡。二十九年陝州刺史李齊物請鑿底柱爲門以通漕，開山巔爲輓路，沃醯而鑿之。天寶元年上言三門運渠成，然棄石入河，水益湍怒，不能入新門，候水漲以人輓舟而上。未幾益阻澀，不可行舟。貞元二年李泌爲陝虢觀察使，益鑿集津倉山西逕爲車道十八里，屬于三門倉，蓋即裴耀卿故道，時泌又爲入渭船，方五板，輸東渭橋太倉。人以爲便。宋乾德元年詔重鑿底柱三門。慶曆中陝西用兵，歐陽修請案耀卿舊迹以通漕運。政和五年蔡京建議鑿大伾三山兩河，創天成、聖功二橋，役夫數十萬纔成，而水漲橋壞。明朝天順中楊鼎言：「黄河乃漢、唐漕河，即今鹽船木筏往來不絶，其間雖有三門、析津之險，而古人倒倉之法爲當。三門之上有小河僅通延綏，如以所運糧草各貯水次，通流儹運，庶幾軍餉可足。」許進亦言：「黄河自陝州而上至綏德近境，春初皆可舟行，若計沿河郡縣改徵本色，水陸接運而上，榆林可以少蘇。」蓋黄河在山、陝之間，龍門爲險；龍門，見陝西韓城、山西河津縣。而在晉、豫之交，底柱爲阸也。

其大川則有大河，

河南境内之川，莫大於河；而境内之險，亦莫重於河；境内之患，亦莫甚於河。蓋自東而西，横亘幾千五百里，其間可渡處約以數十計，而西有陝津，見陝州大陽津。中有河陽，見下河陽三城。東有延津。白馬以西數十里間皆謂之延津，今延津縣亦因以名。自白馬變爲平陸，而延津之險移于中灤。又東則黄陵岡、堈場口，亦常爲津要。白馬見北直滑縣，中灤見封丘縣。黄陵岡見儀封縣。堈場口見山東魚臺縣。自三代以後，未有百年無事者也。至鞏、洛以東，河流屢變，兆端于周，浸淫于漢，横潰于宋。自宋至今，安流不可得而數見矣。今由潼關以東，歷閿鄉、靈寶、陝州之北，又東經澠池、新安縣北，過河南府北邙山下，歷孟津、鞏縣北，與懷慶府濟原、孟縣、温縣、武陟縣分界，又東歷汜水、河陰、滎陽、滎澤、原武、中牟縣，而經開封府北，與河北衛輝府之獲嘉、新鄉、胙城及陽武、封丘分界，又東歷蘭陽、儀封縣北，又東爲睢州考城縣及歸德府北，又東爲虞城、夏邑縣北而與山東、南直接界。詳見川瀆異同。

淮水，

淮水自南陽府桐柏縣流經信陽州北，又東歷羅山縣北、確山縣南，又東流經真陽縣、息縣南及光山縣、光州固始縣北而入南直潁州界。其地居淮南上游，自古争淮南者必争淮西，争淮西必争于義陽、建安之間，建安，詳固始縣。蓋南北襟要憑焉，不特一面之險也。漢志：「淮水過郡四，謂南陽、汝南、九江、臨淮也。行三千二百四十里。」疑遠。今詳見川瀆異同。

汴水，

汴水即禹貢之灉水，所謂河出爲灉也。春秋時謂之邲水。邲音汳，即汴字，後避「反」字改爲「卞」。

宣十二年晉、楚之戰，楚軍于邲，即是水也。水經注：「濟水東合滎瀆，濟水于此亦兼邲之稱，其地蓋即滎口受河之處。」今在河陰縣西。秦、漢間曰鴻溝。史記：「滎陽下引河東南爲鴻溝，以通宋、鄭、陳、蔡、曹、衛，與濟、汝、淮、泗會于楚。」孔氏曰：「即汳水也。」汳水首受濟，東南與淮通，漢志謂之狼蕩渠。前漢平帝時汴河決壞，至明帝永平中浸淫益甚，遣王景、王吴修築，絶水立門，河、汴分流，復其舊迹，亦曰滎陽漕渠。説文：「汴水受陳留浚儀陰溝，狼蕩渠亦曰陰溝。至蒙今南直蒙城縣。爲雎水，東入于泗。」元和志：「禹塞滎澤，開渠以通淮、泗，漢永平中命王景修渠，景所修築謂之渠隄。歲久湮廢。晉末劉裕滅秦，發長安，自洛入河，開汴渠而歸。其後復塞，隋大業初更開導，名通濟渠，西通河、濟，南達江、淮。」唐自天寶以後，汴水湮廢。廣德二年，時漕運者皆自江、漢抵梁、洋，迂險勞費，乃命劉晏爲河南、江、淮以東轉運使，開汴水以通運，自是歲運米數十萬石給關中。唐末汴水潰決，埇橋東南埇橋見南直宿州。悉爲污澤。周顯德二年方謀伐唐，命武寧帥武行德發民夫因故堤疏導之，東至泗上。五年濬汴口，導河流達于淮，江、淮舟楫始通。胡氏曰：「此即唐時運路，江、淮割據，漕運不通，水路堙塞，今復濬之。」宋太平興國中，汴水決溢不時。至道元年詔張洎等講求汴水疏鑿之由，洎言：「汴水横亘中國，首承大河，漕引江、湖，利盡南海，半天下之賦由此而進。禹初于滎澤下分大河爲陰溝，出之淮、泗，至浚儀西北復分二渠。二渠詳見祥符縣鴻溝注。其後或曰鴻溝，始皇疏之以灌魏都者也。或曰莨菪渠，莨菪渠作「狼蕩」，又爲「莨蕩」。自滎陽五池口五池口見中牟縣。來注鴻溝者是也。或曰浚儀渠，漢明帝時循河水故瀆作渠，渠成流注浚儀者是也。水經注：漢末河入汳，灌注兗、豫，永平中導汴水絶河而受索。或曰石門渠，靈帝建寧四年於敖城西北壘石爲門，以遏渠口者是也。石門渠東合濟水與河渠東注，至敖山之北敖山見河陰縣。而兼汴水，又東至滎陽北而旃然之水東流入汴。旃然水見滎陽縣。滎陽之西有二廣武城，汴水自二城小澗中東流而出，濟水至此乃絶。惟汴渠首受旃然水，謂之鴻渠，桓温將通之而不果。晉太和中桓温自兗州伐燕，郗超曰「道遠，汴水又淺，恐漕運難通」，蓋兵亂之餘，汴水填淤，未經浚治而淺也。劉裕伐秦浚之，始有湍流東注，而岸善崩潰。裕更于北十里疏鑿以運漕者，義熙十三年也。水經注：「劉公命劉遵考漕此渠，而山崩壅塞，乃于渠北十里更鑿故渠通之。」皇甫誼發河南丁夫百萬開之，起滎澤入淮千餘里，更名曰通濟渠者，隋大業三年也。陳無己曰：「隋大業初合河、索爲通濟渠，別而東南入於淮，今於畿爲白溝，於宋爲沙，於單爲石渠，於徐爲汳，而入於南清。」裴耀卿言江南租船自淮西北泝鴻溝轉輸河陰、含嘉、太原等倉，河陰縣有河陰倉，東都有含嘉倉，陝州有太原倉。凡三年，運米七百萬石者，唐開元之二十三年也。唐初改通濟渠爲廣濟渠。開元末河南採訪使齊澣以江、淮漕運經淮水入汴，淮流湍激多損壞，遂浚廣濟渠下流，自泗州虹縣至楚州淮陰縣北八十里合於淮，功畢而水流迅急，不可行，乃廢。又貞元十四年，董晉作汴州東西水門。時晉爲宣武帥。

五代漢乾祐三年，河決鄭州，盧振請修汴河立斗門以備旱潦。振上言：「汴河兩岸堤堰不堅，每歲潰決，正當農時，勞民役衆。莫若沿汴水訪河故道，陂澤處立斗門，水漲溢時以分其勢，即潦水無漂没之患，旱則兼收灌溉之饒。」周顯德四年疏汴水北入五丈河。五丈河，見後。六年命王朴如河陰案行河隄，立斗門于汴口；又命韓令坤自大梁城東導汴水入蔡水，以通陳、潁之漕；命袁彦導汴水入五丈渠，以通青、鄆之漕。蔡水，見後。宋建隆二年導索水自旃然與須水合，索水、須水，見滎陽縣。入於汴，謂之金水河。金水河本京、索水，導自滎陽縣東南黄堆山，其源曰祝龍泉，過中牟曰金水河，宋漕運四渠之一也。詔河陰汴口每歲均節水勢，濟江、淮漕運。宋國史：「太平興國三年浚汴口。四年名汴河水門曰上善、通津、大通。汴水入城西大通門，分流出城東上善、通津門。九年又治汴隄。淳化二年汴決，景德三年汴溢，皆築堤塞之。」大中祥符二年汴水溢，詔遣使相度。宋會要：「時自京至鄭州汴水浸溢道路，詔減汴口水勢。既而水減阻漕，乃復浚汴口。四年白波發運判官史瑩，請于汜水縣東孤柏嶺下緣南岸山趾開汴口，以均水勢。會内臣閻從翰請于下流開減水四道，以防泛溢，從之，瑩議寢。尋又于中牟、滎澤各開減水河，而浚渠修隄之役以時間舉。八年馬元方請浚汴河中流，闊五丈，深五尺，可省修隄之費。詔相度修治，因浚泗州夾岡一帶。」天聖三年汴水淺澀，詔疏河口。四年復以漲溢爲患，詔度京城西賈岡陂地洩之於護龍河。嘉祐六年都水監奏：「汴河自泗州至南京，今歸德府。道直流駛，不復須治。自南京以上至汴口，水散漫多淺，請自南京都門三百里修狹河木岸，扼束水勢。」從之。功成而人以爲便。會要：「嘉祐初自京至泗州俱置狹河木岸。」熙寧四年於故河口西創開訾家口，宋志：「汴首受黄河之處在河陰縣南，每歲自春及冬，常於河口均調水勢，止深六尺，以通行重載爲準。然大河向背不常，故河口歲易，易則度地形相水勢，爲口以逆之。訾家口在河陰縣石門之西，近汜水縣界。」纔成而淤，乃復開舊口。宋史：「時有應舜臣者上言：『新口在孤柏嶺下，當河流之衝，其便利可常用勿易，水大泄以斗門，小則爲輔渠于下流以益之。』王安石善其説。後三年河水壅溢，積潦敗堤，提舉汴口官王琉請塞訾家口而留輔渠。〔八〕八年侯叔獻復濬訾家口。既而汴水大漲，乃復閉之。」六年都水丞侯叔獻言：「汴河兩岸沃壤千里，牧地廢田二萬餘頃，欲稍置斗門，泄其餘水，分爲支渠及引京、索河并三十六陂以溉田。」三十六陂俱在汴南。既而祥符、中牟之民大被水患。又汴河數淤，常至絶流，公私大困。八年議因故道鑿渠置牐，釃汴水入蔡河通漕。元豐初張從惠言：「汴河歲閉塞，修堤防勞費。往有建議導洛入汴，患黄河嚙廣武山，見河陰縣。須鑿山嶺十數丈以通汴渠，功大不可爲。去年七月水退，河稍北，距廣武山麓七里，退灘高闊，宜鑿渠導洛，爲萬世利。」都水丞范子淵請于汜水鎮北門導洛爲清汴通漕。既又言：「河陰十里店以西至洛口，地形西高東下，可行水。請起自鞏縣神尾山即龍尾山，見鞏縣。至士家堤，築大堤四十七里以捍大河。起沙谷，亦在鞏縣東。至河陰十里店，穿渠五十二里，以引洛屬汴。」於是遣内侍宋用臣等相視興役，自任村沙口任村，在汜水縣西南。至河陰縣瓦亭子達汴口接運河，長五十一里，每二十里置束水一，以芻楗爲之，節湍急之勢。兩岸爲隄長一百三里，時又引古索河爲源，注房家、黄家、孟家三陂及三十六陂高卬處，瀦水爲塘，以備洛水不足則決以濟之。又自汜水關北開河五百五十步，屬于黄河，上下置牐啓閉，以通黄、汴二河船筏。又即洛河口置水澾，以泄伊、洛漲水入大河。其古索河等暴漲，則即魏樓、滎澤、孔固三斗門以泄之。仍修黄河南岸堤埽，以防侵奪新河之漸。於是閉汴口，徙官吏於新洛口。自是汴、洛通流。三年，興修狹河六十里。時以洛水入汴至淮，河流漫闊多淺澀，因修狹河以扼束之。五年，又自汴河北引洛水入禁中，賜名天源河；於城西咸豐門立堤，凡三千三十步。是年又廢金水河透水槽，以阻礙汴舟也。六年，范子淵請築新堤及開展直河。子淵請于武濟山麓至河岸并嫩灘上修堤及壓埽堤，又築新堤於新河兩岸及開展直河，長六十里。明年武濟河潰，詔縱其分流，止護廣武三埽。武濟即廣武北山；嫩灘，新灘也。元祐初廢水匱。時蘇轍言：「汴口以東州縣所置水匱，徒費損民田，清汴水流自足，未曾取以灌注，乞盡廢以便失業之民。」從之。五年復導河入汴。四年梁燾上言：「廣武山北即大河故道，舊洛水至此入河，今闢大河于堤北，攘其地以引洛，中間缺爲斗門，名通舟楫，實盜河以助洛之淺涸也。廣武三埽，歲費無慮數百萬，新沙疏弱，力不能制悍河，倘怒流循洛而下，直冒京師，是甘以數百萬之費，養異時萬一之患。宜復爲汴口導引大河，啓閉以時，誠爲得策。」至是從之。紹聖初紹述議起，因復閉汴口引洛水。宋史：「自引洛後，洛水漲溢入河，廣武埽危急。朝議以埽去洛河不遠，恐漲漫下灌京師，詔都水丞馮忱之相度，築欄山簽堤。既而洛水大溢，注于河。帝曰：『若廣武埽壞，河、洛爲一，則清汴不通，京都漕運可憂。』詔吳安持等規度。安持言：『廣武第一埽危急，決口與清汴口絶近。緣洛河之南廣武山千餘步，地形稍高。自鞏縣東七里店至今洛口不滿十里，可別開新河，導洛水近南行，地里至少，用功甚微。」詔再按視。李偉復言：「自武濟以下二十里神尾山，乃廣武埽首所起，約置刺堰三里餘，就武濟河下尾廢堤、枯河基址，增修疏導，回截河勢東北行，留舊埽作遥堤，可以紓清汴下注京城之患。」復詔宋用臣等覆按。四年楊琰乞依元豐例減放洛水入京西界大白龍坑及三十六陂，充匱以助汴河行運，詔賈種民等相度。種民言：「元豐改汴口爲洛口，汴河爲清汴，以取水爲洛也。復匱清水，以備淺澀而助行流。元祐間却于黄河撥口分引渾水，令自達上流入洛口，比之清洛，難以調節。請一依元豐舊制。」從之。宣和初大水，汴隄決壞，詔復修治。時河水漲入都城以西，漫爲巨津，東決汴堤。汴水將溢，諸門皆城守，奔流東南注。有司募人決水下流，由城北五丈河中通梁山濼而止。既而以汴河淤淺，隄岸隤損，復詔興修。靖康初，汴河上流爲盜所決數處，塞久不合，運河乾涸，綱運不通，責都水措置，尋復舊。夫汴河本自大河支分，宋元豐中每事更張，汴、洛亦不獲循其故道矣。梁燾言：「洛水本清，自引洛入汴之後，汴常黄流，是洛不足以行汴，而所以能行者，乃附大河之餘波也。又舊汴、洛未通，汴口析大河三分之一，導洛而後，洛口所竊大河之水十分之一耳。河流盡北，則河北多潰決之虞，若迴薄洛口則京師又有湮溺之慮，故不如復汴口爲長策也。」其言甚深切，而時不能痦。又沈括曰：「國朝汴渠，發京畿附郡三十餘縣歲一濬，祥符以後三歲一濬。其後益弛，汴渠有二十年不浚者。歲歲湮澱，東城東水門下至雍丘、襄邑，渠底皆高出堤外平地一丈二尺，自隄下瞰民居，如在深谷。」此決溢之患所以日多也。張方平曰：「漕運以河渠爲主。國初浚河渠三道，通京城漕運。自後定立上供軍額，汴河六百萬石，廣濟六十二萬石，惠民六十萬石。惟汴河所運供京師億萬口之需，國家于漕河至急至重，而汴河又建國之本，非可與區區水利同言也。」蘇軾曰：「世謂煬帝始通汴入泗，非也。晉王濬伐吴，杜預與之書曰：『自江入淮，逾于泗、汴，自河而上，振旅還都。』王濬舟師之盛古今絶倫，而自汴泝河以班師，則汴水之大小，當不減於今矣。」今考汴河故道，自河陰縣東北十里廣武澗中，東南流過陽武、中牟縣界，至開封府城南，東流過陳留杞縣北，又東過睢州北、考城縣南、寧陵縣北，而東經歸德府城南。自隋以前，自歸德府界東北流，達虞城、夏邑縣北而入南直徐州界，過碭縣北，蕭縣南，至徐州北合于泗。自隋以後，則由歸德府境東南流，達夏邑、永城縣南而入鳳陽府宿州界，東南流經靈壁縣及虹縣南，至泗州兩城間而合于淮。宋時東南之漕，大都繇汴以達于畿邑，故汴河之經理爲詳。南遷以後，故都離黍，江、淮漕運自是不資于汴，於是汴河日就湮廢。金人雖嘗都汴，而周章匆遽，亦欲經理漕渠自泗通汴，宋嘉定十五年，金元光元年也，議引汴通漕，不果。卒未遑也。明初議建北京于大梁，規畫漕渠，以浚汴爲先務。洪武六年浚開封漕河，即汴河也。既而中格，自是河流横決，陵谷倒置，汴水之流，不絶如綫，自中牟以東，斷續幾不可問矣。

洛水，伊、瀍、澗附見。

洛水出陝西西安府商州南六十里之冢嶺山，經洛南縣東北流，入河南盧氏縣西南境，又東北經永寧縣、宜陽縣南而入洛陽西南境，又東則澗水流入焉；澗水之上源曰穀水，出澠池縣南山中穀陽谷，東北流經縣南，又東北至新安縣南，又東北而澗水合焉；澗水出澠池縣東北二十三里之白石山，東流合穀水，遂兼有穀水之稱，引而東又折而南，俱至府城西故苑中入於洛。洛水又東經故洛陽城南而瀍水入焉；瀍水出洛陽縣西北五十里之穀城山，東流經府城北，至洛陽故城西而南流入洛。東漢以後則經洛陽故城東，又東南經偃師縣南，又東而復入於洛也。洛水自洛陽故城南，又東至偃師縣西，而伊水入焉；伊水出盧氏縣東南百六十里巒山，一名悶頓嶺。水經注：伊水出南陽縣西荀渠山。地志：伊出熊耳。六典謂商州之熊耳，非也。商州熊耳在冢嶺西北，則伊水在洛水北矣。顏師古曰：「伊水出陸渾山。」山，伊水所經，非所出也。今以括地志爲據。東北流歷嵩縣南，經汝州伊陽縣西，又東北至府城東南，又東至偃師縣西而入洛。洛水又東北流，至鞏縣北入于大河。禹貢曰：「伊、洛、瀍、澗，既入于河。」又曰：「導洛自熊耳，見盧氏縣。東北會於澗、瀍，又東會于伊，又東北入于河。」周書洛誥：「我乃卜澗水東，瀍水西，惟洛食。卜王城也。我又卜瀍水東，亦惟洛食。」卜下都也。周語：「伯陽父曰：『昔伊、洛竭而夏亡，河竭而商亡。』」又周靈王二十三年穀、洛鬬，將毀王宮。澗水于是始有穀水之名。戰國時以河、洛、伊爲三川，故張儀曰：「三川，周室天下之市朝也。」秦因之置三川郡。漢呂后三年伊、洛溢。漢志：「時二水溢，流千六百餘家。」東漢初定都洛陽，建武二十三年張純引洛水通漕，謂之陽渠，堰瀍、穀之水自洛陽城北東屈而南曰千金渠，會于陽渠，自是瀍、穀非復故流矣。曹魏文、明之世，大營宫殿，分引支流，灌注苑囿，延及晉代，川谷漸移。及元魏遷都，更復營治。太和七年，穀水自河南城北合瀍水亂流，而城西之支渠遂絶。大約時所務者，都邑之漕渠而已。及隋大業九年改建東都，并河南、洛陽而一之，大變成周之轍，而通濟之渠復起，于時又以穀、洛二水周匝都城爲急，故復引穀南流以會于洛，從城西遶城而南以達于城東，經偃師、鞏縣之間而注于洛口。其千金、九曲之故迹，漢千金渠，後魏爲九曲瀆。又未嘗過而問也。漢志注：「洛水自冢嶺至鞏入河，過郡二弘農、河南。行千七十里。」唐十道志：「河南大川曰洛水。」自貞觀以後，伊、洛二川往往决溢，爲東都患，貞觀十一年穀、洛水溢入洛陽宫，壞官舍民居，溺死六千餘人。永淳初洛水溢，溺民居千餘家。神龍初洛水又溢，流二千餘家。開元八年瀍、穀溢，漂溺幾二千餘人。十年伊水溢，十八年洛水復溢，皆漂溺東都千餘家。又二十年洛水溢，溺死千餘人。於是屢費修塞。宋志：「洛水貫西京，多暴漲。」然唐、宋皆以洛邑爲陪京，渠堰之利，大抵皆因舊制補偏救弊而已，無赫然可紀者。唐六典：「天下造舟之梁四：河三洛一。河則蒲津、見山西重險。大陽、見陝州。盟津，見後河陽三城。洛則孝義。在偃師縣。石柱之梁四：洛三灞一。灞橋，在陝西西安府。洛則天津、在府城西南。永濟、在宜陽縣。中橋，亦名洛中橋，在府城東南。灞則灞橋也。大柱之梁三：

三渭橋也。俱見西安府。舉京都之衝要爲巨梁者凡十有一，而洛居其四云。」

潁水，蔡河、五丈河俱附見。

潁水源出河南府登封縣東二十五里陽乾山，流經開封府禹州北入許州界，經襄城縣北亦謂之渚河，又東經臨潁縣北，又東經西華縣北、陳州之南，又東經項城縣南、沈丘縣北，接歸德府鹿邑縣南境而合于蔡河。蔡河首受汴，自祥符縣東南，通許縣西，尉氏、扶溝縣之東境，太康縣之西境，至鹿邑縣南而合于潁河，謂之蔡河口。水經注：「莨蕩渠自中牟東流至浚儀縣分爲二水，南流曰沙水，東注曰汴水。」魏收曰：「汴水在大梁城東，分爲蔡港。」續述征記：「汴、沙到浚儀而分，汴東注，沙南流。」沙即蔡也，潁水合蔡亦兼有沙河之稱。自鹿邑縣東南流入南直鳳陽府界，經太和縣及潁州之北，潁上縣之東南，當壽州西北正陽鎮而入淮，謂之潁口。漢志注：「潁水歷郡三，潁川、淮陽、沛郡。行千五百里。」自古用兵之地也。左傳襄十年：「晉帥諸侯伐鄭，楚救鄭，晉師進與楚夾潁而軍，鄭人宵涉潁與楚盟。」此即今禹州北之潁水。三國魏黃初五年，曹丕爲水軍，親御龍舟，循蔡、潁浮淮，如壽春，將以伐吴。正始四年，司馬懿欲廣田蓄穀于揚、豫間，使鄧艾行陳、項以東至壽春，艾以爲：「昔太祖破黃巾，因爲屯田，積穀許都，以制四方。今三隅已定，事在淮南。每大軍出征，運兵過半，功費巨億。陳、蔡之間，土下田良，可省許昌左右諸稻田，并水東下。胡氏曰：「汝水、潁水、莨蕩渠水、渦水，皆經陳、蔡間東入淮。」令淮北屯二萬人，淮南屯三萬人，什二分休，常有四萬人且田且守。益開河渠，以增灌溉，通漕運。計除衆費歲合五百萬斛，以爲軍資，六七年間，可積三千萬斛于淮上。此則十萬之衆五年食也。以此乘吴，無不克矣。」懿善之，遂北臨淮水，自鍾離以南，鍾離，今南直鳳陽府治。橫石以西，橫石，一作「硤石」，見壽州。盡沘水四百餘里，沘水即淠水，見固始縣及南直六安州、壽州境。五里置營，營六十人，且田且守。兼修廣淮陽、百尺二渠，淮陽、百尺渠，俱在陳州。上引河流，下通淮、潁，大治諸陂，于潁南、潁北穿渠三百里，溉田二萬頃。淮南、淮北倉庾相望，自壽春至京師農官屯兵，雞犬之聲，阡陌相屬。每東南有事，大兵出征，汎舟而下達於江、淮，資食有儲而無水害，艾所建也。晉太元八年苻堅大舉入寇，堅至項城，苻融等將兵先至潁口。唐建中二年田悦、魏博帥。李惟岳、恒冀帥。李納、淄青帥。梁崇義襄鄧帥。拒命，舉天下兵討之，諸軍皆仰給京師，而李納、田悦兵守渦口，見南直懷遠縣。崇義扼襄、鄧，南北漕引皆絶。江淮轉運使杜佑以秦、漢運路出浚儀西十里，入琵琶溝，絶蔡河，至陳州而合潁河。自隋鑿汴河，官漕不通。若導流培岸，功用甚寡，疏雞鳴岡首尾，尉氏縣有雞鳴城。或曰今南直合肥西北之雞鳴山，淝水出焉。可以通舟，陸行纔四十里，則江、湖、黔中、嶺南、蜀漢之粟可方舟而下，由白沙見南直儀真縣。趣東關，在南直巢縣。經廬、壽浮潁涉蔡，歷琵琶溝入汴河抵東都，無濁河泝淮之阻，佑蓋欲由大江通淝水，由泗水達蔡河。減故道二千餘里。會李納將李洧以徐州歸朝，時渦口屬徐州。淮路通而止。三年淮西帥李希烈叛，徙鎮許州，與李納相結，絶汴渠餉道，由是東南轉輸者皆不敢由汴渠自蔡水西上。宣武節度使李勉因治蔡渠，引東南饋。元和十一年討吴元濟，初置淮、潁水運使，揚子院米自淮陰泝淮入潁，至項城入溵，輸于郾城，以饋淮西行營諸軍，省汴運之費。舊史：時運米泝淮至壽州四十里入潁口，又泝流至潁州沈丘界五百里至於項城，又泝流五百里入溵河，又三百里輸于郾城。凡歷千三百餘里，蓋迂言之。五代周顯德四年攻唐淮南，先習水戰于大梁城西汴水側，至是命將王環將水軍數千，自閔水沿潁入淮，閔水亦蔡河之異名。唐人大驚。六年自大梁城東導汴水入於蔡，韓令坤浚。以通陳、潁之漕。宋建隆二年浚蔡渠，先是元年浚蔡河設斗門，至是復命陳承昭督其役。導閔水自新鄭與蔡水合，此閔水謂蔡河上流溱、洧諸川也。貫京師，南歷陳、潁達壽春，以通淮右之漕，舟楫畢至，都人利之，于是以西南爲閔河，東南爲蔡河。乾德二年又鑿渠自長社今許州。引潩水至京師潩水亦見許州。合閔水，渠成民無水患，閔河之漕益通。開寶六年改閔河爲惠民河，太平興國四年名城南惠民河水門曰普濟、廣利。爲漕運四河之一。端拱初，陳堯叟等言：「漢、魏、晉、唐于陳、許、鄧、潁暨蔡、宿、亳至于壽春，用水利墾田，陳迹具在。今用古法大開屯田，以通水利，導溝瀆，築防堰，每屯千人，人給一牛，治田五十畝，畝約收三斛，歲可收十五萬斛；七州之間置二十屯，可得三百萬斛；因而益之，數年可使倉廩充實，省江、淮漕運矣。」議不果行。淳化二年以潩水泛溢，自長葛開小河，導潩水分流二十里合於惠民河。至道初大理丞皇甫選言：「鄧、許、陳、潁、蔡、宿、亳七州境内，有公私閑田三百五十一支，合二十二萬餘頃，民力不能盡耕，皆漢、魏以來召信臣、杜詩、杜預、司馬宣王、鄧艾等立制墾闢地，有陂塘防埭舊址，即不能照舊增築，宜擇其隄防未壞可興水利者，先耕二萬餘頃，他處漸圖建置。」從之，未幾復罷。咸平二年霖雨，蔡河溢，開封守寇準治丁岡古河洩導之。在府城東南。大中祥符二年，陳州請自許州長葛浚減水河及治棗村舊河在臨潁縣。以入蔡河。從之。既又于頓固減水河口修雙水門，在商水縣南。以減陳、潁水患。九年知許州石普請于大流堰穿渠，在尉氏縣。置二斗門，引沙河以漕。天聖二年復修大流堰斗門，開減水河通漕。宋志：「時田承説獻議，重修許州合流鎮大河堰斗門，創開減水河通漕，省迂路五百里。」嘉祐三年開京城葛家岡新河，分入魯溝。魯溝見陳留縣。時秋霖水溢，爲京城患也。熙寧九年于順天門外汴城西南門。通直河至染院，後入護龍河，即城壕。至咸豐門南城西北門。入京、索河。元祐四年知陳州胡宗愈議浚八丈溝，在陳州。分蔡河之水爲一支，由潁、壽入河。詔經理之。大觀初復開潩河入蔡河。蔡河蓋兼閔水、潩水以通漕舟也。歐陽忞曰：「蔡河即古之琵琶溝。」胡氏曰：「琵琶溝自東京戴樓門入，南面西來第一門，本名安上門。京城宣化水門出，南面東來門也。投東南下，經陳州，過鹿邑縣界蔡河口而入潁。」今由朱僊鎮見祥符縣。而東南，有水道經西華、南頓、沈丘以達于潁、壽，蓋即蔡河故迹。又有五丈河，亦宋漕運四河之一也。九域志：「五丈河即禹貢之菏澤，自汴城北歷陳留、曹、濟及鄆，其廣五丈。」周顯德四年疏汴水北入五丈河，東流經定陶北入于濟，齊、魯舟楫皆達大梁。先是顯德二年于京城西引水入五丈河達于濟。六年浚五丈渠，東過曹、濟、梁山泊見山東壽張縣。以通青、鄆之漕。宋建隆二年發曹、單民浚五丈河。先是河塞，命衛將軍陳承昭于京城西夾汴河造斗門，自滎陽鑿渠百餘里，引京、索二水通城壕入斗門，架流于汴水上，東匯于五丈河，以便東北漕運。此即金水河。見前汴水。開寶六年改爲廣濟河。興國四年名城東水門曰咸通。又熙寧十年名城北水門曰永順。五丈河蓋自永順門入京城，而達于東之咸通門。景德三年内侍趙守倫議自京東分廣濟河，由定陶至徐州入清河即泗水。以達江、湖漕運，役成復罷。宋史：「徐州運河成，帝以地有龍阜，水勢極淺，難置渠堰，又歷吕梁灘磧之險，非可漕運，罷之。」天聖六年閻貽慶言：「廣濟河下接濟州之合蔡鎮，見山東鉅野縣。通梁山濼，請治五丈河入夾黄河，鄆、濟間小河也。引水注之。」因立橋梁置壩堰，詔有司相度。慶曆中又濬徐、沛之清河，任城、金鄉之大義河，見山東任城，即濟寧州。以通漕運。熙寧七年有司請于通津門汴城東面門也。汴河東岸開河，下通廣濟，以便行運。從之。元豐五年廢廣濟輦運司，移上供物于淮揚軍界入汴，名清河輦運。尋復加修治。元祐中都水監言：「廣濟河以京、索河爲源，轉漕京東歲計，請於宣澤門外置槽，架流入咸豐門，宣澤、咸豐二門俱在汴城西面，咸豐又在宣澤之北。由舊道復河源以通漕。」從之。建炎初宗澤留守東京，開五丈河以通西北商旅。宋會要：「汴都以惠民、金水、五丈、汴爲四渠，而汴、黄、惠民、廣濟亦曰四河，蓋河渠流通，轉輸易達，此汴、洛所以爲天下樞也。」明朝洪武八年大河南决，挾潁以入淮，而蔡河之流漸絶。三十年河復南决，擁蔡水入陳州。永樂初計臣郁新奏言：「淮、黄淤淺，官運不通，請自淮安用輕舟運至沙河及陳州潁岐口，以大舟載入黄河，復陸運入衛河以達北京。」從之。正統以後，大河决塞不一，潁、蔡、五丈諸流盡失故道，其可辨者無幾矣。

汝水。

汝水出汝州魯山縣西南七十里大盂山，東北流出縣北，經伊陽縣及汝州之南，又東南經寶豐縣及郟縣南而入南陽府裕州界，經葉縣北，又東入開封府許州之襄城、郾城縣南而入汝寧府西平縣，自縣北東南流，經上蔡縣西至汝陽縣北，又東經新蔡縣西，息縣北，至南直潁州南而注于淮。左傳成十六年：「楚以汝陰之田求成于鄭。」十七年：「諸侯圍鄭，楚救鄭，師于汝上。」哀元年：「楚圍蔡，使彊於江、汝之間。」十七年：楚子穀曰：「文王以彭仲爽爲令尹，縣申、息，朝陳、蔡，封畛于汝。」國語：「齊桓公伐楚，濟汝踰方城。」

荀子曰：「楚汝、潁以爲險。」淮南子亦曰：「潁、汝以爲洫。」漢志注：「汝水歷郡四，南陽、河南、潁川、汝南。行千三百五十里。」呂后三年，汝水溢。流八百餘家。唐開元十年，汝水溢。漂溺千餘家。十道志：「河南大川曰汝水。」宋劉敞曰：「汝水南達淮，北距潁，懸瓠之險，爲南北必争之處。」元至正間汝水泛溢，有司自舞陽斷其流，舞陽屬裕州，蓋下流壅而汝水逆上舞陽也。約水東注。今大河屢經決塞，汝水亦非復故流也。

其重險則有虎牢，

虎牢關在開封府鄭州汜水縣西二里，一名成臯關，亦曰古崤關。其地古東虢國，鄭爲制邑。左傳：鄭莊公曰：「制，巖邑也。」又爲北制。隱五年：鄭敗燕師於北制。亦名虎牢。穆天子傳：「天子獵於鄭，有虎在葭中，七萃之士擒之以獻，命蓄之東虢，因曰虎牢。」莊二十一年：「鄭伯定王室，王與之武公之略，自虎牢以東。」僖四年：「齊侯與鄭申侯以虎牢。」襄二年：「晉悼公與諸侯會于戚，戚，見北直開州。謀鄭故也。」孟獻子曰：「請城虎牢以逼鄭。」晉從之，遂城虎牢，鄭人乃成。杜預曰：「是時虎牢屬晉。」十年：「諸侯之師城虎牢而戍之，時鄭復背晉即楚也。鄭及晉平。」亦謂之虢。昭元年：「晉趙武會諸侯之大夫於虢。」其後爲成臯。戰國策：「三晉分知氏地，段規謂韓王曰：『分地必取成臯。』王曰：『成臯，石溜之地也，無所用之。』規曰：『不然。一里之厚，而動千里之權者，地利也。王用臣言，則韓必取鄭矣。』」

及取鄭，果從成皋始。」韓哀侯二年滅鄭。又張儀脅趙曰：「今秦發三軍，一軍塞午道，一軍軍成皋，一軍軍澠池。」又脅楚曰：「秦下甲據宜陽，則韓之上地不通。下河東，取成皋，韓必入臣。」韓釐王時，趙李兑約五國攻秦，罷而留於成皋。李斯曰：「惠王用張儀之計，東據成皋之險。」史記：「秦莊襄王元年使蒙驁伐韓，韓獻成皋，秦界北至大梁。自秦據成皋，十九年而韓遂亡。」夫晉、楚之霸也爭鄭，秦之并六國也始於韓，以虎牢、成皋之險也。及楚、漢爭衡，成皋尤爲重地。漢三年，項羽使終公守成皋，而自東擊彭越。漢擊破終公，復軍成皋，項羽攻拔之。酈食其謂漢王：「楚令適卒分守成皋，此天所以資漢，願急復進兵塞成皋之險。」是也。四年，漢復取成皋，卒滅楚。十年黥布反，薛公策之曰：「布東取吳，西取楚，并韓取魏，據敖倉之粟，塞成皋之口，勝敗之數，未可知也。」景帝三年吳、楚七國反，桓將軍説吳王疾西據洛陽武庫，食敖倉粟。不從，事敗。元狩初，淮南王安與伍被謀反事曰：「吳何知反？漢將一日過成皋者四十餘人，今我絶成皋之口，據三川之險，謂洛陽。招山東之兵，舉事如此，十事九成。」安嘗言「塞成皋之道，天下不通」云。東漢初以馮異爲孟津將軍，異遂南下河南成皋以東十三縣，尋置成皋關。時定都洛陽，成皋其東面之阻也。中平末何進謀誅宦官，召外兵，使東郡太守橋瑁屯成皋。初平二年關東州郡皆起兵討董卓，曹操議引兵西據成皋，諸將不聽。晉永康三年趙王倫篡逆，〔九〕齊王冏起兵許昌討之。倫遣兵分道拒冏，使其黨司馬雅等自成皋關出。又永嘉四年劉聰遣其子粲等犯洛陽，既而石勒出成皋關，圍陳留太守王讚於倉垣。倉垣，見陳留縣。太寧三年劉曜遣劉岳等圍石勒將石生於金墉，勒使石虎西援，虎入成皋關，與岳戰於洛西，謂洛陽城西。岳敗走。咸和三年劉曜復攻石生于金墉，石勒自襄國馳救，謂其下曰：「曜盛兵成皋關，上策也；阻洛水，中策也；坐守洛陽，此成擒耳。」及至成皋，曜無守兵，勒大喜，詭道兼行，擊曜於洛西擒之。永安五年後趙戍卒梁犢等作亂，自雍城東出潼關。雍城，今陝西鳳翔府治。石虎使李農等拒之，戰于新安及洛陽，皆大敗，乃退壁成皋。犢東略滎陽、陳留諸郡，石虎復遣石斌擊滅之於滎陽。興寧二年燕慕容恪謀取洛陽，先遣軍軍孟津及成皋。太和四年桓温伐燕，燕請救于秦，許賂秦虎牢以西地。義熙十二年劉裕伐秦，前鋒檀道濟等進至成皋，秦人以成皋、虎牢二城降，謂成皋縣城、虎牢關城也。道濟等遂長驅而進。十三年裕引舟師泝河而上，魏主嗣命長孫嵩等伺裕西過，即自成皋濟河，南侵彭、沛。謂彭城、沛郡。不果。元熙初裕以毛德祖爲滎陽太守，戍虎牢。宋永初元年兼置司州于此。景平初魏將奚斤等攻虎牢，毛德祖堅守不下。魏主嗣自如成皋，絶虎牢汲河之路，北史：「虎牢乏水，城中懸綆汲河，魏主令連艦上施轒輼，絶其汲路。」久之不拔，乃作地道，洩虎牢城中井，井深四十丈，山勢峻峭，不可得防，城中人馬渴乏，乃陷。元嘉七年命到彦之取河南地，别遣段玄將精騎直指虎牢，克之。所謂河南四鎮，虎牢其一也。既而仍没于魏，爲豫州治。二十七年復遣軍北伐，别將梁坦等逼虎牢，不克。二十九年又分遣魯爽等向許、洛，爽取長社，敗魏人於大索，見滎陽縣。進攻虎牢，聞碻磝敗退，碻磝，見山東長清縣。引還。北魏和平初以虎牢爲重鎮，太和十八年置東中郎府于城中。永安二年梁將陳慶之送元顥北還，稱帝于梁國，命爾朱世隆鎮虎牢以備之。慶之尋拔滎陽，進擊虎牢，世隆棄城走。永熙三年高歡自晉陽南犯洛陽，魏主修命斛斯椿等鎮虎牢。既而魏主西走，虎牢屬於東魏，置北豫州及成皋郡治焉。天平四年高歡以侯景爲西道大行臺，與高敖曹等治兵虎牢。及沙苑之敗，沙苑見陝西同州。河南州鎮多附西魏。元象初復遣侯景治兵虎牢，魏人皆棄城西歸。武定初北豫州刺史高仲密以虎牢降魏，宇文泰親帥諸軍應之，大戰于邙山，敗還，虎牢復入于東魏。五年守將陸子章增築虎牢城。六年高澄南臨黎陽，見北直濬縣。自虎牢濟河至洛陽，由太行返晉陽。高齊河清二年，周人圍洛陽，〔一〇〕敗去。高主湛如洛陽，〔一一〕東至虎牢，自滑臺如黎陽還鄴。隋大業初置虎牢都尉府。九年楊玄感圍東都，分遣其將顧覺取虎牢。虎牢降，以覺爲鄭州刺史，鎮虎牢。十二年以河南盗翟讓等爲亂，命裴仁基鎮虎牢，明年仁基降于李密。唐武德初李密將徐世勣以黎陽來歸，使經略虎牢以東。三年世民圍王世充於東都，將軍王君廓引兵襲虎牢，拔之。

四年東都圍急，竇建德引兵救世充，軍于成皋東原。郭孝恪等請先據虎牢之險以拒之，世民亦曰：「建德將驕卒惰，吾據武牢，唐諱虎，易曰「武」。扼其咽喉，彼若冒險爭鋒，取之甚易。」遂東趣虎牢。及戰，建德敗滅。乾元二年史思明叛，李光弼謂：「賊方闚洛，當扼武牢。」是也。乾符五年黄巢寇葉、陽翟，詔發兵守轘轅、伊闕、河陰、虎牢。五代唐同光四年，以鄴都軍亂，將濬河襲鄆、汴，乃如關東招撫之。尋次汜水，至滎澤東進，至萬勝鎮見中牟縣。聞李嗣源入汴，遂旋師，留軍守成皋關。嗣源遣石敬瑭將前軍趣汜水，時議者復勸車駕控扼汜水，收撫散兵，方發，爲郭從謙等所弒，嗣源遂入關。石晉天福二年，時范延光舉兵魏州，張從賓以洛陽附之，襲取河陽，又引兵扼汜水關，汴州危急。既而杜重威等引兵克汜水，從賓敗死。宋真宗祥符四年西巡至虎牢關，詔曰：「眷玉關之樞會，汜水舊關東題曰虎牢，西題曰玉關，故云。控鼎邑之要衝，改爲行慶關。」仁宗慶曆四年省汜水縣爲行慶關，屬河南府。未幾復舊。靖康二年粘没喝自河陽渡河至汜水關，建炎初岳飛大敗金人于此。元至正十五年汝、潁賊轉陷河南州郡，察罕戍虎牢以遏賊鋒。十九年圖復汴梁，引大軍次虎牢，發諸道兵四面俱進。明初大兵下河南，自中灤鎮入虎牢，遂清關、洛。今自滎陽而東皆坦夷，西入汜水縣境地漸高，城中突起一山，如萬斛囷，出西郭則亂嶺糾紛，一道紆回，其間斷而復續，使一夫荷戈而立，百人自廢，信乎爲洛陽之門户矣。唐賈至虎牢關銘曰：「王侯設險，虎牢擁其要。振之以五岳，惟嵩萃焉；經之以四瀆，洪河突焉。宜其咽喉九州，閾閫中夏。漢祖守之以臨山東，坐清三齊，彊楚躑躅而不進；太宗據之以拒河、朔，克擒醜夏，僞鄭袒縛而請命。惟兹虎牢，天設巨防，攻在坤下，拒在離旁，昏恃以滅，聖憑而王。」又呂溫銘曰：「鎖天中區，控地四鄙。」此亦足以見虎牢之大略矣。

黽阨，

黽阨塞，在汝寧府信陽州東南九十里，湖廣應山縣北六十五里。亦曰冥阨，亦曰黽塞，亦作「鄳阨」。鄳、黽皆音盲。又謂之平靖關，靖一作「静」。舊志：關在信陽州南七十五里。宋時名爲行者坡。其地有大、小石門，鑿山通道，實爲險阨。左傳定四年：「吴伐楚自淮涉漢，道出今光州、信陽之間。楚左司馬戌請還塞大隧、直轅、冥阨，自後擊之。」又三關總名曰城口。楚史皇所謂：「塞城口而入。」輿地廣記：「羅山縣有石城山，古所謂冥阨也。」胡氏以大隧爲黄峴關，直轅、冥阨爲武陽、平靖二關。戰國策：蘇代曰：「秦欲攻魏重楚，則以南陽委于楚，殘均陵，今襄陽府均州。塞黽阨。」楚人對頃襄王曰：「涉黽塞而待秦之倦也。」又莊辛對楚襄王曰：「穰侯受命于秦王，填黽塞之内，投己于黽塞之外。」朱英謂春申君曰：「秦逾黽阨之塞而攻楚，不便。」

魏信陵君説安釐王曰：「秦伐楚道涉山谷，索隱云：「往楚之險路也。」蓋從褒斜入梁州之道。行三千里而攻冥阨之塞，所行甚遠，所攻甚難。」呂氏春秋：「天下九塞，冥阨其一。」淮南子亦云。自魏、晉以後，鄳阨之地常爲南北重鎮，所謂義陽有三關之塞也。三關者，一曰平靖關，即左傳之冥阨也，其關因山爲障，不營濠隍，故以平靖爲名；一曰武陽關，亦名澧山關，即左傳之大隧也，在信陽州東南一百五十里，西南至德安府應山縣一百三十里，地名大寨嶺，薛氏曰「三關之險，大寨嶺爲平易」是也；一曰黄峴關，亦名百鴈關，俗訛爲「白鴈」。又謂之九里關，即左傳之直轅也，在信陽州南九十里，南至應山縣亦九十里。義陽城與三關勢如首尾。齊東昏侯永元三年，〔三〕軍主吴子陽等出三關侵魏，敗還。既而魏將田益宗謀取義陽，欲以揚州之卒頓於建安，見固始縣。捍三關之援。時元英言東豫州刺史田益宗兵守三關是也。東豫州，魏治新息，即今息縣。梁天監三年義陽降于魏，三關戍將聞之，皆棄城走。七年魏三關戍主侯登以城降梁，梁司州刺史馬僊琕謀固三關，梁司州治鹿城關，見湖廣黄岡縣。使其將馬廣屯長簿，胡文超屯松峴。長簿在武陽關北，松峴在黄峴關北。八年魏元英將取三關，至義陽，策之曰：「三關相須如左右手，若克一關，兩關不待攻而破。攻難不如攻易，宜先攻東關。」武陽關在東。又恐其并力於東，使李華向西關平靖在武陽之西，故曰西關。分其兵勢，英自督諸軍向東關。至長簿，長簿潰，乃圍武陽，克之。進攻黄峴黄峴，史作「廣峴」。及西關，梁將皆走。普通五年，遣將李國興攻魏平靖關，楊乾攻武陽關及黄峴關，克之。進圍郢州，不克，魏郢州治義陽。三關尋入于魏。八年司州刺史夏侯夔等出義陽道攻魏平静等關，克之。既而復自武陽進克東豫州。迨侯景之亂，三關爲齊所有，于是南國之勢益折而并于北。唐之中葉，淮西屢叛，亦以三關諸險在其境内，恃其强固也。宋南渡以後，三關防維單弱，故壽春、合肥往往多事。蓋欲保淮西必守義陽，守義陽則三關之備不容不重。黄氏有言：「三關險要，關外百里皆險也。金得信陽將與我分險而守，營要坡以抗武陽，要陂在武陽關北數里。營鷄頭以抗平靖，平靖關北有鷄頭山。營石門以抗黄峴，石門山亦近黄峴關北。是舉三關棄之也。」

三鵶，

三鵶路，在今南陽府北及汝州之南。一統志：「南陽府北七十里有二路，東北帶西而行者爲三鵶路，中有石山、鯉魚山、拓禽山，即行人來往趣西洛之便路也。」杜佑曰：「汝州魯山縣，後周置三鵶鎮，在縣西南十九里。亦名平高，城以禦齊。高齊亦於縣東北十七里置魯城以禦周。」今三鵶路自南陽府北六十里之故向城，又北有石川路，一名百重山。即三鵶之第一；府北七十里分水嶺而北，即三鵶之第二；由故向城而北又八十里有魯陽關，入魯山縣界，即三鵶之第三。舊時鄧、汝二州與魯陽關分界，荆、豫逕途，斯爲險要，張景陽詩「朝登魯陽關，峽路峭且深」者也。晉太元三年苻秦寇襄陽，使別將石越帥精騎出魯陽關。〔三〕北魏孝昌初，方有事于西北二荆、西郢，二荆，謂穰城及魯陽，後魏太和中置荆州于魯陽，後又移治穰城也。或以爲西荆治上洛，北荆治襄城，悮。西郢，胡氏曰：「治真陽縣。」穰城見鄧州，魯陽即魯山。襄城今屬許州，真陽屬汝寧府。羣蠻皆久斷三鵶路，北至襄城，中阻汝水，屯據險要，道路不通，復引梁將曹義宗圍荆州。即今鄧州。魏將崔暹赴救，至魯陽不敢進。更遣元彧討魯陽蠻辛雄，東趣葉城；別將裴衍等將兵出武關，通三鵶路以救荆州。又東魏興和二年侯景出三鵶，將復荆州，宇文泰遣李弼等出武關，景乃還。西魏大統十三年侯景叛東魏，以魯陽、長社、諸城賂魏，魏荆州刺史王思政將州兵從魯陽向陽翟，此即三鵶路也。宇文周建德四年韋孝寬陳伐齊之策，一云「廣州義旅廣州治今魯山縣。出自三鵶」，一云「三鵶以北，萬春以南，萬春見洛陽縣。廣事屯田，預爲積備」。三鵶蓋出奇之道矣。

河陽三城，

河陽城，在今懷慶府孟縣西南三十里，即漢河陽縣。自漢以來縣皆治此，唐又爲孟州治。今孟縣城，金大定中築，非古城也。古曰孟津，亦曰盟津，周武王濟師於此，因謂之武濟，亦曰富平津，都道所輳，古今津要也。東漢初拜馮異爲孟津將軍，規取洛陽。永初五年先零羌寇河東，至河内，詔朱寵將兵屯孟津以備之。中平末何進謀誅宦官，使武猛都尉丁原將兵寇河內，燒孟津，火照洛陽城中。晉泰始中杜預以孟津渡險，有覆溺之患，請建河橋於富平津。議者以爲殷、周所都，歷聖賢而不作者，必不可作故也。預曰：「造舟爲梁，河橋之謂也。」從之，橋果成。太安二年成都王穎自鄴舉兵內向，列軍自朝歌見淇縣。至河橋，鼓聲聞數百里，帝出屯河橋以拒之。永興二年豫州刺史劉喬與東海王越等相攻，河間王顒使成都王穎等據河橋爲喬繼援。時越等欲連兵討河間王于關中也。既而河橋之師爲東軍所擊，次第敗走，平昌公模等遂自鄴而南，進逼洛陽。永嘉末傅祗屯三渚，劉聰遣子粲攻之。三渚，河中渚也。水經注：河中渚上有河平侯祠，旁有二渚，又有陶渚，故曰三渚。祗蓋屯于孟津小城。又津西有凉馬臺，昔人每于河橋浴馬，浴竟就高納凉處也。永和六年苻健圖入關中，自枋頭悉衆而西，枋頭見北直濬縣。至孟津，爲浮梁以濟，既濟焚橋。興寧二年燕慕容恪圖取洛陽，遣將悦希軍於孟津。太元十八年慕容垂謀叛秦，初渡河，慮河橋南空倉中有伏兵，乃自凉馬臺結草筏以渡。北魏太和十七年遷洛，命作河橋。河北側岸有二城相對，置北中郎府戍守之，因謂之北中城。景明二年咸陽王禧謀爲變，會魏主出獵北邙，其黨乞伏馬居説禧：「還入洛城，勒兵閉門，天子必北走桑乾，謂平城也。殿下可斷河橋，爲河南天子。」不果。又正光初元略避元義之難，故人司馬子賓與略縛荻筏，夜渡孟津抵屯留。屯留見山西潞安府。洛志：「魏都洛陽以北中爲重地，北中不守，則可平行至洛陽。」宋白曰：「河陽城一名北中城。」武泰初爾朱榮自晉陽南下，胡太后遣將守河橋及北中城以拒之。既而都督李神軌至河橋，聞北中不守，即遁還。又陶渚，在河陰西北三里南北長堤之外。故河陰城，見今孟津縣。水經注：「孟津亦曰陶河。」曹魏時杜畿試樓船于孟津，覆于陶河。杜佑曰：「河陽縣西南十三里古遮馬堤即是其處。」陶或作「淘」。爾朱榮謀誅百官，請魏主子攸西循河西至淘渚，引百官于行宮西北，云欲祭天，百官既集，使朔騎圍而殺之。又遷魏主於河橋，置之幕下。明年元顥入洛，魏主北走，爾朱榮奉之南討，顥遣陳慶之守北中城，自據南岸，分兵守河中渚，又別遣兵緣河固守。時北軍無船可渡，楊侃請：「徵發民材，多爲桴筏，間以舟楫，緣河布列，皆爲渡勢，首尾既遠，顥必不知所備，一處得渡，必立大功。」高道穆亦請分兵遣將，所在散渡。榮從之，命爾朱兆等縛材爲筏，自馬渚西硤石見孟津縣。夜渡，顥軍遂潰。永安三年魏主誅爾朱榮，遣將軍奚毅等將兵鎮北中。時爾朱世隆自洛出屯河陰，即欲還北，其黨司馬子如曰：「兵不厭詐，不如還軍向京師，出其不意，或可成功。」世隆乃攻河橋，據北中城，引朔騎至郭下，舉朝恇懼。李苗請徑斷河橋，許之。因募人從馬渚上流乘船夜下，去橋數里，縱火船焚河橋，倏忽而止。世隆兵在南岸者皆爭橋北渡，橋絶溺者甚衆，世隆遂收兵北遁。既而爾朱兆從晉陽南下，倍道兼行，從河橋西涉渡。魏主初以大河深廣，謂兆未能猝濟。是日水不没馬腹，兆騎叩宮門，宿衛乃覺，一時潰散，魏主爲兆騎所執。

普泰二年爾朱度律自洛陽，爾朱天光自長安，會爾朱兆等攻高歡于鄴，敗還。將之洛陽，爾朱彦伯在路，欲自將守河橋。爾朱世隆不從，使其黨陽叔淵馳赴北中，簡閲敗卒。斛斯椿謀叛爾朱，自鄴倍道先還，至北中，紿叔淵得入，椿遂據河橋，盡殺爾朱之黨。度律等欲攻之，不克走死。永熙三年高歡自晉陽犯闕，魏主勒兵屯河橋，歡尋自野王而南，引軍渡河，魏主西走。東魏元象元年築中潬城及南城，〔一四〕中潬即河中渚，時仍置河陽關于其地。高歡使潘樂屯北中城，高永樂守南城，置橋于河陽。及高敖曹爲宇文泰所敗，叩河陽南城，以閉關不納而死。武定元年高仲密以虎牢降西魏，宇文泰帥諸軍應之，至洛陽，前軍于謹圍河橋南城，高歡將兵至河北，泰退軍瀍上，縱火船於上流以燒河橋。東魏將斛律金使别將張亮以小艇百餘載長鎖，伺火船將至，以釘釘之，引鎖向岸，橋獲全，歡遂渡河據邙山，與泰相持。宇文周建德四年大舉伐齊，周主邕自將出河陽，拔河陰大城，宇文憲拔洛口東西二城，縱火焚河橋，橋絶。齊將傅永自永橋夜入中潬城。永橋鎮，見武陟縣。周人既克南城，圍中潬二旬不下，乃還。隋開皇初因東魏行臺置河陽宫於河陽城内。大業九年楊玄感攻東都，詔屈突通自河北馳救，軍于河陽。唐武德初賊帥李商胡據孟津中潬城。二年行軍總管劉弘基遣將种如願襲王世充河陽城，焚其河橋。三年懷州總管黄君漢分道攻世充，以舟師襲世充回洛城，斷河陽南橋。天寶十四載安禄山反，遣將封常清乘驛詣東京，斷河陽橋爲守禦之備。乾元二年九節度之師潰于相州，郭子儀以朔方軍斷河陽橋，保東京。衆議欲捐東京退保蒲、陝，朔方都虞候張用濟定計守河陽，役所部築南北兩城而守之。蓋因舊城增築也。既而史思明陷汴、鄭，將逼洛陽，李光弼以洛城難守，議移軍河陽，北連澤、潞，利即進取，不利則退守，表裏相應，使賊不敢西侵，爲猨臂之勢，遂率士馬而東守河陽。思明築月城于河陽南以拒光弼，欲泛火船燒河橋，又悉力攻南城，皆不克。時光弼屯中潬，應援南北兩城，思明進攻中潬，敗却，又敗思明於河陽西渚。是時賊雖入洛，而憚光弼兵威，南不出百里，西不越畿内，陝州得修戎備。關輔無虞，光弼保河陽之力也。建中二年置河陽三城節度，自是常爲重鎮。廣德初史懷義敗滅，命内侍魚朝恩守河陽，以河清、濟源、温租稅入河陽三城，尋又以汜水軍賦屬之。建中二年置河陽節度使，割東畿河陽、河清、濟源、温、王屋五縣隸焉。會昌三年增置孟州，治河陽。光啓三年河南尹張全義襲河陽節度李罕之，入其三城，罕之走澤州。既而河陽歸於朱温，河東屢争河陽不克，朱温自是益强。後唐同光四年李嗣源討鄴亂，爲亂軍所戴，詔發軍扼河陽橋以備之。清泰末唐兵爲河東契丹所敗，唐主從珂遣兵屯河陽。尋議北討，引軍至河陽，盧文紀曰：「河陽天下之津要，車駕宜留此，鎮撫南北。」既而復進次懷州。會諸軍相繼潰敗，乃自懷州還洛。〔五〕至河陽，命諸將分守南、北城以衛河橋，既又命專守南城斷浮梁而還。及晉兵至鎮，守將萇從簡以舟楫迎降。石晉天福九年，契丹入寇至黎陽，命西京留守安彦威守河陽。開運三年契丹大舉入犯，與晉軍相持於恒州中度橋。李穀密奏大軍危急之勢，請駕幸滑州及發兵守澶州、河陽以備契丹之奔衝。不果。劉漢乾祐末隱帝遇弑，李驤説太原留守劉崇，亟引兵逾太行據孟津，郭威必不敢動。崇不聽。宋靖康末金將粘没喝自太原長驅而南，前鋒渡孟津，粘没喝旋至懷州，頓河陽。紹興六年岳飛請提兵趣河洛，據河陽、陝府潼關爲恢復之計，不用。紹定四年蒙古窩闊台攻金汴京，引軍自河清渡河，河清，今見孟縣。入鄭州。明初取山西，河南守將馮宗異分道出河陽，克武陟，下懷慶。河陽蓋天下之腰膂，南北之噤喉也。三城記：「河陽北城南臨大河，長橋架木，古稱設險；南城三面臨河，屹立水濱；中潬城表裏二城，南北相望。黄河兩派，貫於三城之間，每秋水泛溢，南北二城皆有濡足之患，而中潬屹然如故。潬讀誕，水中沙曰潬。宋史：「乾德三年水漲，壞中潬橋梁，而城郭無恙。政和七年都水孟陽言：『舊河陽南北兩河分流，中潬繫浮梁，頃緣北河淤澱，水不通行，止於南河修築一橋，因此河項窄狹，水勢衝激，每遇水漲，多致損壞。欲措置開修北河如舊，繫南北兩橋。』從之。」自古及今，常爲天造之險。

按河南闔域中夏，道里輻輳。顧子曰：「韓天下之咽喉，魏天下之胸腹。」范雎亦云：「韓、魏中國之處，而天下之樞也。」秦氏觀曰：「長安四塞之國利於守，開封四通五達之郊利於戰，洛陽守不如雍，戰不如梁，而不得洛陽則雍、梁無以爲重，故自古號爲天下之咽喉。」夫據洛陽之險固，資大梁之沃饒，表裏河山，提封萬井，河北三郡足以指揮燕、趙，南陽、汝寧足以控扼秦、楚，歸德足以鞭弭齊、魯，遮蔽東南，中天下而立，以經營四方，此其選矣。然不得河北則患在肩背，不得關中則患在嗌吭，自古及今，無異轍也。宋紹定五年蒙古攻金，降人李昌國言于拖雷曰：「金遷汴將二十年，其所恃以安者潼關、黄河耳。若出寶雞今陝西鳳翔府屬縣。以侵漢中，不一月可達唐、鄧，大事集矣。」拖雷從之，遂自鳳翔而南犯漢中，由金州出唐、鄧間，破金人之師于鈞州。今禹州。蒙古主窩闊台亦自河北渡河清合攻汴都，而金人之禍始烈。元至正十九年劉福通據汴號召羣盜，聲勢甚壯。察罕帖木兒既平關中、河東，遂圖河南：北塞太行，南守鞏、洛，自將中軍軍澠池，敗賊軍於宜陽；乃自洛陽次虎牢，先發遊騎，南道出汴南，略歸、亳、陳、蔡，北道出汴東，戰船浮于梁，水陸俱下，略曹南，今山東曹縣南。據黄陵渡；渡在黄陵岡下，見儀封縣。乃大發秦兵，出函谷，過虎牢，晉兵出太行，踰黄河，俱會汴城下，奪其外城，自將鐵騎屯杏花營，見祥符縣。賊窘，遂拔其城。此其經營措置，一何密也。從來有事河南，其大略固不能過此哉。

校勘記

〔一〕犏牖　「牖」，底本原作「牗」，今據鄒本及史記卷二七天官書改。

〔二〕齊莊公二年　「二年」，史記卷三二齊世家作「四年」。

〔三〕繼而自太原還　底本原無「自」字，今據職本、鄒本補。

〔四〕必于崤澠矣　史記卷五秦本紀作「必于殽阨矣」。

〔五〕大崤以東西崤以西　通鑑卷一八〇隋紀四胡注作「大崤以東，東、西崤以西」，此脱「東」字。

〔六〕李彦先　宋史卷二五高宗紀作「李彦仙」。

〔七〕度河北遁　「遁」，底本原作「道」，今據職本、鄒本改。

〔八〕王琉　今中華書局標點本宋史卷九三河渠志作「王琉」，其校勘記云：「琉，原作琉，據長編卷二五二、涑水記聞卷一五改。」

〔九〕晉永康三年趙王倫簒逆　永康無三年，此有誤。據晉書卷四惠帝紀，趙王倫自爲相國在永康元年，而簒帝位則在永寧元年正月。

〔一〇〕河清二年周人圍洛陽　據北齊書卷七武成紀，周軍圍洛陽在河清三年，非二年。

〔一一〕高主湛如洛陽　「高主」，當作「高齊主」。

〔一二〕永元三年　通鑑卷一四三齊紀九載軍主吴子陽等出三關侵魏在東昏侯永元二年，非三年。

〔一三〕石越　底本原作「入越」，職本、鄒本作「石越」，晉書卷一一三苻堅載記及通鑑卷一〇四晉紀二六亦作「石越」，今據改。

〔一四〕東魏元象元年築中潬城及南城　「元象元年」，底本原作「大象三年」。「大象」爲北周靜帝年號，東魏諸帝無年號爲「大象」者，惟孝靜帝年號爲「元象」，然元象只一年，無三年之説，故此作「大象三年」必誤。元和志卷五中潬城下作「東魏孝靜帝元象元年築之」，通鑑地理通釋卷一四同，本書卷四九孟縣中潬城下亦云「東魏元象元年築」，今據改。

〔一五〕乃自懷州還洛　「懷」，底本原作「淮」，今據職本、鄒本及上文「進次懷州」改。

讀史方輿紀要卷四十七

河南二

開封府，東至歸德府三百十五里，東北至山東曹州三百里，東南至南直潁州五百四十里，南至汝寧府四百六十里，西至河南府四百二十里，西南至南陽府裕州五百五十里，西北至懷慶府三百七十里，北至北直開州百五十里，自府治至京師一千五百八十里。

禹貢豫州之域，春秋時爲鄭地，戰國時爲魏都。魏惠王自安邑徙都大梁，即此。秦屬三川郡，漢置陳留郡，晉爲陳留國。其後没于羣寇，石虎改爲建昌郡。後魏亦曰陳留郡，東魏置梁州及陳留、開封二郡，天平四年梁州附于西魏，僑置北徐州于此，旋復入于東魏。北齊以開封省入陳留。後周改梁州爲汴州。隋廢陳留郡，大業初并廢州，分其地入滎陽、梁、潁川等郡。唐初置汴州，天寶初改陳留郡，乾元初又爲汴州，興元二年自宋州徙宣武軍于此。朱梁建都，升東京、開封府，後唐復爲汴州、宣武軍。晉復都此，仍曰東京、開封府，契丹入汴仍曰汴州，尋亦曰宣武軍。漢、周皆因晉舊。宋太祖復定都焉，亦曰東京、開封府。金曰汴京，廢主亮改曰南京，宣宗珣遷都焉。元曰南京路，至元二十五年改汴梁路。明朝洪武初建北京于汴梁，復曰開封府。北京尋罷。今領州四，縣三十。

府川原平曠，水陸都會。戰國時張儀説魏哀王曰：「魏地四平，諸侯四通，條達輻輳，無有名山大川之限。」魏之地勢，故戰場也。楚、漢間酈生説漢王曰：「陳留天下之衝，四通五達之郊。」唐韓宏曰：「大梁襟帶河、汴，控引淮、泗，足以禁制山東。」後唐郭崇韜曰：「汴州關東衝要，地富人繁。」石敬瑭説李嗣源曰：「大梁天下之要會也。」胡三省曰：「大梁控引河、汴，南通淮、泗，北接滑、魏，舟車之所湊集，且梁舊都也，故敬瑭云然。」及敬瑭入洛，議徙大梁。時范延光鎮天雄，謀作亂，桑維翰曰：「大梁北據燕、趙，南通江、淮，水陸都會，形勢富饒。大梁距魏不過十驛，彼若有變，大軍尋至，所謂疾雷不及掩耳。」天福三年晉主以大梁舟車所會，便于漕運，遂建東京。宋人謂汴都背倚燕、趙，面控江、淮，泰嶽鎮其左，温、洛縈其右，爲天下奥區，然形勢涣散，防維爲難。開寶九年太祖幸洛，欲留都之，羣臣及晉王光義力諫，太祖曰：「遷河南未已，終當居長安耳。」光義問故，曰：「吾欲西遷，據山河之勝以去冗兵，循周、漢故事以安天下也。」光義等復力請還汴，帝不得已從之，歎曰：「不出百年，天下民力殫矣。」史記：「張儀説魏曰：『卒戍四方守亭障者參列，粟糧漕庾不下十萬。』」鮑氏注：「他國或有山川間阻，惟梁無之，以卒戍守。」陳無己曰：「開封無山川之阻，爲四戰之地，故太祖以兵爲營衛，畿内常用十四萬人。」仁宗景祐三年，范仲淹與宰相呂夷簡論建都之事，仲淹曰：「洛陽險固，汴爲四戰之地。太平宜居汴，即有事必居洛陽。當漸廣儲蓄，繕宫室。」時不能用。慶曆四年韓琦自陝西還朝，請修京師外城，慶曆三年琦條：「事所宜先者，亦謂莫如先營洛邑。」言：「北戎勢重，京師坦而無備，若一朝稱兵深入，必促河朔重兵與之力戰，彼戰勝則疾趣澶淵。見北直開州。若京城堅固，戒河朔之兵勿與戰，彼不得戰，欲深入則前有堅城，後有重兵，必阻而自退，退而邀之擊之皆可也。故修京師非徒禦寇，誠以伐深入之謀。」諫官余靖言：「王者守在四夷，今無故而修京城，是舍天下而爲嬰城自守之計。」遂不果行。及靖康之禍，金人邀中山、河間、太原三鎮地，許之。陳東等言：「無三關、四鎮，高陽、瓦橋、益津三關，太原、中山、河間、真定四鎮。是棄河北也。棄河北，朝廷能復都大梁乎？」楊時亦言：「河朔爲朝廷重地，而三鎮又河朔要藩，一旦棄之，使敵騎疾驅，貫我心腹，不數日可至京城。若三鎮拒其前，吾以重兵躡其後，尚可爲也。」既而岳飛亦説張所曰：「國家都汴，恃河北爲固」云。明初嘗幸汴梁，議徙都之，不果。蓋雖恃德不恃險，而設險重閉之義，亦未可略而不講也。建都議曰：「都汴者以河、汴流通，輓輸便易爲美談。」宋張方平曰：「京師所謂陳留八達之地也。國依兵而立，兵以食爲命，食以漕運爲本，漕運以河渠爲主。國家浚河三道通京城漕運，曰廣濟，曰惠民，曰汴河，詳見前。太倉蓄積，三軍士庶，咸取給焉。此建國之本也。」宋會要：「東京以惠民、金水、五丈、汴爲四渠，而汴、黄、惠民、五丈亦曰四河。」雖然蘇代有言「決滎口魏無大梁」，魏公子無忌亦曰「決滎澤水灌大梁，大梁必亡」，及秦攻魏，王賁果引河溝以灌大梁，王假被虜，一國爲魚。宋端平初趙葵入汴，蒙古決黄河寸金淀水灌之，寸金淀見祥符縣。葵敗還。紀聞：「崇禎十五年闖賊圍城，河決城西北十七里之朱家寨，水溢城北。又數日大水至，汴城壞，軍民死者數萬，蓋往古之禍復中於今日也。」王氏有言：「汴四戰之地，受敵最深，梁末帝之禍甚於王假，靖康之辱幾於石晉，況滔天之浸，近在咫尺之間，言建都者其亦有鑒于往事哉？」

今府城，宋東京城也。舊志：外城周四十八里有奇，周顯德中世宗所築，名曰新城，宋大中祥符九年、元豐元年俱增築，政和六年又展築京城南面，亦曰國城。裏城周二十里有奇，汴州舊城也。唐建中初節度使李勉所築。宋亦曰闕城。金主珣興定二年築汴京裏城，蓋因舊城增修之。宮城周五里。曰大內，據闕城西北，亦曰皇城。宋會要：「大内即宣武軍治所。朱梁建都遂以衙署爲建昌宮，晉天福初爲大寧宮，周世宗又少加營繕。宋建隆三年廣皇城東北隅，四年按洛陽宮殿益加修治，乾德二年導五丈河通皇城爲池，自是屢增修之。」靖康元年种師道言：「京師周迴八十里，高數十丈。」此言外城也。紹定五年蒙古攻金汴城，京城周二十里，不能偏守。此言裏城也。又宮城門凡六：南面三門，中曰乾元，朱梁曰建國門，後唐因之，石晉天福三年改曰明德門。開運三年契丹遣降將張彦澤將騎先趣大梁，自封丘門斬關入，頓兵明德門外，城中大擾。既而契丹主入封丘門，至明德門下馬，拜而後入宮。漢乾祐初郭威入汴，遣兵守明德門，諸軍大掠。後周仍曰明德，宋因之，太平興國三年改丹鳳，大中祥符八年改正陽，明道二年改建德，雍熙初改曰乾元，其後因之。金史：「宮城南外門曰南薰，以次而北有豐宜、丹鳳、承天、大慶諸門，以達于大慶殿。」東曰左掖，西曰右掖；金史：「左、右掖門在承天門東西，南薰門之內。」東面一門曰東華；舊名寬仁，石晉開運三年張彥澤自寬仁門傳契丹之命是也。宋開寶三年改今名。又熙寧十年改東華門內北便門曰謻門。西面一門曰西華；舊名神獸，開寶三年改。北面一門曰拱宸。舊名玄武，大中祥符五年改今名。又熙寧十年改門內西横門曰臨華。金史：「北一門曰安貞。」明朝洪武初幸宋故宮，十二年即其處建周王府第。裏城門凡十：南面三門，中曰朱雀，本名尉氏門。朱温襲李克用于上源驛，克用脱圍登尉氏門，縋城得出。梁開平元年改爲高明門，晉天福三年改爲熏風門，宋曰朱雀門。東曰保康，西曰崇明；宋國史：「南面本二門，祥符五年始作保康門于朱雀門東。」東面二門，南曰麗景，初名宋門，胡氏曰：「宋門，大梁東面南來第二門也。」朱梁改曰觀化，石晉天福三年又改曰仁和。周顯德六年將士推趙匡胤爲帝，自陳橋驛還汴，從仁和門入。俗仍呼爲宋門，麗景蓋宋名也。」北曰望春；本名曹門，汴城東面北來第一門也。梁開平初改曰建陽，晉天福三年改曰迎春。漢乾祐末郭威自鄴都南下，漢主遇弒，郭威自迎春門入歸私第。西面二門，南曰閶闔，舊曰鄭門，西面南來第一門也。梁改爲開陽門，晉爲全義門，周爲迎秋門，汴人仍呼爲鄭門。五代漢乾祐三年大風，吹鄭門扉，起十餘步而落，即此。北曰宜秋；舊曰梁門，西面北來第一門也。朱温開平元年改乾象門，俗仍呼爲梁門。後唐同光初軍至汴，唐主入自梁門。晉天福三年改乾明門，宋曰宜秋門。北面三門，中曰景龍，東曰安遠，本名酸棗門，北面東來第一門也。五代梁開平初改曰興和，晉天福三年改曰玄化。漢乾祐末郭威南下，漢主自出禦之，諸軍逃潰，漢主還至玄化門，權知開封劉銖自門上射之，漢主走死。既而郭威至，銖復射之，威遂自迎春門入。門内有土阜曰夷山，或曰大梁舊有夷門，蓋本於此。西曰天波。宋人引金水河入天波門貫于皇城内。按舊門曰陳橋、封丘、酸棗，酸棗門在封丘之東，梁開平元年改封丘爲含耀，時人仍謂之封丘門。後唐同光初李嗣源至大梁攻封丘門，梁人開門出降。四年嗣源引軍至滑州，以石敬瑭爲前驅趣汴，敬瑭使裨將李瓊以勁兵突入封丘門，敬瑭躡其後，自西門入，遂據其城。晉天福三年嘗改爲宣陽，開運末契丹入汴，晉主迎於封丘門外。宋太平興國四年俱易以新名。金史：「都城門凡十四：曰開陽，曰宣仁，曰安利，曰平化，曰通遠，曰宣照，曰利川，曰崇德，曰迎秋，曰廣澤，曰順義，曰迎朔，曰順常，曰廣智。」蓋金主珣修築汴城，因增易諸門也。外城門凡二十有一：南面三門，中曰南薰，亦曰朱明門，靖康二年欽宗留于青城，金人塹南薰門路，人心大恐。既而上皇后妃太子俱自南薰門出就金營。東曰宣化，靖康二年金人圍汴攻宣化門。西曰安上，俗曰戴樓門。東面二門，南曰朝陽，金人入青城，攻朝陽門。北曰賓寅，本名含暉，太平興國四年改曰賓寅，天聖初復曰含暉。西面三門，中曰開遠，一名千秋門。宋志：「太平興國中於金輝門南置，本名通遠，天聖初改曰開遠。」南曰順天，靖康初馬忠以援兵敗金人於順天門外，西路稍通是也。俗名爲新門。北曰金輝，北面四門，中曰通天，一名天津。宋志：天聖初改寧德，後復曰通天。」東曰景陽，宋志作「長景」。靖康初金人攻宣澤門，又攻天津、景陽門。次東曰永泰，西曰安肅，宋志：「初號衛州門，太平興國四年改今名。門外有安肅教場。」又南面水門二，曰普濟，在南薰門東，惠民河上水門也。胡氏曰：「惠民河出宣化門。」曰廣利，在南薰門西，惠民河下水門。胡氏曰：「惠民河自戴樓門入京城。」東面水門三，曰上善，在通津門南，汴河南水門也。曰通津，在朝陽門南，汴河北水門，天聖初改廣津門，熙寧十年復曰通津。靖康二年金人轉攻通津門。曰咸通，在賓寅門北，五丈河下水門也。天聖初改曰善利。西面水門三，曰大通，在順天門北，汴河上水南門也。宋志：「太平興國四年賜名大通，天聖初改順濟，後復舊。亦曰利澤水門，汴河自此入城。」曰咸豐，在金輝門北，五丈河下水門也。靖康初金人犯咸豐門。曰宣澤，在咸豐門北，舊亦曰大通，熙寧十年改曰宣澤，汴河上水北門也。靖康二年金人攻宣澤門。北面水門一，曰永順。在安肅門西，五丈河上水門也。熙寧十年創建。岳珂桯史載：「藝祖初修汴京，大其城址，紆曲縱斜，時人罔測。神宗嘗欲改作而未果。政和間蔡京擅國，乃一撤而方之，墉堞樓櫓，雖甚藻飾，而無復曩時之堅樸。靖康金馬南牧，二將揚鞭城下，有得色，曰：『是易攻耳。』二將令植砲四隅，隨方而擊，城既引直，一砲所壓，一壁皆不可立，竟以此失守。然後知藝祖之沉幾遠覩也。」又世傳周世宗築京城，取虎牢土爲之，堅密如鐵。蒙古將速不臺攻汴，用砲石晝夜擊之，不能壞，乃因外壕築城圍百五十里，晝夜擊攻，竟不能拔。按此謂汴之裏城。裏城周世宗嘗增築之，金宣宗又修築焉。時金人棄外城專守裏城，觀金主守緒請和於蒙古，遣其臣楊居仁出宜秋門以酒炙犒師可見。會崔立叛降，汴京乃下。李濂汴京遺跡曰：「汴城舊有十三門：南曰南薰、陳州、戴樓，東曰新宋、揚州、新曹，西曰新鄭、萬勝、固子，新鄭，西面從南第一門也，即順天門。萬勝，西面從南第三門也，即開遠門。固子，西面從南第四門也，即金輝門。北曰陳橋、封丘、酸棗、衛州。」此兼舊裏城、外城而言，蓋時代既移，見聞錯悞。今道路所通者惟新曹、新鄭、陳州、揚州、南薰、固子、封丘七門而已。城邑考：「至元中盡毁天下城隍，開封城亦僅餘土阜。洪武九年始營築，甃以磚石，周二十里有奇。有門五，東曰麗景，南曰南薰，西曰大梁，北曰安遠，東北曰仁和。宋、金遺址不可復問矣。」

祥符縣，附郭。故大梁，魏都也。漢曰浚儀縣，屬陳留郡，後漢因之。晉屬陳留國，後魏仍屬陳留郡，東魏于此置梁州，後周改汴州。隋大業初州廢，縣屬滎陽郡。唐仍置汴州，治浚儀縣，宋祥符中改今名。今編户七十五里。

浚儀廢縣，在今城西北。漢縣治此。晉地道記：「衛儀邑也。」蘇林曰：「故大梁城，梁惠王始都此。」秦昭王三十二年穰侯攻魏，至大梁。始皇三十二年王賁攻魏，引河溝灌大梁，大梁城壞。史記：「大梁東門曰夷門，侯嬴爲夷門監，即此。」括地志：「今大梁城北門是也。」輿地志：「夷門之下，新里之東，浚水之北，象而儀之，以爲邑名。」漢武元年廢新里而立浚儀縣。宋元嘉中後魏陳留郡治浚儀，亦謂之大梁城。又魏主子攸永安二年，梁將陳慶之送元顥北入洛，元天穆等攻大梁拔之，遣將攻虎牢，慶之還擊，天穆敗走。魏主恭普泰初，徐州刺史爾朱仲遠自滑臺徙鎮大梁。隋亦爲浚儀縣治。舊唐書：「隋浚儀縣在今縣北三十里，爲李密所陷，縣人王要漢率豪族置縣于故汴州城内，義寧元年于縣復置汴州。唐武德四年移縣于州北羅城内，貞觀中移于州西一里，元和中移入郭内。」

開封廢縣，在府南五十里。魏邑也。史記：「韓釐王二十一年使暴鳶救魏，爲秦所敗，鳶走開封。」漢初曹參西至開封，擊秦趙賁軍破之，圍賁開封城中。又沛公以酈商爲將，將陳留兵，與偕攻開封是也。高祖封功臣陶舍爲侯邑。後爲縣，屬河南郡。晉屬滎陽郡，後魏孝昌中改屬陳留郡。東魏增置開封郡，齊郡廢。隋屬鄭州，唐屬汴州，貞觀初省入浚儀。延和初復析置開封縣，移入郭下。宋因之。明初省入祥符。

新里城，在府西南。秦舊邑也，漢武帝時廢。隋開皇中復置新里縣，大業初廢，隋末復置。唐初屬汴州，武德七年廢入浚儀縣。又信陵亭，在府城東南隅。志云：魏公子無忌嘗居此，因名。

青城，有二：一在南薰門外，宋祭天齋宫也，謂之南青城；封丘門外又有北青城，宋祭地齋宫也。靖康末金人復圍汴，斡離不自真定趣汴，至城下，屯于城東劉家寺，粘没喝自河陽趣汴，屯于青城，既而金人入青城，攻朝陽門；又紹定六年蒙古速不臺攻汴，至青城，金叛將崔立以汴京降，盡送后妃諸王于青城：皆南青城也。

鳳凰山，在府城東北隅。宋徽宗所築，初名鳳凰山，後改壽山艮嶽。上爲華陽宫，峰巒嶂巘，洲渚池沼皆以人力爲之，窮奇極勝。後爲金人所毁，僅存土阜而已。

駝牟岡，在城西北郭外。宋靖康元年金人侵汴，據駝牟岡天駟監，既而援兵稍至，乃守駝牟岡，增壘自固。又紹興三年襄鄧將李横敗劉豫兵，復潁昌府，傳檄收東京。劉豫以金人逆戰于駝牟岡，横敗還。

赤岡，府東北十二里。水經注：「渠水東南逕赤城北，即赤岡也。」今名霍赤岡。唐光啓三年蔡州賊秦宗權寇汴州，其黨分屯赤岡及板橋，列三十六寨，連延二十餘里。既而朱温大敗宗權將張晊於赤岡。五代石晉末契丹主至汴，駐馬赤岡，晉百官伏路側請罪。既入城，日暮復出屯於赤岡。漢隱帝末郭威自鄴都渡河南下，帝遣諸軍屯赤岡拒之，即此。

葛家岡，在府城西南。宋志：〔一〕「嘉祐二年大水入京城，有司請自祥符西葛家岡開新河，直城南好草陂，北入惠民河分注魯溝，以紓京城之患是也。」今河堙而岡存。又慕天坡，亦在城西。宋靖康初李綱帥軍救姚平仲，與金人遇，戰於慕天坡，即此。金人敗走，姚平仲始得由坡而還。

黃河，今在府城北十里。舊黃河在城北四十餘里，自汜水入境，東達虞城。自洪武二十四年河決原武之黑陽山，而故道淤，河去城北不過五里。正統十三年決滎陽，過開封西南自陳州項城達南直亳州入渦口，又經蒙城至懷遠界入淮，而汴城且在河北矣。自是以後，雖數經塞治，而横决不時，梁、宋、陳、潁之交，浸淫沮洳，幾無寧宇。嘉靖四十四年已後河患移於徐、沛，而汴南之患稍紓。崇禎十五年賊圍城日久，城北枕黄河，乃決城西北十七里朱家寨灌城，城傾，潁、亳以東皆受其患。汴録：「汴之要害莫甚於河，秦王賁既引河以灌大梁矣，五代時晉、梁夾河而争，晉雖屢勝，不敢自黎陽南渡者，梁之戍守嚴也。」宋靖康之禍，金人至黎陽入滑州，河南無一人禦敵者，金人取小舟徐濟，笑曰：「南朝可謂無人，若以一二千人守河，吾豈得渡哉！」既而李綱請固守京城，种師道亦議設策拒之，俟其惰歸扼而殲諸河。綱又請：「扼河津，絶餉道，分兵復畿北諸邑，而以重兵臨敵營，堅壁勿戰，俟其食力皆盡，然後縱其北歸，半渡而擊之，此必勝之計。」皆不聽。建炎初宗澤守東京，據形勝立二十四砦于城外，沿大河鱗次爲壘，結兩河山水砦，瀕河七十二里命十六縣分守之。端平元年趙葵入汴，蒙古引軍南下，決黃河寸金淀水灌之，官軍多溺死者，遂引還。寸金淀舊在城北二十餘里，蓋河隄之别名也。今詳川瀆異同。

汴水，舊在城南。宋時自滎陽東南流經府城内，東入歸德府界。今合須、鄭、京、索之水，自中牟縣北入河，不復引而東也。舊志：汴渠即故鴻溝。戰國策：「蘇秦説魏襄王曰：『大王之地，南有鴻溝。』」史記：漢四年項羽與漢王約，中分天下，割鴻溝以西爲漢，東爲楚。」應劭曰：「楚、漢會處在滎陽東南二十里。」自滎陽以下復分二渠，一渠東經陽武縣中牟臺下爲官渡，一渠東南流至浚儀縣爲鴻溝。秦始皇使王賁伐魏，斷故渠引河東南出以灌大梁，謂之河溝，即鴻溝也。鴻溝口在河口東百里，或謂之陰溝，或謂之莨蕩渠，或謂之汴渠。宋張洎曰：「鴻溝即出河之溝也。」太平興國二年汴水溢，壞開封西大寧堤，浸民田。淳化二年汴決浚儀，景德三年京城汴水暴溢，皆詔有司相視築塞。蓋宋漕渠之利莫過于汴，而亦時被決溢之患。蘇氏曰：「自唐以前汴、泗會于彭城之東北，然後東南入淮。近歲汴水直達于淮，不復入泗。」禹貢揚州言「沿于江、海達于淮、泗」，是時江無通淮之道也。徐州直云「浮于淮、泗達於河」，則鴻溝、官渡、汴水之類，自禹有之明矣。詳見大川。

蔡水，在城東南。自汴河分流爲蔡水，亦曰沙水。沙，孔氏讀爲蔡。下流至歸德鹿邑縣合于潁水。宋開寶中賜名惠民河，爲漕運四河之一。今多堙廢。詳見前大川潁水。○永通河，舊在府城西南。亦曰永濟河，即宋嘉祐中自葛家岡穿河引溢水入惠民等河處也。今亦廢。

五丈河，在城北。亦自汴河分流，東通曹、鄆諸州。宋開寶中賜名廣濟河，爲漕運四河之一。建炎初宗澤留守東京，開五丈河以通西北商旅，即此。今堙。亦詳見大川潁水。

金水河，在城西。其上源即滎陽縣之京水也。宋建隆二年命衛將軍陳承昭鑿渠引水，過中牟凡百餘里抵都城，架其水橫絶于汴，設斗門入浚溝通城濠，東匯于五丈河，公私利焉。乾德三年又引金水爲渠達於皇城，歷後苑內。大中祥符二年又詔内使謝德權引爲渠，自城北天波門入，並皇城至乾元門，引而東由城下水竇入于濠。元豐五年金水河透水槽阻礙上下汴舟，遣宋用臣按視，請自板橋爲一河，引水北入汴，既而改由副堤河入蔡。以源流深遠，與京西永安、青龍河相合，賜名曰天源。其後導洛通汴，自城西引洛水，由永豐門立堤三千餘步入禁中，而金水河槽廢。政和間復命内侍宋昇等于城内七里河開月河一道，分水灌入禁中。重和初復導入内庭，又于城西南水磨口引索河一派，架以石梁，絶汴南北，築隄導入天源河以助之。宋會要：「金水河，汴都漕運四渠之一也。」今涸。

白溝河，在城東含輝門外。河無山源，以潦涸爲盈竭。輿地廣記：「河出自封丘縣界，亦曰湛渠，唐載初元年引汴水注白溝以通徐、兖之漕，其色湛潔，故名。」宋至道元年博士邢用之等請開白溝自京師抵吕梁口凡六百里，以通長淮之漕，議中止。咸平六年白渠溢，用之，乃自襄邑疏下流以導京師積水，而民田無害。大中祥符二年金水河決，議者謂汴河南三十六陂古蓄水之地，必有下流通河。熙寧六年都水丞侯叔獻請開白溝儲三十六陂及京、索二水爲源，倣真、楚州開平河置牐，使四時可行舟，則汴渠可廢。既而都水監復言白溝自睢河至淮凡八百里，乞分三年興修。從之。旋廢。政和二年都水丞孟昌齡復修白溝，開堰通流，功未及成。吕梁見南直徐州，襄邑今睢州也。○護龍河，宣化門外城壕也。靖康二年郭京以妖術爲將，開宣化門出兵攻金人。金人擊之，京兵敗走，墮死于護龍河者甚衆，城遂陷。金人焚南薰諸門。

浚水，舊在城北。詩：「爰有寒泉，在浚之下。」竹書紀年：「梁惠王三十一年，爲大溝于北郭以行圃田之水，縣北有浚水，像而儀之曰浚儀。」志云：今城西三十里有寒泉陂，即詩所稱者。浚水爲汴水所奪，故汴水經大梁北亦兼浚水之名。漢明帝時王景作浚儀渠，蓋即汴渠也。水經亦謂之渠水。

通濟渠，在城西南二里。隋煬帝所鑿以引汴水。杜佑曰：「陳留郡城西有通濟渠，煬帝大業初開以通江、淮漕運，兼引汴水。」又城西十里有琵琶溝，從中牟縣流入。本秦、漢運路，煬帝幸江都始鑿溝入通濟渠，以形似琵琶，因名。又有睢陽渠，魏志「建安七年魏武至浚儀，治睢陽渠」，蓋東達睢陽之渠也。○掣水河，有二：一在城南戴樓門外，東流；一在城東揚州門外，南流；俱至城東南二十里入汴河。明朝洪武中黄河決溢，疏鑿二河以分洩之，因名。

金明池，在城西故瓊林苑北。宋太祖置神衛水軍以習舟師，太平興國元年詔鑿池引金水河分注焉，每臨幸觀水戰。祥符六年詔諸軍選江、淮習水卒于金明池試戰棹，立爲虎翼軍，營于池側。又講武池，在南薰門外故玉津園，東抵宣化門，宋建隆四年鑿以習水戰，引蔡水注之，名教船池，開寶六年改曰講武池。又凝碧池，在城東南平臺側，唐牧澤也，宋真宗時鑿爲池。今俱淤塞。

沙海，在府城西北十二里。戰國策「齊欲發卒取周鼎，顏率説曰『梁君臣欲得九鼎，謀於沙海之上』」，指此也。隋文帝疏鑿舊渠，引汴水注之，習舟師以伐陳。今塞。

蓬陂，即蓬澤也，在縣東南二十四里。左傳哀十四年：「宋皇野語向巢：『逢澤有介麇焉。』」逢澤去宋遠，或曰逢猶遇也，澤即宋之孟諸。周顯王二十六年，秦孝王使公子少官帥師會諸侯于蓬澤以朝王。汲郡古文：「梁惠王發逢、忌之藪以賜民。」漢志開封有逢、忌之川，謂蓬陂、忌澤也，後合爲蓬澤。晉永嘉末有蓬陂塢，亦爲蓬關，石勒與乞活陳午相攻于蓬關是也。其地又爲陳川城。晉大興初蓬陂塢主陳川自稱陳留太守，附于祖逖，繼而以浚儀叛降石勒。逖攻川于蓬關，勒救之。逖敗退，勒尋遣將桃豹守川故城，逖亦遣將韓潛分據其城。潛由東門，豹由南門。勒遣將運糧饋豹，至汴水，遜遣別將馮鐵邀擊，盡獲之。豹宵遁，遜使韓潛進屯封丘，馮鐵據二臺，遜鎮雍丘，威聲甚振。二臺即在陳川城内。韓潛與桃豹據城時，潛居東臺，豹居西臺是也。唐志：「蓬澤亦爲蓬池，天寶六載改爲福源池，禁魚採。」○霧澤陂，在府西南。宋熙寧九年議引陂水至咸豐門合京、索河。元祐初詔斥霧澤陂，募兵承佃，增置水匱，爲廣濟河上源。今涸。

繆隄，一統志：「在城東六里。隄東至歸德凡三百餘里，亦曰蓼隄，世傳梁孝王徙都睢陽時所築。」○翟橋堰，在城西。宋建隆元年置。又紹定五年蒙古兵由唐、鄧趣汴，金人議開短隄，決河以衛京城。短隄，城北小河隄也。

時和驛渡，府北十里，爲河防要地。又府西北十五里有張家灣渡，又北五里爲陶家店，與府西北三十五里之劉獸醫口渡，府東北三十里之汪家樓渡，皆河防衛要也。又有翟家口渡，在府西北二十五里。

汴故宮，在府城内正北。朱梁始都此，曰建昌宮。石晉改爲大寧宮，周顯德中嘗修治之。宋嘗繕益廣，謂之大内，正殿曰大慶，其别殿以數十計。又有苑内諸殿，綿延相屬。金人南徙，復修而廣之。今爲周王府第。又壽聖宮，在大内之東。宋爲母后所居。○龍德宮，在城内西北隅，宋徽宗潛邸也。即位後廣之，易今名。又延福宮，在府城安遠門内。亦徽宗所建，爲金兵所燬。又城内端禮街東西有東、西景靈宮，宋時奉安歷代御容處。府東南三十里又有太一宮，宋太平興國中所建祠宮也。

臨蔡關，府東南四十里。五代周顯德中浚閔水入蔡河，沿潁入淮以伐南唐，曾置關于此，今土人呼其地爲關頭。○通津關，在府東北。五代周顯德中疏汴水入五丈河以通齊、魯，置關于此。

繁臺，在府南五里。本師曠吹臺也，梁孝王增築焉。亦曰平臺。後有繁氏居臺側，因曰繁臺。繁音蒲。朱梁開平初改爲講武臺。水經注：「臺北有牧澤，中出蘭蒲，方一十五里，俗謂之蒲關澤。」今層臺孤立于牧澤之右。晉世衰亂，乞活憑居，世謂之乞活臺，又謂之婆臺城。唐中和二年黄巢圍陳州不克，引軍東北趣汴州，屠尉氏，其將尚讓以驍騎五千逼大梁，至於繁臺，全忠將朱珍等擊却之。五代劉漢初知遠自洛陽入大梁，殺契丹所留幽州卒于繁臺之下。

封臺，在南薰門外。洪武初幸汴時所築。又有奉天臺，在城内布政司治後，亦幸汴時祭天之所。○岳臺，在城西九里。六國魏時築此臺，遥事霍山神。宋太祖建隆三年臨幸岳臺，習騎射。又講武臺，在城西千秋門外之楊村。宋太宗所築。咸平二年又于都城東北二十里東武村築臺大閲，熙寧八年又大閲八軍陣于宮城南之荆家陂。

杏花營，城西二十里。宋嘉定八年蒙古由汝州間道襲金汴京，至杏花營金人擊却之。元末劉福通據汴，察罕帖木兒遣兵四面攻圍，自將鐵騎屯杏花營是也。成化十四年黄河決于此。

陳橋驛，在城東北二十里。亦曰陳橋鎮。石晉末杜重威以晉軍降契丹，契丹主入汴，使重威以其衆屯陳橋，謀悉誅之，不果。宋太祖禪位于此。〔二〕咸平二年契丹南寇，帝親禦之，車駕次陳橋，進次澶州。明朝洪武初徐達定山東，引軍攻汴梁，至陳橋，元將左君弼等迎降。今有陳橋在驛之北，自陳橋北六十里即大名長垣縣。

上源驛，在城内。李克用引軍救朱全忠，全忠宴之于上源驛，乘夜掩襲克用處也。晉天福五年改爲都亭驛，又作班荆館于景陽門外，以延敵使。又懷遠驛，在城東。周顯德五年置，宋太平興國二年改爲都亭驛。又景德三年作懷遠驛于汴河北。

朱僊鎮，在城南四十五里。宋紹興十年岳飛大敗金人於郾城，進軍朱僊鎮是也。今商旅所經，以朱僊鎮爲水陸會集之所，南舟北車，從此分岐。又城南五里有朱僊頓。又南五里爲棘店頓，宋時嘗射獵於此。○白沙鎮，在城西三十里。金兀朮自鄭抵白沙，距汴京密邇，宗澤擊却之。

八角鎮，在順天門外。唐光啓三年蔡賊秦宗權敗朱全忠於此。宋靖康初梁師成賜死於八角鎮。○邊孝村，在城北十五里。唐光啓中朱全忠敗秦宗權之兵於此，追至陽武橋。橋蓋在陽武縣界，時宗權退屯鄭州也。

七里店，在城北二十里。今圮于水。五代漢隱帝末郭威自鄴趣汴，至封丘，漢主遣諸軍拒之，侯益等屯赤岡，慕容彥超軍于七里店，既而南北軍遇于柳子陂。陂在七里店之東北。胡氏曰：「在封丘之南，汴郊之北。」又漢主自將禦郭威，夜宿七里寨，即此。又郭威篡漢，自澶州而南至七里店，進營於皐門村。薛居正曰：「開封縣郭外有皐門原。」○趙村，在城西南六里。漢隱帝遇害於此。又封禪寺，在府城東。石晉末契丹入汴，百官出迎于封禪寺。既而契丹遷晉主及其家人于寺內。

板橋，在城西七里。唐大曆十一年河陽三城使馬燧破汴宋叛將李靈曜，引軍西屯板橋。光啓三年秦宗權寇汴，其黨張晊屯北郊，秦賢屯板橋，既而爲朱全忠所敗。

郭橋。在城西北。唐長慶二年宣武軍亂，以韓充爲節度使，充自滑入汴，軍于千塔。胡氏曰：「其地在汴城北。」既而敗宣武亂兵于郭橋，進軍萬勝。九域志祥符縣有郭橋鎮。萬勝見中牟縣。○彰化橋，舊在汴城北，跨廣濟河。

宋天禧二年幸彰化橋北教場閱武。

陳留縣，在府東五十里。春秋爲留地，屬鄭，後爲陳所并，故曰陳留。秦置縣，漢爲陳留郡治。晉陳留國治小黄，縣廢入焉。隋開皇六年復置，屬宋州，後屬梁郡。唐初屬杞州，武德四年屬汴州。五代屬開封府，後因之。城周七里有奇。今編户四十八里。

陳留故城，縣北二十里。秦舊縣也，沛公、項羽去外黄攻陳留。又酈食其説沛公襲陳留，得秦積粟處也。漢元狩初嘗建行宫于城内。晉太康志：「故城南三里又有小陳留城。」今縣蓋隋初所置，城周七里有奇。

小黄城，縣東北三十里。漢縣，屬陳留郡。高祖母昭靈后葬此，曰小黄園。晉爲陳留國治，〔三〕後魏因之，北齊廢。或謂之下黄，今地名小黄村。元延祐中大河自小黄村口決入，下流合潁入淮。○斗城，在縣南三十五里。左傳：「子産葬伯有於此。」又縣境有鄫鄉，後漢建武初封王常爲侯邑。

臨濟城，在縣西北五十里。秦邑也，秦章邯圍魏王咎于臨濟，齊、楚救魏，邯大破齊、楚軍，殺齊王田儋于臨濟下。漢初曹參略陳留，取臨濟是也。劉昭曰「平丘有臨濟亭」，即此。

牛首城，在縣西南十一里。左傳桓十四年：「宋伐鄭，取牛首。」襄十年：「晉伐鄭師，取牛首。」俗謂之車牛城。○老丘城，在縣北四十里。左傳定十五年：「鄭罕達敗宋師于老丘。」又縣西北九十里有平丘城，今見北直長垣縣，蓋與縣接界也。

倉垣城，在縣西。城臨汴水，一名石倉城，相傳鄭莊公所築以盛倉粟。晉懷帝永嘉三年石勒寇信都，詔將軍王堪等討勒，勒略魏郡至黎陽，王堪退保倉垣。明年勒攻倉垣，殺王堪。四年石勒復圍陳留太守王讚于倉垣，爲讚所敗。五年豫州都督苟晞以洛陽飢困，表請遷都倉垣，不果。既而洛陽陷，豫章王端自洛東奔倉垣，苟晞率羣官奉爲皇太子，置行臺，尋自倉垣徙屯蒙城。永和八年晉將謝施屯倉垣，尋以滎陽太守劉遯據此，後没于慕容燕。太和四年桓温伐燕，不克奔還，自東燕出倉垣，鑿井而飲。後又爲姚秦所得，置兖州於此。義熙十三年劉裕伐秦，沈林子自汴入河，克倉垣。宋永初三年魏將滑稽陷倉垣，陳留太守嚴稜降，魏仍置陳留郡於此。水經注：「汴水出浚儀縣北，東經倉垣城南，即大梁縣之倉垣亭也。」魏收志浚儀有倉垣城。舊志：城在陳留西南五十里。今城邑改置，故址不可復迹矣。

莘城，縣東北三十五里。或曰即國語所謂莘墟也，今詳見山東曹縣。又縣南十五里有空桑城，相傳伊尹生此，蓋亦因莘城而名。

黄河，在縣北三十里。自祥符、封丘縣流入境，又東入蘭陽縣界。

汴水，舊在縣北五里。自浚儀流入縣界，又經小黄城南而入杞縣界。○沙水，在縣西南十里。即故蔡河也，東流入杞縣。

睢水，舊在縣東北四十里。合小黄河入杞縣，又東經歸德府之睢州達寧陵縣。後漢建安七年曹操軍譙，至浚儀治睢陽渠，蓋因睢水而作渠。漢志注：睢水於浚儀首受莨蕩渠，東至取慮而入于泗。」取慮見南直虹縣。

巴河，在縣東北三十五里。一名泌水，黄河之支流也。元大德九年黄河决溢汴梁，因自汴梁東開董盆口，導支河入巴河以殺其勢。既而正河流緩，并趨支流，巴河不能容，因南決歸德諸處，北入濟寧境内，大爲民害，復塞治之。今東經蘭陽、儀封縣南入歸德府寧陵縣界，復入于大河。

魯溝，在縣西北十七里。源出祥符之蓬澤，又東南經杞縣南而合於汴河。○觀省陂，在縣東，唐貞觀十八年縣令劉雅作陂蓄水，溉田百頃。

逍遥宫。在縣南六里。隋大業二年建，尋廢。

杞縣，在府東百里。東北至歸德府睢州考城縣九十里。古雍國，黄帝之後，殷、周封夏後於杞。漢置雍丘縣，〔四〕屬陳留郡。晉屬陳留國。後魏置陽夏郡，北齊因之。隋初改置杞州，大業初州廢，以縣屬梁郡。王世充亦置杞州於此，唐初因之。貞觀六年州廢，縣屬汴州。五代晉改爲杞縣，漢仍曰雍丘。宋因之，金復爲杞縣。今編户百二十三里。

雍丘城，今縣治。春秋屬杞。括地志：「武王封禹後于此，號東樓公。後屬宋，戰國屬魏。」雍一作「雝」。左傳襄九年：「鄭圍宋雍丘，宋皇瑗圍鄭師取之。」史記鄭世家：「繻公十五年韓景侯伐鄭，取雍丘。」又秦蒙驁拔魏雍丘。秦二世二年沛公、項羽自定陶西略地，破秦軍于雍丘。又曹參南攻雍丘，擊李由軍破之。後漢興平二年陳留太守張邈使其弟超保雍丘，曹操攻拔之。魏曹丕改封曹植爲雍丘王。東晉初鎮西將軍祖逖爲豫州刺史鎮雍丘，屢破石勒軍，大河以南多爲晉土是也。劉宋永初三年魏人渡河南侵，司州刺史毛德祖遣將劉憐戍雍丘以備之。唐天寶十載真源令張巡起兵討安禄山西至雍丘，賊來攻，屢敗之。

外黄城，縣東北六十里。左傳：「魯惠公季年敗宋師于黄。」杜預曰：「外黄縣東有黄城。」戰國策：蘇代曰：「決白馬之口魏無黄、濟陽。」秦置外黄縣。二世二年沛公、項羽自雍丘還攻外黄。漢四年項羽攻外黄，怒其不早下，將坑之，以舍人兒言而止。漢亦曰外黄縣，屬陳留郡，郡都尉治焉。張晏曰：「魏郡有内黄，故此加外。」晉屬陳留國。後魏主燾延和三年置徐州于外黄，皇興初州罷，縣亦尋廢。高齊復置外黄縣，隋屬曹州，唐初屬杞州，貞觀六年廢。陳留風俗傳：「外黄有大齊城、小齊城，又有莠倉、科稟二城，皆汴水所經。」杜佑曰：「外黄縣東有黄城，兵亂之後城邑丘墟，因曰黄墟。」晉太和四年桓温伐燕，燕慕容厲逆戰於黄墟，敗走。又曲棘里，劉昭曰：「在外黄城中。」春秋昭二十五年：「宋公佐卒於曲棘。」

高陽城，在縣西二十五里。顓頊，高陽氏，佐少昊有功，封於此。酈食其居外黄，沛公兵過高陽，入謁，自稱高陽酒徒。文穎曰：「高陽，聚邑名也，亦曰高陽亭。」漢文帝子武改封梁，其地北界太山，西至高陽。魏收志雍丘有高陽城。

圉城，縣南五十里。春秋時鄭地。昭五年，晉韓起逆女于杞，還過鄭，鄭伯勞諸圉。戰國策：楚人説頃襄王：「還射圉之東，解魏左肘。」漢置圉縣，屬淮陽國。王莽居攝，東郡太守翟義起兵討之，敗于圉北，即圉城北也。後漢屬陳留郡，晉屬陳留國。後魏曰圉城縣，屬陽夏郡，北齊縣廢。隋復置，屬宋州。唐初屬杞州，貞觀六年廢。五代周顯德三年征淮南，駐師于圉城鎮，即此。今亦曰南圉鎮。

令狐城，在縣西三里。唐至德初令狐潮築以攻張巡，巡以糧運斷絶，去守睢陽。又縣北七里有張柔城，元張柔鎮雍丘，城被水所圮，乃於城外築新城，創置廨宇，繼修復故城，號南杞，即今治也。○肥陽城，在縣東北二十里。城冢記：「禹治洪水在肥澤之陽，因築此城。」今有西肥集。

成安城，在縣城東。漢縣，屬陳留郡，武帝封韓延年爲侯邑。後漢縣廢。風俗傳：「成安縣今名利望亭。」○陽樂城，在縣東北四十里。述征記：「城在汴北一里，周五里，蓋苻秦時所置。」又有祺城，在縣西北十八里。亦曰箕城，隋末王世充嘗置縣于此。又吴起城，志云：在縣東北十里，相傳吴起屯兵處。

桃陵，在縣東南十里。唐至德初張巡守雍丘，擊賊衆於白沙渦，還至桃陵，遇賊救兵，悉擒之，即此處也。白沙渦在歸德府寧陵縣。又縣東南三十五里曰青陵，亦名青陵保，縣西南五十里曰翟陵，又十里爲石陵，縣東北二十里有武陵，皆土阜也。志亦謂之五陵，今多漫漶者。○韓岡，在縣西三十五里，又西至陳留四十里，往來所經之道。

汴水，在城北。自陳留縣流入，經縣東北境而入睢州界。志云：縣北四十里有蒲口，舊時汴水分流處也。元大德初河決于此。

睢水，在縣北五十里。自陳留縣流入境，又東入歸德府睢州界。水經注：「睢水首受浚儀莨蕩水，東經高陽故亭北。」

魯溝，在縣南。自陳留縣流入境，下流入于汴河。○白楊陂，在縣東。水經注：「陂方四十里，儲水溉田處也。」今涸。

漢隄，在縣北，即漢永平中王景所治者。縣有隄河，因此而名。又北五里有隋隄，大業中所築，自大梁至灌口者也。灌口，或曰即老鸛河，見南直淮安府。

鳴鴈亭。在縣東四十里。水經注：「汳水東逕亭南。」春秋成二年：「衛侯伐鄭至於鳴鴈。」俗謂之白鴈亭。

通許縣，在府東南九十里。東至杞縣六十里。本陳留、扶溝二縣地，宋初置通許鎮，咸平中升爲咸平縣，屬開封府，金改今名。編户二十五里。

上倉城，縣西八里。五代周世宗所築，爲漕運轉輸之處。

鸑鷟岡，縣東南四十里。相傳有鳳集此，故名。縣境又有吴召岡、李大岡、青岡、竪岡、硃砂岡、棕子岡、七里等岡，大者綿亘數里，居民避水患多築廬于其上。志曰：縣當祥符、陳留二邑之衝要，岡阜環列，河流縈繞。

蔡河。在縣西。志曰：蔡河，自祥符之范村流入縣北，分爲兩道，名雙溝河，至縣西復匯而爲一，下入扶溝，建閘啓閉，宋時通江、淮之漕道也。宋志：「建隆二年浚蔡河，設斗門節水，自京距通許鎮。」○舊黄河，志云：自汴西杏花營分流經縣西三里，南達扶溝。今涸。

太康縣，在府東南二百里。東至睢州柘城縣八十五里，南至陳州七十里。相傳夏太康所築城。漢置陽夏縣，屬淮陽國。東漢屬陳國，晉屬梁國，後魏屬陽夏郡。高齊置淮陽郡。隋初郡廢，開皇七年改縣曰太康，屬陳州。王世充置夏州于陽夏，即此。唐復爲太康縣，屬陳州。五代梁屬開封府，宋宣和初改屬拱州，金仍屬開封府。今編户三十六里。

陽夏城，即今治。漢縣也。秦爲陽夏鄉，陽夏人吴廣起兵於蘄是也。漢元年令將軍薛歐、王吸出武關逆太公、吕后于沛，楚發兵距之陽夏。五年追項羽至陽夏南。洪氏曰：「陽夏鄉今去太康縣三十里。」後漢建安初陳王寵屯陽夏，袁術遣客詐殺之。晉永嘉五年石勒攻陳留太守王讚于陽夏，擒之，即此地。又縣西北五里有霸王臺，臨渦水，俗謂之項王將臺，亦曰漢王臺。縣南二十里又有南拒臺、北拒臺，相傳楚、漢相拒處。相去各一里，亦謂之南拒城、北拒城。

渦水，在縣北五里。其上源自通許境接蔡水流經縣北，東南經柘城縣及鹿邑縣境，又東入南直亳州界。水經注：「渦水首受蔡，東流經陽夏北，其下流入於淮。」是也。今有秋江泊，在縣東南二十里，渡通柘城。○五里口渡，在縣西南五十里，路通西華縣。

義安駟。在縣南三十五里。路出陳州，此爲中頓處。又縣西南三十里有長陵岡，洪武初置遞運所於此。

尉氏縣，府南九十里。西南至許州百三十里。春秋鄭大夫尉氏邑，秦置縣，漢屬陳留郡，晉屬于陳留國，後魏亦屬陳留郡，東魏改屬開封府，北齊省。隋復置，屬許州，王世充于此置尉州。唐武德四年改置南汴州，貞觀初州廢，縣屬汴州。今編户二十六里。

康陰城，縣東南四十里。隋末置，唐初屬洧州，貞觀初廢。志云：武德四年安撫使任瓌于古齊城置康陰縣。又有苑陵城，在縣西南四十里，古山氏城也。竹書紀年「梁惠成王十六年秦公孫壯率師城山氏」，即此。唐武德四年任瓌于新鄭縣界内移苑陵縣治山氏城，屬洧州，貞觀初廢。

向城，在縣西南五十里。左傳襄十一年：「諸侯伐鄭，會于北林，師于向。」杜預曰「向城在長社東北」，即此。又十四年：「晉及諸侯會吴于向。」二十年：「仲孫速會莒人盟于向。」○菀氏城，在縣西北四十里。左傳昭五年：「鄭伯勞楚屈生于菀氏。」又蔣城，在縣西六十里，與新鄭接界。或以爲即春秋時蔣國，所謂「凡、蔣、邢、茅」者。又有鍾城，魏鍾繇故居，在縣西北五十里。

鷄鳴城，在縣西南三十里。竹書：「魏惠成王元年韓伐魏，軍于畠澤陂，北對鷄鳴城。」是也。又七里爲三亭岡，秦王稽與范睢言「待我三亭之南」，即此。○蔡陂城，在縣西南四十里，與鷄鳴城相近。志云：隋末嘗置縣於此。

沙水，縣東五十里。自祥符縣流入，即宋之惠民河。宋祥符元年惠民河決于尉氏，遣使修塞。縣東有康溝流合惠民河，即長明溝之支流也。又有筆溝，在縣東北四十里。端直如筆，流合於康溝，引而南合於大溝。其合處有大流堰，宋所置也。

長明溝，在縣西南四十五里。源出許州長葛縣界，經縣西南匯爲大陂，謂之蔡澤陂，東西五里，南北十里。或曰即𣶒澤陂也，在鷄鳴城南。長明溝又東南流與大溝合。○大溝，在縣西南十五里，東南流與縣境衆水匯。今下流入於決河。

陵樹亭。縣東北三十五里。亦曰陵樹鄉，漢建安中荀攸封陵樹侯，即此。其東有少曲亭。○少曲亭，在縣東。陳留風俗傳：「尉氏縣有少曲亭，俗謂之少城。」水經注「康溝東經扶溝縣之白亭，又東經少曲亭」，此河南之少曲也。

洧川縣，在府西南百五十里。南至許州六十里，西北至新鄭縣亦六十里。春秋鄭之曲洧，漢爲潁川郡新汲縣地，唐初爲尉氏縣地，宋爲宋樓鎮，屬尉氏縣，金始置洧川縣。今編户十七里。

新汲城，在縣南。春秋時曲洧也。成十七年公會諸侯伐鄭，自戲童至於曲洧。神爵三年置新汲縣，以河内有汲縣，故曰新汲。後漢章帝封馬防爲侯邑。晉仍屬潁川郡，後魏因之，東魏改屬許昌郡，北齊廢。唐初復置，屬洧州，貞觀初廢。

匡城，在縣東北。左傳文元年：「衛孔達侵鄭，伐綿訾及匡。」又定六年：「公侵鄭，取匡。」此鄭國之匡城也。

陰坂，在縣西。水經注：「洧水又東經陰坂北，水有梁焉，俗謂是濟爲參辰口。」左傳襄九年：「晉伐鄭，濟于陰坂，次于陰口而還。」杜預曰：「陰坂，洧津也。」又縣西南十里有小阜，俗謂之牛脾山，舊傳即鄭莊公闕隧見母處。

洧水，在縣南。源出河南府登封縣北陽城山，至禹州密縣，又東流至新鄭縣合溱水爲雙泊河，經長葛縣北爲雙濟河，至縣南又名雙泊河，西南有青龍泉水合焉，經朱曲鎮，又東經鄢陵、扶溝、西華縣境而合于潁水。

朱曲鎮。在縣東南。本屬尉氏縣，金曰朱家曲，改屬今縣。洧水至此回曲而東，因名。

鄢陵縣，府南百六十里。西南至許州六十里，東至扶溝縣四十里。春秋鄭邑，戰國屬韓，漢置鄢陵縣，屬潁川郡，晉及後魏因之，東魏屬許昌郡，北齊省入許昌縣。隋復置，又置洧州於此。大業初州廢，王世充復置。唐因之，貞觀初州廢，縣屬許州。宋改今屬。今編户二十九里。

鄢陵城，舊城在今縣西南四十里。春秋隱元年：「鄭伯克段于鄢。」成十六年：「晉敗楚于鄢陵。」韋昭曰：「古鄢國，爲鄭武公所滅。」國語：「虢、鄶八邑，鄢其一也。」史記：「韓宣惠王十四年秦敗我于鄢。又秦始皇二十二年李信攻楚鄢、郢，破之。」胡氏曰：「時楚遷壽春，所謂鄢者即此，郢謂陳州。」魏曹丕封弟燕王宇爲鄢陵王，築臺于城中，名燕王臺。唐初移今治。括地志：「故城在今鄢陵縣西北十五里。」又縣南有朱濞城。濞，漢初功臣，封鄢陵侯，因築此城。

安陵城，括地志：「在縣西北十五里，本鄭地。」史記：「齊宣公四十三年田莊子伐魯、葛及安陵。」戰國時魏襄王弟安陵君封于此，公子無忌所云「王之使者出，過而惡安陵氏于秦」者也。秦始皇二十二年滅魏，欲以五百里地易安陵。水經注：「安陵一名富平。」陳留風俗傳：「尉氏安陵鄉，故富平也。」漢昭帝封張安世爲侯邑，蓋舊爲尉氏縣界。又後漢志征羌侯國有安陵亭。征羌，見郾城縣。杜佑云：「安陵在郾城東南七十里。」又魯，魯城；葛，長葛也。俱見後。

洧水，在縣北二十里。自洧川縣流入境，又東南入扶溝縣界。

五女店。在縣西三十里，又西南三十里即許州也。相傳漢獻帝后伏氏與姊妹四人爲操所害，葬於此。

扶溝縣，府南二百里。南至陳州西華縣七十里。漢舊縣，屬淮陽國，以小扶亭有洧水之溝，因名。光武封朱鮪爲侯邑，改屬陳留郡。晉省，後魏復置。東魏屬許昌郡，隋屬許州。唐初於縣置北陳州，尋廢，以縣屬洧州，貞觀初仍屬許州。五代梁改今屬。今編户二十九里。

扶樂城，在縣東南三十里。光武封劉隆爲扶樂鄉侯，即此。隋開皇中置扶樂縣，屬陳州，唐貞觀初廢。志云：扶樂城亦曰大扶城，其北又有小扶城，沙水逕二城之西而東南流，即蔡河矣。

固城，在縣西南尹村保。通典云：「漢所築，周迴皆水，勢甚固。」其水亦曰二備溝，宋楊侃東京賦所云「城通兩扶，溝逾二備」者也。

雍氏城，在縣西南四十里。春秋襄十八年：「楚伐鄭，侵雍梁。」又襄三十年：「鄭伯有奔雍梁。」戰國策「楚圍韓雍氏」，即雍梁也。杜預曰：「陽翟東北有雍氏城。」今城接禹州界。

蔡水，在縣城東。自通許縣西流入境，又東南流入陳州界。

洧水，在縣西。自鄢陵縣流入境，又東南入西華縣界。宋志：「洧水自許田注鄢陵，東南歷扶溝合于蔡。」又潩水自臨潁歷鄢陵、扶溝亦合於蔡，蓋宋時導蔡河上流以通蔡處，亦謂之閔河。

桐丘亭。在縣西二十里。左傳莊二十八年：「楚侵鄭，鄭人將奔桐丘。」又哀二十七年：「晉荀瑶伐鄭，次於桐丘。」杜預曰：「許昌東北有桐丘。」是也。陳留風俗傳：「縣有白亭，楚封太子建之子勝爲白公，居此。」又有雎陵亭，即莊子所云「游于雎陵之樊」者。

中牟縣，在府城西七十里。西至鄭州七十里。春秋鄭邑，漢置縣，屬河南郡，高帝封功臣單父聖爲侯邑。晉屬滎陽郡，後魏省，尋復置。東魏初增置廣武郡治此。後周移縣治圃田。隋初郡廢，改縣曰内牟，屬鄭州。開皇十六年改曰郲城，大業初又改爲圃田縣，仍徙舊治。唐初復改中牟，并置牟州。貞觀初罷州，以縣屬管州，龍朔初改屬鄭州。五代梁屬開封府，唐復屬鄭州。宋仍屬開封。今編户三十七里。

中牟舊城，在縣東六里，縣舊治也。東漢初平二年朱儁謀討董卓，以河南殘破，東屯中牟，三年爲卓將李傕等所敗。唐乾符三年山東盗王僊芝等陷陽武攻鄭州，昭義將雷殷符屯中牟，破走之。明朝天順中徙今治。○清池廢縣，在縣西。寰宇記：「中牟有清陽亭。唐初置清池縣，屬管州，貞觀初廢。」

官渡城，在縣東北十二里。即中牟臺也，亦曰曹公臺。建安四年曹操、袁紹相持于官渡口。裴松之北征記：「中牟臺下臨汴水，是爲官渡，袁紹、曹操壘尚存焉。」晉永嘉初東海王越鎮許昌，以石勒寇掠兖州，遣苟晞等拒之于平原、陽平間，越出屯官渡，爲晞聲援。又縣西南有林亭，左傳宣元年「楚蔿賈救鄭，遇晉軍于北林」，即此。

牟山，縣北五里。縣南二十里有土山，又縣西南有馬陵。志云：陵綿亘五十餘里，或曰即故河隄也。

汴水，在縣南，又東流入開封城南。今淤。或曰在中牟故城北。唐中和四年李克用等敗黃巢於陳州，巢自陳趣汴至中牟，又自中牟逾汴而北，克用邀擊之於封丘是也。

官渡水，在縣北中牟臺下。鴻溝自滎陽下分二渠，一爲官渡水是也。圃田澤在其南，又北則爲黃河。胡氏謂官渡即黃河也，故袁、曹相距。沮授曰：「悠悠黃河，吾其濟乎？」按袁紹敗後，幅巾渡河，則黃河在官渡北矣。

氾水，在縣南。東北入官渡水，今涸。杜佑曰：「此爲東氾水。」左傳僖三十年「晉及秦圍鄭，晉軍函陵，秦軍氾南」，蓋此水之南也。又襄九年「晉會諸侯伐鄭，師于氾」，蓋亦東氾云。

刁馬河，在縣東南。舊通汴河。宋元豐五年范子淵等開清汴渠引洛入汴。既而汴水增漲，提舉司言：「京西四斗門，近京惟孔固斗門可以泄水入黃河，其孫賈斗門雖可泄水入廣濟，然下尾穿狹不能盡呑，惟於萬勝鎮舊減水河、汴河北岸修立斗門，淘舊河創開生河一道，下合刁馬河。」是也。今堙。

圃田澤，在縣西北七里。周職方：「豫州藪曰圃田。」史記：「魏公子無忌曰：『秦七攻魏，五入圃中，邊城盡拔。』」劉伯莊曰：「圃讀圃，即圃田澤。」中多産麻黃，詩所謂「東有甫草」也。東西五十里，南北二十六里，西限長城，東極官渡，高者可耕，窪者成匯。今爲澤者八，若東澤、西澤之類，爲陂者三十六，若大灰、小灰之類，其實一圃田澤耳。

五池溝，在縣西。亦曰五池口，今涸。曹魏嘉平二年司馬懿討王凌還，魏主使侍中韋誕勞軍於五池。宋張洎曰：「莨宕渠自滎陽五池口出注爲鴻溝。」是也。

王滿渡，在縣南。舊爲汴河所經津濟之處。唐中和四年李克用救汴州，自許州而北，追及黃巢於王滿渡，〔五〕乘其半濟，奮擊大敗之。唐書：「渡在中牟北。」

萬勝鎮，在圃田澤之北。亦曰萬勝寨。唐長慶二年宣武軍亂，命韓充爲宣武帥，充自滑州入境，軍於萬勝。光啓三年秦宗權將盧瑭軍萬勝，夾汴口爲梁，以絶汴州運路，朱全忠襲取之。後唐同光四年帝幸關東，至萬勝鎮，聞李嗣源入汴，遂還。宋景德二年開封府言：「萬勝鎮先置斗門以減河水，今汴河分注濁水入廣濟河，堙塞不利。」帝以斗門本泄京、索河，汎流入汴，不便壅塞，命高置斗門。胡氏曰：「萬勝鎮在中牟，東距大梁不過數十里。」○白沙鎮，在縣東三十七里。九域志：「縣有白沙鎮，與祥符縣接界。」

曲遇聚。在縣西。司馬彪郡國志中牟縣有曲遇聚。沛公破秦將楊熊于曲遇，熊走滎陽。又世家：「曹參自開封西擊楊熊軍于曲遇。」是也。曲遇讀曰裕容。

陽武縣，府西北九十里。北至衛輝府新鄉縣八十里。秦博浪沙地，漢置陽武縣，屬河南郡。晉屬滎陽郡，東魏屬廣武郡，北齊省。隋復置，屬鄭州，唐因之。五代時屬開封府。今編户五十四里。

博浪城，在縣東南五里。一名博浪沙亭，即張良令力士擊秦始皇處。司馬貞曰：「浚儀西北四十里有博浪城。」建安五年袁紹與曹操相距于官渡，紹軍陽武，依沙堆爲屯，東西數十里。沙堆，或曰即博浪沙。○北埭城，寰宇記：「在縣北十里。其地又有南埭城。」左傳襄五年「楚伐陳，諸侯會于城埭以救之」，即此二城也。杜預曰：「酸棗縣西南有埭城。」

黄河，舊在縣北，今在縣南。自原武縣流入境，又東入封丘縣界。

白溝。在縣東南三里，又東南入封丘縣界。水經注：「濟水經陽武故城南，又東爲白馬淵，泉流爲白溝。」或謂之白河。唐載初元年引汴水入白河，即此。今涸。

原武縣，在府西北百二十里。西南至鄭州六十里，北至衛輝府獲嘉縣百里。漢縣，屬河南郡。晉省。後魏復置，屬滎陽郡。東魏改屬廣武郡，北齊縣省。隋置原陵縣，後復曰原武。唐屬鄭州。宋熙寧中省入陽武縣，元祐初復置。金屬鄭州，元因之。明初改屬開封府。編户二十三里。

卷城，在縣西北七里。蘇秦説趙王曰：「據衛取淇、卷則齊必入朝秦。」秦昭襄王三十二年客卿胡傷攻魏卷，取之。又始皇二年麃公將卒攻卷。漢置縣，屬河南郡。建初二年帝幸偃師，東涉卷津。晉卷縣屬滎陽郡，後魏因之，北齊廢。水經注：「河水經卷縣北，又東至酸棗之延津。」二邑皆河津之要也。

垣雍城，在縣西北五里。春秋時爲鄭地，亦曰衡雍。僖二十八年晉文公敗楚于城濮，還至衡雍。又文八年魯公子遂會晉趙盾于衡雍。後爲垣雍，秦昭王四十八年韓獻垣雍以和。戰國策：魏王曰：「秦許我以垣雍。」魏公子無忌謂：「秦有鄭地得垣雍。」皆此也。城濮，見山東濮州。

安城，在縣東南二十里。志云：周所置城。史記魏世家：「昭王十三年秦拔我安城，兵至大梁而去。」括地志：「原武有安城。」史記：「信陵君謂魏安釐王：『通韓上黨，于共、甯，使道安城，出入賦之。』」謂此。明初置安城驛，正德中廢。共，見衛輝府，甯，見懷慶府修武縣。

長城，在縣西北。徐廣曰：「滎陽卷縣有長城，經陽武到密，六國魏所築。」竹書紀年「梁惠成王十二年龍賈帥師築長城于西邊」，蓋是時長城猶在河西，其後河西屬秦，因改築長城於此。

黑陽山，在縣北二十里，連陽武縣界，黄河經其下。洪武二十四年河決于此。又正統十三年河決滎澤縣東及黑陽山，由蒲經澶四百餘里，合黄河故道北入會通河。蒲、澶，見北直長垣縣及開州。

黄河，在縣北二十二里。自滎陽流入縣界，達於開封城北。水經注：「河水東經卷縣北。」春秋時晉、楚之戰，晉軍爭濟，舟中之指可掬；楚莊祀河，告成而還；皆是處也。隋大業十三年李密攻東都，遣徐世勣自原武濟河，取黎陽倉。

扈亭。在縣西北。春秋莊二十三年：「公會齊侯盟于扈。」又文七年：「晉趙盾與宋、衛、齊、鄭、曹、許諸侯盟於扈。」其後往往會盟於此，蓋其地在四方道里中也。竹書：「晉出公二十二年河絶于扈。」又有城修亭，或以爲修魚也。秦記：「惠文王後七年韓、魏、燕、齊率匈奴共攻秦，秦使樗里疾與戰於修魚。」

封丘縣，府北七十里。北至北直滑縣一百四十里。古封父國，左傳「賜封父之繁弱」是也。漢置封丘縣，屬陳留郡。後漢初平四年袁術屯封丘，曹操自堙城引兵擊走之。晉屬陳留國。大興三年祖逖遣其將韓潛屯于此，既而石勒遣石虎引兵南侵，城封丘而還。後魏仍屬陳留郡，北齊省。隋復置，屬滑州，唐屬汴州。今編户四十三里。

黑山，在縣北三里。後漢初平四年袁術引軍屯于黑山，曹操斷術糧道，術敗走，即此。

黄河，在縣南三十里。舊時沁河自山西沁源縣來，由陽武入縣界于家店，河水挾沁東決漕運，爲害甚烈。弘治中副使張鼐從于家店疏決故道，築隄以免泛濫之虞，至今賴之。

黃池，在縣西南七里，東西廣三里。春秋哀十三年：「公會晉侯、吴子于黃池。」薛瓚曰：「國語吴子掘深溝於商、魯之間，以會晉公午于黃池，正此地也。」杜預曰：「封丘縣南有黃亭及濟水。」史記：「韓昭侯二年宋取我黃池。」又魏世家「惠王十六年侵宋黃池，宋復取之」，即此。

濮渠，在縣西南。首受泲，東北流至縣，引以溉田，又東北流入北直開州界。

翟溝，在縣南八里。即白溝也，音轉爲翟。西接黃河支流，引瀆東入，環帶縈紆，澄澈如鑒。一名滌渠，亦曰湛渠。孟康曰：「春秋時宋敗長狄僑如於此，因名。」自陽武縣流入，又東南經祥符縣境。今涸。

桐牢亭，在縣北二里。韋昭曰：「古蟲牢，鄭地也。」春秋成五年：「公會晉侯同盟於蟲牢。」襄十八年：「楚侵鄭，至於蟲牢。」定八年：「晉士鞅會成桓公侵鄭，圍蟲牢。」今謂之桐渦。○長丘亭，在縣東。左傳：「宋敗狄於長丘。」史記：「宋武公獲長狄僑如處也。」

黃亭，杜預曰：「在縣南七里黃池之上。」又南三里有雲響亭。晉、吴之會，諸侯雲集響應，共築此城，因名雲響城。又有期城，在黃池旁，亦以諸侯相期於此而名。

中欒鎮。在縣南大河北岸，元人運道以此爲中頓。明初徐達下汴梁，駐軍中欒，然後率步騎入虎牢，既又規取河北，復自中欒渡河下衛輝是矣。縣西北一里又有周太祖營，相傳五代時郭威屯兵處。

延津縣，在府西北九十里。東北至衛輝府胙城縣四十五里。本鄭之廩延，秦置酸棗縣，漢屬陳留郡。晉因之。後魏併入小黄縣，後復置，屬東郡。北齊并入南燕縣。隋初復析置酸棗縣，屬滑州，大業初改入滎陽郡。唐復屬滑州。五代梁屬開封府。宋改延津縣。金置延州，尋廢，復爲延津縣。今編户二十七里。

酸棗城，縣北十五里。本鄭之廩延邑。左傳隱元年：「鄭叔段侵鄭，至於廩延。」亦曰酸棗，襄三十年：「鄭以伯有之亂，游吉奔晉，駟帶追之盟于酸棗。」戰國策：蘇秦曰：「魏北有河外、卷、衍、燕、酸棗。」史記：「魏文侯三十二年伐鄭，城酸棗，取鄭地而城之也。」秦始皇五年使蒙驁攻魏，拔酸棗。漢縣治此，武帝封廣川惠王子晏爲侯邑。後漢中平末，關東共起義兵討董卓，兖州刺史劉岱等與曹操屯酸棗。陳留志：「城内有韓王故宫闕，疑戰國韓嘗都此。」又縣東南二里有酸棗山，俗呼爲土山，黄河昔嘗遶其下。邑志云：山在縣西南五里。後唐同光三年治酸棗，遥隄以禦決河。周廣順二年河決酸棗，尋修塞之。

黄河，舊在縣北。成化十四年河決縣西之䢵村，泛濫七十餘里。十五年徙流縣南入封丘縣界。

濮水，在縣北。今涸。水經注「濮水自酸棗首受河而東北注，經燕城南」，蓋與封丘之濮渠異源而同流也。詳見山東濮州。燕城，見胙城縣。今黄河遷決，濮水絶流也。

延津，杜預曰：「酸棗縣北有延津。」水經注：「河水又東北，通謂之延津。」後漢初平二年董卓入關，袁紹自河南還軍延津。建安五年曹操以袁紹攻白馬，引兵趣救，荀攸曰：「今兵少不敵，公到延津，若將渡兵向其後者，紹必西應之，然後以輕兵襲白馬，掩其不備。」從之。既敗紹軍，引還。紹渡河追至延津南，操勒兵駐營南阪下，及戰，大破紹軍。晉延和四年石勒破劉曜，途出于此，以河冰泮爲神靈之助，號靈昌津。志云：唐衛州新鄉縣有延津關，蓋在延津北岸。」曹操救東郡太守劉延於白馬，至延津，蓋在延津南岸。今詳見北直滑縣。

烏巢澤，在縣東南。三國志：「許攸謂曹操曰：『袁氏輜重在故市、烏巢。』操遂出奇兵攻燒之，紹因此敗亡。」今故市城在鄭州北三十五里。水經注：「濟瀆又東經酸棗縣之烏巢澤北，澤有故亭。」

香臺關。在縣北，地名沙門鎮，有巡簡司。

蘭陽縣，府東北九十里。北至北直長垣縣七十里。秦東明鎮地，漢東昏縣地，屬陳留郡。三國魏廢縣爲鎮。宋初復置東明縣，金析東明六鄉置今縣，取其首鄉曰蘭陽以名，屬曹州。元屬汴梁路。今編户三十八里。

東昏城，縣東北二十里。故户牖鄉也。春秋哀十三年：「黄池之會，吴囚子服景伯以還，及户牖歸之。」秦屬陽武縣。陳平，陽武户牖人也，漢因封爲户牖侯。後置東昏縣，相傳秦始皇東遊至此，昏霧四塞不能進，因名。有秦臺廢址存焉。○韓陵城，在縣東北五十里。志云：元時徙縣治此。又縣東南八里有流渠城，舊亦爲縣治，以渠水所逕而名，日久漸塞。

濟陽城，縣東五十里。春秋宋地，戰國屬魏。蘇代曰：「決白馬之口，魏無黄、濟陽。」竹書紀年：「梁惠成王三十年城濟陽。」秦二世二年章邯等擊滅魏咎于濟陽。漢爲濟陽縣，屬陳留郡，景帝中六年封梁孝王子明爲濟川王。應劭曰：「即濟陽縣也。」昭帝元平初，昌邑王初徵至濟陽，求長鳴鷄。又元帝永光三年立子康爲濟陽王。建昭五年徙王山陽，縣仍屬陳留。後漢紀「光武生于濟陽宫，光明照室」，蓋縣有武帝時東巡故宫。晉亦屬陳留國，劉宋元嘉五年，徐州刺史王仲德攻魏濟陽及陳留。又後魏延和二年置徐州于此，皇興初州廢，孝昌中改屬陽夏郡。隋屬曹州。

唐初省入冤句縣，武德四年復置濟陽縣，屬杞州，貞觀初復廢。宋爲濟陽鎮。冤句，見山東曹州。

白雲山，在縣西十里。山下有張良洞。山東南即張城山，周圍三里，厥勢如城。又縣東北二十里爲東岡頭，有岡頭鋪，達儀封縣十五里而近。

黄河，今在縣北十五里，又東入儀封縣境。舊志云：縣北二十里有賈魯河，元賈魯所開。又三十里爲馬蹄河，舊名清河，秦始皇東遊飲馬於此，因更名也。其下流俱入黄河，水勢汹湧，嘉靖間特于縣東北十里開李景高河以殺水勢。萬曆十七年河決李景高口，入睢、陳故道，尋塞。

巴河。縣南六里。自陳留縣流入，又東入儀封縣境。

儀封縣，府東北百五十里。東至山東曹縣百二十里。春秋時衛邑，漢爲東昏縣地，唐、宋爲考城縣地。金爲考城縣之東安堡，元置今縣，屬睢州。明初改今屬。編户二十一里。

儀封城，在縣北十七里，相傳儀封人請見孔子處。元於此置縣。明初圮於河，因遷今所。一統志：「儀城在蘭陽西北二十里，亦爲儀封鄉。」

黄陵岡，縣東北五十里，接山東曹縣界。金末蒙古圍汴，金主守緒以糧援俱絶，遂東巡，次黄陵岡，謀入開州是也。亦曰黄陵渡，元末察罕謀復汴梁，使舟師出汴東略曹南，據黄陵渡，即此。詳見山東曹縣。又有青陵岡，在縣北十五里。

黄河，在縣北二十里。自蘭陽縣流入境，又東入睢州界。志云：縣境有賈魯舊河，自黄陵岡南經曹縣梁進口，下通歸德丁家道口。弘治中劉大夏嘗浚此以殺決河之勢，今廢。梁進口亦曰梁靖口，由黄陵岡至梁靖口凡八十餘里。

巴河。在縣南八里。自蘭陽縣流入界，東南經杞縣東北之烏岡而達于睢州境。○黄渡湖，舊志：在縣北堌陽鄉，周圍六十餘里，蓋大河所溢也。

新鄭縣，在府西南二百二十里。西南至禹州九十里。古有熊地，黄帝都焉。周封黄帝後於此爲鄶國。春秋時爲鄭武公之國，曰新鄭，以别於京兆之鄭也。秦爲潁川郡地，漢置新鄭縣，屬河南郡。晉省縣而城如故。永嘉末滎陽太守李矩保聚於此。劉宋復置縣，屬滎陽郡，後魏省。隋復置，屬鄭州，王世充置溱州。唐州廢，縣仍屬鄭州。宋因之。金、元屬鈞州，明朝萬曆初始改今屬。編户二十九里。

鄭城，古鄭城，在縣西北。相傳鄭武公始都此，其城有渠門、皇門及郫門、師之梁等門。春秋桓十四年："宋人以諸侯伐鄭，焚渠門入及大逵。"宣十二年："楚克鄭，入其皇門。"襄十年："晉以諸侯之師伐鄭，門于郫門、師之梁及北門。"二十六年："楚伐鄭，門于師之梁。"三十年："鄭盟國人于師之梁之外，以子皙、伯有之亂也。"昭七年："公如楚，鄭伯勞于師之梁。"又有墓門。詩："墓門有梅。"襄三十年："鄭伯有自墓門之瀆入。"杜預曰："墓門，鄭城門。"又純門，或曰西門也。襄十八年："楚伐鄭，門于純門。"又時門，鄭南門也。昭十九年："鄭大水，龍鬭于時門之外洧淵。"又哀二十七年："晉知伯伐鄭，入南里，門于桔秩之門。"桔秩之門，蓋亦鄭南門矣。又有閨門。昭元年："鄭爲游楚之亂，大夫罕虎、公孫僑、公孫段、印段、游吉、駟帶私盟于閨門之外，實薰隧。"杜預曰："閨門，鄭城門。薰隧，門外道名。"或曰：閨門，鄭内宫北門，如後世所謂複道云。

苑陵城，在縣東北三十八里。秦邑，漢初樊噲攻苑陵，先登。後置苑陵縣，屬河南郡。晉屬滎陽郡，後魏屬陳留郡，東魏天平初屬廣武郡。四年魏大都督宇文貴進據潁川，敗東魏兵，東魏將任祥退保苑陵。隋開皇十六年省苑陵入新鄭。唐初復置，屬洧州，貞觀初廢。

華城，在縣東南三十里。亦曰華陽亭，古華國。史伯謂鄭桓公：「華，君之土也。」赧王四十二年趙、魏伐韓華陽，秦昭王使白起救韓，敗魏軍于華陽之下，走芒卯，即此。括地志：「華陽城在鄭州管城縣南四十里。」

制城，在苑陵城東。左傳成十六年「晉以諸侯之師伐鄭，諸侯之師次鄭西，遷于制田」，即此。杜預曰：「苑陵縣東有制澤。」又焦城，在苑陵東北。竹書紀年：「梁惠成王十六年秦公孫壯伐鄭，圍焦城。」

林鄉城，在縣東二十五里。杜預曰「苑陵縣東南有林鄉」，蓋鄭地。左傳宣元年：「諸侯會于棐林以伐鄭。」又襄三十年：「衛襄公如楚過鄭，鄭伯有迋勞于棐林。」〔六〕或謂之北林。戰國策：蘇代曰：「兵困于林中。」信陵君曰：「自林鄉軍以至於今，秦七攻魏。」是也。又有白鴈陂，在長社東北、林鄉西南。晉太和四年桓温伐燕，前鋒鄧遐、朱序敗燕兵於林渚，即白鴈陂矣。宋志：「許、鄭間有白鴈溝，下流合於蔡河。」

大騩山，今名具茨山，在縣西南四十里，溱水出焉。山海經：大騩之山，其陰多鐵。班志河南密縣有大騩山。山蓋與密縣接界也。東魏主善見元象初，侯景攻廣州，聞魏救將至，別將盧勇請進觀形勢，以百騎敗魏軍於大騩山，廣州遂降。時州蓋治於襄城。○大山，在縣西二十五里。一名自然山，黄水出焉。

陘山，在縣南三十里。左傳隱十一年：「周以陘田與鄭。」僖四年：「齊伐楚，次于陘。」戰國策：蘇秦説韓曰：「南有陘山。」説楚曰：「北有陘塞。」又史記：「魏襄王十六年伐楚，敗之陘山。」又秦攻陘，使人馳南陽之地。徐廣曰：「陘，山絶之名。」今自陘山而西南，達於襄、鄧，皆羣山綿亘，故昔以陘山爲南北之險塞。○函陵，在縣北十三里。左傳僖三十三年「晉侯、秦伯圍鄭，晉軍函陵，秦軍氾南」，即此函陵也。

溱水，在縣北。源出密縣境，一名潧水，東北流至縣界與洧水合。詩「溱與洧方涣涣兮」，國語「主芣騩而食溱、洧」。芣騩即大騩山也。

洧水，在縣南。源出登封縣陽城山。水經注：「洧水出密縣西南馬嶺山，即陽城山也。經密縣而東流入縣境，會溱水爲雙泊河，又東經長葛至西華縣入潁水。」左傳襄元年：「晉帥諸侯之師伐鄭入其郛，敗其徒兵于洧上。」又十一年：「諸侯圍鄭，觀兵於南門，西濟於濟隧。」或曰濟隧即洧隧之訛也。又襄二十六年：「楚伐鄭，涉于樂氏，門於師之梁。」樂氏亦洧津名。又有洧淵。昭十九年鄭大水，龍鬭於時門之外洧淵是也。

潩水，出縣西南大騩山，南流經長葛縣西，又南至許州城北，又南至臨潁縣界而合潁水。

黄水，在城東南二十里。源出大山，下流與洧水合。左傳襄二十八年：「如楚過鄭，鄭伯有廷勞於黄崖。」杜預曰：「黄崖以黄水而名。」水經注：「黄水出大山之黄泉，東南流經華城西。」

棘澤，在縣東南。襄二十四年楚伐鄭，門于東門，次于棘澤。

瑣侯亭，在苑陵城西。亦曰瑣澤。左傳成十二年：「公會晉侯、衛侯于瑣澤。」又襄十一年：「諸侯伐鄭，會於北林，師於向右，還次於瑣。」是也。向，見尉氏縣。

韓王壘，在縣西南。相傳戰國時舊址。晉建興末劉聰使劉暢攻滎陽太守李矩於新鄭，屯韓王故壘，相去七里，矩襲擊之，暢敗遁。今堙。

永新驛。在縣治西。又有新鄭遞運所。

附見

宣武衛。在府城内。洪武六年置，轄左、右、中、前、後五千户所。〔七〕

陳州，在府東南二百六十五里。東至南直亳州二百里，南至汝寧府二百里，西至許州二百一十里。

古庖犧氏所都，曰太昊之墟，周初封舜後嬀滿於此，爲陳國。楚滅陳，頃襄王自郢徙此。秦屬潁川郡，陳勝於此自立爲張楚。漢置淮揚國，治陳縣，更始初封張卬爲淮陽王。後漢章和二年改爲陳國。晉屬梁國。劉宋置陳郡，後魏因之，東魏又置北揚州，俱治項縣。北齊改爲信州，以百姓守信不附侯景，故名。後周改曰陳州。隋廢陳郡，改縣曰宛丘。大業初改州爲淮陽郡。唐復爲陳州，亦曰淮陽郡。貞元中忠武節度治此。五代晉開運二年置鎮安軍，周因之。宋仍曰陳州，宣和初陞爲淮寧府。寰宇記：「陳州城枕蔡水，周迴三十里。」金復爲陳州，元因之，明初以附郭宛丘縣省入。編户六十二里。領縣四。

州控蔡、潁之郊，綰汴、宋之道，淮、泗有事，順流東指，此其經營之所也。漢賈誼欲以淮陽禁吳、楚，魏司馬懿以陳、許圖東南。唐以淮西多故，特置重鎮於此，與汴、洛相爲唇齒。中和、光啓之間，黄巢、秦宗權亟攻陳州，而卒不能陷也。又其地原隰沃衍，水流津通，汲黯守淮陽益修陂塘以溉民田，賈逵爲豫州刺史通運渠二百餘里，鄧艾又爲廣漕渠，屯田積穀於潁、陳間，誠有意於富强，前軌詎不足問歟？詳見前大川潁水。

宛丘廢縣，今州治。漢置陳縣，爲淮陽國治。後漢爲陳國治。晉屬梁國，劉宋并入項縣爲陳郡治。隋改置宛丘縣，爲陳州治，唐、宋因之，明初省。今州城周七里有奇。

長平城，州西六十里。秦始皇六年蒙驁攻魏，拔長平。漢置縣，屬汝南郡，武帝封衛青爲侯邑。後漢屬陳國。晉屬梁國，興寧初燕慕容塵攻陳留太守袁披于長平。後魏仍屬陳郡，北齊省。今爲長平鄉。杜預曰：「長平東南有辰亭。」春秋宣十一年「楚子、陳侯、鄭伯盟于辰陵」，即此。志云：長平城在今西華縣東南十八里。

臨蔡城，州東北三十里。〔八〕隋開皇初析宛丘縣置，大業初廢。又新平廢縣，亦在州東北。唐初置，屬陳州，貞觀初廢。

犖城，在州西北。王隱曰：「犖北有谷水。」春秋僖元年：「公會齊、宋、鄭、曹及邾人于檉。」杜預曰：「陳縣西北有檉城。」檉即犖也。谷水上承澇陂，亦曰勞城。又有華城，在犖城南，謂之東華城。水經注：「州城南郭内有一城曰淮陽城，子産所置，高帝因以名侯國。」

宛丘，在州城南三里。高二丈。爾雅：「陳有宛丘。」詩所稱「宛丘之上，宛丘之下」者也。又州城内東北隅有池，即詩所謂「東門之池」者。○硯丘，在州東南四十里，高五丈。相傳楚王滅陳，于此醮會，因名醮丘，訛爲硯丘。

杏岡，在州西北。元至元三年亂民焚陳州，屯於杏岡，即此。

潁水，在州南五十里。源出登封縣陽乾山，流經禹州、臨潁、襄城、許州及西華、商水而達州界，下流至鳳陽府壽州西北入于淮。詳見大川。

黄河，志云：在州南三十里。西接汴水，東至項城合潁以至於淮，蓋嘉靖中黄河南決之道也。今涸。

百尺溝，在城東，本沙水也。水經注：「沙水自鄢陵城西北經州東而爲百尺溝。溝水東南流，谷水自陳城南注之。其水上承滂陂，陂在陳城西北。百尺溝東南流注潁，謂之交口。」水次有大堰，即古百尺堰。曹魏嘉平三年王凌謀舉兵壽春討司馬懿，懿發軍襲凌，自水道掩至百尺堨是矣。亦名八丈溝。宋會要：「熙寧二年遣大理丞陳世修經度陳、潁州八丈溝故迹。初，世修言：『陳州項城縣界蔡河東岸有八丈溝，或斷或續，迤邐東去，由潁及壽，綿亘三百五十餘里。乞因故道濬治，興復大江、次河、射虎、流龍、百尺等陂塘灌溉，數百里内復爲稻田。』王安石以蔡河今賴以通漕，不能如鄧艾時并水東下，功未可就，乃詔先行相度，議遂阻。元祐四年知陳州胡宗愈言：『本州地勢卑下，夏秋之間許、蔡、汝、鄧、西京及開封諸處大雨，則諸河之水並由陳州沙河、蔡水同入潁河，不能容受，故境内瀦爲陂澤。今沙河合入潁河處有古八丈溝，可以開濬，分決蔡河之水，自爲一支，由潁、壽界直入於淮，則沙河之水雖甚汹湧，不能壅遏矣。』詔可。功既成，謂之新河。政和初知陳州霍端友又言：『陳地汙下，久雨則積潦害稼，比疏新河八百里，而去淮尚遠，水不時洩。請益開二百里，起西華，循宛丘入項城以達於淮。』從之。」今皆堙廢。

陳陀溝，在州北十里。世傳陳公子陀所開，上承安仁溝流入州郭。又城西南十五里有五梁溝，上承洧水，東流入谷水溝。有五橋，因名。其水會處有籠口之稱。今與賈侯渠、陳陀溝合爲城濠。

賈侯渠，在城西。水經注：「後漢賈逵爲豫州刺史所開運渠也，或謂之淮陽渠。」又州南有廣漕渠，水經注以爲鄧艾所開。又翟王渠，在州東。唐趙翊爲忠武節度使，按鄧艾故蹟決翟王渠溉稻以利農是也。今皆堙廢。

厄臺，在州城南，本弩臺也。後漢書：「陳敬王曾孫寵善弩射，黄巾賊起，出軍都亭，國人畏服，不敢叛，此其弩臺。」唐開元中移孔子廟於臺上，俗謂之厄臺，以孔子在陳絶糧也。又州南二十里有貯糧臺，相傳漢高祖築，北臨蔡水。

故陽里，在州北。唐中和四年黄巢攻陳州，李克用會諸道軍擊之，巢兵屢敗，退屯故陽里，陳州之圍始解。

固陵聚，州西北四十三里。漢王追項羽于固陵，韓信、彭越之兵不會，即此聚也。

思陵戍。在州西北二十里。劉宋元嘉三年謝晦以荆州叛，魏遣將王慧龍援之，拔思陵戍，進圍項城，聞晦敗乃退。

商水縣，在州西南九十里。西北至西華縣九十里。漢汝陽縣地，屬汝南郡。隋置溵水縣，屬陳州。唐建中二年隸溵州，興元初仍隸陳州。〔九〕宋改商水縣，元末徙治南頓縣，今因之。編户十四里。

溵水舊城，在縣西三十里。隋開皇十六年置縣，屬陳州。唐貞元十五年詔夏州帥韓全義統諸道軍討淮西叛帥吴少誠，全義屢敗，退保溵水，少誠進兵迫之，遂走陳州。元和十二年淮西兵寇溵水鎮，殺三將，焚芻粟而去。廣明初黄巢掠淮南，迤邐渡淮，詔河南諸道發兵屯溵水以拒之。中和三年黄巢攻陳州，悉衆屯溵水，既而感化帥時溥赴援，亦軍於溵水，皆此處。

南頓城，即今縣治。春秋時頓子國。或曰古頓城在今縣北三十里，頓子迫于陳而奔楚，自頓南徙，故曰南頓。史記：「楚昭王二十一年滅頓。」漢置縣，屬汝南郡。光武父欽令此，曰南頓君。後漢亦曰南頓縣。建武十九年幸南頓。曹魏正元二年毌丘儉討司馬師，舉兵壽春，渡淮西據項。王基言於司馬師曰：「南頓有大邸閣，計足軍人四十日糧，宜速進據之。保堅城，因積穀，先人有奪人之心，此平賊之要也。」師猶豫，基曰：「彼得亦利，我得亦利者，是爲争地南頓是也。」遂進據之，卒敗儉。晉初仍屬汝南郡，惠帝時置南頓郡。永嘉五年石勒攻殺新蔡王確於南頓，進拔許昌。劉宋及後魏亦曰南頓郡。梁大通二年豫州刺史夏侯亶圍魏南頓，攻陳、項，魏源子恭拒却之。大同初元慶和攻東魏南頓，爲豫州刺史堯雄所破。北齊郡廢，改縣曰和城，屬信州。隋屬陳州，大業初復爲南頓縣。唐初省入項城縣，證聖初復析置光武縣，以縣有光武鄉也。景雲初復曰南頓，仍屬陳州。後因之，元末改置商水縣於此。○和城廢縣，在縣西。晉南渡後置縣，屬南頓郡。〔一〇〕劉宋、後魏因之。北齊廢入南頓縣，而改南頓爲和城。

汝陽城，在縣西北。漢曰女陽縣，屬汝南郡。後漢曰汝陽。曹魏正元二年司馬師擊毌丘儉于項城，師屯汝陽，即此。東晉置汝陽郡，後魏因之，後齊郡廢，隋并廢縣入溵水。

博陽城，縣東北四十里。漢縣，屬汝南郡，宣帝封丙吉爲侯邑。王莽更名樂嘉，東漢廢。魏正元中兖州刺史鄧艾擊毌丘儉於項城，進至樂嘉，作浮橋于潁水上以待司馬師，師遂自汝陽潛兵就艾于樂嘉是也。志云：今縣北有鄧城，蓋鄧艾屯田時所築者。

扶蘇城，縣東南十二里。陳涉起兵自稱公子扶蘇，從人望也。隋末越王侗因於此置扶蘇縣，唐武德初廢。貞元末刺史曲環夾河築月城以備李希烈。志云：月城在縣東北二十里，與扶蘇城相對，互爲犄角。

廣利原，在故㶏水縣南。唐貞元十六年夏州帥韓全義爲招討使，將諸道兵，與淮西叛帥吴少誠戰于此，軍潰退保五樓。

潁水，在城北三十里。水經注：「潁水過汝陽縣北，又東南過南頓縣，㶏水注之。」是也。

㶏水，在縣北。亦曰大㶏水，自許州郾城縣流入境，至縣東二十里而合㶏水，上有㶏橋。毌丘儉軍項城，王基請司馬師速據南頓，累請乃聽，進據㶏水，既而師亦次于㶏橋。㶏即㶏也。○穀水，志云：出縣西召陵岡，流經項城縣界。或謂之谷水，下流合于潁水。

北池湖，志云：在縣北十五里。匯上游諸水而成，方四十里，又東合於潁水。○驛馬溝，在縣西南十里。相傳孫叔敖所鑿，以溝水湍急而名，屈曲六十里入於潁水。

時曲，在縣西南五十里。唐元和十年李光顔敗淮西兵於時曲，胡三省曰：「即洄曲也。」㶏水于此洄曲，故名洄曲。今見郾城縣。

凌雲柵，在故㶏水縣西南，當郾城之東北。〔二〕唐元和中蔡人立柵于此，以凌雲爲名。其旁又有石、越等柵。元和十一年李光顔等屢破淮西兵于凌雲柵，尋拔之，又進拔石、越二柵。

章華臺，在縣西北三里。楚襄王保陳時所築。又乾溪臺，亦在縣西北三里。相傳即楚靈王所築。又有叢臺，在縣北二十里。陳州圖經：故楚時有嘉禾叢生，故名。

五樓。在故㶏水縣西南。唐貞元十六年韓全義爲淮西兵所敗，退保于此。既而淮西復進攻之，全義敗保㶏水。

西華縣，州西北九十里。北至府二百里，南至汝寧府上蔡縣百十里。漢縣，屬汝南郡，光武封鄧晨爲侯國。光和末，皇甫嵩破黄巾賊彭脱于西華。晉初省，後復置，屬潁川郡，元魏屬陳郡。隋初改爲鴻溝縣，大業初復曰西華，屬淮陽郡。唐改箕城縣，貞觀初省。長壽初復置，改曰武城。神龍初復曰箕城，景雲初又改爲西華，仍屬陳州。宋因之，元廢，明初復置，屬陳州。〔三〕今編户二十六里。

媯城，在縣西，女媯氏所都也。城側有陂，魏鄧艾營稻陂時柳舒爲陂長，後人因目爲柳城。志云：今縣東北十五里有北柳城，縣東南三十里有南柳城，皆以柳舒而名。

閻倉城，在縣西南。左傳昭二十年：「宋華向之亂，公子城、公孫忌出奔鄭，其徒與華氏戰于鬼閻。」杜預曰：「長平西北有閻亭。」曹魏築城置倉於此，因改今名。又夏亭城，在縣境。寰宇記：「城去縣三十里，春秋時陳大夫夏御叔之封邑。」

潁水，在縣城北。東南流入商水界，洧水自扶溝縣東南流合焉。○鄧門陂，在縣西。唐神龍中縣令張餘慶因廢陂復開，引潁水溉田，蓋以鄧艾故址而名。

長社關。縣南六十里，有巡簡司。又有凉馬臺，在縣西北十里，相傳鄧艾所築。

項城縣，州南百二十里。東至南直太和縣百二十里，東北至歸德府鹿邑縣百三十里。古項子國，漢置項縣，屬汝南郡。晉屬陳國，後屬梁國。後魏屬陳郡，東魏置北揚州及秣陵縣，梁太清初改置溵州。北齊爲信州治，後周爲陳州治，隋始改爲項城縣，屬陳州。唐初置沈州於此，貞觀初州廢，縣屬陳州。宋因之，元初省入商水縣，後復置。今編户七里。

秣陵廢縣，春秋時爲項國，僖十七年滅項是也。後爲楚地。項氏世爲楚將，封于項，即此。漢爲項縣治，曹魏因之。正元二年毌丘儉等起兵討司馬師，西之項。甘露二年司馬昭奉車駕擊諸葛誕于壽春，至項。晉咸寧五年伐吳，以賈充節度諸軍，荆州平，命充自襄陽移屯項。尋爲豫州治。太元八年苻秦大舉入寇，堅發長安，至項城。義熙十二年劉裕伐秦，前鋒檀道濟入秦境，秦徐州刺史姚掌以項城降。宋永初三年魏將叔孫建自平原濟河徇青、兗，豫州刺史劉粹遣高道瑾據項城。景平元年魏人來寇，劉粹復遣將姚聳夫助守項城。元嘉二十七年魏復南寇，拔項城。泰始三年魏拓拔石自懸瓠攻汝陰不克，退屯陳項，時陳郡治項城也。梁大同初元慶和攻東魏城父，高歡遣高敖曹拒之于項。太清初侯景以北揚州歸梁，改爲殷州，命羊思達爲刺史。明年景爲東魏所敗，思達棄項城走還。隋志：「項城縣，東魏置揚州，兼置丹陽郡及秣陵縣，開皇初郡廢，改秣陵爲項城縣，十六年又分置沈州於此，大業初州廢。」唐仍屬陳州，中和三年陳州刺史趙犨襲擊黃巢將孟楷於項城，擒斬之是也。

公路城，在縣東潁水側。袁術所築，故以術字名城。又縣北一里有互鄉城，志云：即論語所謂「互鄉難與言」者。亦曰合鄉。唐中和四年蔡州賊秦宗權攻朱全忠于宣武，天平帥朱瑄救之，敗宗權于合鄉，即此。

潁水，在縣東。自陳州流入，又東入沈丘縣界。

溵水，在縣西七十里，接商水縣界，即合潁之口也。唐元和十一年置淮潁轉運使，揚子院米自淮陰泝淮入潁，至項城入溵，輸于郾城以餽討淮西諸軍，即此處也。

項關，在縣西北五十里。晉永嘉五年劉聰遣王彌、劉曜等陷洛陽，彌與曜有隙，自洛陽東屯項關是也。今名南頓關，有巡司。

丁村集，在縣東三十里。又東四十里有直溝，俗名前河，至鳳陽潁州水路二百二十里，正德中賊劉六、劉七等嘗出没於此。

光武臺。在縣西北二十里。光武幸南頓時所築。志云：縣南四十七里有秦丘，苻堅南侵時嘗屯此，因名。

沈丘縣，在州東南百十里。東至南直潁州百二十里，北至南直太和縣八十里。古沈子國。春秋定四年：「蔡人滅沈。」漢爲寢縣地，隋末置沈州于此。唐州廢，神龍初置沈丘縣，屬潁州。宋因之。元末察罕敗汝陰賊於此。明初縣廢，弘治十年復置。編户六里。

養城，在縣東北。春秋時楚邑。昭三十年吴二公子掩餘、燭庸奔楚，楚使居養，取城父胡田以與之，蓋其地近今亳、潁二州界。又碑城在縣東北四十五里，魏鄧艾屯田置戍處也。今城址猶存。

武丘，在縣東六十里。本名丘頭。水經注：「丘頭南枕潁水。」魏嘉平三年司馬懿擊王凌于壽春，至丘頭，凌面縛請降，因稱武丘。甘露二年諸葛誕據壽春，討司馬昭，昭督諸軍進屯丘頭。胡氏云：「是役也，昭改丘頭爲武丘，以旌武功」云。又太和五年桓温攻叛將袁瑾于壽春，慕容燕遣兵救瑾，温遣竺瑶破燕兵于武丘，即此。

沈丘，在縣南百步。或曰即寢丘也。楚昭王封孫叔敖子于寢丘，秦始皇二十二年蒙恬破楚軍于寢丘，皆此地云。

潁水，在縣城東北五里，流入南直潁州界。志云：縣西南十里有小汝河，自汝水分流，經縣北入于潁水。○流鞍河，在縣東北二十里。志云：自項城縣西接百尺溝，經縣境至南直潁州西二十里而入于潁河。

界首關。縣東五十里。今有巡司。又沈亭在縣東五里，舊臨潁水。亭南有阜陽城，今郪亭也。其旁又有青陽館，相傳漢光武嘗駐蹕于此。○乳香臺，在縣東五十里。志云：潁水自項城縣趙家渡流入境，又東經乳香臺下。

附見

陳州衛。在府城内。洪武初置，轄左、右、中、前、後五千户所。〔三〕

許州，在府西南二百二十里。西至河南府三百三十里，南至汝寧府二百六十里，北至鄭州二百八十里。

春秋時許國，戰國爲韓、魏二國境。秦屬潁川郡，治陽翟縣。漢初爲韓國地，尋屬潁川郡，東漢末獻帝都許。曹魏曰許都，晉爲潁川郡，治許昌，其後移治長社。後魏因之。東魏天平初置潁州，武定七年改曰鄭州。移治潁陰。後周曰許州。隋初廢潁川郡，大業初復改許州爲潁川郡。唐復曰許州，亦爲潁川郡。元和中爲忠武軍治。五代梁爲匡國軍治，唐復曰忠武軍。宋仍曰許州，亦爲忠武軍、許昌郡。元豐三年升爲潁昌府。金復爲許州、昌武軍。元亦曰許州，屬河南路。明初改今屬，以州治長社縣省入。編户四十八里。領縣四。

州西控汝、洛，東引淮、泗，舟車輻集，轉輸易通，原野寬平，耕屯有賴。曹操挾天子於此，北并幽、冀，南抗吴、蜀。説者曰：自天下而言河南爲適中之地，自河南而言許州又適中之地也。北限大河曾無潰溢之患，西控虎牢不乏山谿之阻，南通蔡、鄧實包淮、漢之防，許亦形勝之區矣。豈惟土田沃衍，人民殷阜，足稱地利乎？宋史志：「許州長社繞州郭有隄塘百八十里，唐節度使高瑀立以溉田。」

長社廢縣，今州治。漢潁陰縣地，屬潁川郡，東魏武定七年移潁州及潁川郡治潁陰，改曰鄭州，復置長社縣爲州、郡治。高齊以潁陰縣并入。隋開皇初改縣曰潁川，仍爲許州治。唐復曰長社，自唐以後許州皆治此。明初省縣入州。今州城周九里有奇。

許昌城，在州東三十里。秦許縣，屬潁川郡。陳勝將伍逢軍於此，章邯擊破之。漢仍曰許縣，後漢章帝封馬光爲侯邑，建安元年獻帝都此。曹丕黄初二年改曰許昌，爲五都之一，歲嘗臨幸，每伐吴命司馬懿留鎮于此。明帝叡太和六年如許昌，治許昌宫，起景福、承光等殿，後亦數臨駐焉。晉爲潁川郡治，永嘉末屢爲石勒所攻陷。既而荀組建行臺于此，大興初勒遣兵逼許昌，組南走。太寧三年許昌没于石勒，永和七年始歸于晉。明年降將張遇復以許昌叛歸苻秦，尋復克之。既又没于燕，秦滅燕，屬于秦。太元九年復歸于晉，隆安中陷于姚秦。義熙十二年劉裕伐秦，前鋒檀道濟克秦許昌，獲潁川太守姚垣是也。宋景平初爲魏所陷，潁川太守李元德復襲取之。既而魏將周幾復陷許昌，毁其城以立封疆而還。泰始四年豫州刺史劉勔敗魏兵於許昌。東魏天平初始分潁川置許昌郡，北齊郡廢。隋屬許州，唐因之。五代唐諱昌，改曰許田縣。宋熙寧四年省入長社，爲許田鎮。

㶏彊城，在州西南。漢縣，屬汝南郡，光武封堅鐔爲侯邑。晉省。隋開皇十六年置陶城縣，大業初復爲㶏彊縣，屬潁川郡。唐初屬許州，貞觀初廢。

洧倉城，在許昌故城東，即洧水之邸閣也。水經注：「洧水過長社縣，分一支東流過許昌，又東入汶倉城内。」俗以洧水爲汶水，故亦曰汶倉。東漢建安中棗祗建議屯田，募人屯許下，得穀百萬斛，此其倉城也。晉永嘉末石勒敗東海王越將何倫于此，宗室四十八王皆没於勒。

桐丘城，在州東北。左傳莊二十八年：「楚侵鄭，諸侯救鄭，楚師夜遁，鄭人將奔桐丘，諜告曰：『楚幕有烏。』乃止。」杜預曰：「許昌縣東北有桐丘城。」又魯城，在州西南。左傳隱八年：「鄭請以泰山之祊易許田而祀周公。」後置邑于此，因曰魯城。其旁又有剛城，或曰秦封蔡澤爲剛城君，即此。

潁水，在州西四十里。郡國志：「潁水下流合洧水，亦兼洧之稱。」水上有誠橋。晉永和八年謝尚等攻叛將張遇于許昌，苻健使苻雄等救之，尚與戰於潁水之誠橋，敗績。地記：「許昌有誠橋。」

潩水，在州北二里。自長葛縣流入，又南經臨潁縣而合於潁。一名魯固河，又名清流河。又州西七里有石梁河，自禹州流入境，東南入臨潁縣界，亦合于潁水。

濁澤，在州西。水經注：「皇陂水出胡城西北。胡城，潁陰之狐人亭也，亦曰胡宗鄉。皇陂，古長社之濁澤。」史記：「齊田和會諸侯于濁澤，求爲諸侯。又齊威王敗魏于濁澤，圍魏，魏請獻觀以和。」韓世家：「宣惠王十六年秦敗我修魚，虜將鰒申差于濁澤。」晉永康二年趙王倫簒位，王盛等聚衆于濁澤謀討倫，爲倫將管襲所敗，即此。觀，今山東觀城縣。

東湖，在州東二十五里。湖本二，合爲一，潩水經其中，多菱芡魚蝦之利。元時設提領官主辦歲課。

岸亭。在州東北二十八里。亦曰岸門，今名長武亭。括地志：「戰國時秦人敗韓于岸門，即此處也。」似悮。〇石固鎮，州西北五十里，西通密縣諸山，商賈輳集處。又許州驛，〔四〕在州治西南。明初置。

臨潁縣，在州南六十里。西南至襄城縣六十里，東南至郾城縣六十里。漢縣，屬潁川郡，以在潁水之上，故名。晉及後魏因之。隋屬許州，唐建中二年屬溵州，貞元初仍屬許州。今編户二十四里。

臨潁故城，在今縣西北十五里。孔穎達曰：「鄭莊公遷其母于城潁，即臨潁也。」漢縣亦治此。宋白曰：「隋大業四年移縣理臨潁臯，寔岡阜也，即今治也。」郡國志：「臨潁臯東南長五十里，名曰龍牌岡。」嵩高記：「嵩山東南三百里有龍牌，沃壤可居，今縣治據其上。」貞元十四年淮西吳少誠遣兵略臨潁，陳許留後上官涚遣軍趣救，敗没，少誠遂圍許州。元和十年陳許帥李光顔敗淮西兵於臨潁，又敗之於南頓。

繁昌城，在縣西北三十里。舊曰繁陽亭，漢獻帝延康元年曹丕南巡至潁川潁陰縣，築壇于曲蠡之繁陽亭受禪，改亭爲繁昌縣，屬汝南郡。晉屬襄城郡，後魏因之。隋屬許州。唐貞觀初省入臨潁，宋爲繁城鎮。述征記：「繁昌在許南七十里，有臺高七丈，方五十步；南有臺高二丈，方三十步，即魏受終壇。」又有城臯亭，在舊繁昌縣界。左傳定四年：「諸侯盟於臯鼬。」杜預曰：「繁昌縣東南城臯亭是也。」

大陵城，在縣北三十里，縣東三十里又有黄連城，相傳皆曹魏時築。○豢龍城，郡國志：「在縣西四十里。」水經注：「潁水東過豢龍城，即古豢龍氏之邑。」城西有拒陵岡。又城冢記：「縣東北有商城，商高宗巡狩時所築。」

潁水，在縣城西。自襄城縣界流入。水經注：「潁水至臨潁，小㶏水注之，又東過西華縣北，又南過汝陽縣北，又東南過南頓縣北，大㶏水從西來注之。」○㶏水，在縣北。自許州南流至縣合于潁，宋時分流自鄢陵扶溝合於蔡水。

小㶏水，在縣西南。以郾城南有大㶏水也，東流合於潁水。唐貞元十五年諸道軍討淮西吴少誠，潰於小㶏水。元和十年李光顔等敗淮西兵于小㶏水。又十二年諸鎮討淮西，夾㶏水而軍，無敢渡者，陳許將王沛先渡，據要地爲城，于是諸軍皆渡，敗賊于郾城。又中和四年朱全忠擊秦宗權，敗之于㶏水，即小㶏水也。水經注：「小㶏水自潁分支，復入潁水。」又毖水，在縣西十里，或曰小㶏水之支流也。唐元和十年李光顔及吴元濟戰于臨潁，敗之于毖水上。

棗祇河，在縣北二十里，潁河之支流也。曹魏初棗祇募民屯田許下，引流以溉，得穀數百萬斛，後人因以名河。或謂之棗村河。○泥河，在縣西南四十里，一名瑪瑙河，自襄城界流入；又有石梁河，在縣北三十里，自許州界流入：舊俱入潁，今涸流而東南注於決河。

灌溝，在縣西二十里。北接潁水，南接泥河，南北二口俱有陡門，亦曹魏時引水溉田處。

尚書臺，在縣東南四十里。漢馬融嘗讀書其上，因名。唐高宗于此閲武，更名講武臺。

小商橋。在縣南小㶏水上。宋紹興十年岳飛大敗金人于郾城，兀朮次于臨潁，飛將楊再興遇之於小商橋，驟與戰，敗之。○臨潁驛，今在縣治西。明初置。

襄城縣，在州西南九十里。西至汝州之郟縣百十里，西南至裕州葉縣六十里。春秋鄭汜地，漢置縣，屬潁川郡。晉置襄城郡，後魏于此置南廣州及襄城郡，東魏曰廣州。後周亦置廣州於此，又改爲汝州。隋初州廢，大業初郡廢。唐初復置汝州，貞觀初州廢，以縣屬許州，開元四年改屬僊州，尋復舊，天寶七載又改屬汝州。宋因之。金屬許州。今編户三十二里。

汜城，在今縣城南。春秋鄭汜地，謂之南汜。左傳僖二十四年："王適鄭，處汜。"成七年："楚子重伐鄭，師于汜。"又襄二十六年："楚伐鄭，涉於汜而歸。"杜預曰："於汜城下涉汝水南歸也。"又昭五年："楚子使令尹子蕩如晉逆女，過鄭，鄭伯勞諸汜。"史記："晉成公十五年伐鄭，取汜。"後屬魏，以周襄王避狄難出居此，故謂之襄城。魏昭王元年秦拔我襄城。後屬楚。懷王二十九年秦取楚襄城。秦爲襄城縣，屬潁川郡，二世二年項梁使項羽别攻襄城是也。漢亦置縣於此。晉爲襄城郡治。後魏置廣州，東魏天平十三年入于西魏，尋復取之。明年西魏將趙剛復拔廣州，旋棄不守。武定五年侯景以河南州郡歸西魏，西魏荆州刺史王思政引兵屯襄城，欲以長社爲行臺。崔猷曰："襄城控帶京、洛，實當今要地，如有動静，易相應接。潁川既臨寇境，又無山川之固，賊若潛來，徑至城下。莫若頓兵襄城，爲行臺之所。潁川置州，遣良將鎮守，則表裏膠固，人心易安。"思政不從，卒致覆敗。唐建中四年，淮西叛帥李希烈作亂，進據許州，官軍進討，相持于襄城，尋以糧盡引還，襄城陷而賊勢益熾，蓋縣爲控扼要地也。

汾丘城，在縣東北。左傳襄十七年："楚伐鄭，治兵于汾。"戰國策："楚北有汾陘之塞。"史記："秦昭王四十三年攻韓汾陘，拔之。"蓋與新鄭陘山，俱爲南北隘道，楚嘗於此爲塞以禦北方。

西不羹城，在縣東南。楚别都也。左傳昭十一年："楚大城陳、蔡、不羹。"羹音郎。不羹有二，此其一也。又縣東北有襄亭。漢光武徇襄城，傅俊以亭長出迎，拜爲校尉，即此。○論城，在縣東北，魏武行營也。中有論事臺。志曰：縣北四十里有閻寨，即古閻鄉，舊傳周襄王屯戍之所。又五里爲鄭莊公城，春秋楚伐鄭，莊公出師境上與楚相拒處。

首山，在縣南五里。史記：申公曰：「天下名山八，三在夷狄，五在中國，皆黄帝所遊。」首山其一也，或以爲即此山。首山者，縣西諸山迤邐直接嵩、華，而實起於此，故名。山上有聖泉。又紫雲山，在縣西南二十里。上有廟塔，俗呼半截塔，乃襄、郟二縣之界。

白草原，在縣東二十五里。唐元和十二年裴度督征淮西，軍行過白草原，淮西以輕騎要度，鎮將曹華擊却之。

潁水，在縣東北。一名渚河，東入臨潁縣界。又瑪瑙河，在縣北二十里，東北流達臨潁縣而入潁水。

汝河，在縣南。自南陽裕州之葉縣流入，有河堰在汝河之南，壘石爲岸，長五里，勢甚險峻，汲者若梯而達，又東達郾城縣境而入汝寧府上蔡縣界。○蛟龍池，在縣北七十里，祝穆以爲鄭之洧淵也。

潁橋鎮。在縣北十五里。唐建中四年哥舒曜討李希烈，自襄城進兵至潁橋，遇大雨，還保襄城，即此。○襄城驛，在縣治西，襄城遞運所亦置於此。

郾城縣，在州南百二十里。南至汝寧府西平縣六十里。古郾子國，漢置郾縣，屬潁川郡。晉因之。後魏置潁川郡于此，北齊改置臨潁郡。隋郡廢，尋置道州，改縣曰郾城。後又廢道州，以縣屬許州。唐初復置道州，貞觀初州廢，以縣屬豫州。建中二年於縣置溵州，尋廢，以縣屬許州。今編户二十五里。

溵州城，今縣治。古郾國，戰國屬魏。史記：「楚昭陽伐魏取郾。」漢爲郾縣治。更始封尹尊爲郾王，建武二年賈復擊郾，尊降。唐建中二年置溵州治焉，兼領臨潁及陳州之溵水縣。舊唐書：「郾城本治溵水南，開元十一年因大水移治溵水北。元和十二年平淮蔡，高承簡爲溵州刺史，開屯田，列防庸，瀕溵綿地二百里無復水患，皆爲腴田。長慶元年州廢。」○司州城，在縣西北二十五里。寰宇記：「劉宋元嘉中改汝南爲司州，蓋治於此。隋開皇十六年置道州治焉。」志云：今縣西南五里又有道州城。

召陵城，縣東四十五里。春秋僖四年：「齊、楚盟於召陵。」昭十四年：「楚子使屈罷簡東國之兵於召陵。」定四年：「諸侯會於召陵，謀伐楚也。」史記：「秦惠王後十四年伐楚，取召陵。」漢置縣，屬汝南郡。東漢光和末黄巾賊敗汝南太守趙謙于召陵。晉屬潁川郡。劉宋永初三年魏人南侵，司州刺史毛德祖遣長社令王法政戍邵陵是也。後魏仍屬潁川郡，隋大業初省。又有陘亭，在其南。志云：即齊伐楚次於陘者。

鄧襄城，在縣東南三十五里。亦曰鄧城。春秋桓二年：「蔡侯、鄭伯會于鄧。」又昭十三年：「楚蔡公、子干、子晳盟于鄧。」戰國時楚懷王伐秦，敗于藍田，韓、魏聞之，南襲楚至鄧。又秦昭襄十六年司馬錯取鄧，封公子悝于鄧。此鄧城也。

征羌城，在縣東南。後漢初置縣，屬汝南郡。來歙封征羌侯，邑於此。志云：光武以歙征羌有功，因築城以寵之。晉省，後魏復置，屬汝陽郡。高齊廢。

青陵城，縣西南三十里，唐時淮西叛帥所置。元和十二年李光顔討吴元濟，度溵水圍青陵，以絶郾城歸路，郾城遂降。○葛伯城，在縣南，相傳古葛伯國也。唐元和十二年宣武軍奏克蔡州古葛伯城，即此。志云：縣西五十里有裴城，裴度伐蔡時所築。

大溵水，在城南，以臨潁有小溵水也。自裕州葉縣境流入，至陳州商水縣而入於潁。水經注：「汝水支分爲大㶏水。」

洄曲，在縣東三十里。唐元和中討吳元濟，降將李祐言於李愬曰：「蔡之精兵皆在洄曲。」是也。洄曲者，縣有蔡水在城東南五里，即汝水也，源自汝州魯山縣來，亦曰汝河；又有澧河從裕州舞陽縣來，經縣南境，至縣東漯灣渡北流合汝河，又東南流，其處謂之洄曲也。吳元濟以重兵委董重質守洄曲，拒郾城之兵，即此。

討虜渠，在縣東五十里。曹魏黃初六年幸召陵，通討虜渠，謀伐吳也。

沱口鎮，在縣東南二十里。又南七里曰五溝，與洄曲接境。或訛爲鮑口。北魏永平初懸瓠降于梁，魏主命邢巒擊之。巒兼行至鮑口，叛將白皂生離城二百里逆戰，巒擊敗之，長驅至懸瓠是也。唐元和十二年裴度討淮西，屯郾城，觀築連城於沱口，賊將董重質率騎兵出五溝邀擊，李光顔等力戰却之，且扼其溝中歸路，賊衆大敗。連城，一作「赫連城」。

賈店。在縣東南十餘里。唐元和十二年李光顔等討吳元濟，與淮西兵戰於賈店，敗績。

長葛縣，在州北五十里。春秋鄭地。隱五年宋人伐鄭，圍長葛。又曰繻葛。漢爲潁川郡長社縣地，隋開皇六年置長葛縣，屬許州。今編户三十五里。

長社故城，在縣西一里。應劭曰：「宋之長葛也，其社中樹暴長，因更名長社。」戰國時屬魏，秦昭襄三十三年取魏長社。後漢建武八年以潁川盜賊初定，留寇恂于長社鎮撫吏民。光和末皇甫嵩大破黄巾賊于長社。建安十三年曹操使張遼屯長社。晉潁川郡初治許昌，後移治長社。宋元嘉二十七年豫州部將梁坦出上蔡向長社，魏荆州刺史魯爽棄城走，坦因進攻虎牢。二十九年時魯爽降宋，宋遣爽等自汝南向許、洛，爽取長社，進敗魏兵于大索。東魏天平初爲潁州治。四年潁州附魏，東魏將任祥等來攻，宇文泰遣宇文貴等赴救，至陽翟，東魏軍已去潁川三十里，貴等疾馳據潁川，大破東魏兵。九域志：「陽翟在長社西北九十里。」是也。武定五年侯景以郡降西魏，魏將王思政鎮守，東魏攻圍，踰年始陷。以城多崩頽，因移郡治潁陰縣。

長箱城，即今城。十六國春秋：「東魏武定五年清河王岳率衆圍西魏將王思政于潁川，築此。初以車箱爲樓，因名長箱城，俗亦呼長平城。」○東西兩城在縣東北五里，相去各一里。左傳隱十一年「鄭伯使許大夫百里奉許叔以居許東偏，又使鄭大夫公孫獲處許西偏」，或以爲即此兩城也。又鳳凰城，在縣之北張保。寰宇記：「漢黄霸治潁川，有鳳凰集此，因名。」城周三里有奇。

洧水，在縣北三里，自新鄭縣流入境。西魏大統十五年王思政守潁川，東魏人攻之，踰年不能陷。劉豐生建策堰洧水灌城，城中泉湧，懸釜而炊，自長社以北皆爲陂澤，城卒不下。高澄自將來攻，督衆作堰，既而大風從西北起，吹水入城，城壞。今一名雙濟河。○潩水，在縣西。從新鄭縣流入境，又南入許州境。

狼溝。在縣東。水經注：「洧水又東南與龍淵水合，水出長社縣西北，有故溝，上承洧水，水盛則通注龍淵，淵水清潔澄深。」寰宇記曰：「即狼溝也。」左傳文九年：「楚伐鄭，師于狼淵。」杜預曰：「潁陰縣西有狼陂。」

禹州，在府西南三百二十里。西北至河南府二百八十六里，西至汝州二百二十里，東至許州九十里，東南至汝寧府三百七十里。

夏禹初封此。汲冢周書：「禹都陽城，後居陽翟。」春秋時鄭櫟邑也，戰國屬韓，自新鄭徙都此。秦置潁川郡，戰國策：游滕謂向壽：「公何不以秦爲韓，求潁川于楚，此韓之寄地也。」潁川之名，蓋不始于秦。漢初封韓王信於此，後仍爲潁川郡。晉屬河南郡，徙潁川郡治許昌。後魏因之，又嘗置潁州於此。景明三年魯陽蠻魯北鷰等起兵潁州，即此。東魏興和初置陽翟郡，隋廢郡，仍屬伊州，大業初屬襄城郡。唐初屬嵩州，後屬許州。宋屬潁昌府。金置潁順州，尋改爲鈞州。僞齊劉豫置潁順軍，金大定二十二年改爲州，二十四年又改鈞州，以州有鈞臺也。明初因之，以陽翟縣省入，萬曆三年避御諱改曰禹州。編户七十六里。領縣一。

州控汴、洛之郊，通汝、潁之道，潁謂許州。山川盤紆，形勢險固，一旦有警，此腹心之患也。若其根抵淮、泗，憑依襄、鄧，縱横北向，鴻溝不能限，成皋不足恃矣。戰國時韓都陽翟，以角羣雄。漢初高祖封韓王信於此，既而以信壯武，潁川北近鞏、洛，南迫宛、葉，東有淮陽，皆天下勁兵處也，乃徙封信於太原。其後蒙古攻金人於河南，先陷鈞州，而汴遂不可守。

陽翟城，今州治。本春秋時鄭之櫟邑。左傳桓十五年：「鄭伯突入于櫟，自櫟侵鄭。」莊十年：「王室亂，鄭伯以王歸處于櫟。」僖二十四年：「狄伐鄭，取櫟。」宣十一年：「楚伐鄭及櫟。」又昭元年「楚公子圍使公子黑肱城櫟」，蓋是時櫟已屬楚。史記：「秦景公十五年救鄭，敗晉兵于櫟。」後改爲陽翟，戰國初入于韓，韓景侯自平陽徙都此。鄭世家：「繻公二十三年圍韓之陽翟。」既而韓滅鄭，都新鄭，後復自新鄭徙都焉。秦置陽翟縣，爲潁川郡治。二世三年沛公拔潁川，令韓王成留守陽翟。後仍爲潁川郡治。後漢光和七年皇甫嵩等破黄巾賊波才于陽翟。建安十三年曹操使樂進屯陽翟。晉屬河南郡。大興三年郭誦保陽翟，石勒將石生屢攻之，不能克。東魏置陽翟郡于此。隋屬伊州。唐初屬嵩州，貞觀初改屬許州，顯慶二年改屬洛州，開元二十六年仍屬許州。宋因之。金爲鈞州治，明初省。今州城周九里有奇。

潁陰城，州東南四十里潁水北。漢縣，屬潁川郡，高祖封灌嬰爲侯邑。有灌臺，今日思故臺。更始二年封宗佻爲潁陰王。建安十三年曹操使于禁屯潁陰，曹魏典農都尉治焉。魏明帝封侍中辛毗爲侯邑。晉亦曰潁陰縣，仍屬潁川郡。永康二年趙王倫篡逆，齊王冏起兵許昌討倫。倫遣其黨張泓等拒冏，進據陽翟。冏軍潁陰，泓乘勝濟潁攻冏營。後魏仍爲潁陰縣，屬潁川郡。東魏武定七年改潁州曰鄭州，移治潁陰，復置長社縣，潁陰并入焉。○黄臺城，在州東北四里。有黄臺岡。東魏興和元年分陽翟置縣，屬陽翟郡，隋大業初廢。

康城，在州西北三十里。水經注：「潁水又東歷康城南，夏少康故邑也。」魏明帝封尚書衛臻爲康鄉侯，邑於此。晉太寧二年石勒將石生攻郭誦於陽翟，爲誦所敗，退保康城。後魏孝昌中置康城縣，屬陽城郡，隋仁壽四年廢入陽城縣。大業末李密起兵于滎陽、梁郡間，敗隋兵于密，西至康城，説下數城是也。唐武德三年復置康城縣，屬嵩州，貞觀三年省。今爲安康里。

上棘城，在州南。左傳襄十八年：「楚師伐鄭，城上棘，遂涉潁。」是也。又州西南有高氏亭。左傳成十七年：「衞侵鄭，至高氏。」○小韓城，在州西北三十里。戰國韓哀侯所築。史記正義：「景侯自新鄭徙居此。」

三峰山，在州西南二十里。上有三峰，亦曰三封嶺，有泉謂之㵐水。其西五里有黃榆店。宋紹定四年蒙古兵自唐州趣汴，金將完顏合達等自鄧州赴援，至黃榆店，雨雪不能進，又前至三峰山，皆飢困，爲蒙古所敗。○禹山，在州城北潁水之南。又州東北有官山，蒙古敗金兵于三峰山，追獲其將移剌蒲阿，殺之於此。

荆山，在州西北五十里。洛陽記：「齊武帝於此採玉。」又州西五十里有三磴山，其山上下俱有龍潭。又六盤山，在州北十五里。○七女岡，在州東北三十里，下有七女泉，流至長葛入洧。又州西北潁水上有竹林，蒙古敗金人于三峰山，金將武僊遁入竹林中，走密縣。

潁水，在州北二里。自河南府登封縣流入，經三峰山及禹山之北，東入許州界。或謂之沙河，蒙古敗金人於沙河，即州西之潁水矣。○馬跑泉，在州東北四十里。世傳漢光武駐兵於此，乏水，馬跑泉湧，因名。

鈞臺。在今州城北門外。左傳昭四年：楚椒舉曰：「夏啓有鈞臺之享。」杜預曰：「陽翟縣南有鈞臺陂。」魏收云：「陽翟有鈞臺陂，陂方十里。」○清潁古驛，在州城東。又城北一里有禹州遞運所。

密縣，在州西北百二十里。北至滎陽縣八十里，西至河南府登封縣八十五里。古密國，亦鄶國地。漢置密縣，屬河南郡。晉屬滎陽郡，後魏因之。後周屬滎州，隋屬鄭州。唐初于縣置密州，尋廢州，以縣屬鄭州，後屬河南府。宋屬鄭州，尋屬河南府。金屬鄭州，元改今屬。編户二十七里。

密城，在縣東南三十里。即春秋之新城。左傳僖六年：「諸侯伐鄭，圍新密，以鄭城不時也。」漢縣治此。晉永嘉五年洛陽陷，司空荀藩等建行臺于密。既而秦王業自洛陽南奔密，藩等奉之南走許昌。隋大業間始移治法橋堡，即今治。○曲粱城，在縣東北。後魏分密縣地置曲粱縣，屬滎陽郡，東魏屬廣武郡，北齊廢。

鄶城，在縣東北五十里。周鄶國也，詩有鄶風。國語：史伯曰：「鄶仲恃險。」謂此。平王時鄭武公滅鄶而并其地。左傳僖三十三年：「鄭葬其公子瑕于鄶城之下。」杜預曰：「城在密縣東北。」

横山，在縣西三十餘里。有二山，一大一小，東西對峙，横而不斷。○雲瓏山，在縣北三十里。一名侵雲山。其西南又有承雲山，東南有石樓山，山皆高峻。

龍巖山，縣西北二十五里。起伏連延，其勢如龍。又香峪山，在縣西北五十里。志云：縣西北又有蘭巖山，與汜水接界，峭拔千丈。

洧水，在縣南十五里。自河南府登封縣流入縣境。又溱水，亦曰鄶水，出古鄶城西北雞絡塢下，東南流至新鄭縣而合洧水。○石粱河，出縣西南山谷中，經禹州北境達許州臨潁縣而合潁水。

眉山店。在縣東。宋紹定五年蒙古逼汴京，金將武僊自宛、鄧入援，至縣東眉山店敗還。眉應作「梅」。

附見

禹州守禦千户所。在州城内。洪武初置鈞州所，直隸都司，萬曆初改禹州所。

鄭州，在府城西一百四十里。南至陳州二百八十里，西至河南府二百六十里，北至懷慶府獲嘉縣界黄河中九十六里。

州在上古爲高辛氏火正祝融之墟，周初封管叔於此。又爲虢、鄶之地，鄭武公從平王東遷，滅兩國而有其地，韓滅鄭又徙都之。秦屬三川郡，漢屬河南郡，晉分置滎陽郡。後魏嘗爲東恒農郡，尋復曰滎陽郡，東魏因之。後周置滎州，尋改鄭州。舊志云：俱治成皋。隋置管州，大業初復曰鄭州，又爲滎陽郡。俱治管城縣。王世充復置管州，移鄭州於汜水縣。九域志：「王世充置溱州於此，移置管州於中牟縣。」唐亦曰鄭州，武德四年於武牢縣置，貞觀七年移治管城。天寶初曰滎陽郡，乾元初復爲鄭州。宋因之，亦曰奉寧軍，熙寧五年州廢，屬開封府，元豐八年復置。金、元仍舊。明朝亦爲鄭州，以附郭管城縣省入。編户三十六里。領縣四。

州雄峙中樞，控禦險要。史伯謂鄭桓公：「子男之國，虢、鄶爲大，虢叔恃勢，鄶仲恃險。若克二邑，鄔、蔽、補、丹、依、[日柔]、歷、莘，八邑名。君之土也。若前莘後河，右洛左濟，主芣、騩讀浮隗。而食溱、洧，可以少固。」范睢説秦昭王：「王下兵而攻滎陽，則鞏、成皋之路不通。」張儀曰：「從鄭至梁不過百里。」魏公子無忌謂魏王：「秦有鄭地與大梁鄰，王以爲安乎？」漢十二年詔陳平、灌嬰將十萬衆屯滎陽。故滎陽在今滎澤縣西南十七里，帝以天下新定，恐易世之際人心動摇，故以信臣重兵屯南北之衝。景帝三年吴、楚七國反，周亞夫曰：「吾據滎陽，滎陽以東無足憂者。」呂氏曰：「滎陽、成皋自春秋以來嘗爲天下重鎮。由秦而上，晉、楚於此争霸；由秦而下，楚、漢於此分雄；後之有事者，未嘗不睥睨此地而決成敗焉。」

管城廢縣，即州治。管叔封於此。春秋時鄭地。左傳宣十二年：「楚伐鄭，晉人救鄭，楚軍次于管以待之。」後爲韓地。戰國策：「秦攻韓之管。」又韓非子：「魏安釐王攻韓，拔管，使縮高守管，信陵君攻之不下。」漢爲中牟縣地，晉因之。隆安二年鄧啓方等將兵擊慕容德於管城，敗還。隋開皇十六年始析置管城縣，又置管州治焉。唐武德四年亦置管州，貞觀元年州廢，縣屬鄭州，七年移鄭州治此。宋因之，明初省。今州城周九里有奇。

衍氏城，在州北三十里，與原武縣故卷城相近。蘇秦謂魏北有卷、衍。史記魏世家：「景湣王五年秦拔我衍。又秦始皇九年楊端和伐魏，取衍氏。」曹參世家：「柱天侯反於衍氏，參破取之。」是也。○武疆城，在州東三十一里。曹參擊項羽，破衍氏，還攻武疆城，即此。

故市城，州北三十五里。漢縣，屬河南郡，高祖封功臣閻澤赤爲侯國。建安五年曹操將徐晃擊袁紹，燒其輜重處也。晉廢。

邲城，在州東六里。左傳宣十二年「晉荀林父帥師與楚子重戰于邲」，即此。○祭城，在州東北十五里。周公第五子所封，後并于鄭。成四年，晉伐鄭取氾、祭。氾在中牟南，祭即祭城，氾、祭蓋二邑也。○莘城，郡國志：「在州東。」國語：「史伯對鄭桓公所云『依、㖊、歷、莘』者，此即莘邑矣。」

梅山，在州西南三十五里。春秋襄十八年「楚蔿子逢率師侵鄭，右迴梅山，侵鄭東北」，即此。

鄭水，在州東二十五里。源出梅山，京、索二水自滎陽而東合于鄭水，又東北至中牟縣，溉田千餘頃，其餘水下入于汴。亦名即不家水。水經注：「不家溝水流經管城西，俗謂之管水。」

須水，在州西。自滎陽廢京城流入境，合于索水。久涸。明朝正德八年以河患，河臣趙璜于州西鑿須水河，又于滎澤西鑿分水河以分河流，俱導入孫家渡決河以紓河患，尋淤。

大、小回湖，在州東三十里。二河相連，下達中牟縣，迤邐入黃河。又僕射陂，在州東南四里。元魏文帝賜僕射李衝，因名。唐天寶六載更名廣仁池。

萬歲亭。在州東。後漢建安中曹操表封荀彧萬歲亭侯，即此。○管城驛，在州城西南。城南又有鄭州遞運所。

滎陽縣，在州西七十里。至府城二百里。古東虢國地，漢置滎陽縣，屬河南郡。晉置滎陽郡，北齊改郡曰成皐。隋初郡廢，縣屬鄭州。唐因之，武后天授二年分置武泰縣，屬洛州，尋又并入滎陽，而改滎陽爲武泰，神龍初復故。宋仍屬鄭州。今編户二十三里。

滎陽城，在縣北。括地志：「在今滎澤縣西南十七里。」殷之敖地也，亦曰隞。周曰北制，在敖山之陽。戰國時韓曰滎陽。史記：「韓宣惠王二十四年秦拔我成皐、滎陽。」秦二世元年陳涉以吴廣爲假王，監諸將西擊滎陽，李由爲三川守，守滎陽，弗能克。既而章邯擊破涉將李歸等於滎陽下。漢二年，漢王敗于彭城，收散卒至滎陽，軍復振，敗楚軍于滎陽東。既而項王圍滎陽，拔之。三年，漢軍圍鍾離眛于滎陽。吕后八年，后崩，齊哀王起兵誅諸吕，灌嬰軍滎陽，與諸侯連和，以待吕氏之變。文帝三年幸太原，濟北王興居反，發兵欲襲滎陽，詔祁侯繒賀爲將軍，屯滎陽。景帝三年七國反，以竇嬰爲大將軍，屯滎陽，監齊、趙兵。周亞夫將兵擊吴、楚，會兵滎陽。後漢初年二年曹操自酸棗引兵西，將據成皐，進至滎陽汴水。晉永興二年東海王越等共起兵討河間王顒于關中，時范陽王虓鎮許昌，進兵滎陽。既而虓爲豫州刺史劉喬所敗，走河北，顒使其將李朗等屯滎陽，尋復敗散。永嘉末石勒攻滎陽，太守李矩擊却之。太寧三年没于石勒，咸和三年劉曜圍金墉，勒會軍滎陽，前救金墉。永和末滎陽復歸于晉，隆和初爲燕所陷。太和五年秦王猛取洛陽，燕慕容臧自石門進屯滎陽，猛遣將梁成等擊走之。自後燕至姚秦，皆爲重地。義熙十三年劉裕伐秦取滎陽，其後没于後魏。梁大通三年陳慶之送元顥北還，魏遣楊昱鎮滎陽，慶之攻拔之；東魏天平四年滎陽郡降西魏，尋復取之；隋大業九年楊玄感圍東都，分遣其將韓世咢圍滎陽；皆故滎陽城也。隋末移治大索城，五代時始移于今治。

京城，縣東南三十里。春秋時鄭邑，莊公封弟叔段于京。漢二年與楚戰滎陽南京、索間，蒯通曰「楚人起彭城，轉鬬至滎陽，威震天下，然兵困于京、索間，迫西山而不敢進」，謂此也。尋置縣，屬河南郡。建武初宗室劉茂聚衆京、密間，自稱厭新將軍，遣將擊降之。晉屬滎陽郡，後魏因之，後齊省入滎陽縣。○大索城，在故京城西二十里，東北四里爲小索城。春秋昭五年：「晉韓起如楚送女，鄭子皮勞諸索氏。」是也。宋元嘉二十九年魯爽破魏將拓跋僕蘭于大索，進攻虎牢。水經注：「東晉滎陽民張卓、董邁等保此，名爲大柵塢。」太平真君中潁州刺史崔白自虎牢移州治此，後還治滎陽，改州爲滎陽郡，城遂廢。京相璠曰：「京縣有大索、小索亭，昔索氏兄弟居此，故有大小之稱。」括地志：「今滎陽縣即大索城，小索故城在縣北四里。」元和志亦云。

垂隴城，在縣東。春秋文二年：「晉士縠會諸侯盟于垂隴。」又襄二十七年：「鄭伯享趙孟於垂隴。」京相璠曰：「在滎陽東二十里，世謂之都尉城。」曹魏典農都尉治此，故名。又東二十里有釐城。春秋「公會鄭伯於時來」，即釐也，亦曰郲。

宅陽城，縣東十七里。戰國魏惠王五年，與韓會於宅陽。史記：「趙、魏合攻秦，不利於宅陽。」又魏冉走魏將芒卯，入於北宅，即宅陽也。竹書記年：「晉出公六年齊、鄭伐衛，荀瑤城宅陽。又惠王三十三年，王及鄭釐侯盟于巫沙，以釋宅陽之圍。」水經注：「滎陽澤際有沙城，即巫沙。」

平桃城，在縣東北二十里馬淵。郡國志：「縣有虢亭，俗謂之平咷城。」魏孝文太和十九年自滑臺舍石濟西還洛陽，太子恂出迎於平桃城是也。咷亦作「桃」。石濟見衛輝府胙城縣。

須水城，在縣東三十里。唐初置須水縣，屬管州，以須水自此入京水而名。貞觀初并入鄭州管城縣。宋曰須水鎮。

嵩渚山，在縣東南二十五里。一名小陘山，俗亦名周山，水經注以爲黃堆山也，京、索二水出焉。其西又有萬山，須水出焉；又有賈峪山，賈峪河出焉；二水下流皆入於京、索。

靈源山，在縣治西。山多靈秀。又西有檀山，山多檀木，水經注謂之檀山罡。趙世家：「成侯二十年魏獻滎陽，〔二五〕以爲檀臺罡也。」

黃河，在縣北二十五里。自汜水縣流入境，又東入河陰縣界。

京水，源出嵩渚山，經鄭州西南十五里東北入鄭水。五代唐天成二年自滎陽至京水，遂入大梁。又蒙古圍汴，金主召鄧州守將完顔思烈入援，至京水兵潰。水經注：「黃水發原京縣之黃堆，東南流，俗名祝龍泉，世謂之京水也。」

○須水，在縣東。或曰源亦出嵩渚山，經故京城東南流入鄭州。

索水，亦出嵩渚山，北流入京水。水經注：「索水即旃然水。」春秋襄十八年：「楚伐鄭，右師涉潁，次於旃然。」寰宇記：「京水在縣東二十二里，索水在縣南三十五里。」後唐同光二年詔蔡州刺史朱勍浚索水通漕。宋人每浚京、索二水以爲金水河之源。

鴻溝，通典：「在縣南，楚、漢分境處。」史記河渠書：「於東方則通鴻溝、江、淮之間。」應劭曰：「鴻溝在滎陽縣東南二十里。」水經注：「尉氏有鴻溝鄉、鴻溝亭，睢陽東有鴻口亭，蕭縣西又有鴻溝亭，蘇秦所云南有鴻溝者非歟？然則楚、漢所分特就滎陽東西言之耳。」方輿紀勝：「鴻溝在河陰縣東北，接廣武山，與滎澤連。」

馮池，在縣西，東北流歷河陰縣敖山南。水經注：「池水經滎陽縣北斷山，東北注于濟，世謂之礫石澗，亦謂之礫溪。」司馬貞曰「戰國時韓有宛馮之劍」，蓋宛人鑄劍于馮池而名。

金隄關。在縣東北。章懷太子賢曰：「汴自滎陽首受河，所謂石門在滎陽山北一里，過汴而東，積石爲隄，謂之金隄。成帝陽嘉中所作也。」按漢文十三年河決酸棗，東潰金隄。金隄非始于成帝時矣。胡氏曰：「河隄自汴口以東，緣河積石爲堰，通河古口咸曰金隄，金隄關蓋因隄以名。」隋大業十二年李密説翟讓取滎陽，於是破金隄關，攻滎陽，諸縣多下之，即此。又縣東北四十里有大海寺，李密與隋將張須陀戰，伏兵于大海寺北林間，須陀戰死處也。

金隄關蓋在金河陰縣東。

滎澤縣，在州北五十里。北至衛輝府新鄉縣百里，西南至汜水縣四十五里。〔一六〕漢滎陽縣地，晉屬滎陽郡，隋開皇四年置廣武縣，仁壽初改爲滎澤縣，屬鄭州。唐因之。宋熙寧中省入管城，元祐中復舊。元屬汴梁路，明初改屬鄭州。今編户十六里。

王宮城，在縣西北十五里。左傳僖二十八年：「晉文公敗楚于城濮，還至衡雍，作王宮于踐土。」今故城内東北隅有踐土臺。宋白曰：「滎陽故城在今縣南十七里平原上，索水經其東，即項羽圍漢王處。」

黄河，在縣北三里。自河陰縣流入境，又東入原武縣界。又有孫家渡，在縣東南五十里。明朝正統十三年大河決滎陽，尋自孫家渡決而南，全河遂南徙，久之始塞。弘治七年河決封丘，河南撫臣徐恪議以「孫家渡經朱僊鎮下至項城南，舊決河餘流猶未盡湮，疏而浚之，使由淮入泗，可以殺上流之勢」，從之。自是屢開屢塞，萬曆十八年復築隄以固塞口云。

滎澤。在縣治南。今縣本滎澤地。禹貢：「濟水入于河，溢爲滎。」又曰：「滎波既瀦。」春秋閔二年：「衛侯及狄人戰于滎澤。」杜氏曰：「戰處當在河北，非此滎澤也。」又宣十二年「楚潘黨逐晉魏錡及滎澤」，即此矣。鄭玄曰：「自平帝以後滎澤塞爲平地，滎陽人猶謂其地曰滎播。」史記波亦作「播」。京相璠曰：「滎澤在滎陽東南與濟隧合。春秋襄十一年『諸侯圍鄭，觀兵于南門，西濟于濟隧』，即此。」恐悮，蓋春秋時濟水或經鄭西城也。

河陰縣，在州西北五十里。西南至滎陽縣三十里。本汜水、滎澤二縣地，唐開元二十年析置河陰縣治此，屬河南府，會昌三年改屬孟州。宋因之。金屬鄭州。今編户十一里。

河陰舊城，在縣東。本滎陽汜水縣地，唐開元二十年析置河陰縣，管河陽倉，二十三年徙治輸場之東渠口以便漕運。元時徙治於廣武山之大峪口，明初又徙今治。

廣武山，縣東北十里。括地志：「在滎陽縣西二十里。」一名三皇山，亦曰三室山，又名敖鄗山。史記：「秦昭王四十三年攻韓汾陘，拔之，因城河上廣武。」或以爲即此地也。戴延之西征記：「三皇山上有二城，東曰東廣武，西曰西廣武，各在一山頭，相去二百餘步。汴水從廣武澗中東南流，今涸。城各有三面，在敖倉西。」郭緣生述征記：「山上一澗横絶相對，皆立城塹，遂號東、西廣武。」漢四年，漢王壁河内，引兵渡河，復取成皐，軍廣武，就敖倉食。又項王已定東海，西與漢俱臨廣武而軍，既而項王即漢王相與臨廣武間而語，皆此處也。今東廣武亦曰楚王城，西廣武亦曰漢王城。唐武德四年竇建德救王世充軍于成皐東原，此即東廣武。世民拒建德于虎牢，北濟河，南臨廣武，察敵形勢，此即西廣武也。志云：廣武山連亘五十里，其麓東跨滎澤，南跨汜水，傍有小山名金山。又武濟山，在縣北十餘里，即廣武山北之支隴，以地連孟津，相傳周武王從此濟河，故曰武濟。宋元豐以後范子淵等議導洛通汴，屢請于武濟山麓修隄置埽處也。

敖山，在縣西二十里。皇甫謐曰：「殷仲丁自亳徙囂，即敖也。」水經注：「濟水又東經敖山北，山上有城，〔一七〕即仲丁所遷。」周宣王薄狩于敖。左傳宣十二年：「晉師在敖、鄗之間。」秦時立敖倉于此。二世二年陳勝將田臧自滎陽西迎秦軍于敖倉，〔一八〕敗死。漢二年漢王軍滎陽，築甬道屬之河，以取敖倉粟，酈生説漢高「據敖倉之粟」是也。惠帝六年修敖倉。武帝曰：「洛陽有武庫、敖倉，天下衝阨。」王莽地皇三年以東方兵起，遣楊浚守敖倉。光武建武二年遣蓋延南擊敖倉。安帝永初元年調濱水縣穀輸敖倉。四年虞詡爲朝歌長，謁河内太守馬稜曰：「朝歌去敖倉百里，賊不知開倉招衆，劫庫兵守成臯，此不足憂也。」建安四年曹操濟河降射犬，還軍敖倉。括地志：「敖倉在滎陽縣西北十五里石門之東，北臨汴水，南帶三皇山。」射犬，見懷慶府。

牛口峪，在縣西北二十五里。亦作「牛口渚」。竇建德與世民戰于虎牢，自板渚出牛口置陣，北拒大河，西薄汜水，南屬鵲山，亘二十里，及戰大敗，建德竄于牛口渚，爲唐所擒。

黄河，在縣北十三里。自滎陽縣流入界，又東入滎澤縣界。宋大觀三年詔沈純臣開撩兔源河，河在廣武埽對岸，分減埽下漲水也。宣和二年復浚治焉，後廢。

石門渠，縣西二十里。滎瀆受河之處，即禹貢導滎水之道。亦曰滎口。蘇代曰「决滎口，魏無大梁」，魏公子無忌所云「决滎澤而水大梁」者也。或曰即秦王賁引河溝灌魏都之處。司馬貞曰：「滎澤口與汴河口通，水深可灌大梁。」始皇二十六年王賁斷故渠，引水東南灌大梁，謂之梁溝。水經注：「濟水又東合滎瀆於此，亦兼邲之稱。」左傳宣十三年「晉、楚之戰，楚軍于邲」，即是水也。瀆水受河有石門，謂之滎口石門。後漢永平中，河流入汴，兖、豫皆被其害，明帝使王景修治處也。又靈帝建寧四年于敖城西北壘石爲門，以遏浚儀渠口。水門廣十餘丈，西去河三里，渠水盛則通于河，水耗則輟流。魏黄初中大水，是後河、濟泛溢，鄧艾議開石門以通之。晉武帝時復壞，傅祗爲滎陽太守乃造沉萊堰，於是兖、豫無水患。咸和三年石勒擊劉聰于金墉，使石虎進據石門。永和八年殷浩北伐，遣河南太守戴施據石門。升平二年諸葛攸擊燕，入自石門，屯于河渚。太和四年桓温伐燕，使豫州刺史袁真攻譙郡、梁國，開石門以通水運。真克譙、梁而不能開石門，水運路塞。既而慕容德等率騎屯石門，斷温糧道。五年苻秦王猛克燕洛陽，燕慕容臧擊敗秦兵于石門。太元九年後燕慕容垂稱王于滎陽，自石門濟河長驅向鄴。太元十五年朱序自洛陽引還襄陽，留别將朱黨戍石門。義熙十二年劉裕伐秦，遣沈林子、劉遵考將水軍出石門，自汴入河。魏太和二十年將如嵩高，至汴口而還。周、齊之間更名汴口堰。隋開皇七年使梁濬增築漢古堰，遏河入汴，自是更名梁公堰。大業初又開通濟渠，自板渚引河，歷滎澤入汴。胡氏曰：「大河自板城渚口東過滎陽縣，莨蕩渠出焉。是渠南出爲汴水，漢之滎陽石門即其地也。」唐開元二年河南尹李傑奏：「河、汴間有梁公堰，歲久堰破，南方漕不通，請自故渠濬之。」從之，公私便利。十四年洛陽人劉宗器請塞汜水舊汴河，於下流滎澤界開梁公堰，置斗門通淮、汴。明年新漕填塞，行舟不通，乃命將作大匠范安及檢行鄭州河口斗門，疏決舊河，旬日而畢。廣德二年劉晏爲轉運租庸使，至河陰、鞏、洛，見宇文愷梁公堰厮河爲通濟渠，視李傑新堤，盡得其利病，于是轉輸無壅。後周顯德五年濬汴口，導河流達于淮，江、淮舟楫始通。六年復命王朴如河陰按行河隄，立斗門于汴口。既又命韓令坤導汴入蔡以通陳、潁之漕。胡三省曰：「自漢築滎陽石門而濟與河合流入海，不入滎瀆矣。」舊志：石門在滎陽山北一里餘。詳大川汴水。

清水，在縣東北，即濟水舊流也。晉太安十二年成都王穎自鄴舉兵内向，進屯河南，阻清水爲壘，即此。

八激隄，〔一九〕在縣西。水經注：「河水又東逕八激隄。漢安帝永初元年命謁者于岑於石門東積石八所，〔二〇〕皆如小山，以捍衝波，謂之八激隄。」

河口倉，在石門西。亦曰武牢倉。唐時江、淮州運悉至東都含嘉倉，僦車陸運三百里至陝。開元二十年用裴耀卿議，置倉于汴水達河之口。二十二年又于河口置輸場，東置河陰倉，西置柏崖倉，江、淮舟運悉輸河陰倉，更用河舟轉運至東都陝州倉。大曆中劉晏掌漕運，以爲江、汴、河、渭水力不同，教漕卒以江船達揚州，汴船達河陰，河船達渭口，渭船達太倉。河陰倉即河口倉也。元和十年淄青叛帥李思道遣盜攻河陰轉運院，焚穀帛以救淮西，蓋時以河口倉爲轉輸中頓之處。柏巖見孟縣。

麻田。在縣境。晉永和八年姚襄率其衆自滎陽而西，與苻秦將李歷等戰于麻田，爲歷所敗。胡氏曰：「滎、洛間有豆田、麻田，各因時所種而名之。」

汜水縣，州西百十里。西至河南府鞏縣六十里。汜讀曰凡，今俗呼曰「似水」。古東虢國，鄭之制邑。亦曰虢，昭元年諸侯之大夫會於虢。又名虎牢。秦屬三川郡，漢置成皋縣，屬河南郡。魏、晉因之，劉宋於此置司州。北魏泰常中置豫州，後又置豫州於汝南，以虎牢爲北豫州。太和十九年改置東中府於此，以縣屬滎陽郡。東魏天平中復置北豫州，兼置成皋郡治焉。後周置滎州，隋改鄭州，俱治於此。開皇十八年改成皋曰汜水縣，大業初屬滎陽郡。唐初仍屬鄭州，顯慶中改屬洛州，垂拱四年改曰廣武，神龍初復曰汜水，會昌三年改屬孟州。宋初屬洛州，元豐初復屬孟州。金屬鄭州。今編户十四里。

成皋城，在縣西北。劉昫曰：「唐武德四年分汜水置成皋縣，貞觀初省。顯慶二年移汜水縣治武牢城，神龍初復故，開元二十九年復移於武牢。」縣北有故成皋城。

虎牢城，在今城西。自古戍守處也。劉宋永初末毛德祖守虎牢，魏奚斤等攻圍二百餘日，毀其外城；德祖于內更築三重城以拒之，魏又毁其二重；德祖惟保一城，晝夜相拒，久之糧盡援絶，乃陷。通典：「城側有廣武城。」東魏將陸子章增築虎牢城，其城縈帶山阜，北臨黄河，絶岸峻涯，以爲險固。城西北隅有小城，周三里，北面臨河直上，升眺清遠，勢盡川陸。武德二年將軍張孝珉襲王世充汜水城，入其郛，即武牢城也。賈至云：「關上二城，一則張飛城，一則吕布城也。」輿地廣記：「汜水縣有故虎牢城，有汜水關，東南有成皋故關，西南有旋門故關。」通釋：「成皋關在汜水縣南二里。」近志謂今城即故關城之界也。今虎牢關，故關。通釋：「成皋關，在汜水縣南二里餘。」〔二〕成皋、虎牢最爲險要之地，自古嚴戍守也。

方山，在縣南四十里。山海經：「浮戲之山，汜水出焉。」是也。或謂之玉僊山。又有鵲山，在縣東南數里。又縣有三山，上有三峰。

九曲山，縣西二里。其山自下而上有乾溝相間，上有吕布城。○紫金山，縣南五十里，西與白玉嶺相對。

嚳子谷，在縣西，即成皋之關口。唐天寶十四載封常清拒安禄山于武牢，賊至敗走，收餘衆戰于葵園，又敗。後唐同光四年李嗣源入汴，帝自汜水關西還，過嚳子谷，道狹，每遇衞士，皆慰撫之。既而李嗣源入洛，自嚳子谷而西。

葵園，在嚳子谷南。

黄河，在縣城北一里。從河南府鞏縣而東，洛水入焉。李世民與竇建德相持于武牢，建德欲俟唐軍牧馬河北乃襲武牢，世民于是北濟河，南臨廣武，留馬千餘匹于河渚以誘之，蓋河、洛之交，多牧馬之渚云。

汜水，源出方山。水經注：「汜者水決復入之義，音凡，後訛爲巳。汜水北逕虎牢城東，又北注于河。」左傳昭二十二年：「子朝之亂，王師軍于汜。」又項羽大司馬曹咎守成皋，渡汜水擊漢，士卒半渡，漢擊之，大破楚軍。隋大業十三年虎牢鎮將裴仁基等自汜水西入，與東都合兵攻李密等于洛口，東都兵先敗，仁基引還。唐武德四年李世民擊竇建德，東涉汜水，直薄其陣。顯慶二年幸許州，畋于溡水，南至汜水曲。

板渚，津名也，在縣東四十里。水經注：「河水過成皋而東合汜水，又東逕板城北，有津謂之板城渚口，又東過滎陽縣，莨蕩渠出焉。」隋大業初開通濟渠，自板渚引河歷滎澤入汴。唐武德四年竇建德救王世充，軍于成皋東原，築宮板渚是也。

竹蘆渡，在縣東。建炎二年岳飛敗金人于汜水關，駐兵于此，與敵相持，選精鋭三百伏前山下，令縛芻爲交炬，爇四端而舉之，金人疑援兵至，驚潰。

古崤關，即虎牢也，在縣西二里。志云：一名車從關。又玉門，成皋西門也。宋時西關門亦曰玉關。戰國策：「周武王有玉門之難。」漢三年，漢王自滎陽收兵復保成皋，項羽進兵圍之，漢王跳，獨與滕公出玉門，渡河走修武，楚遂拔成皋。張晏曰：「玉門，成皋北門。」悮也。又有厄井，在縣東南七十里。漢高祖與項羽戰，敗于京、索，嘗遁入此，因名。詳見重險虎牢。

黄馬關，在縣西十五里。水經注：「河水逕黄馬阪北，又東而逕旋門阪。」晉咸和三年劉曜攻金墉，聞石勒濟河來救，始議增滎陽戍，杜黄馬關。蓋關在黄馬阪，因名。

旋門關。在縣西南十里，即旋門阪，曹大家西征賦「陟伊、洛之交流，看成皋之旋門」是也。漢靈帝時河南八關之一，自旋門而東至板城渚口，皆成皐關之道。

校勘記

〔一〕宋志　底本原無「宋」字，今據職本、鄒本補。

〔二〕宋太祖禪位于此　「禪位于此」，當作「受周禪于此」。

〔三〕晉爲陳留國治　「晉」、「國」，底本原作「留」、「郡」，今據職本、鄒本及晉志卷一四改。

〔四〕漢置雍丘縣　「漢」，底本原作「縣」，今據職本、鄒本改。

〔五〕追及黄巢於王滿渡　「追」、「王」，底本原作「退」、「黄」，今據職本、鄒本改。

〔六〕又襄三十年衛襄公如楚過鄭鄭伯有迋勞于棐林　按此爲左傳襄三十一年文，非三十年。又據左傳襄三十一年，迋勞于棐林者非伯有，而爲印段。左傳襄三十年云「伯有死于羊肆」，伯有三十年已死，安得于三十一年迋勞衛襄公？此誤甚明。

〔七〕永新驛至前後五千户所　此三十八字底本原脱，今據職本、敷本、鄒本補。

〔八〕州東北三十里　「東」，底本原作「周」，今據職本、鄒本改。

〔九〕興元初仍隸陳州　新唐志卷三八陳州溵水縣下云：「建中二年隸溵州，興元二年州廢來屬。」然同卷許州郾城縣下又云：「建中二年以郾城、臨潁、陳州之溵水置溵州，貞元二年州廢，縣還故屬。」興元爲唐德宗年號，只一年，故溵水縣下「興元二年」當是「貞元二年」之訛。元和志卷八、寰宇記卷七並作「貞元」，可證。

〔一〇〕屬南頓郡　「郡」，底本原作「即」，今據職本、鄒本改。

〔一一〕當郾城之東北　「東北」，底本原作「北東」，今據職本、鄒本乙正。

〔一二〕屬陳州　底本「州」下原有「郡」字，鄒本無。明志卷四二云西華縣屬陳州，此「郡」字衍，今據鄒本刪。

〔一三〕左右中前後五千户所　「千」，底本原作「十」，今據鄒本改。

〔一四〕又許州驛　底本原作「又名許州驛」，職本無「名」字。上文云石固鎮在州西北五十里，此云許州驛在州治西南，非言石固鎮又名許州驛也。職本無「名」字是，今據刪。

〔一五〕成侯二十年魏獻滎陽　「滎陽」，史記卷四三趙世家作「榮椽」，本書引誤。

〔一六〕西南至汜水縣四十五里　「西南」，底本原作「西北」，今據職本及明志卷四二改。又「汜」，底本原作「江」，今據職本、鄒本改。

〔一七〕山上有城　「城」，底本原作「陂」，今據職本及水經濟水注改。

〔一八〕陳勝將田臧　「田」，底本原作「由」，今據職本、鄒本及史記卷四八陳涉世家改。

〔一九〕八激隄　「激」，底本原作「溵」，今據職本、鄒本及水經河水注改。

〔三〇〕永初元年　鄒本及水經河水注並作「永初七年」。

〔三一〕通釋成皐關在汜水縣南二里餘　按通釋此段文字上文已引，此又復引，蓋王應麟于通釋（即通鑑地理通釋）卷七先自述一過，後引陸璣洛陽記中又有此語，本書摘引時未加删簡，故引而又引也。可删一，存一。